SCHWAB · MOTORRÄDER 1970−1992

Ulrich Schwab

MOTORRÄDER 1970/1992
Typen, Daten und Preise in Deutschland

Motorbuch Verlag Stuttgart

Umschlaggestaltung: Siegfried Horn
Titelfotos: Ulrich Schwab

Fotos im Innenteil:
MOTORRAD 1
Motorrad-Magazin MO 1
Ulrich Schwab 488

Unter Mitarbeit von Ingeborg Schwab

ISBN 3-613-01172-7

2. Auflage 1993
Cpoyright © by Motorbuch Verlag, Postfach 1370, 7000 Stuttgart 1.
Eine Abteilung des Buch- und Verlagshauses Paul Pietsch GmbH & Co. KG.
Sämtliche Rechte der Verbreitung, in jeglicher Form und Technik,
sind vorbehalten.
Satz und Druck: Dr. Cantz'sche Druckerei
Bindung: Verlagsbuchbinderei Kurt Dieringer, 7016 Gerlingen
Printed in Germany

Inhalt

Vorwort	Seite	7
Einführung		8
Zahlen und Fakten		10
Tabellen 1970–1980		45
Fotos 1970–1980		97
Tabellen 1981–1992		193
Fotos 1981–1982		322
Neuerscheinungen 1970 bis 1992		487
Hersteller und Importeure		505

BMW R 80 G/S (1980)

Vorwort

Als die Erstauflage dieses Buches im Frühjahr 1987 erschien, näherte sich der Bestand an zugelassenen Motorrädern in der Bundesrepublik Deutschland zum ersten Mal seit 1961 wieder der Millionengrenze. Im abgehandelten Zeitraum kreierten die Hersteller und Importeure nicht weniger als 1040 neue Modelle und Leistungsvarianten, und von April 1987 bis Juni 1992 kamen noch einmal 351 dazu.

Bei dieser Vielfalt geraten Optik, Technik, Leistungsvermögen und Preis einzelner Maschinen schnell in Vergessenheit. Wer erinnert sich noch daran, wie die BMW R 75/5 beschleunigte, wie schnell sie fuhr, was sie kostete und wo ihr Preis unmittelbar vor dem Facelift zur R 75/6 lag? Wer kennt noch alle Details, die einmal die klassische Linie der Ducati 750 SS ausmachten? Und wer weiß noch, welchen fünfstelligen Betrag der MV Agusta-Fan für die legendäre 900 S Arturo Magni „Cento Valli" auf den Tisch des Hauses Hansen in Baden-Baden legen mußte? Diese und ähnliche Fragen beantwortet der vorliegende Band im Rahmen seiner Anlage lückenlos.

Natürlich sind die späteren Motorräder weniger vergessen. Dafür sorgen schon der kürzere Zeitabstand und immer ergiebigere Informationsquellen bis hin zu den aktuellen Motorradkatalogen und Fachzeitschriften. Aber auch für diese Maschinen bietet die überarbeitete und erweiterte Neuauflage eine gute Gedächtnisstütze und einmalige Vergleichsmöglichkeiten.

Neben der Auflistung der wichtigsten Daten und Preise schildert MOTORRÄDER 1970–1992 auch die technische Entwicklung des motorisierten Zweirads in dieser Epoche. Gute Beispiele sind die rasche Verbreitung der Scheibenbremse und die immer aufwendigeren Federungssysteme, aber auch die laufend zunehmenden Bauarten wie Enduros, Chopper, Tourer, gewöhnliche Straßenmotorräder, sportliche Straßenmotorräder, Supersportler – und dann wieder Naked-Bikes im Nostalgie-Look.

Nicht weniger turbulent ging es in diesen zwei Jahrzehnten auf dem Motorensektor zu. Vier- und Sechszylinder beherrschten die Szene, ohne die Ein- und Zweizylinder je zu verdrängen. Die Wasserkühlung löste weitgehend die Luftkühlung ab. Bei den Zweitaktern folgte den Drehschiebern und Membranen die variable Auslaßsteuerung und die meisten Viertakter arbeiteten mit wenigstens vier Ventilen pro Zylinder.

Motorradfaszination ohne Ende. Für 100 000 Mark beglückte Honda das Modelljahr 1992 mit der NR 750, einem straßentauglichen Superbike nach dem Vorbild der früheren Grand-Prix-Maschine NR 500. Ihr 90° V-Vierzylinder-Viertakt-Ovalkolbenmotor hatte zwei Titanpleuel pro Kolben und acht Ventile pro Zylinder, leistete 125 PS bei 14 000/min und saß in einem Alu-Chassis von allerhöchster Güte. Eine mögliche Leistungssteigerung versprach weitere 20 PS.

Juni 1992   Ulrich Schwab

Einführung

MOTORRÄDER 1970–1992 ist ein Versuch, alle in der Bundesrepublik Deutschland hergestellten oder von ausländischen Herstellern offiziell vertriebenen motorisierten Zweiräder mit Ausnahme der Fünfziger, Achtziger und Roller statistisch zu erfassen – ein Versuch deshalb, weil auch bei größter Sorgfalt nicht immer der schmale Grat zwischen Vertrags- und Grauimport bestimmt oder widersprüchliche Angaben der Erzeuger und Importeure zweifelsfrei geklärt werden konnten. In Zweifelsfällen – und nach Absprache mit der Redaktion – entschieden die Veröffentlichungen in MOTORRAD, Europas größter Motorrad-Fachzeitschrift, und das gleiche Blatt trug nicht weniger entscheidend zur Illustration des Buches bei. Viele der 15 Titelfotos und 490 Abbildungen im Innenteil entstanden in seinem Auftrag und sind den regelmäßigen Lesern im Original oder in ähnlicher Ausführung bekannt.

Mit wenigen Grenzfällen aus den Bereichen Ostimporte, Geländesportmaschinen für jedermann und Fun Bikes sowie 49 übergreifenden Modellen aus den 60er Jahren führen die Listen 1391 serienmäßige Enduros, Chopper und herkömmliche Motorräder, die je nach ihrer Bauzeit mit neuen Preisen in den einzelnen Jahrgängen wiederkehren. Auf diese Weise summiert sich der Überblick auf 4223 Maschinen. Dazu kommen 184 (564) zulassungsfähige Sondermodelle, die oft nur beispielhaft für das umfangreiche Angebot der in- und ausländischen Tuner stehen.

Die Datensammlung umfaßt je neun Angaben zu Motor und Fahrgestell, die Zahl der Gänge, das Gewicht, die Beschleunigung, die Höchstgeschwindigkeit und den Preis.

Dazu folgende Anmerkungen:

Spalte 1:	Hersteller und Tuner. Die vollständigen Firmennamen, Anschriften und gegebenenfalls auch die Anschriften der Importeure sind einer gesonderten Aufstellung zu entnehmen
Spalte 2:	In der Bundesrepublik Deutschland verwendete Typenbezeichnungen. In anderen Ländern sind auch abweichende Bezeichnungen möglich
Spalte 3:	Bei der Berechnung des Hubraums wurde $\pi/4$ mit 0,785 zugrunde gelegt
Spalte 4:	S1 – stehender Einzylindermotor
	S1-DK – stehender Einzylinder-Doppelkolbenmotor
	L1 – liegender Einzylindermotor
	R2...6 – Zwei- bis Sechszylinder-Reihenmotor
	180° 2...6 – Zwei- bis Sechszylinder-Boxermotor
	V2...4 – Zwei- bis Vierzylinder-V-Motor
	1S/2S-Wankel – Ein- oder Zweischeiben-Kreiskolbenmotor
Spalte 5:	Bei der Umrechnung von Zollmaßen wurde nur eine Kommastelle berücksichtigt
Spalte 6:	4-Takt/Turbo – Viertaktmotor mit Abgasturbolader

Spalte 7:	SV	– stehende Ventile
	OHV	– hängende Ventile, über Stößel, Stoßstangen und Kipphebel betätigt
	OHC	– eine obenliegende Nockenwelle
	DOHC	– zwei obenliegende Nockenwellen
	DES	– desmodromische Ventilsteuerung
	SL	– Schlitzsteuerung
	DS	– Drehschieber
	DS/VA	– Drehschieber und variable Auslaßsteuerung
	MB	– Membranen
	MB/PV	– Membranen und Power Valve
	MB/VA	– Membranen und variable Auslaßsteuerung
Spalte 8:	Zahl der Ventile pro Zylinder	
Spalten 9,11:	Herstellerangaben	
Spalte 10:	L	– Luftkühlung
	W	– Wasserkühlung
Spalte 12:	4...6	– Zahl der Gänge
	R	– Rückwärtsgang
	2S-A	– Zweistufen-Automatik
Spalte 13:	K	– Kette
	W	– Welle
	ZR	– Zahnriemen
Spalte 14:	SER	– offener oder geschlossener Stahl-Einrohrrahmen
	SDR	– offener oder geschlossener Stahl-Doppelrohrrahmen
	SZR	– Stahl-Zentralrohrrahmen
	SGR	– Stahl-Gitterrohrrahmen
	PSR	– Preßstahlrahmen
	SAR	– kombinierter Stahlrohr/Aluminiumgußrahmen
	SKR	– Stahl-Kastenprofilrahmen
	LDR	– offener oder geschlossener Leichtmetall-Doppelrohrrahmen
	LKR	– Leichtmetall-Kastenprofilrahmen
	LTP	– Leichtmetall-Trägerplatten
Spalte 15:	T	– Teleskopfedergabel
	TG	– Trapezgabel
	S	– Schwinge
	S/AL	– Schwinge und Achsschenkellenkung
Spalte 16:	GF	– Geradwegfederung
	S	– Schwinge
	ES	– Einarmschwinge
	PS	– Parallelogrammschwinge
	FN	– Federnabe
Spalte 17:	TB	– Trommelbremse
	SB	– Scheibenbremse
	DSB	– Doppelscheibenbremse
Spalte 18:	TB	– Trommelbremse
	SB	– Scheibenbremse
Spalten 19, 20:	Reifengrößen ohne Kennbuchstaben für die zulässige Höchstgeschwindigkeit (z. B.: S bis 180, H bis 210 und V über 210 km/h)	
Spalten 21, 22:	Herstellerangaben	
Spalten 23, 24:	Herstellerangaben, ergänzt durch MOTORRAD-Messungen. Bei mehreren vorliegenden Messungen wurden die Werte aus den ersten Testberichten übernommen	
Spalte 25:	Stand Jahresmitte	
	a. A.	– Preis auf Anfrage

Außer Typen, Daten und Preisen spiegelt MOTORRÄDER 1970–1992 auch das Marktgeschehen in der Bundesrepublik Deutschland sowie die Reaktion der in- und ausländischen Hersteller darauf wider. Die Zahlen über die jährlichen Neuzulassungen und Änderungen des Motorradbestands wurden freundlicherweise vom Kraftfahrt-Bundesamt in Flensburg und vom Verband der Fahrrad- und Motorradindustrie in Bad Soden zur Verfügung gestellt. Dieser Teil der Statistik zeichnet ähnlich einer Fieberkurve den Verlauf des zweiten Motorrad-Booms seit 1945 nach: die ersten und positiven Auswirkungen der japanischen Invasion in den frühen Siebzigern, die wechselhaften Erfolge der Europäer beim Aufspüren der Marktlücken, den gemeinsamen Aufschwung bis zum ersten Höhepunkt 1981 und die nicht weniger stürmische Entwicklung danach.

Zahlen und Fakten

Die weltweite Auseinandersetzung der Hersteller um kleinste Marktanteile bescherte den Käufern nicht nur fortwährend neue, sondern auch technisch immer anspruchsvollere Motorräder. Es gab Jahre, da lieferten Firmen wie Honda und Suzuki bis zu 33 neue oder überarbeitete Modelle aus, und es gab Maschinen, deren Fahreigenschaften und Fahrleistungen beinahe schon den Ansprüchen professioneller Zweiradartisten genügten. Oft bestand allerdings nur ein scheinbarer Zusammenhang zwischen der wirtschaftlichen und der technischen Entwicklung.

1969/70

Mit einem Bestand von 154 417 Maschinen bei nur 4863 Neuzulassungen* näherten sich die Führerschein 1-pflichtigen Motorräder in der Bundesrepublik Deutschland 1969 einem weiteren Tiefpunkt ihrer bewegten Nachkriegsgeschichte. Technisch zeichneten sich jedoch bereits neue Höhen ab: Honda präsentierte die CB 750 F, die erste in Großserie gebaute Vierzylinder, BMW die R 75/5, das Basismodell einer neuen Zweizylinder-Boxerreihe. Die zehn Jahre lang nahezu unverändert produzierte Honda hatte einen quer zur Fahrtrichtung eingebauten luftgekühlten Reihenmotor mit Gleitlager-Kurbeltrieb, vier Schleudergußbüchsen im Leichtmetallblock, einer kettengetriebenen obenliegenden Nockenwelle, zwei Ventilen pro Zylinder, vier Rundschiebervergasern und vier bis zur Mündung getrennt geführten Auspuffrohren, ein sportlich-straffes Fahrwerk und im Vorderrad eine der ersten serienmäßigen Motorrad-Scheibenbremsen. Bei BMW lösten die R 75/5 sowie die nachfolgenden R 50/5 und R 60/5 die Vollschwingenmodelle R 50, R 60 und R 69 S ab. Alle drei hatten das gleiche neue Fahrgestell mit geschlossenem Stahlrohr-Doppelschleifenrahmen, Teleskopfedergabel, Kurzarmschwinge und Duplex- beziehungsweise Simplex-Vollnaben-Trommelbremsen in Drahtspeichenrädern sowie neu konzipierte und nach dem bewährten Baukastensystem hergestellte luftgekühlte OHV-Gleitlagermotoren. Im Gegensatz zu Honda, das die 750er mit 67 PS bei 8000/min in den Verkaufswettbewerb schickte, begnügte BMW sich mit 50 PS bei 6200/min und setzte in seiner Werbung mehr auf Fahrkomfort und Laufkultur. Neben den 175 (BMW) und 190 km/h schnellen Flaggschiffen der beiden großen Marken prägten Maschinen wie die kleineren Honda zwischen 125 und 450 cm^3, die ersten Kawasaki A 1 Samurai, A 7 Avenger und 500 H 1 Mach III, die Suzuki T 20 und T 500, die Yamaha DS 6, R 3 und XS 1, die Zwei- und Dreizylinder von BSA, Norton und Triumph, die durch federbelastete Ventile oder desmodromisch gesteuerten

---

* Angaben des Kraftfahrt-Bundesamtes, Stichtag jeweils 1. 7. für die angemeldeten und 31. 12. für die neu zugelassenen Motorräder

Einzylinder-Ducati, die 750er von Laverda und Moto Guzzi und bisweilen auch eine Harley-Davidson Electra- oder Super Glide, DKW RT 125, Hercules K 105/125 X, Maico MD 125 Super Sport, Münch 4-1200 TTS oder Zündapp KS 100 das Motorradbild auf bundesdeutschen Straßen.

1971/72
Vom 1. Juli 1970 bis zum 30. Juni 1971 sank der Bestand von 141 047 zugelassenen Motorrädern noch auf 133 113 und nahm erst 1972 wieder um 9933 zu. Gleichzeitig stiegen die Neuzulassungen von 8254 (1970) über 15 333 (1971) auf 25 660 Maschinen (Honda 10 291, BMW 4589, Yamaha 3223, Kawasaki 1233, Suzuki 1201, MZ 1046, Moto Guzzi 385, andere 3692). Auf dem deutschen Markt etablierten sich also nicht nur die neuen BMW und die Honda CB 750 F, sondern erwuchs diesen Vorboten einer neuen Motorradgeneration hauptsächlich in Fernost auch gleich kräftig Konkurrenz. Kawasaki erweiterte sein Dreizylinder-Zweitaktprogramm um die 350 S 2 Mach II (1971), 250 S 1 Mach I und 750 H 2 Mach IV, stieg mit den 125 F 6, 250 F 11 und 350 F 9 verstärkt in die aus den USA „importierte" Enduro-Klasse ein und überraschte im Herbst 1972 mit seinem ersten Viertakter 900 Z 1 Super 4, einem Vierzylinder-„Superbike" mit luftgekühltem DOHC-Wälzlagermotor von 79 PS bei 8500/min. Suzuki brachte neben den luftgekühlten Zwei- und Dreizylinder-Zweitaktern T 250 (1971), GT 380 J und GT 550 J den Dreizylinder-Zweitakt-„Wasserbüffel" GT 750 J mit der zur Honda CB 750 F allerdings nicht adäquaten Leistung von 52 PS bei 6500/min heraus und Yamaha wertete vor allem seine sportlichen 250/350er Zweitakter durch die DS 7 und R 5 F auf. Honda selbst schob die luftgekühlte Vierzylinder-Viertakt-CB 500 F nach und rüstete nun auch die 450er als CB 450 disc mit einer Scheibenbremse am Vorderrad aus. In der Bundesrepublik Deutschland gingen die bis 1990 nahezu unverändert gebaute Hercules K 125 Military, die ebenfalls sehr langlebige Zündapp KS 125 Sport und die Maico MD 250 in Serie, in der Deutschen Demokratischen Republik die MZ ETS 150 Trophy Sport. Die Importeure der britischen Marken versuchten mit Maschinen wie der BSA Fury 350, den Norton Commando 750 Roadster und Interstate oder den Triumph Bandit 350, TR 6 R Tiger 650 und T 120 R/V Bonneville 650 verlorenes Terrain zurückzugewinnen, und aus Italien kamen so wichtige Neuerscheinungen wie die Ducati 750/750 GT mit OHC-V-Zweizylinder-Königswellenmotor, die OHC- und DOHC-Zwei- und Dreizylinder-Laverda 750 SF/750 SFC und 1000 (1972), die OHV-Zweizylinder-Moto Guzzi V 7 750 Sport, V 7 850 GT und V 7 850 California sowie die MV Agusta 750 S/750 GT. Die Vierzylinder aus Verghera hatte zwei zahnradgetriebene obenliegende Nockenwellen, einen Wälzlager-Kurbeltrieb mit Zahnradabtrieb von einer schrägverzahnten Kurbelwange, ein querlaufendes Fünfganggetriebe und einen zweifach umgelenkten Wellen-Hinterradantrieb. Mit 72 PS bei 9200/min und 13 890 Mark setzten MV Agusta und Importeur Roland Schneider neue technische wie preisliche Maßstäbe.

1973
Mit 166 569 angemeldeten und 34 884 neu zugelassenen Maschinen (Honda 12 958, Yamaha 7488, BMW 5963, Kawasaki 2008, Suzuki 1546, MZ 1168, Moto Guzzi 404, andere 3349) zeichnete sich 1973 erstmals wieder ein Aufwärtstrend bei den Führerschein 1-pflichtigen Motorrädern ab. Die von Japan über die USA nach Europa getra-

gene Entwicklung forderte in der Bundesrepublik Deutschland vor allem die Bayerischen Motoren Werke heraus, die im motorisierten Zweirad nicht nur eine Marktchance, sondern auch einen zusätzlichen Imagegewinn für ihre vierrädrigen Produkte sahen. Die Folgen waren eine gründliche Überarbeitung des Programms, das nun unter „Strich 6" lief, und die Ergänzung durch die hubraumgrößeren R 90/6 und R 90 S mit 60 und 67 PS bei 6500 und 7000/min für die luftgekühlten OHV-Zweizylinder-Boxermotoren. Hercules experimentierte mit einem luftgekühlten 294 cm^3-Fichtel & Sachs-Einscheiben-Kreiskolbenmotor für Schneemobile in einem älteren BMW-Einzylinder-Fahrgestell mit italienischer Telegabel und brachte nach Abschluß der Tests die W 2000 als erstes serienmäßiges Wankelmotorrad heraus. Auch Maico versah die Typenbezeichnung seiner drehschiebergesteuerten 125er und 250er Einzylinder-Zweitakter mit einem „Strich 6", das sich jedoch nur auf die Zahl der Gänge bezog, und Münch rüstete eine Variante seiner Zwölfhunderter als Münch 4-1200 TTS-E von Weber-Doppelvergasern auf Kugelfischer-Saugrohreinspritzung um. Die kleine Motorradfabrik in Altenstadt bei Frankfurt schuf damit eine neue Motorrad-Dimension: die bald alles beherrschende 100 PS-Klasse. Im anderen Teil Deutschlands liefen die ersten der in ihren Grundzügen beinahe ein Jahrzehnt lang unveränderten MZ-TS-Modelle vom Band und in England bohrten Norton und Triumph ihre großen Zweizylinder auf. In Italien vergrößerten vor allem Ducati, Moto Guzzi und MV Agusta ihr ohnedies schon umfangreiches Angebot sowohl in den kleinen und mittleren Klassen (Ducati Scrambler 125 bis 450, Moto Guzzi 250 TS und MV Agusta 350 Scrambler) als auch bei den Big Bikes (Ducati 750 SS und MV Agusta 750 SS Daytona), und aus Japan trafen mit der Honda XL 250 und den Yamaha DT 125 bis 360 weitere Enduros, mit der Honda CB 350 F die bislang kleinste Serien-Vierzylinder und mit den „Ram-air"-Suzuki GT 250 bis 550 (Zwei- und Dreizylinder-Zweitakter mit als Lufthuzen ausgebildeten Zylinderdeckeln) sowie den Yamaha RD 125 bis 350 gleich ein ganzes Bündel neuer Straßenmodelle ein. Während die italienischen Hersteller mit nur wenigen Ausnahmen (Ducati 750, 750 GT und 750 SS, MV Agusta 600 Four) ihre Motorräder noch mit je zwei Trommelbremsen ausstatteten, erschienen alle BMW ab 750 cm^3, die großen englischen Maschinen und die meisten japanischen ab 250 cm^3 bereits mit einer oder zwei Scheibenbremsen am Vorderrad. Neben der konventionellen Art Motorrad zu fahren, gefiel den Deutschen allmählich auch die amerikanische: Harley-Davidson regte mit seinen neuen Sportstern und Zwölfhundertern geradezu eine Chopper-Welle an. Von sehr viel geringerer Bedeutung waren dagegen die ersten offiziellen Importe aus der UdSSR.

1974/75

Dem ersten zaghaften Aufschwung folgte eine längere Konsolidierungsphase. So stieg der Motorradbestand vom 1. Juli 1974 bis zum 30. Juni 1975 von 189 997 auf nur 214 647 Maschinen und die Zahl der — zwischendurch sogar rückläufigen — Neuzulassungen (Honda 11 891/16 205, Yamaha 6233/7501, BMW 4794/5162, Suzuki 1995/4328, Kawasaki 1497/2100, MZ 1162/1502, Moto Guzzi 369/757, andere 3874/4429) von 31 815 auf 41 984. Vorübergehend trat auch ein merklicher Rückgang der Neuerscheinungen ein. 1974 machte überhaupt nur Benelli mit der ersten Serien-Sechszylinder der Welt von sich reden. Die damals wirklich spektakuläre 750 Sei hatte ähnlich der 1973 erschienenen Vierzylinder 500 Quattro einen quer zur Fahrtrichtung eingebauten luftgekühlten Viertakt-Reihenmotor mit einer kettengetriebenen obenliegenden Nockenwelle, die gleichen Zylinderabmessungen, einen Dellorto-Vergaser für je zwei Zylinder und eine der Zylinderzahl entsprechend aufgefächerte Auspuffanlage. Weitere herausragende Merkmale waren der breit angelegte Stahlrohr-Doppelschleifenrahmen, die Marzocchi-Teleskopfedergabel und die Brembo-Zweikolben-Doppelscheibenbremse am Vorderrad. Das mächtige Triebwerk leistete 58 PS bei 8500/min, beschleunigte das 255 kg schwere Gefährt in knapp sechs Sekunden auf 100 km/h und verlieh ihm eine Höchstgeschwindigkeit von 180 km/h. 1975 legte Honda neun CB-Modelle neu auf und stellte seine erste Tausender in Form der GL 1000 Gold Wing vor. Wie die gegenläufigen BMW-Zweizylindermotoren arbeitete auch der wassergekühlte 180°-Vierzylinder mit je einem Pleuel pro Hubzapfen als echter „Boxer". Seine einteilige Gleitlagerwelle lief in einem vertikal geteilten Leichtmetallgehäuse und trieb das integrierte Fünfganggetriebe über eine Zahnkette, die beiden obenliegenden Nockenwellen — je eine pro Zylinderkopf — über Zahnriemen an. Bei Kawasaki führten technische wie stilistische Änderungen zu neuen KE-Enduro- und KH-Straßenmodellen. Die im Rahmen der vereinfachten Typenbezeichnungen nur noch Z 900 genannte große Vierzylinder erhielt vorn eine Doppelscheibenbremse und wurde in der Motorleistung auf 81 PS bei 8000/min angehoben. Suzuki brachte die kleine GT 185 mit 15 PS aus zwei „Ram-air"-Zylindern heraus und zeigte wie Hercules Wankel-Mut. Die sehr futuristisch gestylte RE 5 Rotary hatte einen wassergekühlten Einscheiben-Kreiskolbenmotor von 497 cm^3 Kammervolumen und leistete 63 PS bei 6500/min. Yamaha löste die im Verkauf nicht besonders glückliche TX 750 durch den neuen Zweizylinder-Viertakter XS 650 ab und aus Italien kamen die Moto Guzzi 500 Sahara, 750 S, 850 T, 850 California und V 1000 I-Convert. Darüber hinaus etablierte sich der Schweizer Fritz W. Egli mit einer zulassungsfähigen Tausender auf Kawasaki-Basis — ein aufgebohrter und leistungsgesteigerter 900 Super 4-Motor in einem in Kleinstserie hergestellten Zentralrohr-Fahrgestell — als erster auch bei den Behörden der Bundesrepublik Deutschland anerkannter Tuner. 102 PS unter einer schlanken Rennverkleidung reichten für 253 km/h.

1976

Die Motorradhersteller reagierten auf den inzwischen weltweit einsetzenden Zweirad-Boom mit einer wahren Typenflut. Allein in der Bundesrepublik Deutschland, wo sich der Bestand bei 56 809 Neuzulassungen (Honda 22 715, Yamaha 11 756, BMW 6593, Suzuki 6240, Kawasaki 2878, MZ 1156, Moto Guzzi 1049, Harley-Davidson 256, andere 4166) um weitere 45 077 Maschinen auf 259 724 erhöhte, faßten BMW und Zündapp mit den stark überarbeiteten „Siebenern" einschließlich der neuen Tausender und zwei ebenso neuen wassergekühlten Ein- und Zweizylinder-Zweitaktern nach und lieferte Van Veen die ersten OCR 1000 aus. Das neue BMW-Spitzenmodell, die R 100 RS, war nach einem ersten Versuch mit der lenkerfesten Cockpitverkleidung der R 90 S von 1973 das erste Serienmotorrad, das durch eine rahmenfeste Kunststoffschale mit seiner ganzen Stirnfläche Wetterschutz bot. Um die nackte R 100/7, die Cockpit-verkleidete R 100 S und die R 100 RS nicht nur optisch voneinander abzuheben, stufte BMW die Motorleistung der drei Tausender um je 5 PS ab: 60 PS für das

Grundmodell, 65 für die sportliche und 70 für den sportlichen Tourer — oder den besonders tourentauglichen Sportler. Zündapp suchte mit seinen beiden Neuerscheinungen — die KS 175 für die ab 1977 versicherungstechnisch interessante 17 PS-Klasse und die KS 350 für die 27 PS-Klasse — Marktlücken, welche die Japaner nicht ließen, und Van Veen, eine Neugründung des niederländischen Kreidler-Importeurs im niedersächsischen Duderstadt, konstruierte und baute wie Hercules und Suzuki ein Wankelmotorrad. Anders als die eher zurückhaltenden Konkurrenten wagte sich der Holländer jedoch gleich an eine Maschine der Superlative: wassergekühlter Citroën(Comotor)-Zweischeiben-Kreiskolbenmotor mit zweimal 499 cm^3 Kammervolumen und 100 PS bei 6500/min, Edelstahl-Auspuffanlage, kontaktlose Hartig-Thyristor-Zündung, querlaufendes Porsche-Vierganggetriebe mit Umlenkung und Hinterrad-Wellenantrieb über ein Gleichlaufgelenk, Stahlrohr-Doppelschleifenrahmen, gasdruckgedämpfte Koni-Teleskopfedergabel und -Federbeine, Ronal-Leichtmetall-Gußräder, drei Brembo-Scheibenbremsen, 330 kg (mit Kühlwasser, Kraftstoff und Öl), 213 km/h, 24 198 Mark.

Kaum weniger bescheiden nahmen sich die Typenvielfalt und Ausstattung einzelner Modelle von jenseits der Grenzen aus. Honda, der mit Abstand größte japanische Hersteller zum Beispiel, begegnete der Herausforderung seiner nationalen Mitbewerber in der hartumkämpften Mittelklasse mit den beinahe klassisch anmutenden CJ 250/360 T und verteilte an seine Reihenvierzylinder großzügig 4-in-1-Auspuffanlagen. Kawasaki stellte der OHC-Zweizylinder Z 400 drei neue, größere Viertakter zur Seite: die DOHC-Zweizylinder Z 750 mit 50 PS sowie die DOHC-Vierzylinder Z 650 und Z 1000 (letztere ähnlich der Z 900, jedoch mit größerer Zylinderbohrung und Dreischeiben-Bremsanlage) mit 66 beziehungsweise 85 PS. Suzuki ergänzte seine Zweitakter durch die Motorrad-Zwitter RV 90 und RV 125 und folgte mit den DOHC-Zwei- und Vierzylindermodellen GS 400 und GS 750 nun ebenfalls dem Viertakt-Trend. Und auch Yamaha engagierte sich verstärkt in beiden Kategorien. Bei den Zweitaktern erfuhren hauptsächlich die RD bis hinauf zum 350er Ersatz RD 400 C umfangreiche Modellpflege und bei den Viertaktern setzten sich drei ganz unterschiedliche Konzepte durch. So wurde die große Einzylinder XT 500 mit ihrem luftgekühlten 27 PS-OHC-Motor sehr schnell zur Enduro schlechthin — und blieb es trotz mannigfaltiger Konkurrenz bis 1990. Mit der DOHC-Zweizylinder XS 500 führte die gleiche Firma wieder die Vierventiltechnik in den Motorrad-Serienbau ein, und die DOHC-Dreizylinder XS 750 war die erste Kardanmaschine des Hauses. Triumph in England nahm die durch Besitzwechsel und Reorganisation des Werks unterbrochene Produktion der 750er Zweizylinder Tiger und Bonneville wieder auf und aus Italien trafen neben der Ducati 860 GTS, den neuen oder geänderten Laverda 500 RS, 750 SF 3/750 SF 3 S und 1000 3 C, der Morini 125 T, den Moto Guzzi TS 250 FD, 254, 750 S 3 und 850 T 3/850 T 3-California sowie der MV Agusta 500 SS die sehr sportliche Moto Guzzi 850 Le Mans und die exklusiven MV Agusta 800 SS Super Daytona America (21 980 Mark) und 900 S Arturo Magni „Cento Valli" (25 400 Mark) ein. Die beiden großen MV hatten wie ihre kleineren Schwestern quer zur Fahrtrichtung eingebaute luftgekühlte Vierzylinder-Reihenmotoren mit zwei zahnradgetriebenen obenliegenden Nockenwellen, Wälzlager-Kurbeltrieb, Fünfganggetriebe und Wellen-Hinterradantrieb mit doppelter Umlenkung, leisteten 90 beziehungsweise 105 PS bei 10000/min und wurden weltweit von der Hansen GmbH (Michael Hansen, Roland Schneider und Ingrid Nagel) in Baden-Baden vertrieben.

1977/78
Während der Bestand von 312 695 angemeldeten Motorrädern auf 374 230 und die Neuzulassungen von 67 118 auf 84 462 (Honda 19 393/26 072, Yamaha 18 759/21 879, Suzuki 9379/13 645, Kawasaki 5400/8647, BMW 6936/6713, Moto Guzzi 1012/1268, MZ 1277/894, Harley-Davidson 454/534, andere 4508/4810) stiegen, betrieben die Hersteller eine geradezu verschwenderische Modellpolitik. Allein BMW präsentierte, wenn man die 27- und 55 PS-Varianten der R 45 und R 80/7 mitzählt, sieben neue Boxer, und aus Japan kamen nicht weniger als 54 zum Teil brandneue Maschinen. Auch die Italiener und Amerikaner hielten sich mit 29 Neuerscheinungen von der Benelli 500 LS bis zur MV Agusta 1100 Grand Prix sowie sechs neuen Zwei- und Viertaktern von Harley-Davidson nicht gerade zurück. Darüber hinaus stellten Enfield India, Horex und Sanglas einige interessante Außenseiter vor. Die herausragenden Exemplare der beiden Jahre waren — nach Herstellern und Zylinderinhalt geordnet — die Benelli 900 Sei, die BMW R 45/65, die Ducati 500 Pantah und 900 SD Darmah, die Harley-Davidson XLS 1000 und FXS 1200 Low Rider, die Honda XL 250 S, CB 400 A, CX 500, CB 750 K (DOHC), CB 900 F Bol d'Or und CBX, die Kawasaki Z 1000 Z 1-R, die Laverda 1200, die Morini 500 M, die Moto Guzzi V 35/50, die MV Agusta 800 S America, 1000 Corona und 1100 Grand Prix, die Suzuki SP 370 und GS 1000 sowie die Yamaha SR 500 und XS 1100.

Bei den großen Benelli, Ducati, Kawasaki, Laverda und MV Agusta handelte es sich um Hubraumvarianten oder in Fahrwerk und Ausstattung geänderte Ausführungen bekannter Maschinen. In der 13 988 Mark teuren MV Agusta 800 S America sah der deutsche Importeur das verbilligte Luxusklasse-Einsteigermodell und mit dem ausschließlich für ihn hergestellten 119 PS starken und 237 km/h schnellen 1100 Grand Prix-„Kettenkrad" (Zwischenwelle, Adapter und Kettenritzel anstelle des vorderen Kardan-Winkeltriebs) heizte er das Wettrüsten bei den Superbikes an. Die kleinen BMW mit neuen luftgekühlten OHV-Zweizylinder-Boxermotoren und Wellenantrieb, die kleine „Duc" mit zwei luftgekühlten Zylindern im V, Zahnriemenantrieb der beiden obenliegenden Nockenwellen und zwangsgesteuerten Ventilen, die Honda CX 500 mit wassergekühltem OHV-V-Zweizylinder-Vierventilmotor und Wellenantrieb, die Honda CB 750 K/900 F Bol d'Or mit luftgekühlten DOHC - Vierzylinder - Vierventilmotoren und die Moto Guzzi V 35/50 mit luftgekühlten OHV-V-Zweizylinder-Zweiventilmotoren und Wellenantrieb leiteten neue Baureihen ein. Die Honda XL 250 S und die Suzuki SP 370 setzten die Serie der immer beliebteren Einzylinder-Viertakt-Enduros fort, die Yamaha SR 500 stellte die Straßenversion der XT 500 dar, die Honda CB 400 A war ein Versuch, Motorradfahrern die für Motorräder noch umstrittenen Vorzüge von Drehmomentwandler und automatischem Getriebe näherzubringen, und die Tausender und Elfhunderter von Honda, Suzuki und Yamaha deckten den Nachholbedarf der Firmen bei den Big Bikes. Hervorstechend hier wieder die Honda CBX, die ähnlich der Benelli 750/900 Sei sechs luftgekühlte Zylinder in Reihe und eine entsprechend eindrucksvolle Silhouette besaß. Im Gegensatz zur technisch weniger anspruchsvollen „Sei" hatte die CBX jedoch einen aufwendigen Gleitlagermotor mit zwei durch Zahnketten angetriebenen obenliegenden Nockenwellen, vier Ventilen pro Zylinder und sechs in einer Baugruppe zusammengefaßten Einzelvergasern. Eine Zahnkette besorgte auch den Antrieb der kontaktlosen elektronischen Zündung und des Drehstromgenerators, die zur Einsparung von Baubreite nicht auf den Kurbelwellenenden, sondern auf einer Zwischenwelle hinter dem stark geneigten Zylinderblock saßen, und über die Zwischenwelle den Primärantrieb. Der im Rahmenverbund mittragende Motor leistete vor der „freiwilligen" Selbstbeschränkung der im Verband der Fahrrad- und Motorradindustrie zusammengefaßten in- und ausländischen Hersteller auf 100 PS* noch 105 PS bei 9000/min, beschleunigte die 274 kg schwere Maschine in 4,1 sec auf 100 km/h und brachte sie auf eine Höchstgeschwindigkeit von 220 km/h. Das Fahrgestell bestand aus einem offenen Stahlrohr-Brückenrahmen, einer langhubigen Teleskopfedergabel, einer Stahlrohrschwinge mit zwei hydraulisch gedämpften Federbeinen, einer Dreischeiben-Bremsanlage und Honda-Comstar-Rädern, die Leichtmetallfelgen mit Preßstahlspeichen durch Nietung verbanden. Der interessanteste Außenseiter stammte von Friedel Münch, der nach dem Verkauf seiner Münch-Motorradwerke an Heinz W. Henke unter dem früheren deutschen Markennamen Horex die 1400 TI auf Bestellung produzierte. Wie die Münch basierte die Horex auf einem stark modifizierten luftgekühlten NSU-Prinz-OHC-Vierzylinder-Reihenmotor, arbeitete jedoch nicht als Sauger, sondern leistete als einer der ersten Turbo-Prototypen der Welt 140 PS bei 7200/min. Viele der vom NSU-Originalmotor abweichenden Teile und andere Komponenten konnten ihre Münch 4-1200 TTS/1200 TTS-E-Herkunft nicht leugnen.

1979/80
Im siebten Jahr des Booms kletterte der Bestand bei 98 893 Neuzulassungen (Honda 34 637, Yamaha 23 619, Suzuki 13 558, Kawasaki 9737, BMW 9341, Moto Guzzi 1389, MZ 874, Harley-Davidson 871, andere 4867) auf 450 634 Motorräder über 50 cm^3 und überstieg in den folgenden zwölf Monaten bei 122 135 Neuanmeldungen (Honda 39 876, Yamaha 30 660, Kawasaki 16 837, Suzuki 16 793, BMW 9447, Moto Guzzi 1344, MZ 1176, Harley-Davidson 1114, andere 4888) mit 542 887 Maschinen bereits deutlich die halbe Million. Die Hersteller nutzten die Gunst der Stunde, lösten eine ganze Reihe älterer Modelle durch neue ab und statteten die neuen mit zunehmend aufwendigerer Technik aus. Vierventilmotoren waren bald keine Ausnahme mehr, Zwei- und Viertakter wurden immer häufiger mit Wasser gekühlt, Kawasaki führte mit der Z 1000 Fuel Injection die elektronisch geregelte Kraftstoffeinspritzung ein, bei den großen Tourern setzte sich der wartungsarme Wellenantrieb des Hinterrads durch und in den Fahrwerksbau flossen zusätzliche Elemente aus dem Motorrad-Gelände- und Straßenrennsport wie die luftunterstützte Teleskopfedergabel, das luftunterstützte oder Gasdruck-Federbein und die Cantilever-Hinterradfederung ein. Außerdem folgte der Enduro- und der von Harley-Davidson angeregten Chopper-Welle nun auch eine Welle von „Soft-Choppern" als Ausstattungsvarianten konventioneller Motorräder wie die Customs von Honda und Yamaha, die LTD's von Kawasaki oder die GS/GSX-L von Suzuki.

Bei den neuen Enduros und reinrassigen Straßenmodellen traten 1979 haupt-

* 1979

sächlich die Honda XL 500 S, die Kawasaki KE 175 und die Suzuki TS 125/250 ER sowie die Honda GL 1100 Gold Wing, die Kawasaki Z 500 und Z 1300, die Moto Guzzi 850 Le Mans II, die Suzuki GT 200/250 (X 5 E/X 7 E), die Suzuki GS 850 G und die zulassungsfähigen Sondermodelle KB 1/SB 3 von Bimota und CB 900 F/Z 1000 Mk II Turbo von Egli in Erscheinung. So belebte Honda die große Enduro-Klasse mit einer der Viertellitermaschine vom Vorjahr ähnlichen vierventiligen Halbliter-Einzylinder mit Ausgleichswelle und automatischer Dekompression, Kawasaki versuchte sich an der KE 175 noch einmal mit einem luftgekühlten Zweitaktmotor und auch die beiden Suzuki waren luftgekühlte Zweitakter. Honda brachte sein großes Tourenmodell, die Gold Wing, über die Einliter-Marke und Kawasaki schob mit der zierlichen Z 500 und der wuchtigen Z 1300 eine sehr sportliche luftgekühlte DOHC-Vierzylinder und die erste wassergekühlte Sechszylinder nach. Die 322 kg schwere und durch die bereits wirksame Leistungsabsprache der Hersteller „nur" 99 PS starke Z 1300 hatte einen quer zur Fahrtrichtung eingebauten DOHC-Reihenmotor, der seine Kraft durch eine Zahnkette von der Kurbelwellenmitte, eine Mehrscheiben-Naßkupplung, ein Fünfganggetriebe und eine Gelenkwelle mit zwei Umlenkungen auf das 17 Zoll-Hinterrad übertrug. Die Moto Guzzi 850 Le Mans II folgte mit einer 1000 SP-ähnlichen Verkleidung dem von BMW eingeleiteten Verpackungstrend, die Zweitakt-Suzis lösten ältere GT ab und die Vierzylinder-Viertakt-GS 850 G war die erste Kardan-Suzuki. Bei Harley-Davidson tauchten die ersten 1337er „Evolution"-Motoren in der Electra Glide, Electra Glide Classic und Tour Glide auf. Bimota baute Kawasaki-Vierzylindermotoren in Gitterrohr-Fahrgestelle ein und vertrieb die KB 1 durch Importeur Dr. Wegmann in Ingolstadt. Die SB 3 mit Suzuki-Vierzylindern entstanden im Auftrag von Suzuki-Deutschland und wurden über den japanischen Stützpunkt verteilt. Tuner Egli stieg von den Honda-OHC-Vierzylindermotoren auf die neuen DOHC-Vierzylinder um und rüstete zusätzlich Kawasaki Z 1000 Mk II-Motoren in verstärkten Originalfahrgestellen mit ATP (American Turbo PAK)-Abgasturboladern aus.

1980 erschienen die BMW R 80 G/S (eine Möglichkeit, den bayerischen Boxer mit langhubiger Teleskopfedergabel und Einarmschwinge auch in nicht allzu schwierigem Gelände zu fahren), die Mike-Hailwood-Replica auf der Basis der Ducati 900 SS und neue Harley-Davidson-Modelle mit dem aufgebohrten 1200er Motor wie die Fat Bob, die Sturgis oder die Wide Glide. Honda erweiterte seine Euro-Palette um die CB 250 N mit 27 PS und die CB 400 N mit 40 PS, ersetzte die CM 185 T durch die CM 200 T, bot die CM 400 T mit 27 und 43 PS an und beendete die zehnjährige Laufzeit der zweiventiligen Einnocken-CB 750 F mit all ihren Spielarten. Kawasaki liquidierte mit Ausnahme der KM 100 die letzten Straßen-Zweitakter und rundete das Viertaktprogramm mit der Enduro KLX 250, den Soft-Choppern Z 440 LTD, Z 550 LTD und Z 750 LTD sowie der Z 1000 Fuel Injection ab. Laverda wertete seine Dreizylinder mit der 1000 Jota und der teilverkleideten 1200 TS auf, Morini brachte mit der AMEX 250 J seine kleinste V-Zweizylinder heraus, Moto Guzzi-Deutschland machte aus der 850 Le Mans II die V 1000 Le Mans II und Zweirad-Röth führte die ersten spanischen Einzylinder-Königswellen-Ducati unter der Bezeichnung Mototrans-Ducati 350 Vento ein. Henke-Münch konterte die 1400 TI-Attacke von Friedel Münch mit der Münch TTS 1300 und MV Agusta-Deutschland legte bei Torschluß des MV Agusta-Motorradwerks schnell noch die 1000 Ago mit Magni-Fahrgestell auf. Suzuki paßte sich mit den 17 und 27 PS starken SR 370 und DR 400 S den neuen Versicherungsklassen an und nahm unter der Typenbezeichnung GSX die Produktion vierventiliger Zwei- und Vierzylinder von 250 bis 1100 cm^3 auf. Yamaha machte mit der kleinen XT den Viertakt-Enduros XL 185/250 S von Honda Konkurrenz und drang mit der kompakten XJ 650 in die gehobene Vierzylinder-Viertakt-Mittelklasse ein. Bei den Tunern leisteten nun auch Bajohr (Ducati), Eckert (Honda), Magni (Honda), Michel (BMW), Rau (Honda, Kawasaki und Suzuki), Reimo (Suzuki) und Rickman (Kawasaki) mehr oder weniger seriennahe Entwicklungshilfe, und die deutschen Off-Road-Spezialisten Kurt Tweesmann und Herbert Schek boten professionelle Enduros auf Yamaha XT 500- und BMW R 45-Basis an.

1981

Wenngleich die Zahl der angemeldeten Motorräder von 657 541 auch später noch kräftig stieg, erreichten die Neuzulassungen mit 132 787 Maschinen (Honda 45 291, Yamaha 37 178, Kawasaki 18 819, Suzuki 12 275, BMW 10 241, Moto Guzzi 1853, MZ 1091, Harley-Davidson 1064, andere 4975) 1981 ihren zweiten Nachkriegs-Höchststand. Auf der technischen Seite begannen die Japaner der fortschreitenden Vereinheitlichung ihrer Modelle durch neue Konzeptionen und optische Retuschen entgegenzuwirken. Herausragende Beispiele waren die luftgekühlten V-Zweizylinder XV 750 Special und TR 1 von Yamaha, die — einer Harley-Davidson, Ducati oder Moto Guzzi ähnlich — ihren Käufern das Ursprüngliche an der motorisierten Fortbewegung auf zwei Rädern zurückbringen sollten, und die geradezu futuristischen Katanas von Suzuki. Letztere entstanden im Auftrag des deutschen Importeurs Otto de Crignis, wurden von dem früheren BMW-Designer Hans A. Muth (BMW R 100 RS) und seinem target-Team nach der Philosophie des „einsamen Jagdfliegers" gezeichnet und auf der Basis der GS 550/650 und GSX 400 F, 750 S und 1100 S in Japan gebaut. Bei Honda stattete man die Bol d'Or als CB 900 F 2 mit einer Verkleidung, die verkleidete CB 1100 R mit einer nach Herstellerabsprache „leistungsgerechten" Auspuffanlage (gedrosselt 100, „offen" 120 PS), die verkleidete CBX mit einer „Pro - Link" - Monoshock - Hinterradfederung (Schwinge mit Zentralfederbein und progressiver Hebelwirkung) und die ebenso verkleidete wie „Pro-Link"-gefederte CX 500 Turbo mit dem ersten serienmäßigen Motorrad-Abgasturbolader der Welt aus. Kawasaki pflegte hauptsächlich die größtenteils ohnehin neuen Reihenvierzylinder, und Modellpflege war auch bei Harley-Davidson (1337er Motoren für die Heritage und Super Glide II), den Italienern (Benelli 354 Sport, Cagiva SST 250/350 Chopper, Ducati 500/600 SL Pantah und 900 SS Darmah, Laverda 500 SFC, Malanca 125 E 2 CS wk, Morini 500 Camel und Moto Guzzi V 50 III, V 50 Monza und 850 Le Mans III), den Engländern (Triumph TR 7 T Tiger Trail) und den Herstellern im Osten (CZ 250/485, Jawa 350/634.6 und MZ ETZ 250) angesagt. Die Tuner steuerten den zulassungsfähigen Sondermodellen die Bajohr-Ducati 600 Pantah mit 60 PS bei 10 000/min, die 553er Bimota-Kawasaki KB 2 Laser mit 60 PS bei 9500/min, die Krauser MKM 1000 mit BMW R 100 CS-, RT- oder RS-Motor im Gitterrohrrahmen, die Michel-BMW R 100 mit 70 PS bei 7000/min und die Schek-Enduro als Parallelentwicklung zur BMW R 80 G/S mit R 65-Motor bei.

1982/83

Der von den Branchen-Insidern eigentlich schon für 1981 erwartete Rückgang der Neuzulassungen betrug in den ersten beiden Jahren 9618 Motorräder und ließ den rund fünfzig in- und ausländischen Herstellern und Tunern noch einen Markt von 127016 beziehungsweise 123169 Maschinen (Honda 44342/42737, Yamaha 30047/31019, Kawasaki 17602/18655, Suzuki 17582/13564, BMW 9774/9464, Moto Guzzi 2051/2489, Harley-Davidson 799/820, MZ 530/492, andere 4289/3929). Gleichzeitig stieg die Zahl der angemeldeten Fahrzeuge durch weniger Abmeldungen von 761062 auf 844256. Ein Nachlassen der jährlichen Modellflut hatte diese Entwicklung allerdings noch nicht zur Folge. Allein Honda wartete mit insgesamt 41 Modellvarianten und Neuerscheinungen auf, darunter ganz neuen Baureihen wie den CBX 550/650 mit luftgekühlten Vierzylinder - Viertakt - Reihenmotoren oder den wassergekühlten V-Zwei- und V-Vierzylinder-Viertaktern VT (Twin) und VF (Four). Bei Kawasaki waren es 18 neue oder überarbeitete Typen, bei Suzuki 11, bei Yamaha 24, bei Harley-Davidson 10 und bei BMW 5.

Honda streute in allen Kategorien gleichmäßig. Die bekannten luftgekühlten Einzylinder-Viertakt-Enduros bekamen Gesellschaft durch die dem Geländesport noch näherstehenden XL 200, 250, 500 und 600 R sowie den wassergekühlten Einzylinder-Zweitakter MTX 200 RW, der nach dem Stand der Technik mit Membraneinlaß und geregeltem Auslaß — dem Honda-ATAC (Auto-controlled Torque Amplification Chamber)-System mit drehzahlabhängig zugeschalteter Expansionskammer — lief. Bei den konventionellen Motorrädern verdienten die CB 250 RS/ 250 RSD mit dem luftgekühlten Enduro-Einzylinder-Vierventilmotor ebenso Beachtung wie die FT 500 mit dem großen Enduro-Viertaktmotor, die „kleinen" CBX mit nur 480 mm breiten DOHC-Vierzylinder - Vierventil - Reihenmotoren, elegant geschwungenen 4-in-1-Auspuffanlagen und gekapselten Scheibenbremsen, oder die nun 673 cm^3 große und 100 PS starke CX-Turbo. Im Vordergrund standen jedoch die VT- und VF-Modelle, deren wassergekühlte V-Motoren nicht wie die der verschiedenen CX-Spielarten mit längslaufenden, sondern mit querlaufenden Kurbelwellen ausgerüstet waren. Die VT arbeiteten als „falsche" V mit zwei Zylindern im 52°-Winkel bei 76° Kurbelzapfenversatz (guter Massenausgleich trotz kleinem Zylinderwinkel), je einer kettengetriebenen obenliegenden Nockenwelle und drei über Kipphebel betätigten Ventilen, die VF als „echte" V mit vier Zylindern im klassischen 90°-Winkel, paarweise angeordneten Pleueln, je zwei kettengetriebenen obenliegenden Nockenwellen und vier über Schlepphebel betätigten Ventilen. Die 500er Zweizylinder traten mit Leistungen von 27 und 50 PS bei 6000 und 9000/min an, die VF 750 S/750 C mit 82 PS bei 9500/min und die VF 750 F mit 90 PS bei 10000/min. Und auch den Honda-Choppern fuhr eine V 4 vornweg: die wie die VT und die VF 750 S/750 C mit zweifach umgelenktem Hinterrad-Wellenantrieb ausgestattete VF 1100 C. Neben dem stark amerikanisch gestylten und in den USA mit 113 PS angebotenen 100 PS-Boliden gab es noch eine C-Version der VT 500.

Im Gegensatz zu Honda hielten sich Kawasaki und Suzuki in der konzeptionellen Vielfalt ihrer Produkte merklich zurück. Kawasaki setzte — die Zwei- und Viertakt-Enduros sowie die Z 1300 ausgenommen — weiterhin auf seine luftgekühlten Zwei- und Vierzylinder-Viertakt-Reihenmotoren und brachte als besondere Neuheiten die GPZ 250 Belt

Drive, die Z 250 LTD Belt Drive, die Z 440 LTD Belt Drive und die Z 750 LTD Belt Drive mit Zahnriemen-Hinterradantrieb, die Z 550/750 GT mit Wellen-Hinterradantrieb, die GPZ 305, 400, 550 (neu) und Z 650 F mit „Uni-Trak"-Monoshock-Hinterradfederung sowie die Supersportmaschine GPZ 750 mit 87 PS bei 9500/min, einer Beschleunigung von 3,9 sec auf 100 km/h und einer Höchstgeschwindigkeit von 216 km/h heraus, und bei Suzuki hatten die luftgekühlten DOHC-Zwei- und Vierzylinder-Vierventiler mit dem unverwechselbaren GSX in der Typenbezeichnung absoluten Vorrang. Die GS 550 M Katana mit Kette, die GS 650 G Katana mit Kardan, die GSX 750 E/750 ES, die GSX 750 S Katana, die GSX 1100 E/ 1100 ES und die GSX 1100 S Katana erhielten wie andere Spitzenmodelle der drei japanischen Mitbewerber vom Straßenrennsport abgeleitete Anti-Dive-Teleskopfedergabeln mit bremsdruckabhängiger Druckstufendämpfung. Yamaha endlich lag wieder mehr auf der Honda-Linie und bot seine neuen Zwei- und Viertakter in allen drei Kategorien in den unterschiedlichsten Bauarten an. Für den gemischten Straßen- und Geländebetrieb gab es die wassergekühlte Einzylinder-Zweitakt-DT 125 LC mit Membraneinlaß und weitere XT-Varianten bis hin zum „Wüstenschiff" XT 600 Ténéré. Auf die sportlich oder touristisch veranlagten Straßenfahrer zielten zwei Baureihen wassergekühlter Ein- und Zweizylinder-Zweitakter von der RD 125 LC mit Membraneinlaß bis zur RD 350 LC YPVS (Yamaha Power Valve System) mit Membraneinlaß und drehzahlabhängig gesteuertem Walzenschieberauslaß sowie neun neue oder weiterentwickelte luft- und wassergekühlte Viertakter mit Zwei- und Vierzylinder-Reihen- und V-Motoren und eine Turbo. Die kleinsten waren die „trockenen" XS 400 DOHC mit 27 und 45 PS im Cantilever-Fahrgestell, die modernsten die „nassen" XZ 550/550 S mit 50 und 64 PS aus neuen DOHC-V-Zweizylinder-Vierventilmotoren, die größten die luftgekühlten DOHC-Reihenvierzylinder XJ 750/900 mit 82 und 97 PS und die „heißeste" die XJ 650 Turbo mit 90 PS bei 9000/min aus dem aufgeblasenen XJ 650-Motor. Für die Freunde der amerikanischen Fahrweise erweiterte Yamaha sein Soft-Chopper-Programm um den Enduro-Ableger SR 250 SE, die von verschiedenen Baureihen abgeleiteten XS 400/650 SE mit luftgekühlten OHC-Zweizylinder-Reihenmotoren, die XV 500 mit luftgekühltem OHC-V-Zweizylindermotor und die XV 1000 SE Midnight Special, eine Kombination aus dem luftgekühlten OHC-V-Zweizylindermotor der TR 1 mit dem Cantilever-Fahrgestell der wellengetriebenen XV 750 SE. Bei Harley-Davidson entstanden neben immer neuen Spielarten um den 1337er Motor mit den Alternativantrieben Kette oder Zahnriemen zwei neue Tausender, wobei die von den amerikanischen Dirt-Track-Rennen inspirierte und in nur wenigen Einzelstücken importierte XR 1000 eine Sportster ganz besonderer Art darstellte. Die angeblich renntaugliche Maschine leistete mit Leichtmetall-Zylinderköpfen, zwei 36er Dellorto-Vergasern, ungekapselten Luftfiltern und hochgezogener Zwillings-Sportauspuffanlage 67 PS bei 5600/min, beschleunigte in 5,2 sec auf 100 km/h und war 185 km/h schnell. BMW rüstete seine Enduro nach japanischem Vorbild als R 80 ST ebenfalls für die Straße um und fügte den herkömmlichen Boxern die sportliche R 65 LS sowie den Tourer R 80 RT bei. Im Herbst 1983 folgten die ersten Maschinen der neuen K-Reihe, die werksintern zur Unterscheidung von den späteren Dreizylindern „K 4" genannten Vierzylinder K 100 und K 100 RS. Das nackte Basismodell und die verkleidete RS hatten den gleichen wassergekühlten, liegenden und längs eingebauten Reihenmotor mit zwei kettengetriebenen obenliegenden Nockenwellen, zwei Ventilen pro Zylinder, digitaler Zünd- und Einspritzelektronik und 4-in-1-Edelstahl-Auspuffanlage. Das mit dem Kurbelgehäuse nach rechts und dem Zylinderkopf nach links weisende Triebwerk leistete 90 PS bei 8000/min und bildete unter dem offenen Stahlrohr-Brückenrahmen mit dem angeblockten Fünfganggetriebe, der am Getriebegehäuse gelagerten Einarmschwinge und dem Wellen-Hinterradantrieb eine mittragende Antriebsgruppe. Für die unverkleidete K 100 wurden eine Beschleunigung von 3,9 sec auf 100 km/h und eine Höchstgeschwindigkeit von 218 km/h gemessen, die verkleidete K 100 RS erreichte in den gleichen Disziplinen 4,4 sec und 222 km/h.

Trotz des hohen technischen Standards der Serienmaschinen wagten sich immer mehr Tuner an ihre Veredelung, die allerdings nicht zwangsläufig auch eine solche sein mußte. Zu den positiven Beispielen zählten vor allem die jüngsten Kreationen von AME, Bakker, Bimota, Eckert, Egli, Fallert, Krauser, Magni, Martin, Michel, Moko und Tweesmann. Das Angebot reichte von den fast unbegrenzten Ausstattungsvarianten der AME-Chopper mit den neuesten Harley-Davidson- und Honda-Motoren bis zur wettbewerbsfähigen Tweesmann-Enduro XT 600, von den 28 500 Mark teuren Bimota HB 2 und KB 3 bis zur 95 PS-Moko-Honda CB 900 F, von der gezähmten Eckert-Langstreckenrennmaschine RE 1 auf Honda-Vierzylinderbasis bis zur Egli-Red Baron mit feuerrot lackiertem Honda-Sechszylindermotor und von der vierventiligen Krauser-BMW MKM 1000/4 mit Gitterrohrrahmen bis zu den Magni-MB 1- und MB 2-Fahrgestellen für alle BMW-Boxermotoren.

1984

Mit 901 849 angemeldeten Motorrädern bei nur noch 98 919 Neuzulassungen setzte sich der für Industrie und Handel alarmierende Trend beschleunigt fort. Eine bemerkenswerte Ausnahme machten die Bayerischen Motoren Werke, die mit einem Absatz von 9964 Maschinen — je rund 5000 der R- und der neuen K-Reihe — nicht nur ihren Umsatz um 12,1% steigern, sondern auch ihren Marktanteil von 7,7 auf 10,1% erhöhen konnten. Im gleichen Zeitraum verkauften Marktführer Honda 32 184 (32,5%), Yamaha 26 299 (26,6%), Kawasaki 17 695 (17,9%), Suzuki 5653 (5,7%), Moto Guzzi 2124 (2,1%), Harley-Davidson 857 (0,9%), MZ 720 (0,7%) und die restlichen Hersteller 3423 (3,5%) Motorräder.

Auf der technischen Seite verlagerte sich das Schwergewicht von den schwergewichtigen Big Bikes der nach oben offenen Einliterklasse etwas in Richtung der meist handlicheren und maschinell kaum weniger leistungsfähigen Superbikes der Mittelklasse. Drei typische Vertreter dieser Spezies waren die Honda CBX 750 F, die Kawasaki GPZ 600 R und die Yamaha RD 500 LC, und für die 85er Saison kamen noch die Kawasaki GPZ 750 R, die Suzuki RG 500 Gamma, die Suzuki GSX-R 750 und die Yamaha FZ 750 hinzu. Außer ihren bemerkenswerten Fahrleistungen und Preisen um 10 000 (1984) beziehungsweise 12 500 Mark hatten diese schnellen Zwei- und Viertakter allerdings nicht viel miteinander gemein. Die CBX (91 PS bei 9500/min) setzte neben der wassergekühlten VF 750 F die Serie der klassischen 750er Honda mit luftgekühlten Vierzylinder-Reihenmotoren fort, ohne dabei so moderne konstruktive Extras wie Vierventiltechnik, 16 Zoll-Vorderrad und Monoshock-Hinterradfederung vermissen zu lassen, und die um 150 cm^3 kleinere GPZ

(75 PS bei 10500/min) mit dem großen R für „race" wartete mit einem wassergekühlten Reihenvierzylinder nach dem Vorbild der GPZ 900 R auf. Die durch besondere Ein- und Auslaßsysteme gesteuerten Halbliter-Zweitakter von Yamaha (88 PS bei 9500/min) und Suzuki (95 PS bei 9500/min) hatten wassergekühlte V- und Square-Four-Vierzylinder in der Art bewährter Rennmotoren, die ebenfalls zwischen 16 Zoll-Vorderrädern und Monoshock-gefederten Hinterrädern saßen, und die FZ 750 (100 PS bei 10500/min) überraschte als erstes Serienmotorrad der Welt mit fünf Ventilen pro Zylinder. Die in zwei Ebenen angeordneten zwölf Einlaß- und acht parallelen Auslaßventile wurden von zwei kettengetriebenen obenliegenden Nockenwellen über Tassenstößel betätigt und steuerten einen im geschlossenen Vierkant-Stahlrohrrahmen um 45° nach vorn geneigten wassergekühlten Vierzylinder-Reihenmotor. Suzuki konterte mit der gleichstarken GSX-R 750, die zwar „nur" vier Ventile pro Zylinder, dafür aber eine kombinierte Luft/Ölkühlung ihres Vierzylinder-Reihenmotors und einen Leichtmetallrahmen hatte. Die zusätzliche Ölkühlung sah Spritzkühlung der Kolbenböden sowie Düsen und Öltaschen im stark durchfluteten Zylinderkopf vor.

Neben diesen „Hypersport"-Maschinen, die im Falle der großen Zweitakter ihren Besitzern bei entsprechendem Talent vor einem halben Jahrzehnt noch den Titel in der Halbliter-Weltmeisterschaft eingetragen hätten, gab es weitere wichtige Neuerscheinungen. Aus der Bundesrepublik Deutschland kamen die BMW R 80 G/S Paris—Dakar, die bekannte Boxer-Enduro mit größerem Tank, Solositz und Gepäckträger, sowie — ersatzweise für die inzwischen gestrichenen R 100-Modelle — eine stark modifizierte R 80 mit Einarmschwinge und der Tourer K 100 RT in der neuen Vierzylinderreihe. In Italien legte Benelli die 350er OHC-Vierzylinder als 354 Sport II für die 27 PS-Versicherungsklasse neu auf. Außerdem lieferten Fantic die 125 Strada LC mit Wasserkühlung, Cagiva die 650 Alazzurra mit Ducati-Pantah-Motor, Ducati die Tausender S 2 und Hailwood-Replica, Laverda die 1000 RGS/2, 1000 RGS-Jota und 1000 SFC, Malanca die 125 Mark Enduro, Morini die 125 KJ Kanguro und Moto Guzzi die V 65-Ableger II, TT und Lario sowie die V 1000 SP und V 1000 Le Mans IV. Japan fügte noch die Honda-Enduro XLV 750 R mit Wellenantrieb, die Honda XBR 500 mit Einzylinder-Vierventilmotor, fünf neue Honda-VF-Modelle einschließlich der exklusiven VF 1000 R mit vier zahnradgetriebenen obenliegenden Nockenwellen (gedrosselt 100, „offen" 122 PS), die Kawasaki-Enduros KLR 250/600, vier weitere Kawasaki-GPZ inklusive der GPZ 305 Belt Drive mit Zahnriemen-Hinterradantrieb und der 240 km/h schnellen wassergekühlten GPZ 900 R, die Kawasaki Z 750 Turbo, die Suzuki-Enduro DR 600 S, die Suzuki RG 250 W (später RG 250 Gamma) mit wassergekühltem Zweizylinder-Zweitakt-Membranmotor, die Suzuki GSX 550/750 EF, die Suzuki GS 850 G mit Wellenantrieb, die Yamaha-Enduro XT 600, vier Yamaha XJ zwischen 600 und 900 cm^3, die Yamaha FJ 1100 mit luftgekühltem DOHC-Vierzylinder-Reihenmotor und den 325 kg schweren Yamaha-Supertourer XVZ 12 T mit wassergekühltem 1,2 Liter-DOHC-V-Vierzylinder-Vierventilmotor bei. Harley-Davidson-Deutschland importierte die FXEF 1340 Fat Bob, Zweirad-Röth die neue Zweizylinder-Zweitakt-Jawa 350/638.5, die Deutsche KTM-Vertriebs-KG je drei neue Zwei- und Viertakt-Enduros, Lohrig die nur leicht geänderten Triumph-Modelle, Wüst die gleichen Maschinen und Spiesberger in Wien die ISH Jupiter 4.

Bei den Tunern begann der Run auf den Kawasaki GPZ 900 R-Motor.

1985/86

Die Schere klaffte immer weiter auseinander. Standen 1985, zum 100. Geburtstag des motorisierten Zweirads, noch 80 135 Neuzulassungen (Honda 22 059, Yamaha 18 542, Kawasaki 15 032, BMW 9462, Suzuki 8053, Moto Guzzi 2024, MZ 1212, Harley-Davidson 650, andere 3101) den 942 358 angemeldeten Motorrädern gegenüber, so wies die Statistik des Kraftfahrt-Bundesamtes 1986 schon eine Differenz von 77 570 (Honda 18 663, Yamaha 18 096, Kawasaki 14 790, Suzuki 10 524, BMW 9561, Moto Guzzi 1395, Harley-Davidson 902, MZ 759, andere 2880) zu 986 304 auf. Eine ähnlich dramatische Entwicklung wurde von den anderen europäischen und außereuropäischen Märkten gemeldet, und wie nicht anders erwartet, reagierten vor allem die japanischen Hersteller mit einem noch umfassenderen Angebot und einer Technik, die in einschlägigen Kreisen bereits unter „High Tech" lief. Auf dem Motorensektor profitierten zunehmend auch die kleineren Zweitakter von der Rennsportentwicklung, die mechanisch oder elektronisch geregelte Auslaßsysteme wie das Honda-ATAC (veränderliches Auspuffvolumen durch Zuschaltung einer Expansionskammer über ein Ventil), das Suzuki-AEC (veränderliches Auspuffvolumen durch Zuschaltung einer Expansionskammer über einen Walzenschieber) oder das Yamaha-YPVS (veränderlicher Auslaßquerschnitt durch einen Walzenschieber) bald ebenso standardisierte wie die Membranen oder den Drehschieber auf der Einlaßseite, und bei den Viertaktern waren die anspruchsvollen Kraftpakete der Dreiviertelliterklasse weiter auf dem Vormarsch. Daneben gab es neue Spielarten um die größeren „Eintöpfe" für sporadische Geländeeinsätze, neue Einzylinder- und V-Zweizylindermotoren für die etwas rustikaleren Nachfolger der Soft-Chopper und neue großvolumige Triebwerke für die nun nicht mehr konkurrenzlosen Big Bikes. Auch auf die Konstruktion der Fahrgestelle übte der Rennsport zunehmend Einfluß aus. Im Rahmenbau wurde zwar noch nicht grundsätzlich Stahl durch Aluminium ersetzt oder die kürzestmögliche Verbindung zwischen Lenkkopf und Schwingenlager gesucht, doch zeigten die geschlossenen Suzuki-RG- und GSX-R-Leichtmetall-Doppelrohrrahmen sowie der mit dem Motor tragend verbundene offene Honda-VFR 750 F-Leichtmetall-Brückenrahmen zumindest die Tendenz auf. Immerhin wog die vollgetankte Suzuki GSX-R 750 nur 201 und die um die Wasserkühlung und die Zahnräder des Nockenwellenantriebs gewichtsmäßig benachteiligte 750er Honda 230 kg. Weitgehende Übereinstimmung herrschte dagegen bei der Hinterradführung und -federung durch eine Leichtmetall-Kastenschwinge mit Zentralfederbein und Hebelumlenkung, den Rad- und Reifengrößen und der aerodynamischen Ausstattung, während die bremsdruckabhängigen Anti-Dive-Systeme in den Teleskopfedergabeln wegen ihrer negativen Begleiterscheinungen wieder an Interesse verloren.

Zu den wichtigsten Neuerscheinungen im Jubiläumsjahr zählten aus deutscher Sicht die ersten Vertreter der parallel zum Vierzylinderprogramm aufgelegten BMW-Dreizylinderreihe, das Basismodell K 75 C mit kleiner Kühler- und Cockpitverkleidung und die K 75 S mit rahmenfester Halbschale. Beide Maschinen hatten den gleichen längslaufenden und um 90° nach links geneigten wassergekühlten Dreiviertelliter-Reihenmotor, der mit digitaler Zünd- und Einspritzelektronik, zwei kettengetriebenen obenliegenden Nockenwellen und zwei Ventilen pro Zylinder 75 PS bei 8500/min entwickelte und diese Leistung durch ein angeblocktes Fünfganggetriebe, eine Gelenkwelle im Holm der gegossenen Leichtmetall-Einarmschwinge und einen Winkeltrieb auf das Leichtmetallguß-Hinterrad übertrug. Die um die Bohrung und den Wassermantel des vierten Zylinders kürzere und einen Auspuffkrümmer ärmere Antriebsgruppe wurde wie bei der K 100 von unten in einen Stahlrohr-Brückenrahmen eingehängt und übte über die steif ausgeführten Gehäuseteile tragende Funktion aus. Gleichzeitig bereicherte BMW die Boxer-Palette um zwei neue R 65 mit dem asymmetrischen R 80-Fahrgestell. Die großen Vier aus Japan brachten außer den „Hypersport"-Maschinen mit 500, 600 und 750 cm^3 hauptsächlich Einzylinder-Viertakter wie die Yamaha-Enduro XT 350 oder die 44 PS-Ausführung des Honda-Enduro-Abkömmlings XBR 500 und großvolumige Tourensportler wie die vollverkleidete Honda VF 1000 F 2, die wellengetriebene Suzuki GS 1100 G oder die als gemäßigtes Gegenstück zur bulligen FJ 1100 gedachte Yamaha XJ 900/900 F heraus. Daneben erweiterten sie aber auch ihr Angebot an reinrassigen Sportmaschinen nach unten. Honda präsentierte die NS 400 R, deren wassergekühlter V-Dreizylinder-Zweitaktmotor mit Membraneinlaß und ATAC-Auspuffsystem 72 PS bei 9500/min leistete, und Suzuki die vor Jahresfrist noch als RG 250 W importierte RG 250 Gamma. Ihr ebenfalls wassergekühlter wie durch Membranen und Expansionskammern atmender Zweizylinder-Zweitakt-Reihenmotor gab 45 PS bei 8500/min und saß im ersten modernen serienmäßigen Leichtmetallrahmen. Harley-Davidson exportierte drei neue Ausgaben der Low Glide und Electra Glide und die italienischen Hersteller stiegen mit allen Arten von Ein- und Zweizylindermotoren bis hin zu den großen Viertaktern von Ducati, Morini und Rotax verstärkt in das noch verhältnismäßig gesunde Enduro-Geschäft ein. Daneben bemühten sich Benelli-Importeur Alois Demharter mit einem Cantilever-Fahrgestell für die 900 Sei Sport, Cagiva mit einer 56 PS-Version der 650 Alazzurra, Ducati mit einem 70 PS-750 cm^3-Pantah-Motor im F 1-Gitterrohr-Fahrgestell und einer Neuauflage der 900 SS Hailwood-Replica, Malanca mit den weiterentwickelten Zweizylinder-Zweitaktern 125 M 6 ob one/ob one Racing und Morini mit „Klassik-Look" für seine größeren V-Modelle. Bei den Tunern taten sich Bakker, Fischer, Jung und Rau mit Fahrgestellen für die Honda CB 1100 F/1100 R- und Kawasaki GPZ 900 R-Motoren, Egli mit der Zentralrohr-Ducati „Corsaro Rosso" und Magni mit einer 1100er Moto Guzzi Le Mans mit Parallelogramm-Hinterradschwinge hervor.

1986 veredelte BMW die K 100 RS durch ein neues Farbdesign und verkaufte sie in limitierter Auflage unter dem automobilsportnahen Markenzeichen „Motorsport". Ähnliche Wandlungen erfuhren im Spätsommer auch verschiedene Boxer- und Dreizylindermodelle, die durch die Wiederbelebung der R 100 RS (mit Einarmschwinge), die K 100 LT (mit Metallic-Lackierung, Komfortsitzbank, Packtaschen, Top Case und Radio) und die Vorstellung des ersten serienmäßigen Motorrad-Antiblockiersystems (ABS) an einer K 100 RT abgerundet wurden. Honda offerierte die neue CB 450 S in 27- und 44 PS-Ausführung und stieg zwei Jahre nach dem Debüt der luftgekühlten CBX 750 F auch mit einem wassergekühlten Spitzenmodell in die Dreiviertelliterklasse ein. Die VFR 750 F hatte einen auf 100 PS bei 10 500/min gebrachten 90° V-Vierzylinder-Vierventilmotor mit vier zahnradgetriebenen obenliegenden Nockenwellen, einen geradlinig geführten Leichtmetall-Brückenrahmen aus hochstegigen Rechteckprofilen und eine schlanke Vollverkleidung, beschleunigte in 3,6 sec auf 100 km/h und erreichte eine Höchstgeschwindigkeit von 235 km/h. Kawasaki versuchte die Soft-Chopper-müden Easy Rider mit der kernigen VN 750 Twin wieder in den Sattel zu heben und bot den mehr touristisch oder sportlich veranlagten Fahrern zwei neue Tausender an. Die VN 750 Twin hatte einen wassergekühlten 55° V-Zweizylinder-Vierventilmotor mit hydraulischem Ventilspielausgleich, ein typisches Chopper-Fahrgestell und einen weniger Chopper-typischen Wellen-Hinterradantrieb. Eine Gelenkwelle trieb auch den 100 PS-Tourer Z 1000 GTR an, dessen wassergekühlter vierventiliger DOHC-Reihenvierzylinder ungedrosselt 125 PS leistete, und nur bei der GPZ 1000 RX übertrug eine Kette die 100/125 PS des gleichen Motors auf das Hinterrad.

Suzuki rüstete — der Mode entsprechend — die DR 600 S mit Rallye-Zubehör wie Scheibenbremsenabdeckung, großem Steinschlagschutz und Gepäckträger zur DR 600 R Dakar um und führte zwei neue Chopper und drei teils modifizierte, teils neue Sportmaschinen ein. Die LS 650 Savage zeichnete sich durch einen quadratisch ausgelegten luftgekühlten OHC-Einzylinder-Vierventilmotor mit Dampfhammercharakteristik aus und die VS 750 GL Intruder durch einen wassergekühlten OHC-Zweizylinder-Vierventilmotor mit 45° Zylinderwinkel, 90° Hubzapfenversatz und Ducati-Sound. Die GSX 1100 ES stand mit einer Halbschale zwischen der unverkleideten GSX 1100 E und der vollverkleideten GSX 1100 EF, die GSX-R 750 Special war eine renntaugliche Variante der bekannten 750er für nicht weniger renntaugliche Fahrer und die nach ihrem Verkaufserfolg im Branchenjargon „rezeptpflichtige" GSX-R 1100 verkörperte die Suzuki-„Hypersport" schlechthin. Wie ihr kleineres Gegenstück hatte auch diese Maschine einen quer zur Fahrtrichtung eingebauten luftgekühlten DOHC-Vierzylinder-Vierventil-Reihenmotor, dessen Öl durch hohe Förderleistung und gezielten Einsatz im Kurbeltrieb und Zylinderkopf verstärkt zur Innenkühlung herangezogen wurde, einen aus Gußteilen, Schmiedestücken und Rechteckrohren zusammengesetzten Leichtmetallrahmen, ein nicht bremsdruckabhängiges Anti-Dive-System in der Teleskopfedergabel, die Suzuki - „Full - Floater" - Hinterradfederung, zwei 18 Zoll-Räder und eine Vollverkleidung mit Doppelscheinwerfer. Auch das Gewicht von nur 225 kg (mit Kraftstoff und Öl), die Beschleunigung von 0 auf 100 km/h in 3,3 sec und die Höchstgeschwindigkeit von 228 km/h in der 100 PS-Ausführung konnten sich sehen lassen. „Offen" leistete die Elfhunderter über 130 PS. Yamaha ersetzte die lenkerfeste Cockpitverkleidung der RD 350 LC YPVS durch eine rahmenfeste Cockpit-, Kühler- und Motorverkleidung und nannte das Motorrad RD 350 F. Die unverkleidete Maschine lief wieder unter RD 350, und gänzlich unverhüllt zeigte sich auch der Neuzugang SRX 6 mit luftgekühltem OHC-Einzylinder-Vierventilmotor von 27 oder 42 PS, Vierkant-Stahlrohrrahmen und konventioneller Hinterradfederung. Für die Chopper-Freunde entstand aus der XV 1000 SE Midnight Special die XV 1000 Virago, die sich durch ein noch ausgeprägteres US-Styling und eine Hinterradschwinge mit zwei Federbeinen anstelle der Cantilever-Hinterradfederung von der sonst baugleichen V-Zweizylinder unterschied, und für die Liebhaber sportlicher Tourer aus der FJ 1100 die von 87 Nm bei 7500/min auf ein maximales Drehmoment von 92 Nm bei 6500/min angehobene FJ 1200. Bei Harley-Davidson erhielten die Sportster-Modelle weitgehend neuentwickelte Leichtmetallmotoren von 883 und 1101 cm^3, die bei gleichem Hub (96,8 mm) und gleicher Drehzahl (6000/min) je vier PS mehr oder weniger als die alten Tausender leisteten, und in Italien tauchte Gilera mit der NGR 250 nach längerer Zeit wieder aus den Niederungen der Kleinmotorisierung auf. Die 27 oder 33 PS starke Sportmaschine hatte einen wassergekühlten Einzylinder-Zweitakt-Drehschiebermotor, einen Vierkant-Stahlrohrrahmen, eine Leichtmetall-Kastenschwinge mit Zentralfederbein und eine Verkleidung, die das 160 kg schwere Gefährt 138 beziehungsweise 155 km/h schnell machte. Aprilia trat mit weiteren Enduros der Tuareg-Reihe an, Ducati baute den 750er Pantah-Motor in die vollverkleidete Paso ein, Morini prüfte mit der 501 Excalibur den abflauenden Chopper-Markt und auch Moto Guzzi brachte mit der V 75 gleich den Soft-Chopper V 65 Florida heraus. Bei den zulassungsfähigen Sondermodellen machte die erste Ducati-Bimota Furore. Die mit der 70 PS-Ausführung des 750er DESMO-Motors bestückte DB 1 beeindruckte vor allem durch ihren feingliedrigen Chrommolybdänstahl-Gitterrohrrahmen, der – sehr zum Leidwesen aller Technik-Freaks – im fahrbereiten Zustand jedoch völlig unter der enggeschnittenen Vollverkleidung verschwand.

1987

Nach 26 Jahren gab es in der Bundesrepublik Deutschland erstmals wieder über eine Million zugelassene Motorräder. Genau 1 024 816 registrierte das Kraftfahrt-Bundesamt in Flensburg am 1. Juli 1987. Gleichzeitig erholten sich die Neuzulassungen auf 83 887, oder nach Marken: 20 898 Honda, 20 353 Yamaha, 15 008 Kawasaki, 12 773 Suzuki, 8284 BMW, 1645 Moto Guzzi, 1146 MZ, 1095 Harley-Davidson und 2685 Maschinen anderer Hersteller. An der Spitze lief noch das Kopf-an-Kopf-Rennen zwischen Honda und Yamaha mit ähnlichen Steigerungsraten, wie sie auch Kawasaki und Suzuki verbuchten, während BMW 1277 Einheiten verlor. Insgesamt führten die Listen nicht weniger als 67 neue oder überarbeitete Serienmotorräder, wenn man auch so krasse Außenseiter wie die extrem gedrosselten Enduros – eine 250er mit 15 und je eine 400er und 500er mit 17 PS – von Maico mitzählt, und vier besonders erwähnenswerte Tuning-Varianten.

Die wichtigsten Neuheiten kamen diesmal alle aus Japan. Honda verkleidete einen Mehrzweck-Ableger der wassergekühlten VT rahmenfest zur komfortablen Reise-Enduro und lieferte die kettengetriebene XL 600 V Transalp in zwei Leistungsstufen aus. Der gleiche dreiventilige 52° V-Zweizylinder-Basismotor fand sich mit noch größerer Bohrung und längerem Hub auch im wellengetriebenen Edel-Chopper VT 750 C wieder, wo er im Vergleich zur vierzylindrigen und vierventiligen VF 750 C (82 PS bei 9500/min) allerdings nur zivile 63 PS bei 7000/min leistete, und die ersten wassergekühlten Honda-Reihenvierzylinder bewegten das sportliche Mittelgewicht CBR 600 F und das neue Spitzenmodell CBR 1000 F. Anders als bei der auch im Innern kompromißlos durchkonstruierten VFR 750 F konzentrierte sich bei diesen Vierzylindern der technische Aufwand jedoch mehr auf den Fahrkomfort und die gute Aerodynamik der Verkleidung. Anstelle von spielfreien Zahnrädern besorgte wieder eine Zahnkette den Antrieb der beiden obenliegenden Nockenwellen und statt hochstegigen Leichtmetallprofilen bildeten solche aus Stahl die tragende Struktur. Ohne die nur für den Betrieb in der Bundesrepublik Deutschland vorgesehenen Blenden im Ansaugtrakt leistete der große Motor 132 PS und brachte die Tausender über 250 km/h. Bei Kawasaki lösten 27 und 48 PS starke KLR 650 die drei Jahre alten Enduros KLR 600 und KLR 600 E ab und machten drei neue wassergekühlte Zweizylinder vom Typ GPZ 500 S mit 27, 50 und 60 PS den luftgekühlten Vierzylindern GPZ 550 mit 50 und 65 PS Konkurrenz. Eine entschärfte GPZ 600 R (27 PS bei 8500/min) deckte eine weitere Versicherungsklasse ab, und Triebwerk und Antrieb des Kardan-Tourers Z 1000 GTR fügten sich mit dem entsprechenden Zubehör zum 100 PS-Pseudo-Chopper ZL 1000. Einen weiteren Schritt in diese Richtung tat Kawasaki mit der VN-15 Vulcan, deren großvolumiger und relativ langhubiger 50° V-Zweizylindermotor schon eher dem amerikanischen Vorbild entsprach. Allerdings war dieser Motor wassergekühlt und seine vier Ventile pro Zylinder wurden über Ketten durch je eine obenliegende Nockenwelle gesteuert. Suzuki begnügte sich nach der letzten Verjüngung seines Sportprogramms mit einer zweiten Intruder, die als VS 1400 fast doppelt so groß wie die erste und ähnlich der GSX-R nun auch luft/ölgekühlt war, und bei Yamaha reihten sich an einen schnellen Zweitakter drei nicht weniger potente Viertakter. Die TZR 250 trat mit einer 50 PS-Ausgabe des früheren wassergekühlten Zweizylinder-Membranmotors (38 PS bei 8500/min) im Deltabox-Leichtmetallrahmen die etwas verspätete RD 250 LC-Nachfolge an, die FZ 750 Genesis (100 PS bei 10 500/min, 236 km/h) und FZX 750 (94 PS bei 9500/min, 216 km/h) stellten eine supersportliche und eine US-gestylte Ableitung der fünfventiligen FZ 750 (100 PS bei 10 500/min, 231 km/h) dar, und die FZR 1000 Genesis schloß die noch offene Lücke bei den sonst eher tourig ausgelegten Yamaha-Big Bikes. Wie die kleineren FZ hatte auch die große einen quer zur Fahrtrichtung eingebauten wassergekühlten DOHC-Vierzylinder-Fünfventilmotor, der seine von 135 auf 100 PS reduzierte „Exportleistung" allerdings schon bei 9500/min entwickelte, und hinter dem R versteckte sich ein hochmodernes Sportfahrgestell mit Leichtmetall-Kastenprofilrahmen, stufenlos verstellbarer Teleskopfedergabel, Leichtmetall-Kastenschwinge, Monoshock-Hinterradfederung, hohlgegossenen 17- und 18 Zoll-Leichtmetallrädern, schwimmend gelagerten 320/267 mm-Lochbremsscheiben und Rennverkleidung. Die 100 PS-Ausführung beschleunigte in 3,8 sec auf 100 km/h und erreichte eine Höchstgeschwindigkeit von 231 km/h.

Die anderen Neuzugänge bewegten sich vorzugsweise zwischen Gelände und Straße. Allein Aprilia, Benelli, Beta, KTM, Maico und Morini boten 24 wenigstens stilistisch überarbeitete Enduros an, Moto Guzzi ersetzte die sportlich-nackte V 65 TT durch die rahmenfest verkleidete V 65 NTX und Gilera stellte die Viertakt-Neukonstruktion 350 Dakota mit luftgekühltem 27 PS-DOHC-Einzylinder-Vierventilmotor, 22 l-Tank und lenkerfester Cockpitverkleidung vor. Nur für die Straße waren dagegen die kleinen Supersportler AF 1 125 Replica von Aprilia und HP 1 von Fantic, die Ducati 350 F 3, die Horex Columbus 500 mit dem stehenden Einzylinder-Viertaktmotor von Rotax, die Jawa 500 R mit dem gleichen Motor, die neue Jawa 350 TS, die unverkleidete Moto Guzzi Mille GT mit dem 90° V-Zweizylindermotor in zwei Leistungsstufen und die zwei- und dreirädrigen China-Importe von Chang-Jiang, Donghai und Yangtze. Für die Zweizylindermotoren der chinesischen Maschinen hatten ältere deutsche und englische OHV- und SV-Motoren Pate gestanden. Bei den Tunern ging Ex-Egli-Importeur Reinhold Kraft aus Leutkirch im Allgäu mit der Ex-Egli-Target 600 unter die Hersteller. Fallert steigerte die Leistung einer dritten R 80–1000 auf 75 PS, Moko kreierte eine 44 000 Mark teure Super-Harley mit Zentralrohr-Fahrgestell und Bimota verpflanzte das 130 PS-Originaltriebwerk der Yamaha FJ 1200 in ein Gitterrohr-Fahrgestell. Anders als bei der Brückenkonstruktion der DB 1 umschlossen die Chrommolybdänstahlrohre der YB 5 jedoch Lenkkopf und Motor und bildeten dadurch einen besonders verwindungssteifen Rahmen. Die vollgetankt nur 231 kg schwere Zwölfhunderter beschleunigte in 3,5 sec auf 100 km/h und kreuzte die MOTORRAD-Lichtschranke in Hockenheim mit 243 km/h.

1988

Trotz eines leichten Rückgangs der Neuzulassungen auf 82 636 erhöhte sich der Motorradbestand weiter auf 1 062 069. Durch die Verluste büßten vor allem Honda die lange gehaltene Stellung als Marktführer und MZ einen beträchtlichen Teil seines devisenträchtigen Ost-West-Geschäfts ein. Im einzelnen setzten Yamaha 20 181, Honda 18 397, Kawasaki 15 998, Suzuki 12 705, BMW 8350, Harley-Davidson 1560, Moto Guzzi 1518, MZ 852 und die anderen 3075 Maschinen ab.

Auch wenn sich viele Änderungen wieder nur auf das Styling, die Ausstattung oder zusätzliche Leistungsvarianten erstreckten, so verwöhnten die Hersteller und Importeure ihre offenbar immer anspruchsvollere Kundschaft diesmal gleich mit 89 neuen Angeboten. Beinahe alle Marken nahmen an dieser wiederholten Modellflut teil – und stöhnten gemeinsam unter dem weiter steigenden Konkurrenzdruck.

In Fernost war allerdings mehr Klasse als Masse angesagt. So frischte Honda den Enduro-Markt nur mit den NX-Modellen und der XRV 650 Africa Twin auf, drei Maschinen mit Motoren aus dem Bestand, teils neuen Fahrgestellen und neuem Outfit. Ähnliches galt für die Neu-Chopper VT 600 C und VT 1100 C, die mit älteren V-Zweizylindermotoren die erst einjährige VT 750 C ablösten, sowie für die NTV 650. Als Nachfolger der VT 500 E trug die unverkleidete Maschine den aufgebohrten 52°V-Zweizylinder-Dreiventilmotor der XL 600 V Transalp in einem Stahl-Kastenprofilrahmen und trieb das Hinterrad über eine Gelenkwelle an.

Renntechnik in Reinkultur verkörperte dagegen die VFR 750 R. Auf der Basis der Langstrecken-Rennmaschine RVF 750 und mit dem stark überarbeiteten wassergekühlten 90°V-Vierzylinder-Vierventilmotor der VFR 750 F entstand eine Sportmaschine, die ihrer Ausstattung nach sowohl für den öffentlichen Straßenverkehr als auch für den Renneinsatz taugte – den Unterschied machten lediglich ein Kit der Honda Racing Corporation (HRC) und die geschickten Hände eines Tuners. Der Eingriff in das VFR 750 F-Triebwerk diente nicht nur der Leistungssteigerung der offenen Version (112 PS bei 11 000/min), sondern auch der Gewichtseinsparung und einer schmäleren Silhouette. Die Stahlpleuel wurden durch Titanpleuel ersetzt, die schon kurzen Kolben durch noch kürzere mit nur je einem Kompressions- und Ölabstreifring und die großen Nockenwellenräder im Zahnrad-Steuertrieb durch kleinere. In den neuen Zylinderköpfen liefen die Nockenwellen jetzt in Wälzlagern und betätigten die Ventile nicht mehr über Schlepphebel, sondern über Tassenstößel. Außerdem erlaubte ein kleinerer Ventilwinkel kompaktere Brennräume und eine günstigere Kanalführung auf der Einlaßseite. TÜV-gerecht standen 100 PS bei 11 000/min zur Verfügung und motorisierten ein Leichtmetall-Chassis mit Kastenprofilrahmen, Showa-Teleskopfedergabel, gegossener Einarmschwinge und Zentralfederung. Alles zusammen wog 210 kg, beschleunigte in 4,9 sec auf 100 km/h und erreichte eine Höchstgeschwindigkeit von 234 km/h.

Genau das Gegenteil stellte Hondas zweite Neuentwicklung dar. Als ein wahrer Koloß von 387 kg löste die GL 1500/6 die GL 1200 DX ab, und wie die Sechs hinter dem Strich verriet, trieb ein Sechszylinder statt des alten Vierzylinders die neue Gold Wing an. Allerdings entstand auch dieser Motor wieder in Boxerbauweise, und es genügten je eine obenliegende Nockenwelle pro Zylinderreihe und zwei Ventile pro Zylinder, um aus mehr als anderthalb Litern Hubraum 150 Nm bei 4000/min und 100 PS bei 5200/min zu schöpfen. Weitere Übereinstimmung herrschte beim Zahnriemenantrieb der Nockenwellen, der Getriebeanordnung unter der Kurbelwelle und dem Wellenantrieb des Hinterrads, doch saß die Antriebsgruppe jetzt nicht mehr in einem geschlossenen Doppelschleifen-Stahlrohrrahmen konventioneller Bauart, sondern in einem Stahl-Kastenprofilrahmen mit Vierkant-Unterzügen, dessen Rückgrat wie ein Leiterrahmen vom Lenkkopf zum Schwingenlager führte. Zur serienmäßigen Ausstattung des Super-Tourers gehörten eine luftunterstützte Teleskopfedergabel, zwei luftunterstützte hintere Federbeine, deren rechtes über den Bordcomputer und einen Kompressor während der Fahrt nachreguliert werden konnte, eine Verkleidung, die mit allen Stauräumen schon eher einer Karosserie entsprach, eine höhenverstellbare Windschutzscheibe, ein vom Cockpit aus verstellbarer Doppelscheinwerfer, Kalt- und Warmluftdüsen, Anschlüsse für eine Gegensprechanlage, ein Tempomat, eine Kombibremse und eine Rückfahrhilfe über den Elektrostarter. Grundpreis 22 300 Mark.

Vier zusätzlichen Leistungs- und Hubraumvarianten in den Enduro-Baureihen und sieben überarbeiteten Straßenmodellen standen auch bei Kawasaki nur zwei Neukonstruktionen gegenüber: die EL 250 Eliminator, ein rustikaler DOHC-Zweizylinder-Viertakter nach Art der Muscle-Bikes ZL 600 und ZL 1000, sowie die ZX-10. Das neue Superbike sollte verlorene Marktanteile durch die zu schwer und plump geratene GPZ 1000 RX zurückerobern und erhielt dazu nicht nur ein Leichtmetall-Chassis modernster Bauart, sondern auch einen leichteren und schmäleren DOHC-Vierzylinder-Vierventil-Reihenmotor, der gut zwischen die kastenförmigen Rahmenhauptträger paßte. Mit leichterem Kurbeltrieb, kleinerem Ventilwinkel, größeren Einlaß- und Auslaßventilen, neuen Nockenwellen, Schlepphebeln ohne Einstellschrauben, gerade geführten Einlaßkanälen und 36 mm - Unterdruck - Fallstromvergasern leistete der ungedrosselte Tausender 137 PS bei 10 000/min, also 12 PS mehr als der offene RX-Motor. In der angebotenen 100 PS-Ausführung verlagerte sich die Nenndrehzahl von 9500 auf 8800/min und das maximale Drehmoment von 99 Nm bei 8500/min auf 89 Nm bei 6800/min. Gewichtsmäßig machten sich der neue Motor und der Leichtmetallrahmen jedoch nur mit sechs Kilogramm bemerkbar.

105×84 mm markierten Bohrung und Hub der größten Einzylinder-Enduro, die bis dahin gebaut wurde, und Suzuki legte damit nur den Grundstein für eine noch größere, die zwei Jahre später in Serie gehen sollte. Genau 727 cm^3 maß der Hubraum der DR Big 750 S, und ihr luft/ölgekühlter Einnocken-Vierventilmotor entwickelte stattliche 50 PS bei

6800/min und ein maximales Drehmoment von 55 Nm bei 5500/min. Besonders letzteres beanspruchte viel Aufmerksamkeit des verantwortlichen Ingenieurs Etsuo Yokouchi, der das Zweivergaser-Triebwerk völlig neu konzipierte, und die MOTORRAD-Tester bescheinigten dem starken Single auch bemerkenswerte Elastizität. Für den entsprechenden Rundlauf sorgten zwei kettengetriebene Ausgleichswellen, die aber auch ihren Anteil am hohen Motorgewicht von annähernd 58 kg hatten — vollgetankt wog die mit Entenschnabel über dem mitfedernden Vorderradschutzblech futuristisch gestylte Big immerhin 210 kg.

Nur bis zur Auslieferung der GS 500 E kombinierte Suzuki den Motor der GS 450 L mit dem Fahrgestell der GS 400 E/S und brachte die GS 450 E/S in zwei Leistungsstufen auf den Markt. Eine Klasse höher löste die sportliche GSX 600 F die altgediente GSX 550 ab. Unter der Vollverkleidung des kleinen Superbikes drehte ein luft/ölgekühlter DOHC-Reihenvierzylinder ähnlich den GSX-R-Motoren und leistete 86 PS bei 11 000/min. Rechteckige Stahlrohre bildeten den geschlossenen Doppelschleifenrahmen, eine nicht verstellbare Teleskopfedergabel und eine Leichtmetallschwinge mit Zentralfederbein führten die 17 Zoll-Leichtmetall-Gußräder und drei Scheibenbremsen mit Vierkolbensätteln am Vorderrad verzögerten das 215 km/h schnelle Gefährt.

Eigentlich verdiente auch die GSX-R 750 eine neue Typenbezeichnung. Dafür sprach nicht nur der verstärkte Rahmen, der die Fahrstabilität erhöhte, sondern auch der stark überarbeitete Motor. Das weiterhin nach dem Suzuki Advanced Cooling System (SACS) luft/ölgekühlte Triebwerk erhielt eine größere Zylinderbohrung, um größere Ventile unterzubringen, den dazugehörenden kürzeren Kolbenhub, einen neuen Zylinderkopf, neue Drosselklappenvergaser (Slingshot) und eine 4-in-2-Auspuffanlage. Die Änderungen wurden jedoch mit einem deutlichen Mehrgewicht erkauft und wirkten sich nicht gerade vorteilhaft auf die Fahrleistungen aus.

Während nur optische Retuschen und eine versicherungsfreundliche Drosselung der Motorleistung von 55 auf 50 PS die ältere von der neuen VS 750 Intruder unterschieden, stellte der Sport-Tourer GSX 1100 F eine echte Neukonstruktion dar. Zwar basierte sein SACS-gekühlter DOHC-Reihenvierzylinder unverkennbar auf dem GSX-R 1100-Motor — und löste ihn später auch in der Sportmaschine ab. Doch wie in der GSX-R 750 änderten sich Bohrung und Hub und damit alle betroffenen Teile. In der 100 PS-Ausführung sank die Nenndrehzahl von 8700 auf 8000/min und lag das höchste Drehmoment von 96 Nm (früher 101 Nm) schon bei 6500 statt bei 8300 Touren. Im Gegensatz zu den GSX-R-Modellen rüstete Suzuki die GSX 1100 F mit einem Stahl-Kastenprofilrahmen mit angeschraubten Unterzügen aus.

Bei Yamaha stand nur eine Enduro zur Überholung an. Es war die XT 600 Ténéré, die sich ein zusätzliches Z mit einer rahmenfesten Cockpitverkleidung, einem Doppelscheinwerfer, neuen Instrumenten, einem mitfedernden Vorderradschutzblech, einem neuen Vergaser und einer hinteren Scheibenbremse verdiente und so wieder für Jahre ihre Sonderstellung unter den Allround-Motorrädern hielt. Aus der kleinen Straßenrennmaschine TZR 250 entstand das Fun-Bike TDR 250, indem der giftige Zweizylinder-Zweitaktmotor in einen geschlossenen Doppelschleifen-Stahlrohrrahmen transplantiert und das Fahrwerk passend ausgelegt wurde, und mit Blick auf das sogenannte schwache Geschlecht rollte die zierliche und elegante XV 535 als Ableger der XV 1000 Virago daher. Der kleine Chopper hatte einen Preßstahlrahmen, unter dem ein glattflächiger, feinverrippter, fahrtwindgekühlter 70° V-Zweizylindermotor mit je einer kettengetriebenen obenliegenden Nockenwelle und zwei Ventilen pro Zylinder hing und 27 PS bei 6000/min über ein Fünfganggetriebe und eine gekapselte Gelenkwelle auf das 15 Zoll-Hinterrad übertrug.

Zwei sehr unterschiedliche 750er rundeten schließlich das Yamaha-Programm nach oben ab. Die mit der früheren FZ 750 Genesis nahezu identische FZ 750 trug den DOHC-Vierzylinder-Fünfventilmotor weiterhin im geschlossenen Doppelschleifenrahmen aus Vierkant-Stahlrohren, während die mit der gleichen Antriebsquelle ausgestattete FZR 750 Genesis den modifizierten Deltabox-Leichtmetallrahmen der FZR 1000 Genesis mit kastenförmigen Hauptträgern und angeschraubten Vierkant-Unterzügen erhielt. Zur neuen Genesis gehörten auch eine neue Teleskopfedergabel mit getrennt einstellbarer Federung und Dämpfung, eine Leichtmetall-Kastenschwinge mit einstellbarem DeCarbon-Zentralfederbein und Monocross-Aufhängung, eine Dreischeiben-Bremsanlage mit schwimmend gelagerten 320 mm-Scheiben und Vierkolbensätteln am Vorderrad, hohlgegossene Dreispeichen-Leichtmetallräder und eine Vollverkleidung mit Doppelscheinwerfer. Der Gewichtsunterschied betrug jedoch nur vier Kilogramm.

Paralever hieß die Zauberformel, die aus der R 80 G/S bessere Enduros machen sollte, und um den Unterschied nicht nur technisch zu dokumentieren, entfernte BMW bei den neuen R 80- und R 100 GS auch den Strich zwischen den Kennbuchstaben. Nur die R 65 GS passierte mit dem Monolever. Paralever war ein Hinterrad-Federungssystem mit zwei Gelenken in Schwinge und Welle, das die Lastwechselreaktionen dämpfte und die Kardanmaschine an der Hinterhand ähnlich ruhig hielt wie eine Kettenmaschine. Herbeigeführt wurde dieser Effekt durch die sowohl mit dem Rahmen als auch mit dem Kegelradgehäuse drehbar verbundene Schwinge und die Abstützung des Kegelradgehäuses am Rahmen durch einen Längslenker. Seine Länge und Stellung zur Schwinge bestimmten den Wirkungsgrad. Sonst erinnerten die Enduros stark an das Vormodell und warteten ausnahmslos mit bekannten Motoren aus der Boxerbaureihe auf. Auch die R 100 RT war nur ein Ableger der R 80 RT mit dem großen Zweizylinder.

Zahlenmäßig übertraf Harley-Davidson jeden anderen Hersteller bei der Präsentation neuer Modelle. In Wirklichkeit korrigierten die Amerikaner oder ihr deutscher Importeur aber nur die Motorleistung der meisten Maschinen und fügten Ausstattungsvarianten bei. So machten ein Buckhorn-Lenker und eine tiefere Sitzposition die Sportster 883 zur Hugger und drei Scheinwerfer, eine große Frontscheibe und eine genietete Sitzbank aus der Heritage Softail die Heritage Softail Classic. Allein die mit 50 und 58 PS angebotene Sportster 1200 wies mehr auf als geänderte Steuerzeiten durch eine neue Nockenwelle, nämlich mehr Hubraum durch eine größere Zylinderbohrung.

Nicht nur zwei neue Maschinen, sondern auch die Wiedergeburt zweier berühmter Marken signalisierten neue Zweirad-Aktivitäten von den Britischen Inseln. Allerdings stellte die Matchless G 80, wahlweise mit Kick- oder Elektrostarter (K/E) ausgestattet, keine eigenständige Konstruktion in allen Teilen dar, denn ihr Rotax-Motor stammte aus Österreich und die Lafranconi-Auspuffanlage aus Italien. Ganz anders verhielt es sich mit der Norton Classic, die als

Interpol II schon eine Vergangenheit hatte — vier harte Testjahre im Polizeieinsatz. Ihr fahrtwindgekühlter 588 cm^3-Zweischeiben-Kreiskolbenmotor überraschte mit seidenweichem Lauf und einer Leistung von 85 PS bei 9000/min. Zur Senkung der hohen Innentemperaturen verwendete Norton den kastenförmigen Stahlblechrahmen als großflächigen Öltank.

Die Italiener teilten sich mit Husqvarna (125 WRK und 510 TELC/88), KTM (Enduro 350) und Maico (GP 360 E) wieder die restlichen Enduros und erweiterten ihr ohnehin schon umfangreiches Angebot um noch elf Exemplare. Für die Straße stellten sie zusammen acht neue Maschinen auf die Räder, wobei die beiden Laverda 600 SFC mit 50 und 64 PS jedoch mehr der Initiative des deutschen Importeurs entsprangen. Moto Witt im Kölner Rheinhafen setzte den vierventiligen DOHC-Zweizylindermotor der OR 600 Atlas in einen Chrommolybdänstahl-Gitterrohrrahmen von Harris aus England und fügte dem tragenden Verbund weiteres italienisches Zubehör bei. Mit der 125 C 9 Freccia versuchte nun auch Cagiva einen typischen Vertreter der populären italienischen Achtelliterklasse am deutschen Markt zu plazieren, und die kurzlebige Ducati 750 Santa Monica mit 85 PS im luftgekühlten 90°V - Zweizylinder - Zweiventilmotor überbrückte nur die letzte Entwicklungsphase der wassergekühlten 90°V-Zweizylinder-Zwei- und Vierventilmotoren. Morini schickte die Dart 350 als erste vollverkleidete Zweizylinder der Stoßstangen-Baureihe mit einem zeitgemäßen Stahl-Kastenprofilrahmen in den Wettbewerb, und auch Moto Guzzi wertete seine V-Motoren in drei neuen Modellen auf. Die GT 650 Sessantacinque folgte der klassischen Linie der Mille GT, die Le Mans V zeigte die beliebte Sportmaschine mit 18 Zoll-Vorderrad und rahmenfester Cockpitverkleidung, und in der V 1000 California III Injection trat der große Stoßstangenmotor mit elektronisch geregelter Weber-Marelli-Kraftstoffeinspritzung an.

Im weiten Feld der Tuner nahm Bimota inzwischen eine Sonderstellung ein. Einerseits Motoren, die aus Großserien fremder Hersteller stammten, andererseits aber auch Fahrgestelle, die in eigener Fertigung beachtliche Stückzahlen erreichten, machten fast schon eine neue Marke. Für das neue Modelljahr legten die Feinmechaniker aus Rimini jedenfalls eine Sonderserie der DB 1 auf, die zehn PS stärkere DB 1 SR mit einem noch sportlicheren Fahrwerk in der gleichen Verpackung, und die Yamaha FZ 750 lieferte den Vierzylinder-Fünfventilmotor der YB 4 E.I., die mit Weber-Marelli-Kraftstoffeinspritzung auf 120 PS bei 10 250/min und eine Höchstgeschwindigkeit von 245 km/h kam. Der Rahmen der nur 200 kg schweren 750er war nicht mehr in Gitterrohrbauweise aus Chrommolybdänstahlrohren ausgeführt, sondern als Deltabox-Leichtmetallrahmen, wie er auch in der Superbike-Weltmeisterschaft eingesetzt wurde. Einen weiteren interessanten Beitrag auf der Basis eines Serienmotors im hochwertigen Eigenbau-Fahrgestell leistete Fritz W. Egli mit dem wassergekühlten liegenden Reihenvierzylinder der BMW K 100 unter einem Zentralrohrrahmen. Der wie im Original mittragende Motor erreichte in der höchsten Tuningstufe 118 PS bei 9200/min und trieb in dieser Ausführung das Hinterrad über ein Kayser-Renngetriebe an.

1989

Nach den offiziellen Zählungen erhöhte sich der Motorradbestand kontinuierlich auf 1 104 202 angemeldete Maschinen. Auch die zuletzt leicht rückläufigen Neuzulassungen zogen wieder kräftig an. Dennoch erlitt Honda weitere Verluste und verlor an Kawasaki sogar den zweiten Platz. Von den 85 607 Erstanmeldungen entfielen 20 210 auf Yamaha, 17 027 auf Kawasaki, 16 991 auf Honda, 16 356 auf Suzuki, 8218 auf BMW, 1903 auf Harley-Davidson, 1149 auf Moto Guzzi, 603 auf MZ und 3150 auf die anderen Hersteller.

Unter den 86 Neuzugängen – drei weniger als im Vorjahr – riefen diesmal nicht nur japanische und italienische Vertreter besonderes Interesse hervor. Vor allem in Deutschland nahm auch das neue BMW-Spitzenmodell K 1 eine Spitzenposition ein, realisierten doch die Münchener zum ersten Mal 100 PS in der K 4-Baureihe. Auf dem Weg zum Superbike fehlten der nur äußerlich aggressiven Maschine allerdings die Kraftreserven der ungedrosselt schon über 135 PS starken Konkurrenten und ein modernes Fahrgestell.

Viel von der K 100 blieb unter der Vollverkleidung Marke „Plastic Bike" trotzdem nicht übrig. Zwar verbarg sich auch in dem schnittigen Windkanalprodukt Konstrukteur Josef Fritzenwengers weltweit patentiertes Compact Drive System, der unter dem Stahlrohr-Brückenrahmen mittragende Antriebsstrang aus dem flüssigkeitsgekühlten, längs eingebauten und liegenden Reihenvierzylinder vor dem angeblockten Fünfganggetriebe mit integrierter Schwingenlagerung und dem gekapselten Wellen-Endantrieb. Doch zum gleichen Prinzip, das auch der K 1 einen tiefen Schwerpunkt, Kraftübertragung ohne zusätzliche Umlenkung und vorbildliche Wartungs- und Reparaturfreundlichkeit bescherte, gesellten sich so umfangreiche Neuerungen wie ein Vierventilkopf, ein vollelektronisches Motormanagement, die ebenfalls patentierte Paralever-Hinterradaufhängung der neuen BMW-Enduros und eben die anfänglich noch etwas gewöhnungsbedürftige CFK-Verkleidung. Der mit Rücksicht auf eine möglichst kurze Bauweise immer noch langhubige Motor leistete 100 PS bei 8000/min, entwickelte ein maximales Drehmoment von 100 Nm bei 6750/min, beschleunigte die 264 kg schwere Maschine in 3,9 sec auf 100 km/h und drückte die Höchstgeschwindigkeit auf 235 km/h. Auf Wunsch bewirkte ein Antiblockiersystem (ABS) das Gegenteil. Mit rahmenfester Cockpitverkleidung, 35 l-Tank und verstärktem Steinschlagschutz rüstete BMW dazu noch die große Enduro zur R 100 GS Paris-Dakar um.

Bei Ducati stand der Wechsel von Luft- auf Wasserkühlung ins Haus. Zwar folgte die 750 Sport mit dem 750er Paso-Motor im Gitterrohrrahmen der 750 F 1 noch der alten Bauweise, doch trieben zwei neue flüssigkeitsgekühlte 90° V-Zweizylindermotoren die 851 Strada und 906 Paso an. Beide Aggregate hatten das gleiche Fundament, unterschieden sich aber von der Kurbelwelle aufwärts bis zu den weiterhin desmodromisch gesteuerten Ventilen, die nur im verkappten Renntriebwerk der 851 doppelt vorhanden waren. Entsprechend leistete die Paso mit dem Doppelschleifenrahmen der 750er „nur" 88 PS bei 8000/min, während die Strada mit einem neuen Gitterrohr-Fahrgestell auf 102 PS bei 8250/min kam.

Auch Gilera investierte in die Zukunft. Wie die Ducati 851 konnte die Saturno 500 mit der richtigen Nachbehandlung in eine konkurrenzfähige Rennmaschine verwandelt werden und sicherte sich dadurch zusätzliche Käufer. Als Antriebsquelle diente ein stehender wassergekühlter Einzylinder-Vierventilmotor mit Zahnriemenantrieb der beiden obenliegenden Nockenwellen auf 350/500 Dakota-Basis und als Fahrgestell ein filigraner offener Stahl-Gitterrohrrahmen mit einstellbarer Teleskopfedergabel, zentralgefederter Kastenschwinge, Dreispeichen-Leichtmetall-Gußrädern und je einer Scheibenbremse. Der in der Serie 38 PS starke Motor leistete im SoS-Renntrimm bis zu 60 PS. Bei den Enduros löste die XRT 600 die 500 Dakota ab.

Als Springer Softail erinnerte eine der drei neuen Harley-Davidson an die gute alte Zeit, an die bis 1948 eingebaute Springer-Gabel. Das traditionelle Stahlrohrgebilde ersetzte die Telegabel der gewöhnlichen Softail, führte das Vorderrad an zwei kurzen Schwinghebeln und federte es über ein langes Gestänge, zwei offene Schraubenfedern und einen hydraulischen Stoßdämpfer vor dem Lenkkopf ab. Wie inzwischen fast alle von Harley-Davidson-Deutschland importierten Maschinen hatte auch die Springer Softail den Black-and-Chrome-Powertrain und Drahtspeichenräder. Die Electra Glide Ultra Classic und Tour Glide Ultra Classic zeigten die seitherigen Topmodelle „fulldressed", also mit allem nur erdenklichen Komfort wie verbessertem Wind- und Wetterschutz, Tempomat, CB-Radio, 80 Watt-Stereoanlage und dergleichen mehr.

Angesichts eines so ausgewogenen und technisch ausgereiften Verkaufsprogramms leuchtete Hondas augenblickliche Marktschwäche nur schwer ein. Offensichtlich entdeckte auch der geschlagene Marktführer selbst keine größeren Lücken in seinem aktuellen Angebot, denn außer Streichungen und etwas Modellpflege gab es keine Änderungen. Zusätzliche Leistungsvarianten deckten wie immer nur die Versicherungsklassen ab, und die stärkste CBR 600 F stellte sich jetzt mit 93 PS bei 11 000/min der aufgerückten Konkurrenz. Ähnliches galt auch für Kawasaki. So verbarg sich unter der rahmenfesten Teilverkleidung der Tengai die KLR 650, die ungedrosselte GPZ 600 R machte den gleichen Prozeß durch wie die Honda CBR 600 F und die GPX 750 R erhielt im Zuge einer Leistungssteigerung der offenen Version auf 118 PS ein höheres Drehzahlniveau. Nur die ZXR 750 tauchte neu in den Verkaufslisten auf. Als Replica der Langstrecken-Werksrennmaschine ZXR 7 verband sie den modifizierten GPX 750 R-Motor mit einem Leichtmetall-Chassis in Deltabox-Bauweise. Zur serienmäßigen Ausstattung gehörten eine Upside-down-Teleskopfedergabel, deren Einstellmöglichkeiten Rennansprüchen genügten, eine Kastenschwinge mit Zentralfederbein und Hebelumlenkung, hohlgegossene 17 Zoll-Dreispeichenräder und Radialreifen 120/70 VR 17 und 180/55 VR 17. Für das 231 kg schwere Superbike wurden eine Beschleunigung von 4,2 sec auf 100 km/h und eine Höchstgeschwindigkeit von 231 km/h gemessen.

Nach vollständiger Ausmusterung des luftgekühlten Rotax-Motors und ersten guten Erfahrungen mit der ER 600 LC 4 setzte KTM bei den großen Enduros nur noch auf den hausgemachten wassergekühlten Einzylinder-Vierventiler mit kettengetriebener obenliegender Nockenwelle. Das kompakte und nur 36 kg schwere Triebwerk wurde in ein wettbewerbstaugliches Gelände-Fahrgestell mit geschlossenem Stahlrohrrahmen, Upside-down-Telegabel und zentralgefederter Leichtmetall-Kastenschwinge eingebaut und als Enduro 600 LC 4 mit 27 und 49 PS angeboten. In der eher tourig ausgelegten Incas leistete der um die Ausgleichswelle und den Elektrostarter erleichterte Motor wahlweise 27 oder 45 PS. Eine weitere große Viertakt-Enduro lief bei Morini unter der Typenbezeichnung 501 Coguaro vom Band. Ihr fahrtwindgekühlter 72° V-Zweizylinder-Stoßstangenmotor stammte aus der 501 Excalibur und leistete 41 PS.

Auch Moto Guzzi blieb mit einer Maschine der Enduro-Szene treu und ersetzte die V 65 NTX durch die etwas größere, etwas stärkere und etwas schwerere NTX 750/C, eine ausgesprochene Reise-Enduro mit rahmenfester Verkleidung. Den 750er Enduro-Motor mit dem kompletten Antrieb der V 65 orderte Moto Guzzi-Deutschland auch für die 750 Targa, die in Anlehnung an die erste Le Mans den Geschmack hierzulande besser treffen sollte, und die V 1000 SP III wurde als gut ausgestatteter Tourer mit Vollverkleidung und Koffern angeboten.

Damals wußte man es noch nicht. Aber die ETZ 251 war die letzte MZ, die noch in der Deutschen Demokratischen Republik neu aufgelegt und auch nach der Vereinigung der beiden deutschen Staaten im neuen Bundesland Sachsen weitergebaut wurde. Technisch stellte die 251 allerdings kaum mehr dar als eine optisch aufgewertete ETZ 250: der schlitzgesteuerte Einzylinder-Zweitaktmotor, der Stahlblech-Rückgratrahmen, die Federelemente und die Bremsen an den Drahtspeichenrädern waren alte Bekannte. Insgesamt zeigte sich die solo wieder mit 17 und im Gespann mit 21 PS ausgelieferte Maschine etwas rundlicher und folgte damit der Linie der 1985 neu gezeichneten ETZ 150.

Nur ein Jahr nach der Vorstellung der unverkleideten und luftgekühlten Classic schob Norton die vollverkleidete und wassergekühlte Commander nach. Trotz der zusätzlichen Belastung durch die Umwälzung des Kühlmittels leistete der 588 cm^3-Zweischeiben-Wankelmotor auch im Wassermantel 85 PS bei 9000/min und zeichnete sich weiterhin durch einen besonders günstigen Drehmomentverlauf aus. Als bestes Verkaufsargument begleitete die knapp 200 km/h schnelle Serienmaschine jedoch der überlegene Sieg der Rennversion in der englischen Formel 1-Meisterschaft.

Suzuki, seit Einführung der DR Big in Big Bikes aller Art sehr gut sortiert, pflegte diesmal mehr die Mittelklasse. Als großer Wurf gelang dabei die RGV 250 Gamma, deren brandneuer wassergekühlter 90° V-Zweizylinder-Zweitaktmotor gerade noch TÜV-gerecht auf sensationelle 58 PS bei 11 000/min oder 232 PS/l kam. Das starke Stück entbehrte nichts, was nach dem Stand der Zweitakttechnik gut und teuer war: von den 32er Mikuni-Vergasern führten strömungsgünstige Ansaugwege über Membraneinlässe ins Kurbelgehäuse und in den Auslaßkanälen variierten drehzahlabhängig gesteuerte Schieber die Schlitzhöhe und den Querschnitt. Leichtmetallprofile bildeten den dazu passenden Rahmen, und auch Federung, Dämpfung, Räder und Bremsen fügten sich nahtlos in das rennsportliche Konzept.

Ein schlichtes Gebrauchsmotorrad gegenüber der verkleideten, nur 159 kg schweren und 194 km/h schnellen Sportmaschine war die unverkleidete GS 500 E. Die preiswerte Fünfhunderter ersetzte die kurzlebige GS 450 E durch Aufbohren des zehn Jahre alten GS 450 L-DOHC-Zweizylinder-Zweiventilmotors und ein neues Fahrgestell mit geschlossenem Doppelschleifenrahmen aus unterschiedlichen Stahlprofilen. Zwei Leistungsstufen standen zur Wahl, eine mit 27 und die andere mit 46 PS, und für die GSX 600 F gab es Drosselmotoren mit 27 und 50 PS. Die GSX 600 F lieferte auch den Rahmenentwurf und Fahrwerksteile für den Sport-Tourer GSX 750 F, der mit einer drehmomentstärkeren Ausgabe des GSX-R-Motors an der Obergrenze der erweiterten Suzuki-Mittelklasse lag, und die beiden Superbikes GSX-R 750 R und die neue GSX-R 1100 führten die mit der GSX 1100 F begonnene Umstellung auf längerhubige Triebwerke weiter. In der käuflichen Rennausführung leistete die GSX-R 750 R 140 PS.

Zu den wichtigsten Neuerscheinungen beim neuen Marktführer zählte die XTZ 750 Super Ténéré, die das einzylindrige und luftgekühlte Yamaha-Enduro-Programm nicht nur um eine wassergekühlte Zweizylinder bereicherte, sondern auch um ein High-Tech-Motorrad mit der Fünfventiltechnik der FZ- und FZR-Modelle. Mit je drei unterschiedlich geneigten Einlaßventilen und zwei parallelen Auslaßventilen unter zwei kettengetriebenen obenliegenden Nokkenwellen brachte es der um 45° nach vorn geneigte Reihenmotor auf 69 PS bei 7500/min und ein maximales Drehmoment von 67 Nm bei 6750/min. Trotz des unvermeidlich hohen Gewichts von 232 kg beschleunigte die teilverkleidete Maschine in 4,7 sec auf 100 km/h und hielt mit einer Höchstgeschwindigkeit von 181 km/h auch im schnellen Reiseverkehr gut mit.

Bei den kleineren Hubräumen versuchte die kettengetriebene XV 250 mit 17 und 22 PS der wellengetriebenen XV 535 Konkurrenz zu machen, während das Yamaha-Urgestein RD 350 für seinen allerletzten Einsatz noch in die 27- und 50 PS-Klasse versetzt wurde. Die Zukunft gehörte der FZR 600, die voll im Trend der neuen 600er lag. 91 PS bei 10 500/min leistete ihr wassergekühlter DOHC-Vierzylinder-Reihenmotor als Hubraumvariante eines in der Bundesrepublik Deutschland nicht angebotenen 400er Vierventilmotors, und zur starken Version gab es gleich zwei schwächere Ausführungen mit 27 und 50 PS. Auch das Fahrgestell reflektierte nicht ganz den Standard der größeren FZR-Modelle. Dies galt für den Deltabox-Rahmen aus Stahlblech ebenso wie für die nicht einstellbare Teleskopfedergabel, das nur in der Vorspannung verstellbare Zentralfederbein und die Stahlblech-Kastenschwinge. FZR-Niveau hielten dagegen die Dreischeiben-Bremsanlage mit schwimmend gelagerten 300 mm-Scheiben am Vorderrad, die hohlgegossenen Dreispeichen-Leichtmetallräder und die harmonisch zur Tanklinie und Sitzbankauflage verlaufende Verkleidung. Der 91 PS-Motor katapultierte die 208 kg schwere Maschine in 4 sec auf 100 km/h und beschleunigte sie bis auf 229 km/h. Den Klassenrekord hielt allerdings auch der Preis: 12 250 Mark.

Für die großen FZR entwickelte Yamaha das Exup-System, eine zusätzliche variable Auslaßsteuerung ähnlich der inzwischen weit verbreiteten und bewährten Auslaßsysteme an Zweitaktmotoren. Anstelle von Schiebern oder Walzen in den Auslaßkanälen des Zylinderkopfs drehte hier eine Walze am Übergang der Krümmer in den Sammler der 4-in-1-Auspuffanlage ihre Steuerkante drehzahlabhängig in den Gasstrom und erhöhte durch Veränderung der Druckschwingungen das Drehmoment im unteren und mittleren Drehzahlbereich. Wirklich Sinn machte das Exup-System jedoch nur an den ungedrosselten Motoren, die als 750er schon über 135 und als 1000er bis zu 145 PS auf die Bremse brachten. Zur allgemeinen Überraschung blieb dabei die 17 195 Mark teure FZR 750 Genesis zugunsten der mehr als doppelt so teuren FZR 750 R auf der Strecke und hinterließ nur den Oldie FZ 750 mit Stahlrohrrahmen als Sparversion der Vierzylinder-Fünfventiler. Bei den weniger sportlichen Big Bikes XV 1100 und XVZ 13 T schließlich verkürzten etwas größere Motoren den Abstand zur Konkurrenz. Für den Tourer fiel dazu noch die Ausstattung eines Super-Tourers in Form einer halben Karosserie, eines zuschaltbaren Kompressors für die luftunterstützte Hinterradfederung und eines Tempomaten ab.

Natürlich nutzte auch Bimota das Exup-System. Als Parallelentwicklung zur YB 4 E.I. mit dem 750er Einspritzmotor entstand die Tausender YB 6 nämlich schon vor dem Rollout der neuen FZR 1000 und konnte sofort mit dem nachgerüsteten Vergasertriebwerk bestückt und ausgeliefert werden. Das Leichtmetall-Chassis des 140 PS-Superbikes entsprach weitgehend dem der 750er und hielt das Gewicht bei 210 kg. Egli stockte seine schnellen Dreiräder mit der Red Rat auf, die als Zugmaschine die grauimportierte Yamaha Vmax erhielt, Fallert machte aus den neuen BMW-Paralever-Enduros bis zu 75 PS starke Sport-Tourer und Arturo Magni kämpfte mit der unverkleideten Classic und der vollverkleideten Le Mans weiter um seine Sonderstellung bei den Moto Guzzi-Tunern. Noch sammelte er Pluspunkte mit seinem Chrommolybdän-Stahlrohrrahmen und der funktionstüchtigen Parallelogrammschwinge.

1990

Deutschland auf dem Weg zur Einheit – da gab es andere Probleme als die statistische Erfassung der alten und neuen Motorräder auf dem Gebiet der ehemaligen Deutschen Demokratischen Republik. Die Zahlen des Kraftfahrt-Bundesamtes standen daher weiterhin für die nun „alten" Bundesländer und wiesen 1 161 694 zugelassene Maschinen bei 96 739 Neuzulassungen aus. Letztere gliederten sich in 23 665 (+3455) Yamaha, 21 207 (+4851) Suzuki, 19 481 (+2490) Honda, 14 925 (−2102) Kawasaki, 9534 (+1316) BMW, 2435 (+532) Harley-Davidson, 1047 (−102) Moto Guzzi, 285 (−318) MZ und 4160 (+1010) Motorräder anderer Hersteller, wobei der steile Aufstieg von Suzuki ebenso überraschte wie der tiefe Fall von Kawasaki. Noch tiefer fiel allerdings MZ, für das die Wende mit dem Ende der Planwirtschaft schon beinahe das Aus bedeutete.

Gegenüber den 67, 89 und 86 Neuerscheinungen der vergangenen drei Jahre nahmen sich die 47 neuen Modelle und Modellvarianten des laufenden Jahres geradezu bescheiden aus. Und dieser Tendenz folgte auch der technische Anspruch der Maschinen, die mit wenigen Ausnahmen eher solide als spektakulär waren: zum Beispiel die BMW K 100 RS. Unter der alten Typenbezeichnung rüsteten die Bayerischen Motoren Werke die zweite Tausender mit der kompletten 100 PS-Antriebsgruppe der K 1 aus und versahen sie auch mit dem verstärkten Rahmen. Oder die ST 1100 Pan European. Dem Namen entsprechend entwickelte Honda den vollverkleideten Super-Tourer speziell für die Bedürfnisse des europäischen Reiseverkehrs und stimmte die Charakteristik des Triebwerks und die Auslegung des Fahrwerks ganz auf ein schnelles und bequemes Touren über weite Strecken ab.

Für genügend Leistung (100 PS bei 7500/min) und ein hohes Drehmoment (111 Nm bei 6000/min) sorgte ein wassergekühlter 90°V-Vierzylinder mit längslaufender 360°-Kurbelwelle, dessen vorn liegende Kupplung und die seitliche Getriebe-Antriebswelle mit Ruckdämpfer zum Ausgleich des Massenträgheitsmoments beim Lastwechsel gegenläufig rotierten. Den Gaswechsel steuerten vier Ventile pro Zylinder unter zwei zahnriemengetriebenen Nockenwellen pro Bank, das zündfähige Gemisch lieferten vier 32er Keihin-Gleichdruckvergaser und die zündenden Funken entsprangen einer kontaktlosen CDI-Anlage. Die Kraftübertragung erfolgte durch ein klauengeschaltetes Fünfganggetriebe und eine gekapselte Gelenkwelle im rechten Schwingenholm, und als Fahrgestell dienten ein Doppelschleifen-Stahlrohrrahmen mit abnehmbaren Unterzügen, eine Telegabel mit TRAC-Anti-Dive-System, eine

Stahlrohrschwinge, ein Federbein zwischen Rahmen und Kegelradgehäuse, hohlgegossene Dreispeichen-Leichtmetallräder und eine Dreischeiben-Bremsanlage mit 316 mm-Lochscheiben. Die 312 kg schwere Maschine beschleunigte in 4,1 sec auf 100 km/h und ermöglichte dem aufrecht sitzenden Fahrer eine Höchstgeschwindigkeit von 212 km/h. In der gleichen Kategorie zollte die von 100 auf 92 PS reduzierte Kawasaki 1000 GTR den verschärften Geräusch- und Abgasbestimmungen Tribut, und für die Klasse der unverkleideten Kardan-Tourer bohrte Suzuki den wassergekühlten 45°V-Zweizylinder-Vierventilmotor der VS 750 Intruder auf 805 cm^3 auf und brachte ihn mit 50 und 61 PS in einem neuen Stahlrohr-Fahrgestell als VX 800 heraus.

Ähnlich den großen, schnellen und teuren Tourern vermehrten sich zunehmend auch jene, die noch zu moderaten Preisen als Soft- oder Reise-Enduros kleinere Abstecher ins Gelände erlaubten. Cagiva fertigte solche Maschinen nach dem Baukastensystem und unterstützte seine Elefant durch die 350er, die den leicht gedrosselten 90°V-Zweizylindermotor der aus dem gleichen Konzern stammenden Ducati F 3 eingesetzt bekam, und die Elefant 900 i.e. Letztere kostete allerdings 18 220 Mark und bot dafür 72 PS aus dem 90°V-Zweizylinder-Basismotor der Ducati 900 SS Super Sport. I.e. stand für die Umrüstung auf Weber-Marelli-Kraftstoffeinspritzung. Honda legte die XRV 650 Africa Twin mit größerer Bohrung und längerem Hub als XRV 750 Africa Twin neu auf und Suzuki machte bei gleicher Bohrung und längerem Hub (105×90 mm) seinen Rieseneintopf zur noch größeren DR Big 800 S. Im Gegensatz zu Honda verzichtete Suzuki jedoch auf eine Leistungssteigerung und blieb bei 27 und 50 PS. Weniger „soft" zeigten sich dagegen die Gilera RC 600, die als abgespecktes Pendant zur XRT 600 mit 48 PS im wassergekühlten DOHC-Einzylinder-Vierventilmotor schon das schiere Geländevergnügen bot, und die Suzuki DR 350 S, DR 650 R Dakar und DR 650 RS. Alle drei hatten neue OHC-Einzylinder-Vierventilmotoren mit Luftkühlung und Trockensumpfschmierung (350er) oder SACS-Luft/Ölkühlung und ein neues (350er) oder weitgehend neue, auf jeden Fall aber wirklich geländegängige Fahrgestelle.

Die eher sportlichen Straßenmodelle verdankten ihre Existenz hauptsächlich einer neuen Zusammenstellung bewährter Bauelemente oder gediegener Modellpflege. So entstand die Ducati 900 SS Super Sport aus einer luftgekühlten Variante des 90°V-Zweizylinder-Zweiventil-Vergasermotors der 906 Paso, dem Stahl-Gitterrohrrahmen der 750 Sport und Fahrwerksteilen der 851 Superbike. Das 73 PS starke Baukastenmotorrad trumpfte mit einem Gewicht von 198 kg auf und stellte nicht nur vom Preis her eine interessante Alternative zur 851 Strada dar. Moto Guzzi entblätterte die V 1000 Le Mans V und feierte mit der 1000 S gewissermaßen die Wiedergeburt der 750 S 3 von 1976. Nur die modernen Leichtmetall-Gußräder störten ein wenig. Norton steigerte die Leistung des teilweise neu konstruierten und um 180° gedrehten wassergekühlten Zweischeiben-Kreiskolbenmotors auf 95 PS bei 9500/min und rüstete damit das vollverkleidete Leichtmetall-Chassis der F 1 aus. Als Replica der erfolgreichen Formel 1- und Supercup-Rennmaschine RCW 588 brachte das britische Superbike nur 229 kg auf die Waage und erreichte in seiner Klasse kaum reproduzierbare Fahrleistungen. Zum zweitenmal seit 1986 renovierte Honda die VFR 750 F und stattete den langjährigen Verkaufsschlager nicht nur mit den schmäleren Zylinderköpfen (Tassenstößel statt

Schlepphebel, kleinerer Ventilwinkel, steilere Einlaßkanäle) und der Einarmschwinge der VFR 750 R aus, sondern auch mit einem neuen Leichtmetall-Kastenprofilrahmen. Ähnlich verfuhr Suzuki mit der GSX-R 750. In der dritten Auflage seit 1985 erhielt der luft/ölgekühlte DOHC-Vierzylinder-Reihenmotor wieder das ursprüngliche Bohrung/Hub-Verhältnis (70×48,7 mm), vier 38er Mikuni-Slingshot-Vergaser und einen noch größeren, gewölbten Ölkühler.

Als „Gran Tourismo" siedelte Kawasaki dann noch seine Neuerscheinungen ZZ-R 600 und ZZ-R 1100 zwischen Sport und Touren mit einem deutlichen Überhang zur sportlichen Seite an. Beide Maschinen hatten neue wassergekühlte DOHC-Vierzylinder-Reihenmotoren mit kettengetriebenen Nockenwellen und vier Ventilen pro Zylinder, die als 600er mit vier 36er Keihin-Fallstromvergasern 98 PS bei 11500/min und als 1100er mit vier 40er Vergasern der gleichen Bauart 100 PS bei 9000/min leisteten. Die Fahrgestelle bestanden aus Leichtmetall-Kastenprofilrahmen in offener Brückenbauweise bei der 600er und mit angeschraubten Vierkant-Stahlunterzügen bei der 1100er, einstellbaren Teleskopfedergabeln, einstellbaren Zentralfederbeinen für die Leichtmetall-Kastenschwingen und hohlgegossenen Dreispeichen-Leichtmetallrädern. Für die ZZ-R 600 wurden eine Beschleunigung von 3,7 sec auf 100 km/h und eine Höchstgeschwindigkeit von 230 km/h gemessen, für die genauso spurtstarke ZZ-R 1100 eine Endgeschwindigkeit von 244 km/h.

Nach der offiziellen Statistik setzten nur noch AME und Bimota ihre zulassungsfähigen Sondermodelle in größeren Stückzahlen ab. Andererseits belegten die 189 Chopper aus Schauenburg-Hoof und 99 Superbikes aus Rimini aber auch weiteres Interesse an hochkarätigen Außenseitern. AME wahrte es durch die Vorstellung der ST 802 Super-Soft-Tail und HT 1000 Super-Hard-Tail, beide mit dem großen Zweizylinder von Harley-Davidson. Die auf Wunsch auch mit anderen Motoren erhältlichen Maschinen unterschieden sich von den Vormodellen hauptsächlich durch einen flacheren Lenkkopfwinkel (45°), der den Einbau besonders langer Teleskopfedergabeln oder einer Springer-Gabel gestattete, und eine wirkungsvollere Bremsanlage. Soft-Tail stand weiterhin für einen Rahmen mit integrierter Hinterradfederung, Hard-Tail für einen Starrrahmen in Verbindung mit einer Federnabe im Hinterrad.

Bei Bimota entstanden um Yamaha-Vierzylinder-Vierventil- und Fünfventilmotoren drei weitere High-Tech-Motorräder, wobei die Bellaria 600 mit dem leicht getunten FZR 600-Triebwerk (95 PS bei 10500/min) als erste reinrassige Sportmaschine des Hauses auch auf die bescheidenen Ansprüche eines Beifahrers Rücksicht nahm. Im Rahmenbau erinnerte die vollverkleidete 600er stark an das Leichtmetall-Chassis der YB 4 E.I., und den Zeitgeist dokumentierte eine digitale Cockpitanzeige anstelle der üblichen Zähler und Zeiger. Die YB 6 E.I. Tuatara verband ein geändertes YB 6-Fahrgestell einschließlich Upside-down-Teleskopfedergabel und Digitalanzeige mit dem älteren FZR 1000-Motor, dem eine Weber-Marelli-Kraftstoffeinspritzung und eine speziell abgestimmte 4-in-1-Auspuffanlage 143 PS bei 10500/min entlockten, und die YB 8 Exup 1000 stellte eine Weiterentwicklung der YB 6 mit der ebenfalls leicht überarbeiteten offenen Version des neuen FZR 1000-Motors dar. 149 PS bei 10000/min und ein maximales Drehmoment von 113 Nm bei 9000/min reichten für eine Beschleunigung von 3,7 sec auf 100 km/h und eine Höchstgeschwindigkeit von 260 km/h.

1991/92

Die ersten Zahlen aus den neuen Bundesländern erhoben noch keinen Anspruch auf Vollständigkeit. Gemäß dem Vertrag zwischen der Bundesrepublik Deutschland und der Deutschen Demokratischen Repulik über die Herstellung der Einheit Deutschlands vom 31. August 1990 liefen ab 1. Januar 1991 zwar alle Zulassungen und Ummeldungen zur Erfassung im Zentralen Fahrzeugregister (ZFR) über das Kraftfahrt-Bundesamt. Nicht erfaßt wurden jedoch die im Beitrittsgebiet bereits zugelassenen und bis spätestens 31. Dezember 1993 zur Ummeldung fälligen Kraftfahrzeuge. Daher beschränkten sich die Angaben auf 1 310 971 Krafträder aller Art, die nach den Unterlagen der Hauptabteilung Volkspolizei im Ministerium des Innern am 30. September 1990 zugelassen waren, und 44 454 an- oder umgemeldete Kleinkrafträder, Motorroller und Motorräder von Januar bis Dezember 1991. Unter den 8804 neu zugelassenen Motorrädern befanden sich 2934 Suzuki, 2236 Yamaha, 1533 Honda, 761 Kawasaki, 300 BMW, 58 Harley-Davidson und eine Bimota — aber nur 573 MZ. In den alten Bundesländern nahm der Bestand an zugelassenen Motorrädern weiter auf 1 234 484 zu und die Neuzulassungen stiegen auf 117 330. Davon beanspruchten Yamaha 31 764, Suzuki 28 163, Honda 21 011, Kawasaki 15 911, BMW 10 855, Harley-Davidson 3350, Ducati 1307, KTM 1174, Moto Guzzi 861, Aprilia 566 und MZ 338. Im ersten Halbjahr 1992 setzten Yamaha bundesweit 27 240, Suzuki 26 534, Honda 21 435, Kawasaki 17 787, BMW 9967, Harley-Davidson 3010, Ducati 1446, KTM 755, MZ 602, Moto Guzzi 541, Aprilia 509 und die restlichen Hersteller 1357 Maschinen ab.

Die Zweiradindustrie gönnte sich keine lange Verschnaufpause. Nach nur 47 Neuerscheinungen im vergangenen Jahr schwangen sich die Hersteller wieder zu 69 neuen Modellen oder Modellvarianten auf und setzten bis Juni 1992 mit weiteren 39 Maschinen nach. Für BMW war es wahrscheinlich die letzte Gelegenheit, die aktuelle Boxer-Palette noch einmal zu erweitern, da der neue Zweizylinder-Vierventil-Boxer mit je einer hochgelegten Nockenwelle (HC-Trieb) schon seit Monaten durch die Medien geisterte. Das Resultat waren zusätzliche R 80 und R 80 RT, die wie die R 65 nun auch mit 27 PS angeboten wurden, und die R 100 R. Als Roadster — wie es das R wollte — völlig offen, also ohne jedes Verkleidungsteil, verkörperte diese Maschine gewissermaßen zur Verabschiedung des Stoßstangen-Boxers die klassische Zweizylinder-BMW schlechthin und konzentrierte wesentliche Stilelemente der ganzen Baureihe seit 1969 auf sich. Technisch entsprach sie natürlich dem letzten Stand, der R 100 GS, von der sie nicht nur das komplette Triebwerk mit Ausnahme der runden Ventildeckel früherer Generationen (R 68 bis R 90 S) hatte, sondern auch das Fahrgestell mit dem nun silber lackierten Rahmen, der Paralever-Hinterradschwinge und den Drahtspeichenrädern für schlauchlose Reifen — die Räder allerdings beide 18 Zoll groß. Eine Showa-Teleskopfedergabel und ein neues, vielfach verstellbares Showa-Gasdruck-Federbein sorgten für gute Fahreigenschaften, und auch die Fahrleistungen des 228 kg schweren Motorrads ließen mit 4,9 sec auf 100 km/h und einer Höchstgeschwindigkeit von 181 km/h keine größeren Wünsche offen. Eine K 75 RT mit der Verkleidung der K 100 LT und eine K 100 LT Limited Edition, die 1992 von der vierventiligen K 1100 LT abgelöst wurde, rundeten das bayerische Drei- und Vierzylinderprogramm ab.

Während BMW noch mit Hochdruck

am neuen Boxer arbeitete, zahlte sich der Umbruch bei Ducati bereits aus. Schon 1989 mit 425 Neuzulassungen dem italienischen Marktführer Moto Guzzi in der Bundesrepublik Deutschland deutlich nähergerückt, setzte Ducati 1991 nicht weniger als 1307 und der Kontrahent nur noch 861 Maschinen ab.

Nach der 851 Strada mit 105 PS und der 900 SS Super Sport stellten die Bologneser und ihre deutschen Vertreter vier weitere neue oder geänderte Zweizylinder vor. So erschien die luftgekühlte 750 SS als preiswerte Alternative zur ebenfalls luftgekühlten 900 SS, wobei nicht nur die Verwendung des älteren fünfgängigen 750er Motorblocks und einer Zweischeiben-Bremsanlage die Differenz von annähernd 4500 Mark erklärten, sondern auch die nicht verstellbare Upside-down-Teleskopfedergabel und das nur in der Dämpfung variable Zentralfederbein. Der im Stahl-Gitterrohrrahmen mittragende Motor erhielt zwei 38er Mikuni-Gleichdruckvergaser, leistete 65 PS bei 7750/min, beschleunigte die 191 kg schwere Maschine in 4,5 sec auf 100 km/h und brachte sie auf 208 km/h. In der von 105 auf 93 PS gedrosselten wassergekühlten 851 Strada versuchten zwei ungeregelte Proterra-Katalysatoren und Auspuffblenden den desmodromisch gesteuerten Doppelnocken-Vierventiler im Rahmen der gesetzlichen Vorschriften zu halten, und auf die gleiche Weise behandelte Ducati-März in Ettlingen auch die 851 SP 3. Die im Original durch eine um zwei Millimeter größere Zylinderbohrung, schärfere Nockenwellen, größere Einlaß- und Auslaßventile, doppelte Bedüsung des Einspritzsystems und dickere Auspuffkrümmer auf 888 cm^3 und 110 PS gebrachte „stärkste Zweizylinder der Welt" leistete TÜV-gerecht noch 100 PS bei 8000/min — und kostete 37 480 Mark. Im Gegenzug realisierten BoT-Spezialisten unter Verwendung eines 2400 Mark teuren Rennkits bis zu 135 PS bei 11 000/min. Als vierter Neuzugang setzte die Einspritzversion 907 i.e. der 906 Paso die wesentlich billigere Baureihe der ebenfalls wassergekühlten und zwangsgesteuerten Einnocken-Zweiventiler fort. 1992 führten Detailverbesserungen zur 851 S 3 Strada, 851 SP 4, 900 Superlight und 907 i. e. Paso.

An mangelnder Kreativität lag es sicherlich nicht, daß Moto Guzzi einen so dramatischen Einbruch hinnehmen mußte. Denn kaum knüpfte die 1000 S stilistisch an die große Zeit der großen V-Zweizylinder aus Mandello del Lario an, schob das Werk eine ähnlich gut gelungene Mille GT, drei California III und je eine zwei- und vierventilige sportliche Tausender nach. Dabei trat die robuste Mille GT in freundlicheren Farben und auf blitzenden Drahtspeichenrädern endlich aus dem Schatten des düsteren Originals. Als unverkleideter Chopper leistete die California III C mit Vergasern noch 67 PS, während die California III- und III C-Injection auf 71 PS kamen. Aus dem gleichen Einspritzmotor und einem Stahl-Kastenprofilrahmen mit angeschraubten Unterzügen entstand die hochbeinige Enduro 1000 Quota Injection, ein bedingt geländegängiges Big Bike mit 260 kg Kampfgewicht, und als verspätete Neukonstruktion auch in maschineller Hinsicht gewährte die 1000 Daytona Injection wenigstens noch einen Ausblick auf das Modelljahr 1992.

Ausgangsbasis dieser ganz anderen Moto Guzzi war ein vierventiliger Prototyp von 1989, der mit den typischen Vertretern dieser Marke nur noch die beiden luftgekühlten Zylinder im 90°-Winkel auf einem mächtigen Leichtmetall-Tunnelgehäuse gemein hatte — ein bewährtes Konzept mit modernen Zutaten. Am Ende der Entwicklung stand ein

Motor, an dessen Stirnseite zwei Zahnriemen über Spannrollen zu je einer obenliegenden Nockenwelle liefen. Beide Nockenwellen lagerten seitlich in den Zylinderköpfen, um die Kapselung der Zahnriemen möglichst weit aus dem anströmenden Fahrtwind zu nehmen, und steuerten je vier Ventile über kurze Stößel und Gabelkipphebel. Vierventiltechnik, Einspritzung und ein knapper Liter Hubraum brachten das Triebwerk auf 93 PS bei 8000/min und ein maximales Drehmoment von 98 Nm bei 6000/min. Motor und Getriebe fügten sich mit einem Vierkant-Zentralrohrrahmen aus Chrommolybdänstahl zu einer tragenden Einheit, die ursprünglich in eine gegossene Leichtmetall-Einarmschwinge auslaufen sollte. An ihre Stelle trat eine Cantilever-Dreieckschwinge mit offener Doppelgelenkwelle, die über das drehbar aufgehängte Kegelradgehäuse und seine Abstützung am Rahmen den Kardanreaktionen entgegenwirkte.

Nachdem die japanischen Firmen in den vergangenen drei Jahren ihre Superbikes praktisch runderneuert hatten, stellten sie 1991 die 400er auf ein ähnlich hohes technisches Niveau. So deutete die Honda VFR 400 nicht nur als Typ ihre nahe Verwandtschaft mit der VFR 750 R an, sondern lag mit ihrem wassergekühlten 90°V-Vierzylinder auch gleich in der Stoßrichtung: 61 PS bei 12 500/min, 205 km/h, 19 170 Mark. Vier Ventile pro Zylinder, je zwei obenliegende Nockenwellen und Zahnräder für den Steuertrieb verstanden sich dabei ebenso von selbst wie das hochklassige Fahrgestell mit Leichtmetall-Kastenprofilrahmen, einstellbarer Teleskopfedergabel, Leichtmetall-Einarmschwinge, Zentralfederbein, Hebelumlenkung, zierlichen Gußrädern und Dreischeiben-Bremsanlage einschließlich Vierkolbensätteln am Vorderrad.

Rund 7000 Mark weniger durften es bei Kawasaki sein. Vier wassergekühlte Zylinder in Reihe und zwei kettengetriebene Nockenwellen garantierten aber auch der vierventiligen ZXR 400 eine Bombenleistung: 65 PS bei 13 000/min, 207 km/h. Wie bei der Konkurrenz trug der Motor im offenen Leichtmetall-Brückenrahmen mit, während vorn eine einstellbare Upside-down-Teleskopfedergabel und hinten eine konventionelle Leichtmetallschwinge mit dem bewährten „Uni-Trak"-Federungssystem die Dreispeichen-Gußräder führten.

Auf einer ganz anderen Linie lagen zwei weitere 400er, die Honda CB-1 und die Suzuki Bandit. Unverkleidet und beinahe ohne jedes modische Beiwerk setzten sie den Trend zum preiswerten Naked-Bike fort und hatten dennoch vier Zylinder, Vierventiltechnik, Wasserkühlung und Fahrgestelle, die auch höheren Ansprüchen genügten. In beiden Maschinen fanden quergestellte Reihenmotoren Verwendung, die in offenen Stahlrohr-Brückenrahmen tragende Funktion ausübten und mit 50 PS auch annehmbare Fahrleistungen boten. Im Ausland wurden sie sogar mit 57 (Honda) und 59 PS ausgeliefert. Zur gleichen Art Motorräder zählten die zusätzlichen Leistungsvarianten der Kawasaki Zephyr 550/750 mit 27 und 50 PS, wogegen die Yamaha TDM 850 wohl eher den Fun-Bikes zugeordnet werden mußte. Ihr aufwendiger wassergekühlter Zweizylinder-Fünfventilmotor stammte mit größeren Änderungen von der XTZ 750 Super Ténéré, leistete als 850er 78 PS bei 7500/min und hing unter einem Deltabox-Kastenprofilrahmen aus Stahlblech. Eine langhubige Telegabel und viele Einstellmöglichkeiten am direkt an der Hinterradschwinge angelenkten Zentralfederbein verliehen der teilverkleideten Maschine gute Allround-Eigenschaften.

Vielseitig und attraktiv gestaltete Yamaha auch die Ablösung der altgedienten und überaus erfolgreichen XJ 600, die XJ 600 S Diversion – nach der Übersetzung ein Zweirad zur Entspannung, Zerstreuung, Erholung. Trotz der ähnlich lautenden Typenbezeichnung und konstruktiver Parallelen hatte die neue Maschine jedoch kaum noch etwas von der alten. So neigte der zweiventilige DOHC-Reihenmotor seine zuvor fast stehenden vier Zylinder jetzt unter 35° dem Fahrtwind entgegen, um dadurch die Kühlwirkung um angeblich mehr als 20 Prozent zu steigern, und vor dem neuen Leichtmetallblock kreuzten sich die Krümmer der 4-in-2-Auspuffanlage nach der Zündfolge. Zur flacheren Silhouette paßte ein Doppelschleifenrahmen aus eng geführten Stahlrohren, das Zentralfederbein wirkte direkt auf die Hinterradschwinge und an den hohlgegossenen Dreispeichen-Leichtmetallrädern verzögerte bei Bedarf eine Zweischeiben-Bremsanlage mit 320/245 mm-Lochscheiben. Da die FZR 600 bereits einen Leistungsbereich von 27 bis 91 PS abdeckte, importierte Yamaha-Deutschland die Diversion zunächst nur mit 50 PS.

Genau die doppelte Leistung entwickelte die zweite neue 600er aus Japan. Als Gegenstück zur FZR 600 und der noch stärkeren Kawasaki ZZ-R 600 (98 PS bei 11 500/min) legte Honda die CBR 600 F neu auf und ersetzte dabei die alte Maschine komplett. Die vorläufigen Klassenbestleistung von 100 PS bei 12 000/min erbrachte ein wassergekühlter DOHC-Vierzylinder-Reihenmotor, der durch Verlegung des Steuertriebs aus der Mitte nach rechts und der daraus resultierenden Einsparung des sechsten Kurbelwellenlagers noch kompakter baute als sein ohnehin schon schmaler Vorgänger. Motorgehäuse und Zylinderblock bestanden aus einem Guß und die 16 Ventile wurden durch Tassenstößel statt über Schlepphebel betätigt. Das mit vier 34er Mikuni-Vergasern bestückte und über eine 4-in-1-Auspuffanlage entsorgende Triebwerk bildete mit einem Stahl-Kastenprofilrahmen das tragende Gerüst, beschleunigte das 208 kg schwere Gefährt in 3,9 sec auf 100 km/h und brachte es dank seiner aerodynamisch günstigen Verkleidung auf 230 km/h.

In den größeren Hubraumklassen warteten die Japaner 1991 dann nur noch mit zwei neuen Modellen auf. Beide orientierten sich an älteren Maschinen und dienten sehr unterschiedlichen Einsatzzwecken: die Kawasaki ZXR 750 R als Ausgangsbasis für Superbike-Rennen und die Suzuki GSX 1100 G als unverkleideter Tourer mit Wellenantrieb. Für Nachschub sorgte vor allem Honda erst wieder 1992. Ein Comeback feierte dabei die CB 750, die in der Art der CB 750 K von 1978 auch als Neukonstruktion stark an die erste Doppelnockenwellenmaschine dieser Baureihe erinnerte.

Als reines Prestigeobjekt verstand der ehrgeizige Hersteller dagegen die 100 000 Mark teure NR 750, eine wahre Demonstration seiner weitreichenden technischen Möglichkeiten. In streng limitierter Auflage erwartete die glücklichen Käufer ein zulassungsfähiges Straßenmotorrad mit der Ovalkolbentechnik der letzten Honda-Viertakt-Grand-Prix-Maschine NR 500 (1979 bis 1982) und eines Langstrecken-Prototyps (1987/88). Die NR 750 hatte einen wassergekühlten 90°V-Vierzylindermotor mit 101,2 × 50,6 mm großen Kolben, 42 mm Hub, 747,7 cm^3 Hubraum, zwei Titanpleueln pro Kolben, acht Ventilen pro Zylinder und je zwei zahnradgetriebenen obenliegenden Nockenwellen. Der elektronisch geregelte Einspritzer leistete 125 PS bei 14 000/min, entwickelte ein maximales Drehmoment von 71 Nm bei 11 500/min und trieb das Hinterrad über eine Mehrscheibenkupplung im Ölbad, ein klauengeschaltetes

Sechsganggetriebe und eine offene O-Ring-Kette an. Angemessene Fahreigenschaften bot ein CFK-verkleidetes Fahrgestell mit Leichtmetall-Kastenprofilrahmen, Showa-Teleskopfedergabel, Einarmschwinge, Fünfspeichen-Mag-Wheels und Nissin-Dreischeiben-Bremsanlage. Als Höchstgeschwindigkeit wurden 263 km/h angegeben.

Nur ein Fünftel der NR 750 kostete Hondas drittes neues Big Bike, die mit 50 und 100 PS erhältliche CBR 900 RR. Dieses extrem sportliche Motorrad namens „Fire Blade" erhielt ähnlich der CBR 600 F einen sehr schmalen und leichten DOHC-Reihenvierzylinder und dazu ein gut ausgestattetes Leichtmetall-Chassis mit kurzem Radstand und 16-Zoll-Vorderrad. Bei Kawasaki debütierte die Zephyr 1100 in der Reihe der luftgekühlten Muscle-Bikes und Suzuki stellte die erste GSX-R auf Wasserkühlung um. Das Werk in Hamamatsu baute die GSX-R 750 W ganz im Stil des seitherigen Erfolgsmodells und versah sogar Zylinderblock und -kopf des neuen Triebwerks mit der Feinverrippung des alten. Eine gründliche Überarbeitung erfuhr auch die VS 750 Intruder, die nicht nur ein neues Make-up, sondern als VS 800 auch eine größere Zylinderbohrung bekam.

Besondere Aufmerksamkeit verdiente schließlich noch die Rückkehr von Triumph. Wie Norton und Matchless verdankte auch die dritte britische Traditionsmarke ihren Neubeginn nach dem unwiderruflichen Ende der über anderthalb Jahrzehnte unverwüstlichen Tiger- und Bonneville 750 allein privater Initiative. Was Bauunternehmer John Bloor und seine Crew im neuen Werk Hinckley als Nachfolger der beiden Altstars präsentierten, löste bei den ebenso standhaften Triumph-Fans allerdings nicht nur Begeisterung aus. Viel zu japanisch seien die neuen Baukastenmotorräder, die als Drei- und Vierzylinder auf die wohlbekannten Namen Trident, Trophy und Daytona hörten, nackte und verkleidete Maschinen mit Hubräumen von 750 bis 1200 cm^3. Andererseits — und Norton praktizierte es mit Erfolg — verlangte die Gegenwart auch zeitgemäße Lösungen. Triumph sah sie in modernen wassergekühlten Reihenmotoren, die sich ähnlich der BMW-K-Triebwerke äußerlich nur durch die Zylinderzahl unterschieden, und in einem ebenso unkonventionellen Einheitsfahrgestell.

Die optisch ein wenig auf Luftkühlung getrimmten Drei- und Vierzylinder besaßen ein horizontal geteiltes Kurbel- und Getriebegehäuse, an dessen rechter Seite der Steuerschacht zum Zylinderkopf führte, zwei kettengetriebene obenliegende Nockenwellen, vier Ventile pro Zylinder, 36er Mikuni-Gleichdruck-Flachschiebervergaser und 3- oder 4-in-2-Auspuffanlagen. Alle Hubraum- und Leistungsvarianten bis hin zu den stärksten, die es als Dreizylinder mit 750 cm^3 (Trident und Daytona) auf 90 PS bei 10 500/min, als Dreizylinder mit 900 cm^3 (Trident und Trophy) auf 100 PS bei 9500/min, als Vierzylinder mit 1000 cm^3 (Daytona) auf 100 PS bei 9800/min und als Vierzylinder mit 1200 cm^3 (Trophy) auf 100 PS bei 9250/min brachten, wurden mit dem Rahmen tragend verschraubt. Als Standardfahrgestell diente ein Zentralrohrrahmen aus Chrommolybdänstahl, eine Teleskopfedergabel mit 43 mm-Standrohren und eine Leichtmetall-Kastenschwinge mit einstellbarem Zentralfederbein, progressiver Hebelumlenkung und Exzentern für die Kettenspannung. Größere Unterschiede gab es lediglich in der Ausführung und Dimensionierung der Bremsen und hinsichtlich der Verkleidung. Das vollverkleidete Topmodell Trophy 1200 wog 267 kg, beschleunigte in 3,8 sec auf 100 km/h und erreichte eine Höchstgeschwindigkeit von 241 km/h.

Hersteller	Typ	Hubraum (cm³)	Zyl.-Anordnung und -zahl	Bohrung und Hub (mm)	Arbeitsweise	Steuerung	Ventile/Zylinder	Verdichtung	Kühlung	Leistung (kW/PS bei 1/min)	Gänge	Hinterradantrieb	Rahmen	Vorderradfederung	Hinterradfederung	Vorderradbremse	Hinterradbremse	Vorderreifen	Hinterreifen	Gewicht incl. Kraft- stoff und Öl (kg)	Tankinhalt (l)	Beschleun., 1 Pers. (0–100 km/h sec)	Höchstgeschwindig- keit, 1 Pers. (km/h)	Preis incl. MWSt (Mark)
Aermacchi	Ala Verde Sport	246	L 1	66×72	4-Takt	OHV	2	8,5	L	14/18,5 7000	5	K	SZR	T	S	TB	TB	3.00-18	3.00-18	135	17	–	140	2600
Benelli-Motobi	125 Sprite 5	124	L 1	54×54	4-Takt	OHV	2	9,5	L	9/12 10000	5	K	PSR	T	S	TB	TB	2.50-18	2.75-18	111	12,5	–	130	1900
	250 Sprite 5	245	L 1	74×57	4-Takt	OHV	2	8,5	L	15/20 8200	5	K	PSR	T	S	TB	TB	2.75-18	3.00-18	117	12,5	11,5	145	2415
BMW	R 50/5	498	180° 2	67×70,6	4-Takt	OHV	2	8,6	L	24/32 6400	4	W	SDR	T	S	TB	TB	3.25-19	4.00-18	222	24	10,2	151	3696
	R 60/5	599	180° 2	73,5×70,6	4-Takt	OHV	2	9,2	L	29/40 6400	4	W	SDR	T	S	TB	TB	3.25-19	4.00-18	227	24	7,8	165	3996
	R 75/5	745	180° 2	82×70,6	4-Takt	OHV	2	9	L	37/50 6200	4	W	SDR	T	S	TB	TB	3.25-19	4.00-18	227	24	5,8	175	4996
BSA	B 25 Star	247	S 1	67×70	4-Takt	OHV	2	9,5	L	19/26 7250	4	K	SER	T	S	TB	TB	3.25-18	3.50-18	135	14	–	135	2950
	B 44 Shooting Star	441	S 1	79×90	4-Takt	OHV	2	9,5	L	22/30 6500	4	K	SER	T	S	TB	TB	3.25-19	3.50-18	155	15	–	155	3380
	A 50 Royal Star	498	R 2	65,5×74	4-Takt	OHV	2	9	L	24/33 6500	4	K	SER	T	S	TB	TB	3.25-19	3.50-19	178	15	–	145	3850
	A 65 Thunderbolt	654	R 2	75×74	4-Takt	OHV	2	9	L	34/46 7000	4	K	SDR	T	S	TB	TB	3.25-19	4.00-19	220	18	7,1	168	4460
	A 65 Lightning	654	R 2	75×74	4-Takt	OHV	2	9	L	36/49 7000	4	K	SER	T	S	TB	TB	3.25-19	4.00-19	220	15	6,2	174	4470
	A 65 SS Firebird	654	R 2	75×74	4-Takt	OHV	2	9	L	36/49 7000	4	K	SER	T	S	TB	TB	3.25-19	4.00-18	218	11/18	6,3	175	4550
	A 75 Rocket 3	740	R 3	67×70	4-Takt	OHV	2	9,5	L	43/58 7500	4	K	SER	T	S	TB	TB	3.25-19	4.10-19	226	19	6,5	185	6300
Bultaco	Metralla 250	244	S 1	72×60	2-Takt	SL	–	9	L	20/27,5 7500	5	K	SER	T	S	TB	TB	2.75-18	3.00-18	112	14	7	150	2950
Ducati	250 Mark 3	248	S 1	74×57,8	4-Takt	OHC	2	9,7	L	13/18 7500	5	K	SER	T	S	TB	TB	2.75-18	3.00-18	136	13	–	130	2730
	250 Mark 3 D	248	S 1	74×57,8	4-Takt	DES	2	9,7	L	15/20 8000	5	K	SER	T	S	TB	TB	2.75-18	3.00-18	136	13	–	135	2895
	350 Mark 3	340	S 1	76×75	4-Takt	OHC	2	9,5	L	18/24 8500	5	K	SER	T	S	TB	TB	2.75-18	3.00-18	137	13	–	145	2935
	350 Mark 3 D	340	S 1	76×75	4-Takt	DES	2	9,5	L	19/26 8000	5	K	SER	T	S	TB	TB	2.75-18	3.00-18	137	13	–	145	3155
	450 Mark 3	435	S 1	86×75	4-Takt	OHC	2	9,3	L	20/27 7000	5	K	SER	T	S	TB	TB	3.50-19	4.00-18	139	13	–	145	3255
	450 Mark 3 D	435	S 1	86×75	4-Takt	DES	2	9,3	L	23/31 7000	5	K	SER	T	S	TB	TB	2.75-18	3.00-18	139	13	–	155	3550
Harley-Davidson	XLH 900 Sportster	882	45° V 2	76,2×96,8	4-Takt	OHV	2	9	L	48/65 6300	4	K	SDR	T	S	TB	TB	3.75-19	4.25-18	240	15	–	180	7300
	XLCH 900 Sportster	882	45° V 2	76,2×96,8	4-Takt	OHV	2	9	L	48/65 6300	4	K	SDR	T	S	TB	TB	3.75-19	4.25-18	214	8,5	–	180	7300
	FL 1200 Electra Glide	1206	45° V 2	87,3×100,8	4-Takt	OHV	2	8	L	43/58 5150	4	K	SDR	T	S	TB	TB	5.10-16	5.10-16	340	13/19	8,8	164	7950
	FLH 1200 Super Glide	1206	45° V 2	87,3×100,8	4-Takt	OHV	2	8	L	43/58 5150	4	K	SDR	T	S	TB	TB	5.10-16	5.10-16	345	13/19	8,4	135	8275
Hercules	K 105 X	98	S 1	48×54	2-Takt	SL	–	10,8	L	9/12 7400	5	K	SDR	T	S	TB	TB	2.75-17	3.00-17	111	13	–	110	1740
	K 125 X	124	S 1	54×54	2-Takt	SL	–	10,8	L	11/15 7400	5	K	SDR	T	S	TB	TB	2.75-17	3.00-17	111	13	14,3	117	2325

1970

Hersteller	Typ	Hubraum (cm³)	Zyl.-Anordnung und -zahl	Bohrung und Hub (mm)	Arbeitsweise	Steuerung	Ventile/Zylinder	Verdichtung	Kühlung	Leistung (kW/PS bei 1/min)	Gänge	Hinterradantrieb	Rahmen	Vorderradfederung	Hinterradfederung	Vorderradbremse	Hinterradbremse	Vorderreifen	Hinterreifen	Gewicht incl. Kraftstoff incl. Öl und (kg)	Tankinhalt (l)	Beschleun. 1 Pers. (0–100 km/h sec)	Höchstgeschwindigkeit, 1 Pers. (km/h)	Preis incl. MWSt (Mark)
Honda	CB 125	125	R 2	44×41	4-Takt	OHC	2	9,4	L	11/15 10500	5	K	SER	T	S	TB	TB	2.50-18	2.75-18	134	10	19,6	121	2098
	CB 250 K1	249	R 2	56×50,6	4-Takt	OHC	2	9,5	L	22/30 10500	5	K	SER	T	S	TB	TB	3.00-18	3.25-18	170	10	8	150	2697
	CB 350	325	R 2	64×50,6	4-Takt	OHC	2	9,5	L	26/36 10500	5	K	SER	T	S	TB	TB	3.00-18	3.50-18	170	10	6,4	165	3195
	CB 450 K1	445	R 2	70×57,8	4-Takt	DOHC	2	9	L	30/41 8500	5	K	SER	T	S	TB	TB	3.25-18	3.50-18	197	14	5,6	169	3728
	CB 750 F	736	R 4	61×63	4-Takt	OHC	2	9	L	49/67 8000	5	K	SER	T	S	SB	TB	3.25-19	4.00-18	235	18	5	190	6495
Jawa	90	89	S 1	48×49	2-Takt	SL	–	8,5	L	7/9,5 6500	4	K	SZR	T	S	TB	TB	2.50-18	2.75-18	90	10,5	–	95	998
	250 California	249	S 1	65×75	2-Takt	SL	–	8	L	11/15 5000	4	K	SER	T	S	TB	TB	3.25-18	3.50-19	144	15	–	110	1650
	350	343	S 2	58×65	2-Takt	SL	–	8,1	L	13/18 5000	4	K	SER	T	S	TB	TB	3.25-16	3.50-16	155	13,5	–	120	1750
	350 California	343	S 2	58×65	2-Takt	SL	–	8,1	L	13/18 5000	4	K	SER	T	S	TB	TB	3.25-19	3.50-19	156	15	–	120	1950
Kawasaki	A1 Samurai	247	R 2	53×56	2-Takt	DS	–	7	L	23/31 8000	5	K	SDR	T	S	TB	TB	3.00-18	3.25-18	154	13,5	7,5	160	2850
	A7 Avenger	338	R 2	62×56	2-Takt	DS	–	7	L	31/42 8000	5	K	SER	T	S	TB	TB	3.25-18	3.50-18	159	13,5	6,4	170	3300
	500 H1 Mach III	499	R 3	60×58,8	2-Takt	SL	–	6,8	L	40/54 7400	5	K	SER	T	S	TB	TB	3.25-19	4.00-18	184	15	4,5	180	4300
Laverda	750 GT	744	R 2	80×74	4-Takt	OHC	2	8,9	L	38/52 6600	5	K	SDR	T	S	TB	TB	3.25-18	4.00-18	231	18	7,8	185	5661
	750 S	744	R 2	80×74	4-Takt	OHC	2	9,5	L	44/60 6500	5	K	SDR	T	S	TB	TB	3.25-18	4.00-18	231	17,5	6	190	6438
Maico	MD 125 Super Sport	124	S 1	54×54	2-Takt	DS	–	10	L	11/14,5 7200	5	K	SDR	T	S	TB	TB	2.50-16	3.00-16	104	13,5	–	115	1981
Motobecane	125 DC	125	R 2	43×43	2-Takt	SL	–	10	L	10/13 8000	5	K	SDR	T	S	TB	TB	2.75-17	2.75-17	100	13	–	107	1940
Moto Guzzi	V 7	703	90° V 2	80×70	4-Takt	OHV	2	9	L	31/42 6200	4	W	SDR	S	S	TB	TB	4.00-18	4.00-18	240	20	6,2	170	5480
	V 7 Spezial	748	90° V 2	82,5×70	4-Takt	OHV	2	8,8	L	38/51 6500	4	W	SDR	S	S	TB	TB	4.00-18	4.00-18	240	22,5	5,5	174	5890
Münch	4-1200 TTS	1176	R 4	75×66,6	4-Takt	OHC	2	9,8	L	65/88 6000	4	K	SDR	T	S	TB	TB	3.25-19	4.00-18	278	24/35	4,8	207	9988
MZ	ES 150	143	S 1	56×58	2-Takt	SL	–	9	L	7/10 5500	4	K	PSR	S	S	TB	TB	3.00-18	3.00-18	119	11,5	–	105	1098
	ETS 250 Trophy Sport	243	S 1	69×65	2-Takt	SL	–	10	L	14/19 5000	4	K	SER	S	S	TB	TB	2.75-18	3.50-16	149	22	13,8	130	2250
	ES 250/2 Trophy-Gespann	243	S 1	69×65	2-Takt	SL	–	10	L	14/19 5000	4	K	SER	S	S	TB	TB	3.25-16	3.50-16	223	16	–	100*	2980
Norton	Commando 750	745	R 2	73×89	4-Takt	OHV	2	9	L	44/60 6800	4	K	SDR	T	S	TB	TB	3.25-19	4.00-18	195	10	6	170	5295

1970

Hersteller	Typ	Hubraum (cm³)	Zyl.-Anordnung und -zahl	Bohrung und Hub (mm)	Arbeitsweise	Steuerung	Ventile/Zylinder	Verdichtung	Kühlung	Leistung (kW/PS bei 1/min)	Gänge	Hinterradantrieb	Rahmen	Vorderradfederung	Hinterradfederung	Vorderradbremse	Hinterradbremse	Vorderreifen	Hinterreifen	Gewicht incl. Kraftstoff und Öl (kg)	Tankinhalt (l)	Beschleun. 1 Pers. (0-100 km/h sec)	Höchstgeschwindigkeit, 1 Pers. (km/h)	Preis incl. MWSt (Mark)
Puch	M 125	123	S 1	55×52	2-Takt	SL	–	11,5	L	9/12,5 7000	4	K	SDR	T	S	TB	TB	2.50-17	3.00-17	104	13	–	110	1835
	250 SGS	248	S 1-DK	45×78	2-Takt	SL	–	6,5	L	10/14,2 5800	4	K	PSR	T	S	TB	TB	3.00-16	3.50-16	164	13	–	115	2310
Suzuki	T 20	247	R 2	54×54	2-Takt	SL	–	7,3	L	21/29 7500	6	K	SDR	T	S	TB	TB	2.75-18	3.00-18	145	12	8,4	150	3025
	T 500	492	R 2	70×64	2-Takt	SL	–	6,6	L	35/47 7000	5	K	SDR	T	S	TB	TB	3.25-19	4.00-18	187	14	6	170	4500
Triumph	Trophy 250	247	S 1	67×70	4-Takt	OHV	2	10	L	16/22 8000	4	K	SER	T	S	TB	TB	3.25-18	4.00-18	151	13,5	–	130	2990
	Tiger 100	490	R 2	69×65,5	4-Takt	OHV	2	9	L	25/34 7000	4	K	SER	T	S	TB	TB	3.25-18	3.50-18	190	13,5	–	150	3800
	Tiger Daytona	490	R 2	69×65,5	4-Takt	OHV	2	9	L	30/41 7200	4	K	SER	T	S	TB	TB	3.25-19	4.00-18	190	13,5	7,3	160	4040
	Trophy 650	649	R 2	71×82	4-Takt	OHV	2	8,5	L	33/45 6500	4	K	SDR	T	S	TB	TB	3.25-19	4.00-18	196	18	6,3	170	4190
	T120R Bonneville 650	649	R 2	71×82	4-Takt	OHV	2	9	L	36/49 7200	4	K	SER	T	S	TB	TB	3.25-19	4.00-18	192	18	6,4	176	4430
	T150V Trident 750	740	R 3	67×70	4-Takt	OHV	2	8,3	L	44/60 7250	4	K	SDR	T	S	TB	TB	3.25-19	4.10-19	228	19	6,2	194	6250
Yamaha	YAS 1	125	R 2	43×43	2-Takt	SL	–	7	L	11/15 8500	5	K	SER	T	S	TB	TB	2.50-18	2.75-18	105	9,5	–	110	1879
	DS 6	246	R 2	56×50	2-Takt	SL	–	7,3	L	21/28 7250	5	K	SDR	T	S	TB	TB	3.00-18	3.25-18	145	11	8,6	146	2895
	R 3	345	R 2	61×59	2-Takt	SL	–	7,5	L	26/36 7000	5	K	SDR	T	S	TB	TB	3.00-18	3.50-18	154	15	5,8	165	3245
	R 5	347	R 2	64×54	2-Takt	SL	–	6,9	L	26/35 7800	5	K	SDR	T	S	TB	TB	3.00-18	3.50-18	148	12	6	160	3000
Zündapp	KS 100	98	S 1	48×54	2-Takt	SL	–	10,5	L	7/10 6800	5	K	SAR	T	S	TB	TB	2.50-17	2.75-17	102	11	–	100	1738
Zweirad Union	DKW RT 125	124	S 1	54×54	2-Takt	SL	–	10,8	L	11/15 7400	5	K	SDR	T	S	TB	TB	2.75-17	3.00-17	115	13	–	110	1795

1970

Hersteller	Typ	Hubraum (cm³)	Zyl.-Anordnung und -zahl	Bohrung und Hub (mm)	Arbeitsweise	Steuerung	Ventile/Zylinder	Verdichtung	Kühlung	Leistung (kW/PS bei 1/min)	Gänge	Hinterradantrieb	Rahmen	Vorderradfederung	Hinterradfederung	Vorderradbremse	Hinterradbremse	Vorderreifen	Hinterreifen	Gewicht incl. Kraftstoff und Öl (kg)	Tankinhalt (l)	Beschleun. 1 Pers. (0-100 km/h sec)	Höchstgeschwindigkeit 1 Pers. (km/h)	Preis incl. MWSt (Mark)
Aermacchi	350 TV	344	L 1	74×80	4-Takt	OHV	2	9	L	20/27 7200	5	K	SZR	T	S	TB	TB	3.00-19	3.50-18	151	15	7,5	140	3716
Benelli-Motobi	Sport Special 125	124	L 1	54×54	4-Takt	OHV	2	8,5	L	7/10 9000	5	K	PSR	T	S	TB	TB	2.50-18	2.75-18	102	12,5	–	110	1890
	Sport Special 250	232	L 1	74×54	4-Takt	OHV	2	8,2	L	12/16 7500	5	K	PSR	T	S	TB	TB	2.75-18	3.00-18	108	12,5	–	140	2750
	Tornado 650	643	R 2	84×58	4-Takt	OHV	2	9,6	L	33/45 6500	5	K	SDR	T	S	TB	TB	3.50-18	4.00-18	222	14	6,1	175	5520
BMW	R 50/5	498	180° 2	67×70,6	4-Takt	OHV	2	8,6	L	24/32 6400	4	W	SDR	T	S	TB	TB	3.25-19	4.00-18	222	18/24	10,2	151	4295
	R 60/5	599	180° 2	73,5×70,6	4-Takt	OHV	2	9,2	L	29/40 6400	4	W	SDR	T	S	TB	TB	3.25-19	4.00-18	227	18/24	7,8	165	4785
	R 75/5	745	180° 2	82×70,6	4-Takt	OHV	2	9	L	37/50 6200	4	W	SDR	T	S	TB	TB	3.25-19	4.00-18	227	18/24	5,8	175	5615
BSA	Fury 350	349	R 2	63×56	4-Takt	DOHC	2	9,5	L	25/34 9000	5	K	SDR	T	S	TB	TB	3.50-18	3.50-18	167	13,5	–	160	3857
	500 SS Gold Star	499	S 1	84×90	4-Takt	OHV	2	10	L	25/34 6200	4	K	SER	T	S	TB	TB	3.25-18	3.50-18	171	9/13,5	–	160	4255
	A 65 Thunderbolt	654	R 2	75×74	4-Takt	OHV	2	9	L	34/46 7000	4	K	SDR	T	S	TB	TB	3.25-18	4.00-19	220	11/18	7,1	168	4903
	A 65 Lightning	654	R 2	75×74	4-Takt	OHV	2	9	L	36/49 7000	4	K	SDR	T	S	TB	TB	3.25-18	4.00-19	220	11/18	6,2	174	5272
	A 75 Rocket 3	740	R 3	67×70	4-Takt	OHV	2	9,5	L	43/58 7500	4	K	SDR	T	S	TB	TB	4.00-19	4.00-19	226	19	6,5	185	6469
Bultaco	Metralla 250	244	S 1	72×60	2-Takt	SL	–	9	L	20/27,5 7500	5	K	SER	T	S	TB	TB	2.75-18	3.00-18	112	14	7	150	2950
Ducati	250 Mark 3	248	S 1	74×57,8	4-Takt	OHC	2	9,7	L	13/18 7500	5	K	SER	T	S	TB	TB	2.75-18	3.00-18	136	13	–	130	3099
	250 Mark 3 D	248	S 1	74×57,8	4-Takt	DES	2	9,7	L	15/20 8000	5	K	SER	T	S	TB	TB	2.75-18	3.00-18	136	13	–	135	3249
	350 Mark 3	340	S 1	76×75	4-Takt	OHC	2	9,5	L	18/24 8500	5	K	SER	T	S	TB	TB	2.75-18	3.00-18	137	13	–	145	3099
	350 Mark 3 D	340	S 1	76×75	4-Takt	DES	2	9,5	L	19/26 8000	5	K	SER	T	S	TB	TB	3.50-18	4.00-18	137	13	–	145	3599
	450 Mark 3	435	S 1	86×75	4-Takt	OHC	2	9,3	L	20/27 7000	5	K	SER	T	S	TB	TB	2.75-18	3.00-18	139	13	–	145	3399
	450 Mark 3 D	435	S 1	86×75	4-Takt	DES	2	9,3	L	23/31 7000	5	K	SER	T	S	TB	TB	3.50-18	3.50-18	139	13	–	155	3599
	450 TS	435	S 1	86×75	4-Takt	OHC	2	8,3	L	15/20 5000	5	K	SER	T	S	SB	TB	3.50-18	4.10-18	155	15	–	125	a.A.
	750	748	90° V 2	80×74,4	4-Takt	OHC	2	8,5	L	44/60 7000	5	K	SER	T	S	TB	TB	3.60-19	4.10-18	197	17	5,4	174	6200
Harley-Davidson	XLH 900 Sportster	882	45° V 2	76,2×96,8	4-Takt	OHV	2	9	L	48/65 6300	4	K	SDR	T	S	TB	TB	3.75-19	4.25-18	240	15	–	180	12798
	XLCH 900 Sportster	882	45° V 2	76,2×96,8	4-Takt	OHV	2	9	L	48/65 6300	4	K	SDR	T	S	TB	TB	3.75-19	4.25-18	214	8,5	–	180	12298
	FL 1200 Electra Glide	1206	45° V 2	87,3×100,8	4-Takt	OHV	2	8	L	43/58 5150	4	K	SDR	T	S	TB	TB	5.10-16	5.10-16	340	13/19	8,8	164	13568
	FLH 1200 Super Glide	1206	45° V 2	87,3×100,8	4-Takt	OHV	2	8	L	43/58 5150	4	K	SDR	T	S	TB	TB	5.10-16	5.10-16	345	13/19	8,4	135	14198

Make	Model	ccm	Config	Bore×Stroke	Takt	Valve		Comp		HP/rpm Nm/rpm	Gears		Starter			Front	Rear					Price
Hercules	K 125 X	124	S 1	54×54	2-Takt	SL	–	10.8	L	11/15 7400	5	K	SDR	S	TB	2.75-17	3.00-17	111	13	14,3	117	2150
	K 125 Military	124	S 1	54×54	2-Takt	SL	–	9	L	9/12,5 7000	5	K	SDR	S	TB	3.25-18	3.50-18	135	15	–	94	2650
Honda	CB 100	99	S 1	50,5×49,5	4-Takt	OHC	2	9,5	L	8/11,5 10500	5	K	SER	T	TB	2.50-18	2.75-18	92	10	–	110	1748
	CB 125	125	S 1	44×41	4-Takt	OHC	2	9,4	L	11/15 10500	5	K	SER	T	TB	2.50-18	2.75-18	134	10	19,6	121	2098
	CB 175	174	R 2	52×41	4-Takt	OHC	2	9	L	15/20 10000	5	K	SER	T	TB	2.75-18	3.00-18	136	10	13	130	a.A.
	CB 250 K1	249	R 2	56×50,6	4-Takt	OHC	2	9,5	L	22/30 10500	5	K	SER	T	TB	3.00-18	3.25-18	170	10	8	150	2857
	CB 350	325	R 2	64×50,6	4-Takt	OHC	2	9,5	L	26/36 10500	5	K	SER	T	TB	3.00-18	3.50-18	170	10	6,4	165	3198
	CB 450 K1	445	R 2	70×57,8	4-Takt	DOHC	2	9	L	33/45 9000	5	K	SDR	T	TB	3.25-18	3.50-18	204	14	5,4	171	3957
	CB 500 F	498	R 4	56×50,6	4-Takt	OHC	2	9	L	35/48 9000	5	K	SDR	T	SB	3.25-19	3.50-18	202	14	5,8	179	5595
	CB 750 F	736	R 4	61×63	4-Takt	OHC	2	9	L	49/67 8000	5	K	SDR	T	SB	3.25-19	4.00-18	235	18	5	190	6495
Jawa	90	89	S 1	48×49	2-Takt	SL	–	8,5	L	7/9,5 6500	5	K	SZR	S	TB	2.50-18	2.75-18	90	10,5	–	95	1350
	250 California	249	S 1	65×75	2-Takt	SL	2	7,8	L	12/16,5 5000	4	K	SER	T	TB	3.00-19	3.25-18	144	15	–	115	2190
	350	343	S 1	58×65	2-Takt	SL	2	8	L	19/25,5 5250	4	K	SER	T	TB	3.00-19	3.25-19	155	13,5	14	127	2100
	350 California	343	S 1	58×65	2-Takt	SL	2	8	L	19/25,5 5250	4	K	SER	T	TB	3.00-19	3.25-19	156	15	14	127	2490
Jawa-CZ	125	123	S 1	52×58	2-Takt	SL	–	8,6	L	8/11 5750	4	K	SER	T	TB	2.75-18	3.00-18	120	11,5	–	100	1450
	175	172	S 1	58×65	2-Takt	SL	–	8,7	L	11/15 5600	4	K	SER	T	TB	2.75-18	3.00-18	120	11,5	–	110	1590
Kawasaki	A1 Samurai	247	R 2	53×56	2-Takt	DS	–	7	L	23/31 8000	5	K	SDR	T	TB	3.00-18	3.25-18	154	13,5	7,5	160	2890
	A7 Avenger	338	R 2	62×56	2-Takt	DS	–	7	L	31/42 8000	5	K	SDR	T	TB	3.25-18	3.50-18	159	13,5	6,4	170	3350
	350 S 2 Mach II	346	R 3	53×52,3	2-Takt	SL	–	7,3	L	32/44 8000	5	K	SDR	T	TB	3.00-18	3.50-18	160	14	6,2	155	3820
	500 H 1 Mach III	499	R 3	60×58,8	2-Takt	SL	–	6,8	L	40/54 7400	5	K	SDR	T	TB	3.25-19	4.00-18	184	15	4,5	180	4400
Laverda	750 GT	744	R 2	80×74	4-Takt	OHC	2	8,9	L	38/52 6600	5	K	SDR	T	TB	3.25-18	4.00-18	231	18	7,8	185	6600
	750 SF	744	R 2	80×74	4-Takt	OHC	2	9,5	L	44/60 6500	5	K	SDR	T	TB	3.25-18	4.00-18	231	19	6	190	6600
	750 SFC	744	R 2	80×74	4-Takt	OHC	2	9,6	L	52/70 7300	5	K	SDR	T	TB	3.50-18	4.00-18	226	19	4,8	204	10000
Maico	MD 125 Super Sport	124	S 1	54×54	2-Takt	DS	–	11	L	12/16 8000	6	K	SDR	T	TB	2.50-16	3.00-16	104	13,5	14,3	115	2260
	MD 250	245	S 1	76×54	2-Takt	DS	–	11,7	L	21/28 7000	6	K	SDR	T	TB	2.75-18	3.25-18	126	12,5	6,6	159	2900
Motobecane	125 L	125	R 2	43×43	2-Takt	SL	–	10	L	10/13,5 7000	5	K	SDR	T	TB	2.75-17	2.75-17	114	13	17,5	118	2330
Moto Guzzi	Falcone Sport	498	L 1	88×82	4-Takt	OHV	2	6,9	L	21/28 4800	4	K	SDR	T	TB	3.50-18	3.50-18	215	18	14,8	140	4396
	V7 Spezial	748	90° V 2	82,5×70	4-Takt	OHV	2	8,8	L	38/51 6500	4	W	SDR	T	TB	3.50-18	4.00-18	240	22,5	5,5	174	5994
	V7 750 Sport	748	90° V 2	82,5×70	4-Takt	OHV	2	9,8	L	46/62 7250	5	W	SDR	T	TB	3.25-18	3.50-18	220	19	5	206	8000

1971

Hersteller	Typ	Hubraum (cm³)	Zyl.-Anordnung und -zahl	Bohrung und Hub (mm)	Arbeitsweise	Steuerung	Ventile/Zylinder	Verdichtung	Kühlung	Leistung (kW/PS bei 1/min)	Gänge	Hinterradantrieb	Rahmen	Vorderradfederung	Hinterradfederung	Vorderradbremse	Hinterradbremse	Vorderreifen	Hinterreifen	Gewicht incl. Kraftstoff und Öl (kg)	Tankinhalt (l)	Beschleun. 1 Pers. (0–100 km/h sec)	Höchstgeschwindigkeit 1 Pers. (km/h)	Preis incl. MWSt (Mark)
Münch	4-1200 TTS	1176	R 4	75×66,6	4-Takt	OHC	2	9,8	L	65/88 6000	4	K	SDR	T	S	TB	TB	3.25-19	4.00-18	278	28/35	4,8	207	10780
MV Agusta	150 RSS	150	S 1	59,5×54	4-Takt	OHV	2	9,7	L	11/15 8600	5	K	SER	T	S	TB	TB	2.75-18	2.75-18	103	16	14	125	2350
	350 GT	349	R 2	63×56	4-Takt	OHV	2	9,5	L	21/29 7500	5	K	SER	T	S	TB	TB	2.75-18	3.25-18	143	16	8,3	150	3995
	750 S	743	R 4	65×56	4-Takt	DOHC	2	9,5	L	53/72 9200	5	W	SDR	T	S	TB	TB	3.50-18	4.00-18	240	24	5,4	220	13000
MZ	ETS 150 Trophy Sport	143	S 1	56×58	2-Takt	SL	–	10	L	9/12,5 6300	4	K	PSR	T	S	TB	TB	2.75-18	3.00-18	114	13	–	105	1498
	ETS 250 Trophy Sport	243	S 1	69×65	2-Takt	SL	–	10	L	14/19 5000	4	K	SER	T	S	TB	TB	2.75-18	3.50-16	149	22	13,8	130	2250
	ES 250/2 Trophy-Gespann	243	S 1	69×65	2-Takt	SL	–	10	L	14/19 5000	4	K	SER	S	S	TB	TB	3.25-16	3.50-16	223	16	–	100*	2980
Norton	Commando 750	745	R 2	73×89	4-Takt	OHV	2	9	L	44/60 6800	4	K	SDR	T	S	TB	TB	4.10-19	4.10-19	195	9/13,5	6	170	5295
Puch	M 125 de Luxe	123	S 1	55×52	2-Takt	SL	–	11,5	L	9/12,5 7000	4	K	SDR	T	S	TB	TB	2.50-17	3.00-17	104	13	–	110	2182
Suzuki	T 250	247	R 2	54×54	2-Takt	SL	–	7,5	L	20/27 8000	6	K	SDR	T	S	TB	TB	2.75-18	3.25-18	148	12	8,5	150	3100
	T 500	492	R 2	70×64	2-Takt	SL	–	6,6	L	35/47 7000	5	K	SDR	T	S	TB	TB	3.25-19	4.00-18	187	14	6	170	4500
	GT 750 J	739	R 2	70×64	2-Takt	SL	–	6,7	W	38/52 6500	5	K	SDR	T	S	TB	TB	3.25-19	4.00-18	226	17	5,8	177	6250
Triumph	Bandit 350	349	R 2	63×56	4-Takt	DOHC	2	9,5	L	25/34 9000	5	K	SDR	T	S	TB	TB	3.50-18	3.50-18	167	13,5	–	160	3855
	TR 6 R Tiger 650	649	R 2	71×82	4-Takt	OHV	–	9	L	35/48 7250	4	K	SDR	T	S	TB	TB	3.25-19	4.00-18	191	18	9,8	167	5024
	T 120 R Bonneville 650	649	R 2	71×82	4-Takt	OHV	–	9	L	36/49 7200	4	K	SDR	T	S	TB	TB	3.25-19	3.50-18	192	18	6,4	176	5422
	T 150 V Trident 750	740	R 3	67×70	4-Takt	OHV	2	8,3	L	44/60 7250	4	K	SER	T	S	TB	TB	4.10-19	4.10-19	228	19	6,2	194	6469
Yamaha	AS 3	125	R 2	43×43	2-Takt	SL	–	7	L	12/16 9800	5	K	SER	T	S	TB	TB	2.50-18	2.75-18	105	9	13,5	127	1979
	DS 7	247	R 2	54×54	2-Takt	SL	–	7,1	L	18/24 7500	5	K	SDR	T	S	TB	TB	3.00-18	3.25-18	146	12	10	140	3195
	R 5	347	R 2	64×54	2-Takt	SL	–	6,9	L	26/35 7800	5	K	SDR	T	S	TB	TB	3.00-18	3.50-18	148	18	6	160	3395
	XS 2	654	R 2	75×74	4-Takt	OHC	2	8,7	L	39/53 7000	5	K	SDR	T	S	SB	TB	3.50-19	4.00-18	194	19	6	180	5295
Zündapp	KS 100	98	S 1	48×54	2-Takt	SL	–	10,5	L	7/10 6800	5	K	SAR	T	S	TB	TB	2.50-17	2.75-17	102	11	–	100	1974
	KS 125 Sport	124	S 1	54×54	2-Takt	SL	–	11	L	11/15 7500	5	K	SDR	T	S	TB	TB	2.75-18	3.25-18	110	12	14,5	120	2298
Zweirad Union	DKW RT 125	124	S 1	54×54	2-Takt	SL	–	10,8	L	11/15 7400	5	K	SDR	T	S	TB	TB	2.75-17	3.00-17	115	13	–	110	2150

1972

Hersteller	Typ	Hubraum (cm³)	Zyl.-Anordnung und -zahl	Bohrung und Hub (mm)	Arbeitsweise	Steuerung	Ventile/Zylinder	Verdichtung	Kühlung	Leistung (kW/PS bei 1/min)	Gänge	Hinterradantrieb	Rahmen	Vorderradfederung	Hinterradfederung	Vorderradbremse	Hinterradbremse	Vorderreifen	Hinterreifen	Gewicht incl. Kraftstoff und Öl (kg)	Tankinhalt (l)	Beschleun. 1 Pers. (0–100 km/h sec)	Höchstgeschwindigkeit, 1 Pers. (km/h)	Preis incl. MWSt (Mark)
Aermacchi	350 TV	344	L 1	74×80	4-Takt	OHV	2	9	L	20:27 7200	5	K	SZR	T	S	TB	TB	3.00-19	3.50-18	151	15	7.5	140	4600
Benelli	125 2 C	125	R 2	42.5×44	2-Takt	SL	–	10.3	L	10:13 7600	5	K	SDR	T	S	TB	TB	2.75-18	3.00-18	125	11.5	15.5	111	2190
	250 2 C	231	R 2	56×47	2-Takt	SL	–	10.3	L	18:24 7500	5	K	SDR	T	S	TB	TB	3.00-18	3.25-18	134	12.5	7.4	150	3190
	Tornado 650 S	643	R 2	84×58	4-Takt	OHV	2	9.6	L	33:45 6500	5	K	SDR	T	S	TB	TB	3.50-18	4.00-18	222	12.5	6.1	175	5600
BMW	R 50/5	498	180° 2	67×70.6	4-Takt	OHV	2	8.6	L	24:32 6400	4	W	SDR	T	S	TB	TB	3.25-19	4.00-18	222	18/24	10.2	151	4495
	R 60/5	599	180° 2	73.5×70.6	4-Takt	OHV	2	9.2	L	29:40 6400	4	W	SDR	T	S	TB	TB	3.25-19	4.00-18	227	18/24	7.8	165	5115
	R 75/5	745	180° 2	82×70.6	4-Takt	OHV	2	9	L	37:50 6200	4	W	SDR	T	S	TB	TB	3.25-19	4.00-18	227	18/24	5.8	175	5845
BSA	500 SS Gold Star	499	S 1	84×90	4-Takt	OHV	2	10	L	25:34 6200	4	K	SER	T	S	TB	TB	3.25-18	3.50-18	171	9/13.5	–	160	4398
	A 65 Thunderbolt	654	R 2	75×74	4-Takt	OHV	2	9	L	34:46 7000	4	K	SDR	T	S	TB	TB	3.25-19	4.00-18	220	11/18	7.1	168	5395
	A 65 Lightning	654	R 2	75×74	4-Takt	OHV	2	9	L	36:49 7000	4	K	SDR	T	S	TB	TB	3.25-19	4.00-18	220	11/18	6.2	174	5885
	A 75 Rocket 3	740	R 3	67×70	4-Takt	OHV	2	9.5	L	43:58 7500	4	K	SDR	T	S	TB	TB	4.10-19	4.10-19	226	11/18	6.5	185	6795
Bultaco	Metralla 250	244	S 1	72×60	2-Takt	SL	–	9	L	20:27.5 7500	5	K	SER	T	S	TB	TB	2.75-18	3.00-18	112	19	7	150	2750
Ducati	250 Mark 3	248	S 1	74×57.8	4-Takt	OHC	2	9.7	L	13:18 7500	5	K	SER	T	S	TB	TB	2.75-18	3.00-18	136	14	–	130	3150
	250 Mark 3 D	248	S 1	74×57.8	4-Takt	DES	2	9.7	L	15:20 8000	5	K	SER	T	S	TB	TB	2.75-18	3.00-18	136	13	–	135	3395
	350 Mark 3	340	S 1	76×75	4-Takt	OHC	2	9.5	L	18:24 8500	5	K	SER	T	S	TB	TB	2.75-18	3.00-18	137	13	–	145	3250
	350 Mark 3 D	340	S 1	76×75	4-Takt	DES	2	9.5	L	19:26 8000	5	K	SER	T	S	TB	TB	2.75-18	3.00-18	137	13	–	145	3750
	450 Mark 3	435	S 1	86×75	4-Takt	OHC	2	9.3	L	20:27 7000	5	K	SER	T	S	TB	TB	3.50-18	4.00-18	139	13	–	145	3700
	450 Mark 3 D	435	S 1	86×75	4-Takt	DES	2	9.3	L	23:31 7000	5	K	SER	T	S	TB	TB	2.75-18	3.00-18	139	13	–	155	3900
	750 GT	748	90° V 2	80×74.4	4-Takt	OHC	2	8.5	L	44:60 7000	5	K	SDR	T	S	SB	TB	3.60-19	4.10-18	197	17	5.4	174	6200
Gilera	125 Strada	124	S 1	59.9×44	4-Takt	OHV	2	10	L	9:12 8750	5	K	SDR	T	S	TB	TB	2.75-18	3.00-18	115	11	–	105	a.A.
	150 Strada	152	S 1	59.9×54	4-Takt	OHV	2	10	L	10:14 8500	5	K	SDR	T	S	TB	TB	2.75-18	3.00-18	123	11	20.2	115	2530
Harley-Davidson	XLH 1000 Sportster	997	45° V 2	81×96.8	4-Takt	OHV	2	9	L	42:57 6000	4	K	SDR	T	S	TB	TB	3.75-19	4.25-18	240	9/15	4.3	180	11871
	XLCH 1000 Sportster	997	45° V 2	81×96.8	4-Takt	OHV	2	9	L	45:61 6200	4	K	SDR	T	S	TB	TB	3.75-19	4.25-18	220	9/15	4.2	185	11710
	FL 1200 Electra Glide	1206	45° V 2	87.3×100.8	4-Takt	OHV	2	8	L	43:58 5150	4	K	SDR	T	S	TB	TB	5.10-16	5.10-16	340	15/19	8.8	164	14171
	FLH 1200 Super Glide	1206	45° V 2	87.3×100.8	4-Takt	OHV	2	8	L	43:58 5150	4	K	SDR	T	S	TB	TB	5.10-16	5.10-16	345	15/19	8.4	135	12671

1972

Hersteller	Typ	Hubraum (cm³)	Zyl.-Anordnung und -zahl	Bohrung und Hub (mm)	Arbeitsweise	Steuerung	Ventile/Zylinder	Verdichtung	Kühlung	Leistung (kW/PS bei 1/min)	Gänge	Hinterradantrieb	Rahmen	Vorderradfederung	Hinterradfederung	Vorderradbremse	Hinterradbremse	Vorderreifen	Hinterreifen	Gewicht incl. Kraftstoff und Öl (kg)	Tankinhalt (l)	Beschleun. 1 Pers. (0–100 km/h sec)	Höchstgeschwindigkeit 1 Pers. (km/h)	Preis incl. MWSt (Mark)
Hercules	K 125 T	124	S 1	54×54	2-Takt	SL	–	11,8	L	13/17 7500	6	K	SDR	T	S	TB	TB	2,75-17	3,00-17	115	10,5	12,6	129	2450
	K 125 Military	124	S 1	54×54	2-Takt	SL	–	9	L	9/12,5 7000	5	K	SDR	S	S	TB	TB	3,25-18	3,50-18	135	15	–	94	2960
Honda	SL 125	122	S 1	56×49,5	4-Takt	OHC	2	9,5	L	9/12 9700	5	K	SDR	T	S	TB	TB	2,75-21	3,25-18	108	7,5	–	102	2248
	CB 100	99	S 1	50,5×49,5	4-Takt	OHC	2	9,5	L	8/11,5 10500	5	K	SER	T	S	TB	TB	2,50-18	2,75-18	92	10	–	110	1848
	CB 125 SS	125	S 1	44×41	4-Takt	OHC	2	9,4	L	11/15 10500	5	K	SER	T	S	TB	TB	2,50-18	2,75-18	134	10	19,6	121	2198
	CB 250	249	R 2	56×50,6	4-Takt	OHC	2	9,5	L	22/30 10500	5	K	SER	T	S	TB	TB	3,00-18	3,25-18	170	10	8	150	3048
	CB 350	325	R 2	64×50,6	4-Takt	OHC	2	9,5	L	26/36 10500	5	K	SER	T	S	TB	TB	3,00-18	3,50-18	170	10	6,4	165	3348
	CB 450 disc	445	R 2	70×57,8	4-Takt	DOHC	2	9	L	33/45 9000	5	K	SER	T	S	TB	TB	3,25-18	3,50-18	204	14	5,4	171	4248
	CB 500 F	498	R 4	56×50,6	4-Takt	OHC	2	9	L	35/48 9000	5	K	SDR	T	S	TB	TB	3,25-19	3,50-18	202	14	5,8	179	5595
	CB 750 F	736	R 4	61×63	4-Takt	OHC	2	9	L	49/67 8000	5	K	SDR	T	S	TB	TB	3,25-19	4,00-18	235	18	5	190	6598
Jawa	250	249	S 1	65×75	2-Takt	SL	–	7,8	L	12/16,5 5000	4	K	SER	T	S	TB	TB	3,00-19	3,25-18	140	13,5	–	115	1750
	250 California	249	S 1	65×75	2-Takt	SL	–	7,8	L	12/16,5 5000	4	K	SER	T	S	TB	TB	3,00-19	3,25-18	144	15	–	115	2190
	350	343	R 2	58×65	2-Takt	SL	–	8	L	19/25,5 5250	4	K	SER	T	S	TB	TB	3,00-19	3,50-19	155	13,5	14	127	2100
	350 California	343	R 2	58×65	2-Takt	SL	–	8	L	19/25,5 5250	4	K	SER	T	S	TB	TB	3,00-19	3,50-19	156	15	14	127	2490
Jawa-CZ	125	123	S 1	52×58	2-Takt	SL	–	8,6	L	8/11 5750	4	K	SER	T	S	TB	TB	2,75-18	3,00-18	120	11,5	–	100	1550
	175	172	S 1	58×65	2-Takt	SL	–	8,7	L	11/15 5600	4	K	SER	T	S	TB	TB	2,75-18	3,00-18	120	11,5	–	110	1690
Kawasaki	125 F 6	125	S 1	52×58,8	2-Takt	DS	–	7,2	L	11/14,5 7500	5	K	SDR	T	S	TB	TB	3,00-18	3,25-18	111	9	–	110	a. A.
	250 F 11	247	S 1	68×68	2-Takt	SL	–	7	L	17/23,5 6000	5	K	SDR	T	S	TB	TB	3,00-21	4,00-18	127	9,5	8	125	3250
	350 F 9	346	S 1	80,5×68	2-Takt	DS	–	6,8	L	21/28 6500	5	K	SDR	T	S	TB	TB	3,00-21	4,00-18	140	11	6,2	135	3450
	250 S 1 Mach I	249	R 3	45×52,3	2-Takt	SL	–	7,5	L	21/28 8000	5	K	SDR	T	S	TB	TB	3,00-18	3,50-18	150	14	6,5	150	3490
	350 S 2 Mach II	346	R 3	53×52,3	2-Takt	SL	–	7,3	L	32/44 8000	5	K	SDR	T	S	SB	TB	3,00-18	4,00-18	160	14	6,2	155	3950
	500 H 1 Mach III	499	R 3	60×58,8	2-Takt	SL	–	6,8	L	43/58 7750	5	K	SDR	T	S	SB	TB	3,25-19	4,00-18	210	15	5,4	186	4700
	750 H 2 Mach IV	748	R 3	71×63	2-Takt	SL	–	7	L	52/71 6800	5	K	SDR	T	S	SB	TB	3,25-19	4,00-18	210	17	4,2	203	5580
	900 Z 1 Super 4	903	R 4	66×66	4-Takt	DOHC	2	8,5	L	58/79 8500	5	K	SDR	T	S	TB	TB	3,25-19	4,00-18	247	18	3,7	211	7200
Laverda	750 SF	744	R 2	80×74	4-Takt	OHC	2	8,9	L	45/61 6500	5	K	SDR	T	S	TB	TB	3,50-18	4,00-18	231	19	6	195	6600
	750 SFC	744	R 2	80×74	4-Takt	OHC	2	9,6	L	52/70 7300	5	K	SDR	T	S	TB	TB	3,50-18	4,00-18	226	19	–	204	10 000
	1000	980	R 3	75×74	4-Takt	DOHC	2	9	L	57/78 7750	5	K	SDR	T	S	TB	TB	4,10-18	4,25-18	243	17,5	4,7	209	9600

1972

Hersteller	Typ	Hubraum (cm³)	Zyl.-Anordnung und -zahl	Bohrung und Hub (mm)	Arbeitsweise	Steuerung	Ventile/Zylinder	Verdichtung	Kühlung	Leistung (kW/PS bei 1/min)	Gänge	Hinterradantrieb	Rahmen	Vorderradfederung	Hinterradfederung	Vorderradbremse	Hinterradbremse	Vorderreifen	Hinterreifen	Gewicht incl. Kraftstoff und Öl (kg)	Tankinhalt (l)	Beschleun. 1 Pers. (0–100 km/h sec)	Höchstgeschwindigkeit, 1 Pers. (km/h)	Preis incl. MWSt (Mark)
Maico	MD 125 Super Sport	124	S 1	54×54	2-Takt	DS	–	11	L	12/16 8000	6	K	SDR	T	S	TB	TB	2.50-16	3.00-16	95	13,5	–	115	2399
	MD 250	245	S 1	76×54	2-Takt	DS	–	11,7	L	21/28 7000	6	K	SDR	T	S	TB	TB	2.75-18	3.25-18	126	12,5	6,6	159	2900
Motobecane	125 L	125	R 2	43×43	2-Takt	SL	–	10	L	10/13,5 7000	5	K	SDR	T	S	TB	TB	2.75-17	2.75-17	114	13	17,5	118	2395
	125 LT	125	R 2	43×43	2-Takt	SL	–	10	L	10/14 7500	5	K	SDR	T	S	TB	TB	2.50-17	2.75-17	114	13	17,5	122	2495
	350	349	R 3	53×52,8	2-Takt	SL	–	10	L	28/38 7800	5	K	SDR	T	S	SB	TB	3.00-18	3.50-18	174	20	7,5	165	3990
Moto Guzzi	Falcone Sport	498	L 1	88×82	4-Takt	OHV	2	6,9	L	21/28 4800	4	K	SDR	T	S	TB	TB	3.50-18	3.50-18	215	18	14,8	140	4580
	V7 750 Sport	748	90° V 2	82,5×70	4-Takt	OHV	2	9,8	L	46/62 7250	5	W	SDR	T	S	TB	TB	3.25-18	3.50-18	220	19	5	206	8360
	V7 850 GT	844	90° V 2	83×78	4-Takt	OHV	2	9,2	L	40/55 6100	5	W	SDR	T	S	TB	TB	4.00-18	4.00-18	255	22,5	5,2	181	7165
	V7 850 California	844	90° V 2	83×78	4-Takt	OHV	2	9,2	L	40/55 6100	5	W	SDR	T	S	TB	TB	4.00-18	4.00-18	263	22,5	5,4	175	7700
Münch	4-1200 TTS	1176	R 4	75×66,6	4-Takt	OHC	2	9,8	L	65/88 6000	4	K	SDR	T	S	TB	TB	3.25-19	4.00-18	278	28/35	4,8	207	12745
MV Agusta	150 RSS	150	S 1	59,5×54	4-Takt	OHV	2	9,7	L	11/15 8600	5	K	SER	T	S	TB	TB	2.75-18	2.75-18	103	16	14	125	2350
	350 GT	349	R 2	63×56	4-Takt	OHV	2	9,5	L	24/32 7600	5	K	SER	T	S	TB	TB	2.75-18	3.25-18	143	16	8,2	155	4250
	350 S	349	R 2	63×56	4-Takt	OHV	2	9,5	L	24/33 7900	5	K	SER	S	S	TB	TB	3.25-16	3.50-16	143	16	8	160	4550
	750 GT	743	R 4	65×56	4-Takt	DOHC	2	9,5	L	51/69 8450	5	W	SDR	T	S	TB	TB	3.50-18	4.00-18	246	24	5,6	205	13890
	750 S	743	R 4	65×56	4-Takt	DOHC	2	9,5	L	53/72 9200	5	W	SDR	T	S	TB	TB	3.50-18	4.00-18	240	24	5,4	220	13890
MZ	ETS 150 Trophy Sport	143	S 1	56×58	2-Takt	SL	–	10	L	9/12,5 6300	4	K	PSR	T	S	TB	TB	2.75-18	3.00-18	114	13	–	105	1598
	ETS 250 Trophy Sport	243	S 1	69×65	2-Takt	SL	–	10	L	14/19 5000	4	K	SER	T	S	TB	TB	2.75-18	3.50-16	149	22	13,8	130	2390
	ES 250/2 Trophy-Gespann	243	S 1	69×65	2-Takt	SL	–	10	L	14/19 5000	4	K	SER	T	S	TB	TB	3.25-16	3.50-16	223	16	–	100*	2998
Norton	Commando 750 Roadster	745	R 2	73×89	4-Takt	OHV	2	10	L	48/65 6500	4	K	SDR	T	S	SB	TB	4.10-19	4.10-19	203	9/13,5	5,2	174	6150
	Commando 750 Interstate	745	R 2	73×89	4-Takt	OHV	2	10	L	48/65 6500	4	K	SDR	T	S	SB	TB	4.10-19	4.10-19	203	25	5,2	174	6220
Puch	125 Enduro	123	S 1	55×52	2-Takt	SL	–	11,5	L	12/16 7800	5,6	K	SDR	T	S	TB	TB	3.00-21	3.50-18	124	9	–	100	3228
	175 Enduro	169	S 1	62×56	2-Takt	SL	–	11,5	L	15/21 8700	6	K	SDR	T	S	TB	TB	3.00-21	4.00-18	125	9	–	105	3552
Suzuki	T 250	247	R 2	54×54	2-Takt	SL	–	7,5	L	20/27 8000	6	K	SDR	T	S	TB	TB	2.75-18	3.25-18	148	12	8,5	150	3180
	T 500	492	R 2	70×64	2-Takt	SL	–	6,6	L	35/47 7000	5	K	SDR	T	S	TB	TB	3.25-19	4.00-18	187	14	6	170	5100
	GT 380 J	371	R 3	54×54	2-Takt	SL	–	6,7	L	24/32 7500	6	K	SDR	T	S	TB	TB	3.00-19	3.50-18	182	15	6,6	168	3890

*2 Personen

Hersteller	Typ	Hubraum (cm³)	Zyl.-Anordnung und -zahl	Bohrung und Hub (mm)	Arbeitsweise	Steuerung	Ventile/Zylinder	Verdichtung	Kühlung	Leistung (kW/PS bei 1/min)	Gänge	Hinterradantrieb	Rahmen	Vorderradfederung	Hinterradfederung	Vorderradbremse	Hinterradbremse	Vorderreifen	Hinterreifen	Gewicht incl. Kraftstoff und Öl (kg)	Tankinhalt (l)	Beschleun. 1 Pers. (0–100 km/h sec)	Höchstgeschwindigkeit 1 Pers. (km/h)	Preis incl. MWSt (Mark)
	GT 550 J	543	R 3	61×62	2-Takt	SL	-	6,8	L	35/48 6500	5	K	SDR	T	S	TB	TB	3.25-19	4.00-18	195	15	6,7	170	5200
	GT 750 J	739	R 3	70×64	2-Takt	SL	-	6,7	W	38/52 6500	5	K	SDR	T	S	TB	TB	3.25-19	4.00-18	226	17	5,8	177	6250
Triumph	T 100 R Daytona	490	R 2	69×65,5	4-Takt	OHV	2	9	L	29/40 7200	4	K	SDR	T	S	TB	TB	3.25-19	4.00-18	175	13,5	10,2	160	5090
	TR 6 R/V Tiger 650	649	R 2	71×82	4-Takt	OHV	2	9	L	35/48 7250	4,5	K	SDR	T	S	TB	TB	3.25-19	4.00-18	191	18	9,8	167	5495
	T 120 R/V Bonneville 650	649	R 2	71×82	4-Takt	OHV	2	9	L	36/49 7200	4,5	K	SDR	T	S	TB	TB	3.25-19	4.00-18	192	18	6,4	176	5890
	T 150 V Trident 750	740	R 3	67×70	4-Takt	OHV	2	8,3	L	44/60 7250	5	K	SER	T	S	SB	TB	4.10-19	4.10-19	228	19	6,2	194	6795
Yamaha	AS 3	125	R 2	43×43	2-Takt	SL	-	7	L	12/16 9800	5	K	SER	T	S	TB	TB	2.50-18	2.75-18	105	9	13,5	127	2348
	DS 7	247	R 2	54×54	2-Takt	SL	-	7,1	L	18/24 7500	5	K	SDR	T	S	TB	TB	3.00-18	3.25-18	146	12	10	140	3245
	R 5 F	347	R 2	64×54	2-Takt	SL	-	6,9	L	26/35 7800	5	K	SDR	T	S	TB	TB	3.00-18	3.50-18	148	12	6	160	3498
	XS 2 E	654	R 2	75×74	4-Takt	OHC	2	8,7	L	39/53 7000	5	K	SDR	T	S	SB	TB	3.50-19	4.00-18	194	12,5	6	180	5295
	TX 750	744	R 2	80×74	4-Takt	OHC	2	8,8	L	38/51 7240	5	K	SDR	T	S	SB	TB	3.50-19	4.00-18	240	16	4,9	186	5995
Zündapp	KS 125 Sport	124	S 1	54×54	2-Takt	SL	-	12	L	13/17 7600	5	K	SDR	T	S	TB	TB	2.75-18	3.25-18	116	14	13,5	125	2650
Zweirad Union	DKW RT 125 E	124	S 1	54×54	2-Takt	SL	-	11,8	L	13/17 4500	6	K	SDR	T	S	TB	TB	2.75-17	3.00-17	108	10,5	12,8	120	2450

1972

Hersteller	Typ	Hubraum (cm³)	Zyl.-Anordnung und -zahl	Bohrung und Hub (mm)	Arbeitsweise	Steuerung	Ventile/Zylinder	Verdichtung	Kühlung	Leistung (kW/PS bei 1/min)	Gänge	Hinterradantrieb	Rahmen	Vorderradfederung	Hinterradfederung	Vorderradbremse	Hinterradbremse	Vorderreifen	Hinterreifen	Gewicht incl. Kraftstoff und Öl (kg)	Tankinhalt (l)	Beschleun. 1 Pers. (0–100 km/h sec)	Höchstgeschwindigkeit, 1 Pers. (km/h)	Preis incl. MWSt (Mark)
Benelli	125 2 C	125	R 2	42,5×44	2-Takt	SL	–	10,3	L	10/13 7600	5	K	SDR	T	S	TB	TB	2.75-18	3.00-18	125	11,5	15,5	111	2190
	250 2 C	231	R 2	56×47	2-Takt	SL	–	10,3	L	18/24 7500	5	K	SDR	T	S	TB	TB	3.00-18	3.25-18	134	12,5	7,4	150	3190
	500 Quattro	498	R 4	56×50,6	4-Takt	OHC	2	10,2	L	32/44 8500	5	K	SDR	T	S	TB	TB	3.50-18	4.10-18	230	18	5,9	173	6500
	Tornado 650 S	643	R 2	84×58	4-Takt	OHV	2	9,6	L	33/45 6500	5	K	SDR	T	S	TB	TB	3.50-18	4.00-18	222	12,5	6,1	175	5671
BMW	R 60/6	599	180° 2	73,5×70,6	4-Takt	OHV	2	9,2	L	29/40 6400	5	W	SDR	T	S	TB	TB	3.25-19	4.00-18	227	18	6,1	165	5175
	R 75/6	745	180° 2	82×70,6	4-Takt	OHV	2	9	L	37/50 6200	5	W	SDR	T	S	SB	TB	3.25-19	4.00-18	227	18	5,8	181	5990
	R 90/6	898	180° 2	90×70,6	4-Takt	OHV	2	9	L	44/60 6500	5	W	SDR	T	S	SB	TB	3.25-19	4.00-18	227	18	5	184	6441
	R 90 S	898	180° 2	90×70,6	4-Takt	OHV	2	9,5	L	49/67 7000	5	W	SDR	T	S	DSB	TB	3.25-19	4.00-18	232	24	4,8	196	7666
Bultaco	Metralla 250	244	S 1	72×60	2-Takt	SL	–	9	L	20/27,5 7500	5	K	SER	T	S	TB	TB	2.75-18	3.00-18	112	14	7	150	2750
Ducati	125 Scrambler	124	S 1	55,2×52	4-Takt	OHC	2	8,5	L	7/9,5 8500	5	K	SDR	T	S	TB	TB	2.50-19	3.50-18	111	8	–	90	2450
	250 Mark 3	248	S 1	74×57,8	4-Takt	OHC	2	9,7	L	13/18 7500	5	K	SER	T	S	TB	TB	2.75-19	3.00-18	136	13	–	130	3070
	250 Scrambler	248	S 1	74×57,8	4-Takt	OHC	2	9,7	L	13/18 7500	5	K	SER	T	S	TB	TB	3.50-19	4.00-18	138	11	–	125	3320
	250 Mark 3 D	248	S 1	74×57,8	4-Takt	DES	2	9,7	L	15/20 8000	5	K	SER	T	S	TB	TB	2.75-19	3.00-18	136	13	–	135	3495
	350 Mark 3	340	S 1	76×75	4-Takt	OHC	2	9,5	L	18/24 8500	5	K	SER	T	S	TB	TB	3.25-19	4.00-18	137	13	6,1	145	3330
	350 Scrambler	340	S 1	76×75	4-Takt	OHC	2	9,5	L	18/24 8500	5	K	SER	T	S	TB	TB	3.50-19	4.00-18	139	11	5,8	130	3600
	350 Mark 3 D	340	S 1	76×75	4-Takt	DES	2	9,3	L	19/26 8000	5	K	SER	T	S	TB	TB	2.75-19	3.00-18	137	13	5	145	3950
	450 Mark 3	435	S 1	86×75	4-Takt	OHC	2	9,3	L	20/27 7000	5	K	SER	T	S	TB	TB	3.50-19	4.00-18	139	13	4,8	145	3665
	450 Scrambler	435	S 1	86×75	4-Takt	OHC	2	9,3	L	20/27 7000	5	K	SER	T	S	TB	TB	4.00-18	4.00-18	140	13	7	135	3830
	450 Mark 3 D	435	S 1	86×75	4-Takt	DES	2	8,5	L	23/31 7000	5	K	SER	T	S	TB	TB	3.00-18	3.00-18	139	13	–	155	4195
	750 GT	748	90° V 2	80×74,4	4-Takt	OHC	2	9	L	44/60 7000	5	K	SDR	T	S	SB	TB	3.60-19	4.10-18	197	17	5,4	174	6795
	750 SS	748	90° V 2	80×74,4	4-Takt	DES	2	9,5	L	54/73 8000	5	K	SDR	T	S	DSB	TB	3.50-18	3.50-18	202	18	3,7	217	8000
Fantic	TX 141 Chopper	123	S 1	55×52	2-Takt	SL	–	9,3	L	9/12 6870	5	K	SDR	T	S	TB	TB	2.75-16	5.00-16	110	6	–	103	3340
Gilera	125 Strada	124	S 1	59,9×44	4-Takt	OHV	2	10	L	9/12 8750	5	K	SDR	T	S	TB	TB	2.75-18	3.00-18	115	11	–	105	a.A.
	150 Strada	152	S 1	59,9×54	4-Takt	OHV	2	10	L	10/14 8500	5	K	SDR	T	S	TB	TB	2.75-18	3.00-18	123	11	20,2	115	2530
Harley-Davidson	XLH 1000 Sportster	997	45° V 2	81×96,8	4-Takt	OHV	2	9	L	42/57 6000	4	K	SDR	T	S	SB	TB	3.75-19	4.25-18	240	9/15	4,3	180	11 980
	XLCH 1000 Sportster	997	45° V 2	81×96,8	4-Takt	OHV	2	9	L	42/57 6000	4	K	SDR	T	S	SB	TB	3.75-19	4.25-18	220	9/15	4,2	185	11 380
	FX 1200	1206	45° V 2	87,3×100,8	4-Takt	OHV	2	8	L	43/58 5150	4	K	SDR	T	S	SB	SB	3.75-19	5.10-16	265	15/19	6,5	180	12 560

1973

Hersteller	Typ	Hubraum (cm³)	Zyl.-Anordnung und -zahl	Bohrung und Hub (mm)	Arbeitsweise	Steuerung	Ventile/Zylinder	Verdichtung	Kühlung	Leistung (kW/PS bei 1/min)	Gänge	Hinterradantrieb	Rahmen	Vorderradfederung	Hinterradfederung	Vorderradbremse	Hinterradbremse	Vorderreifen	Hinterreifen	Gewicht incl. Kraftstoff und Öl (kg)	Tankinhalt (l)	Beschleun. 1 Pers. (0-100 km/h sec)	Höchstgeschwindigkeit, 1 Pers. (km/h)	Preis incl. MWSt (Mark)
Harley-Davidson	FLH 1200 Super Glide	1206	45° V 2	87,3×100,8	4-Takt	OHV	2	8	L	43/58 5150	4	K	R	T	S	SB	SB	5.10-16	5.10-16	345	15/19	8,4	135	13 950
Hercules	K 125 T	124	S 1	54×54	2-Takt	SL	–	11,8	L	13/17 7500	6	K	SDR	T	S	TB	TB	2.75-17	3.00-17	115	10,5	12,6	119	2695
	K 125 Military	124	S 1	54×54	2-Takt	SL	–	9	L	9/12,5 7000	5	K	SDR	S	S	TB	TB	3.25-18	3.50-18	135	15	–	94	3050
	W 2000	294	1 S-Wankel	–	4-Takt	–	–	8,5	L	18/25 6500	6	K	SDR	T	S	TB	TB	3.00-18	3.25-18	172	16,5	8,2	141	4100
Honda	SL 125	122	S 1	56×49,5	4-Takt	OHC	2	9,5	L	9/12 9700	5	K	SDR	T	S	TB	TB	2.75-21	3.25-18	108	7,5	–	102	2248
	XL 250	248	S 1	74×57,8	4-Takt	OHC	4	9,1	L	15/20 7700	5	K	SER	T	S	TB	TB	2.75-21	4.00-18	148	8	–	120	3348
	CB 100	99	S 1	50,5×49,5	4-Takt	OHC	2	9,5	L	8/11,5 10 500	5	K	SDR	S	S	TB	TB	2.50-18	2.75-18	92	10	–	110	1848
	CB 125 SS	125	S 1	44×41	4-Takt	OHC	2	9,4	L	11/15 10 500	5	K	SER	T	S	TB	TB	2.50-18	2.75-18	134	10	19,6	121	2198
	CB 250	249	R 2	56×50,6	4-Takt	OHC	2	9,5	L	22/30 10 500	5	K	SER	T	S	SB	TB	3.00-18	3.25-18	170	10	8	150	3248
	CB 350	325	R 2	64×50,6	4-Takt	OHC	2	9,5	L	26/36 10 500	5	K	SER	T	S	SB	TB	3.00-18	3.50-18	170	10	6,4	165	3548
	CB 350 F	347	R 4	47×50	4-Takt	OHC	2	9,3	L	25/34 9200	5	K	SER	T	S	SB	TB	3.00-18	3.50-18	178	12	6,8	159	4298
	CB 450 disc	445	R 2	70×57,8	4-Takt	DOHC	2	9	L	33/45 9000	5	K	SER	T	S	SB	TB	3.25-18	3.50-18	204	14	5,4	171	4248
	CB 500 F	498	R 4	56×50,6	4-Takt	OHC	2	9	L	35/48 9000	5	K	SER	T	S	SB	TB	3.25-19	3.50-18	202	14	5,8	179	5595
	CB 750 F	736	R 4	61×63	4-Takt	OHC	2	9	L	49/67 8000	5	K	SER	T	S	SB	TB	3.25-19	4.00-18	235	18	5	190	6598
Jawa	250 California	249	S 1	65×75	2-Takt	SL	–	7,8	L	12/16,5 5000	4	K	SER	T	S	TB	TB	3.00-19	3.25-19	144	15	–	115	2190
	350 California	343	R 2	58×65	2-Takt	SL	–	8	L	19/25,5 5250	4	K	SER	T	S	TB	TB	3.25-18	3.50-18	156	15	14	127	2790
Jawa-CZ	125	123	S 1	52×58	2-Takt	SL	–	8,6	L	8/11 5750	4	K	SDR	S	S	TB	TB	3.00-18	3.00-18	120	11,5	–	100	1350
	175	172	S 1	58×65	2-Takt	SL	–	8,7	L	11/15 5600	4	K	SDR	S	S	TB	TB	2.75-18	3.00-18	120	11,5	–	110	1750
Kawasaki	100 G 7 T	100	S 1	49,5×51,8	2-Takt	DS	–	7	L	8/11 8000	5	K	SDR	T	S	TB	TB	2.50-18	2.75-18	96	10	–	115	1800
	250 F 11	247	S 1	68×68	2-Takt	SL	–	7	L	17/23,5 6000	5	K	SDR	T	S	TB	TB	3.00-21	4.00-18	127	9,5	8	125	3350
	350 F 9	346	S 1	80,5×68	2-Takt	DS	–	6,8	L	21/28 6500	5	K	SDR	T	S	TB	TB	3.00-21	4.00-18	140	11	6,2	135	3800
	250 S 1 Mach I	249	R 3	45×52,3	2-Takt	SL	–	7,5	L	21/28 8000	5	K	SDR	T	S	SB	TB	3.00-18	3.25-18	150	14	6,5	150	3490
	350 S 2 Mach II	346	R 3	53×52,3	2-Takt	SL	–	7,3	L	32/44 8000	5	K	SDR	T	S	SB	TB	3.00-18	3.50-18	160	14	6,2	155	3950
	500 H 1 Mach III	499	R 3	60×58,8	2-Takt	SL	–	6,8	L	43/58 7750	5	K	SDR	T	S	SB	TB	3.25-19	4.00-18	210	15	5,4	186	4900
	750 H 2 Mach IV	748	R 3	71×63	2-Takt	SL	–	7	L	52/71 6800	5	K	SDR	T	S	SB	TB	3.25-19	4.00-18	210	17	4,2	203	5600
	900 Z 1 Super 4	903	R 4	66×66	4-Takt	DOHC	2	8,5	L	58/79 8500	5	K	SDR	T	S	SB	TB	3.25-19	4.00-18	247	18	3,7	211	7500

1973

Marke	Modell	ccm	Zyl.	Bohr.×Hub	Takt	Ventil	Vergas.	Verd.	Kühl.	Leist./U	Gänge	Start	Getr.	Rahmen	Federung	Bremsen	Reifen v	Reifen h	Radstand	Gewicht	Tank	vmax	Preis
Laverda	750 SF	744	R 2	80×74	4-Takt	OHC	2	8,9	L	45/61 7500	5	K	SDR	T	S	TB	TB	3.50-18	4.00-18	231	19	6	195	6800
	750 SFC	744	R 2	80×74	4-Takt	OHC	2	9,8	L	55/75 7500	5	K	SDR	T	S	TB	TB	3.50-18	4.00-18	226	19	–	215	10000
	1000	980	R 3	75×74	4-Takt	DOHC	2	9	L	57/78 7750	5	K	SDR	T	S	TB	TB	3.50-18	4.00-18	243	17,5	4,7	209	9600
Maico	MD 125/6	124	S 1	54×54	2-Takt	DS	–	11	L	12/16 8000	6	K	SDR	T	S	TB	TB	2.50-16	3.00-16	95	13,5	–	115	2570
	MD 250/6	245	S 1	76×54	2-Takt	DS	–	11,7	L	21/28 7000	6	K	SDR	T	S	TB	TB	2.75-18	3.25-18	126	12,5	6,6	159	3300
Morini	3½ V	344	72° V 2	62×57	4-Takt	OHV	2	10	L	26/35 8200	6	K	SDR	T	S	TB	TB	3.25-18	4.10-18	150	16	6,6	161	4400
Motobecane	125 LT	125	R 2	43×43	2-Takt	SL	–	10	L	10/14 7500	5	K	SDR	T	S	TB	TB	2.50-17	2.75-17	114	13	17,5	122	2555
	350	349	R 3	53×52,8	2-Takt	SL	–	10	L	28/38 7800	5	K	SDR	T	S	SB	TB	3.00-18	3.50-18	174	20	7,5	165	a.A.
Moto Guzzi	250 TS	231	R 2	56×47	2-Takt	SL	–	10	L	22/30 7400	5	K	SDR	T	S	TB	TB	3.00-18	3.25-18	138	13,5	–	150	3410
	Falcone Sport	498	L 1	88×82	4-Takt	OHV	2	6,9	L	21/28 4800	4	K	SDR	T	S	TB	TB	3.50-18	3.50-18	215	18	14,8	140	4980
	V 7 750 Sport	748	90° V 2	82,5×70	4-Takt	OHV	2	9,8	L	46/62 7250	5	E	SDR	T	S	TB	TB	3.25-18	3.50-18	220	19	5	206	7995
	V 7 850 GT	844	90° V 2	83×78	4-Takt	OHV	2	9,2	L	40/55 6100	5	E	SDR	T	S	TB	TB	4.00-18	4.00-18	255	22,5	5,2	181	6995
	V 7 850 California	844	90° V 2	83×78	4-Takt	OHV	2	9,2	L	40/55 6100	5	E	SDR	T	S	TB	TB	4.00-18	4.00-18	263	22,5	5,4	175	7795
Münch	4-1200 TTS	1176	R 4	75×66,6	4-Takt	OHC	2	9,8	L	65/88 6000	4	K	SDR	T	S	TB	TB	3.25-19	4.00-19	278	24/34	4,8	207	15518
	4-1200 TTS-E	1176	R 4	75×66,6	4-Takt	OHC	2	8,5	L	74/100 7500	4	K	SDR	T	S	TB	TB	3.25-19	4.00-19	319	24/34	4,2	200	18592
MV Agusta	350 GT	349	R 2	63×56	4-Takt	OHV	2	9,5	L	24/32 7600	5	K	SER	T	S	TB	TB	3.00-18	3.50-18	143	16	8,2	155	4250
	350 Scrambler	349	R 2	63×56	4-Takt	OHV	2	9,5	L	24/32 7600	5	K	SER	T	S	TB	TB	3.00-18	3.50-18	138	10	8,2	155	a.A.
	350 S	349	R 2	63×56	4-Takt	OHV	2	9,5	L	24/33 7900	5	K	SER	T	S	TB	TB	2.75-18	3.25-18	143	16	8	160	4550
	750 GT	743	R 4	65×56	4-Takt	DOHC	2	9,5	L	51/69 8450	5	W	SDR	T	S	TB	TB	3.50-18	4.00-18	246	24	5,6	205	13890
	750 S	743	R 4	65×56	4-Takt	DOHC	2	9,5	L	53/72 9200	5	W	SDR	T	S	TB	TB	3.50-18	4.00-18	240	24	5,4	220	14250
	750 SS Daytona	743	R 4	65×56	4-Takt	DOHC	2	10	L	56/76 9900	5	W	SDR	T	S	TB	TB	3.50-18	4.00-18	240	24	5,3	235	16500
MZ	TS 150	143	S 1	56×58	2-Takt	SL	–	10	L	9/12,5 6300	4	K	PSR	T	S	TB	TB	2.75-18	3.00-18	117	12,5	–	105	1675
	TS 250	243	S 1	69×65	2-Takt	SL	–	10	L	14/19 5500	4	K	SZR	T	S	TB	TB	3.00-16	3.50-16	145	16	12,1	127	2490
Norton	Commando 850 Roadster	828	R 2	77×89	4-Takt	OHV	2	8,5	L	38/51 6250	4	K	SDR	T	S	SB	TB	4.10-19	4.10-19	221	11	4,8	191	6450
	Commando 850 Interstate	828	R 2	77×89	4-Takt	OHV	2	8,5	L	38/51 6250	4	K	SDR	T	S	SB	TB	4.10-19	4.10-19	220	27	4,8	191	6450
Pannonia	T 5	247	S 1	68×68	2-Takt	SL	–	7,2	L	12/16 5250	4	K	SDR	T	S	TB	TB	3.00-19	3.25-19	168	18	–	120	2190
	P 10	247	S 1	68×68	2-Takt	SL	–	7,5	L	13/18 5400	4	K	SDR	T	S	TB	TB	3.00-19	3.25-19	167	16,5	–	125	2390
	P 20	246	R 2	56×50	2-Takt	SL	–	10,5	L	17/23 7500	5	K	SDR	T	S	TB	TB	3.00-18	3.25-18	157	16,5	–	135	2790

1973

Hersteller	Typ	Hubraum (cm³)	Zyl.-Anordnung und -zahl	Bohrung und Hub (mm)	Arbeitsweise	Steuerung	Ventile/Zylinder	Verdichtung	Kühlung	Leistung (kW/PS bei 1/min)	Gänge	Hinterradantrieb	Rahmen	Vorderradfederung	Hinterradfederung	Vorderradbremse	Hinterradbremse	Vorderreifen	Hinterreifen	Gewicht incl. Kraftstoff und Öl (kg)	Tankinhalt (l)	Beschleun. 1 Pers. (0-100 km/h sec)	Höchstgeschwindigkeit 1 Pers. (km/h)	Preis incl. MWSt (Mark)
Puch	125 GS	123	S 1	55×52	2-Takt	SL	–	11,5	L	12/16 7800	5/6	K	SDR	T	S	TB	TB	3.00-21	3.50-18	124	9	–	100	3300
	175 GS	169	S 1	62×56	2-Takt	SL	–	11,5	L	15/21 8700	6	K	SDR	T	S	TB	TB	3.00-21	4.00-18	125	9	–	105	3660
Suzuki	GT 250	247	R 2	54×54	2-Takt	SL	–	7,5	L	23/31 8000	6	K	SDR	T	S	SB	TB	3.00-18	3.25-18	165	15	7,6	155	3299
	GT 380	371	R 3	54×54	2-Takt	SL	–	6,7	L	24/32 7500	6	K	SDR	T	S	SB	TB	3.00-19	3.50-18	190	15	6,6	168	4198
	GT 550	543	R 3	61×62	2-Takt	SL	–	6,8	L	35/48 7500	6	K	SDR	T	S	SB	TB	3.25-19	4.00-18	190	15	5,4	178	4990
	T 500	492	R 2	70×64	2-Takt	SL	–	6,6	L	35/47 7000	5	K	SDR	T	S	SB	TB	3.25-19	4.00-18	187	14	6	170	5100
	GT 750	739	R 3	70×64	2-Takt	SL	–	6,7	W	38/52 6500	5	K	SDR	T	S	TB	TB	3.25-19	4.00-18	251	17	6	171	6590
Triumph	T 100 R Daytona	490	R 2	69×65,5	4-Takt	OHV	2	9	L	29/40 7200	4	K	SDR	T	S	TB	TB	3.25-19	4.00-18	175	13,5	10,2	160	4390
	T 120 R/V Bonneville 650	649	R 2	71×82	4-Takt	OHV	2	9	L	36/49 7200	4/5	K	SDR	T	S	TB	TB	3.25-19	4.00-18	192	18	6,4	176	5150
	TR 7 V Tiger 750	744	R 2	76×82	4-Takt	OHV	2	8,6	L	38/51 6500	5	K	SDR	T	S	SB	TB	3.25-19	4.00-18	207	18	7,1	175	5590
	T 140 V Bonneville 750	744	R 2	76×82	4-Takt	OHV	2	8,6	L	39/53 6500	5	K	SDR	T	S	SB	TB	3.25-19	4.00-18	208	18	6,9	176	5860
	T 150 V Trident 750	740	R 3	67×70	4-Takt	OHV	2	8,3	L	44/60 7250	5	K	SER	T	S	SB	TB	4.10-19	4.10-19	228	19	6,2	194	6310
Yamaha	DT 125	123	S 1	56×50	2-Takt	MB	–	7	L	10/13 7000	5	K	SDR	T	S	TB	TB	2.75-21	3.25-18	103	7	–	105	2349
	DT 250	246	S 1	70×64	2-Takt	MB	–	6,8	L	15/20 6500	5	K	SDR	T	S	TB	TB	3.00-21	4.00-18	129	9	10,4	137	3149
	DT 360	352	S 1	80×70	2-Takt	MB	–	6,3	L	24/32 6000	5	K	SDR	T	S	TB	TB	3.00-21	4.00-18	134	9	–	133	3498
	RD 125	125	R 2	43×43	2-Takt	MB	–	6,8	L	13/17 9500	5	K	SDR	T	S	TB	TB	2.75-18	3.00-18	117	11,5	22	127	2388
	RD 250	247	R 2	54×54	2-Takt	MB	–	6,7	L	22/30 7500	5,6	K	SDR	T	S	SB	TB	3.00-18	3.25-18	162	16	6,5	155	3295
	RD 350	347	R 2	64×54	2-Takt	MB	–	6,6	L	29/39 7500	5,6	K	SDR	T	S	SB	TB	3.00-18	4.00-18	162	16	6,1	170	3550
	TX 750	744	R 2	80×74	4-Takt	OHC	2	8,8	L	38/51 7240	5	K	SDR	T	S	DSB	TB	3.25-18	4.00-18	240	19	4,9	186	5995
Zündapp	KS 125 Sport	124	S 1	54×54	2-Takt	SL	–	12	L	13/17 7600	5	K	SDR	T	S	TB	TB	2.75-18	3.25-18	116	14	13,5	125	2698
Zweirad Union	DKW RT 125 E	124	S 1	54×54	2-Takt	SL	–	11,8	L	13/17 7500	6	K	SER	T	S	TB	TB	2.75-17	3.00-17	108	10,5	12,8	120	2695
Importe aus der UdSSR	Voskhod 2	175	S 1	62×58	2-Takt	SL	–	7,5	L	8/10,5 5500	4	K	SER	T	S	TB	TB	3.25-16	3.25-16	121	13	–	95	1725
	ISH Planeta 3	346	S 1	72×85	2-Takt	SL	–	7,5	L	13/18 4800	4	K	SER	T	S	TB	TB	3.50-18	3.50-18	168	18	–	110	1715
	ISH Jupiter 3	347	R 2	61,75×58	2-Takt	SL	–	8,5	L	18/25 5200	4	K	SER	T	S	TB	TB	3.50-18	3.50-18	171	18	–	120	2495
	ISH Jupiter 3-Gespann	347	R 2	61,75×58	2-Takt	SL	–	8,5	L	18/25 5200	4	K	SER	T	S	TB	TB	3.50-18	3.50-18	250	18	–	100	3775
	M 66 Ural	650	180° 2	78×68	4-Takt	OHV	2	7	L	24/32 4500	4	W	SDR	T	S	TB	TB	3.75-19	3.75-19	215	21	–	125	3850
	M 66 Ural-Gespann	650	180° 2	78×68	4-Takt	OHV	2	7	L	24/32 4500	4	W	SDR	T	S	TB	TB	3.75-19	3.75-19	335	21	–	105	5175

1973

Hersteller	Typ	Hubraum (cm³)	Zyl.-Anordnung und -zahl	Bohrung und Hub (mm)	Arbeitsweise	Steuerung	Ventile/Zylinder	Verdichtung	Kühlung	Leistung (kW/PS bei 1/min)	Gänge	Hinterradantrieb	Rahmen	Vorderradfederung	Hinterradfederung	Vorderradbremse	Hinterradbremse	Vorderreifen	Hinterreifen	Gewicht incl. Kraftstoff und Öl (kg)	Tankinhalt (l)	Beschleun. 1 Pers. (0-100 km/h sec)	Höchstgeschwindigkeit, 1 Pers. (km/h)	Preis incl. MWSt (Mark)
Benelli	125 2 C	125	R 2	42,5×44	2-Takt	SL	-	10,3	L	10/13 7600	5	K	SDR	T	S	TB	TB	2.75-18	3.00-18	125	11,5	15,5	111	2569
	250 2 C	231	R 2	56×47	2-Takt	SL	-	10,3	L	18/24 7500	5	K	SDR	T	S	TB	TB	3.00-18	3.25-18	134	12,5	7,4	150	3669
	500 Quattro	498	R 4	56×50,6	4-Takt	OHC	2	10,2	L	32/44 8500	5	K	SDR	T	S	TB	TB	3.50-18	4.10-18	230	18	5,9	173	6695
	Tornado 650 S	643	R 2	84×58	4-Takt	OHV	2	9,6	L	33/45 6500	5	K	SDR	T	S	TB	TB	3.50-18	4.00-18	222	12,5	6,1	175	6295
	750 Sei	747	R 6	56×50,6	4-Takt	OHC	2	9,8	L	43/58 8500	5	K	SDR	T	S	DSB	TB	3.50-18	4.00-18	255	16,5	-	180	a.A.
BMW	R 60/6	599	180° 2	73,5×70,6	4-Takt	OHV	2	9,2	L	29/40 6400	5	W	SDR	T	S	TB	TB	3.25-19	4.00-18	227	18	6,1	165	5992
	R 75/6	745	180° 2	82×70,6	4-Takt	OHV	2	9	L	37/50 6200	5	W	SDR	T	S	SB	TB	3.25-19	4.00-18	227	18	5,8	181	7110
	R 90/6	898	180° 2	90×70,6	4-Takt	OHV	2	9	L	44/60 6500	5	W	SDR	T	S	SB	TB	3.25-19	4.00-18	227	18	5	184	7620
	R 90 S	898	180° 2	90×70,6	4-Takt	OHV	2	9,5	L	49/67 7000	5	W	SDR	T	S	DSB	TB	3.25-19	4.00-18	232	24	4,8	196	9130
Bultaco	Metralla 250 GT	244	S 1	72×60	2-Takt	-	-	10	L	17/23 7500	5	K	SER	T	S	TB	TB	3.25-19	3.50-18	130	14	9,3	131	3900
Ducati	250 Mark 3	248	S 1	74×57,8	4-Takt	OHC	2	9,7	L	13/18 7500	5	K	SER	T	S	TB	TB	3.00-19	3.50-18	136	18	-	130	3245
	250 Scrambler	248	S 1	74×57,8	4-Takt	OHC	2	9,7	L	13/18 7500	5	K	SER	T	S	SB	TB	3.50-19	4.00-18	138	11	-	125	3470
	250 Mark 3 D	248	S 1	74×57,8	4-Takt	DES	2	9,5	L	15/20 8000	5	K	SER	T	S	SB	TB	3.25-18	3.50-18	136	13	-	135	3695
	350 Mark 3	340	S 1	76×75	4-Takt	OHC	2	9,5	L	18/24 8500	5	K	SER	T	S	TB	TB	3.00-19	3.50-18	137	13	-	145	a.A.
	350 Scrambler	340	S 1	76×75	4-Takt	OHC	2	9,3	L	18/24 8500	5	K	SER	T	S	SB	TB	3.50-19	4.00-18	139	11	-	130	a.A.
	350 Mark 3 D	340	S 1	76×75	4-Takt	DES	2	9,3	L	19/26 8000	5	K	SER	T	S	SB	TB	3.25-18	3.50-18	137	13	-	145	4150
	450 Mark 3	435	S 1	86×75	4-Takt	OHC	2	9,3	L	20/27 7000	5	K	SER	T	S	TB	TB	3.00-19	3.50-18	139	13	-	145	3815
	450 Scrambler	435	S 1	86×75	4-Takt	OHC	2	8,5	L	20/27 7000	5	K	SER	T	S	SB	TB	3.50-19	4.00-18	140	11	-	135	a.A.
	450 Mark 3 D	435	S 1	86×75	4-Takt	DES	2	9,3	L	23/31 7000	5	K	SER	T	S	SB	TB	3.25-18	4.10-18	139	13	-	155	4395
	750 GT	748	90° V 2	80×74,4	4-Takt	OHC	2	9,5	L	44/60 7000	5	K	SER	T	S	DSB	SB	3.60-19	3.50-18	197	17	5,4	174	6695
	750 SS	748	90° V 2	80×74,4	4-Takt	DES	2	9,5	L	54/73 8000	5	K	SER	T	S	DSB	SB	3.50-18	3.50-18	202	18	3,7	217	8300
	860 GT	864	90° V 2	86×74,4	4-Takt	OHC	2	9,5	L	48/65 7000	5	K	SER	T	S	SB	SB	3.50-18	4.00-18	235	19	5,3	180	8250
Fantic	TX 141 Chopper	123	S 1	55×52	2-Takt	-	-	9,3	L	9/12 6870	5	K	SDR	T	S	TB	TB	2.75-16	5.00-16	110	6	-	103	3540
Gilera	150 Strada	152	S 1	59,9×54	4-Takt	OHV	2	10	L	10/14 8500	4	K	SDR	T	S	TB	TB	2.75-18	3.00-18	123	11	20,2	115	2590
Harley-Davidson	XLH 1000 Sportster	997	45° V 2	81×96,8	4-Takt	OHV	2	9	L	42/57 6000	4	K	SDR	T	S	SB	TB	3.75-19	4.25-18	240	9/15	4,3	180	11980
	XLCH 1000 Sportster	997	45° V 2	81×96,8	4-Takt	OHV	2	9	L	42/57 6000	4	K	SDR	T	S	SB	TB	3.75-19	4.25-18	220	9/15	4,2	185	9985
	FX 1200	1206	45° V 2	87,3×100,8	4-Takt	OHV	2	8	L	43/58 5150	4	K	SDR	T	S	SB	SB	3.75-19	5.10-16	265	15/19	6,5	180	12980

1974

Hersteller	Typ	Hubraum (cm³)	Zyl.-Anordnung und -zahl	Bohrung und Hub (mm)	Arbeitsweise	Steuerung	Ventile/Zylinder	Verdichtung	Kühlung	Leistung (kW/PS bei 1/min)	Gänge	Hinterradantrieb	Rahmen	Vorderradfederung	Hinterradfederung	Vorderradbremse	Hinterradbremse	Vorderreifen	Hinterreifen	Gewicht incl. Kraftstoff und Öl (kg)	Tankinhalt (l)	Beschleun. 1 Pers. (0-100 km/h sec)	Höchstgeschwindigkeit, 1 Pers. (Km/h)	Preis incl. MWSt (Mark)
Hercules	FXE 1200 Super Glide	1206	45° V 2	87,3×100,8	4-Takt	OHV	2	8	L	43/58 5150	4	K	SDR	T	S	SB	SB	3,75-19	5.10-16	275	15/19	6,5	177	13 380
	FLH 1200 Electra Glide	1206	45° V 2	87,3×100,8	4-Takt	OHV	2	8	L	43/58 5150	4	K	SDR	T	S	SB	SB	5.10-16	5.10-16	345	15/19	8,4	135	13 995
Honda	K 125 S	124	S 1	54×54	2-Takt	SL		11,8	L	13/17 7500	6	K	SDR	T	S	TB	TB	2.75-17	3.00-17	122	11	12,7	117	3205
	K 125 Military	124	S 1	54×54	2-Takt	SL		9	L	9/12,5 7000	5	K	SDR	T	S	TB	TB	3.25-18	3.50-18	135	15	–	94	3400
	W 2000	294	1 S-Wankel	–	4-Takt	–	–	8,5	L	20/27 6500	6	K	SDR	T	S	SB	TB	3.00-18	3.25-18	176	16,5	8,4	148	4500
	SL 125 S	124	S 1	56×49,5	4-Takt	OHC	2	9,5	L	9/12 9700	5	K	SDR	T	S	TB	TB	2.75-21	3.25-18	108	7,5	–	102	2332
	XL 250	248	S 1	74×57,8	4-Takt	OHC	4	9,1	L	15/20 7700	5	K	SER	T	S	TB	TB	2.75-21	4.00-18	148	8	–	120	3450
	CB 100	99	S 1	50,5×49,5	4-Takt	OHC	2	9,5	L	8/11,5 10500	5	K	SER	T	S	TB	SB	2.50-18	2.75-18	92	10	–	110	1995
	CB 125 SS	125	S 1	44×41	4-Takt	OHC	2	9,4	L	11/15 10500	5	K	SER	T	S	TB	SB	2.50-18	2.75-18	134	10	19,6	121	2432
	CB 250 disc	249	R 2	56×50,6	4-Takt	OHC	2	9,5	L	22/30 10500	5	K	SER	T	S	TB	TB	3.00-18	3.25-18	170	10	8	150	3690
	CB 350 disc	325	R 2	64×50,6	4-Takt	OHC	2	9,5	L	26/36 10500	5	K	SER	T	S	SB	TB	3.00-18	3.50-18	170	10	6,4	165	3650
	CB 350 F	347	R 4	47×50	4-Takt	OHC	2	9,3	L	25/34 9200	5	K	SER	T	S	SB	TB	3.00-18	3.50-18	178	12	6,8	159	4498
	CB 360 disc	357	R 2	67×50,6	4-Takt	OHC	2	9,3	L	25/34 9000	6	K	SER	T	S	TB	TB	3.00-18	3.50-18	178	11	6,4	165	3918
	CB 450 disc	445	R 2	70×57,8	4-Takt	DOHC	2	9	L	33/45 9000	5	K	SER	T	S	TB	TB	3.25-19	3.50-18	204	14	5,4	171	4400
	CB 500 F	498	R 4	56×50,6	4-Takt	OHC	2	9	L	35/48 9000	5	K	SDR	T	S	SB	TB	3.25-19	3.50-19	202	14	5,8	179	5888
	CB 750 F	736	R 4	61×63	4-Takt	OHC	2	9,3	L	49/67 8000	5	K	SDR	T	S	SB	TB	3.25-19	4.00-18	235	18	5	190	6866
Jawa	250	246	R 2	52×58	2-Takt	SL	–	9,3	L	13/17 5250	4	K	SER	T	S	TB	TB	3.00-18	3.25-18	151	15	19,5	125	2600
	350	343	R 2	58×65	2-Takt	SL	–	9,2	L	17/23 5000	4	K	SDR	T	S	TB	TB	3.25-18	3.50-18	168	15	15	132	3300
Jawa-CZ	125	123	S 1	52×58	2-Takt	SL	–	8,6	L	8/11 5750	5	K	SER	T	S	TB	TB	2.75-18	3.25-18	120	11,5	–	100	1590
	175	172	S 1	58×65	2-Takt	SL	–	8,7	L	11/15 5600	5	K	SDR	T	S	TB	TB	2.75-18	3.25-18	120	11,5	–	110	1790
Kawasaki	100 G 7 T	100	S 1	49,5×51,8	2-Takt	DS	–	7	L	8/11,5 8000	5	K	SDR	T	S	TB	TB	2.50-18	2.75-18	96	10	–	115	2000
	125 KS	125	S 1	56×50,6	2-Takt	DS	–	7	L	10/13 6500	6	K	SDR	T	S	TB	TB	2.75-21	3.00-18	97	7,5	–	110	2800
	250 F 11	247	S 1	68×68	2-Takt	SL	–	7	L	17/23,5 6000	5	K	SDR	T	S	TB	TB	3.00-21	4.00-18	127	9,5	8	125	3900
	250 S 1 Mach I	249	R 3	45×52,3	2-Takt	SL	–	7,5	L	21/28 8000	5	K	SDR	T	S	SB	TB	3.00-18	3.25-18	150	14	6,5	150	3850
	400 S 3 Mach II	400	R 3	57×52,3	2-Takt	SL	–	6,5	L	29/40 7000	5	K	SDR	T	S	SB	TB	3.00-18	3.50-18	174	14	6,5	167	4300
	500 H 1 Mach III	499	R 3	60×58,8	2-Takt	SL	–	6,8	L	43/58 7750	5	K	SDR	T	S	SB	TB	3.25-19	4.00-18	210	15	5,4	186	5200
	750 H 2 Mach IV	748	R 3	71×63	2-Takt	SL	–	7	L	52/71 6800	5	K	SDR	T	S	SB	TB	3.25-19	4.00-18	210	17	4,2	203	5600
	Z 400	399	R 2	64×62	4-Takt	OHC	2	9,4	L	26/36 8500	5	K	SDR	T	S	SB	TB	3.25-18	3.50-18	187	14	7,9	149	4900

1974

Laverda	900 Z 1 Super 4	903	R 4	66×66	4-Takt	DOHC	2	8.5	L	58/79 8500	5	K	SDR	T	S	DSB	TB	3.25-19	4.00-18	249	18	3.7	211	8500
	750 SF	744	R 2	80×74	4-Takt	OHC	2	8.9	L	45/61 7500	5	K	SDR	T	S	TB	TB	3.50-18	4.00-18	231	19	6	195	6800
	750 SFC	744	R 2	80×74	4-Takt	OHC	2	9.8	L	55/75 7500	5	K	SDR	T	S	DSB	SB	4.10-18	4.10-18	226	19	–	215	9500
	1000	980	R 3	75×74	4-Takt	DOHC	2	9	L	57/78 7750	5	K	SDR	T	S	DSB	TB	3.50-18	4.00-18	243	17.5	4.7	209	8800
Maico	MD 125/6	124	S 1	54×54	2-Takt	DS	–	11	L	12/16 8000	6	K	SDR	T	S	TB	TB	2.50-16	3.00-16	95	13.5	–	115	2845
	MD 250/6	245	S 1	76×54	2-Takt	DS	–	11.7	L	21/28 7000	6	K	SDR	T	S	TB	TB	2.75-18	3.25-18	126	12.5	6.6	159	3645
Morini	3½ V	344	72° V 2	62×57	4-Takt	OHV	2	10	L	26/35 8200	6	K	SDR	T	S	TB	TB	3.25-18	4.10-18	150	16	6.6	161	4400
Motobecane	125 LT	125	R 2	43×43	2-Takt	SL	–	10	L	10/14 7500	5	K	SDR	T	S	TB	TB	2.50-17	2.75-17	114	13	17.5	122	2766
	350	349	R 3	53×52.8	2-Takt	SL	–	10	L	28/38 7800	5	K	SDR	T	S	SB	TB	3.00-18	3.50-18	174	20	7.5	165	a.A.
Moto Guzzi	250 TS	231	R 2	56×47	2-Takt	SL	–	10	L	22/30 7400	5	K	SDR	T	S	TB	TB	3.00-18	3.25-18	139	13.5	–	150	3410
	V7 750 Sport	748	90° V 2	82,5×70	4-Takt	OHV	2	9.8	L	46/62 7250	5	W	SDR	T	S	DSB	TB	3.25-18	3.50-18	220	19	5	206	8420
	V7 850 GT	844	90° V 2	83×78	4-Takt	OHV	2	9.2	L	40/55 6100	5	W	SDR	T	S	SB	TB	4.00-18	4.00-18	255	22.5	5.2	181	7160
	V7 850 California	844	90° V 2	83×78	4-Takt	OHV	2	9.2	L	40/55 6100	5·	W	SDR	T	S	SB	TB	4.00-18	4.00-18	263	22.5	5.4	175	7790
Münch	4-1200 TTS	1176	R 4	75×66.6	4-Takt	OHC	2	9.8	L	65/88 6000	4	K	SDR	T	S	TB	TB	3.25-19	4.00-18	278	24/34	4.8	207	14408
	4-1200 TTS-E	1176	R 4	75×66.6	4-Takt	OHC	2	8.5	L	74/100 7500	4	K	SDR	T	S	TB	TB	3.25-19	4.00-18	319	24/34	4.2	200	16095
MV Agusta	350 GT	349	R 2	63×56	4-Takt	OHV	2	9.5	L	24/32 7600	5	K	SDR	T	S	TB	TB	3.00-18	3.50-18	143	16	8.2	155	4250
	350 Scrambler	349	R 2	63×56	4-Takt	OHV	2	9.5	L	24/32 7600	5	K	SER	T	S	TB	TB	3.00-18	3.50-18	138	10	8.2	155	a.A.
	350 S	349	R 2	63×56	4-Takt	OHV	2	9.5	L	24/33 7900	5	K	SER	T	S	TB	SB	2.75-18	3.25-18	143	16	8	160	4550
	750 GT	743	R 4	65×56	4-Takt	DOHC	2	9.5	L	51/69 8450	5	W	SER	T	S	DSB	TB	3.50-18	4.00-18	246	24	5.6	205	13890
	750 S	743	R 4	65×56	4-Takt	DOHC	2	9.5	L	53/72 9200	5	W	SDR	T	S	DSB	TB	4.00-18	4.00-18	240	24	5.4	220	14250
	750 SS Daytona	743	R 4	65×56	4-Takt	DOHC	2	10	L	56/76 9900	5	W	SDR	T	S	DSB	TB	3.50-18	4.00-18	240	24	5.3	235	16500
MZ	TS 150	143	S 1	56×58	2-Takt	SL	–	10	L	9/12,5 6300	4	K	PSR	T	S	TB	TB	2.75-18	3.00-18	117	12.5	–	105	1675
	TS 250	243	S 1	69×65	2-Takt	SL	–	10	L	14/19 5500	4	K	SZR	T	S	TB	TB	3.00-16	3.50-16	145	17.5	12.1	127	2490
Norton	Commando 850 Interstate	828	R 2	77×89	4-Takt	OHV	2	8.5	L	38/51 6250	4	K	SDR	T	S	SB	TB	4.10-19	4.10-19	220	27	4.8	191	7495
Pannonia	T 5	247	S 1	68×68	2-Takt	SL	2	7.2	L	12/16 5250	4	K	SDR	T	S	TB	TB	3.00-19	3.25-19	168	18	–	120	2190
	P 12	247	S 1	68×68	2-Takt	SL	–	7.5	L	12/16,5 5000	4	K	SDR	T	S	TB	TB	3.00-18	3.25-18	147	16.5	–	110	2390
	P 21	246	R 2	56×50	2-Takt	SL	–	11.5	L	16/22 6500	5	K	SDR	T	S	TB	TB	3.00-18	3.25-18	135	16.5	–	125	2790

Hersteller	Typ	Hubraum (cm³)	Zyl.-Anordnung und -zahl	Bohrung und Hub (mm)	Arbeitsweise	Steuerung	Ventile/Zylinder	Verdichtung	Kühlung	Leistung (kW/PS bei 1/min)	Gänge	Hinterradantrieb	Rahmen	Vorderradfederung	Hinterradfederung	Vorderradbremse	Hinterradbremse	Vorderreifen	Hinterreifen	Gewicht incl. Kraftstoff und Öl (kg)	Tankinhalt (l)	Beschleun. 1 Pers. (0–100 km/h sec)	Höchstgeschwindigkeit 1 Pers. (km/h)	Preis incl. MWSt (Mark)
Puch	125 GS	123	S 1	55×52	2-Takt	SL	–	11,5	L	10/14 8200	5	K	SDR	T	S	TB	TB	3.00-21	3.50-18	124	9	–	100	3513
	175 GS	169	S 1	62×56	2-Takt	SL	–	11,5	L	12/16 8000	5	K	SDR	T	S	TB	TB	3.00-21	4.00-18	125	9	–	105	3888
Suzuki	TS 125	123	S 1	56×50	2-Takt	SL	–	6,7	L	7/9,6 7000	5	K	SER	T	S	TB	TB	2.75-21	3.25-18	105	7	–	110	2740
	TS 250	246	S 1	70×64	2-Takt	SL	–	6,7	L	14/19 6500	5	K	SER	T	S	TB	TB	3.00-21	4.00-18	128	8,5	–	115	3723
	GT 125	125	R 2	43×43	2-Takt	SL	–	6,8	L	10/14,2 9500	6	K	SER	T	S	TB	TB	2.75-18	3.00-18	122	10	12	127	2770
	GT 250	247	R 2	54×54	2-Takt	SL	–	7,5	L	23/31 8000	6	K	SDR	T	S	SB	TB	3.00-18	3.25-18	165	15	7,6	155	3725
	GT 380	371	R 3	54×54	2-Takt	SL	–	6,7	L	24/32 7500	6	K	SDR	T	S	SB	TB	3.00-19	3.50-18	190	15	6,6	168	4450
	GT 550	543	R 3	61×62	2-Takt	SL	–	6,8	L	35/48 7500	5	K	SDR	T	S	SB	TB	3.25-19	4.00-18	190	15	5,4	178	5289
	T 500	492	R 2	70×64	2-Takt	SL	–	6,6	L	35/47 7000	5	K	SDR	T	S	TB	TB	3.25-19	4.00-18	187	14	6	170	5100
	GT 750	739	R 3	70×64	2-Takt	SL	–	6,7	W	38/52 6500	5	K	SDR	T	S	DSB	TB	3.25-19	4.00-18	251	17	6	171	6900
Triumph (1974 nur ein Modell lieferbar)	T 150 V Trident 750	740	R 3	67×70	4-Takt	OHV	2	8,3	L	44/60 7250	5	K	SDR	T	S	SB	TB	4.10-19	4.10-19	228	19	6,2	194	7950
Yamaha	DT 125 E	123	S 1	56×50	2-Takt	MB	–	7	L	10/13 7000	5	K	SDR	T	S	TB	TB	2.75-21	3.25-18	103	7	–	105	2695
	DT 175	171	S 1	66×50	2-Takt	MB	–	6,8	L	10/14 6340	5	K	SDR	T	S	TB	TB	2.75-21	3.50-18	107	7	14,5	121	3434
	DT 250	246	S 1	70×64	2-Takt	MB	–	6,6	L	15/20 6500	5	K	SDR	T	S	TB	TB	3.00-21	4.00-18	129	9	10,4	137	3368
	DT 360	352	S 1	80×70	2-Takt	MB	–	6,3	L	24/32 6000	5	K	SDR	T	S	TB	TB	3.00-21	4.00-18	134	9	–	133	3698
	RD 125	125	R 2	43×43	2-Takt	MB	–	6,8	L	13/17 9500	5	K	SDR	T	S	TB	TB	2.75-18	3.00-18	117	11,5	22	127	2585
	RD 250	247	R 2	54×54	2-Takt	MB	–	6,7	L	22/30 7500	5,6	K	SDR	T	S	TB	TB	3.00-18	3.50-18	162	16	6,5	155	3679
	RD 350	347	R 2	64×54	2-Takt	MB	–	6,6	L	29/39 7500	5,6	K	SDR	T	S	SB	TB	3.00-18	3.50-18	162	16	6,1	170	3810
	TX 750	744	R 2	80×74	4-Takt	OHC	2	8,8	L	38/51 7240	5	K	SDR	T	S	DSB	TB	3.25-18	4.00-18	240	19	4,9	186	6152
Zündapp	KS 125 Sport	124	S 1	54×54	2-Takt	SL	–	12	L	13/17 7600	5	K	SER	T	S	TB	TB	2.75-18	3.25-18	116	14	13,5	125	2982
Importe aus der UdSSR	Voskhod 2	175	S 1	62×58	2-Takt	SL	–	7,5	L	8/10,5 5500	4	K	SER	T	S	TB	TB	3.25-16	3.25-16	121	13	–	95	1895
	ISH Planeta 3	346	S 1	72×85	2-Takt	SL	–	7,5	L	13/18 4800	4	K	SDR	T	S	TB	TB	3.50-18	3.50-18	168	18	–	110	2500
	ISH Jupiter 3	347	R 2	61,75×58	2-Takt	SL	–	8,5	L	18/25 5200	4	K	SDR	T	S	TB	TB	3.50-18	3.50-18	171	18	–	120	2750
	ISH Jupiter 3-Gespann	347	R 2	61,75×58	2-Takt	SL	–	8,5	L	18/25 5200	4	K	SDR	T	S	TB	TB	3.50-18	3.50-18	250	18	–	100	4150
	M 66 Ural	650	180° 2	78×68	4-Takt	OHV	2	7	L	24/32 4500	4	W	SDR	T	S	TB	TB	3.75-19	3.75-19	215	21	–	125	4250
	M 66 Ural-Gespann	650	180° 2	78×68	4-Takt	OHV	2	7	L	24/32 4500	4	W	SDR	T	S	TB	TB	3.75-19	3.75-19	335	21	–	105	5695

1974

Hersteller	Typ	Hubraum (cm³)	Zyl.-Anordnung und -zahl	Bohrung und Hub (mm)	Arbeitsweise	Steuerung	Ventile/Zylinder	Verdichtung	Kühlung	Leistung (kW/PS bei 1/min)	Gänge	Hinterradantrieb	Rahmen	Vorderradfederung	Hinterradfederung	Vorderradbremse	Hinterradbremse	Vorderreifen	Hinterreifen	Gewicht incl. Kraftstoff und Öl (kg)	Tankinhalt (l)	Beschleun. 1 Pers. (0-100 km/h sec)	Höchstgeschwindigkeit 1 Pers. (km/h)	Preis incl. MWSt (Mark)
Benelli	125 2 C	125	R 2	42,5×44	2-Takt	SL	–	10,3	L	10/13 7600	5	K	SDR	T	S	TB	TB	2.75-18	3.00-18	125	11,5	15,5	111	2745
	250 2 C	231	R 2	56×47	2-Takt	SL	–	10,3	L	18/24 7500	5	K	SDR	T	S	TB	TB	3.00-18	3.25-18	134	12,5	7,4	150	3749
	500 Quattro	498	R 4	56×50,6	4-Takt	OHC	2	10,2	L	32/44 8500	5	K	SDR	T	S	SB	TB	3.50-18	4.10-18	230	22	5,9	173	6695
	Tornado 650 S	643	R 2	84×58	4-Takt	OHV	2	9,6	L	33/45 6500	5	K	SDR	T	S	TB	TB	3.50-18	4.00-18	222	12,5	6,1	175	6295
	750 Sei	747	R 6	56×50,6	4-Takt	OHC	2	9,8	L	43/58 8500	5	K	SDR	T	S	DSB	TB	3.50-18	4.00-18	255	22	–	180	10989
BMW	R 60/6	599	180° 2	73,5×70,6	4-Takt	OHV	2	9,2	L	29/40 6400	5	K	SDR	T	S	TB	TB	3.25-19	4.00-18	227	18	6,1	165	6235
	R 75/6	745	180° 2	82×70,6	4-Takt	OHV	2	9	L	37/50 6200	5	K	SDR	T	S	SB	TB	3.25-19	4.00-18	227	18	5,8	181	7395
	R 90/6	898	180° 2	90×70,6	4-Takt	OHV	2	9	L	44/60 6500	5	K	SDR	T	S	SB	TB	3.25-19	4.00-18	227	18	5	184	7925
	R 90 S	898	180° 2	90×70,6	4-Takt	OHV	2	9,5	L	49/67 7000	5	K	SDR	T	S	DSB	TB	3.25-19	4.00-18	232	24	4,8	196	9510
Bultaco	Metralla 250 GT	244	S 1	72×60	2-Takt	SL	–	10	L	17/23 7500	5	K	SER	T	S	TB	TB	3.25-19	3.50-18	130	14	9,3	131	3900
Ducati	350 GTL	350	R 2	71,8×43,2	4-Takt	OHC	2	9,6	L	20/27 6800	5	K	SDR	T	S	SB	SB	3.00-19	3.50-18	188	19	10,2	145	4980
	500 GTL	497	R 2	78×52	4-Takt	OHC	2	9,6	L	26/35 6500	5	W	SDR	T	S	DSB	TB	3.25-18	3.50-18	192	19	6	162	5780
	750 SS	748	90° V 2	80×74,4	4-Takt	DES	2	9,5	L	54/73 8000	5	W	SDR	T	S	DSB	SB	3.50-18	3.50-18	202	18	3,7	217	11580
	860 GT	864	90° V 2	86×74,4	4-Takt	OHC	2	9,5	L	48/65 7000	5	W	SDR	T	S	DSB	SB	3.50-18	4.00-18	235	19	5,3	180	8250
	900 SS	864	90° V 2	86×74,4	4-Takt	DES	2	9,4	L	52/70 7000	5	W	SDR	T	S	DSB	TB	3.50-18	4.00-18	225	18	4,7	213	11980
Fantic	TX 141 Chopper	123	S 1	55×52	2-Takt	SL	–	9,3	L	9/12 6870	5	K	SDR	T	S	TB	TB	2.75-16	5.00-16	110	6	–	103	3540
Gilera	150 Strada	152	S 1	59,9×54	4-Takt	OHV	2	10	L	10/14 8500	5	K	SDR	T	S	TB	TB	2.75-18	3.00-18	123	11	20,2	115	2980
Harley-Davidson	XLH 1000 Sportster	997	45° V 2	81×96,8	4-Takt	OHV	2	9	L	42/57 6000	4	K	SDR	T	S	SB	TB	3.75-19	4.25-18	240	9/15	4,3	180	12859
	XLCH 1000 Sportster	997	45° V 2	81×96,8	4-Takt	OHV	2	9	L	42/57 6000	4	K	SDR	T	S	SB	TB	3.75-19	4.25-18	220	9/15	4,2	185	12399
	FX 1200	1206	45° V 2	87,3×100,8	4-Takt	OHV	2	8	L	43/58 5150	4	K	SDR	T	S	SB	SB	3.75-19	5.10-16	265	15/19	6,5	180	13669
	FXE 1200 Super Glide	1206	45° V 2	87,3×100,8	4-Takt	OHV	2	8	L	43/58 5150	4	K	SDR	T	S	SB	SB	3.75-19	5.10-16	275	15/19	6,5	177	14299
	FLH 1200 Electra Glide	1206	45° V 2	87,3×100,8	4-Takt	OHV	2	8	L	43/58 5150	4	K	SDR	T	S	SB	SB	5.10-16	5.10-16	345	15/19	8,4	135	15130
Hercules	K 125 S	124	S 1	54×54	2-Takt	SL	–	11,8	L	13/17 7500	6	K	SDR	T	S	TB	TB	2.75-17	3.00-17	122	11	12,7	117	3205
	K 125 Military	124	S 1	54×54	2-Takt	SL	–	9	L	9/12,5 7000	5	K	SDR	S	S	TB	TB	3.25-18	3.00-18	135	15	–	94	3700
	W 2000	294	1 S-Wankel	–	4-Takt	–	–	8,5	L	20/27 6500	6	K	SDR	T	S	SB	TB	3.00-18	3.25-18	176	16,5	8,4	148	4550

1975

Hersteller	Typ	Hubraum (cm³)	Zyl.-Anordnung und -zahl	Bohrung und Hub (mm)	Arbeitsweise	Steuerung	Ventile/Zylinder	Verdichtung	Kühlung	Leistung (kW/PS bei 1/min)	Gänge	Hinterradantrieb	Rahmen	Vorderradfederung	Hinterradfederung	Vorderradbremse	Hinterradbremse	Vorderreifen	Hinterreifen	Gewicht incl. Kraftstoff und Öl (kg)	Tankinhalt (l)	Beschleun. 1 Pers. (0-100 km/h sec)	Höchstgeschwindigkeit, 1 Pers. (km/h)	Preis incl. MWSt (Mark)
Honda	SL 125 S	124	S 1	56,5×49,5	4-Takt	OHC	2	9,5	L	9/12 9700	5	K	SDR	T	S	TB	TB	2.75-21	3.25-18	108	7,5	–	102	2398
	XL 250	248	S 1	74×57,8	4-Takt	OHC	4	9,1	L	15/20 7700	5	K	SER	T	S	TB	TB	2.75-21	4.00-18	148	8	–	120	3538
	CB 100 SS	99	S 1	50,5×49,5	4-Takt	OHC	2	9,5	L	8/11,5 10500	5	K	SER	T	S	TB	TB	2.50-18	2.75-18	92	7,5	–	110	2048
	CB 125 disc	125	R 2	44×41	4-Takt	OHC	2	9,4	L	9/12 10500	5	K	SER	T	S	SB	TB	2.50-18	2.75-18	133	9	–	108	2698
	CB 200	198	R 2	55,5×41	4-Takt	OHC	2	9	L	13/17 9000	5	K	SER	T	S	TB	TB	2.75-18	3.00-18	142	11	12,4	124	2998
	CB 250 disc	249	R 2	56×50,6	4-Takt	OHC	2	9,5	L	22/30 10500	5	K	SER	T	S	SB	TB	3.00-18	3.25-18	170	10	8	150	3778
	CB 250 G	249	R 2	56×50,6	4-Takt	OHC	2	9,5	L	20/27 9500	6	K	SER	T	S	SB	TB	3.00-18	3.50-18	178	11	7,7	141	3978
	CB 350 disc	325	R 2	64×50,6	4-Takt	OHC	2	9,5	L	26/36 10500	5	K	SER	T	S	SB	TB	3.00-18	3.50-18	170	10	6,4	165	3738
	CB 360 G	357	R 2	67×50,6	4-Takt	OHC	2	9,3	L	25/34 9000	6	K	SER	T	S	SB	TB	3.00-18	3.50-18	178	11	6,4	165	3918
	CB 450 disc	445	R 2	70×57,8	4-Takt	DOHC	2	9	L	33/45 9000	5	K	SER	T	S	SB	TB	3.25-18	3.50-18	204	14	5,4	171	4498
	CB 400 F	408	R 4	51×50	4-Takt	OHC	2	9,4	L	27/37 8500	6	K	SER	T	S	SB	TB	3.00-18	3.50-18	184	14	6,6	158	4828
	CB 500 T	499	R 2	70×64,8	4-Takt	DOHC	2	8,5	L	31/42 8000	5	K	SER	T	S	SB	TB	3.50-19	4.00-18	210	13	7,6	160	4998
	CB 500 F	498	R 4	56×50,6	4-Takt	OHC	2	9	L	35/48 9000	5	K	SER	T	S	SB	TB	3.25-19	3.50-18	202	14	5,8	179	5998
	CB 550 SS	544	R 4	58,5×50,6	4-Takt	OHC	2	9	L	37/50 8500	5	K	SER	T	S	SB	TB	3.25-19	3.75-18	206	17	5,5	183	6448
	CB 750 F	736	R 4	61×63	4-Takt	OHC	2	9	L	49/67 8000	5	K	SER	T	S	SB	TB	3.25-19	4.00-18	235	18	5	190	6998
	CB 750 F 1	736	R 4	61×63	4-Takt	OHC	2	9,2	L	49/67 8500	5	K	SER	T	S	SB	TB	3.25-19	4.00-18	247	18	5,1	197	7190
	GL 1000 Gold Wing	999	180° 4	72×61,4	4-Takt	OHC	2	9,2	W	60/82 7500	5	W	SDR	T	S	DSB	SB	3.50-19	4.50-17	295	19	4,5	196	9268
Jawa	250	246	R 2	52×58	2-Takt	SL	–	9,3	L	13/17 5250	4	K	SER	T	S	TB	TB	3.00-18	3.25-18	151	15	19,5	125	2408
	350	343	R 2	58×65	2-Takt	SL	–	9,2	L	17/23 5000	4	K	SDR	T	S	TB	TB	3.25-18	3.25-18	168	15	15	132	3300
Jawa-CZ	125	123	S 1	52×58	2-Takt	SL	–	8,6	L	8/11 5750	4	K	SER	T	S	TB	TB	2.75-18	3.25-18	120	11,5	–	100	1900
	175	172	S 1	58×65	2-Takt	SL	–	8,7	L	11/15 5600	4	K	SDR	T	S	TB	TB	2.75-21	3.25-18	120	11,5	–	110	2003
	175 Enduro	172	S 1	62×57	2-Takt	DS	–	10,9	L	12/16 7000	5	K	SER	T	S	TB	TB	2.75-21	3.50-18	122	10,5	–	100	a.A.
	250 Enduro	246	R 2	70×64	2-Takt	DS	–	9,5	L	15/20 6250	5	K	SER	T	S	TB	TB	3.00-21	4.00-18	125	10,5	–	105	2500
Kawasaki	KE 100	100	S 1	49,5×51,8	2-Takt	DS	–	7	L	8/11 7000	5	K	SER	T	S	TB	TB	3.00-18	3.00-18	101	8	–	100	a.A.
	KE 125	125	S 1	56×50,6	2-Takt	DS	–	6,5	L	7/10 6000	6	K	SER	T	S	TB	TB	2.75-21	3.50-18	109	7,5	–	96	2851
	KE 175	175	S 1	61,5×58,8	2-Takt	DS	–	7	L	12/16 7000	5	K	SER	T	S	TB	TB	2.75-21	3.50-18	110	7	–	110	a.A.
	KH 250	249	R 3	45×52,3	2-Takt	SL	–	7,5	L	19/26 7000	5	K	SDR	T	S	SB	TB	3.00-18	3.50-18	175	14	9,8	138	3852
	KH 400	400	R 3	57×52,3	2-Takt	SL	–	6,5	L	28/38 7000	5	K	SDR	T	S	SB	TB	3.50-18	3.50-18	177	16	6,6	166	4500
	KH 500	499	R 3	60×58,8	2-Takt	SL	–	6,4	L	38/52 7000	5	K	SDR	T	S	SB	TB	3.25-19	4.00-18	205	16	5,3	182	5200
	Z 400	399	R 2	64×62	4-Takt	OHC	2	9,4	L	26/36 8500	5	K	SDR	T	S	SB	TB	3.25-18	3.50-18	187	14	7,9	149	4418

1975

Hersteller	Typ	Hubraum (cm³)	Zyl.-Anordnung und -zahl	Bohrung und Hub (mm)	Arbeitsweise	Steuerung	Ventile/Zylinder	Verdichtung	Kühlung	Leistung (kW/PS bei 1/min)	Gänge	Hinterradantrieb	Rahmen	Vorderradfederung	Hinterradfederung	Vorderradbremse	Hinterradbremse	Vorderreifen	Hinterreifen	Gewicht incl. Kraftstoff und Öl (kg)	Tankinhalt (l)	Beschleun. 1 Pers. (0–100 km/h sec)	Höchstgeschwindigkeit, 1 Pers. (km/h)	Preis incl. MWSt (Mark)
KTM	Z 900	903	R 4	66×66	4-Takt	DOHC	2	8.5	L	60/81 8000	5	K	SDR	T	S	TB	TB	3.25-19	4.00-18	256	18	3.5	217	8500
	Comet Grand Prix 125 RS	124	S 1	54×54	2-Takt	SL	–	11.8	L	13/17 7500	6	K	SDR	T	S	SB	TB	2.75-17	3.00-17	111	9.5	12.5	120	3295
Laverda	750 SF 2	744	R 2	80×74	4-Takt	OHC	2	8.9	L	45/61 7500	5	K	SDR	T	S	SB	TB	3.50-18	4.00-18	231	19	6	195	7200
	750 SFC	744	R 2	80×74	4-Takt	OHC	2	9.8	L	55/75 7500	5	K	SDR	T	S	DSB	TB	4.10-18	4.10-18	226	19	–	215	9500
	1000	980	R 3	75×74	4-Takt	DOHC	2	9	L	57/78 7750	5	K	SDR	T	S	DSB	TB	3.50-18	4.00-18	243	17.5	4.7	209	9000
Maico	MD 125/6	124	S 1	54×54	2-Takt	DS	–	11	L	12/16 8000	6	K	SDR	T	S	TB	TB	2.50-16	3.00-16	95	13.5	–	115	2945
	MD 250/6	245	S 1	76×54	2-Takt	DS	–	11.7	L	21/28 7000	6	K	SDR	T	S	TB	TB	2.75-18	3.25-18	126	12.5	6.6	159	3835
Morini	3½ V	344	72° V 2	62×57	4-Takt	OHV	2	10	L	26/35 8200	6	K	SDR	T	S	TB	TB	3.25-18	4.10-18	150	16	6.6	161	4800
	3½ VS	344	72° V 2	62×57	4-Takt	OHV	2	11	L	29/39 8500	6	K	SDR	T	S	TB	TB	3.25-18	4.10-18	149	16	6.5	175	5200
Motobecane	125 LT	125	R 2	43×43	2-Takt	SL	–	10	L	10/14 7500	5	K	SDR	T	S	TB	TB	2.50-17	2.75-17	114	13	17.5	122	2766
	350	349	R 3	53×52.8	2-Takt	SL	–	10	L	28/38 7800	5	K	SDR	T	S	SB	SB	3.00-18	3.50-18	174	20	7.5	165	a.A.
Moto Guzzi	250 TS	231	R 2	56×47	2-Takt	SL	–	10	L	22/30 7400	5	K	SDR	T	S	SB	TB	3.00-18	3.25-18	139	13.5	7.6	150	3685
	500 Sahara	498	L 1	88×82	4-Takt	OHV	2	6.9	L	18/25 4800	4	K	SDR	T	S	TB	TB	3.50-18	3.50-18	219	19	19.5	123	a.A.
	750 S	748	90° V 2	82.5×70	4-Takt	OHV	2	9.8	L	46/62 6900	5	W	SDR	T	S	DSB	SB	3.25-18	3.50-18	240	19	6.2	206	9600
	850 T	844	90° V 2	83×78	4-Takt	OHV	2	9.2	L	40/55 6100	5	W	SDR	T	S	SB	SB	4.00-18	4.00-18	255	25	5.2	181	8110
	850 California	844	90° V 2	83×78	4-Takt	OHV	2	9.2	L	40/55 6100	5	W	SDR	T	S	SB	SB	4.00-18	4.00-18	263	22.5	5.4	175	9420
	V 1000 I-Convert	948	90° V 2	88×78	4-Takt	OHV	2	9.8	L	45/61 6500	2 S-A	W	SDR	T	S	DSB	SB	4.10-18	4.00-18	259	24	8.5	168	10400
Münch	4-1200 TTS	1176	R 4	75×66.6	4-Takt	OHC	2	9.8	L	65/88 6000	4	K	SDR	T	S	TB	TB	3.25-19	4.00-18	278	34	4.8	207	18095
	4-1200 TTS-E	1176	R 4	75×66.6	4-Takt	OHC	2	8.5	L	74/100 7500	4	K	SDR	T	S	TB	TB	3.25-18	4.00-18	319	34	4.2	200	19425
MV Agusta	125 S	123	S 1	53×56	2-Takt	OHV	2	9	L	7/9 8200	5	K	SER	T	S	TB	TB	2.75-18	3.00-18	108	14	20.1	111	3440
	350 S	349	R 2	63×56	4-Takt	OHV	2	9.5	L	26/35 8800	5	K	SDR	T	S	TB	TB	2.75-18	3.25-18	145	18	7.8	162	4850
	750 S	743	R 4	65×56	4-Takt	DOHC	2	9.5	L	53/72 9200	5	W	SDR	T	S	DSB	TB	3.50-18	4.00-18	240	24	5.4	220	14500
MZ	TS 150	143	S 1	56×58	2-Takt	SL	–	10	L	9/12.5 6300	4	K	PSR	T	S	TB	TB	2.75-18	3.00-18	117	12.5	–	105	1675
	TS 250	243	S 1	69×65	2-Takt	SL	–	10	L	14/19 5500	4	K	SZR	T	S	TB	TB	3.00-16	3.50-16	145	17.5	12.1	127	2490

1975

Hersteller	Typ	Hubraum (cm³)	Zyl.-Anordnung und -zahl	Bohrung und Hub (mm)	Arbeitsweise	Steuerung	Ventile/Zylinder	Verdichtung	Kühlung	Leistung (kW/PS bei 1/min)	Gänge	Hinterradantrieb	Rahmen	Vorderradfederung	Hinterradfederung	Vorderradbremse	Hinterradbremse	Vorderreifen	Hinterreifen	Gewicht incl. Kraftstoff und Öl (kg)	Tankinhalt (l)	Beschleun. 1 Pers. (0-100 km/h sec)	Höchstgeschwindigkeit, 1 Pers. (km/h)	Preis incl. MWSt (Mark)
Norton	Commando 850 Interstate	828	R 2	77×89	4-Takt	OHV	2	8.5	L	38/51 6250	4	K	SDR	T	S	SB	TB	4.10-19	4.10-19	220	24	4.8	191	8450
Puch	125 GS	123	S 1	55×52	2-Takt	SL	–	11.5	L	10/14 8200	5	K	SDR	T	S	TB	TB	3.00-21	3.50-18	124	9	–	100	3513
	175 GS	169	S 1	62×56	2-Takt	SL	–	11.5	L	12/16 8000	5	K	SDR	T	S	TB	TB	3.00-21	4.00-18	128	9	–	105	3888
Sanglas	400 E	422	S 1	82.5×79	4-Takt	OHV	2	8	L	18/25 6250	4	K	SDR	T	S	TB	TB	3.25-18	3.50-18	184	15	8.6	130	4700
Suzuki	TS 125	123	S 1	56×50	2-Takt	SL	–	6.7	L	7/9.6 7000	5	K	SER	T	S	TB	TB	2.75-21	3.25-18	105	7	–	110	2860
	TS 250	246	S 1	70×64	2-Takt	SL	–	6.7	L	14/19 6500	5	K	SER	T	S	TB	TB	3.00-21	4.00-18	128	8.5	–	115	3870
	GT 125	125	R 2	43×43	2-Takt	SL	–	6.8	L	10/14.2 9500	5	K	SER	T	S	SB	TB	2.75-18	3.00-18	122	10	12	127	2870
	GT 185	185	R 2	49×49	2-Takt	SL	–	7	L	11/15 7500	5	K	SDR	T	S	SB	TB	2.75-18	3.00-18	131	10	13.7	126	3290
	GT 250	247	R 2	54×54	2-Takt	SL	–	7.3	L	19/26 7500	6	K	SDR	T	S	SB	TB	3.00-18	3.50-18	155	15	8.7	149	3725
	GT 380	371	R 3	54×54	2-Takt	SL	–	6.7	L	24/32 7500	6	K	SDR	T	S	SB	TB	3.00-19	3.50-18	190	15	6.6	168	4590
	GT 550	543	R 3	61×62	2-Takt	SL	–	6.8	L	35/48 7500	6	K	SDR	T	S	DSB	TB	3.25-19	4.00-18	190	15	5.4	178	5420
	GT 750	739	R 3	70×64	2-Takt	SL	–	6.7	W	38/52 6500	5	K	SDR	T	S	DSB	TB	3.25-19	4.00-18	251	17	6	171	6900
	RE 5 Rotary	497	1 S-Wankel	–	4-Takt	–	–	8.6	W	46/63 6500	5	K	SDR	T	S	SB	TB	3.25-19	4.00-18	260	16	6	172	8700
Triumph (1975 nur ein Modell lieferbar)	T 150 V Trident 750	740	R 3	67×70	4-Takt	OHV	2	8.3	L	44/60 7250	5	K	SER	T	S	TB	TB	4.10-19	4.10-19	228	20.5	6.2	194	6995
Yamaha	DT 125 E	123	S 1	56×50	2-Takt	MB	–	7	L	10/13 7000	5	K	SDR	T	S	TB	TB	2.75-21	3.25-18	114	7	–	105	2780
	DT 175	171	S 1	66×50	2-Takt	MB	–	6.8	L	10/14 6340	5	K	SDR	T	S	TB	TB	2.75-21	3.50-18	107	7	14.5	121	3246
	DT 250	246	S 1	70×64	2-Takt	MB	–	6.8	L	15/20 6500	5	K	SDR	T	S	TB	TB	3.00-21	4.00-18	138	9	10.4	137	3600
	DT 360	352	S 1	80×70	2-Takt	MB	–	6.3	L	24/32 6000	5	K	SDR	T	S	TB	TB	3.00-21	4.00-18	134	9	–	133	3698
	RS 100	97	S 1	52×45.6	2-Takt	MB	–	6.8	L	8/10.5 7500	5	K	SER	T	S	TB	TB	2.50-18	2.75-18	93	9	–	104	2000
	RD 125	125	R 2	43×43	2-Takt	MB	–	7.1	L	13/17 9500	6	K	SER	T	S	TB	TB	2.75-18	3.00-18	117	11.5	22	127	2990
	RD 200	195	R 2	52×46	2-Takt	MB	–	7.5	L	16/22 8500	5	K	SDR	T	S	SB	TB	2.75-18	3.00-18	140	11.5	8.4	138	3200
	RD 250	247	R 2	54×54	2-Takt	MB	–	6.6	L	24/32 8000	6	K	SDR	T	S	SB	TB	3.00-18	3.50-18	158	16	7	163	3825
	RD 350	347	R 2	64×54	2-Takt	MB	–	8.4	L	29/39 7500	5,6	K	SDR	T	S	SB	TB	3.50-18	3.50-18	162	16	6.1	170	4067
	XS 650	654	R 2	75×74	4-Takt	OHC	2	–	L	37/50 6800	5	K	SDR	T	S	DSB	TB	3.50-19	4.00-18	227	15	5.9	181	5598
Zündapp	KS 125 Sport	124	S 1	54×54	2-Takt	SL	–	12	L	13/17 7600	5	K	SDR	T	S	TB	TB	2.75-18	3.25-18	116	14	13.5	125	3188

1975

Hersteller	Typ	Hubraum (cm³)	Zyl.-Anordnung und -zahl	Bohrung und Hub (mm)	Arbeitsweise	Steuerung	Ventile/Zylinder	Verdichtung	Kühlung	Leistung (kW/PS bei 1/min)	Gänge	Hinterradantrieb	Rahmen	Vorderradfederung	Hinterradfederung	Vorderradbremse	Hinterradbremse	Vorderreifen	Hinterreifen	Gewicht incl. Kraftstoff und Öl (kg)	Tankinhalt (l)	Beschleun. 1 Pers. (0–100 km/h sec)	Höchstgeschwindigkeit, 1 Pers. (km/h)	Preis incl. MWSt (Mark)
Importe aus der UdSSR	Voskhod 2	175	S 1	62×58	2-Takt	SL	–	7,5	L	8/10,5 5500	4	K	SER	T	S	TB	TB	3,25-16	3,25-16	121	13	–	95	1895
	ISH Planeta 3	346	S 1	72×85	2-Takt	SL	–	7,5	L	13/18 4800	4	K	SER	T	S	TB	TB	3,50-18	3,50-18	168	18	–	110	2650
	ISH Jupiter 3	347	R 2	61,75×58	2-Takt	SL	–	8,5	L	18/25 5200	4	K	SER	T	S	TB	TB	3,50-18	3,50-18	171	18	–	120	2955
	ISH Jupiter 3-Gespann	347	R 2	61,75×58	2-Takt	SL	–	8,5	L	18/25 5200	4	K	SER	T	S	TB	TB	3,50-18	3,50-18	250	18	–	100	4500
	M 66 Ural	650	180° 2	78×68	4-Takt	OHV	2	7	L	24/32 4500	4	W	SDR	T	S	TB	TB	3,75-19	3,75-19	215	21	–	125	4895
	M 66 Ural-Gespann	650	180° 2	78×68	4-Takt	OHV	2	7	L	24/32 4500	4	W	SDR	T	S	TB	TB	3,75-19	3,75-19	335	21	–	105	6295
	Dnepr MT 10	650	180° 2	78×68	4-Takt	OHV	2	7	L	24/32 5000	4	W	SDR	T	S	TB	TB	3,75-19	3,75-19	205	21	–	135	5254
	Dnepr MT 10-Gespann	650	180° 2	78×68	4-Takt	OHV	2	7	L	24/32 5000	4	W	SDR	T	S	TB	TB	3,75-19	3,75-19	325	21	–	110	6645

Zulassungsfähige Sondermodelle

Hersteller	Typ	Hubraum (cm³)	Zyl.-Anordnung und -zahl	Bohrung und Hub (mm)	Arbeitsweise	Steuerung	Ventile/Zylinder	Verdichtung	Kühlung	Leistung (kW/PS bei 1/min)	Gänge	Hinterradantrieb	Rahmen	Vorderradfederung	Hinterradfederung	Vorderradbremse	Hinterradbremse	Vorderreifen	Hinterreifen	Gewicht incl. Kraftstoff und Öl (kg)	Tankinhalt (l)	Beschleun. 1 Pers. (0–100 km/h sec)	Höchstgeschwindigkeit, 1 Pers. (km/h)	Preis incl. MWSt (Mark)
Egli (Kawasaki)	1000	987	R 4	69×66	4-Takt	DOHC	2	9	L	75/102 9000	5	K	SZR	T	S	DSB	SB	4,10-18	4,25-18	200	18	3	253	22 000

1975

1976

Hersteller	Typ	Hubraum (cm³)	Zyl.-Anordnung und -zahl	Bohrung und Hub (mm)	Arbeitsweise	Steuerung	Ventile/Zylinder	Verdichtung	Kühlung	Leistung (kW/PS bei 1/min)	Gänge	Hinterradantrieb	Rahmen	Vorderradfederung	Hinterradfederung	Vorderradbremse	Hinterradbremse	Vorderreifen	Hinterreifen	Gewicht incl. Kraftstoff und Öl (kg)	Tankinhalt (l)	Beschleun. 1 Pers. (0–100 km/h sec)	Höchstgeschwindigkeit, 1 Pers. (km/h)	Preis incl. MWSt (Mark)
Benelli	125 2 C	125	R 2	42,5×44	2-Takt	SL	–	10,3	L	10/13 7600	5	K	SDR	T	S	SB	TB	2.75-18	3.00-18	125	11,5	15,5	111	3175
	250 2 C	231	R 2	56×47	2-Takt	SL	–	10,3	L	18/24 7500	5	K	SDR	T	S	SB	TB	3.00-18	3.25-18	134	12,5	7,4	150	3615
	500 Quattro	498	R 4	56×50,6	4-Takt	OHC	2	10,2	L	32/44 8500	5	K	SDR	T	S	SB	TB	3.50-18	4.10-18	230	22	5,9	173	6440
	Tornado 650 S	643	R 2	84×58	4-Takt	OHV	2	9,6	L	33/45 6500	5	K	SDR	T	S	TB	TB	3.50-18	4.00-18	222	12,5	6,1	175	6295
	750 Sei	747	R 6	56×50,6	4-Takt	OHC	2	9,8	L	43/58 8500	5	K	SDR	T	S	DSB	TB	3.50-18	4.25-18	255	22	–	180	9820
BMW	R 60/7	599	180° 2	73,5×70,6	4-Takt	OHV	2	9,2	L	29/40 6400	5	W	SDR	T	S	SB	TB	3.25-19	4.00-18	236	24	7,7	167	6850
	R 75/7	745	180° 2	82×70,6	4-Takt	OHV	2	9	L	37/50 6200	5	W	SDR	T	S	SB	TB	3.25-19	4.00-18	236	24	5,8	184	7985
	R 100/7	979	180° 2	94×70,6	4-Takt	OHV	2	9	L	44/60 6500	5	W	SDR	T	S	DSB	TB	3.25-19	4.00-18	236	24	5,1	192	8590
	R 100 S	979	180° 2	94×70,6	4-Takt	OHV	2	9,5	L	48/65 6600	5	W	SDR	T	S	DSB	TB	3.25-19	4.00-18	237	24	4,9	196	10190
	R 100 RS	980	180° 2	94×70,6	4-Takt	OHV	2	9,5	L	52/70 7250	5	W	SDR	T	S	DSB	TB	3.25-19	4.00-18	247	24	4,6	193	11210
Bultaco	Metralla 250 GT	244	S 1	72×60	2-Takt	SL	–	10	L	17/23 7500	5	K	SER	T	S	TB	TB	3.25-19	3.50-18	130	14	9,3	131	3900
CZ	125 Trail	123	S 1	52×58	2-Takt	SL	–	8,6	L	8/11 5750	4	K	SER	T	S	TB	TB	2.75-21	3.50-18	127	11	–	90	1890
	175 Trail	172	S 1	58×65	2-Takt	SL	–	8,7	L	11/15 5600	4	K	SER	T	S	TB	TB	2.75-21	3.50-18	128	11	–	100	1990
	250 Twin	246	R 2	52×58	2-Takt	SL	–	9,3	L	13/17 5250	4	K	SER	T	S	TB	TB	3.00-18	3.25-18	151	13	–	120	2500
	350 Twin	338	R 2	58×64	2-Takt	SL	–	9,2	L	15/21 5000	4	K	SER	T	S	TB	TB	3.00-18	3.50-18	153	13	–	128	2990
Ducati	350 GTL	350	R 2	71,8×43,2	4-Takt	OHC	2	9,6	L	20/27 6800	5	K	SDR	T	S	SB	TB	3.00-19	3.50-18	188	19	10,2	145	4980
	500 GTL	497	R 2	78×52	4-Takt	OHC	2	9,6	L	26/35 6500	5	K	SDR	T	S	DSB	SB	3.25-18	3.50-18	192	19	6	162	5780
	750 SS	748	90° V 2	80×74,4	4-Takt	DES	2	9,5	L	46/63 7000	5	K	SDR	T	S	DSB	TB	3.50-18	120-90-18	210	18	4,8	200	11580
	860 GT	864	90° V 2	86×74,4	4-Takt	OHC	2	9,5	L	48/65 7000	5	K	SDR	T	S	DSB	TB	3.50-18	120-90-18	235	19	5,3	180	7000
	860 GTS	864	90° V 2	86×74,4	4-Takt	OHC	2	9,5	L	48/65 7000	5	K	SDR	T	S	DSB	TB	3.50-18	120-90-18	230	19	5,3	180	7000
	900 SS	864	90° V 2	86×74,4	4-Takt	DES	2	9,4	L	52/70 7000	5	K	SDR	T	S	DSB	TB	3.50-18	120-90-18	225	18	4,7	213	11980
Gilera	150 Strada	152	S 1	59,9×54	4-Takt	OHV	2	10	L	10/14 8500	5	K	SDR	T	S	TB	TB	2.75-18	3.00-18	123	11	20,2	115	3110
Harley-Davidson	SX 125	123	S 1	56×50	2-Takt	SL	–	10,8	L	9/12 7250	5	K	SDR	T	S	TB	TB	3.00-19	3.50-18	112	10,5	–	105	2702
	SX 175	174	S 1	61×59,6	2-Takt	SL	–	10,7	L	13/17 6750	5	K	SDR	T	S	TB	TB	3.00-19	3.50-18	127	10,5	–	113	3316
	SX 250	243	S 1	72×59,6	2-Takt	SL	–	10,3	L	15/20 7000	5	K	SDR	T	S	TB	TB	3.00-19	3.50-18	125	10,5	–	115	3338
	SS 125	123	S 1	56×50	2-Takt	SL	–	10,8	L	10/13 7000	5	K	SDR	T	S	TB	TB	3.00-19	3.50-18	112	10,5	–	110	2749
	SS 175	174	S 1	61×59,6	2-Takt	SL	–	10,7	L	13/17 6750	5	K	SDR	T	S	TB	TB	3.25-19	4.00-18	127	10,5	12,5	115	3374

Hersteller	Typ	Hubraum (cm³)	Zyl.-Anordnung und -zahl	Bohrung und Hub (mm)	Arbeitsweise	Steuerung	Ventile/Zylinder	Verdichtung	Kühlung	Leistung (kW/PS bei 1/min)	Gänge	Hinterradantrieb	Rahmen	Vorderradfederung	Hinterradfederung	Vorderradbremse	Hinterradbremse	Vorderreifen	Hinterreifen	Gewicht incl. Kraftstoff und Öl (kg)	Tankinhalt (l)	Beschleun. 1 Pers. (0-100 km/h sec)	Höchstgeschwindigkeit, 1 Pers. (km/h)	Preis incl. MWSt (Mark)
	SS 250	243	S 1	72×59,6	2-Takt	SL	–	10,3	L	15/20 7000	5	K	SDR	T	S	SB	TB	3.25-19	4.00-18	129	10,5	12	124	3379
	XLH 1000 Sportster	997	45° V 2	81×96,8	4-Takt	OHV	2	9	L	42/57 6000	4	K	SDR	T	S	SB	TB	3.75-19	4.25-18	240	9	4,3	180	10 387
	XLCH 1000 Sportster	997	45° V 2	81×96,8	4-Takt	OHV	2	9	L	42/57 6000	4	K	SDR	T	S	SB	TB	3.75-19	4.25-18	220	9	4,2	185	9600
	FX 1200	1206	45° V 2	87,3×100,8	4-Takt	OHV	2	8	L	43/58 5150	4	K	SDR	T	S	SB	SB	3.75-19	5.10-16	265	19	6,5	180	10 831
	FXE 1200 Super Glide	1206	45° V 2	87,3×100,8	4-Takt	OHV	2	8	L	43/58 5150	4	K	SDR	T	S	SB	SB	3.75-19	5.10-16	275	19	6,5	177	11 748
	FLH 1200 Electra Glide	1206	45° V 2	87,3×100,8	4-Takt	OHV	2	8	L	43/58 5150	4	K	SDR	T	S	SB	SB	5.10-16	5.10-16	345	19/25	8,4	135	12 812
Hercules	K 125 S	124	S 1	54×54	2-Takt	SL	–	11,8	L	13/17 7500	6	K	SDR	T	S	SB	TB	2.75-17	3.00-17	122	11	12,7	117	3550
	K 125 Military	124	S 1	54×54	2-Takt	SL	–	8,5	L	9/12,5 7000	5	K	SDR	T	S	TB	TB	3.25-18	3.50-18	135	15	–	94	4050
	W 2000	294	1 S-Wankel	–	4-Takt	–	–	–	L	20/27 6500	5	K	SDR	T	S	SB	SB	3.00-18	3.50-18	176	16,5	8,4	148	4880
Honda	XL 125	124	S 1	56,5×49,5	4-Takt	OHC	2	9,4	L	10/13 9400	5	K	SER	T	S	TB	TB	2.75-21	3.50-18	110	6	–	114	2851
	XL 250	248	S 1	74×57,8	4-Takt	OHC	4	9,1	L	15/20 7700	5	K	SER	T	S	TB	TB	2.75-21	4.00-18	148	8	–	120	3818
	CB 125 S (J)	124	S 1	56,5×49,5	4-Takt	OHC	2	9,4	L	10/14 10 000	5	K	SER	T	S	TB	TB	3.25-18	3.00-17	105	9,5	23	116	2592
	CB 125 disc	125	R 2	44×41	4-Takt	OHC	2	9,4	L	9/12 10 500	5	K	SER	T	S	SB	TB	2.50-18	2.75-18	133	9	–	108	2888
	CB 200 disc	198	R 2	55,5×41	4-Takt	OHC	2	9	L	13/17 9000	5	K	SER	T	S	SB	TB	2.75-18	3.00-18	142	11	12,4	124	3218
	CJ 250 T	249	R 2	56×50,6	4-Takt	OHC	2	9,5	L	20/27 9500	5	K	SER	T	S	SB	TB	3.00-18	3.75-18	183	14	11,7	135	3795
	CJ 360 T	357	R 2	67×50,6	4-Takt	OHC	2	9,3	L	25/34 9000	6	K	SER	T	S	SB	TB	3.00-18	3.75-18	184	14	7,5	150	3958
	CB 400 F	408	R 4	51×50	4-Takt	OHC	2	9,4	L	27/37 8500	6	K	SER	T	S	SB	TB	3.00-18	3.50-18	184	14	6,6	158	4878
	CB 500 T	499	R 2	70×64,8	4-Takt	DOHC	2	8,5	L	31/42 8000	5	K	SDR	T	S	SB	TB	3.50-19	4.00-18	210	13	7,6	160	5018
	CB 500 F	498	R 4	56×50,6	4-Takt	OHC	2	9	L	35/48 9000	5	K	SDR	T	S	SB	TB	3.25-19	3.50-18	202	14	5,8	179	6328
	CB 550 F 1	544	R 4	58,5×50,6	4-Takt	OHC	2	9	L	37/50 8500	5	K	SDR	T	S	SB	TB	3.25-19	3.75-18	206	17	5,5	183	6448
	CB 750 F	736	R 4	61×63	4-Takt	OHC	2	9	L	46/63 8000	5	K	SDR	T	S	SB	TB	3.25-19	4.00-18	240	18	5	194	7368
	CB 750 F 1	736	R 4	61×63	4-Takt	OHC	2	9,2	L	49/67 8500	5	K	SDR	T	S	SB	TB	3.25-19	4.00-18	247	18	5,1	194	7588
	GL 1000 Gold Wing	999	180° 4	72×61,4	4-Takt	OHC	2	9,2	W	60/82 7500	5	W	SDR	T	S	DSB	SB	3.50-19	4.50-17	295	19	4,5	196	9278
	GL 1000 LTD	999	180° 4	72×61,4	4-Takt	OHC	2	9,2	W	60/82 7500	5	W	SDR	T	S	DSB	SB	3.50-19	4.50-17	295	19	4,5	196	10 888
Jawa	350	343	R 2	58×65	2-Takt	SL	–	9,2	L	17/23 5000	4	K	SDR	T	S	TB	TB	3.25-18	3.50-18	168	15	15	132	2990
Kawasaki	KE 125	125	S 1	56×50,6	2-Takt	DS	–	6,5	L	7/10 6000	6	K	SER	T	S	TB	TB	2.75-21	3.50-18	109	7,5	–	96	2851
	KH 250	249	R 3	45×52,3	2-Takt	SL	–	7,5	L	19/26 7000	5	K	SDR	T	S	SB	SB	3.00-18	3.50-18	175	14	9,8	138	3852
	KH 400	400	R 3	57×52,3	2-Takt	SL	–	6,5	L	28/38 7000	5	K	SDR	T	S	SB	SB	3.25-18	3.50-18	177	16	6,6	166	4500
	KH 500	499	R 3	60×58,8	2-Takt	SL	–	6,4	L	38/52 7000	5	K	SDR	T	S	SB	SB	3.25-19	4.00-18	205	16	5,3	182	5200

1976

1976

Hersteller	Typ	Hubraum (cm³)	Zyl.-Anordnung und -zahl	Bohrung und Hub (mm)	Arbeitsweise	Steuerung	Ventile/Zylinder	Verdichtung	Kühlung	Leistung (kW/PS bei 1/min)	Gänge	Hinterradantrieb	Rahmen	Vorderradfederung	Hinterradfederung	Vorderradbremse	Hinterradbremse	Vorderreifen	Hinterreifen	Gewicht incl. Kraftstoff und Öl (kg)	Tankinhalt (l)	Beschleun. 1 Pers. (0–100 km/h sec)	Höchstgeschwindigkeit, 1 Pers. (km/h)	Preis incl. MWSt (Mark)
	Z 400	399	R 2	64×62	4-Takt	OHC	2	9,4	L	26/36 8500	5	K	SDR	T	S	SB	TB	3.25-18	3.50-18	187	14	7,9	149	4418
	Z 650	652	R 4	62×54	4-Takt	DOHC	2	9,5	L	49/66 8500	5	K	SDR	T	S	SB	TB	3.25-19	4.00-18	220	16,5	5,2	190	6500
	Z 750	745	R 2	78×78	4-Takt	DOHC	2	8,5	L	37/50 7000	5	K	SDR	T	S	SB	SB	3.25-19	4.00-18	235	14,5	6,2	178	6600
	Z 1000	1015	R 4	70×66	4-Takt	DOHC	2	8,7	L	63/85 8000	5	K	SDR	T	S	DSB	SB	3.25-18	4.00-18	256	16,5	3,5	210	9000
KTM	Comet Grand Prix 125 RS	124	S 1	54×54	2-Takt	SL	–	11,8	L	13/17 7500	6	K	SER	T	S	SB	SB	2.75-17	3.00-17	111	9,5	12,5	120	3596
Laverda	500 RS	496	R 2	72×61	4-Takt	DOHC	4	9,2	L	33/45 8200	6	K	SDR	T	S	DSB	SB	3.50-18	4.00-18	189	17	8,2	167	6300
	750 SF 3	744	R 2	80×74	4-Takt	OHC	2	8,9	L	37/50 7000	5	K	SDR	T	S	DSB	SB	3.50-18	4.00-18	230	19	6,5	185	8100
	750 SF 3 S	744	R 2	80×74	4-Takt	OHC	2	8,9	L	45/61 7500	5	K	SDR	T	S	DSB	SB	4.00-18	4.10-18	230	19	6	195	8100
	750 SFC	744	R 2	80×74	4-Takt	OHC	2	9,8	L	55/75 7500	5	K	SDR	T	S	DSB	SB	4.10-18	4.10-18	226	25	–	215	10500
	1000 3 C	980	R 3	75×74	4-Takt	DOHC	2	9	L	57/78 7750	5	K	SDR	T	S	SB	SB	3.50-18	4.00-18	243	20	4,1	208	9995
Maico	MD 125/6	124	S 1	54×54	2-Takt	DS	–	11	L	12/16 8000	6	K	SDR	T	S	TB	TB	2.50-16	3.00-16	95	13,5	–	115	2995
	MD 250/6	245	S 1	76×54	2-Takt	DS	–	11,7	L	21/28 7000	6	K	SDR	T	S	TB	TB	2.75-18	3.25-18	126	12,5	6,6	159	3835
Morini	125 T	123	S 1	59×45	4-Takt	OHV	2	11,7	L	10/14 8500	6	K	SDR	T	S	SB	TB	2.75-18	3.00-18	115	9,5	–	125	3145
	3½ V	344	72° V 2	62×57	4-Takt	OHV	2	10	L	26/35 8200	6	K	SDR	T	S	SB	TB	3.25-18	4.10-18	150	16	6,6	161	4850
	3½ VS	344	72° V 2	62×57	4-Takt	OHV	2	11	L	29/39 8500	6	K	SDR	T	S	DSB	TB	3.25-18	4.10-18	149	16	6,5	170	5450
Moto Guzzi	TS 250 FD	231	R 2	56×47	2-Takt	SL	–	10,3	L	18/25 7600	5	K	SDR	T	S	SB	TB	3.00-18	3.25-18	140	17	7,8	145	3670
	254	231	R 4	44×38	4-Takt	OHC	2	11,5	L	20/27 10500	5	K	SDR	T	S	SB	SB	3.00-18	3.25-18	125	11,5	–	140	a. A.
	750 S 3	748	90° V 2	82,5×70	4-Takt	OHV	2	9,8	L	46/62 6900	5	W	SDR	T	S	DSB	SB	3.25-18	3.50-18	240	25	6,2	206	9440
	850 T 3	844	90° V 2	83×78	4-Takt	OHV	2	9,5	L	43/59 6800	5	W	SDR	T	S	DSB	SB	3.50-18	4.10-18	240	24	6,4	180	8610
	850 T 3 California	844	90° V 2	83×78	4-Takt	OHV	2	9,5	L	43/59 6800	5	W	SDR	T	S	DSB	SB	3.50-18	4.10-18	245	24	7,7	150	9260
	850 Le Mans	844	90° V 2	83×78	4-Takt	OHV	2	10	L	52/70 7000	5	W	SDR	T	S·	DSB	SB	3.50-18	4.10-18	225	22,5	3,9	203	10560
	V 1000 I-Convert	948	90° V 2	88×78	4-Takt	OHV	2	9,2	L	45/61 6500	2 S-A	W	SDR	T	S	DSB	SB	4.10-18	4.00-18	259	24	8,5	168	10240
Münch	4-1200 TTS-E	1289	R 4	78,5×66,6	4-Takt	OHC	2	9,1	L	77/104 7500	4	K	SDR	T	S	DSB	SB	3.25-19	4.00-18	311	24	4,6	196	25530
MV Agusta	125 S	123	S 1	53×56	4-Takt	OHV	2	9	L	7/9 9200	5	K	SDR	T	S	SB	TB	2.75-18	3.00-18	108	14	20,1	111	2850
	350 S	349	R 2	63×56	4-Takt	OHV	2	9,5	L	26/35 8800	5	K	SER	T	S	DSB	SB	2.75-18	3.25-18	157	18	6,4	160	5252
	500 SS	495	R 2	75×56	4-Takt	OHV	2	9,5	L	39/53 8900	5	K	SER	T	S	DSB	SB	3.00-18	3.50-18	158	18	5,1	170	5483

Hersteller	Typ	Hubraum (cm³)	Zyl.-Anordnung und -zahl	Bohrung und Hub (mm)	Arbeitsweise	Steuerung	Ventile/Zylinder	Verdichtung	Kühlung	Leistung (kW/PS bei 1/min)	Gänge	Hinterradantrieb	Rahmen	Vorderradfederung	Hinterradfederung	Vorderradbremse	Hinterradbremse	Vorderreifen	Hinterreifen	Gewicht incl. Kraftstoff und Öl (kg)	Tankinhalt (l)	Beschleun. 1 Pers. (0-100 km/h sec)	Höchstgeschwindigkeit, 1 Pers. (km/h)	Preis incl. MWSt (Mark)
	800 SS Super Daytona America	789	R 4	67×56	4-Takt	DOHC	2	10	L	66:90 10.000	5	W	SDR	T	S	DSB	SB	3.50-18	4.00-18	265	24	5,2	228	21 980
	900S Arturo Magni »Cento Valli«	892	R 4	70×58	4-Takt	DOHC	2	10	L	77:105 10.000	5	W	SDR	T	S	DSB	SB	3.50-18	4.00-18	245	24	4,1	230	25 400
MZ	TS 150	143	S 1	56×58	2-Takt	SL	–	10	L	9:12,5 6300	4	K	PSR	T	S	TB	TB	2.75-18	3.00-18	117	12,5	–	105	1675
	TS 250/1	243	S 1	69×65	2-Takt	SL	–	10	L	14:19 5500	5	K	PSR	T	S	TB	TB	2.75-18	3.50-16	145	17,5	12,1	127	2490
Norton	Commando 850 Interstate Mk 3	828	R 2	77×89	4-Takt	OHV	2	8,5	L	38:51 5600	4	K	SDR	T	S	SB	SB	4.10-19	4.10-19	233	24	–	190	6800
Sanglas	400 E	422	S 1	82,5×79	4-Takt	OHV	2	8	L	18:25 6250	4	K	SDR	T	S	TB	TB	3.25-18	3.50-18	184	15	8,6	130	4700
	500 S	497	S 1	89,5×79	4-Takt	OHV	2	8	L	20:27 5930	4	K	SDR	T	S	SB	TB	3.25-18	3.50-18	203	18	10,7	140	5795
Suzuki	TS 125	123	S 1	56×50	2-Takt	SL	–	6,7	L	5:6,9 7000	5	K	SER	T	S	TB	TB	2.75-21	3.25-18	105	7	–	110	2860
	TS 250	246	S 1	70×64	2-Takt	SL	–	6,7	L	14:19 6500	5	K	SER	T	S	TB	TB	3.00-21	4.00-18	128	8,5	–	115	3870
	RV 90	88	L 1	50×45	2-Takt	MB	–	6,2	L	5:6,3 6000	4	K	PSR	T	S	TB	TB	6.70-10	6.70-10	86	3	–	85	2450
	RV 125	123	S 1	56×50	2-Takt	SL	–	6,3	L	6:8 6000	5	K	SER	T	S	TB	TB	5.40-14	6.70-10	110	5	–	92	3093
	GT 125	125	R 2	43×43	2-Takt	SL	–	6,8	L	10:14,2 9500	5	K	SER	T	S	TB	TB	2.75-18	3.00-18	122	10	12	127	2870
	GT 185	185	R 2	49×49	2-Takt	SL	–	7	L	11:15 7500	6	K	SER	T	S	TB	TB	2.75-18	3.00-18	131	10	13,7	126	3290
	GT 250	247	R 3	54×54	2-Takt	SL	–	7,3	L	19:26 7500	6	K	SDR	T	S	SB	TB	3.00-18	3.50-18	155	15	8,7	149	3725
	GT 380	371	R 3	54×54	2-Takt	SL	–	6,7	L	24:32 7500	6	K	SDR	T	S	SB	TB	3.00-19	3.50-18	190	15	6,6	168	4590
	GT 500	492	R 2	70×64	2-Takt	SL	–	8,5	L	28:38 6000	5	K	SDR	T	S	SB	TB	3.25-19	4.00-18	195	17	5,8	169	4870
	GT 550	543	R 3	61×62	2-Takt	SL	–	6,8	L	35:48 7500	5	K	SDR	T	S	DSB	SB	3.25-19	4.00-18	190	15	5,4	178	5420
	GT 750	739	R 3	70×64	2-Takt	SL	–	6,7	W	46:63 6500	5	K	SDR	T	S	SB	SB	3.25-19	4.00-18	251	17	4,9	192	6900
	GS 400	398	R 2	65×60	4-Takt	DOHC	2	9	L	26:36 8500	6	K	SDR	T	S	SB	SB	3.00-18	3.50-18	185	14	7,8	165	4590
	GS 750	748	R 4	65×56,4	4-Takt	DOHC	2	8,7	L	46:63 8800	5	K	SDR	T	S	DSB	SB	3.25-19	4.00-18	251	18	4,5	198	6990
	RE 5 Rotary	497	1 S-Wankel	–	4-Takt	–	–	8,6	W	46:63 6500	5	K	SER	T	S	SB	SB	3.25-19	4.00-18	260	16	6	172	8700
Triumph	T 140 V Tiger	744	R 2	76×82	4-Takt	OHV	2	7,9	L	33:45 6000	5	K	SDR	T	S	SB	SB	3.25-19	4.10-18	197	18,5	6,7	172	5400
	T 140 V Bonneville	744	R 2	76×82	4-Takt	OHV	2	7,9	L	36:49 6500	5	K	SDR	T	S	SB	SB	4.10-19	4.10-18	197	18,5	5,4	177	5600
	T 160 V Trident 750	740	R 3	67×70	4-Takt	OHV	2	9	L	47:64 7400	5	K	SDR	T	S	SB	SB	4.10-19	4.10-19	243	20,5	–	195	6900
Van Veen	OCR 1000	998	2 S-Wankel	–	4-Takt	–	–	9	W	74:100 6500	4	W	SDR	T	S	DSB	SB	3.50-18	4.25-18	330	24	3,8	213	24 198

1976

Hersteller	Typ	Hubraum (cm³)	Zyl.-Anordnung und -zahl	Bohrung und Hub (mm)	Arbeitsweise	Steuerung	Ventile/Zylinder	Verdichtung	Kühlung	Leistung (kW/PS bei 1/min)	Gänge	Hinterradantrieb	Rahmen	Vorderradfederung	Hinterradfederung	Vorderradbremse	Hinterradbremse	Vorderreifen	Hinterreifen	Gewicht incl. Kraftstoff und Öl (kg)	Tankinhalt (l)	Beschleun. 1 Pers. (0–100 km/h sec)	Höchstgeschwindigkeit, 1 Pers. (km/h)	Preis incl. MWSt (Mark)
Yamaha	DT 125 E	123	S 1	56×50	2-Takt	MB	–	7	L	10/13 7000	5	K	SDR	T	S	TB	TB	2.75-21	3.25-18	114	7	–	105	2780
	DT 250	246	S 1	70×64	2-Takt	MB	–	6,8	L	15/20 6500	5	K	SDR	T	S	TB	TB	3.00-21	4.00-18	138	9	10,4	137	3600
	DT 400	397	S 1	85×70	2-Takt	MB	–	6,4	L	15/21 5600	5	K	SDR	T	S	TB	TB	3.00-21	4.00-18	141	9	7,8	136	3875
	XT 500	499	S 1	87×84	4-Takt	OHC	2	9	L	20/27 5900	5	K	SDR	T	S	TB	TB	3.00-21	4.00-18	155	9	8,5	132	a. A.
	RS 100 DX	97	S 1	52×45,6	2-Takt	MB	–	6,8	L	8/10,5 7500	5	K	SER	T	S	TB	TB	2.50-18	2.75-18	93	9	–	104	2068
	RD 125 DX	125	R 2	43×43	2-Takt	MB	–	6,8	L	13/17 9500	5	K	SDR	T	S	TB	TB	2.75-18	3.00-18	117	11,5	22	127	2845
	RD 200 DX	195	R 2	52×46	2-Takt	MB	–	7,1	L	16/22 8500	5	K	SER	T	S	SB	TB	2.75-18	3.25-18	140	11,5	8,4	138	3200
	RD 250 DX	247	R 2	54×54	2-Takt	MB	–	6,7	L	20/27 7200	5	K	SDR	T	S	SB	SB	3.00-18	3.50-18	158	16,5	8	145	3852
	RD 400 C	399	R 2	64×62	2-Takt	MB	–	6,2	L	32/43 7100	6	K	SDR	T	S	SB	SB	3.00-18	3.50-18	177	16,5	5,9	141	4500
	XS 500	499	R 2	73×59,6	4-Takt	DOHC	4	8,5	L	36/49 8250	5	K	SDR	T	S	DSB	SB	3.25-19	4.00-18	210	15	6,5	178	5250
	XS 650	654	R 2	75×74	4-Takt	OHC	2	8,4	L	37/50 6800	5	K	SDR	T	S	SB	TB	3.50-19	4.00-18	227	15	5,9	181	5598
	XS 750	747	R 3	68×68,6	4-Takt	DOHC	2	8,5	L	47/64 7500	5	W	SDR	T	S	SB	SB	3.25-19	4.00-18	256	18	4,7	189	7252
Zündapp	KS 125 Sport	124	S 1	54×54	2-Takt	SL	–	12	L	13/17 7600	5	K	SDR	T	S	TB	TB	2.75-18	3.25-18	116	14	13,5	125	3458
	KS 175	163	S 1	62×54	2-Takt	SL	–	7,8	W	13/17 7400	5	K	SDR	T	S	SB	TB	2.75-18	3.25-18	121	14	11,4	126	3880
	KS 350	344	R 2	62×57	2-Takt	SL	–	8,6	W	20/27 6600	6	K	SDR	T	S	SB	TB	100/90-18	110/80-18	171	16	6,5	145	a. A.
1976 keine Importe aus der UdSSR																								
Zulassungsfähige Sondermodelle																								
Egli (Kawasaki)	1000	987	R 4	69×66	4-Takt	DOHC	2	9	L	75/102 9000	5	K	SZR	T	S	DSB	SB	4.10-18	4.25-18	200	18	3	253	22 000

1976

Hersteller	Typ	Hubraum (cm³)	Zyl.-Anordnung und -zahl	Bohrung und Hub (mm)	Arbeitsweise	Steuerung	Ventile/Zylinder	Verdichtung	Kühlung	Leistung (kW/PS bei 1/min)	Gänge	Hinterradantrieb	Rahmen	Vorderradfederung	Hinterradfederung	Vorderradbremse	Hinterradbremse	Vorderreifen	Hinterreifen	Gewicht incl. Kraftstoff und Öl (kg)	Tankinhalt (l)	Beschleun. 1 Pers. (0–100 km/h sec)	Höchstgeschwindigkeit 1 Pers. (km/h)	Preis incl. MWSt (Mark)
Benelli	125 SE	125	R 2	42,5×44	2-Takt	SL	–	10	L	10/14 7800	5	K	SDR	T	S	SB	TB	2,75-18	3,00-18	129	13	–	104	3295
	250 Quattro	231	R 4	44×38	4-Takt	OHC	2	11,5	L	20/27 10500	5	K	PSR	T	S	SB	TB	3,00-18	3,25-18	125	11,5	–	150	a. A.
	250 2 C	231	R 2	56×47	2-Takt	SL	–	10,3	L	18/24 7500	5	K	SDR	T	S	SB	TB	3,00-18	3,25-18	134	12,5	7,4	150	3775
	500 LS	498	R 4	56×50,6	4-Takt	OHC	2	10,2	L	32/44 8500	5	K	SDR	T	S	DSB	TB	3,50-18	4,10-18	230	19	5,9	173	6560
	750 Sei	747	R 6	56×50,6	4-Takt	OHC	2	9,8	L	43/58 8500	5	K	SDR	T	S	DSB	TB	3,50-18	120/90-18	255	22	–	180	9940
BMW	R 60/7	599	180° 2	73,5×70,6	4-Takt	OHV	2	9,2	L	29/40 6400	5	W	SDR	T	S	SB	TB	3,25-19	4,00-18	236	24	7,7	167	6930
	R 80/7	797	180° 2	84,8×70,6	4-Takt	OHV	2	8	L	37/50 7250	5	W	SDR	T	S	SB	TB	3,25-19	4,00-18	236	24	6,5	186	7990
	R 100/7	979	180° 2	94×70,6	4-Takt	OHV	2	9	L	44/60 6500	5	W	SDR	T	S	SB	TB	3,25-19	4,00-18	236	24	5,1	192	8750
	R 100 S	979	180° 2	94×70,6	4-Takt	OHV	2	9,5	L	48/65 6600	5	W	SDR	T	S	DSB	TB	3,25-19	4,00-18	237	24	4,9	196	10260
	R 100 RS	979	180° 2	94×70,6	4-Takt	OHV	2	9,5	L	52/70 7250	5	W	SDR	T	S	DSB	SB	3,25-19	4,00-18	247	24	4,6	193	11790
CZ	125 Trail	123	S 1	52×58	2-Takt	SL	–	8,6	L	8/11 5750	4	K	SER	T	S	TB	TB	2,75-18	3,50-18	127	11	–	90	2400
	175 Trail	172	S 1	58×65	2-Takt	SL	–	8,7	L	11/15 5600	4	K	SER	T	S	TB	TB	2,75-21	3,50-18	128	11	–	100	2500
	250 Twin	246	R 2	52×58	2-Takt	SL	–	9,3	L	13/17 5250	4	K	SER	T	S	TB	TB	3,00-18	3,25-18	151	13	–	120	2500
Ducati	125 Enduro	124	S 1	54×54	2-Takt	SL	–	11	L	13/17 8500	6	K	SDR	T	S	TB	TB	3,00-21	3,75-18	117	7	–	110	3420
	350 GTV	350	R 2	71,8×43,2	4-Takt	OHC	2	9,6	L	18/24 7500	5	K	SDR	T	S	DSB	SB	3,25-18	3,50-18	195	14	10,2	140	5790
	350 S Desmo	350	R 2	71,8×43,2	4-Takt	DES	2	10	L	19/26 8000	5	K	SDR	T	S	DSB	SB	3,25-18	3,50-18	193	19	8,5	148	6380
	500 GTV	497	R 2	78×52	4-Takt	OHC	2	9,6	L	29/39 7500	5	K	SDR	T	S	DSB	SB	3,25-18	3,50-18	195	14	7,2	165	6150
	500 S Desmo	497	R 2	78×52	4-Takt	DES	2	9,6	L	32/43 8000	5	K	SDR	T	S	DSB	SB	3,25-18	3,50-18	186	19	6	180	6660
	750 SS	748	90° V 2	80×74,4	4-Takt	DES	2	9,5	L	46/63 7000	5	K	SDR	T	S	DSB	TB	3,50-18	120/90-18	210	18	4,8	200	10800
	860 GTS	864	90° V 2	86×74,4	4-Takt	OHC	2	9,5	L	48/65 7000	5	K	SDR	T	S	DSB	SB	3,50-18	120/90-18	230	19	5,3	180	8120
	900 SD Darmah	864	90° V 2	86×74,4	4-Takt	DES	2	9,4	L	52/70 7000	5	K	SDR	T	S	DSB	SB	3,50-18	4,25-18	240	16	5	200	9120
	900 SS	864	90° V 2	86×74,4	4-Takt	DES	2	9,4	L	52/70 7000	5	K	SDR	T	S	DSB	TB	3,50-18	120/90-18	225	18	4,7	213	11700
Enfield India	350 Bullet	346	S 1	70×90	4-Takt	OHV	2	7,5	L	15/21 5800	4	K	SER	T	S	TB	TB	3,25-19	3,50-19	170	15	–	110	3800
Harley-Davidson	SXT 125	123	S 1	56×50	2-Takt	SL	–	10,8	L	10/13 7000	5	K	SDR	T	S	TB	TB	3,00-19	3,50-18	112	10,5	–	105	2669
	SX 175	174	S 1	61×59,6	2-Takt	SL	–	10,7	L	13/17 6750	5	K	SDR	T	S	TB	TB	3,00-19	3,50-18	127	10,5	–	113	3175
	SX 250	243	S 1	72×59,6	2-Takt	SL	–	10,3	L	15/20 7000	5	K	SDR	T	S	TB	TB	3,25-19	4,00-18	125	10,5	–	115	3649
	SS 125	123	S 1	56×50	2-Takt	SL	–	10,8	L	10/13 7000	5	K	SDR	T	S	TB	TB	3,00-19	3,50-18	112	10,5	–	110	2859
	SS 175	174	S 1	61×59,6	2-Takt	SL	–	10,7	L	13/17 6750	5	K	SDR	T	S	TB	TB	3,25-19	4,00-18	127	10,5	12,5	115	3259

1977

Hersteller	Typ	Hubraum (cm³)	Zyl.-Anordnung und -zahl	Bohrung und Hub (mm)	Arbeitsweise	Steuerung	Ventile/Zylinder	Verdichtung	Kühlung	Leistung (kW/PS bei 1/min)	Gänge	Hinterradantrieb	Rahmen	Vorderradfederung	Hinterradfederung	Vorderradbremse	Hinterradbremse	Vorderreifen	Hinterreifen	Gewicht incl. Kraftstoff und Öl (kg)	Tankinhalt (l)	Beschleun. 1 Pers. (0–100 km/h sec)	Höchstgeschwindigkeit, 1 Pers. (km/h)	Preis incl. MWSt (Mark)
	SST 250	243	S 1	72×59,6	2-Takt	SL	–	10,3	L	15/20 7000	5	K	SDR	T	S	SB	TB	3.25-19	4.00-18	129	10,5	12	124	3695
	XLH 1000 Sportster	997	45° V 2	81×96,8	4-Takt	OHV	2	9	L	42/57 6000	4	K	SDR	T	S	SB	TB	3.75-19	4.25-18	240	9	4,3	180	10698
	XLCH 1000 Sportster	997	45° V 2	81×96,8	4-Takt	OHV	2	9	L	42/57 6000	4	K	SDR	T	S	SB	SB	3.75-19	4.25-18	220	9	4,2	185	9995
	FX 1200	1206	45° V 2	87,3×100,8	4-Takt	OHV	2	8	L	43/58 5150	4	K	SDR	T	S	SB	SB	3.75-19	5.10-16	265	19	6,5	180	11895
	FXE 1200 Super Glide	1206	45° V 2	87,3×100,8	4-Takt	OHV	2	8	L	43/58 5150	4	K	SDR	T	S	SB	SB	3.75-19	5.10-16	275	19	6,5	177	12495
	FLH 1200 Electra Glide	1206	45° V 2	87,3×100,8	4-Takt	OHV	2	8	L	43/58 5150	4	K	SDR	T	S	SB	SB	5.10-16	5.10-16	345	19/25	8,4	135	13620
Hercules	K 125 S	124	S 1	54×54	2-Takt	SL	–	11,8	L	13/17 7500	6	K	SDR	T	S	SB	TB	2.75-17	3.00-17	122	11	12,7	117	3550
	K 125 Military	124	S 1	54×54	2-Takt	SL	–	9	L	9/12,5 7000	5	K	SDR	S	S	TB	SB	3.25-18	3.50-18	135	15	–	94	4050
	W 2000	294	1 S-Wankel	–	4-Takt	–	–	8,5	L	20/27 6500	6	K	SDR	T	S	SB	SB	3.00-18	3.50-18	176	16,5	8,4	148	4680
Honda	TL 125 S	124	S 1	56,5×49,5	4-Takt	OHC	2	8	L	7/9 8750	5	K	SER	T	S	TB	TB	2.75-21	4.00-18	106	4,5	–	90	2622
	XL 125	124	S 1	56,5×49,5	4-Takt	OHC	2	9,4	L	10/13 9400	5	K	SER	T	S	TB	SB	2.75-21	3.50-18	110	6	–	114	2631
	XL 250	248	S 1	74×57,8	4-Takt	OHC	4	9,1	L	15/20 7700	5	K	SER	T	S	TB	SB	3.00-21	4.00-18	148	9,5	–	120	3710
	ST 70 DAX	72	L 1	47×41,4	4-Takt	OHC	2	8,8	L	4/5,2 8000	3	K	PSR	T	S	TB	SB	3.50-10	3.50-10	77	2,5	–	75	1490
	CB 125 S (J)	124	S 1	56,5×49,5	4-Takt	OHC	2	9,4	L	10/14 10000	5	K	SER	T	S	SB	TB	2.75-18	3.00-17	105	9,5	23	116	2592
	CB 125 disc	125	R 2	44×41	4-Takt	OHC	2	9,4	L	9/12 10500	5	K	SER	T	S	TB	SB	2.50-18	2.75-18	133	9	–	108	2812
	CB 125 T	125	R 2	44×41	4-Takt	OHC	2	9,4	L	13/17 11500	5	K	SER	T	S	SB	SB	2.75-18	3.00-18	125	11,5	14	129	2622
	CB 200 disc	198	R 2	55,5×41	4-Takt	OHC	2	9	L	13/17 9000	5	K	SER	T	S	TB	SB	2.75-18	3.00-18	142	11	12,4	124	3131
	CJ 250 T	249	R 2	56×50,6	4-Takt	OHC	2	9,5	L	20/27 9500	5	K	SER	T	S	TB	SB	3.00-18	3.75-18	183	14	11,7	135	3690
	CJ 360 T	357	R 2	67×50,6	4-Takt	DOHC	2	9,3	L	25/34 9000	6	K	SER	T	S	TB	SB	3.00-18	3.75-18	184	14	7,5	150	3850
	CB 500 T	499	R 2	70×64,8	4-Takt	OHC	2	8,5	L	31/42 8000	5	K	SDR	T	S	SB	SB	3.50-18	4.00-18	210	13	7,6	160	4468
	CB 400 F	408	R 4	51×50	4-Takt	OHC	2	9,4	L	27/37 8500	6	K	SDR	T	S	SB	SB	3.00-18	3.50-18	184	14	6,6	158	4469
	CB 500 F	498	R 4	56×50,6	4-Takt	OHC	2	9	L	35/48 9000	5	K	SDR	T	S	SB	SB	3.25-19	3.50-18	217	14	5,8	179	5818
	CB 550 F 1	544	R 4	58,5×50,6	4-Takt	OHC	2	9,2	L	37/50 8500	5	K	SDR	T	S	SB	SB	3.25-19	3.75-18	206	17	5,5	183	5868
	CB 750 F 1	736	R 4	61×63	4-Takt	OHC	2	9,2	L	49/67 8500	5	K	SDR	T	S	SB	SB	3.25-19	4.00-18	247	18	5,1	194	6716
	CB 750 K	736	R 4	61×63	4-Takt	OHC	2	9,2	L	49/67 8500	5	K	SDR	T	S	DSB	SB	3.25-19	4.50-17	250	18	4,7	192	6900
	CB 750 F 2	736	R 4	61×63	4-Takt	OHC	2	9,2	L	54/73 9000	5	K	SDR	T	S	DSB	SB	3.50-19	4.00-18	253	18	4,8	197	6766
	GL 1000 Gold Wing	999	180° 4	72×61,4	4-Takt	OHC	2	9,2	W	60/82 7500	5	W	SDR	T	S	TB	TB	3.50-19	4.50-17	295	19	4,5	196	8278
Jawa	350	343	R 2	58×65	2-Takt	SL	–	9,2	L	17/23 5000	4	K	SDR	T	S	TB	TB	3.25-18	3.50-18	168	15	15	132	3290

1977

Hersteller	Typ	Hubraum (cm³)	Zyl.-Anordnung und -zahl	Bohrung und Hub (mm)	Arbeitsweise	Steuerung	Ventile/Zylinder	Verdichtung	Kühlung	Leistung (kW/PS bei 1/min)	Gänge	Hinterradantrieb	Rahmen	Vorderradfederung	Hinterradfederung	Vorderradbremse	Hinterradbremse	Vorderreifen	Hinterreifen	Gewicht incl. Kraftstoff und Öl (kg)	Tankinhalt (l)	Beschleun. 1 Pers. (0-100 km/h sec)	Höchstgeschwindigkeit, 1 Pers. (km/h)	Preis incl. MWSt (Mark)
Kawasaki	KE 125	125	S 1	56×50,6	2-Takt	DS	–	6,5	L	7/10 6000	6	K	SER	T	S	TB	TB	2.75-21	3.50-18	109	7,5	–	96	2908
	KH 125	124	S 1	56×50,6	2-Takt	DS	–	7	L	10/14 6770	6	K	SER	T	S	TB	TB	2.75-18	3.00-18	106	7,5	–	109	2652
	KH 250	249	R 3	45×52,3	2-Takt	SL	–	7,5	L	19/26 7000	5	K	SDR	T	S	SB	TB	3.00-18	3.50-18	175	14	9,8	138	3966
	KH 400	400	R 3	57×52,3	2-Takt	SL	–	6,5	L	28/38 7000	5	K	SDR	T	S	SB	TB	3.25-19	3.50-18	177	16	6,6	166	4614
	KH 500	499	R 3	60×58,8	2-Takt	SL	–	6,4	L	38/52 7000	5	K	SER	T	S	SB	TB	3.25-19	4.00-18	205	16	5,3	182	5314
	Z 200	198	S 1	66×58	4-Takt	OHC	2	9	L	13/17 8000	5	K	SDR	T	S	SB	TB	3.00-18	3.25-17	154	14	16,5	121	2957
	Z 400	399	R 2	64×62	4-Takt	OHC	2	9,4	L	20/27 8500	6	K	SDR	T	S	DSB	TB	3.25-19	3.50-18	187	14	8,5	147	4532
	Z 650	652	R 4	62×54	4-Takt	DOHC	2	9,5	L	49/66 8500	5	K	SDR	T	S	DSB	SB	3.25-19	4.00-18	220	16,5	5,2	190	6636
	Z 750	745	R 2	78×78	4-Takt	DOHC	4	8,5	L	37/50 7000	5	K	SDR	T	S	DSB	SB	3.25-19	4.00-18	235	14,5	6,2	176	6636
	Z 1000	1015	R 4	70×66	4-Takt	DOHC	2	8,7	L	63/85 8000	5	K	SDR	T	S	DSB	SB	3.25-19	4.00-18	256	16,5	3,5	210	9136
KTM	125 RS	124	S 1	54×54	2-Takt	SL	–	11,8	L	13/17 7500	6	K	SER	T	S	SB	SB	2.75-17	3.00-17	111	12	12,5	120	3850
Laverda	500	496	R 2	72×61	4-Takt	DOHC	4	8	L	20/27 6850	6	K	SER	T	S	DSB	SB	3.25-18	3.50-18	189	13,5	–	160	6300
	500 RS	496	R 2	72×61	4-Takt	DOHC	4	9,2	L	33/45 8200	6	K	SER	T	S	DSB	SB	3.50-18	4.00-18	189	17	8,2	167	6300
	750 SF 3	744	R 2	80×74	4-Takt	OHC	2	8,5	L	37/50 7000	5	K	SDR	T	S	DSB	SB	3.50-18	4.00-18	230	19	6,5	185	7300
	750 SF 3 S	744	R 2	80×74	4-Takt	OHC	2	8,9	L	45/61 7500	5	K	SDR	T	S	DSB	SB	4.00-18	4.00-18	230	19	6	195	7300
	1000 3 C	980	R 3	75×74	4-Takt	DOHC	2	9	L	57/78 7750	5	K	SDR	T	S	DSB	SB	3.50-18	4.00-18	243	20	4,1	208	8995
Maico	MD 250/6	245	S 1	76×54	2-Takt	DS	–	11,7	L	20/27 7000	6	K	SDR	T	S	TB	TB	2.75-18	3.00-17	126	12,5	7,6	149	3950
Morini	125 T	123	S 1	59×45	4-Takt	OHV	2	11,7	L	7/9 9000	6	K	SDR	T	S	SB	TB	2.75-18	3.00-18	115	12	–	110	3250
	250 T	239	S 1	69×64	4-Takt	OHV	2.	9,5	L	13/17 6800	5	K	SDR	T	S	SB	TB	2.75-18	3.00-18	138	12	–	135	3755
	3½ Touring	344	72° V 2	62×57	4-Takt	OHV	2	10,8	L	20/27 6850	5	K	SDR	T	S	DSB	SB	3.25-18	4.10-18	160	16	8,5	153	4850
	3½ Sport	344	72° V 2	62×57	4-Takt	OHV	2	10,8	L	29/39 8500	5	K	SDR	T	S	DSB	SB	3.25-18	4.10-18	160	14	6,5	170	5450
Moto Guzzi	TS 250 FD	231	R 2	56×47	2-Takt	SL	–	10,3	L	18/25 7600	5	K	SDR	T	S	DSB	SB	3.00-18	3.25-18	140	17	7,8	145	3775
	254	231	R 4	44×38	4-Takt	OHC	2	11,5	L	20/27 10500	5	K	SDR	T	S	DSB	SB	3.00-18	3.25-18	125	11,5	–	140	a.A.
	V 35	346	90° V 2	66×50,6	4-Takt	OHV	2	10,8	L	20/27 7600	5	W	SDR	T	S	DSB	SB	3.00-18	3.25-18	175	16	11	148	5990
	V 50	490	90° V 2	74×57	4-Takt	OHV	2	10,8	L	29/39 7400	5	W	SDR	T	S	DSB	SB	3.00-18	3.50-18	183	16	7,3	168	6795
	850 T 3	844	90° V 2	83×78	4-Takt	OHV	2	9,2	L	43/59 6800	5	W	SDR	T	S	DSB	SB	3.50-18	4.10-18	240	24	6,4	180	8770
	850 T 3 California	844	90° V 2	83×78	4-Takt	OHV	2	9,2	L	43/59 6800	5	W	SDR	T	S	DSB	SB	3.50-18	4.10-18	245	24	7,7	150	9420
	850 Le Mans	844	90° V 2	83×78	4-Takt	OHV	2	10	L	52/70 7000	5	W	SDR	T	S	DSB	SB	3.50-18	4.10-18	225	22,5	3,9	203	10.560

Hersteller	Typ	Hubraum (cm³)	Zyl.-Anordnung und -zahl	Bohrung und Hub (mm)	Arbeitsweise	Steuerung	Ventile/Zylinder	Verdichtung	Kühlung	Leistung (kW/PS bei 1/min)	Gänge	Hinterradantrieb	Rahmen	Vorderradfederung	Hinterradfederung	Vorderradbremse	Hinterradbremse	Vorderreifen	Hinterreifen	Gewicht incl. Kraftstoff und Öl (kg)	Tankinhalt (l)	Beschleun. 1 Pers. (0–100 km/h sec)	Höchstgeschwindigkeit, 1 Pers. (km/h)	Preis incl. MWSt (Mark)
Münch	V 1000 I-Convert	948	90° V 2	88×78	4-Takt	OHV	2	9,2	L	45/61 6500	2 S-A	W	SDR	T	S	DSB	SB	4.10-18	4.10-18	259	24	8,5	168	10 400
MV Agusta	4-1200 TTS-E	1289	R 4	78,5×66,6	4-Takt	OHV	2	9,1	L	77/104 7500	4	K	SDR	T	S	SB	SB	3.25-19	4.00-18	311	24	4,6	196	25 530
	125 S	123	S 1	53×56	4-Takt	OHV	2	9	L	7/9 8200	5	K	SDR	T	S	DSB	TB	2.75-18	3.00-18	108	14	20,1	111	3135
	350 S	349	R 2	63×56	4-Takt	OHV	2	9	L	20/27 7800	5	K	SER	T	S	DSB	SB	2.75-18	3.25-18	157	18	10,4	150	5252
	500 S	495	R 2	75×56	4-Takt	OHV	2	9	L	32/43 8200	5	K	SER	T	S	DSB	SB	3.00-18	3.50-18	158	18	5,4	162	5483
	500 SS	495	R 2	75×56	4-Takt	OHV	2	9,5	L	39/53 8900	5	K	SER	T	S	DSB	SB	3.00-18	3.50-18	158	18	5,1	170	6420
	800 S America	789	R 4	67×56	4-Takt	DOHC	2	9,5	L	55/75 8500	5	W	SDR	T	S	DSB	SB	3.50-18	4.00-18	260	24	5,5	216	13 988
	800 SS Super America	789	R 4	67×56	4-Takt	DOHC	2	10	L	60/82 9000	5	W	SDR	T	S	DSB	SB	3.50-18	4.00-18	260	24	5,4	220	17 315
	800 SS Super Daytona America	789	R 4	67×56	4-Takt	DOHC	2	10	L	66/90 10 000	5	W	SDR	T	S	DSB	SB	3.50-18	4.00-18	265	24	5,2	228	21 980
	900S Arturo Magni-Cento Vallii	892	R 4	70×58	4-Takt	DOHC	2	10	L	77/105 10 000	5	W	SDR	T	S	DSB	SB	3.50-18	4.00-18	245	24	4,1	230	25 400
MZ	TS 125	123	S 1	52×58	2-Takt	SL	–	10	L	7/10 6300	4	K	PSR	T	S	TB	TB	2.75-18	3.00-18	127	12,5	–	100	1750
	TS 250/1	243	S 1	69×65	2-Takt	SL	–	8,5	L	13/17 5400	5	K	PSR	T	S	TB	TB	2.75-18	3.50-18	146	17,5	14,6	125	2690
Norton	Commando 850 Interstate Mk 3	828	R 2	77×89	4-Takt	OHV	2	8,5	L	38/51 5600	4	K	SER	T	S	SB	SB	4.10-19	3.00-18	233	24	–	190	6595
Sanglas	500 S	497	S 1	89,5×79	4-Takt	OHV	2	8	L	20/27 5930	5	K	SER	T	S	SB	TB	3.25-18	3.50-18	203	18	10,7	140	5795
Suzuki	TS 125	123	S 1	56×50	2-Takt	SL	–	6,7	L	5/6,9 7000	5	K	SER	T	S	TB	TB	2.75-21	3.00-18	105	7	–	110	2860
	TS 250	246	S 1	70×64	2-Takt	SL	–	7	L	12/16,5 6000	5	K	SER	T	S	TB	TB	3.00-21	4.00-18	133	8,5	–	107	3870
	RV 90	88	L 1	50×45	2-Takt	MB	–	6,2	L	5/6,3 6000	4	K	PSR	T	S	TB	TB	6.70-10	6.70-10	86	3	–	85	2450
	RV 125	123	S 1	56×50	2-Takt	MB	–	6,3	L	6/8 6000	5	K	PSR	T	S	TB	TB	5.40-14	6.70-10	110	5	–	92	2995
	GT 125	125	R 2	43×43	2-Takt	SL	–	6,8	L	10/14,2 9500	5	K	SER	T	S	TB	TB	2.75-18	3.00-18	122	10	12	127	2870
	GT 185	185	R 2	49×49	2-Takt	SL	–	7	L	11/15 7500	5	K	SER	T	S	TB	TB	2.75-18	3.00-18	131	10	13,7	126	3290
	GT 250	247	R 2	54×54	2-Takt	SL	–	7,3	L	19/26 7500	6	K	SER	T	S	SB	SB	3.00-18	3.50-18	155	15	8,7	149	3725
	GT 380	371	R 3	54×54	2-Takt	SL	–	7	L	20/27 6500	6	K	SER	T	S	SB	SB	3.00-19	3.50-18	190	15	9,1	145	4590
	GT 500	492	R 2	70×64	2-Takt	SL	–	8,5	L	28/38 6000	5	K	SER	T	S	SB	SB	3.25-19	4.00-18	195	17	5,8	169	4590
	GT 550	543	R 3	61×62	2-Takt	SL	–	6,8	L	35/48 7500	6	K	SER	T	S	SB	SB	3.25-19	4.00-18	190	15	5,4	178	5420
	GT 750	739	R 3	70×64	2-Takt	SL	–	6,7	W	46/63 6500	5	K	SER	T	S	DSB	SB	3.25-19	4.00-18	251	17	4,9	192	6900
	GS 400	398	R 2	65×60	4-Takt	DOHC	2	8,5	L	20/27 7400	6	K	SER	T	S	SB	TB	3.00-18	3.50-18	185	14	8,7	150	4290
	GS 550	549	R 4	56×55,8	4-Takt	DOHC	2	8,6	L	36/49 9000	6	K	SDR	T	S	DSB	SB	3.25-19	3.75-18	218	17	5,5	184	5690

Hersteller	Typ	Hubraum (cm³)	Zyl.-Anordnung und -zahl	Bohrung und Hub (mm)	Arbeitsweise	Steuerung	Ventile/Zylinder	Verdichtung	Kühlung	Leistung (kW/PS bei 1/min)	Gänge	Hinterradantrieb	Rahmen	Vorderradfederung	Hinterradfederung	Vorderradbremse	Hinterradbremse	Vorderreifen	Hinterreifen	Gewicht incl. Kraftstoff und Öl (kg)	Tankinhalt (l)	Beschleun. 1 Pers. (0-100 km/h sec)	Höchstgeschwindigkeit, 1 Pers. (km/h)	Preis incl. MWSt (Mark)
	GS 750	748	R 4	65×56,4	4-Takt	DOHC	2	8,7	L	46/63 8800	5	K	SDR	T	S	DSB	SB	3,25-19	4,00-18	253	18	4,5	198	6990
Triumph	T 140 V Tiger	744	R 2	76×82	4-Takt	OHV	2	7,9	L	33/45 6000	5	K	SDR	T	S	SB	SB	3,25-19	4,10-18	197	18,5	6,7	172	5596
	T 140 V Bonneville	744	R 2	76×82	4-Takt	OHV	2	7,9	L	36/49 6500	5	K	SDR	T	S	SB	SB	4,10-18	4,10-18	197	18,5	5,4	177	5596
	T 160 V Trident 750	740	R 3	67×70	4-Takt	OHV	2	9	L	47/64 7400	5	K	SER	T	S	SB	SB	4,10-19	4,10-19	243	20,5	–	195	6650
Van Veen	OCR 1000	996	2 S-Wankel	–	4-Takt	–	–	9	W	74/100 6500	4	W	SDR	T	S	DSB	SB	110/90-18	120/90-18	330	24	3,8	213	24 198
Yamaha	DT 125 E	123	S 1	56×50	2-Takt	MB	–	7,1	L	7/10 6800	5	K	SDR	T	S	TB	TB	2,75-21	3,25-18	119	7	–	110	2780
	DT 250	246	S 1	70×64	2-Takt	MB	–	6,7	L	12/16 5400	5	K	SDR	T	S	TB	TB	3,00-21	4,00-18	135	9	–	109	3800
	DT 400	397	S 1	85×70	2-Takt	MB	–	6,4	L	15/21 5600	5	K	SDR	T	S	TB	TB	3,00-21	4,00-18	141	9	7,8	136	4100
	XT 500	499	S 1	87×84	4-Takt	OHC	2	9	L	20/27 5900	5	K	SDR	T	S	TB	TB	3,25-21	4,00-18	155	9	8,5	132	4995
	RS 100 DX	97	S 1	52×45,6	2-Takt	MB	–	6,8	L	8/10,5 7500	5	K	SDR	T	S	TB	TB	2,50-18	2,75-18	93	9	–	104	2068
	RD 200 DX	195	S 2	52×46	2-Takt	MB	–	7,1	L	13/17 7700	6	K	SER	T	S	SB	TB	2,75-18	3,25-18	132	11,5	13,8	122	3200
	RD 250	247	S 2	54×54	2-Takt	MB	–	6,7	L	20/27 7200	6	K	SDR	T	S	SB	SB	3,00-18	3,50-18	158	16,5	8	145	3850
	RD 400 C	399	S 2	64×62	2-Takt	MB	–	6,2	L	32/43 7100	6	K	SDR	T	S	SB	SB	3,25-19	3,50-18	177	16,5	5,9	171	4600
	XS 360	358	R 2	66×52,4	4-Takt	OHC	2	8,7	L	20/27 8000	5	K	SDR	T	S	SB	SB	3,00-18	3,50-18	176	11	8,7	145	3952
	XS 500	499	R 2	73×59,6	4-Takt	DOHC	4	8,5	L	36/49 8250	6	K	SDR	T	S	DSB	SB	3,25-19	4,00-18	210	15	6,5	178	5250
	XS 650	654	R 2	75×74	4-Takt	OHC	2	8,4	L	37/50 6800	5	W	SDR	T	S	DSB	SB	3,25-19	4,00-18	227	15	5,9	181	5598
	XS 750	747	R 3	68×68,6	4-Takt	DOHC	2	8,5	L	47/64 7500	5	K	SDR	T	S	TB	TB	3,25-19	4,00-18	257	18	4,7	189	7252
Zündapp	KS 125 Sport	124	S 1	54×54	2-Takt	SL	–	12	L	13/17 7600	5	K	SDR	T	S	TB	SB	2,75-18	3,25-18	116	14	13,5	125	3350
	KS 175	163	S 1	62×54	2-Takt	SL	–	7,8	W	13/17 7400	5	K	SDR	T	S	SB	SB	2,75-18	3,25-18	121	14	11,4	126	3880
Importe aus der UdSSR	MM VZ 3	123	S 1	52×58	2-Takt	SL	–	9	L	6/8 5900	4	K	SER	T	S	TB	TB	3,00-18	3,50-18	108	11	–	90	1600
	ISH Planeta Sport	340	S 1	76×75	2-Takt	SL	–	10	L	19/26 6500	4	K	SER	T	S	TB	TB	3,00-19	3,50-19	145	14	–	140	3200
	Dnepr MT 10-Gespann	650	180° 2	78×68	4-Takt	OHV	2	7,8	L	18/25 5200	4+R	W	SER	T	S	TB	TB	3,75-19	3,75-19	350	21	–	110	6800

Zulassungsfähige Sondermodelle

Hersteller	Typ	Hubraum (cm³)	Zyl.-Anordnung und -zahl	Bohrung und Hub (mm)	Arbeitsweise	Steuerung	Ventile/Zylinder	Verdichtung	Kühlung	Leistung (kW/PS bei 1/min)	Gänge	Hinterradantrieb	Rahmen	Vorderradfederung	Hinterradfederung	Vorderradbremse	Hinterradbremse	Vorderreifen	Hinterreifen	Gewicht incl. Kraftstoff und Öl (kg)	Tankinhalt (l)	Beschleun. 1 Pers. (0-100 km/h sec)	Höchstgeschwindigkeit, 1 Pers. (km/h)	Preis incl. MWSt (Mark)
Egli (Kawasaki)	1000	987	R 4	69×66	4-Takt	DOHC	2	9	L	75/102 9000	5	K	SZR	T	S	DSB	SB	4,10-18	4,25-18	200	18	3	253	22 500

1977

1978

Hersteller	Typ	Hubraum (cm³)	Zyl.-Anordnung und -zahl	Bohrung und Hub (mm)	Arbeitsweise	Steuerung	Ventile/Zylinder	Verdichtung	Kühlung	Leistung (kW/PS bei 1/min)	Gänge	Hinterradantrieb	Rahmen	Vorderradfederung	Hinterradfederung	Vorderradbremse	Hinterradbremse	Vorderreifen	Hinterreifen	Gewicht incl. Kraftstoff und Öl (kg)	Tankinhalt (l)	Beschleun. 1 Pers. (0-100 km/h sec)	Höchstgeschwindigkeit, 1 Pers. (km/h)	Preis incl. MWSt (Mark)
Benelli	125 SE	125	R 2	42,5×44	2-Takt	SL	–	10	L	7/10 8000	5	K	SDR	T	S	SB	TB	2.75-18	3.00-18	129	13	–	104	2995
	250 2 C	231	R 2	56×47	2-Takt	SL	–	10	L	13/17 7600	5	K	SDR	T	S	SB	TB	3.00-18	3.25-18	134	17	–	125	3350
	350 RS	345	R 4	50×44	4-Takt	OHC	2	10,2	L	20/27 9200	5	K	SDR	T	S	SB	TB	90/90-18	100/90-18	200	16	8,9	148	5795
	500 LS	498	R 4	56×50,6	4-Takt	OHC	2	9,8	L	32/44 8500	5	K	SDR	T	S	DSB	TB	3.50-18	4.10-18	230	19	5,9	173	5995
	750 Sei	747	R 6	56×50,6	4-Takt	OHC	2	9,8	L	43/58 7500	5	K	SDR	T	S	DSB	SB	3.50-18	120/90-18	255	22	–	180	8995
	900 Sei	905	R 6	60×53,4	4-Takt	OHC	2	9,5	L	59/80 8300	5	K	SDR	T	S	DSB	SB	100/90-18	120/90-18	249	22	4,6	193	10500
BMW	R 45	473	180° 2	70×61,5	4-Takt	OHV	2	8,2	L	20/27 6500	5	W	SDR	T	S	SB	TB	3.25-18	4.00-18	206	22	11,4	141	5880
	R 45	473	180° 2	70×61,5	4-Takt	OHV	2	9,2	L	26/35 7250	5	W	SDR	T	S	SB	TB	3.25-18	4.00-18	206	22	8,8	160	5880
	R 65	649	180° 2	82×61,5	4-Takt	OHV	2	9,2	L	33/45 7250	5	W	SDR	T	S	SB	TB	3.25-19	4.00-18	210	22	6,8	177	7290
	R 80/7	797	180° 2	84,8×70,6	4-Takt	OHV	2	8	L	37/50 7250	5	W	SDR	T	S	DSB	TB	3.25-19	4.00-18	236	24	6,5	186	8580
	R 80/7	797	180° 2	84,8×70,6	4-Takt	OHV	2	9,2	L	40/55 7000	5	W	SDR	T	S	DSB	TB	3.25-19	4.00-18	236	24	6,4	186	8580
	R 100 T	979	180° 2	94×70,6	4-Takt	OHV	2	9	L	48/65 6600	5	W	SDR	T	S	DSB	TB	3.25-19	4.00-18	236	24	5,7	187	9290
	R 100 S	979	180° 2	94×70,6	4-Takt	OHV	2	9,5	L	52/70 7250	5	W	SDR	T	S	DSB	SB	3.25-19	4.00-18	237	24	5,6	189	10990
	R 100 RT	979	180° 2	94×70,6	4-Takt	OHV	2	9	L	48/65 6600	5	W	SDR	T	S	DSB	SB	3.25-19	4.00-18	261	24	5,4	174	11480
	R 100 RS	979	180° 2	94×70,6	4-Takt	OHV	2	9,5	L	52/70 7250	5	W	SDR	T	S	DSB	SB	3.25-19	4.00-18	247	24	4,6	193	11990
Bultaco	Streaker 125	119	S 1	54,2×51,5	-2-Takt	SL	–	12	L	7/10 9000	6	K	SDR	T	S	SB	TB	2.50-18	2.75-18	94	10,5	–	116	3550
CZ	125 Trail	123	S 1	52×58	2-Takt	SL	–	8,6	L	8/11 5750	4	K	SER	T	S	TB	TB	2.75-21	3.50-18	127	11	–	90	1959
	175 Trail	172	S 1	58×65	2-Takt	SL	–	8,7	L	11/15 5600	4	K	SER	T	S	TB	TB	2.75-21	3.50-18	128	11	–	100	2059
	250 Twin	246	R 2	52×58	2-Takt	SL	–	9,3	L	13/17 5250	4	K	SER	T	S	TB	TB	3.00-18	3.25-18	151	13	–	120	2499
	350 Twin	343	R 2	58×65	2-Takt	SL	–	9,2	L	16/22 5000	4	K	SER	T	S	TB	TB	3.25-18	3.50-18	155	13	–	125	2999
Ducati	125 Enduro	124	S 1	54×54	2-Takt	SL	–	11	L	13/17 8500	6	K	SDR	T	S	TB	SB	3.00-21	3.75-18	119	7	–	110	4280
	350 GTV	350	R 2	71,8×43,2	4-Takt	OHC	2	9,6	L	18/24 7500	5	K	SDR	T	S	DSB	SB	3.25-18	3.50-18	195	14	10,2	140	6020
	350 S Desmo	350	R 2	71,8×43,2	4-Takt	DES	2	10	L	19/26 8000	5	K	SDR	T	S	DSB	SB	3.25-18	3.50-18	193	19	8,5	148	6435
	500 GTV	497	R 2	78×52	4-Takt	OHC	2	9,6	L	29/39 7500	5	K	SDR	T	S	DSB	SB	3.25-18	3.50-18	195	14	7,2	165	6224
	500 S Desmo	497	R 2	78×52	4-Takt	DES	2	9,6	L	32/43 8000	5	K	SDR	T	S	DSB	SB	3.25-18	3.50-18	186	19	6	180	6740
	500 Pantah	497	90° V 2	74×57,8	4-Takt	DES	2	9,5	L	37/50 8500	5	K	SGR	T	S	DSB	SB	3.25-18	3.50-18	201	18	6,1	178	7300
	750 SS	748	90° V 2	80×74,4	4-Takt	DES	2	9,5	L	46/63 7000	5	K	SDR	T	S	DSB	SB	3.50-18	120/90-18	210	18	4,8	200	9840
	860 GTS	864	90° V 2	86×74,4	4-Takt	OHC	2	9,5	L	48/65 7000	5	K	SDR	T	S	DSB	SB	3.50-18	120/90-18	230	19	5,3	180	8220
	900 SD Darmah	864	90° V 2	86×74,4	4-Takt	DES	2	9,4	L	52/70 7000	5	K	SDR	T	S	DSB	SB	3.50-18	4.25-18	240	16	5	200	9230

Hersteller	Typ	Hubraum (cm³)	Zyl.-Anordnung und -zahl	Bohrung und Hub (mm)	Arbeitsweise	Steuerung	Ventile/Zylinder	Verdichtung	Kühlung	Leistung (kW/PS bei 1/min)	Gänge	Hinterradantrieb	Rahmen	Vorderradfederung	Hinterradfederung	Vorderradbremse	Hinterradbremse	Vorderreifen	Hinterreifen	Gewicht incl. Kraftstoff und Öl (kg)	Tankinhalt (l)	Beschleun. 1 Pers. (0-100 km/h sec)	Höchstgeschwindigkeit, 1 Pers. (km/h)	Preis incl. MWSt (Mark)
	900 SS	864	90° V 2	86×74,4	4-Takt	DES	2	9,4	L	52/70 7000	5	K	SDR	T	S	DSB	SB	3.50-18	120/90-18	225	18	4,7	213	10410
Enfield India	350 Bullet	346	S 1	70×90	4-Takt	OHV	2	7,5	L	15/21 5800	4	K	SER	T	S	TB	TB	3.25-19	3.50-19	170	15	–	110	3680
Harley-Davidson	XLH 1000 Sportster	997	45° V 2	81×96,8	4-Takt	OHV	2	9	L	42/57 6000	4	K	SDR	T	S	DSB	SB	3.75-19	4.25-18	240	9	4,3	180	10950
	XLCH 1000 Sportster	997	45° V 2	81×96,8	4-Takt	OHV	2	9	L	42/57 6000	4	K	SDR	T	S	DSB	SB	3.75-19	4.25-18	220	9	4,2	185	10350
	XLCR 1000 Café Racer	997	45° V 2	81×96,8	4-Takt	OHV	2	9	L	42/57 6000	4	K	SDR	T	S	DSB	SB	3.75-19	4.25-18	218	9	4,3	180	11980
	XLS 1000 Low Rider	997	45° V 2	81×96,8	4-Takt	OHV	2	9	L	42/57 6000	4	K	SDR	T	S	DSB	SB	3.75-19	4.25-18	240	13,5	4,3	180	a. A.
	FXE 1200 Super Glide	1206	45° V 2	87,3×100,8	4-Takt	OHV	2	8	L	43/58 5150	4	K	SDR	T	S	DSB	SB	3.75-19	5.10-16	275	19	6,5	177	12350
	FXCE 1200	1206	45° V 2	87,3×100,8	4-Takt	OHV	2	8	L	43/58 5150	4	K	SDR	T	S	DSB	SB	3.75-19	5.10-16	265	19	6,5	180	12950
	FXS 1200 Low Rider	1206	45° V 2	87,3×100,8	4-Takt	OHV	2	8	L	43/58 5150	4	K	SDR	T	S	DSB	SB	3.75-19	5.10-16	280	19	7,3	170	13350
	FLH 1200 Electra Glide	1206	45° V 2	87,3×100,8	4-Takt	OHV	2	8	L	43/58 5150	4	K	SDR	T	S	SB	SB	5.10-16	5.10-16	345	19/25	8,4	135	13950
Hercules	K 125 S	124	S 1	54×54	2-Takt	SL	–	11,8	L	13/17 7500	6	K	SDR	T	S	SB	TB	2.75-17	3.00-17	122	11	12,7	117	3870
	K 125 Military	124	S 1	54×54	2-Takt	SL	–	9	L	9/12,5 7000	5	K	SDR	S	S	TB	TB	3.25-18	3.50-18	135	15	–	94	4449
	W 2000	294	1 S-Wankel	–	4-Takt	–	–	8,5	L	20/27 6500	6	K	SDR	T	S	SB	TB	3.00-18	3.50-18	176	16,5	8,4	148	4905
Honda	TL 125 S	124	S 1	56,5×49,5	4-Takt	OHC	2	8	L	7/9 8750	5	K	SER	T	S	TB	TB	2.75-21	4.00-18	106	4,5	–	90	2725
	XL 125	124	S 1	56,5×49,5	4-Takt	OHC	2	9,4	L	7/10 9400	5	K	SER	T	S	TB	TB	2.75-21	3.50-18	109	6	–	100	2735
	XL 250	248	S 1	74×57,8	4-Takt	OHC	4	9,1	L	13/17 7000	5	K	SER	T	S	TB	TB	3.00-21	4.00-18	148	9,5	15,2	115	3927
	XL 250 S	248	S 1	74×57,8	4-Takt	OHC	4	9,1	L	13/17 7000	5	K	SER	T	S	TB	TB	3.00-23	4.60-18	132	9,5	15,2	111	4057
	ST 70 DAX	72	L 1	47×41,4	4-Takt	OHC	2	8,8	L	4.5,2 8200	3	K	PSR	T	S	TB	TB	3.50-10	3.50-10	75	2,5	–	75	1540
	CB 125 S (J)	124	S 1	56,5×49,5	4-Takt	OHC	2	9,4	L	10/14 10000	5	K	SER	T	S	TB	TB	2.75-18	3.00-17	105	9,5	23	116	2668
	CB 125 T	125	R 2	44×41	4-Takt	OHC	2	9,4	L	13/17 11500	5	K	SER	T	S	TB	TB	2.75-18	3.00-18	125	11,5	14	129	2805
	CM 185 T	181	R 2	53×41	4-Takt	OHC	2	9	L	7/10 7500	4	K	SER	T	S	TB	TB	3.00-17	3.50-16	137	11	–	93	3286
	CM 185 T Chopper	181	R 2	53×41	4-Takt	OHC	2	9,2	L	13/17 9500	5	K	SER	T	S	TB	TB	3.00-17	3.50-16	137	11	–	120	3286
	CB 250 T	250	R 2	62×41,4	4-Takt	OHC	3	9,4	L	13/17 8500	5	K	SER	T	S	TB	TB	3.60-18	4.10-18	185	14	17,2	117	3987
	CJ 250 T	250	R 2	62×41,4	4-Takt	OHC	3	9,4	L	13/17 8500	5	K	SER	T	S	TB	TB	3.00-18	3.75-18	175	14	17	125	3797
	CB 250 N	250	R 2	62×41,4	4-Takt	OHC	3	9,4	L	13/17 8500	6	K	SER	T	S	TB	TB	3.60-19	4.10-18	186	14	19,1	125	4267
	CJ 360 T	357	R 2	67×50,6	4-Takt	OHC	2	9,3	L	20/27 8000	5	K	SER	T	S	TB	TB	3.00-18	3.75-18	184	14	7,8	145	4067
	CB 400 T	395	R 2	70,5×50,6	4-Takt	OHC	3	9,3	L	20/27 7500	6	K	SER	T	S	TB	TB	3.60-19	4.10-18	183	14	7,7	145	4338
	CB 400 N	395	R 2	70,5×50,6	4-Takt	OHC	3	9,3	L	20/27 7500	6	K	SER	T	S	TB	TB	3.60-19	4.10-18	184	14	11	137	4618
	CB 400 A	395	R 2	70,5×50,6	4-Takt	OHC	3	9,3	L	20/27 8000	2 S-A	K	SER	T	S	SB	TB	3.60-19	4.10-18	189	13	12,2	139	4718

1978

Hersteller	Typ	Hubraum (cm³)	Zyl.-Anordnung und -zahl	Bohrung und Hub (mm)	Arbeitsweise	Steuerung	Ventile/Zylinder	Verdichtung	Kühlung	Leistung (kW/PS bei 1/min)	Gänge	Hinterradantrieb	Rahmen	Vorderradfederung	Hinterradfederung	Vorderradbremse	Hinterradbremse	Vorderreifen	Hinterreifen	Gewicht incl. Kraftstoff incl. Öl (kg)	Tankinhalt (l)	Beschleun. 1 Pers. (0–100 km/h sec)	Höchstgeschwindigkeit, 1 Pers. (km/h)	Preis incl. MWSt (Mark)
	CB 500 T	499	R 2	70×64,8	4-Takt	DOHC	2	8,5	L	31/42 8000	5	K	SER	T	S	SB	TB	3.50-19	4.00-18	210	13	7,6	160	4730
	CX 500	497	80° V 2	78×52	4-Takt	OHV	4	10	W	20/27 6500	5	W	SZR	T	S	DSB	TB	3.25-19	3.75-18	221	17	9,8	148	5620
	CX 500	497	80° V 2	78×52	4-Takt	OHV	4	10	W	37/50 9000	5	W	SZR	T	S	DSB	TB	3.25-19	3.75-18	221	17	6,2	176	5620
	CB 550 F 2	544	R 4	58,5×50,6	4-Takt	OHC	2	9	L	37/50 8500	5	K	SDR	T	S	SB	TB	3.25-19	3.75-18	206	17	6	175	6290
	CB 550 K 3	544	R 4	58,5×50,6	4-Takt	OHC	2	9	L	37/50 8500	5	K	SDR	T	S	SB	TB	3.25-19	3.75-18	208	16	6	175	6240
	CB 650	627	R 4	59,8×55,8	4-Takt	OHC	2	9	L	46/63 9000	5	K	SDR	T	S	DSB	SB	3.25-19	3.75-18	220	18	5,1	182	6738
	CB 750 F 1	736	R 4	61×63	4-Takt	OHC	2	9,2	L	49/67 8500	5	K	SDR	T	S	SB	SB	3.25-19	4.00-18	247	18	5,1	194	6912
	CB 750 K (alt)	736	R 4	61×63	4-Takt	OHC	2	9,2	L	49/67 8500	5	K	SDR	T	S	DSB	SB	3.50-19	4.50-17	250	18	4,7	192	7142
	CB 750 F 2	736	R 4	61×63	4-Takt	OHC	2	9	L	54/73 9000	5	K	SDR	T	S	SB	SB	3.25-19	4.00-18	253	18	4,8	197	7242
	CB 750 K (neu)	748	R 4	62×62	4-Takt	DOHC	4	9	L	57/77 9000	5	K	SDR	T	S	DSB	SB	3.50-19	4.00-18	256	20	4,5	200	7842
	CB 900 F Bol d'Or	901	R 4	64,5×69	4-Takt	DOHC	4	8,8	L	70/95 9000	5	K	SDR	T	S	DSB	SB	3.50-19	4.00-18	260	20	4,4	213	8853
	CBX	1046	R 6	64,5×53,4	4-Takt	DOHC	4	9,3	L	77/105 9000	5	K	SDR	T	S	DSB	SB	3.50-19	4.25-18	274	24	4,1	220	10160
	GL 1000 K 2 Gold Wing	999	180° 4	72×61,4	4-Takt	OHC	2	9,3	L	57/78 7000	5	W	SDR	T	S	DSB	SB	3.50-19	4.50-17	321	19	5,3	181	8860
	GL 1000 K 3 Gold Wing	999	180° 4	72×61,4	4-Takt	OHC	2	9,3	L	57/78 7000	5	W	SDR	T	S	DSB	SB	3.50-19	4.50-17	298	19	5,3	196	8860
	GL 1000 LTD Gold Wing	999	180° 4	72×61,4	4-Takt	OHC	2	9,2	L	60/82 7500	5	W	SDR	T	S	DSB	SB	3.50-19	4.50-17	295	19	4,5	196	10980
Horex	1400 TI	1338	R 4	80×66,6	4-Takt Turbo	OHC	2	6	L	103/140 7200	4	K	SDR	T	S	SB	SB	120/90-19	130/80-18	296	36	–	250	35000
Jawa	350	343	R 2	58×65	2-Takt	SL	–	9,2	L	17/23 5000	4	K	SDR	T	S	TB	TB	3.25-18	3.50-18	168	15	15	132	3290
Kawasaki	KE 125	125	S 1	56×50,6	2-Takt	DS	2	6,5	L	7/10 6300	6	K	SER	T	S	TB	TB	2.75-21	3.50-18	110	9,5	–	94	2908
	KL 250	246	S 1	70×64	4-Takt	OHC	2	8,9	L	13/17 7000	5	K	SER	T	S	TB	TB	3.00-21	4.00-18	140	10	13,3	113	3914
	KM 100	100	S 1	49,5×51,8	2-Takt	DS	2	7,2	L	6/8,8 8500	5	K	SER	T	S	TB	TB	2.50-16	3.00-14	89	6	–	86	1980
	KH 125	125	S 1	56×50,6	2-Takt	DS	2	6	L	7/10 6300	6	K	SER	T	S	TB	TB	2.75-18	3.00-18	106	7,5	–	100	2652
	KH 250	249	R 3	45×52,3	2-Takt	SL	–	7,5	L	19/26 7000	5	K	SDR	T	S	DSB	SB	3.00-18	3.50-18	175	14	9,8	138	3966
	KH 400	400	R 3	57×52,3	2-Takt	SL	–	6,5	L	28/38 7000	5	K	SER	T	S	DSB	SB	2.75-18	3.50-18	177	14	6,6	166	4614
	Z 200	198	S 1	66×58	4-Takt	OHC	2	9	L	13/17 8000	5	K	SER	T	S	DSB	SB	2.75-18	3.25-17	154	14	16,5	121	3014
	Z 400 B	399	R 2	64×62	4-Takt	OHC	2	9,5	L	20/27 7000	6	K	SER	T	S	DSB	SB	3.00-18	3.50-18	187	14	8,3	146	4134
	Z 650	652	R 4	62×54	4-Takt	DOHC	2	9,5	L	49/66 8500	5	K	SER	T	S	DSB	SB	3.25-19	4.00-18	220	16,5	5,2	190	6692
	Z 650 C	652	R 4	62×54	4-Takt	DOHC	2	9,5	L	49/66 8500	5	K	SER	T	S	DSB	SB	3.25-19	4.00-18	230	16,5	5,2	190	7037
	Z 650 LTD	652	R 4	62×54	4-Takt	DOHC	2	9,5	L	46/65 8500	5	K	SER	T	S	DSB	SB	3.25-19	4.00-18	236	16,5	5,3	178	8287
	Z 750	745	R 2	78×78	4-Takt	DOHC	2	8,5	L	37/50 7000	5	K	SDR	T	S	SB	SB	3.25-19	4.00-18	235	14,5	6,2	176	6637
	Z 1000	1015	R 4	70×66	4-Takt	DOHC	2	8,7	L	63/85 8000	5	K	SDR	T	S	DSB	SB	3.25-19	4.00-18	256	16,5	3,5	210	9237

1978

Hersteller	Typ	Hubraum (cm³)	Zyl.-Anordnung und -zahl	Bohrung und Hub (mm)	Arbeitsweise	Steuerung	Ventile/Zylinder	Verdichtung	Kühlung	Leistung (kW/PS bei 1/min)	Gänge	Hinterradantrieb	Rahmen	Vorderradfederung	Hinterradfederung	Vorderradbremse	Hinterradbremse	Vorderreifen	Hinterreifen	Gewicht incl. Kraftstoff und Öl (kg)	Tankinhalt (l)	Beschleun. 1 Pers. (0–100 km/h sec)	Höchstgeschwindigkeit, 1 Pers. (km/h)	Preis incl. MWSt (Mark)
KTM	Z 1000 Z 1-R	1015	R 4	70×66	4-Takt	DOHC	2	8.7	L	66/90 8000	5	K	SDR	T	S	SB	SB	3.50-18	130/80-18	272	13	5.4	207	9937
Laverda	125 RS	124	S 1	54×54	2-Takt	SL	–	11.8	L	13/17 7500	6	K	SDR	T	S	SB	SB	2.75-17	3.00-17	111	12	12.5	120	3890
	500	496	R 2	72×61	4-Takt	DOHC	4	9.2	L	33/45 8200	6	K	SER	T	S	DSB	SB	3.50-18	4.00-18	189	13.5	8.2	167	6860
	1200	1115	R 3	80×74	4-Takt	DOHC	2	8	L	63/86 7350	5	K	SDR	T	S	DSB	SB	4.10-18	4.25-18	247	19.5	5	204	10200
Maico	MD 250 wk	245	S 1	76×54	2-Takt	DS	–	11.7	W	20/27 7000	6	K	SDR	T	S	SB	SB	3.00-18	3.25-18	132	17	8.1	151	4852
Morini	125 T	123	S 1	59×45	4-Takt	OHV	2	11.7	L	7/9 9000	6	K	SDR	T	S	SB	TB	2.75-18	3.00-18	115	12	–	110	3370
	250 T	239	S 1	69×64	4-Takt	OHV	2	9.5	L	13/17 6800	5	K	SDR	T	S	SB	TB	2.75-18	3.00-18	138	12	–	135	3920
	3½ Touring	344	72° V 2	62×57	4-Takt	OHV	2	10	L	20/27 6850	6	K	SDR	T	S	SB	TB	3.25-18	4.10-18	160	16	8.5	153	5700
	3½ Sport	344	72° V 2	62×57	4-Takt	OHV	2	10	L	20/27 6850	6	K	SDR	T	S	SB	TB	3.25-18	4.10-18	160	16	8.5	155	5970
	500 M	478	72° V 2	69×64	4-Takt	OHV	2	11.2	L	31/42 7500	5	K	SDR	T	S	DSB	TB	3.50-18	4.50-18	184	14	7.8	170	6533
Moto Guzzi	V 35	346	90° V 2	66×50.6	4-Takt	OHV	2	10.8	L	20/27 7600	5	W	SDR	T	S	DSB	SB	3.00-18	3.25-18	175	16	11	148	5785
	V 50	490	90° V 2	74×57	4-Takt	OHV	2	10.8	L	29/39 7400	5	W	SDR	T	S	DSB	SB	3.00-18	3.50-18	183	16	7.3	168	6590
	850 T 3	844	90° V 2	83×78	4-Takt	OHV	2	9.2	L	43/59 6800	5	W	SDR	T	S	DSB	SB	3.50-18	4.10-18	240	24	6.4	180	8195
	850 T 3 California	844	90° V 2	83×78	4-Takt	OHV	2	9.2	L	43/59 6800	5	W	SDR	T	S	DSB	SB	4.10-18	4.10-18	245	24	7.7	150	8695
	850 Le Mans	844	90° V 2	83×78	4-Takt	OHV	2	10	L	52/70 7000	5	W	SDR	T	S	DSB	SB	3.50-18	4.10-18	225	22.5	3.9	203	9695
	V 1000 G 5	948	90° V 2	88×78	4-Takt	OHV	2	9.2	L	45/61 6500	5	W	SDR	T	S	DSB	SB	100/90-18	110/90-18	259	24	6	157	9295
	V 1000 SP	948	90° V 2	88×78	4-Takt	OHV	2	9.2	L	45/61 6500	5	W	SDR	T	S	DSB	SB	100/90-18	110/90-18	252	24	6	181	9850
	V 1000 I-Convert	948	90° V 2	88×78	4-Takt	OHV	2	9.2	L	45/61 6500	2 S-A	W	SDR	T	S	DSB	SB	4.10-18	4.10-18	259	24	8.5	168	9695
Münch	4-1200 TTS	1289	R 4	78.5×66.6	4-Takt	OHC	2	9.1	L	72/98 6600	4	K	SDR	T	S	SB	SB	3.25-19	4.00-18	298	24	4.8	194	25760
	4-1200 TTS-E	1289	R 4	78.5×66.6	4-Takt	OHC	2	9.1	L	77/104 7500	4	K	SDR	T	S	SB	SB	3.25-19	4.00-18	311	24	4.6	196	25760
MV Agusta	125 S	123	S 1	53×56	4-Takt	OHV	2	9	L	7/9 8200	5	K	SDR	T	S	DSB	SB	2.75-18	3.00-18	108	14	20.1	111	2850
	125 SS	123	S 1	53×56	4-Takt	OHV	2	10	L	10/14 8500	5	K	SDR	T	S	DSB	SB	2.75-18	3.00-18	108	14	12	120	3600
	350 S	349	R 2	63×56	4-Takt	OHV	2	9	L	20/27 7800	5	K	SER	T	S	DSB	SB	2.75-18	3.25-18	157	18	10.4	150	4775
	350 SS	349	R 2	63×56	4-Takt	OHV	2	10	L	26/35 8000	5	K	SER	T	S	DSB	SB	2.75-18	3.25-18	157	18	6.7	165	4985
	500 S	495	R 2	75×56	4-Takt	OHV	2	9	L	32/43 8200	5	K	SDR	T	S	DSB	SB	3.00-18	3.50-18	158	18	5.4	162	6420
	800 S America	789	R 4	67×56	4-Takt	DOHC	2	9.5	L	55/75 8500	5	K	SDR	T	S	DSB	SB	3.50-18	4.00-18	260	24	5.5	216	13988

Hersteller	Typ	Hubraum (cm³)	Zyl.-Anordnung und -zahl	Bohrung und Hub (mm)	Arbeitsweise	Steuerung	Ventile/Zylinder	Verdichtung	Kühlung	Leistung (kW/PS bei 1/min)	Gänge	Hinterradantrieb	Rahmen	Vorderradfederung	Hinterradfederung	Vorderradbremse	Hinterradbremse	Vorderreifen	Hinterreifen	Gewicht incl. Kraftstoff und Öl (kg)	Tankinhalt (l)	Beschleun. 1 Pers. (0-100 km/h sec)	Höchstgeschwindigkeit, 1 Pers. (km/h)	Preis incl. MWSt (Mark)
	800 SS Super America	789	R 4	67×56	4-Takt	DOHC	2	10	L	60/82 9000	5	W	SDR	T	S	SB	SB	3.50-18	4.00-18	260	24	5.4	220	17315
	1000 Corona	954	R 4	70×62	4-Takt	DOHC	2	10.5	L	78/106 10000	5	W	SDR	T	S	DSB	SB	3.50-18	4.00-18	255	24	4.5	230	25400
	1100 Grand Prix	1066	R 4	74×62	4-Takt	DOHC	2	10.5	L	88/119 10200	5	K	SDR	T	S	DSB	SB	3.50-18	4.00-18	243	26	3.9	237	29600
MZ	TS 125	123	S 1	52×58	2-Takt	SL	–	10	L	7/10 6300	4	K	PSR	T	S	TB	TB	2.75-18	3.00-18	127	12.5	–	100	1850
	TS 250/1	243	S 1	69×65	2-Takt	SL	–	8.5	L	13/17 5400	5	K	PSR	T	S	TB	TB	2.75-18	3.50-16	146	17.5	14.6	125	2690
	TS 250/1-Gespann	243	S 1	69×65	2-Takt	SL	–	8.5	L	13/17 5400	5	K	PSR	T	S	TB	TB	3.00-18	3.50-16	234	17.5	–	100	3975
OSSA	500 Yankee	488	R 2	72×60	2-Takt	SL	–	8.1	L	43/58 7500	6	K	SDR	T	S	SB	SB	3.25-19	4.00-18	168	18	–	185	7300
Sanglas	400 F	422	S 1	82.5×79	4-Takt	OHV	2	7.5	L	18/24 5800	4	K	SDR	T	S	DSB	TB	3.25-18	3.50-18	186	18	10.5	136	5670
	500 S	497	S 1	89.5×79	4-Takt	OHV	2	8	L'	20/27 5930	4	K	SDR	T	S	SB	SB	3.25-18	3.50-18	203	18	10.7	140	5990
Suzuki	TS 125	123	S 1	56×50	2-Takt	MB	–	6.7	L	7/10 6400	6	K	SER	T	S	TB	TB	2.75-21	3.25-18	106	8	–	110	3115
	TS 250	246	S 1	70×64	2-Takt	MB	–	6.5	L	12/16.5 6000	5	K	SER	T	S	TB	TB	3.00-21	4.00-18	133	10	–	107	4140
	SP 370	370	S 1	85×65.2	4-Takt	OHC	2	8.9	L	20/27 7500	5	K	SER	T	S	TB	TB	3.00-21	4.00-18	135	8.5	8.9	129	4740
	RV 90	88	L 1	50×45	2-Takt	MB	–	6.2	L	5/6.3 6000	4	K	PSR	T	S	TB	TB	6.70-10	6.70-10	86	3	–	85	2670
	RV 125	123	S 1	56×50	2-Takt	SL	–	6.3	L	6/8 6000	5	K	SER	T	S	TB	TB	5.40-14	6.70-10	110	5	–	92	3270
	GT 125	125	R 2	43×43	2-Takt	SL	–	6.8	L	10/14.2 9500	5	K	SER	T	S	SB	SB	2.75-18	3.00-18	122	10	12	127	3015
	GP 125	123	S 1	56×50	2-Takt	DS	–	6.9	L	7/10 8000	5	K	SER	T	S	SB	SB	2.75-18	3.00-18	103	10	14.5	117	2815
	GT 185	185	R 2	49×49	2-Takt	SL	–	7	L	11/15 7500	5	K	SDR	T	S	SB	SB	2.75-18	3.50-18	131	10	13.7	126	3510
	GT 250	247	R 2	54×54	2-Takt	SL	–	7.3	L	19/26 7500	5	K	SDR	T	S	SB	SB	3.00-18	3.50-18	155	15	8.7	149	3945
	GT 250 X 7	247	R 2	54×54	2-Takt	SL	–	6.7	L	20/27 8500	6	K	SDR	T	S	SB	SB	3.00-18	3.50-18	145	15	7.5	149	4140
	GT 380	371	R 3	54×54	2-Takt	MB	–	7	L	20/27 6500	6	K	SDR	T	S	SB	SB	3.00-19	3.50-18	190	15	9.1	145	4840
	GT 500	492	R 2	70×64	2-Takt	SL	–	8.5	L	28/38 6000	5	K	SDR	T	S	SB	SB	3.25-18	4.00-18	195	17	5.8	169	4840
	GT 550	543	R 3	61×62	2-Takt	SL	–	6.8	L	35/48 7500	5	K	SDR	T	S	DSB	SB	3.25-19	4.00-18	190	15	5.4	178	5620
	GT 750	739	R 3	70×64	2-Takt	SL	–	6.7	W	46/63 6500	5	K	SDR	T	S	DSB	TB	3.25-19	4.00-18	251	17	4.9	192	7165
	GS 400 E	398	R 2	65×60	4-Takt	DOHC	2	8.5	L	20/27 7400	6	K	SDR	T	S	DSB	SB	3.00-18	3.50-18	185	14	8.7	150	4740
	GS 550 E	549	R 4	56×55.8	4-Takt	DOHC	2	8.6	L	36/49 9000	6	K	SDR	T	S	DSB	SB	3.25-19	3.75-18	218	17	5.5	184	6585
	GS 750 E	748	R 4	65×56.4	4-Takt	DOHC	2	8.7	L	46/63 8800	5	K	SDR	T	S	DSB	SB	3.25-19	4.00-18	253	18	4.5	198	7855
	GS 1000	997	R 4	70×64.8	4-Takt	DOHC	2	9.2	L	66/90 8200	5	K	SDR	T	S	DSB	SB	3.50-19	4.50-17	255	20	4.6	219	9950

1978

Triumph	T 140 V Tiger	744	R 2	76×82	4-Takt	OHV	2	7,9	L	33/45 6000	5	K	SDR	T	SB	SB	3.25-19	4.10-18	197	18,5	6,7	172	5795
	T 140 V Bonneville	744	R 2	76×82	4-Takt	OHV	2	7,9	L	36/49 6600	5	K	SDR	T	SB	SB	4.10-19	4.10-18	197	18,5	5,4	177	5795
Van Veen	OCR 1000	996	2 S-Wankel	–	4-Takt	–	–	9	W	74/100 6500	4	W	SDR	S	DSB	SB	3.50-18	130/80-18	330	24	3,8	213	28 198
Yamaha	DT 125 E	123	S 1	56×50	2-Takt	MB	–	7,1	L	7/10 6800	5	K	SDR	T	TB	TB	2.75-21	3.25-18	119	7	–	110	2917
	DT 175 MX	171	S 1	66×50	2-Takt	MB	–	6,8	L	11/15 7500	6	K	SDR	T	TB	TB	2.75-21	3.50-18	111	7	16	115	3263
	DT 250 MX	246	S 1	70×64	2-Takt	MB	–	6,7	L	12/16 5400	5	K	SDR	T	TB	TB	3.00-21	4.00-18	135	9	–	109	3987
	DT 400 MX	397	S 1	85×70	2-Takt	MB	–	6,4	L	15/21 5600	5	K	SDR	T	TB	TB	3.00-21	4.00-18	141	9	7,8	136	4332
	XT 500	499	S 1	87×84	4-Takt	OHC	–	9	L	20/27 5900	5	K	SDR	T	TB	TB	3.25-21	4.00-18	155	9	8,5	132	4892
	SR 500	499	S 1	87×84	4-Takt	OHC	–	9	L	20/27 6500	5	K	SER	T	SB	TB	3.50-19	4.00-18	174	12	8,9	146	4532
	LB 3 bop 80	73	L 1	47×42	2-Takt	MB	–	5,8	L	4/5 6700	3	K	PSR	T	TB	TB	4.00-10	4.00-10	82	3,5	–	65	1678
	RS 100	97	S 1	52×45,6	2-Takt	MB	–	7	L	7/10 7800	5	K	SER	T	SB	TB	2.75-18	3.00-18	106	9	–	105	2287
	RD 200	195	R 2	52×46	2-Takt	MB	–	7,1	L	13/17 7700	5	K	SER	T	SB	SB	3.00-18	3.25-18	132	11,5	13,8	122	3363
	RD 250	247	R 2	54×54	2-Takt	MB	–	6,7	L	20/27 7200	6	K	SER	T	SB	SB	3.00-18	3.50-18	158	16,5	8	145	4040
	RD 400	399	R 2	64×62	4-Takt	OHC	–	6	L	32/43 7500	6	K	SER	T	SB	SB	3.00-18	3.50-18	175	16,5	5,9	175	4822
	XS 250	249	R 2	55×52,4	4-Takt	OHC	2	9,6	L	13/17 8100	6	K	SER	T	SB	SB	3.00-18	3.50-18	178	17	19,3	115	4052
	XS 400	392	R 2	69×52,4	4-Takt	OHC	2	9,2	L	20/27 7000	6	K	SER	T	SB	SB	3.00-18	3.75-18	182	17	10,3	140	4362
	XS 500	499	R 2	73×59,6	4-Takt	DOHC	4	8,5	L	36/49 8250	5	K	SER	T	SB	SB	3.25-19	4.00-18	210	15	6,5	178	5492
	XS 650	654	R 2	75×74	4-Takt	OHC	2	8,4	L	37/50 6800	5	K	SDR	T	DSB	SB	3.25-19	4.00-18	227	15	5,9	181	5861
	XS 750 E	747	R 3	68×68,6	4-Takt	DOHC	2	9,2	L	54/74 8400	5	W	SDR	T	DSB	SB	3.25-19	4.00-18	257	18	5	198	7540
	XS 1100	1101	R 4	71,5×68,6	4-Takt	DOHC	2	9,2	L	70/95 8500	5	W	SDR	T	DSB	SB	3.50-19	4.50-17	286	24	4,1	215	10 051
Zündapp	KS 175	163	S 1	62×54	2-Takt	SL	2	7,8	W	13/17 7400	5	K	SDR	T	SB	SB	2.75-18	3.25-18	121	14	11,4	126	3990
Importe aus der UdSSR	ISH Planeta Sport	340	S 1	76×75	2-Takt	SL	–	10	L	19/26 6500	4	K	SER	T	TB	TB	3.00-19	3.50-19	145	14	–	140	2926
	Dnepr MT 10-Gespann	650	180° 2	78×68	4-Takt	OHV	2	7,8	L	18/25 5200	4+R	W	SDR	T	TB	TB	3.75-19	3.75-19	350	21	–	110	7657

Zulassungsfähige Sondermodelle

AME (Honda)	Chopper	736	R 4	61×63	4-Takt	OHC	2	9,2	L	49/67 8500	5	K	SDR	S	SB/DSB	SB	3.25-19	4.50-17	250	10	–	170	15 631
Egli (Honda)	750/900			Leistungsgesteigerte Honda-DOHC-Vierzylindermotoren bis 66 kW/90 PS																			19 660 –23 660
(Kawasaki)	1000	1015	R 4	70×66	4-Takt	DOHC	2	9,1	L	71/97 8800	5	K	SZR	S	DSB	SB	4.10-18	4.25-18	165–180	20/24	–	200–215	24 660
Tweesmann (Yamaha)	XT 505	508	S 1	87,75×84	4-Takt	OHC	2	11	L	29/40 6500	5	K	SER	T	TB	TB	3.25-21	4.50-18	130	9	3,2	221		
																						140	7000

1978

Hersteller	Typ	Hubraum (cm³)	Zyl.-Anordnung und -zahl	Bohrung und Hub (mm)	Arbeitsweise	Steuerung	Ventile/Zylinder	Verdichtung	Kühlung	Leistung (kW/PS bei 1/min)	Gänge	Hinterradantrieb	Rahmen	Vorderradfederung	Hinterradfederung	Vorderradbremse	Hinterradbremse	Vorderreifen	Hinterreifen	Gewicht incl. Kraftstoff und Öl (kg)	Tankinhalt (l)	Beschleun. 1 Pers. (0–100 km/h sec)	Höchstgeschwindigkeit, 1 Pers. (km/h)	Preis incl. MWSt (Mark)
Benelli	125 SE	125	R 2	42,5×44	2-Takt	SL	–	10	L	7/10 8000	5	K	SDR	T	S	SB	TB	2.75-18	3.00-18	129	13	–	104	2795
	250 2 C	231	R 2	56×47	2-Takt	SL	–	10	L	13/17 7600	5	K	SDR	T	S	SB	TB	3.00-18	3.25-18	134	17	–	125	3350
	350 RS	345	R 4	50×44	4-Takt	OHC	2	10	L	20/27 9200	5	K	SDR	T	S	SB	TB	90/90-18	100/90-18	200	16	8,9	148	5795
	500 LS	498	R 4	56×50,6	4-Takt	OHC	2	10,2	L	32/44 8500	5	K	SDR	T	S	DSB	SB	3.50-18	4.10-18	230	19	5,9	173	5995
	900 Sei	905	R 6	60×53,4	4-Takt	OHC	2	9,5	L	59/80 8300	5	K	SDR	T	S	DSB	SB	100/90-18	120/90-18	249	17	4,6	193	10500
BMW	R 45	473	180° 2	70×61,5	4-Takt	OHV	2	8,2	L	20/27 6500	5	W	SDR	T	S	SB	TB	3.25-18	4.00-18	206	22	11,4	141	6299
	R 45	473	180° 2	70×61,5	4-Takt	OHV	2	9,2	L	26/35 7250	5	W	SDR	T	S	SB	TB	3.25-18	4.00-18	206	22	8,8	160	6299
	R 65	649	180° 2	82×61,5	4-Takt	OHV	2	9,2	L	33/45 7250	5	W	SDR	T	S	SB	TB	3.25-18	4.00-18	210	22	6,8	177	7299
	R 80/7	797	180° 2	84,8×70,6	4-Takt	OHV	2	8	L	37/50 7250	5	W	SDR	T	S	SB	TB	3.25-18	4.00-18	236	24	6,5	186	8899
	R 80/7	797	180° 2	84,8×70,6	4-Takt	OHV	2	9,2	L	40/55 7000	5	W	SDR	T	S	DSB	TB	3.25-19	4.00-18	236	24	6,4	186	8899
	R 100 T	979	180° 2	94×70,6	4-Takt	OHV	2	9	L	48/65 6600	5	W	SDR	T	S	DSB	SB	3.25-19	4.00-18	236	24	5,7	187	9609
	R 100 S	979	180° 2	94×70,6	4-Takt	OHV	2	9,5	L	52/70 7250	5	W	SDR	T	S	DSB	SB	3.25-19	4.00-18	237	24	5,6	189	11309
	R 100 RT	979	180° 2	94×70,6	4-Takt	OHV	2	9	L	48/65 6600	5	W	SDR	T	S	DSB	SB	3.25-19	4.00-18	261	24	5,4	174	11909
	R 100 RS	979	180° 2	94×70,6	4-Takt	OHV	2	9,5	L	52/70 7250	5	W	SDR	T	S	DSB	SB	3.25-19	4.00-18	247	24	4,6	193	12309
Bultaco	Streaker 125	119	S 1	54,2×51,2	2-Takt	SL	–	12	L	7/10 9000	6	K	SDR	T	S	SB	SB	2.50-18	2.75-18	94	10,5	–	116	3700
Cagiva	SX 350	342	S 1	80×68	2-Takt	SL	–	9,6	L	20/27 6000	5	K	SER	T	S	TB	SB	3.00-21	4.00-18	139	9	–	132	4278
	SST 125	125	S 1	56×50,6	2-Takt	SL	–	10,8	L	7/10 7000	5	K	SGR	T	S	SB	SB	3.00-19	3.50-18	116	10,5	–	104	3348
	SST 250	243	S 1	72×59,6	2-Takt	SL	–	10,6	L	13/17 7000	5	K	SDR	T	S	SB	TB	3.25-19	4.00-18	134	10,5	–	123	4078
	SST 350	342	S 1	80×68	2-Takt	SL	–	9,6	L	20/27 5750	5	K	SDR	T	S	SB	TB	3.50-18	3.50-18	145	15	–	136	4188
CZ	350 Twin	343	R 2	58×65	2-Takt	SL	–	9,2	L	16/22 5000	4	K	SER	T	S	SB	TB	3.25-18	3.50-18	155	13	–	125	3290
Ducati	500 Pantah	497	90° V 2	74×57,8	4-Takt	DES	2	9,5	L	37/50 8500	5	K	SGR	T	S	DSB	DSB	3.25-18	3.50-18	201	18	6,1	178	7800
	900 SD Darmah	864	90° V 2	86×74,4	4-Takt	DES	2	9,4	L	52/70 7000	5	K	SDR	T	S	DSB	TB	3.50-18	4.25/85-18	240	16	5	200	9230
	900 SS	864	90° V 2	86×74,4	4-Takt	DES	2	9,4	L	52/70 7000	5	K	SDR	T	S	DSB	TB	3.50-18	4.25-18	225	18	4,7	213	10410
Enfield India	350 Bullet	346	S 1	70×90	4-Takt	OHV	2	7,5	L	15/21 5800	4	K	SER	T	S	TB	TB	3.25-19	3.50-19	170	15	–	110	4400
Fantic	TX 150 Caballero	124	S 1	55,2×52	2-Takt	SL	–	12,4	L	13/17 8500	6	K	SDR	T	S	TB	TB	3.00-21	4.00-18	115	8	–	105	3690

1979

Hersteller	Typ	Hubraum (cm³)	Zyl.-Anordnung	Bohrung und Hub (mm)	Arbeitsweise	Steuerung	Ventile/Zylinder	Verdichtung	Kühlung	Leistung (kW/PS bei 1/min)	Gänge	Hinterradantrieb	Rahmen	Vorderradfederung	Hinterradfederung	Vorderradbremse	Hinterradbremse	Vorderreifen	Hinterreifen	Gewicht incl. Kraftstoff und Öl (kg)	Tankinhalt (l)	Beschleun., 1 Pers. (0–100 km/h sec)	Höchstgeschwindigkeit, 1 Pers. (km/h)	Preis incl. MWSt (Mark)
Harley-Davidson	XLH 1000 Sportster	997	45° V 2	81×96,8	4-Takt	OHV	2	9	L	42/57 6000	4	K	SDR	T	S	SB	SB	3.75-19	4.25-18	240	9	4,3	180	11.050
	XLS 1000 Roadster	997	45° V 2	81×96,8	4-Takt	OHV	2	9	L	42/57 6000	4	K	SDR	T	S	DSB	SB	3.75-19	5.10-16	245	13,5	4,4	170	11.855
	FXE 1200 Super Glide	1206	45° V 2	87,3×100,8	4-Takt	OHV	2	8	L	43/58 5150	4	K	SDR	T	S	DSB	SB	3.75-19	5.10-16	275	19	6,5	177	12.460
	FXE/F 1200 Fat Bob	1206	45° V 2	87,3×100,8	4-Takt	OHV	2	8	L	43/58 5150	4	K	SDR	T	S	DSB	SB	3.75-19	5.10-16	275	15,5	7,3	165	12.700
	FXS 1200 Low Rider	1206	45° V 2	87,3×100,8	4-Takt	OHV	2	8	L	43/58 5150	4	K	SDR	T	S	DSB	SB	3.75-19	5.10-16	280	19	7,3	170	13.470
	FLH 1200 Electra Glide	1206	45° V 2	87,3×100,8	4-Takt	OHV	2	8	L	43/58 5150	4	K	SDR	T	S	SB	SB	5.10-16	5.10-16	345	19/25	8,4	135	13.950
	FLH 1340 Electra Glide	1337	45° V 2	88,8×108	4-Takt	OHV	2	7,4	L	49/67 6000	4	K	SDR	T	S	SB	SB	5.10-16	5.10-16	345	19	–	150	14.850
	FLHC 1340 El. Glide Classic	1337	45° V 2	88,8×108	4-Takt	OHV	2	7,4	L	49/67 6000	4	K	SDR	T	S	SB	SB	5.10-16	5.10-16	348	19	–	150	15.790
	FLT 1340 Tour Glide	1337	45° V 2	88,8×108	4-Takt	OHV	2	7,4	L	52/70 5800	5	K	SDR	T	S	DSB	SB	5.10-16	5.10-16	355	19	–	165	16.850
Hercules	K 125 S	124	S 1	54×54	2-Takt	SL	–	11,8	L	13/17 7500	6	K	SER	T	S	SB	TB	2.75-17	3.00-17	122	11	12,7	117	3995
	K 125 Military	124	S 1	54×54	2-Takt	SL	–	9	L	9/12,5 7000	5	K	SER	S	S	TB	TB	3.25-18	3.50-18	135	15	–	94	4691
Honda	XL 185 S	180	S 1	63×57,8	4-Takt	OHC	2	9,2	L	7/10 6500	5	K	SER	T	S	TB	TB	2.75-21	4.10-18	118	7	–	93	3609
	XL 250 S	248	S 1	74×57,8	4-Takt	OHC	4	9,1	L	13/17 7000	5	K	SER	T	S	TB	TB	3.00-23	4.60-18	132	9,5	15,2	111	4336
	XL 500 S	497	S 1	89×80	4-Takt	OHC	4	8,6	L	20/27 5500	5	K	SER	T	S	TB	TB	3.00-23	4.60-18	142	10,5	8,1	135	4926
	ST 70 DAX	72	L 1	47×41,4	4-Takt	OHC	2	8,8	L	4/5,2 8000	3	K	PSR	T	S	TB	TB	3.50-10	3.50-10	75	2,5	–	75	1601
	CB 125 S	124	S 1	56,5×49,5	4-Takt	OHC	2	9,4	L	10/14 10000	5	K	SER	T	S	SB	TB	2.75-18	3.00-17	105	9,5	23	116	2802
	CB 125 T	125	R 2	44×41	4-Takt	OHC	4	9,4	L	13/17 11500	5	K	SER	T	S	DSB	TB	3.00-18	3.00-18	125	11,5	14	129	2832
	CB 125 T 2	125	R 2	44×41	4-Takt	OHC	4	9,4	L	13/17 11500	5	K	SER	T	S	SB	TB	2.75-18	3.00-18	126	10	16,1	128	3205
	CM 185 T	181	R 2	53×41	4-Takt	OHC	2	9	L	7/10 7500	4	K	SER	T	S	TB	TB	3.00-17	3.50-16	137	17	–	93	3518
	CM 185 T Chopper	181	R 2	53×41	4-Takt	OHC	2	9,2	L	13/17 9500	4	K	SER	T	S	TB	TB	3.00-17	3.50-16	137	17	–	120	3518
	CB 250 N	250	R 2	62×41,4	4-Takt	OHC	3	9,4	L	13/17 8500	6	K	SER	T	S	DSB	TB	3.60-19	4.10-18	186	14	19,1	125	4406
	CB 400 N	395	R 2	70,5×50,6	4-Takt	OHC	3	9,3	L	20/27 7500	6	K	SER	T	S	DSB	TB	3.60-19	4.10-18	185	14	11	137	4810
	CB 400 A	395	R 2	70,5×50,6	4-Takt	OHC	4	10	L	20/27 8000	2 S-A	K	SER	T	S	SB	TB	3.60-19	4.10-18	189	13	12,2	139	4860
	CX 500	497	80° V 2	78×52	4-Takt	OHV	4	10	W	20/27 6500	5	W	SZR	T	S	DSB	TB	3.25-19	3.75-18	221	17	9,8	148	6125
	CX 500	497	80° V 2	78×52	4-Takt	OHV	4	10	W	37/50 9000	5	W	SZR	T	S	DSB	TB	3.25-19	3.75-18	221	17	6,2	176	6125
	CX 500 Custom	497	80° V 2	78×52	4-Takt	OHV	2	9	W	20/27 6500	5	W	SZR	T	S	DSB	TB	3.50-19	130/90-16	216	11	9	140	6234
	CX 500 Custom	497	80° V 2	78×52	4-Takt	OHV	2	9	W	37/50 9000	5	W	SZR	T	S	DSB	TB	3.50-19	130/90-16	216	11	6	159	6234
	CB 650	627	R 4	59,8×55,8	4-Takt	OHC	2	9	L	37/50 8000	5	K	SDR	T	S	DSB	TB	3.25-19	3.75-18	220	18	6,2	175	6797
	CB 650	627	R 4	59,8×55,8	4-Takt	OHC	2	9	L	46/63 9000	5	K	SDR	T	S	DSB	TB	3.25-19	3.75-18	220	18	5,1	182	6797
	CB 650 Custom	627	R 4	59,8×55,8	4-Takt	OHC	2	9	L	37/50 8000	5	K	SDR	T	S	DSB	TB	3.50-19	130/90-16	220	14	6,2	175	6828
	CB 650 Custom	627	R 4	59,8×55,8	4-Takt	OHC	2	9	L	46/63 9000	5	K	SDR	T	S	DSB	TB	3.50-19	130/90-16	220	14	5,9	173	6828

Hersteller	Typ	Hubraum (cm³)	Zyl.-Anordnung und -zahl	Bohrung und Hub (mm)	Arbeitsweise	Steuerung	Ventile/Zylinder	Verdichtung	Kühlung	Leistung (kW/PS bei 1/min)	Gänge	Hinterradantrieb	Rahmen	Vorderradfederung	Hinterradfederung	Vorderradbremse	Hinterradbremse	Vorderreifen	Hinterreifen	Gewicht incl. Kraftstoff und Öl (kg)	Tankinhalt (l)	Beschleun. 1 Pers. (0–100 km/h sec)	Höchstgeschwindigkeit, 1 Pers. (km/h)	Preis incl. MWSt (Mark)
	CB 750 K	748	R 4	62×62	4-Takt	DOHC	4	9	L	57/77 9000	5	K	SDR	T	S	DSB	TB	3.25-19	4.00-18	256	20	4,5	200	8114
	CB 900 F Bol d'Or	901	R 4	64,5×69	4-Takt	DOHC	4	8,8	L	70/95 9000	5	K	SDR	T	S	DSB	SB	3.25-19	4.00-18	260	20	4,4	213	9224
	CBX	1046	R 6	64,5×53,4	4-Takt	DOHC	4	9,3	L	77/105 9000	5	K	SDR	T	S	DSB	SB	3.50-19	4.25-18	274	24	4,1	220	11262
	GL 1000 K 3 Gold Wing	999	180° 4	72×61,4	4-Takt	OHC	2	9,3	W	57/78 7000	5	W	SDR	T	S	DSB	SB	3.50-19	4.50-17	298	19	5,3	196	9244
	GL 1100 Gold Wing	1084	180° 4	75×61,4	4-Takt	OHC	2	9,2	W	61/83 7500	5	W	SDR	T	S	DSB	SB	3.50-19	4.50-17	315	19	5	192	9844
Horex	1400 TI	1338	R 4	80×66,6	4-Takt/Turbo	OHC	2	6	L	103/140 7200	4	K	SDR	T	S	DSB	SB	120/90-18	130/80-18	296	36	–	250	36160
Jawa	350	343	R 2	58×65	2-Takt	SL	–	9,2	L	17/23 5000	4	K	SDR	T	S	TB	TB	3.25-18	3.50-18	168	15	15	132	3290
Kawasaki	KH 125	125	S 1	56×50,6	2-Takt	DS	–	6	L	7/10 6300	6	K	SER	T	S	SB	TB	2.75-18	3.00-18	106	11,5	–	100	2798
	KE 125	125	S 1	56×50,6	2-Takt	DS	–	6,5	L	7/10 6300	6	K	SER	T	S	TB	TB	2.75-18	3.50-18	110	9,5	–	94	3128
	KE 175	175	S 1	62,5×57	2-Takt	MB	–	6	L	13/17 7500	5	K	SER	T	S	TB	TB	2.75-21	3.50-18	116	9,5	15,5	113	3280
	KL 250	246	S 1	70×64	4-Takt	OHC	2	8,9	L	13/17 7000	5	K	SER	T	S	TB	TB	3.00-21	4.00-18	140	10	13,3	113	4078
	KM 100	100	S 1	49,5×51,8	2-Takt	DS	–	7,3	L	6/8,8 6500	5	K	SER	T	S	TB	TB	2.50-16	3.00-14	89	6	–	86	2258
	Z 200	198	S 1	66×58	4-Takt	OHC	2	9	L	13/17 8000	5	K	SER	T	S	SB	TB	2.75-18	3.25-17	154	14	16,5	121	3328
	Z 250	249	R 2	55×52,4	4-Takt	OHC	2	9,5	L	20/27 10000	6	K	SER	T	S	SB	SB	3.00-18	3.50-18	167	13,5	9,6	145	4418
	Z 400 G	399	R 2	64×62	4-Takt	OHC	2	9,5	L	20/27 7200	6	K	SER	T	S	SB	SB	3.00-18	3.50-18	182	14	10,4	141	4808
	Z 500	498	R 4	55×52,4	4-Takt	DOHC	2	9,5	L	37/50 9000	6	K	SER	T	S	DSB	SB	3.25-19	3.75-18	210	15	5,7	180	6218
	Z 650 C	652	R 4	62×54	4-Takt	DOHC	2	9,5	L	49/66 8500	5	K	SER	T	S	DSB	SB	3.50-19	4.00-18	230	16,5	5,2	190	7268
	Z 650 SR	652	R 4	62×54	4-Takt	DOHC	2	9,5	L	48/65 8500	5	K	SER	T	S	DSB	SB	3.50-19	130/90-16	236	14	5,3	178	7348
	Z 750	745	R 2	78×78	4-Takt	DOHC	2	8,5	L	37/50 7000	5	K	SER	T	S	DSB	SB	3.50-19	4.00-18	235	14,5	6,2	176	6838
	Z 1000 S/Z 1-R	1015	R 4	70×66	4-Takt	DOHC	2	8,7	L	66/90 8000	5	K	SER	T	S	DSB	SB	3.50-18	4.00-18	272	13	5,4	207	8408
	Z 1000 Mk II	1015	R 4	70×66	4-Takt	DOHC	2	8,7	L	69/94 8000	5	K	SER	T	S	DSB	SB	3.25-19	4.00-18	264	16,5	4,3	211	9808
	Z 1000 ST	1015	R 4	70×66	4-Takt	DOHC	2	8,7	L	71/97 8000	5	W	SER	T	S	DSB	SB	3.50-19	4.50-17	276	18	4,7	214	10218
	Z 1300	1285	R 6	62×71	4-Takt	DOHC	2	9,9	W	73/99 8000	5	K	SER	T	S	DSB	SB	4.10-18	5.10-17	322	27	4,2	217	12228
Laverda	500	496	R 2	72×61	4-Takt	DOHC	4	9,2	L	33/45 8200	6	K	SER	T	S	DSB	SB	100/90-18	110/90-18	189	13,5	8,2	167	6860
	1200	1115	R 3	80×74	4-Takt	DOHC	2	8	L	63/86 7350	5	K	SDR	T	S	DSB	SB	4.10-18	4.25-18	247	19,5	5	204	10200
Maico	MD 250 wk	245	S 1	76×54	2-Takt	DS	–	11,7	W	20/27 7000	6	K	SDR	T	S	SB	SB	3.00-18	3.25-18	132	17	8,1	151	4852

1979

Hersteller	Typ	Hubraum (cm³)	Zyl.-Anordnung und -zahl	Bohrung und Hub (mm)	Arbeitsweise	Steuerung	Ventile/Zylinder	Verdichtung	Kühlung	Leistung (kW/PS bei 1/min)	Gänge	Hinterradantrieb	Rahmen	Vorderradfederung	Hinterradfederung	Vorderradbremse	Hinterradbremse	Vorderreifen	Hinterreifen	Gewicht incl. Kraftstoff und Öl (kg)	Tankinhalt (l)	Beschleun. 1 Pers. (0-100 km/h sec)	Höchstgeschwindigkeit, 1 Pers. (km/h)	Preis incl. MWSt (Mark)
Malanca	125 E 2 C Sport	125	R 2	43×43	2-Takt	SL	–	10	L	13/17 9300	5	K	SDR	T	S	DSB	SB	2.75-18	3.00-18	115	11	15.6	120	3720
	125 E 2 C Super Sport	125	R 2	43×43	2-Takt	SL	–	12	L	16/22 10300	5	K	SDR	T	S	DSB	SB	2.75-18	3.00-18	115	11	13.7	140	4220
Morini	125 T	123	S 1	59×45	4-Takt	OHV	2	11.7	L	7/9 9000	6	K	SDR	T	S	SB	TB	2.75-18	3.00-18	115	12	–	110	3790
	250 T	239	S 1	69×64	4-Takt	OHV	2	9.5	L	13/17 6800	5	K	SDR	T	S	SB	TB	2.75-18	3.00-18	138	12	–	135	3960
	3½ Touring	344	72° V 2	62×57	4-Takt	OHV	2	10	L	20/27 6850	6	K	SDR	T	S	SB	TB	3.25-18	4.10-18	160	16	8.5	153	5765
	3½ Sport	344	72° V 2	62×57	4-Takt	OHV	2	11	L	20/27 6850	6	K	SDR	T	S	DSB	TB	3.25-18	4.10-18	160	14	8.5	155	6035
	500 M	478	72° V 2	69×64	4-Takt	OHV	2	11.2	L	31/42 7500	5	K	SDR	T	S	DSB	SB	90/90-18	3.50-18	184	13	7.8	165	6600
	500 S	478	72° V 2	69×64	4-Takt	OHV	2	11.2	L	31/42 7500	5	K	SDR	T	S	DSB	SB	90/90-18	3.50-18	184	15	7.8	170	6728
Moto Guzzi	V 35	346	90° V 2	66×50.6	4-Takt	OHV	2	10.8	L	20/27 7600	5	W	SDR	T	S	DSB	SB	3.00-18	3.25-18	175	16	11	148	5860
	V 50	490	90° V 2	74×57	4-Takt	OHV	2	10.8	L	29/39 7400	5	W	SDR	T	S	DSB	SB	3.25-18	3.50-18	183	16	7.3	168	6690
	850 T 3	844	90° V 2	83×78	4-Takt	OHV	2	9.2	L	43/59 6800	5	W	SDR	T	S	DSB	SB	3.50-18	4.10-18	240	24	6.4	180	8450
	850 T 3 California	844	90° V 2	83×78	4-Takt	OHV	2	9.2	L	43/59 6800	5	W	SDR	T	S	DSB	SB	4.10-18	4.10-18	245	24	7.7	150	8995
	850 Le Mans II	844	90° V 2	83×78	4-Takt	OHV	2	10.2	L	54/74 7700	5	W	SDR	T	S	DSB	SB	4.10-18	4.25/85-18	243	22.5	5.5	201	10500
	V 1000 G 5	948	90° V 2	88×78	4-Takt	OHV	2	9.2	L	45/61 6500	5	W	SDR	T	S	DSB	SB	100/90-18	110/90-18	259	24	6	157	9595
	V 1000 SP	948	90° V 2	88×78	4-Takt	OHV	2	9.2	L	45/61 6500	5	W	SDR	T	S	DSB	SB	100/90-18	110/90-18	252	24	6	181	10100
	V 1000 I-Convert	948	90° V 2	88×78	4-Takt	OHV	2	9.2	L	45/61 6500	2 S-A	W	SDR	T	S	DSB	SB	4.10-18	4.10-18	259	24	8.5	168	9795
Münch	4-1200 TTS	1289	R 4	78.5×66.6	4-Takt	OHC	2	9.1	L	72/98 6600	4	K	PSR	T	S	DSB	SB	3.25-19	4.00-18	298	24	4.8	194	25760
	4-1200 TTS-E	1289	R 4	78.5×66.6	4-Takt	OHC	2	9.1	L	77/104 7500	4	K	PSR	T	S	DSB	SB	3.25-19	4.00-18	311	24	4.6	196	25760
MV Agusta	800 S America	789	R 4	67×56	4-Takt	DOHC	2	9.5	L	55/75 8500	5	W	SDR	T	S	DSB	SB	3.50-18	4.00-18	260	24	5.5	216	13980
	800 SS Super America	789	R 4	67×56	4-Takt	DOHC	2	10	L	60/82 9000	5	W	SDR	T	S	DSB	SB	3.50-18	4.00-18	260	24	5.4	220	17315
	1000 Corona	954	R 4	70×62	4-Takt	DOHC	2	10.5	L	78/106 10000	5	W	SDR	T	S	DSB	SB	3.50-18	4.00-18	255	24	4.5	230	25400
	1100 Grand Prix	1066	R 4	74×62	4-Takt	DOHC	2	10.5	L	88/119 10200	5	K	SDR	T	S	DSB	SB	3.50-18	4.00-18	243	26	3.9	237	29600
MZ	TS 125	123	S 1	52×58	2-Takt	SL	–	10	L	7/10 6300	4	K	PSR	T	S	TB	TB	2.75-18	3.00-18	127	12.5	–	100	1825
	TS 250/1	243	S 1	69×65	2-Takt	SL	–	8.5	L	13/17 5400	5	K	SDR	T	S	TB	TB	2.75-18	3.50-16	146	17.5	14.6	125	2490
	TS 250/1-Gespann	243	S 1	69×65	2-Takt	SL	–	8.5	L	13/17 5400	5	K	SDR	T	S	TB	TB	3.00-18	3.50-16	234	17.5	–	100	3775
Sanglas	400 F	422	S 1	82.5×79	4-Takt	OHV	2	7.5	L	18/24 5800	4	K	SDR	T	S	TB	TB	3.25-18	3.50-18	186	18	10.5	136	4950
	400 y	392	R 2	69×52.4	4-Takt	OHC	2	9.2	L	20/27 7100	6	K	SDR	T	S	DSB	SB	3.25-18	3.50-18	177	18	10.2	140	5995

1979

Hersteller	Typ	Hubraum (cm³)	Zyl.-Anordnung und -zahl	Bohrung und Hub (mm)	Arbeitsweise	Steuerung	Ventile/Zylinder	Verdichtung	Kühlung	Leistung (kW/PS bei 1/min)	Gänge	Hinterradantrieb	Rahmen	Vorderradfederung	Hinterradfederung	Vorderradbremse	Hinterradbremse	Vorderreifen	Hinterreifen	Gewicht incl. Kraftstoff und Öl (kg)	Tankinhalt (l)	Beschleun. 1 Pers. (0-100 km/h sec)	Höchstgeschwindigkeit, 1 Pers. (km/h)	Preis incl. MWSt (Mark)
Suzuki	500 S	497	S 1	89,5×79	4-Takt	OHV	2	8	L	20/27 5930	4	K	SDR	T	S	SB	TB	3,25-18	3,50-18	203	18	10,7	140	5375
	500 S 2	497	S 1	89,5×79	4-Takt	OHV	2	9,2	L	20/27 5930	5	K	SDR	T	S	SB	SB	3,25-18	3,50-18	202	18	10,9	140	5685
	TS 125 ER	123	S 1	56×50	2-Takt	MB	–	6,7	L	7/10 6400	6	K	SER	T	S	TB	TB	2,75-21	3,25-18	106	7,5	–	110	3331
	TS 250 ER	246	S 1	70×64	2-Takt	MB	–	6,5	L	12/16,5 6000	5	K	SER	T	S	TB	TB	3,00-21	4,60-18	133	7,5	–	107	4461
	SP 370	370	S 1	85×65,2	4-Takt	OHC	2	8,9	L	20/27 7500	5	K	PSR	T	S	TB	TB	3,00-21	4,00-18	135	8,5	8,9	129	5061
	RV 90	88	L 1	50×45	2-Takt	MB	–	6,2	L	56,3 6000	4	K	SER	T	S	TB	TB	6,70-10	6,70-10	86	3	–	85	2922
	RV 125	123	S 1	56×50	2-Takt	SL	–	6,3	L	6/8 6000	5	K	SER	T	S	SB	SB	5,40-14	6,70-10	110	5	–	92	3522
	GP 125	123	S 1	56×50	2-Takt	DS	2	6,9	L	7/10 8000	5	K	SER	T	S	SB	SB	2,75-18	3,00-18	103	10	14,5	117	3031
	GT 200/X 5 E	196	R 2	50×50	2-Takt	SL	–	6,9	L	13/17 8000	6	K	SER	T	S	SB	SB	2,75-18	3,00-18	131	15	11,2	128	3720
	GT 250/X 7 E	247	R 2	54×54	2-Takt	MB	–	6,7	L	20/27 8000	6	K	SER	T	S	SB	SB	3,00-18	3,50-18	145	15	7,5	149	4481
	GT 380	371	R 3	54×54	2-Takt	SL	–	7	L	20/27 6500	6	K	SER	T	S	SB	SB	3,00-19	3,50-18	190	15	9,1	145	5161
	GS 400 E	398	R 2	65×60	4-Takt	DOHC	2	8,5	L	20/27 7400	6	K	SDR	T	S	SB	SB	3,00-19	3,50-18	185	14	8,7	150	5152
	GS 500 E	492	R 4	53×55,8	4-Takt	DOHC	2	8,5	L	20/27 7600	6	K	SDR	T	S	DSB	SB	3,25-19	3,75-18	225	17	10	148	6211
	GS 550 E	549	R 4	56×55,8	4-Takt	DOHC	2	8,6	L	36/49 9000	6	K	SDR	T	S	DSB	SB	3,25-19	3,75-18	218	17	5,5	184	7011
	GS 550 L	543	R 4	56×55,8	4-Takt	DOHC	2	8,6	L	35/48 9200	5	K	SDR	T	S	DSB	SB	3,25-19	4,00-18	223	13	6,2	158	7211
	GS 750 E	748	R 4	65×56,4	4-Takt	DOHC	2	8,7	L	46/63 8800	5	K	SDR	T	S	DSB	SB	3,25-19	4,50-18	253	18	4,5	198	8211
	GS 750 L	748	R 4	65×56,4	4-Takt	DOHC	2	8,7	L	46/63 8800	5	K	SDR	T	S	DSB	SB	3,50-19	4,50-17	253	13	4,5	190	8211
	GS 850 G	843	R 4	69×56,4	4-Takt	DOHC	2	8,8	L	57/78 9000	5	W	SDR	T	S	DSB	SB	3,50-19	4,50-17	273	22,5	5,2	198	9282
	GS 1000 E	997	R 4	70×64,8	4-Takt	DOHC	2	9,2	L	66/90 8200	5	K	SDR	T	S	DSB	SB	3,50-19	4,50-17	255	20	4,6	219	10573
	GS 1000 S	997	R 4	70×64,8	4-Takt	DOHC	2	9,2	L	66/90 9000	5	K	SDR	T	S	DSB	SB	3,50-19	4,25/85-18	255	20	4,5	216	10873
	GS 1000 L	997	R 4	70×64,8	4-Takt	DOHC	2	9,2	L	66/90 9000	5	K	SDR	T	S	DSB	SB	4,10-19	4,50-17	252	15	4,3	199	11073
Triumph	TR 7 RV Tiger	744	R 2	76×82	4-Takt	OHV	2	7,4	L	19/26 5000	5	K	SDR	T	S	SB	SB	4,10-19	4,10-18	197	18,5	9,5	145	6675
	TR 7 RV Tiger	744	R 2	76×82	4-Takt	OHV	2	7,9	L	33/45 6000	5	K	SDR	T	S	TB	SB	4,10-19	4,10-18	197	18,5	6,7	172	6775
	T 140 V Bonneville	744	R 2	76×82	4-Takt	OHV	2	7,9	L	36/49 6500	5	K	SDR	T	S	TB	TB	4,10-19	4,10-18	197	18,5	5,4	177	6875
	T 140 V Bonneville Special	744	R 2	76×82	4-Takt	OHV	2	7,9	L	31/42 6000	5	K	SDR	T	S	TB	TB	4,10-19	4,25/85-18	200	18,5	5,9	160	7475
Yamaha	DT 125 E	123	S 1	56×50	2-Takt	MB	–	7,1	L	7/10 6800	5	K	SDR	T	S	TB	TB	2,75-21	3,25-18	119	7	–	110	3120
	DT 175 MX	171	S 1	66×50	2-Takt	MB	–	6,8	L	11/15 7500	6	K	SDR	T	S	TB	TB	2,75-21	3,50-18	111	7	16	115	3483
	DT 250 MX	246	S 1	70×64	2-Takt	MB	–	6,7	L	12/16 5400	5	K	SDR	T	S	TB	TB	3,00-21	4,00-18	135	9	–	109	4283
	DT 400 MX	397	S 1	85×70	2-Takt	MB	–	6,4	L	15/21 5600	5	K	SDR	T	S	TB	TB	3,00-21	4,00-18	141	9	7,8	136	4619
	XT 500	499	S 1	87×84	4-Takt	OHC	2	9	L	20/27 5900	5	K	SER	T	S	TB	TB	3,25-21	4,00-18	155	9	8,5	132	5098

	SR 500 S (Speichenräder)	499	S 1	87×84	4-Takt	OHC	2	9	L	20/27 6000	5	K	SER	T	S	SB	TB	3.50-19	4.00-18	174	12	9,3	135	4698
	SR 500 G (Gußräder)	499	S 1	87×84	4-Takt	OHC	2	9	L	20/27 6000	5	K	SER	T	S	SB	TB	3.50-19	4.00-18	174	12	9,3	135	4848
	LB 3 bop 80	73	L 1	47×42	2-Takt	MB	–	5,8	L	4.5 6700	3	K	PSR	T	S	TB	TB	4.00-10	4.00-10	82	3,5	–	65	1694
	RS 100	97	S 1	52×45,6	2-Takt	MB	–	7	L	7/10 7800	5	K	SDR	T	S	SB	TB	2.75-18	3.00-18	106	9	–	105	2440
	RD 200	195	R 2	52×46	2-Takt	MB	–	7,1	L	13/17 7700	5	K	SDR	T	S	SB	TB	2.75-18	3.25-18	132	11,5	13,8	122	3523
	RD 250	247	R 2	54×54	2-Takt	MB	–	6,7	L	20/27 7200	6	K	SER	T	S	SB	TB	3.00-18	3.50-18	158	16,5	8	145	4504
	RD 400	399	R 2	64×62	2-Takt	MB	–	6	L	32/43 7500	6	K	SDR	T	S	SB	TB	3.00-18	3.50-18	175	16,5	5,9	175	4624
	XS 250	249	R 2	55×52,4	4-Takt	OHC	2	9,6	L	13/17 8100	6	K	SER	T	S	SB	TB	3.00-18	3.50-18	178	17	19,3	115	4193
	XS 400	392	R 2	69×52,4	4-Takt	OHC	2	9,2	L	20/27 7000	6	K	SDR	T	S	SB	TB	3.00-18	3.75-18	182	17	10,3	140	4693
	XS 500	499	R 2	73×59,6	4-Takt	DOHC	4	8,5	L	36/49 8250	5	K	SER	T	S	SB	TB	3.25-19	4.00-18	210	15	6,5	178	5545
	XS 650	654	R 2	75×74	4-Takt	OHC	2	8,4	L	37/50 6800	5	K	SDR	T	S	DSB	TB	3.25-19	4.00-18	227	15	5,9	181	6150
	XS 650 Special	654	R 2	75×74	4-Takt	OHC	2	8,4	L	35/48 7100	5	K	SDR	T	S	SB	SB	3.50-19	130/90-16	221	12	6,4	156	6555
	XS 750 E	747	R 3	68×68,6	4-Takt	DOHC	2	9,2	L	54/74 8400	5	W	SDR	T	S	DSB	SB	3.25-19	4.00-18	257	18	5	198	7665
	XS 1100	1101	R 4	71,5×68,6	4-Takt	DOHC	2	9,2	L	70/95 8500	5	W	SDR	T	S	DSB	SB	3.50-19	4.50-17	286	24	4,1	215	10536
Zündapp	KS 175	163	S 1	62×54	2-Takt	SL	–	7,8	W	13/17 7400	5	K	SER	T	S	SB	TB	2.75-18	3.25-18	121	14	11,4	126	4115
Importe aus	ISH Planeta Sport	340	S 1	76×75	2-Takt	SL	–	10	L	19/26 6500	4	K	SER	T	S	TB	TB	3.00-19	3.50-18	145	14	–	140	2926
der UdSSR	Dnepr MT 10-Gespann	650	180° 2	78×68	4-Takt	OHV	2	7,8	L	18/25 5200	4+R	W	SDR	T	S	TB	TB	3.75-19	3.75-19	350	21	–	110	8000

Zulassungsfähige Sondermodelle

AME	Chopper					Typegeprüfte Fahrgestelle für Honda- und Kawasaki-Vierzylindermotoren																		
Bajohr	1000 SS	966	90° V 2	90×76	4-Takt	DES	2	10	L	66/90 7500	5	K	SDR	T	S	SB	SB	3.50-18	4.70.85-18	205	18	bis 19 000 (komplett)		15 800
Bimota (Kawasaki)	KB 1	1015	R 4	70×66	4-Takt	DOHC	2	8,7	L	69/94 8000	5	K	SGR	T	S	DSB	SB	3.50-18	130/80-18	226	15	4,1	234	19 980
(Suzuki)	SB 3*	997	R 4	70×64,8	4-Takt	DOHC	2	9,2	L	66/90 8830	5	K	SGR	T	S	DSB	SB	3.50-18	130/80-18	219	15	3,8	227	19 995
Egli (Honda)	CB 900 F	901	R 4	64,5×69	4-Takt	DOHC	4	8,8	L	70/95 9000	5	K	SZR	T	S	DSB	SB	4.10-18	4.25/85-18	215	21	4,3	236	25 000
(Kawasaki)	Z 1000 S	1015	R 4	70×66	4-Takt	DOHC	2	8,7	L	66/90 8000	5	K	SZR	T	S	DSB	SB	4.10-18	4.25/85-18	220	20/24	3,5	250	22 500
	Z 1000 Mk II Turbo	1015	R 4	70×66	4-Takt/Turbo	DOHC	2	9	L	74/100 9000	5	K	SDR	T	S	DSB	SB	3.50-19	4.00-18	262	16,5	4,4	241	15 500
Rau						Typegeprüfte Fahrgestelle für Honda-, Kawasaki- und Suzuki-Vierzylindermotoren																		
Tweesmann (Yamaha)	XT 505	508	S 1	87,75×84	4-Takt	OHC	2	11	L	29/40 6500	5	K	SER	T	S	TB	TB	3.25-21	4.50-18	130	9	bis 16 000 (komplett)	140	7000

*Vertrieb durch Suzuki – Deutschland

1979

1980

Hersteller	Typ	Hubraum (cm³)	Zyl.-Anordnung und -zahl	Bohrung und Hub (mm)	Arbeitsweise	Steuerung	Ventile/Zylinder	Verdichtung	Kühlung	Leistung (kW/PS bei 1/min)	Gänge	Hinterradantrieb	Rahmen	Vorderradfederung	Hinterradfederung	Vorderradbremse	Hinterradbremse	Vorderreifen	Hinterreifen	Gewicht incl. Kraftstoff und Öl (kg)	Tankinhalt (l)	Beschleun. 1 Pers. (0-100 km/h sec)	Höchstgeschwindigkeit, 1 Pers. (km/h)	Preis incl. MWSt (Mark)
Benelli	125 SE	125	R 2	42,5×44	2-Takt	SL	–	10	L	7/10 8000	5	K	SDR	T	S	SB	TB	2,75-18	3.00-18	129	13	–	104	3022
	125 Sport	125	R 2	42,5×44	2-Takt	SL	–	10,3	L	13/18 8100	5	K	SDR	T	S	SB	TB	2,75-18	3.00-18	125	13	–	130	3650
	250 2 C	231	R 2	56×47	2-Takt	SL	–	10	L	13/17 7600	5	K	SDR	T	S	SB	TB	3.00-18	3.25-18	134	17	–	125	3380
	254 Quattro	231	R 4	44×38	4-Takt	OHC	2	10,5	L	20/27 10500	5	K	SDR	T	S	SB	TB	2,75-18	3.00-18	122	8	7,8	150	4950
	350 RS	345	R 4	50×44	4-Takt	OHC	2	10	L	20/27 9200	5	K	PSR	T	S	SB	TB	90/90-18	100/90-18	200	16	8,9	148	5847
	354	345	R 4	50×44	4-Takt	OHC	2	10,4	L	30/38 10200	5	K	SDR	T	S	DSB	TB	3.00-18	3.25-18	206	15,5	9	144	6350
	500 LS	498	R 4	56×50,6	4-Takt	OHC	2	10,2	L	32/44 8500	5	K	SDR	T	S	DSB	SB	3.50-18	4.10-18	230	19	5,9	173	6049
	654	605	R 4	60×53,4	4-Takt	OHC	2	9,3	L	46/62 8650	5	K	SDR	T	S	DSB	SB	3.25-18	3.50-18	210	15	–	190	7500
	900 Sei	905	R 6	60×53,4	4-Takt	OHC	2	9,5	L	59/80 8300	5	K	SDR	T	S	DSB	SB	100/90-18	120/90-18	249	17	4,6	193	10850
BMW	R 80 G/S	797	180° 2	84,8×70,6	4-Takt	OHV	2	8,2	L	37/50 6500	5	W	SDR	T	ES	SB	TB	3.00-21	4.00-18	196	19,5	5,6	173	8920
	R 45	473	180° 2	70×61,5	4-Takt	OHV	2	8,2	L	20/27 6500	5	W	SDR	T	S	SB	TB	3.25-18	4.00-18	206	22	11,4	141	6920
	R 45	473	180° 2	70×61,5	4-Takt	OHV	2	9,2	L	26/35 7250	5	W	SDR	T	S	SB	TB	3.25-18	4.00-18	206	22	8,8	160	6920
	R 65	649	180° 2	82×61,5	4-Takt	OHV	2	8,2	L	37/50 7250	5	W	SDR	T	S	SB	TB	3.25-19	4.00-18	204	22	6,5	175	7860
	R 100	979	180° 2	94×70,6	4-Takt	OHV	2	8,2	L	49/67 7000	5	W	SDR	T	S	SB	TB	3.25-19	4.00-18	236	24	5,7	191	10560
	R 100 CS	979	180° 2	94×70,6	4-Takt	OHV	2	9,5	L	52/70 7000	5	W	SDR	T	S	DSB	SB	3.25-19	4.00-18	232	24	4,8	194	11040
	R 100 RT	979	180° 2	94×70,6	4-Takt	OHV	2	9,5	L	52/70 7000	5	W	SDR	T	S	DSB	SB	3.25-19	4.00-18	260	24	5,2	179	12860
	R 100 RS	979	180° 2	94×70,6	4-Takt	OHV	2	9,5	L	52/70 7000	5	W	SDR	T	S	DSB	SB	3.25-19	4.00-18	247	24	4,6	193	13060
Bultaco	Streaker 125	119	S 1	54,2×51,5	2-Takt	SL	–	12	L	7/10 9000	6	K	SER	T	S	SB	TB	2.50-18	2.75-18	94	10,5	–	116	3995
Cagiva	SX 350	342	S 1	80×68	2-Takt	SL	–	9,6	L	20/27 6000	5	K	SGR	T	S	TB	TB	3.00-21	4.00-18	139	9	–	132	4478
	SST 125	125	S 1	56×50,6	2-Takt	SL	–	10,8	L	7/10 7000	5	K	SDR	T	S	SB	TB	3.00-19	3.50-18	116	10,5	–	104	3548
	SST 250	243	S 1	72×59,6	2-Takt	SL	–	10,6	L	7/10 5500	5	K	SDR	T	S	SB	TB	3.25-19	4.00-18	143	10,5	–	110	4278
	SST 350	342	S 1	80×68	2-Takt	SL	–	9,6	L	20/27 5750	5	K	SDR	T	S	SB	TB	3.25-19	4.00-18	145	15	–	136	4388
CZ	350 Twin	343	R 2	58×65	2-Takt	SL	–	9,2	L	16/22 5000	4	K	SDR	T	S	TB	TB	3.25-18	3.50-18	155	13	–	125	3290
Ducati	500 Pantah	497	90° V 2	74×57,8	4-Takt	DES	2	9,5	L	37/50 8500	5	K	SDR	T	S	DSB	SB	3.25-18	3.50-18	201	18	6,1	178	8680
	900 SD Darmah	864	90° V 2	86×74,4	4-Takt	DES	2	9,4	L	52/70 7000	5	K	SDR	T	S	DSB	SB	3.50-18	4.25-85-18	240	16	5	200	10260
	900 SS	864	90° V 2	86×74,4	4-Takt	DES	2	9,4	L	52/70 7000	5	K	SDR	T	S	DSB	SB	3.50-18	4.25-85-18	225	18	4,7	213	11595
	900 SS Hailwood-Replica	864	90° V 2	86×74,4	4-Takt	DES	2	9,4	L	52/70 7000	5	K	SDR	T	S	DSB	SB	3.50-18	120/90-18	218	18	4,6	220	12576

Hersteller	Typ	Hubraum (cm³)	Zyl.-Anordnung und -zahl	Bohrung und Hub (mm)	Arbeitsweise	Steuerung	Ventile/Zylinder	Verdichtung	Kühlung	Leistung (kW/PS bei 1/min)	Gänge	Hinterradantrieb	Rahmen	Vorderradfederung	Hinterradfederung	Vorderradbremse	Hinterradbremse	Vorderreifen	Hinterreifen	Gewicht incl. Kraftstoff und Öl (kg)	Tankinhalt (l)	Beschleun. 1 Pers. (0-100 km/h sec)	Höchstgeschwindigkeit, 1 Pers. (km/h)	Preis incl. MWSt (Mark)
Enfield India	350 Bullet	346	S 1	70×90	4-Takt	OHV	2	6,5	L	13/17 5620	4	K	SER	T	S	TB	TB	3.25-19	3.50-19	170	15	–	110	4170
	350 Bullet de Luxe	346	S 1	70×90	4-Takt	OHV	2	6,5	L	13/17 5620	4	K	SER	T	S	TB	TB	3.25-19	3.25-19	170	15	–	110	4370
Fantic	TX 150 Caballero	124	S 1	55,2×52	2-Takt	SL	–	12,4	L		6	K	SDR	T	S	TB	TB	3.00-21	4.00-18	115	8		105	3690
Harley-Davidson	XLH 1000 Sportster	997	45° V 2	81×96,8	4-Takt	OHV	2	9	L	40/55 5800	4	K	SDR	T	S	DSB	SB	3.75-19	4.25-18	240	9	4,3	180	10740
	XLS 1000 Roadster	997	45° V 2	81×96,8	4-Takt	OHV	2	9	L	40/55 5800	4	K	SDR	T	S	DSB	SB	3.75-19	5.10-16	245	13,5	4,4	170	11390
	FXE 1340 Super Glide	1337	45° V 2	88,8×108	4-Takt	OHV	2	7,4	L	49/67 5800	4	K	SDR	T	S	DSB	SB	3.75-19	5.10-16	282	13,5	–	165	12990
	FXE/F 1340 Fat Bob	1337	45° V 2	88,8×108	4-Takt	OHV	2	8,8	L	49/67 5800	4	K	SDR	T	S	DSB	SB	3.75-19	5.10-16	272	15,5	–	165	13200
	FXS 1340 Low Rider	1337	45° V 2	88,8×108	4-Takt	OHV	2	7,4	L	49/67 5800	4	K	SDR	T	S	DSB	SB	3.75-19	5.10-16	289	15,5	–	165	13985
	FXB 1340 Sturgis	1337	45° V 2	88,8×108	4-Takt	OHV	2	7,4	L	49/67 5800	4	ZR	SDR	T	S	DSB	SB	3.75-19	5.10-16	278	15,5	6,5	170	15495
	FXWG 1340 Wide Glide	1337	45° V 2	88,8×108	4-Takt	OHV	2	7,4	L	49/67 5800	4	K	SDR	T	S	DSB	SB	MH 90-21	MT 90-16	292	19	7,4	164	15270
	FLH 1340 Electra Glide	1337	45° V 2	88,8×108	4-Takt	OHV	2	7,4	L	49/67 6000	4	K	SDR	T	S	SB	SB	5.10-16	5.10-16	345	19	–	150	14850
	FLHC 1340 El. Glide Classic	1337	45° V 2	88,8×108	4-Takt	OHV	2	7,4	L	49/67 6000	4	K	SDR	T	S	SB	SB	5.10-16	5.10-16	348	19	–	150	15985
	FLT 1340 Tour Glide	1337	45° V 2	88,8×108	4-Takt	OHV	2	7,4	L	52/70 5800	5	K	SDR	T	S	SB	SB	5.10-16	5.10-16	355	19	–	165	16850
	FLTC 1340 Tour Glide Classic	1337	45° V 2	88,8×108	4-Takt	OHV	2	7,4	L	52/70 5800	5	K	SDR	T	S	SB	SB	5.10-16	5.10-16	355	19	–	165	17990
Hercules	K 125 Military	124	S 1	54×54	2-Takt	SL	–	9	L	9/12,5 7000	5	K	SDR	S	S	TB	TB	3.25-18	3.50-18	135	15	–	94	5125
Honda	XL 185 S	180	S 1	63×57,8	4-Takt	OHC	4	9,2	L	7/10 6500	5	K	SER	T	S	TB	TB	2.75-21	4.10-18	118	7	–	93	3624
	XL 250 S	248	S 1	74×57,6	4-Takt	OHC	4	9,1	L	13/17 7000	5	K	SER	T	S	TB	TB	3.00-23	4.60-18	132	9,5	15,2	111	4164
	XL 500 S	497	S 1	89×80	4-Takt	OHC	4	8,6	L	20/27 5500	5	K	SER	T	S	TB	TB	3.00-23	4.60-18	142	10,5	8,1	135	5077
	ST 70 DAX	72	L 1	47×41,4	4-Takt	OHC	2	8,8	L	4,5.2 8000	3	K	PSR	S	S	TB	TB	3.50-10	3.50-10	75	2,5	–	75	1601
	CB 125 T 2	125	R 2	44×41	4-Takt	OHC	4	9,4	L	13/17 11 500	5	K	SER	T	S	SB	TB	2.75-18	3.00-18	126	10	16,1	128	3125
	CM 200 T	194	R 2	53×44	4-Takt	OHC	2	8,8	L	13/17 9000	5	K	SER	T	S	TB	TB	3.00-17	3.50-16	138	11	15,1	119	3588
	CB 250 N	250	R 2	62×41,4	4-Takt	OHC	3	9,4	L	13/17 8500	6	K	SER	T	S	SB	TB	3.60-19	4.10-18	186	14	19,1	125	4406
	CB 250 N	250	R 2	62×41,4	4-Takt	OHC	3	9,4	L	20/27 10 000	6	K	SER	T	S	SB	TB	3.60-19	4.10-18	184	14	10,4	142	4406
	CB 400 N	395	R 2	70,5×50,6	4-Takt	OHC	3	9,3	L	20/27 7500	6	K	SER	T	S	SB	TB	3.60-19	4.10-18	185	14	11	137	4810
	CB 400 N	395	R 2	70,5×50,6	4-Takt	OHC	3	9,3	L	29/40 8000	6	K	SER	T	S	SB	TB	3.60-19	4.10-18	185	14	–	161	4810
	CM 400 T	395	R 2	70,5×50,6	4-Takt	OHC	3	9,3	L	20/27 7500	5	K	SER	T	S	SB	TB	3.50-18	4.60-16	184	9,5	10,1	141	4529
	CM 400 T	395	R 2	70,5×50,6	4-Takt	OHC	3	9,3	L	32/43 9500	5	K	SER	T	S	SB	TB	3.50-18	4.60-16	184	9,5	–	156	4529
	CX 500	497	80° V 2	78×52	4-Takt	OHV	4	10	W	20/27 6500	5	W	SZR	T	S	DSB	TB	3.25-19	3.75-18	221	17	9,8	148	6234
	CX 500	497	80° V 2	78×52	4-Takt	OHV	4	10	W	37/50 9000	5	W	SZR	T	S	DSB	TB	3.25-19	3.75-18	221	17	6,2	176	6234

Hersteller	Typ	Hubraum (cm³)	Zyl.-Anordnung	Bohrung und Hub (mm)	Arbeitsweise	Steuerung	Ventile/Zylinder	Verdichtung	Kühlung	Leistung (kW/PS bei 1/min)	Gänge	Hinterradantrieb	Rahmen	Vorderradfederung	Hinterradfederung	Vorderradbremse	Hinterradbremse	Vorderreifen	Hinterreifen	Gewicht incl. Kraftstoff und Öl (kg)	Tankinhalt (l)	Beschleun., 1 Pers. (0–100 km/h sec)	Höchstgeschwindigkeit, 1 Pers. (km/h)	Preis incl. MWSt (Mark)
	CX 500 C	497	80° V 2	78×52	4-Takt	OHV	4	10	W	20/27 6500	5	W	SZR	T	S	DSB	TB	3.50-19	130/90-16	216	11	9	140	6234
	CX 500 C	497	80° V 2	78×52	4-Takt	OHV	4	10	W	37/50 9000	5	W	SZR	T	S	DSB	TB	3.50-19	130/90-16	216	11	6	159	6234
	CB 650	627	R 4	59.8×55.8	4-Takt	OHC	2	9	L	37/50 8000	5	K	SDR	T	S	DSB	TB	3.25-19	3.75-18	220	18	6.2	175	6797
	CB 650	627	R 4	59.8×55.8	4-Takt	OHC	2	9	L	37/50 8000	5	K	SDR	T	S	DSB	TB	3.25-19	3.75-18	220	18	5.1	182	6797
	CB 650 C	627	R 4	59.8×55.8	4-Takt	OHC	2	9	L	46/63 9000	5	K	SDR	T	S	DSB	TB	3.50-19	130/90-16	220	14	6.2	175	6857
	CB 650 C	627	R 4	62×62	4-Takt	OHC	2	9	L	46/63 9000	5	K	SDR	T	S	DSB	TB	3.50-19	130/90-16	220	14	5.9	173	6857
	CB 750 K	748	R 4	62×62	4-Takt	DOHC	4	9	L	57/77 9000	5	K	SDR	T	S	DSB	SB	3.25-19	4.00-18	256	20	4.5	200	8114
	CB 750 F	748	R 4	62×62	4-Takt	DOHC	4	9	L	57/78 9000	5	K	SDR	T	S	DSB	SB	3.25-19	4.00-18	253	20	4.4	203	8114
	CB 900 F Bol d'Or	901	R 4	64.5×69	4-Takt	DOHC	4	8.8	L	70/95 9000	5	K	SDR	T	S	DSB	SB	3.50-19	4.00-18	260	20	4.4	213	9324
	CBX	1046	R 6	64.5×53.4	4-Takt	DOHC	4	9.3	L	74/100 9000	5	K	SDR	T	S	DSB	SB	3.50-19	4.25-18	274	24	4.2	222	11262
	GL 1000 K 3 Gold Wing	999	180° 4	72×61.4	4-Takt	OHC	2	9.3	W	57/78 7000	5	K	SDR	T	S	DSB	SB	3.50-19	4.50-17	298	19	5.3	196	9244
	GL 1100 Gold Wing	1084	180° 4	75×61.4	4-Takt	OHC	2	9.2	W	61/83 7500	5	K	SDR	T	S	DSB	SB	110/90-19	130/90-17	315	19	5	192	9844
Horex	1400 TI	1338	R 4	80×66.6	4-Takt/Turbo	OHC	2	6	L	103/140 7200	4	K	SDR	T	S	DSB	SB	120/90-18	130/80-18	296	36	–	250	36160
Jawa	350	343	R 2	58×65	2-Takt	SL	–	9.2	L	17/23 5000	4	K	SER	T	S	TB	TB	3.25-18	3.50-18	168	15	15	132	3290
Kawasaki	KH 125	125	S 1	56×50.6	2-Takt	DS	–	6	L	7/10 6300	6	K	SER	T	S	SB	TB	2.75-18	3.00-18	106	11.5	–	100	2798
	KE 125	125	S 1	56×50.6	2-Takt	DS	–	6.5	L	7/10 6300	6	K	SER	T	S	TB	TB	2.75-21	3.50-18	110	9.5	–	94	3128
	KDX 175	173	S 1	66×50.6	2-Takt	MB	–	7.6	L	7/10 7000	6	K	SER	T	S	TB	TB	3.00-21	4.00-18	109	10.5	10.9	114	4250
	KE 175	175	S 1	62.5×57	2-Takt	MB	–	6	L	13/17 7500	6	K	SER	T	S	TB	TB	3.00-21	3.50-18	116	9.5	15.5	113	3280
	KL 250	246	S 1	70×64	4-Takt	OHC	2	8.9	L	13/17 7000	5	K	SER	T	S	TB	TB	3.00-21	4.00-18	140	10	13.3	113	4078
	KLX 250	246	S 1	70×64	4-Takt	DS	–	8.9	L	13/17 7000	5	K	SER	T	S	TB	TB	2.50-16	4.00-18	115	9.5	13	118	5250
	KM 100	100	S 1	49.5×51.8	2-Takt	DS	–	7.3	L	6/8.8 6500	5	K	SER	T	S	TB	TB	3.00-18	3.00-14	89	6	–	86	2258
	Z 250 A	249	R 2	55×52.4	4-Takt	OHC	2	9.5	L	20/27 10000	6	K	SER	T	S	DSB	TB	2.75-18	3.50-18	167	13.5	9.6	145	4418
	Z 250 C	246	S 1	70×64	4-Takt	OHC	2	8.9	L	13/17 7000	6	K	SER	T	S	TB	TB	4.60-16	4.60-16	132	9	11.3	126	3620
	Z 400 B	390	R 2	64×62	4-Takt	OHC	2	9.5	L	20/27 7200	6	K	SER	T	S	DSB	TB	3.00-18	3.50-18	182	14	10.4	141	4478
	Z 400 G	390	R 2	64×62	4-Takt	OHC	2	9.5	L	20/27 7200	6	K	SER	T	S	DSB	TB	3.00-18	3.50-18	182	14	10.4	141	4808
	Z 400 J	399	R 2	52×47	4-Takt	DOHC	2	9.5	L	20/27 8000	6	K	SER	T	S	DSB	TB	3.25-19	3.75-18	210	16.5	9.3	154	5420
	Z 440 C	444	R 2	67.5×62	4-Takt	OHC	2	9.2	L	20/27 7000	6	K	SER	T	S	DSB	TB	3.00-18	3.50-18	180	14	–	137	4850
	Z 440 LTD	444	R 2	67.5×62	4-Takt	OHC	2	9.5	L	20/27 7000	6	K	SER	T	S	DSB	TB	3.25-19	130/90-16	184	12	7.4	154	5020
	Z 500	498	R 4	55×52.4	4-Takt	DOHC	2	9.2	L	37/50 9000	6	K	SER	T	S	DSB	SB	3.25-19	3.75-18	210	15	5.7	180	6218
	Z 550 LTD	553	R 4	58×52.4	4-Takt	DOHC	2	9.5	L	37/50 8500	6	K	SER	T	S	DSB	TB	3.25-19	130/90-16	211	13	5.4	178	6460

1980

Hersteller	Typ	Hubraum (cm³)	Zyl.-Anordnung und -zahl	Bohrung und Hub (mm)	Arbeitsweise	Steuerung	Ventile/Zylinder	Verdichtung	Kühlung	Leistung (kW/PS bei 1/min)	Gänge	Hinterradantrieb	Rahmen	Vorderradfederung	Hinterradfederung	Vorderradbremse	Hinterradbremse	Vorderreifen	Hinterreifen	Gewicht inkl. Kraftstoff und Öl (kg)	Tankinhalt (l)	Beschleun. 1 Pers. (0–100 km/h sec)	Höchstgeschwindigkeit, 1 Pers. (km/h)	Preis incl. MWSt (Mark)
	Z 650 SR	652	R 4	62×54	4-Takt	DOHC	2	9,5	L	48/65 8500	5	K	SDR	T	S	DSB	SB	3.50-19	130/90-16	236	14	5,3	178	7348
	Z 750	739	R 4	66×54	4-Takt	DOHC	2	9,5	L	57/77 9500	5	K	SDR	T	S	DSB	SB	3.25-18	4.00-18	226	22	4,4	201	7460
	Z 750 LTD	739	R 4	66×54	4-Takt	DOHC	2	9	L	54/74 9000	5	K	SDR	T	S	DSB	SB	3.25-18	130/90-16	226	13	5,2	179	7860
	Z 1000 S/Z 1-R	1015	R 4	70×66	4-Takt	DOHC	2	8,7	L	66/90 8000	5	K	SDR	T	S	DSB	SB	3.50-18	4.00-18	272	16,5	5,4	207	8408
	Z 1000 Mk II	1015	R 4	70×66	4-Takt	DOHC	2	8,7	L	69/94 8000	5	K	SDR	T	S	DSB	SB	3.25-18	4.00-18	264	18	4,3	211	9808
	Z 1000 ST	1015	R 4	70×66	4-Takt	DOHC	2	8,7	L	71/97 8000	5	W	SDR	T	S	DSB	SB	3.50-19	4.50-17	276	18	4,7	214	10218
	Z 1000 Fuel Injection	1015	R 4	70×66	4-Takt	DOHC	2	8,7	L	71/97 8000	5	K	SDR	T	S	DSB	SB	3.25-18	4.00-18	264	18	4	210	9960
	Z 1300	1285	R 6	62×71	4-Takt	DOHC	2	9,9	W	73/99 8000	5	W	SER	T	S	DSB	SB	110/90-18	130/90-17	322	27	4,2	217	12228
Laverda	500	496	R 2	72×61	4-Takt	DOHC	4	9,2	L	33/45 8200	6	K	SDR	T	S	DSB	SB	100/90-18	110/90-18	189	13,5	8,2	167	6860
	1000 Jota	980	R 3	75×74	4-Takt	DOHC	2	9	L	63/85 7600	5	K	SDR	T	S	DSB	SB	110/90-18	110/80-18	258	20,5	6	210	12500
	1200 TS	1115	R 3	80×74	4-Takt	DOHC	2	8	L	63/86 7350	5	K	SDR	T	S	DSB	SB	110/90-18	130/80-18	247	19,5	5	204	12800
Maico	MD 250 wk	245	S 1	76×54	2-Takt	DS	–	11,7	W	20/27 7000	6	K	SDR	T	S	SB	SB	3.00-18	3.25-18	132	17	8,1	151	4852
Malanca	125 E 2 C Sport	125	R 2	43×43	2-Takt	SL	–	10	L	13/17 9300	5	K	SDR	T	S	DSB	TB	2.75-18	3.00-18	115	11	15,6	120	3810
	125 E 2 C Super Sport	125	R 2	43×43	2-Takt	SL	–	12	L	16/22 10300	5	K	SDR	T	S	DSB	TB	2.75-18	3.00-18	115	11	13,7	140	4220
Morini	125 T	123	S 1	59×45	4-Takt	OHV	2	11,7	L	7/9 9000	6	K	SDR	T	S	SB	TB	2.75-18	3.00-18	115	12	–	110	3988
	AMEX 250 J	239	72° V 2	59×43,8	4-Takt	OHV	2	11,7	L	17/23 8800	6	K	SDR	T	S	SB	TB	2.75-18	3.25-18	145	13	11,3	141	5472
	3½ V	344	72° V 2	62×57	4-Takt	OHV	2	10	L	20/27 6850	6	K	SDR	T	S	SB	SB	3.25-18	4.10-18	160	13	8,5	153	6125
	3½ S	344	72° V 2	62×57	4-Takt	OHV	2	11	L	20/27 6850	6	K	SDR	T	S	SB	SB	3.25-18	4.10-18	160	13	8,5	155	6425
	500 T	478	72° V 2	69×64	4-Takt	OHV	2	11,2	L	31/42 7500	5	K	SDR	T	S	DSB	SB	100/90-18	4.00-18	184	15	7,8	165	7040
	500 S	478	72° V 2	69×64	4-Takt	OHV	2	11,2	L	31/42 7500	5	K	SDR	T	S	DSB	SB	100/90-18	4.00-18	184	15	7,8	170	7180
Moto Guzzi	V 35 II	346	90° V 2	66×50,6	4-Takt	OHV	2	10,8	L	20/27 7600	5	W	SDR	T	S	DSB	SB	90/90-18	100/90-18	185	16	9,6	151	6300
	V 35 Imola	346	90° V 2	66×50,6	4-Takt	OHV	2	10,8	L	20/27 7600	5	W	SDR	T	S	DSB	SB	90/90-18	100/90-18	181	16	9,5	150	6920
	V 50 II	490	90° V 2	74×57	4-Takt	OHV	2	10,8	L	29/39 7400	5	W	SDR	T	S	DSB	SB	90/90-18	100/90-18	183	16	7,3	168	6990
	850 T 3	844	90° V 2	83×78	4-Takt	OHV	2	9,2	L	43/59 6800	5	W	SDR	T	S	DSB	SB	100/90-18	110/90-18	240	24	6,4	180	9200
	850 T 3 California	844	90° V 2	83×78	4-Takt	OHV	2	9,2	L	43/59 6800	5	W	SDR	T	S	DSB	SB	100/90-18	110/90-18	245	24	7,7	150	9950
	850 T 4	844	90° V 2	83×78	4-Takt	OHV	2	9,2	L	43/59 6800	5	W	SDR	T	S	DSB	SB	100/90-18	110/90-18	255	24	6,6	178	9800
	850 Le Mans II	844	90° V 2	83×78	4-Takt	OHV	2	10,2	L	54/74 7700	5	W	SDR	T	S	DSB	SB	100/90-18	110/90-18	243	22,5	5,5	201	10980
	V 1000 G 5	948	90° V 2	88×78	4-Takt	OHV	2	9,2	L	45/61 6500	5	W	SDR	T	S	DSB	SB	100/90-18	110/90-18	259	24	6	157	9950

Hersteller	Typ	Hubraum (cm³)	Zyl.-Anordnung und -zahl	Bohrung und Hub (mm)	Arbeitsweise	Steuerung	Ventile/Zylinder	Verdichtung	Kühlung	Leistung (kW/PS bei 1/min)	Gänge	Hinterradantrieb	Rahmen	Vorderradfederung	Hinterradfederung	Vorderradbremse	Hinterradbremse	Vorderreifen	Hinterreifen	Gewicht incl. Kraftstoff und Öl (kg)	Tankinhalt (l)	Beschleun., 1 Pers. (0-100 km/h sec)	Höchstgeschwindigkeit, 1 Pers. (km/h)	Preis incl. MWSt (Mark)
Mototrans-Ducati	V 1000 SP/NT	948	90° V 2	88×78	4-Takt	OHV	2	9,2	L	45/61 6500	5	W	SDR	T	S	DSB	SB	100/90-18	110/90-18	252	24	6	181	11 300
	V 1000 Le Mans II	948	90° V 2	88×78	4-Takt	OHV	2	9,6	L	60/82 7500	5	W	SDR	T	S	DSB	SB	100/90-18	110/90-18	243	22,5	–	220	15 500
Münch	350 Vento	340	S 1	76×75	4-Takt	DES	2	10	L	20/27 7500	5	K	SER	T	S	DSB	SB	3.25-18	3.50-18	164	15	–	150	5970
	TTS 1300	1289	R 4	78,5×66,6	4-Takt	OHC	2	9,1	L	72/98 6600	4	K	SDR	T	S	DSB	SB	3.25-19	4.00-18	282	20	4,6	220	26 000
MV Agusta*	1000 Corona	954	R 4	70×62	4-Takt	DOHC	2	10,5	L	78/106 10 000	5	W	SDR	T	S	DSB	SB	3.50-18	4.00-18	255	24	4,5	230	25 600
	1000 Ago	954	R 4	70×62	4-Takt	DOHC	2	10,5	L	73/99 9500	5	K	SDR	T	S	DSB	SB	3.50-18	4.00-18	228	26	4,3	221	27 600
	1100 Grand Prix	1066	R 4	74×62	4-Takt	DOHC	2	10,5	L	88/119 10 200	5	K	SDR	T	S	DSB	SB	3.50-18	4.00-18	243	26	3,6	237	32 400
MZ	TS 125	123	S 1	52×58	2-Takt	SL	–	10	L	7/10 6300	4	K	PSR	T	S	TB	TB	2.75-18	3.00-18	127	12,5	–	100	1825
	TS 250/1	243	S 1	69×65	2-Takt	SL	–	8,5	L	13/17 5400	5	K	PSR	T	S	TB	TB	2.75-18	3.50-16	146	17,5	14,6	125	2490
	TS 250/1-Gespann	243	S 1	69×65	2-Takt	SL	–	8,5	L	13/17 5400	5	K	PSR	T	S	TB	TB	3.00-18	3.50-16	234	17,5	–	100	3998
Sanglas	400 y	392	R 2	69×52,4	4-Takt	OHC	2	9,2	L	20/27 7100	6	K	SDR	T	S	DSB	SB	3.25-18	3.50-18	177	18	10,2	140	5995
	500 S 2	497	S 1	89,5×79	4-Takt	OHV	2	9,2	L	20/27 5930	5	K	SDR	T	S	DSB	SB	3.25-18	3.50-18	202	18	10,9	140	5885
Suzuki	TS 125 ER	123	S 1	56×50	2-Takt	MB	–	6,7	L	7/10 6400	6	K	SER	T	S	TB	TB	2.75-21	3.25-18	106	7,5	–	110	3331
	TS 250 ER	246	S 1	70×64	2-Takt	MB	–	7	L	12/16,5 6000	5	K	SER	T	S	TB	TB	3.00-21	4.60-18	133	7,5	–	107	4461
	SR 370	370	S 1	85×65,2	4-Takt	OHC	2	8,9	L	13/17 5950	5	K	SER	T	S	TB	TB	3.00-21	4.00-18	135	8	–	108	4457
	DR 400 S	396	S 1	88×65,2	4-Takt	OHC	2	9,3	L	20/27 7500	5	K	SER	T	S	TB	TB	3.00-21	4.60-18	141	9	9,2	128	5112
	RV 90	88	L 1	50×45	2-Takt	MB	–	6,2	L	5/6,3 6000	4	K	SER	T	S	TB	TB	6.70-10	6.70-10	86	3	–	85	2922
	RV 125	123	S 1	56×50	2-Takt	SL	–	6,3	L	6/8 6000	5	K	SER	T	S	TB	TB	5.40-14	6.70-10	110	5	–	92	3522
	GT 200/X 5 E	196	R 2	50×50	2-Takt	SL	–	6,9	L	13/17 8000	5	K	SDR	T	S	SB	SB	2.75-18	3.00-18	131	15	11,2	128	3731
	GT 250/X 7 E	247	R 2	54×54	2-Takt	MB	–	6,7	L	20/27 8000	6	K	SDR	T	S	DSB	SB	3.00-18	3.50-18	145	15	7,5	149	4461
	GSX 250	250	R 2	60×44,2	4-Takt	DOHC	4	10,5	L	20/27 10 000	6	K	SDR	T	S	DSB	SB	3.00-18	3.75-18	175	14	8,8	148	4552
	GN 400 TD	396	S 1	88×65,2	4-Takt	OHC	2	9,3	L	20/27 7400	5	K	SDR	T	S	DSB	SB	3.60-18	4.60-18	155	14	8,8	129	4652
	GSX 400	399	R 2	67×56,6	4-Takt	DOHC	4	9	L	20/27 8000	6	K	SDR	T	S	DSB	SB	3.00-18	3.75-18	194	14	8,7	151	5150
	GS 450 L	448	R 2	71×56,6	4-Takt	DOHC	2	9	L	20/27 7600	6	K	SDR	T	S	DSB	SB	3.00-19	4.60-16	189	11	8,5	145	5452
	GS 500 E	492	R 2	53×55,8	4-Takt	DOHC	2	8,5	L	20/27 7600	6	K	SDR	T	S	DSB	SB	3.60-19	3.75-18	225	17	10	148	6211
	GS 550 L	549	R 4	56×55,8	4-Takt	DOHC	2	8,6	L	35/48 9200	6	K	SDR	T	S	DSB	SB	3.25-19	3.75-18	223	13	6,2	158	7211
	GSX 750	747	R 4	67×53	4-Takt	DOHC	4	9,4	L	59/80 9200	5	K	SDR	T	S	DSB	SB	3.25-19	4.00-18	253	21	4,7	201	8211

* Produktion eingestellt. Lieferung aus Restbeständen. 1000 Ago mit Magni-Rahmen

1980

Hersteller	Typ	Hubraum (cm³)	Zyl.-Anordnung und -zahl	Bohrung und Hub (mm)	Arbeitsweise	Steuerung	Ventile/Zylinder	Verdichtung	Kühlung	Leistung kW/PS bei 1/min	Gänge	Hinterradantrieb	Rahmen	Vorderradfederung	Hinterradfederung	Vorderradbremse	Hinterradbremse	Vorderreifen	Hinterreifen	Gewicht incl. Kraftstoff und Öl (kg)	Tankinhalt (l)	Beschleun. 1 Pers. (0-100 km/h sec)	Höchstgeschwindigkeit 1 Pers. (km/h)	Preis incl. MWSt (Mark)
	GSX 750 L	747	R 4	67×53	4-Takt	DOHC	4	9,4	L	59/80 9200	5	K	SDR	T	S	SB	SB	90/90-19	130/90-16	244	15	5,2	184	8611
	GS 850 G	843	R 4	69×56,4	4-Takt	DOHC	2	8,8	L	57/78 9000	5	W	SDR	T	S	DSB	SB	3.50-19	4.50-17	273	22,5	5,2	198	9282
	GS 850 L	843	R 4	69×56,4	4-Takt	DOHC	2	8,8	L	58/79 8500	5	W	SDR	T	S	DSB	SB	3.50-19	4.50-17	261	13	5	197	9633
	GS 1000 E	997	R 4	70×64,8	4-Takt	DOHC	2	9,2	L	66/90 8200	5	K	SDR	T	S	DSB	SB	3.50-19	4.50-17	255	20	4,6	219	10573
	GS 1000 S	997	R 4	70×64,8	4-Takt	DOHC	2	9,2	L	66/90 9000	5	K	SDR	T	S	DSB	SB	3.50-19	4.25/85-18	255	20	4,5	216	10873
	GS 1000 L	997	R 4	70×64,8	4-Takt	DOHC	2	9,2	L	66/90 9000	5	K	SDR	T	S	DSB	SB	3.50-19	4.50-17	252	15	4,3	199	11073
	GSX 1100	1074	R 4	72×66	4-Takt	DOHC	4	9,5	L	74/100 8700	5	K	SDR	T	S	DSB	SB	3.50-19	4.50-17	259	24	3,9	219	11273
Triumph	TR 7 RV Tiger	744	R 2	76×82	4-Takt	OHV	2	7,9	L	33/45 6000	5	K	SDR	T	S	SB	SB	4.10-19	4.10-18	197	7	6,7	172	7595
	T 140 E Bonneville	744	R 2	76×82	4-Takt	OHV	2	9	L	36/49 6500	5	K	SDR	T	S	SB	SB	4.10-19	4.10-18	206	7	5,9	176	7595
	T 140 E Bonneville Special	744	R 2	76×82	4-Takt	OHV	2	9	L	36/49 6500	5	K	SDR	T	S	SB	SB	4.10-19	4.10-18	200	9	5,9	160	7495
Yamaha	DT 125 E	123	S 1	56×50	2-Takt	MB	–	7,1	L	7/10 6800	5	K	SDR	T	S	TB	TB	2.75-21	3.25-18	119	7	–	110	3120
	DT 175 MX	171	S 1	66×50	2-Takt	MB	–	6,8	L	12/16 7000	6	K	SDR	T	S	TB	TB	2.75-21	3.50-18	109	7	–	105	3563
	DT 250 MX	246	S 1	70×64	2-Takt	MB	–	6,7	L	12/16 5400	6	K	SDR	T	S	TB	TB	3.00-21	4.00-18	135	9	–	109	4283
	XT 250	249	S 1	75×56,5	4-Takt	OHC	2	9,2	L	16/22 8600	5	K	SDR	T	S	TB	TB	3.00-21	4.60-17	124	8	11,1	121	4354
	XT 500	499	S 1	87×84	4-Takt	OHC	2	9	L	20/27 5900	5	K	SDR	T	S	TB	TB	3.25-21	4.00-18	155	9	8,5	132	5098
	SR 250 U.S. Custom	240	S 1	73,5×56,5	4-Takt	OHC	2	9,2	L	13/17 7500	5	K	SDR	T	S	TB	TB	3.00-19	120/90-16	135	10	11,7	115	3836
	SR 500 S (Speichenräder)	499	S 1	87×84	4-Takt	OHC	2	9	L	20/27 6000	5	K	SER	T	S	SB	SB	3.50-19	4.00-18	174	12	9,3	135	4689
	SR 500 G (Gußräder)	499	S 1	87×84	4-Takt	OHC	2	9	L	20/27 6000	5	K	SER	T	S	SB	SB	3.50-19	4.00-18	174	12	9,3	135	4848
	RS 100	97	S 1	52×45,6	2-Takt	MB	–	7	L	7/10 7800	5	K	SER	T	S	TB	TB	2.75-18	3.00-18	106	9	–	105	2440
	RD 250	247	R 2	54×54	2-Takt	MB	–	6,9	W	28/38 8500	6	K	SER	T	S	DSB	SB	3.00-18	3.50-18	158	17	7,1	163	4503
	RD 350	347	R 2	64×54	2-Takt	MB	–	6,9	W	36/49 8700	6	K	SER	T	S	DSB	SB	3.00-18	3.50-18	161	17	5,4	178	5034
	XS 400	392	R 2	69×52,4	4-Takt	OHC	2	9,2	L	20/27 8100	6	K	SER	T	S	DSB	SB	3.00-18	3.75-18	182	17	10,3	140	4593
	XS 400 U.S. Custom	392	R 2	69×52,4	4-Takt	OHC	2	9,3	L	20/27 7500	5	K	SER	T	S	DSB	SB	3.00-18	120/90-16	180	14	10,3	139	4594
	XS 650 U.S. Custom	654	R 2	75×74	4-Takt	OHC	2	8,4	L	35/48 7100	5	K	SER	T	S	DSB	SB	3.50-19	130/90-16	221	12	6,4	156	6265
	XJ 650	653	R 4	63×52,4	4-Takt	DOHC	2	9,2	L	52/71 9400	5	W	SER	T	S	DSB	SB	3.25-19	120/90-18	231	20,5	4,8	197	7015
	XS 750 U.S. Custom	747	R 3	68×68,6	4-Takt	DOHC	2	9,2	L	51/69 8500	5	W	SER	T	S	DSB	SB	3.25-19	4.00-18	252	19	5,6	175	8195
	XS 850	826	R 3	71,5×68,6	4-Takt	DOHC	2	9,2	L	58/79 8500	5	W	SER	T	S	DSB	SB	3.25-19	4.00-18	258	24	5,3	196	8340
	XS 1100	1101	R 4	71,5×68,6	4-Takt	DOHC	2	9,2	L	70/95 8500	5	W	SER	T	S	DSB	SB	3.50-19	4.50-17	286	24	4,1	215	10536
Zündapp	KS 175	163	S 1	62×54	2-Takt	SL	–	7,8	W	13/17 7400	5	K	SDR	T	S	SB	TB	2.75-18	3.25-18	121	14	11,4	126	4475

1980

Hersteller	Typ	Hubraum (cm³)	Zyl.-Anordnung und -zahl	Bohrung und Hub (mm)	Arbeitsweise	Steuerung	Ventile/Zylinder	Verdichtung	Kühlung	Leistung (kW/PS bei 1/min)	Gänge	Hinterradantrieb	Rahmen	Vorderradfederung	Hinterradfederung	Vorderradbremse	Hinterradbremse	Vorderreifen	Hinterreifen	Gewicht incl. Kraftstoff und Öl (kg)	Tankinhalt (l)	Beschleun. 1 Pers. (0-100 km/h sec)	Höchstgeschwindigkeit, 1 Pers. km/h	Preis incl. MWSt (Mark)
Importe aus der UdSSR																								
	ISH Planeta Sport	340	S 1	76×75	2-Takt	SL	–	10	L	19/26 6500	4	K	SER	T	S	TB	TB	3.00-18	3.50-18	145	14	–	140	2926
	Dnepr MT 10-Gespann	650	180° 2	78×68	4-Takt	OHV	2	7.8	L	18/25 5200	4+R	W	SDR	T	S	TB	TB	3.50-18	4.00-18	350	21	–	110	7999
Zulassungsfähige Sondermodelle																								
AME	Chopper	Typgeprüfte Fahrgestelle für Honda- und Kawasaki-Vierzylindermotoren																					bis 19 000 (komplett)	
Bajohr (Ducati)	1000 SS	966	90° V 2	90×76	4-Takt	DES	2	10	L	66/90 7500	5	K	SDR	T	S	DSB	SB	3.50-18	4.70/85-18	205	18	4.1	234	15800
Bimota (Kawasaki)	KB 1	1015	R 4	70×66	4-Takt	DOHC	2	8.7	L	69/94 8000	5	K	SGR	T	S	DSB	SB	3.50-18	130/80-18	226	15	4.1	237	22500
(Suzuki)	SB 3*	997	R 4	70×64.8	4-Takt	DOHC	2	9.2	L	66/90 8830	5	K	SGR	T	S	DSB	SB	3.50-18	130/80-18	219	15	3.8	227	19995
Eckert (Honda)	1100	1062	R 4	70×69	4-Takt	DOHC	4	9.7	L	74/100 8500	5	K	SDR	T	S	DSB	SB	3.25-19	130/80-18	260	20	4	222	16000
Egli (Honda)	CB 900 F	901	R 4	64.5×69	4-Takt	DOHC	4	8.8	L	70/95 9000	5	K	SZR	T	S	DSB	SB	4.10-18	4.25/85-18	215	21	3.5	231	24500
	CBX	1046	R 6	64.5×53.4	4-Takt	DOHC	2	9.3	L	74/100 9000	5	K	SZR	T	S	DSB	SB	4.10-18	4.25/85-18	255	22	3.7	224	25000
(Kawasaki)	Z 1000 S	1015	R 4	70×66	4-Takt	DOHC	2	8.7	L	66/90 8000	5	K	SZR	T	S	DSB	SB	4.10-19	4.00-18	220	20/24	3.5	250	23900
	Z 1000 Mk II Turbo	1015	R 4	70×66	4-Takt/Turbo	DOHC	2	9	L	74/100 9000	5	K	SDR	T	S	DSB	SB	3.50-19	4.00-18	262	16.5	4.4	241	16200
Magni (Honda)	MH 1**	901	R 4	64.5×69	4-Takt	DOHC	4	8.8	L	70/95 9000	5	K	SDR	T	S	DSB	SB	3.25-19	4.00-18	245	20	4.1	211	13600
Michel (BMW)	R 65	731	180° 2	87×61.5	4-Takt	OHV	2	10.5	L	48/65 8000	5	W	SDR	T	S	TB	TB	3.25-19	4.00-18	215	24	–	200	15000
Rau		Typgeprüfte Fahrgestelle für Honda-, Kawasaki- und Suzuki-Vierzylindermotoren																					bis 16 000 (komplett)	
Reimo (Suzuki)	GS 1000	997	R 4	70×64.8	4-Takt	DOHC	2	9.2	L	66/90 8500	5	K	SDR	T	S	DSB	SB	3.50-19	4.50-17	262	22	4.4	220	11000
	GSX 1100	1074	R 4	72×66	4-Takt	DOHC	4	9.5	L	74/100 8700	5	K	SDR	T	S	DSB	SB	3.50-19	4.50-17	249	22	3.5	238	16000
Rickman (Kawasaki)	Z 1000 S	1015	R 4	70×66	4-Takt	DOHC	2	8.7	L	66/90 8000	5	K	SDR	T	S	DSB	SB	4.10-18	4.25/85-18	245	18.5	4.4	208	14850
Schek (BMW)	R 45 Enduro	473	180° 2	70×61.5	4-Takt	OHV	2	8.2	L	20/27 6500	5	W	SDR	T	S	SB	TB	3.25-18	4.00-18	204	22	11.4	141	8580

* Vertrieb durch Suzuki – Deutschland
** Vertrieb durch MV Agusta – Deutschland

1980

BMW R 75/5; 1969; 37 kW/50 PS bei 6200/min; 59 Nm bei 5000/min; 175 km/h; 4 996 Mark

Honda CB 750 F, 1969; 49 kW/67 PS bei 8000/min; 60 Nm bei 7000/min; 190 km/h; 6495 Mark

Laverda 750 SFC; 1971; 52 kW/70 PS bei 7300/min; 68 Nm bei 6200/min; 204 km/h; 10 000 Mark

Harley-Davidson FLH 1200 Electra Glide; 1971; 43 kW/58 PS bei 5150/min; 95 Nm bei 4000/min; 164 km/h; 13 568 Mark

BMW R 75/5; 1971; 37 kW/50 PS bei 6200/min; 59 Nm bei 5000/min; 175 km/h; 5615 Mark

Benelli Tornado 650 S; 1972; 33 kW/45 PS bei 6500/min; 54 Nm bei 3850/min; 175 km/h; 5600 Mark

Kawasaki 900 Z 1 Super 4; 1972; 58 kW/79 PS bei 8500/min; 74 Nm bei 7000/min; 211 km/h; 7200 Mark

Yamaha RD 350;
1973; 29 kW/39 PS
bei 7500/min; 36 Nm
bei 7200/min; 170
km/h; 3 550 Mark

MV Agusta 750 S;
1973; 53 kW/72 PS
bei 9200/min; 58 Nm
bei 7500/min; 220
km/h; 14 250 Mark

Honda CB 350 F;
1973; 25 kW/34 PS
bei 9200/min; 27 Nm
bei 8500/min; 159
km/h; 4 298 Mark

BMW R 90 S; 1973;
49 kW/67 PS bei
7000/min; 74 Nm bei
5500/min; 196 km/h;
7666 Mark

Münch 4-1200 TTS-E;
1973; 74 kW/100 PS
bei 7500/min; 98 Nm
bei 6500/min;
200 km/h; 18 592 Mark

Yamaha TX 750;
1973; 38 kW/51 PS
bei 7240/min; 58 Nm
bei 4500/min; 186
km/h; 5 995 Mark

Suzuki GT 750; 1973; 38 kW/52 PS bei 6500/min; 65 Nm bei 5250/min; 171 km/h; 6590 Mark

Ducati 750 SS; 1974; 54 kW/73 PS bei 8000/min; 72 Nm bei 5500/min; 217 km/h; 8 300 Mark

Laverda 1000; 1974; 57 kW/78 PS bei 7750/min; 75 Nm bei 7000/min; 209 km/h; 8 800 Mark

Hercules W 2000; 1974; 20 kW/27 PS bei 6500/min; 33 Nm bei 5000/min; 148 km/h; 4500 Mark

Maico MD 250/6; 1974; 21 kW/28 PS bei 7000/min; 28 Nm bei 6800/min; 159 km/h; 3645 Mark

Kawasaki 750 H 2 Mach IV; 1974; 52 kW/71 PS bei 6800/min; 75 Nm bei 6500/min; 203 km/h; 5600 Mark

**Suzuki TS 250; 1974;
14 kW/19 PS bei
6500/min; 23 Nm bei
5500/min; 115 km/h;
3723 Mark**

**Suzuki GT 250; 1974;
23 kW/31 PS bei
8000/min; 27 Nm bei
6500/min; 155 km/h;
3725 Mark**

Moto Guzzi 850 T; 1975; 40 kW/55 PS bei 6100/min; 93 Nm bei 4500/min; 181 km/h; 8 110 Mark

Moto Guzzi 850 California; 1975; 40 kW/55 PS bei 6100/min; 93 Nm bei 4500/min; 175 km/h; 9 420 Mark

Ducati 900 SS; 1975; 52 kW/70 PS bei 7000/min; 74 Nm bei 6000/min; 213 km/h; 11 980 Mark

Moto Guzzi 500 Sahara; 1975; 18 kW/25 PS bei 4800/min; 40 Nm bei 4300/min; 123km/h; Preis a. A.

Moto Guzzi 250 TS; 1975; 22 kW/30 PS bei 7400/min; 29 Nm bei 6800/min; 150 km/h; 3 685 Mark

Jawa 350; 1975; 17 kW/23 PS bei 5000/min; 33 Nm bei 4750/min; 132 km/h; 3 300 Mark

**Hercules K 125 S;
1975; 13 kW/17 PS
bei 7500/min; 16 Nm
bei 7100/min; 117
km/h; 3205 Mark**

**Kawasaki KH 250;
1975; 19 kW/26 PS
bei 7000/min; 27 Nm
bei 6500/min; 138
km/h; 3852 Mark**

**BMW R 90/6; 1975;
44 kW/60 PS bei
6500/min; 72 Nm bei
5500/min; 184 km/h;
7925 Mark**

Suzuki GT 500; 1976; 28 kW/38 PS bei 6000/min; 46 Nm bei 5500/min; 169 km/h; 4870 Mark

Honda CB 750 F 1; 1975; 49 kW/67 PS bei 8500/min; 60 Nm bei 7500/min; 197 km/h; 7190 Mark

Honda CB 400 F;
1975; 27 kW/37 PS
bei 8500/min; 31 Nm
bei 8000/min; 158
km/h; 4828 Mark

Honda CB 500 T;
1975; 31 kW/42 PS
bei 8000/min; 39 Nm
bei 7000/min; 160
km/h; 4998 Mark

Yamaha XS 650;
1975; 37 kW/50 PS
bei 6800/min; 58 Nm
bei 6200/min; 181
km/h; 5598 Mark

MV Agusta 125 S; 1975; 7 kW/9 PS bei 8200/min; 111 km/h; 3 440 Mark

Sanglas 400 E; 1975; 18 kW/25 PS bei 6250/min; 35 Nm bei 3000/min; 130 km/h; 4 700 Mark

Norton Commando 850 Interstate; 1975; 38 kW/51 PS bei 6250/min; 73 Nm bei 3400/min; 191 km/h; 8450 Mark

Triumph T 150 V Trident 750; 1975; 44 kW/60 PS bei 7250/min; 69 Nm bei 5800/min; 194 km/h; 6995 Mark

Suzuki RE 5 Rotary; 1975; 46 kW/63 PS bei 6500/min; 75 Nm bei 3500/min; 172 km/h; 8 700 Mark

Kawasaki Z 900; 1975; 60 kW/81 PS bei 8000/min; 73 Nm bei 7500/min; 217 km/h; 8 500 Mark

Moto Guzzi 750 S 3; 1976; 46 kW/62 PS bei 6900/min; 64 Nm bei 5500/min; 206 km/h; 9 440 Mark

Moto Guzzi V 1000 I-Convert; 1975; 45 kW/61 PS bei 6500/min; 73 Nm bei 5250/min; 168 km/h; 10 400 Mark

Honda GL 1000 Gold Wing; 1975; 60 kW/82 PS bei 7500/min; 80 Nm bei 6500/min; 196 km/h; 9 268 Mark

Harley-Davidson FLH 1200 Electra Glide; 1975; 43 kW/58 PS bei 5150/min; 95 Nm bei 4000/min; 135 km/h; 15 130 Mark

Harley-Davidson SS 175; 1976; 13 kW/17 PS bei 6750/min; 19 Nm bei 6000/min; 115 km/h; 3374 Mark

Suzuki GT 185; 1976; 11 kW/15 PS bei 7500/min; 21 Nm bei 6000/min; 126 km/h; 3290 Mark

Honda CB 200 disc; 1976; 13 kW/17 PS bei 9000/min; 14 Nm bei 7000/min; 124 km/h; 3218 Mark

Yamaha RD 250 DX; 1976; 20 kW/27 PS bei 7200/min; 26 Nm bei 7100/min; 145 km/h; 3 852 Mark

Suzuki GT 380; 1976; 24 kW/32 PS bei 7500/min; 29 Nm bei 7000/min; 168 km/h; 4 590 Mark

Kawasaki Z 400; 1976; 26 kW/36 PS bei 8500/min; 31 Nm bei 7500/min; 149 km/h; 4 418 Mark

Honda CJ 250 T; 1976; 20 kW/27 PS bei 9500/min; 21 Nm bei 8500/min; 135 km/h; 3 795 Mark

Suzuki GT 250; 1976; 19 kW/26 PS bei 7500/min; 25 Nm bei 7000/min; 149 km/h; 3 725 Mark

Suzuki GS 400; 1976; 26 kW/36 PS bei 8500/min; 26 Nm bei 6600/min; 165 km/h; 4590 Mark

Kawasaki Z 650; 1976; 49 kW/66 PS bei 8500/min; 57 Nm bei 7000/min; 190 km/h; 6500 Mark

Suzuki GS 750; 1976; 46 kW/63 PS bei 8800/min; 52 Nm bei 8100/min; 198 km/h; 6 990 Mark

Honda CB 750 F; 1976; 46 kW/63 PS bei 8000/min; 60 Nm bei 7500/min; 194 km/h; 7 368 Mark

Yamaha XS 500; 1976; 36 kW/49 PS bei 8250/min; 54 Nm bei 6200/min; 178 km/h; 5 250 Mark

Yamaha XS 750; 1976; 47 kW/64 PS bei 7500/min; 63 Nm bei 6000/min; 189 km/h; 7 252 Mark

Moto Guzzi 850 T 3 California; 1976; 43 kW/59 PS bei 6800/min; 66 Nm bei 5500/min; 150 km/h; 9260 Mark

Moto Guzzi 850 Le Mans; 1976; 52 kW/70 PS bei 7000/min; 72 Nm bei 6600/min; 203 km/h; 10560 Mark

Van Veen OCR 1000; 1976; 74 kW/100 PS bei 6500/min; 135 Nm bei 2500/min; 213 km/h; 24 198 Mark

Triumph T 140 V Bonneville; 1976; 36 kW/49 PS bei 6500/min; 57 Nm bei 5500/min; 177 km/h; 5600 Mark

Harley-Davidson XLH 1000 Sportster; 1976; 42 kW/57 PS bei 6000/min; 72 Nm bei 5000/min; 180 km/h; 10387 Mark

Triumph T 140 V Tiger; 1976; 33 kW/45 PS bei 6000/min; 57 Nm bei 5000/min; 172 km/h; 5 400 Mark

Harley-Davidson FXE 1200 Super Glide; 1976; 43 kW/58 PS bei 5150/min; 96 Nm bei 4000/min; 177 km/h; 11 748 Mark

MV Agusta 800 SS Super Daytona America; 1976; 66 kW/90 PS bei 10000/min; 78 Nm bei 8300/min; 208 km/h; 21.980 Mark

MV Agusta 500 SS; 1976; 39 kW/53 PS bei 8900/min; 170 km/h; 5 483 Mark

MV Agusta 800 S America; 1977; 55 kW/75 PS bei 8500/min; 65 Nm bei 7500/min; 216 km/h; 13 988 Mark

MV Agusta 900 S Arturo Magni „Cento Valli", 1977: 77 kW/105 PS bei 10000/min, 84 Nm bei 9100/min; 220 km/h; 25.400 Mark

Ducati 500 GTV; 1977; 29 kW/39 PS bei 7500/min; 37 Nm bei 6000/min; 165 km/h; 6150 Mark (links)
Ducati 500 S Desmo; 1977; 32 kW/43 PS bei 8000/min; 41 Nm bei 6500/min; 180 km/h; 6660 Mark

Ducati 900 SD Darmah; 1977; 52 kW/70 PS bei 7000/min; 74 Nm bei 6000/min; 200 km/h; 9120 Mark

Moto Guzzi V 35; 1977; 20 kW/27 PS bei 7600/min; 26 Nm bei 6200/min; 148 km/h; 5990 Mark (links)
Moto Guzzi V 50; 1977; 29 kW/39 PS bei 7400/min; 41 Nm bei 5800/min; 168 km/h; 6795 Mark

Moto Guzzi 254; 1977; 20 kW/27 PS bei 10500/min; 19 Nm bei 9000/min; 140 km/h; Preis a. A.

**Benelli 250 Quattro;
1977; 20 kW/27 PS
bei 10500/min; 19 Nm
bei 9000/min; 150
km/h; Preis a. A.**

**MV Agusta 350 S;
1977; 20 kW/27 PS
bei 7800/min; 31 Nm
bei 5100/min; 150
km/h; 5252 Mark**

**Laverda 500; 1977;
20 kW/27 PS bei
6850/min; 160 km/h;
6300 Mark**

Suzuki TS 250; 1977; 12 kW/16,5 PS bei 6000/min; 23 Nm bei 5000/min; 107 km/h; 3870 Mark

Yamaha DT 250; 1977; 12 kW/16 PS bei 5400/min; 22 Nm bei 4800/min; 109 km/h; 3 800 Mark

Yamaha DT 400; 1977; 15 kW/21 PS bei 5600/min; 28 Nm bei 3900/min; 136 km/h; 4 100 Mark

Kawasaki Z 200;
1977; 13 kW/17 PS
bei 8000/min; 16 Nm
bei 7000/min; 121
km/h; 2 957 Mark

Maico MD 250/6;
1977; 20 kW/27 PS
bei 7000/min; 27 Nm
bei 6800/min; 149
km/h; 3 950 Mark

Yamaha RD 250;
1977; 20 kW/27 PS
bei 7200/min; 27 Nm
bei 7100/min; 145
km/h; 3 850 Mark

Kawasaki KH 125; 1977; 10 kW/14 PS bei 6770/min; 16 Nm bei 6500/min; 109 km/h; 2 652 Mark

Yamaha XS 360; 1977; 20 kW/27 PS bei 8000/min; 26 Nm bei 6600/min; 145 km/h; 3 952 Mark

Honda CB 750 K; 1977; 49 kW/67 PS bei 8500/min; 60 Nm bei 7000/min; 192 km/h; 6900 Mark

Honda CB 750 F 2; 1977; 54 kW/73 PS bei 9000/min; 63 Nm bei 7500/min; 197 km/h; 6766 Mark

Honda CB 125 T; 1977; 13 kW/17 PS bei 11500/min; 10 Nm bei 10500/min; 129 km/h; 2622 Mark

Yamaha RD 400 C; 1977; 32 kW/43 PS bei 7100/min; 42 Nm bei 7000/min; 171 km/h; 4600 Mark

Suzuki GS 550; 1977; 36 kW/49 PS bei 9000/min; 40 Nm bei 7500/min; 184 km/h; 5690 Mark

BMW R 100 RS · 1977, 52 kW/70 PS bei 7250/min, 75 Nm bei 5500/min, 193 km/h, 11.730 Mark

Enfield India 350 Bullet; 1977; 15 kW/21 PS bei 5800/min; 33 Nm bei 3700/min; 110 km/h; 3800 Mark

BMW R 80/7; 1977; 37 kW/50 PS bei 7250/min; 57 Nm bei 5500/min; 186 km/h; 7990 Mark

Morini 125 T; 1978;
7 kW/9 PS bei 9000/min; 12 Nm bei 7000/min; 110 km/h; 3 370 Mark

Morini 250 T; 1978;
13 kW/17 PS bei 6800/min; 19 Nm bei 4900/min; 135 km/h; 3 920 Mark

Morini 3 1/2 Touring; 1978; 20 kW/27 PS bei 6850/min; 32 Nm bei 5900/min; 153 km/h; 5 700 Mark

Morini 500 M; 1978;
31 kW/42 PS bei 7500/min; 43 Nm bei 5100/min; 170 km/h; 6 533 Mark

Benelli 350 RS; 1978; 20 kW/27 PS bei 9200/min; 23 Nm bei 7600/min; 148 km/h; 5795 Mark

Ducati 500 Pantah; 1978; 37 kW/50 PS bei 8500/min; 40 Nm bei 6300/min; 178 km/h; 7300 Mark

Laverda 500; 1978; 33 kW/45 PS bei 8200/min; 42 Nm bei 6500/min; 167 km/h; 6860 Mark

Benelli 900 Sei; 1978; 59 kW/80 PS bei 8300/min; 57 Nm bei 6100/min; 193 km/h; 10 500 Mark

Laverda 1200; 1978; 63 kW/86 PS bei 7350/min; 91 Nm bei 6000/min; 204 km/h; 10 200 Mark

MV Agusta 1000 Corona; 1978; 78 kW/106 PS bei 10000/min; 110 Nm bei 8300/min; 230 km/h; 25400 Mark

MV Agusta 1100 Grand Prix; 1978; 88 kW/119 PS bei 10200/min; 139 Nm bei 8650/min; 237 km/h; 29600 Mark

BMW R 45; 1978; 26 kW/35 PS bei 7250/min; 37 Nm bei 5500/min; 160 km/h; 5 880 Mark

BMW R 65; 1978; 33 kW/45 PS bei 7250/min; 50 Nm bei 5500/min; 177 km/h; 7 290 Mark

Moto Guzzi V 1000 G 5; 1978; 45 kW/61 PS bei 6500/min; 73 Nm bei 5250/min; 157 km/h; 9 295 Mark

Moto Guzzi V 1000 SP; 1978; 45 kW/61 PS bei 6500/min; 73 Nm bei 5250/min; 181 km/h; 9 850 Mark

BMW R 100 T; 1978; 48 kW/65 PS bei 6600/min; 75 Nm bei 5500/min; 187 km/h; 9 290 Mark

BMW R 100 RT; 1978; 48 kW/65 PS bei 6600/min; 75 Nm bei 5500/min; 174 km/h; 11 480 Mark

Horex 1400 TI; 1978; 103 kW/140 PS bei 7200/min; 145 Nm bei 5600/min; 250 km/h; 25000 Mark

Münch 4-1200 TTS-E; 1976; 77 kW/104 PS bei 7500/min; 98 Nm bei 6500/min; 196 km/h; 25 530 Mark

Münch 4-1200 TTS-E; 1978; 77 kW/104 PS bei 7500/min; 98 Nm bei 6500/min; 196 km/h; 25 760 Mark

Bultaco Streaker 125;
1978; 7 kW/10 PS bei
9000/min; 13 Nm bei
7600/min; 116 km/h;
3 550 Mark

MZ TS 125; 1978;
7 kW/10 PS bei
6300/min; 13 Nm bei
5000/min; 100 km/h;
1 850 Mark

Honda CB 250 T;
1978; 13 kW/17 PS
bei 8500/min; 16 Nm
bei 6500/min; 117
km/h; 3 987 Mark

Maico MD 250 wk;
1978; 20 kW/27 PS
bei 7000/min; 29 Nm
bei 6400/min; 151
km/h; 4 852 Mark

Suzuki GT 250/X 7;
1978; 20 kW/27 PS
bei 8000/min; 25 Nm
bei 7700/min; 149
km/h; 4 140 Mark

Suzuki SP 370; 1978; 20 kW/27 PS bei 7500/min; 28 Nm bei 4000/min; 129 km/h; 4740 Mark

Honda XL 250 S;
1978; 13 kW/17 PS
bei 7000/min; 20 Nm
bei 5500/min; 111
km/h; 4057 Mark

Kawasaki KL 250;
1978; 13 kW/17 PS
bei 7000/min; 19 Nm
bei 6300/min; 113
km/h; 3914 Mark

Yamaha DT 250 MX;
1978; 12 kW/16 PS
bei 5400/min; 22 Nm
bei 4800/min; 109
km/h; 3987 Mark

Yamaha RD 400; 1978; 32 kW/43 PS bei 7500/min; 42 Nm bei 7000/min; 175 km/h; 4822 Mark

Yamaha XS 400; 1978; 20 kW/27 PS bei 7000/min; 28 Nm bei 5000/min; 140 km/h; 4362 Mark

Honda CB 250 N; 1978; 13 kW/17 PS bei 8500/min; 16 Nm bei 6500/min; 125 km/h; 4267 Mark

Honda CB 400 N; 1978; 20 kW/27 PS bei 7500/min; 27 Nm bei 6500/min; 137 km/h; 4618 Mark

Honda CM 185 T; 1978; 7 kW/10 PS bei 7500/min; 13 Nm bei 4000/min; 93 km/h; 3 286 Mark

Honda CX 500; 1978; 37 kW/50 PS bei 9000/min; 46 Nm bei 7000/min; 176 km/h; 5 620 Mark

Ossa 500 Yankee; 1978; 43 kW/58 PS bei 7500/min; 185 km/h; 7 300 Mark

Kawasaki Z 650 C; 1978; 49 kW/66 PS bei 8500/min; 57 Nm bei 7000/min; 190 km/h; 7 037 Mark

Triumph T 140 V Bonneville; 1978; 36 kW/49 PS bei 6500/min; 57 Nm bei 5500/min; 177 km/h; 5 795 Mark

Honda CB 400 A; 1978; 20 kW/27 PS bei 8000/min; 28 Nm bei 5000/min; 139 km/h; 4 718 Mark

Honda CB 750 K; 1978; 57 kW/77 PS bei 9000/min; 66 Nm bei 7000/min; 200 km/h; 7 842 Mark

Honda CB 900 F Bol d'Or; 1978; 70 kW/ 95 PS bei 9000/min; 77 Nm bei 8000/min; 213 km/h; 8 853 Mark

Suzuki GS 1000; 1978; 66 kW/90 PS bei 8200/min; 83 Nm bei 6500/min; 219 km/h; 9950 Mark

Yamaha XS 1100; 1978; 70 kW/95 PS bei 8500/min; 90 Nm bei 6000/min; 215 km/h; 10051 Mark

Kawasaki Z 1000 Z 1-R; 1978; 66 kW/90 PS bei 8000/min; 81 Nm bei 7000/min; 207 km/h; 9937 Mark

Harley-Davidson XLCR 1000 Café Racer; 1978; 42 kW/57 PS bei 6000/min; 77 Nm bei 4150/min; 180 km/h; 11 980 Mark

Harley-Davidson FXS 1200 Low Rider; 1978; 43 kW/58 PS bei 5150/min; 96 Nm bei 4000/min; 170 km/h; 13 350 Mark

Malanca 125 E 2 C Sport; 1979; 13 kW/17 PS bei 9300/min; 13 Nm bei 8450/min; 120 km/h; 3720 Mark

Triumph T 140 V Bonneville Special; 1979; 31 kW/42 PS bei 6000/min; 57 Nm bei 5000/min; 160 km/h; 7475 Mark

Sanglas 400 y; 1979; 20 kW/27 PS bei 7100/min; 28 Nm bei 5000/min; 140 km/h; 5 995 Mark

Sanglas 500 S 2; 1979; 20 kW/27 PS bei 5930/min; 39 Nm bei 4950/min; 140 km/h; 5 685 Mark

Morini 500 S; 1979; 31 kW/42 PS bei 7500/min; 43 Nm bei 5100/min; 170 km/h; 6 728 Mark

Moto Guzzi 850 Le Mans II; 1979; 54 kW/74 PS bei 7700/min; 73 Nm bei 6500/min; 201 km/h; 10 500 Mark

Kawasaki KE 175;
1979; 13 kW/17 PS
bei 7500/min; 16 Nm
bei 6500/min; 113
km/h; 3280 Mark

Honda XL 185 S;
1979; 7 kW/10 PS bei
6500/min; 13 Nm bei
4500/min; 93 km/h;
3609 Mark

Suzuki TS 250 ER;
1979; 12 kW/16,5 PS
bei 6000/min; 21 Nm
bei 5000/min;
107 km/h; 4461 Mark

Honda XL 500 S; 1979; 20 kW/27 PS bei 5500/min; 40 Nm bei 5000/min; 135 km/h; 4926 Mark

**Suzuki GS 500 E;
1979; 20 kW/27 PS
bei 7600/min; 29 Nm
bei 4100/min; 148
km/h; 6211 Mark**

**Kawasaki Z 650 SR;
1979; 48 kW/65 PS
bei 8500/min; 57 Nm
bei 7000/min; 178
km/h; 7348 Mark**

**Yamaha XS 650 Special; 1979; 35 kW/
48 PS bei 7100/min;
53 Nm bei 5900/min;
156 km/h; 6555 Mark**

Suzuki GS 550 L; 1979; 35 kW/48 PS bei 9200/min; 39 Nm bei 7000/min; 158 km/h; 7211 Mark

Kawasaki Z 500; 1979; 37 kW/50 PS bei 9000/min; 43 Nm bei 7500/min; 180 km/h; 6218 Mark

Yamaha SR 500 G; 1979; 20 kW/27 PS bei 6000/min; 36 Nm bei 4250/min; 135 km/h; 4848 Mark

Kawasaki Z 1300, 1979, 73 kW/99 DS bei 8000/min, 102 Nm bei 6000/min, 217 km/h, 13200,- Mark

**Suzuki GS 850 G;
1979; 57 kW/78 PS
bei 9000/min; 63 Nm
bei 8000/min; 198
km/h; 9 282 Mark**

**Kawasaki Z 1000 ST;
1979; 71 kW/97 PS
bei 8000/min; 90 Nm
bei 7000/min; 214
km/h; 10 218 Mark**

**Honda GL 1100 Gold
Wing; 1979; 61 kW/
83 PS bei 7500/min;
88 Nm bei 5500/min;
192 km/h; 9 844 Mark**

Bimota-Kawasaki KB 1; 1979; 69 kW/94 PS bei 8000/min; 237 km/h; 19 980 Mark

Bajohr-Ducati 1000 SS; 1979; 66 kW/90 PS bei 7500/min; 234 km/h; 15 800 Mark

Egli-Honda CB 900 F; 1979; 70 kW/95 PS bei 9000/min; 236 km/h; 25 000 Mark

**Honda CM 200 T;
1980; 13 kW/17 PS
bei 9000/min; 15 Nm
bei 7500/min; 119
km/h; 3 588 Mark**

**Enfield India 350
Bullet de Luxe; 1980;
13 kW/17 PS bei
5620/min; 32 Nm bei
3500/min; 110 km/h;
4 370 Mark**

**Mototrans-Ducati 350
Vento; 1980; 20 kW/
27 PS bei 7500/min;
28 Nm bei 5400/min;
150 km/h; 5 970 Mark**

Kawasaki KLX 250; 1980; 13 kW/17 PS bei 7000/min; 19 Nm bei 6300/min; 118 km/h; 5 250 Mark

BMW R 80 G/S; 1980; 37 kW/50 PS bei 6500/min; 57 Nm bei 5000/min; 173 km/h; 8 920 Mark

Ducati 900 SS Hailwood-Replica; 1980; 52 kW/70 PS bei 7000/min; 74 Nm bei 6000/min; 220 km/h; 12 576 Mark

Laverda 1000 Jota; 1980; 63 kW/85 PS bei 7600/min; 76 Nm bei 6500/min; 210 km/h; 12 500 Mark

**Moto Guzzi V 35
Imola; 1980; 20 kW/
27 PS bei 7600/min;
26 Nm bei 6200/min;
150 km/h; 6 920 Mark**

**Morini AMEX 250 J;
1980; 17 kW/23 PS
bei 8800/min; 21 Nm
bei 6950/min; 141
km/h; 5 472 Mark**

**Moto Guzzi 850 T 4;
1980; 43 kW/59 PS
bei 6800/min; 67 Nm
bei 5500/min; 178
km/h; 9 800 Mark**

MV Agusta 1000 Ago · 1980 · 73 kW/99 PS bei 9500/min, 96 Nm bei 7000/min, 264 km/h, 67400 M. ▲

Münch TTS 1300; 1980; 72 kW/98 PS bei 6600/min; 98 Nm bei 5500/min; 220 km/h; 26 000 Mark

Yamaha XS 1100 Martini-Sonderserie; 1980; 70 kW/95 PS bei 8500/min; 90 Nm bei 6000/min; 215 km/h; 10 536 Mark

Yamaha XT 250;
1980; 16 kW/22 PS
bei 8600/min; 20 Nm
bei 7600/min; 121
km/h; 4354 Mark

Yamaha RD 250;
1980; 28 kW/38 PS
bei 8500/min; 32 Nm
bei 8200/min; 163
km/h; 4503 Mark

Yamaha RD 350;
1980; 36 kW/49 PS
bei 8700/min; 40 Nm
bei 8200/min; 178
km/h; 5034 Mark

Honda CM 400 T; 1980; 32 kW/43 PS bei 9500/min; 31 Nm bei 8000/min; 156 km/h; 4529 Mark

Kawasaki Z 440 LTD; 1980; 20 kW/27 PS bei 7000/min; 32 Nm bei 3000/min; 154 km/h; 5020 Mark

Yamaha XS 750 U.S. Custom; 1980; 51 kW/69 PS bei 8500/min; 64 Nm bei 6900/min; 175 km/h; 8195 Mark

Suzuki GSX 400;
1980; 20 kW/27 PS
bei 8000/min; 26 Nm
bei 6000/min; 151
km/h; 5150 Mark

Kawasaki Z 400 J;
1980; 20 kW/27 PS
bei 8000/min; 28 Nm
bei 6500/min; 154
km/h; 5420 Mark

Yamaha XJ 650;
1980; 52 kW/71 PS
bei 9400/min; 57 Nm
bei 7200/min; 197
km/h; 7015 Mark

Honda CB 750 F;
1980; 57 kW/78 PS
bei 9000/min; 64 Nm
bei 8000/min; 203
km/h; 8114 Mark

Suzuki GS 850 L;
1980; 58 kW/79 PS
bei 8500/min; 68 Nm
bei 7500/min; 197
km/h; 9633 Mark

Yamaha XS 850;
1980; 58 kW/79 PS
bei 8500/min; 70 Nm
bei 7500/min; 196
km/h; 8340 Mark

Harley-Davidson FXWG 1340 Wide Glide; 1980; 49 kW/67 PS bei 5800/min; 96 Nm bei 3400/min; 164 km/h; 15 270 Mark

Suzuki GSX 1100; 1980; 74 kW/100 PS bei 8700/min; 85 Nm bei 6500/min; 219 km/h; 11 273 Mark

Michel-BMW R 65; 1980; 48 kW/65 PS bei 8000/min; 200 km/h; 15000 Mark

Hersteller	Typ	Hubraum (cm³)	Zyl.-Anordnung und -zahl	Bohrung und Hub (mm)	Arbeitsweise	Steuerung	Ventile/Zylinder	Verdichtung	Kühlung	Leistung (kW/PS bei 1/min)	Gänge	Hinterradantrieb	Rahmen	Vorderradfederung	Hinterradfederung	Vorderradbremse	Hinterradbremse	Vorderreifen	Hinterreifen	Gewicht incl. Kraftstoff und Öl (kg)	Tankinhalt (l)	Beschleun. 1 Pers. (0–100 km/h sec)	Höchstgeschwindigkeit, 1 Pers. (km/h)	Preis incl. MwSt (Mark)
Benelli	125 t	125	R 2	42,5×44	2-Takt	SL	–	10,3	L	7/10 7600	5	K	SDR	T	S	SB	TB	2,75-18	3.00-18	127	14	–	110	3650
	250 2 C	231	R 2	56×47	2-Takt	SL	–	10	L	13/17 7700	5	K	SDR	T	S	SB	TB	3.00-18	3.25-18	134	17	–	125	4000
	254 Quattro	231	R 4	44×38	4-Takt	OHC	2	10,5	L	20/27 10500	5	K	PSR	T	S	SB	TB	2,75-18	3.00-18	122	8	7,8	150	5130
	354 Sport	345	R 4	50×44	4-Takt	OHC	2	10,4	L	28/38 10200	5	K	SDR	T	S	DSB	SB	3.00-18	3.25-18	206	15,5	9	144	7190
	654	604	R 4	60×53,4	4-Takt	OHC	2	9,3	L	46/62 8650	5	K	SDR	T	S	DSB	SB	3.25-18	3.50-18	210	15	–	190	8120
	900 Sei	905	R 6	60×53,4	4-Takt	OHC	2	9,5	L	59/80 8300	5	K	SDR	T	S	DSB	SB	100/90-18	120/90-18	249	17	4,6	193	11180
BMW	R 80 G/S	797	180° 2	84,8×70,6	4-Takt	OHV	2	8,2	L	37/50 6500	5	W	SDR	T	ES	SB	TB	3.00-21	4.00-18	196	19,5	5,6	173	8590
	R 45	473	180° 2	70×61,5	4-Takt	OHV	2	8,2	L	20/27 6500	5	W	SDR	T	S	TB	TB	3.25-18	4.00-18	206	22	11,4	141	6940
	R 45	473	180° 2	70×61,5	4-Takt	OHV	2	9,2	L	26/35 7250	5	W	SDR	T	S	TB	TB	3.25-18	4.00-18	206	22	8,8	160	6940
	R 65	649	180° 2	82×61,5	4-Takt	OHV	2	9,2	L	37/50 7250	5	W	SDR	T	S	DSB	TB	3.25-19	4.00-18	204	22	6,5	175	8040
	R 100	979	180° 2	94×70,6	4-Takt	OHV	2	8,2	L	49/67 7000	5	W	SDR	T	S	DSB	TB	3.25-19	4.00-18	236	24	5,7	191	9940
	R 100 CS	979	180° 2	94×70,6	4-Takt	OHV	2	9,5	L	52/70 7000	5	W	SDR	T	S	DSB	TB	3.25-19	4.00-18	232	24	4,8	194	11040
	R 100 RT	979	180° 2	94×70,6	4-Takt	OHV	2	9,5	L	52/70 7000	5	W	SDR	T	S	DSB	TB	3.25-19	4.00-18	260	24	5,2	179	13230
	R 100 RS	979	180° 2	94×70,6	4-Takt	OHV	2	9,5	L	52/70 7000	5	W	SDR	T	S	DSB	TB	3.25-18	4.00-18	247	24	4,6	193	13230
Cagiva	SX 125	125	S 1	56×50,6	2-Takt	MB	–	12,1	L	13/17 6500	6	K	SZR	T	S	TB	TB	2,75-21	3.50-18	120	9	–	100	4600
	SX 350	342	S 1	80×68	2-Takt	SL	2	9,6	L	20/27 6000	5	K	SDR	T	S	TB	TB	3.00-21	4.00-18	139	9	–	132	4950
	SST 125	125	S 1	56×50,6	2-Takt	SL	2	10,8	L	7/10 7000	5	K	SGR	T	S	SB	TB	3.00-19	3.50-18	116	10,5	–	104	3990
	SST 250	243	S 1	72×59,6	2-Takt	SL	2	10,6	L	7/10 5500	5	K	SGR	T	S	SB	TB	3.25-18	4.00-18	143	10,5	–	110	4590
	SST 250 Chopper	243	S 1	72×59,6	2-Takt	SL	2	10,6	L	7/10 5500	5	K	SDR	T	S	SB	TB	3.50-18	4.25/85-18	143	10,5	–	98	5880
	SST 350	342	S 1	80×68	2-Takt	SL	2	9,6	L	20/27 5750	5	K	SDR	T	S	DSB	TB	3.50-18	4.25/85-18	145	15	–	136	4840
	SST 350 Chopper	342	S 1	80×68	2-Takt	SL	2	9,6	L	20/27 5750	5	K	SDR	T	S	DSB	TB	3.50-18	4.25/85-18	145	15	–	133	5720
CZ	250/485	246	S 1	66×72	2-Takt	SL	–	8	L	10/13 5000	4	K	SER	T	S	SB	SB	3.00-18	3.25-18	124	13	–	103	2600
Ducati	500 SL Pantah	497	90° V 2	74×57,8	4-Takt	DES	2	9,5	L	37/50 8500	5	K	SGR	T	S	DSB	SB	3.25-18	3.50-18	202	18	6,6	180	9131
	600 SL Pantah	581	90° V 2	80×57,8	4-Takt	DES	2	9,5	L	42/57 8500	5	K	SGR	T	S	DSB	SB	3.25-18	3.50-18	202	18	5,6	195	9400
	900 SD Darmah	864	90° V 2	86×74,4	4-Takt	DES	2	9,5	L	45/61 7000	5	K	SDR	T	S	DSB	SB	3.50-18	4.25/85-18	240	16	5	200	10433
	900 SS Darmah	864	90° V 2	86×74,4	4-Takt	DES	2	9,5	L	48/65 7000	5	K	SDR	T	S	DSB	SB	3.50-18	4.25/85-18	242	16	4,9	205	10433
	900 SS	864	90° V 2	86×74,4	4-Takt	DES	2	9,5	L	48/65 7000	5	K	SDR	T	S	DSB	SB	3.50-18	4.25/85-18	225	18	4,7	213	12028
	900 SS Hailwood-Replica	864	90° V 2	86×74,4	4-Takt	DES	2	9,5	L	48/65 7000	5	K	SDR	T	S	DSB	SB	3.50-18	4.25/85-18	229	18	4,7	215	13028

1981

Hersteller	Typ	Hubraum (cm³)	Zyl.-Anordnung und -zahl	Bohrung und Hub (mm)	Arbeitsweise	Steuerung	Ventile/Zylinder	Verdichtung	Kühlung	Leistung (kW/PS bei 1/min)	Gänge	Hinterradantrieb	Rahmen	Vorderradfederung	Hinterradfederung	Vorderradbremse	Hinterradbremse	Vorderreifen	Hinterreifen	Gewicht incl. Kraftstoff und Öl (kg)	Tankinhalt (l)	Beschleun., 1 Pers. (0–100 km/h sec)	Höchstgeschwindigkeit, 1 Pers. (km/h)	Preis incl. MWSt (Mark)
Enfield India	350 Bullet	346	S 1	70×90	4-Takt	OHV	2	6,5	L	13/17 5620	4	K	SER	T	S	TB	TB	3.25-19	3.25-19	170	15	–	110	4350
	350 Bullet de Luxe	346	S 1	70×90	4-Takt	OHV	2	6,5	L	13/17 5620	4	K	SER	T	S	TB	TB	3.25-19	3.25-19	170	15	–	110	4550
Fantic	TX 150 Caballero	124	S 1	55,2×52	2-Takt	SL	–	12,4	L	13/17 8500	6	K	SDR	T	S	TB	TB	3.00-21	4.00-18	115	8	–	105	3980
Harley-Davidson	XLH 1000 Sportster	997	45° V 2	81×96,8	4-Takt	OHV	2	9	L	40/55 5800	4	K	SDR	T	S	DSB	SB	MJ 90-19	MT 90-16	240	9	4,3	180	12140
	XLS 1000 Roadster	997	45° V 2	81×96,8	4-Takt	OHV	2	9	L	40/55 5800	4	K	SDR	T	S	DSB	SB	MJ 90-19	MT 90-16	245	13,5	4,4	170	13450
	FXE 1340 Super Glide	1337	45° V 2	88,8×108	4-Takt	OHV	2	7,4	L	49/67 5800	4	K	SDR	T	S	DSB	SB	MJ 90-19	MT 90-16	282	13,5	–	165	14445
	FXE 1340 Super Glide II	1337	45° V 2	88,8×108	4-Takt	OHV	2	7,4	L	49/67 5800	5	K	SDR	T	S	DSB	SB	MJ 90-19	MT 90-16	282	15	6,3	160	16915
	FXS 1340 Low Rider	1337	45° V 2	88,8×108	4-Takt	OHV	2	7,4	L	49/67 5800	4	K	SDR	T	S	DSB	SB	MJ 90-19	MT 90-16	289	15,5	–	165	16710
	FXB 1340 Sturgis	1337	45° V 2	88,8×108	4-Takt	OHV	2	7,4	L	49/67 5800	4	ZR	SDR	T	S	DSB	SB	MJ 90-19	MT 90-16	278	15,5	6,5	170	17255
	FXWG 1340 Wide Glide	1337	45° V 2	88,8×108	4-Takt	OHV	2	7,4	L	49/67 6000	4	K	SDR	T	S	DSB	SB	MH 90-21	MT 90-16	292	19	7,4	164	17175
	FLH 1340 Electra Glide	1337	45° V 2	88,8×108	4-Takt	OHV	2	7,4	L	49/67 6000	4	K	SDR	T	S	SB	SB	MT 90-16	MT 90-16	345	19	–	150	16570
	FLHE 1340 Heritage	1337	45° V 2	88,8×108	4-Takt	OHV	2	7,4	L	49/67 6000	4	K	SDR	T	S	SB	SB	MT 90-16	MT 90-16	345	19	–	165	18290
	FLHC 1340 El. Glide Classic	1337	45° V 2	88,8×108	4-Takt	OHV	2	7,4	L	49/67 6000	4	K	SDR	T	S	SB	SB	MT 90-16	MT 90-16	348	19	–	150	18525
	FLT 1340 Tour Glide	1337	45° V 2	88,8×108	4-Takt	OHV	2	7,4	L	52/70 5800	5	K	SDR	T	S	DSB	SB	MT 90-16	MT 90-16	355	19	–	165	18065
	FLTC 1340 Tour Glide Classic	1337	45° V 2	88,8×108	4-Takt	OHV	2	7,4	L	52/70 5800	5	K	SDR	T	S	DSB	SB	MT 90-16	MT 90-16	355	19	–	165	19995
	FLHC 1340 El. Glide Classic*	1337	45° V 2	88,8×108	4-Takt	OHV	2	7,4	L	49/67 6000	4	K	SDR	T	S	SB	SB	MT 90-16	MT 90-16	450	19	–	125	25710
Hercules	K 125 Military	124	S 1	54×54	2-Takt	SL	–	9	L	9/12,5 7000	5	K	SDR	S	S	TB	TB	3.25-18	3.50-18	135	15	–	94	5125
Honda	XL 185 S	180	S 1	63×57,8	4-Takt	OHC	2	9,2	L	7/10 6500	5	K	SER	T	S	TB	TB	2.75-21	4.10-18	118	7	16	93	3688
	XL 185 S	180	S 1	63×57,8	4-Takt	OHC	2	9,2	L	12/16 8000	5	K	SER	T	S	TB	TB	2.75-21	4.10-18	118	7	16	115	3688
	XL 250 S	248	S 1	74×57,8	4-Takt	OHC	4	9,1	L	13/17 7000	5	K	SER	T	S	TB	TB	3.00-23	4.60-18	132	9,5	15,2	111	4519
	XL 500 S	497	S 1	89×80	4-Takt	OHC	4	8,6	L	20/27 5500	5	K	SER	T	S	TB	TB	3.00-23	4.60-18	142	10,5	8,1	135	5356
	CB 125 T 2	125	R 2	44×41	4-Takt	OHC	2	9,4	L	7/10 10500	5	K	SER	T	S	SB	TB	2.75-18	3.00-18	126	10	–	100	3235
	CB 125 T 2	125	R 2	44×41	4-Takt	OHC	2	9,4	L	13/17 11500	5	K	SER	T	S	SB	TB	2.75-18	3.00-18	126	10	16,1	128	3235
	CM 200 T	194	R 2	53×44	4-Takt	OHC	2	8,8	L	7/10 7000	4	K	SER	T	S	TB	TB	3.00-17	3.50-16	138	11	–	100	3688
	CM 200 T	194	R 2	53×44	4-Takt	OHC	2	8,8	L	13/17 9000	6	K	SER	T	S	TB	TB	3.00-17	3.50-16	138	11	15,1	119	3688
	CB 250 N	250	R 2	62×41,4	4-Takt	OHC	3	9,4	L	13/17 8500	6	K	SER	T	S	SB	TB	3.60-19	4.10-18	186	14	19,1	125	4556
	CB 250 N	250	R 2	62×41,4	4-Takt	OHC	3	9,4	L	20/27 10000	6	K	SER	T	S	SB	TB	3.60-19	4.10-18	184	14	10,4	142	4556
	CB 250 RS	248	S 1	74×57,8	4-Takt	OHC	4	9,3	L	13/17 7000	5	K	SER	T	S	SB	TB	3.00-18	3.50-18	148	13	11,2	136	4019
	CB 250 RS	248	S 1	74×57,8	4-Takt	OHC	4	9,3	L	19/26 8500	5	K	SER	T	S	SB	TB	3.00-18	4.10-18	148	13	8	146	4019

1981

Hersteller	Typ	Hubraum (cm³)	Zyl.-Anordnung und -zahl	Bohrung und Hub (mm)	Arbeitsweise	Steuerung	Ventile/Zylinder	Verdichtung	Kühlung	Leistung (kW/PS bei 1/min)	Gänge	Hinterradantrieb	Rahmen	Vorderradfederung	Hinterradfederung	Vorderradbremse	Hinterradbremse	Vorderreifen	Hinterreifen	Gewicht incl. Kraftstoff und Öl (kg)	Tankinhalt (l)	Beschleun. 1 Pers. (0–100 km/h sec)	Höchstgeschwindig-keit, 1 Pers. (km/h)	Preis incl. MWSt (Mark)
	CB 400 N	395	R 2	70,5×50,6	4-Takt	OHC	3	9,3	L	20/27 7500	6	K	SER	T	S	DSB	TB	3.60-19	4.10-18	185	14	11	137	4959
	CB 400 N	395	R 2	70,5×50,6	4-Takt	OHC	3	9,3	L	32/43 8500	6	K	SER	T	S	DSB	TB	3.60-19	4.10-18	185	14	–	161	4959
	CB 400 T-Hondamatic	395	R 2	70,5×50,6	4-Takt	OHC	3	9,3	L	20/27 8000	2 S-A	K	SER	T	S	SB	TB	3.60-19	4.10-18	189	12	12,2	139	4860
	CM 400 T	395	R 2	70,5×50,6	4-Takt	OHC	3	9,3	L	20/27 7500	5	K	SER	T	S	SB	TB	3.50-19	4.60-16	184	9,5	10,1	141	4879
	CM 400 T	395	R 2	70,5×50,6	4-Takt	OHC	3	9,3	L	32/43 8500	5	K	SZR	T	S	SB	TB	3.50-19	4.60-16	184	9,5	–	156	4879
	CX 500	497	80° V 2	78×52	4-Takt	OHV	4	10	W	20/27 6500	5	W	SZR	T	S	DSB	SB	3.25-19	3.75-18	221	17	9,8	148	6534
	CX 500	497	80° V 2	78×52	4-Takt	OHV	4	10	W	37/50 9000	5	W	SZR	T	S	DSB	SB	3.25-19	3.75-18	221	17	6,2	176	6534
	CX 500 C	497	80° V 2	78×52	4-Takt	OHV	4	10	W	20/27 6500	5	W	SDR	T	S	DSB	SB	3.25-19	130/90-16	216	11	9	140	6534
	CX 500 C	497	80° V 2	78×52	4-Takt	OHV	4	10	W	37/50 9000	5	W	SDR	T	S	DSB	SB	3.25-19	130/90-16	216	11	6	159	6534
	CX 500 Turbo	497	80° V 2	78×52	4-Takt/Turbo	OHV	4	7,2	W	60/82 8000	5	W	SDR	T	S	DSB	SB	120/90-17	120/90-17	263	20	4,7	200	9000
	CB 650	627	R 4	59,8×55,8	4-Takt	OHC	2	9	L	37/50 8000	5	K	SDR	T	S	DSB	SB	3.25-19	3.75-18	220	18	6,2	175	6897
	CB 650	627	R 4	59,8×55,8	4-Takt	OHC	2	9	L	46/63 9000	5	K	SDR	T	S	DSB	SB	3.25-19	3.75-18	220	18	5,3	183	6897
	CB 650 C	627	R 4	59,8×55,8	4-Takt	OHC	2	9	L	37/50 8000	5	K	SDR	T	S	DSB	SB	3.25-19	130/90-16	220	14	6,2	175	6939
	CB 650 C	627	R 4	59,8×55,8	4-Takt	OHC	2	9	L	46/63 9000	5	K	SDR	T	S	DSB	SB	3.25-19	130/90-16	220	14	5,9	173	6939
	CB 750 K	748	R 4	62×62	4-Takt	DOHC	4	9	L	57/77 9000	5	K	SDR	T	S	DSB	SB	3.25-19	4.00-18	256	20	4,5	200	8584
	CB 750 F	748	R 4	62×62	4-Takt	DOHC	4	9	L	57/78 9000	5	K	SDR	T	S	DSB	SB	3.25-19	130/90-16	253	18	4,4	203	8584
	CB 750 C	748	R 4	62×62	4-Takt	DOHC	4	8,8	L	70/95 9000	5	K	SDR	T	S	DSB	SB	3.25-19	4.00-18	260	20	4,8	176	8584
	CB 900 F Bol d'Or	901	R 4	64,5×69	4-Takt	DOHC	4	8,8	L	70/95 9000	5	K	SDR	T	S	DSB	SB	3.25-19	4.00-18	277	20	4,4	213	9924
	CB 900 F 2 Bol d'Or	901	R 4	64,5×69	4-Takt	DOHC	4	9,3	L	74/100 9000	5	K	SDR	T	S	DSB	SB	3.50-19	4.25-18	274	24	4,2	222	11044
	CBX	1046	R 6	64,5×53,4	4-Takt	DOHC	4	9,3	L	74/100 9000	5	K	SDR	T	S	DSB	SB	3.50-19	130/90-18	300	22	4,4	208	11262
	CBX Pro Link	1046	R 6	64,5×53,4	4-Takt	DOHC	4	10	L	74/100 9000*	5	K	SDR	T	S	DSB	SB	3.50-19	130/90-18	259	26	3,7	234	14165
	CB 1100 R	1062	R 4	70×69	4-Takt	DOHC	4	9,2	W	61/83 7500	5	K	SDR	T	S	DSB	SB	110/90-19	130/90-17	315	19	5	192	15126
	GL 1100 Gold Wing	1084	180° 4	75×61,4	4-Takt	OHC	2	9,2	W	61/83 7500	5	W	SDR	T	S	DSB	SB	110/90-19	130/90-17	330	19	5	195	11174
	GL 1100 Gold Wing Interstate	1084	180° 4	75×61,4	4-Takt	OHC	2	9,2	W	61/83 7500	5	W	SDR	T	S	DSB	SB	110/90-19	130/90-17					12374
Horex	1400 TI	1338	R 4	80×66,6	4-Takt/Turbo	OHC	2	6	L	74/100 7200*	4	K	SER	T	S	DSB	TB	120/90-18	130/80-18	296	36	–	230	36160
Jawa	350/634.6	343	R 2	58×65	2-Takt	SL	–	9,2	L	18/24 5250	4	K	SDR	T	S	TB	TB	3.25-18	3.50-18	175	17	–	125	3300
Kawasaki	KE 125	125	S 1	56×50,6	2-Takt	DS	–	6,5	L	7/10 6300	6	K	SER	T	S	TB	TB	2.75-21	3.50-18	110	9,5	–	94	3160
	KDX 175	173	S 1	66×50,6	2-Takt	MB	–	7,6	L	7/10 7000	6	K	SER	T	S	TB	TB	3.00-21	4.00-18	109	10,5	10,9	114	4250
	KE 175	175	S 1	62,5×57	2-Takt	MB	–	6	L	13/17 7500	5	K	SER	T	S	TB	TB	2.75-21	3.50-18	116	9,5	15,5	113	3560
	KL 250	246	S 1	70×64	4-Takt	OHC	2	8,9	L	13/17 7500	5	K	SER	T	S	TB	TB	3.00-21	4.60-17	132	10	17,1	111	3870

*Leistung nach Herstellerabsprache von 120 PS (Honda) bzw. 140 PS (Horex) auf 100 PS gedrosselt

1981

Hersteller	Typ	Hubraum (cm³)	Zyl.-Anordnung	Bohrung und Hub (mm)	Arbeitsweise	Steuerung	Ventile/Zylinder	Verdichtung	Kühlung	Leistung (kW/PS bei 1/min)	Gänge	Hinterradantrieb	Rahmen	Vorderradfederung	Hinterradfederung	Vorderradbremse	Hinterradbremse	Vorderreifen	Hinterreifen	Gewicht incl. Kraftstoff und Öl (kg)	Tankinhalt (l)	Beschleun., 1 Pers. (0–100 km/h sec)	Höchstgeschwindigkeit, 1 Pers. (km/h)	Preis incl. MWSt (Mark)
	KLX 250	246	S 1	70×64	4-Takt	OHC	2	8,9	L	13/17 7000	5	K	SER	T	S	TB	TB	3.00-21	4.00-18	115	9,5	13	118	5250
	KM 100	100	S 1	49,5×51,8	2-Takt	DS	–	7,3	L	6/8,8 6500	5	K	SER	T	S	TB	TB	2.50-16	3.00-14	89	6	–	86	1660
	Z 250 J	249	R 2	55×52,4	4-Takt	OHC	2	9,5	L	13/17 8250	6	K	SER	T	S	SB	SB	3.00-18	3.50-18	166	13,5	–	115	4460
	Z 250 A	249	R 2	55×52,4	4-Takt	OHC	2	9,5	L	20/27 10000	6	K	SER	T	S	SB	SB	3.00-18	3.50-18	167	13,5	9,6	145	4460
	Z 250 C	246	S 1	70×64	4-Takt	OHC	2	8,9	L	13/17 7000	5	K	SER	T	S	TB	TB	2.75-18	4.60-16	132	9	11,3	126	3760
	Z 250 LTD	246	S 1	70×64	4-Takt	OHC	2	8,9	L	13/17 7000	5	K	SER	T	S	TB	TB	2.75-18	4.60-16	143	8	11,3	116	3920
	Z 400 J	399	R 2	52×47	4-Takt	DOHC	2	9,5	L	20/27 8000	6	K	SDR	T	S	DSB	SB	3.25-18	3.75-18	210	16,5	9,3	154	5560
	Z 440 C	443	R 2	67,5×62	4-Takt	OHC	2	9,2	L	20/27 7000	6	K	SDR	T	S	SB	SB	3.00-18	3.50-18	180	14	9,7	137	4850
	Z 440 LTD	443	R 2	67,5×62	4-Takt	OHC	2	9,2	L	20/27 7000	6	K	SDR	T	S	DSB	SB	3.25-19	130/90-16	184	12	7,4	154	5020
	Z 550	553	R 4	58×52,4	4-Takt	DOHC	2	9,5	L	37/50 8500	6	K	SDR	T	S	DSB	SB	3.25-19	3.75-18	216	14	5,1	173	6160
	GPZ 550	553	R 4	58×52,4	4-Takt	DOHC	2	10	L	43/58 9000	6	K	SDR	T	S	DSB	SB	3.25-19	3.75-18	216	18	5,1	194	6660
	Z 550 LTD	553	R 4	58×52,4	4-Takt	DOHC	2	9,5	L	37/50 8500	6	K	SDR	T	S	DSB	SB	3.25-19	130/90-16	211	13	5,4	178	6560
	Z 750 L	739	R 4	66×54	4-Takt	DOHC	2	9,5	L	57/77 9500	5	K	SDR	T	S	DSB	SB	3.25-19	4.00-18	232	22	4,8	195	7660
	Z 750 LTD	739	R 4	66×54	4-Takt	DOHC	2	9	L	54/74 9000	5	K	SDR	T	S	DSB	SB	3.25-19	130/90-16	226	13	5,2	179	7960
	Z 1000 J	998	R 4	69,4×66	4-Takt	DOHC	2	9,2	L	72/98 8500	5	K	SDR	T	S	DSB	SB	3.25-19	4.25-18	253	21	3,7	211	7960
	Z 1000 LTD	998	R 4	69,4×66	4-Takt	DOHC	2	9,5	L	70/95 8500	5	K	SER	T	S	DSB	SB	3.25-19	130/90-16	254	15	4,2	192	9920
	GPZ 1100 F 1	1089	R 4	72,5×66	4-Takt	DOHC	2	8,9	L	74/100 8750	5	K	SER	T	S	DSB	SB	3.25-19	4.25-18	266	21	3,6	228	10060
	Z 1100 ST	1089	R 4	72,5×66	4-Takt	DOHC	2	9,5	L	71/97 8000	5	K	SDR	T	S	DSB	SB	3.50-19	130/90-16	271	18	4,2	212	10360
	Z 1300	1285	R 6	62×71	4-Takt	DOHC	2	9,9	W	73/99 8000	5	W	SDR	T	S	DSB	SB	110/90-18	4.25/85-18	322	27	4,2	217	12560
Laverda	500	496	R 2	72×61	4-Takt	DOHC	4	9,2	L	33/45 8200	6	W	SDR	T	S	DSB	SB	100/90-18	110/90-18	189	13,5	8,2	167	8395
	500 SFC	496	R 2	72×61	4-Takt	DOHC	4	9,2	L	33/45 8200	6	W	SDR	T	S	DSB	SB	100/90-18	110/90-18	194	14,5	6,4	182	8593
	1000 Jota	980	R 3	75×74	4-Takt	DOHC	2	9	L	63/85 7600	5	K	SDR	T	S	DSB	SB	100/90-18	120/90-18	258	20,5	6	210	12688
	1200 TS	1115	R 3	80×74	4-Takt	DOHC	2	8	L	63/86 7350	5	K	SDR	T	S	DSB	SB	4.10-18	4.25/85-18	247	19,5	5	204	12758
Maico	MD 250 wk	245	S 1	76×54	2-Takt	DS	–	11,7	W	20/27 7000	6	K	SDR	T	S	SB	SB	3.00-18	3.25-18	132	17	8,1	151	3975
Malanca	125 E 2 C Sport	125	R 2	43×43	2-Takt	SL	–	10	L	13/17 9300	5	K	SDR	T	S	DSB	TB	2.75-18	3.00-18	115	11	15,6	120	4208
	125 E 2 CS wk	125	R 2	43×43	2-Takt	SL	–	11	W	19/26 10800	6	K	SDR	T	S	DSB	SB	80/90-18	80/90-18	110	11	10,6	136	4928
Morini	500 Camel	478	72° V 2	69×64	4-Takt	OHV	2	11,2	L	28/38 7400	6	K	SDR	T	S	TB	TB	3.00-21	4.00-18	155	13	9,1	129	8999
	125 T	123	S 1	59×45	4-Takt	OHV	2	11,7	L	7/9 9000	6	K	SDR	T	S	SB	SB	2.75-18	3.00-18	115	12	–	110	4000
	AMEX 250 J	239	72° V 2	59×43,8	4-Takt	OHV	2	11,7	L	17/23 8800	6	K	SDR	T	S	SB	SB	2.75-18	3.25-18	145	13	11,3	141	5485

1981

Hersteller	Typ	Hubraum (cm³)	Zyl.-Anordnung und -zahl	Bohrung und Hub (mm)	Arbeitsweise	Steuerung	Ventile/Zylinder	Verdichtung	Kühlung	Leistung (kW/PS bei 1/min)	Gänge	Hinterradantrieb	Rahmen	Vorderradfederung	Hinterradfederung	Vorderradbremse	Hinterradbremse	Vorderreifen	Hinterreifen	Gewicht incl. Kraftstoff und Öl (kg)	Tankinhalt (l)	Beschleun., 1 Pers. (0–100 km/h sec)	Höchstgeschwindigkeit, 1 Pers. (km/h)	Preis incl. MWSt (Mark)
Moto Guzzi	3½ V	344	72° V 2	62×57	4-Takt	OHV	2	10	L	20/27 6850	6	K	SDR	T	S	SB	TB	3.25-18	4.10-18	160	13	8,5	153	6140
	3½ S	344	72° V 2	62×57	4-Takt	OHV	2	10	L	20/27 6850	6	K	SDR	T	S	SB	TB	3.25-18	4.10-18	160	13	8,5	155	6440
	500 T	478	72° V 2	69×64	4-Takt	OHV	2	11,2	L	31/42 7500	5	K	SDR	T	S	SB	SB	100/90-18	4.00-18	184	15	7,8	165	7053
	500 S	478	72° V 2	69×64	4-Takt	OHV	2	11,2	L	31/42 7500	5	K	SDR	T	S	SB	SB	100/90-18	4.00-18	184	15	7,8	170	7193
	V 35 II	346	90° V 2	66×50,6	4-Takt	OHV	2	10,8	L	20/27 7600	5	W	SDR	T	S	DSB	SB	90/90-18	100/90-18	185	16	9,6	151	6300
	V 35 Imola	346	90° V 2	66×50,6	4-Takt	OHV	2	10,8	L	20/27 7600	5	W	SDR	T	S	DSB	SB	90/90-18	100/90-18	181	16	9,5	150	6720
	V 50 III	490	90° V 2	74×57	4-Takt	OHV	2	10,4	L	36/49 7600	5	W	SDR	T	S	DSB	SB	90/90-18	100/90-18	182	16	8,1	162	6590
	V 50 Monza	490	90° V 2	74×57	4-Takt	OHV	2	10,4	L	36/49 7600	5	W	SDR	T	S	DSB	SB	3.25-18	3.50-18	181	16	8,1	174	6990
	850 T 3 California	844	90° V 2	83×78	4-Takt	OHV	2	9,2	L	43/59 6800	5	W	SDR	T	S	DSB	SB	100/90-18	110/90-18	245	24	7,7	150	10200
	850 T 4	844	90° V 2	83×78	4-Takt	OHV	2	9,2	L	43/59 6800	5	W	SDR	T	S	DSB	SB	100/90-18	110/90-18	255	24	6,6	178	9940
	850 Le Mans II	844	90° V 2	83×78	4-Takt	OHV	2	10,2	L	54/74 7700	5	W	SDR	T	S	DSB	SB	100/90-18	110/90-18	243	22,5	5,5	201	11350
	850 Le Mans III	844	90° V 2	83×78	4-Takt	OHV	2	10,2	L	56/76 7700	5	W	SDR	T	S	DSB	SB	100/90-18	110/90-18	247	25	5,2	214	11920
	V 1000 G 5	948	90° V 2	88×78	4-Takt	OHV	2	9,2	L	45/61 6500	5	W	SDR	T	S	DSB	SB	100/90-18	110/90-18	259	24	6	157	10400
	V 1000 SP/NT	948	90° V 2	88×78	4-Takt	OHV	2	9,2	L	45/61 6500	5	W	SDR	T	S	DSB	SB	100/90-18	110/90-18	252	24	6	181	11300
	V 1000 Le Mans II	948	90° V 2	88×78	4-Takt	OHV	2	9,6	L	60/82 7500	5	W	SDR	T	S	DSB	SB	100/90-18	110/90-18	243	22,5	–	220	15950
Mototrans-Ducati	350 Vento	340	S 1	76×75	4-Takt	DES	2	10	L	20/27 7500	5	K	SER	T	S	DSB	SB	3.25-18	3.50-18	164	15	–	150	5970
Münch	TTS 1300	1289	R 4	78,5×66,6	4-Takt	OHC	2	9,1	L	72/98 6600	4	K	SDR	T	S	DSB	SB	3.25-19	4.00-18	282	20	4,6	220	26000
MV Agusta*	1000 Ago	954	R 4	70×62	4-Takt	DOHC	2	10,5	L	73/99 9500	5	K	SDR	T	S	DSB	SB	3.50-18	4.00-18	228	26	4,3	221	27600
	1100 Grand Prix	1066	R 4	74×62	4-Takt	DOHC	2	10,5	L	88/119 10200	5	K	SDR	T	S	DSB	SB	3.50-18	4.00-18	243	26	3,6	237	32400
MZ	TS 125	123	S 1	52×58	2-Takt	SL	–	10	L	7/10 6300	4	K	PSR	T	S	TB	TB	2.75-18	3.00-18	127	12,5	–	100	1925
	ETZ 250	243	S 1	69×65	2-Takt	SL	–	10	L	13/17 5200	5	K	PSR	T	S	SB	SB	2.75-18	3.50-18	154	17,5	12,6	130	3498
	ETZ 250-Gespann	243	S 1	69×65	2-Takt	SL	–	10	L	16/22 5800	5	K	PSR	T	S	SB	SB	2.75-18	3.50-18	240	17,5	–	100	5350
Sanglas	400 y	392	S 1	69×52,4	4-Takt	OHC	2	9,2	L	20/27 7100	6	K	SDR	T	S	DSB	SB	3.25-18	3.50-18	177	18	10,2	140	5995
	500 S 2	497	S 1	89,5×79	4-Takt	OHV	2	9,2	L	20/27 5930	5	K	SDR	T	S	DSB	SB	3.25-18	3.50-18	202	18	10,9	140	5885
Suzuki	TS 125 ER	123	S 1	56×50	2-Takt	MB	–	6,7	L	7/10 6400	6	K	SER	T	S	TB	TB	2.75-21	3.25-18	106	7,5	–	110	3339
	TS 250 ER	246	S 1	70×64	2-Takt	MB	–	7	L	12/16,5 6000	5	K	SER	T	S	TB	TB	3.00-21	4.60-18	133	7,5	–	107	4474

* Produktion eingestellt, Lieferung aus Restbeständen, 1000 Ago mit Magni-Rahmen

1981

Hersteller	Typ	Hubraum (cm³)	Zyl.-Anordnung und -zahl	Bohrung und Hub (mm)	Arbeitsweise	Steuerung	Ventile/Zylinder	Verdichtung	Kühlung	Leistung (kW/PS bei 1/min)	Gänge	Hinterradantrieb	Rahmen	Vorderradfederung	Hinterradfederung	Vorderradbremse	Hinterradbremse	Vorderreifen	Hinterreifen	Gewicht incl. Kraftstoff und Öl (kg)	Tankinhalt (l)	Beschleun. 1 Pers. (0–100 km/h sec)	Höchstgeschwindigkeit 1 Pers. (km/h)	Preis incl. MWSt (Mark)
	SR 370	370	S 1	85×65,2	4-Takt	OHC	2	8,9	L	13/17 5950	5	K	SER	T	S	TB	TB	3.00-21	4.00-18	135	8	–	108	4474
	DR 400 S	396	S 1	88×65,2	4-Takt	OHC	2	9,3	L	20/27 7500	5	K	SER	T	S	TB	TB	3.00-21	4.60-18	141	9	9,2	128	5125
	DR 500 S	498	S 1	88×82	4-Takt	OHC	4	8,7	L	20/27 6500	5	K	SER	T	S	TB	TB	3.00-21	4.60-18	146	9	7,5	136	6174
	RV 90	88	L 1	50×45	2-Takt	MB	–	6,2	L	5,6,3 6000	4	K	PSR	T	S	TB	TB	6.70-10	6.70-10	86	3	–	85	2930
	RV 125	123	S 1	56×50	2-Takt	SL	1	6,3	L	6/8 6000	5	K	SER	T	S	TB	TB	5.40-14	6.70-10	110	5	–	92	3550
	GP 125	123	S 1	56×50	2-Takt	DS	–	6,9	L	7/9,7 8000	6	K	SER	T	S	TB	TB	2.75-18	3.00-18	103	10	–	117	3039
	GT 200/X5E (Speichenräder)	196	R 2	50×50	2-Takt	SL	1	6,9	L	13/17 8000	5	K	SER	T	S	SB	TB	2.75-18	3.00-18	131	15	11,2	128	3330
	GT 200/X5E (Gußräder)	196	R 2	50×50	2-Takt	SL	–	6,9	L	13/17 8000	5	K	SER	T	S	SB	TB	2.75-18	3.00-18	131	15	11,2	128	3739
	GT 250/X7E (Speichenräder)	247	R 2	54×54	2-Takt	MB	–	6,7	L	20/27 8000	5	K	SER	T	S	SB	TB	3.00-18	3.50-18	145	15	7,5	149	4165
	GT 250/X7E (Gußräder)	247	R 2	54×54	2-Takt	MB	–	6,7	L	20/27 8000	5	K	SER	T	S	SB	TB	3.00-18	3.50-18	145	15	7,5	149	4474
	GSX 250 E	250	R 2	60×44,2	4-Takt	DOHC	4	10,5	L	20/27 10000	6	K	SER	T	S	SB	TB	3.50-18	3.75-18	175	14	8,8	148	4565
	GSX 250 E Black Hawk	250	R 2	60×44,2	4-Takt	DOHC	4	10,5	L	20/27 10000	6	K	SER	T	S	SB	TB	3.50-18	3.75-18	175	14	8,8	148	5174
	GN 400 TD	396	S 1	88×65,2	4-Takt	OHC	2	9,3	L	20/27 7400	5	K	SDR	T	S	SB	TB	3.60-18	4.60-16	155	15	8,8	148	4865
	GN 400 L	396	S 1	88×65,2	4-Takt	OHC	2	9,3	L	20/27 7400	5	K	SDR	T	S	SB	TB	3.60-18	4.60-16	153	15	8,8	129	5165
	GS 400 E	398	R 2	65×60	4-Takt	DOHC	2	8,5	L	20/27 7400	6	K	SDR	T	S	SB	TB	3.00-18	3.50-18	185	11,5	8,6	130	5165
	GS 400 T	398	R 2	65×60	4-Takt	DOHC	2	8,5	L	20/27 7400	6	K	SDR	T	S	SB	TB	3.00-18	3.75-18	185	14	8,7	150	5565
	GSX 400 E	399	R 2	67×56,6	4-Takt	DOHC	4	9	L	20/27 8000	6	K	SDR	T	S	SB	TB	3.00-18	3.75-18	189	14	8	150	5565
	GSX 400 S	399	R 2	67×56,6	4-Takt	DOHC	4	9	L	20/27 8000	6	K	SDR	T	S-	SB	TB	3.00-18	3.75-18	194	15	8,7	154	5765
	GSX 400 L	399	R 2	67×56,6	4-Takt	DOHC	4	9,3	L	20/27 8000	6	K	SDR	T	S	SB	TB	3.60-19	4.60-16	186	15	8,5	151	5965
	GSX 400 F Katana	399	R 4	53×45,2	4-Takt	DOHC	4	10,5	L	31/42 10500	6	K	SDR	T	S	DSB	SB	3.25-19	3.75-18	197	11,5	6,6	141	6885
	GN 450 E	448	R 2	71×56,6	4-Takt	DOHC	2	9	L	20/27 7600	6	K	SDR	T	S	SB	TB	3.00-18	3.75-18	189	15	–	170	5165
	GS 450 S	448	R 2	71×56,6	4-Takt	DOHC	2	9	L	20/27 7600	6	K	SDR	T	S	SB	SB	3.00-18	3.75-18	191	15	–	155	5465
	GS 450 T	448	R 2	71×56,6	4-Takt	DOHC	2	9	L	31/42 9000	6	K	SDR	T	S	DSB	SB	90/80-19	110/90-17	193	15	–	160	5765
	GS 450 L	448	R 2	71×56,6	4-Takt	DOHC	2	9	L	20/27 7600	6	K	SDR	T	S	SB	SB	3.60-19	4.60-16	189	11	6,4	168	5465
	GS 450 L	448	R 2	71×56,6	4-Takt	DOHC	2	9	L	31/42 9000	6	K	SDR	T	S	SB	SB	3.60-19	4.60-16	189	11	8,5	145	6165
	GS 500 E	492	R 4	53×55,8	4-Takt	DOHC	2	8,5	L	20/27 7600	6	K	SDR	T	S	DSB	SB	3.25-19	3.75-18	225	17	–	165	6224
	GS 550 E	549	R 4	56×55,8	4-Takt	DOHC	4	8,6	L	37/50 9400	6	K	SDR	T	S	DSB	SB	3.25-19	4.25-17	218	16,5	10	148	7024
	GS 550 E Red Suzi	549	R 4	56×55,8	4-Takt	DOHC	2	8,6	L	37/50 9400	6	K	SDR	T	S	DSB	SB	3.25-19	4.25-17	218	16,5	–	184	7424
	GS 550 T	549	R 4	56×55,8	4-Takt	DOHC	4	8,6	L	37/50 9400	6	K	SDR	T	S	DSB	SB	3.25-19	4.25-17	218	16,5	5,7	177	7224
	GS 550 M Katana	549	R 4	56×55,8	4-Takt	DOHC	4	8,6	L	37/50 9400	6	K	SDR	T	S	DSB	SB	3.25-19	4.00-18	222	23	5,7	177	8215
	GS 550 L	549	R 4	56×55,8	4-Takt	DOHC	2	8,6	L	35/48 9200	6	K	SDR	T	S	DSB	SB	3.25-19	3.75-18	223	13	5,9	177	7224
	GS 650 G Katana	674	R 4	62×55,8	4-Takt	DOHC	2	9,4	L	54/73 9500	5	W	SDR	T	S	DSB	SB	3.25-19	4.25-17	239	23	6,2	158	8915
	GS 750 E	748	R 4	65×56,4	4-Takt	DOHC	2	8,7	L	46/63 8800	5	K	SDR	T	S	DSB	SB	3.25-19	4.00-18	253	18	5	198	8024

Hersteller	Typ	Hubraum (cm³)	Zyl.-Anordnung und -zahl	Bohrung und Hub (mm)	Arbeitsweise	Steuerung	Ventile/Zylinder	Verdichtung	Kühlung	Leistung (kW/PS bei 1/min)	Gänge	Hinterradantrieb	Rahmen	Vorderradfederung	Hinterradfederung	Vorderradbremse	Hinterradbremse	Vorderreifen	Hinterreifen	Gewicht incl. Kraftstoff und Öl (kg)	Tankinhalt (l)	Beschleun. 1 Pers. (0–100 km/h sec)	Höchstgeschwindigkeit, 1 Pers. (km/h)	Preis incl. MWSt (Mark)
	GSX 750 E	747	R 4	67×53	4-Takt	DOHC	4	9,4	L	59/80 9200	5	K	SDR	T	S	DSB	SB	3.25-19	4.00-18	254	19	4,7	201	8024
	GSX 750 E Silver Suzi	747	R 4	67×53	4-Takt	DOHC	4	9,4	L	59/80 9200	5	K	SDR	T	S	DSB	SB	3.25-19	4.00-18	254	19	4,7	201	10115
	GSX 750 S Katana	747	R 4	67×53	4-Takt	DOHC	4	9,8	L	60/82 9500	5	K	SDR	T	S	DSB	SB	3.25-19	4.00-18	249	21	4,1	210	8990
	GSX 750 L	747	R 4	69×56,4	4-Takt	DOHC	4	9,4	L	59/80 9200	5	W	SDR	T	S	DSB	SB	90/90-19	130/90-16	244	15	5,2	184	8615
	GS 850 G	843	R 4	69×56,4	4-Takt	DOHC	2	8,8	L	57/78 9000	5	W	SDR	T	S	DSB	SB	3.50-19	4.50-17	273	22,5	5,2	198	9990
	GS 850 L	843	R 4	69×56,4	4-Takt	DOHC	2	8,8	L	58/79 8500	5	W	SDR	T	S	DSB	SB	3.50-19	4.50-17	261	13	5	197	10299
	GS 1000 E	997	R 4	70×64,8	4-Takt	DOHC	2	9,2	L	66/90 8200	5	K	SDR	T	S	DSB	SB	3.50-19	4.50-17	255	20	4,6	219	10590
	GS 1000 G	997	R 4	70×64,8	4-Takt	DOHC	2	9,2	L	66/90 8500	5	W	SDR	T	S	DSB	SB	3.50-19	4.50-17	273	20	4,6	206	10890
	GS 1000 S	997	R 4	70×64,8	4-Takt	DOHC	2	9,2	L	66/90 9000	5	K	SDR	T	S	DSB	SB	3.50-19	4.25/85-18	255	20	4,5	216	10890
	GS 1000 L	997	R 4	70×64,8	4-Takt	DOHC	2	9,2	L	66/90 9000	5	K	SDR	T	S	DSB	SB	3.50-19	4.50-17	252	15	4,3	199	11090
	GS 1000 GL	997	R 4	70×64,8	4-Takt	DOHC	2	9,2	L	66/90 9000	5	W	SDR	T	S	DSB	SB	3.50-19	4.50-17	273	15	4,6	192	11290
	GS 1100 E	1074	R 4	72×66	4-Takt	DOHC	4	9,5	L	74/100 8700	5	K	SDR	T	S	DSB	SB	3.50-19	4.50-17	259	20	3,8	221	11890
	GSX 1100 S Katana	1074	R 4	72×66	4-Takt	DOHC	4	9,5	L	74/100 8700	5	K	SDR	T	S	DSB	SB	3.50-19	4.50-17	272	24	3,6	228	11990
	GSX 1100 L	1074	R 4	72×66	4-Takt	DOHC	4	9,5	L	74/100 8700	5	K	SDR	T	S	DSB	SB	100/90-19	130/90-16	259	15	3,9	217	11790
Triumph	TR 7 T Tiger Trail	744	S 1	76×82	4-Takt	OHV	2	7,4	L	31/42 6500	5	K	SDR	T	S	SB	TB	3.00-21	4.00-18	185	12,5	6,6	155	8495
	TR 7 RV Tiger	744	S 1	76×82	4-Takt	OHV	2	7,9	L	33/45 6000	5	K	SDR	T	S	SB	SB	4.10-19	4.10-18	197	18,5	6,7	172	8495
	T 140 E Bonneville	744	S 2	76×82	4-Takt	OHV	2	9	L	36/49 6500	5	K	SDR	T	S	SB	SB	4.10-19	4.60-17	206	18,5	5,9	176	8495
	T 140 E Bonneville Special	744	S 2	76×82	4-Takt	OHV	2	9	L	36/49 6500	5	K	SDR	T	S	SB	SB	4.10-19	4.60-17	200	18,5	5,9	160	8795
Yamaha	DT 175 MX	171	S 1	66×50	2-Takt	MB	–	6,8	L	12/16 7000	6	K	SDR	T	S	TB	TB	3.00-21	3.50-18	109	7	–	105	3618
	DT 250 MX	246	S 1	70×64	2-Takt	MB	–	6,7	L	12/16 5400	5	K	SDR	T	S	TB	SB	3.00-21	4.00-18	135	9	–	109	4437
	XT 250	249	S 1	75×56,5	4-Takt	OHC	2	9,2	L	13/17 7500	5	K	SDR	T	S	TB	SB	3.00-21	4.60-17	125	8	12,3	112	4537
	XT 250	249	S 1	75×56,5	4-Takt	OHC	2	9,2	L	16/22 8600	5	K	SDR	T	S	TB	SB	3.25-21	4.60-17	124	8	11,1	121	4537
	XT 500	499	S 1	87×84	4-Takt	OHC	2	9	L	20/27 5900	5	K	SER	T	S	TB	SB	3.00-19	4.00-18	155	9	8,5	132	5508
	SR 250 Special	240	S 1	73,5×56,5	4-Takt	OHC	2	9,2	L	13/17 7500	6	K	SER	T	S	TB	SB	3.00-19	120/90-16	135	10	11,7	115	4107
	SR 250 Special	240	S 1	73,5×56,5	4-Takt	OHC	2	9,2	L	15/20 7900	5	K	SER	T	S	TB	SB	3.00-19	120/90-16	135	10	10,4	120	4107
	SR 500 S (Speichenräder)	499	S 1	87×84	4-Takt	OHC	2	9	L	20/27 6000	5	K	SER	T	S	TB	SB	3.50-19	4.00-18	174	12	9,3	135	5168
	SR 500 G (Gußräder)	499	S 1	87×84	4-Takt	OHC	2	9	L	20/27 6000	5	K	SER	T	S	TB	SB	3.50-19	4.00-18	174	12	9,3	135	5318
	RS 100	97	S 1	52×45,6	2-Takt	MB	–	7	L	7/10 7800	5	K	SDR	T	S	TB	SB	2.75-18	3.00-18	106	9	–	105	2625
	RD 250	247	R 2	54×54	2-Takt	MB	–	6,2	L	20/27 8100	6	K	SDR	T	S	TB	SB	3.00-18	3.50-18	158	17	8,7	149	4807
	RD 250	247	R 2	54×54	2-Takt	MB	–	6,9	W	28/38 8500	6	K	SDR	T	S	TB	SB	3.00-18	3.50-18	158	17	7,1	163	4807
	RD 350	347	R 2	64×54	2-Takt	MB	–	6,9	W	36/49 8700	6	K	SDR	T	S	DSB	SB	3.00-18	3.50-18	161	17	5,4	178	5388

Hersteller	Typ	Hubraum (cm³)	Zyl.-Anordnung und -zahl	Bohrung und Hub (mm)	Arbeitsweise	Steuerung	Ventile/Zylinder	Verdichtung	Kühlung	Leistung (kW/PS bei 1/min)	Gänge	Hinterradantrieb	Rahmen	Vorderradfederung	Hinterradfederung	Vorderradbremse	Hinterradbremse	Vorderreifen	Hinterreifen	Gewicht incl. Kraftstoff und Öl (kg)	Tankinhalt (l)	Beschleun., 1 Pers. (0–100 km/h sec)	Höchstgeschwindig-keit, 1 Pers. (km/h)	Preis incl. MWSt (Mark)
	XS 400	392	R 2	69×52,4	4-Takt	OHC	2	9,2	L	20/27 7000	6	K	SER	T	S	SB	TB	3.00-18	3.75-18	182	17	10,3	140	4837
	XS 400 Special	392	R 2	69×52,4	4-Takt	OHC	2	9,3	L	20/27 7500	6	K	SER	T	S	SB	TB	3.00-18	120/90-16	180	14	10,3	139	4937
	XJ 550	528	R 4	57×51,8	4-Takt	DOHC	2	9,5	L	37/50 9000	6	W	SDR	T	S	DSB	TB	3.00-19	110/90-18	204	15	5,2	176	6638
	XS 650	654	R 2	75×74	4-Takt	OHC	2	8,4	L	37/50 6800	5	K	SDR	T	S	SB	TB	3.25-19	4.00-18	225	15	6,1	171	6505
	XS 650 Special	654	R 2	75×74	4-Takt	OHC	2	8,4	L	35/48 7100	5	K	SDR	T	S	DSB	TB	3.50-19	130/90-16	221	12	6,4	156	6915
	XJ 650	653	R 4	63×52,4	4-Takt	DOHC	2	9,2	L	52/71 9400	5	W	SDR	T	S	SB	SB	3.50-19	120/90-18	231	20,5	4,8	197	7295
	XV 750 Special	748	75° V 2	83×69,2	4-Takt	OHC	2	8,7	L	37/50 6500	5	W	PSR	T	S	SB	TB	3.50-19	130/90-16	227	12	5,6	161	8695
	XS 750 Special	747	R 3	68×68,6	4-Takt	DOHC	2	9,2	L	51/69 8500	5	W	SDR	T	S	DSB	SB	3.25-19	4.00-18	252	19	5,6	175	8195
	XJ 750 Seca	748	R 4	65×56,4	4-Takt	DOHC	2	9,2	L	60/82 9000	5	W	SDR	T	S	DSB	TB	3.25-19	120/90-18	241	18	4,8	204	8750
	XS 850	826	R 3	71,5×68,6	4-Takt	DOHC	2	9,2	L	58/79 8500	5	W	SDR	T	S	DSB	SB	3.25-19	4.00-18	258	24	5,3	196	7915
	TR 1	981	75° V 2	95×69,2	4-Takt	OHC	2	8,3	L	51/69 6500	5	K	PSR	T	S	DSB	SB	3.50-19	120/90-18	248	19	5,1	182	8878
	XS 1100	1101	R 4	71,5×68,6	4-Takt	DOHC	2	9,2	L	70/95 8500	5	W	SDR	T	S	DSB	SB	3.50-19	4.50-17	286	24	4,1	215	10498
	XS 1100 S	1101	R 4	71,5×68,6	4-Takt	DOHC	2	9,2	L	70/95 8000	5	W	SDR	T	S	DSB	SB	3.50-19	4.50-17	276	24	4,1	217	11178
Zündapp	KS 175	163	S 1	62×54	2-Takt	SL	–	7,8	W	13/17 7400	5	K	SDR	T	S	SB	TB	2.75-18	3.25-18	121	14	11,7	126	4595
Importe aus der UdSSR	ISH Planeta Sport	340	S 1	76×75	2-Takt	SL	–	10	L	19/26 6500	4	K	SER	T	S	TB	TB	3.00-19	3.50-18	145	14	–	140	3980
	Dnepr MT 10-Gespann	650	180° 2	78×68	4-Takt	OHV	2	7,8	L	18/25 5200	4+R	W	SDR	T	S	TB	TB	3.50-18	4.00-18	350	21	–	110	7999

Zulassungsfähige Sondermodelle

Hersteller		Typ	Hubraum (cm³)	Zyl.-Anordnung und -zahl	Bohrung und Hub (mm)	Arbeitsweise	Steuerung	Ventile/Zylinder	Verdichtung	Kühlung	Leistung (kW/PS bei 1/min)	Gänge	Hinterradantrieb	Rahmen	Vorderradfederung	Hinterradfederung	Vorderradbremse	Hinterradbremse	Vorderreifen	Hinterreifen	Gewicht incl. Kraftstoff und Öl (kg)	Tankinhalt (l)	Beschleun., 1 Pers. (0–100 km/h sec)	Höchstgeschwindig-keit, 1 Pers. (km/h)	Preis incl. MWSt (Mark)
AME		Chopper					Typgeprüfte Fahrgestelle für Honda- und Kawasaki-Vierzylindermotoren																		bis 20.000 (komplett)	
Bajohr	(Ducati)	600 Pantah	581	90° V 2	80×57,8	4-Takt	DES	2	10	L	44/60 10000	5	K	SGR	T	S	DSB	SB	3.25-18	4.25/85-18	192	18	5,3	211	11500
		1000 SS	966	90° V 2	90×76	4-Takt	DES	2	10	L	66/90 7500	5	K	SDR	T	S	DSB	SB	3.50-18	4.70/85-18	205	18	4,1	234	17400
Bimota	(Kawasaki)	KB 1	1015	R 4	70×66	4-Takt	DOHC	2	8,7	L	69/94 8000	5	K	SGR	T	S	DSB	SB	3.50-18	130/80-18	226	15	4,1	237	22500
		KB 2 Laser	553	R 4	58×52,4	4-Takt	DOHC	2	10	L	44/60 9500	6	K	SGR	T	S	DSB	SB	120/80-16	150/80-16	188	20	4,3	216	25120
	(Suzuki)	SB 3*	997	R 4	70×64,8	4-Takt	DOHC	2	9,2	L	66/90 8830	5	K	SGR	T	S	DSB	SB	3.50-18	130/80-18	219	13	3,8	227	19995
Eckert	(Honda)	1100	1062	R 4	70×69	4-Takt	DOHC	4	9,7	L	74/100 8500	5	K	SDR	T	S	DSB	SB	3.25-19	130/80-18	260	20	4	222	16000

* Vertrieb durch Suzuki – Deutschland

Hersteller	Typ	Hubraum (cm³)	Zyl.-Anordnung und -zahl	Bohrung und Hub (mm)	Arbeitsweise	Steuerung	Ventile/Zylinder	Verdichtung	Kühlung	Leistung (kW/PS bei 1/min)	Gänge	Hinterradantrieb	Rahmen	Vorderradfederung	Hinterradfederung	Vorderradbremse	Hinterradbremse	Vorderreifen	Hinterreifen	Gewicht incl. Kraftstoff und Öl (kg)	Tankinhalt (l)	Beschleun., 1 Pers. (0–100 km/h sec)	Höchstgeschwindigkeit, 1 Pers. (km/h)	Preis incl. MWSt (Mark)
Egli (Honda)	1100	1062	R 4	70×69	4-Takt	DOHC	4		L	74/100 9000	5	K	SZR	T	S	DSB	SB	4.10-18	4.25/85-18	216	20	3,4	233	27 000
	CBX	1046	R 6	64,5×53,4	4-Takt	DOHC	4	10	L		5	K	SZR	T	S	DSB	SB	100/90-18	130/80-18	255	22	3,7	224	28 000
	CBX Target	1046	R 6	64,5×53,4	4-Takt	DOHC	4	9,3	L	74/100 9000	5	K	SZR	T	S	DSB	SB	4.10-18	120/90-18	242	24	4	232	29 900
	Z 1000 Mk II Turbo	1015	R 4	70×66	4-Takt/Turbo	DOHC	2	9,3	L	74/100 9000		K	SDR	T	S	DSB	SB	3.50-19	4.00-18	262	16,5	4,4	241	16 200
Krauser (BMW)	MKM 1000	979	180° 2	94×70,6	4-Takt	OHV	2	9,5	L	52/70 7000	5	K	SGR	T	S	DSB	SB	3.50-18	130/80-18	222	21	5	193	23 920
Magni (Honda)	MH 1*	901	R 4	64,5×69	4-Takt	DOHC	4	8,8	L	70/95 9000	5	K	SDR	T	S	DSB	SB	3.25-19	4.00-18	245	20	4,1	211	13 600
	MH 2*	901	R 4	64,5×69	4-Takt	DOHC	4	8,8	L	70/95 9000	5	K	SDR	T	S	DSB	SB	4.10-19	120/90-18	249	20	4,1	212	17 300
Michel (BMW)	R 65	731	180° 2	87×61,5	4-Takt	OHV	2	10,5	L	48/65 8000	5	K	SDR	T	S	DSB	TB	3.25-19	4.00-18	215	24	–	200	11 780
	R 100	979	180° 2	94×70,6	4-Takt	OHV	2	9,5	L	52/70 7000	5	K	SDR	T	S	DSB	SB	3.25-19	4.00-18	237	22	5	202	12 000
Moko (Suzuki)	GSX 1100	1074	R 4	72×66	4-Takt	DOHC	4	9,5	L	74/100 8700	5	K	SZR	T	S	DSB	SB	100/90-18	130/80-18	235	16	3,3	236	29 150
Rau				Typgeprüfte Fahrgestelle für Honda-, Kawasaki- und Suzuki-Vierzylindermotoren																			bis 20 000 (komplett)	
Reimo (Suzuki)	GS 1000	997	R 4	70×64,8	4-Takt	DOHC	2	9,2	L	66/90 8500	5	K	SDR	T	S	DSB	SB	3.50-19	4.50-17	262	22	4,4	220	11 000
	GSX 1100	1074	R 4	72×66	4-Takt	DOHC	2	9,5	L	74/100 8700	5	K	SDR	T	S	DSB	SB	3.50-19	4.50-17	249	22	3,5	238	16 000
Rickman (Kawasaki)	Z 1000 S	1015	R 4	70×66	4-Takt	DOHC	2	8,7	L	66/90 8000	5	K	SDR	T	S	DSB	SB	4.10-18	4.25/85-18	245	18,5	4,4	208	14 850
Schek (BMW)	R 45 Enduro	473	180° 2	70×61,5	4-Takt	OHV	2	8,2	L	20/27 6500	5	W	SDR	T	S	SB	TB	3.25-18	4.00-18	204	22	11,4	141	8600
	R 65 Enduro	649	180° 2	82×61,5	4-Takt	OHV	2	9,2	L	37/50 7250	5	W	SDR	T	S	SB	TB	3.25-18	4.00-18	208	22	6,7	181	9500
Tweesmann (Yamaha)	XT 505	508	S 1	87,75×84	4-Takt	OHC	2	8,5	L	29/40 6000	5	K	SER	T	S	TB	TB	3.25-21	4.50-18	130	9	–	140	7600

* Vertrieb durch MV Agusta – Deutschland

1981

1982

Hersteller	Typ	Hubraum (cm³)	Zyl.-Anordnung und -zahl	Bohrung und Hub (mm)	Arbeitsweise	Steuerung	Ventile/Zylinder	Verdichtung	Kühlung	Leistung (kW/PS bei 1/min)	Gänge	Hinterradantrieb	Rahmen	Vorderradfederung	Hinterradfederung	Vorderradbremse	Hinterradbremse	Vorderreifen	Hinterreifen	Gewicht incl. Kraftstoff und Öl (kg)	Tankinhalt (l)	Beschleun. 1 Pers. (0–100 km/h sec)	Höchstgeschwindigkeit, 1 Pers. (km/h)	Preis incl. MWSt (Mark)
Benelli	125 t	125	R 2	42,5×44	2-Takt	SL	–	10,3	L	7/10 7600	5	K	SDR	T	S	SB	TB	2.75-18	3.00-18	127	14	–	110	3820
	125 Sport	125	R 2	42,5×44	2-Takt	SL	–	10,3	L	7/10 7600	5	K	SDR	T	S	SB	TB	2.75-18	3.00-18	127	13	–	110	4360
	250 2 C	231	R 2	56×47	2-Takt	SL	–	10	L	13/17 7600	5	K	SDR	T	S	SB	TB	3.00-18	3.25-18	134	17	–	125	4160
	254 Quattro	231	R 4	44×38	4-Takt	OHC	2	10,5	L	20/27 10500	5	K	PSR	T	S	SB	TB	2.75-18	3.00-18	122	8	7,8	150	5510
	354 t	345	R 4	50×44	4-Takt	OHC	2	10,2	L	20/27 9500	5	K	SDR	T	S	DSB	TB	3.00-18	3.25-18	206	15,5	8,9	150	7200
	354 Sport	345	R 4	50×44	4-Takt	OHC	2	10,2	L	20/27 9500	5	K	SDR	T	S	DSB	TB	3.00-18	3.25-18	206	15,5	8,9	153	7570
	654 t	604	R 4	60×53,4	4-Takt	OHC	2	9,3	L	37/50 8700	5	K	SDR	T	S	DSB	TB	3.25-18	3.50-18	203	22	5,3	172	8200
	654 Sport	604	R 4	60×53,4	4-Takt	OHC	2	9,3	L	37/50 8700	5	K	SDR	T	S	DSB	TB	3.25-18	3.50-18	203	22	6,3	165	8500
	900 Sei	905	R 6	60×53,4	4-Takt	OHC	2	9,5	L	59/80 8300	5	K	SDR	T	S	DSB	TB	100/90-18	120/90-18	249	17	4,6	193	11620
BMW	R 80 G/S	797	180° 2	84,8×70,6	4-Takt	OHV	2	8,2	L	37/50 6500	5	W	SDR	T	ES	SB	TB	3.00-21	4.00-18	196	19,5	5,6	173	8990
	R 45	473	180° 2	70×61,5	4-Takt	OHV	2	8,2	L	20/27 6500	5	W	SDR	T	S	SB	TB	3.25-18	4.00-18	206	22	11,4	141	6990
	R 45	473	180° 2	70×61,5	4-Takt	OHV	2	9,2	L	26/35 7250	5	W	SDR	T	S	SB	TB	3.25-18	4.00-18	206	22	8,8	160	6990
	R 65	649	180° 2	82×61,5	4-Takt	OHV	2	9,2	L	37/50 7250	5	W	SDR	T	S	SB	TB	3.25-18	4.00-18	204	22	6,5	175	8390
	R 65 LS	649	180° 2	82×61,5	4-Takt	OHV	2	9,2	L	37/50 7250	5	W	SDR	T	S	DSB	TB	3.25-18	4.00-18	208	22	6,6	175	8990
	R 80 ST	797	180° 2	84,8×70,6	4-Takt	OHV	2	8,2	L	37/50 6500	5	W	SDR	T	ES	SB	TB	100/90-19	120/90-18	197	19	6	172	9490
	R 80 RT	797	180° 2	84,8×70,6	4-Takt	OHV	2	8,2	L	37/50 6500	5	W	SDR	T	S	SB	TB	3.25-19	4.00-18	243	22	6,5	163	10990
	R 100	979	180° 2	94×70,6	4-Takt	OHV	2	8,2	L	49/67 7000	5	W	SDR	T	S	SB	TB	3.25-19	4.00-18	236	24	5,4	191	10590
	R 100 CS	979	180° 2	94×70,6	4-Takt	OHV	2	9,5	L	52/70 7000	5	W	SDR	T	S	DSB	TB	3.25-19	4.00-18	232	24	4,8	194	11590
	R 100 RT	979	180° 2	94×70,6	4-Takt	OHV	2	9,5	L	52/70 7000	5	W	SDR	T	S	DSB	TB	3.25-19	4.00-18	260	24	5,2	179	13990
	R 100 RS	979	180° 2	94×70,6	4-Takt	OHV	2	9,5	L	52/70 7000	5	W	SDR	T	S	DSB	TB	3.25-19	4.00-18	247	24	4,6	193	13990
Cagiva	SXT 125	125	S 1	56×50,6	2-Takt	MB	–	12,1	L	13/17 6500	6	K	SZR	T	S	SB	TB	2.75-21	3.50-18	120	9	–	100	4130
	SX 250	243	S 1	72×59,6	2-Takt	SL	–	10,3	L	13/17 6000	5	K	SDR	T	S	TB	TB	3.00-21	4.00-18	141	10,5	–	100	4040
	SX 350	342	S 1	80×68	2-Takt	SL	–	9,6	L	20/27 6000	5	K	SDR	T	S	TB	TB	3.00-21	4.00-18	139	9	–	132	4200
	SX 350 Ala Rossa	347	S 1	82,5×65	4-Takt	OHC	2	9,4	L	20/27 7000	5	K	SDR	T	S	SB	TB	3.00-19	3.50-18	163	12	10	133	6100
	SST 125	125	S 1	56×50,6	2-Takt	SL	–	10,8	L	7/10 7000	5	K	SDR	T	S	SB	TB	3.00-19	4.00-18	116	10,5	–	104	3450
	SST 250	243	S 1	72×59,6	2-Takt	SL	–	10,6	L	7/10 5500	5	K	SDR	T	S	SB	TB	3.25-19	4.00-18	143	10,5	–	100	3840
	SST 250 Chopper	243	S 1	72×59,6	2-Takt	SL	–	10,6	L	7/10 5500	5	K	SDR	T	S	SB	TB	3.25-19	4.00-18	143	10,5	–	98	5200
	SST 350	342	S 1	80×68	2-Takt	SL	–	9,6	L	20/27 5750	5	K	SDR	T	S	SB	TB	3.25-18	4.00-18	145	15	–	136	4200
	SST 350 Chopper	342	S 1	80×68	2-Takt	SL	–	9,6	L	20/27 5750	5	K	SDR	T	S	SB	TB	3.25-18	4.00-18	145	15	–	133	5350
	SST 350-Gespann	342	S 1	80×68	2-Takt	SL	–	9,6	L	20/27 5750	5	K	SDR	T	S	SB	TB	3.25-18	4.00-18	215	15	–	101	8450

Hersteller	Typ	Hubraum (cm³)	Zyl.-Anordnung und -zahl	Bohrung und Hub (mm)	Arbeitsweise	Steuerung	Ventile/Zylinder	Verdichtung	Kühlung	Leistung (kW/PS bei 1/min)	Gänge	Hinterradantrieb	Rahmen	Vorderradfederung	Hinterradfederung	Vorderradbremse	Hinterradbremse	Vorderreifen	Hinterreifen	Gewicht incl. Kraftstoff und Öl (kg)	Tankinhalt (l)	Beschleun. 1 Pers. (0–100 km/h sec)	Höchstgeschwindigkeit 1 Pers. (km/h)	Preis incl. MWSt (Mark)
Ducati	500 SL Pantah	497	90° V 2	74×57,8	4-Takt	DES	2	9,5	L	37/50 8500	5	K	SGR	T	S	DSB	SB	3.25-18	3.50-18	202	18	6,6	180	9131
	600 SL Pantah	581	90° V 2	80×57,8	4-Takt	DES	2	9,5	L	42/57 8500	5	K	SGR	T	S	DSB	SB	100/90-18	110/90-18	202	18	5,6	195	10000
	600 TL Pantah	581	90° V 2	80×57,8	4-Takt	DES	2	9,5	L	42/57 8500	5	K	SGR	T	S	DSB	SB	3.25-18	3.50-18	195	18	5,6	195	10000
	900 SD Darmah	864	90° V 2	86×74,4	4-Takt	DES	2	9,5	L	45/61 7000	5	K	SGR	T	S	DSB	SB	3.50-18	4.25/85-18	240	16	5	200	10433
	900 SS	864	90° V 2	86×74,4	4-Takt	DES	2	9,5	L	48/65 7000	5	K	SDR	T	S	DSB	SB	3.50-18	4.25/85-18	225	18	4,7	213	12028
	900 SS Hailwood-Replica	864	90° V 2	86×74,4	4-Takt	DES	2	9,5	L	48/65 7000	5	K	SDR	T	S	DSB	SB	3.50-18	4.25/85-18	229	18	4,7	215	13028
Enfield India	350 Bullet	346	S 1	70×90	4-Takt	OHV	2	6,5	L	13/17 5620	4	K	SER	T	S	TB	TB	3.25-19	3.25-19	170	15	–	110	4360
	350 Bullet de Luxe	346	S 1	70×90	4-Takt	OHV	2	6,5	L	13/17 5620	4	K	SER	T	S	TB	TB	3.25-19	3.25-19	170	15	–	110	4560
Fantic	125 Strada	124	S 1	55,2×52	2-Takt	SL	–	11	L	13/17 7000	6	K	SDR	T	S	SB	TB	3.00-18	3.25-18	117	12	13,2	124	4700
Harley-Davidson	XLX 1000-61	997	45° V 2	81×96,8	4-Takt	OHV	2	8,8	L	37/50 6000	4	K	SDR	T	S	DSB	SB	MJ 90-21	MT 90-16	244	8,5	7,6	159	12145
	XLH 1000 Sportster	997	45° V 2	81×96,8	4-Takt	OHV	2	8,8	L	37/50 6000	4	K	SDR	T	S	DSB	SB	MJ 90-19	MT 90-16	246	8,5	6,8	170	13900
	XLS 1000 Roadster	997	45° V 2	81×96,8	4-Takt	OHV	2	8,8	L	37/50 6000	4	K	SDR	T	S	DSB	SB	MJ 90-19	MT 90-16	249	15	6,8	167	14900
	FXE 1340 Super Glide	1337	45° V 2	88,8×108	4-Takt	OHV	2	7,4	L	49/67 5800	4	K	SDR	T	S	DSB	SB	MJ 90-19	MT 90-16	282	13,5	–	165	16915
	FXR 1340 Super Glide II	1337	45° V 2	88,8×108	4-Takt	OHV	2	7,4	L	49/67 5800	5	K	SDR	T	S	DSB	SB	MJ 90-19	MT 90-16	282	15	6,3	160	18855
	FXRS 1340 Super Glide II	1337	45° V 2	88,8×108	4-Takt	OHV	2	7,4	L	49/67 5800	5	K	SDR	T	S	DSB	SB	MJ 90-19	MT 90-16	284	15	6,5	162	20550
	FXSB 1340 Low Rider	1337	45° V 2	88,8×108	4-Takt	OHV	2	7,4	L	49/67 5800	4	ZR	SDR	T	S	DSB	SB	MJ 90-19	MT 90-16	289	13	–	165	18050
	FXB 1340 Sturgis	1337	45° V 2	88,8×108	4-Takt	OHV	2	7,4	L	49/67 5800	4	ZR	SDR	T	S	DSB	SB	MH 90-19	MT 90-16	278	15,5	6,5	170	18820
	FXWG 1340 Wide Glide	1337	45° V 2	88,8×108	4-Takt	OHV	2	7,4	L	52/70 5800	4	K	SDR	T	S	SB	SB	MT 90-16	MT 90-16	292	19	7,4	164	18325
	FLH 1340 El. Glide Belt Drive	1337	45° V 2	88,8×108	4-Takt	OHV	2	7,4	L	52/70 5800	4	ZR	SDR	T	S	DSB	SB	MT 90-16	MT 90-16	345	19	–	145	20170
	FLHT 1340 Electra Glide	1337	45° V 2	88,8×108	4-Takt	OHV	2	7,4	L	52/70 5800	5	K	SDR	T	S	DSB	SB	MT 90-16	MT 90-16	345	19	–	145	17890
	FLHTC 1340 El. Glide Classic	1337	45° V 2	88,8×108	4-Takt	OHV	2	7,4	L	52/70 5800	5	K	SDR	T	S	DSB	SB	MT 90-16	MT 90-16	345	19	–	145	20200
	FLT 1340 Tour Glide	1337	45° V 2	88,8×108	4-Takt	OHV	2	7,4	L	52/70 5800	5	K	SDR	T	S	DSB	SB	MT 90-16	MT 90-16	355	19	–	165	19735
	FLTC 1340 Tour Glide Classic	1337	45° V 2	88,8×108	4-Takt	OHV	2	7,4	L	52/70 5800	5	K	SDR	T	S	DSB	SB	MT 90-16	MT 90-16	355	19	–	165	21490
	FLHC 1340 El. Glide Classic*	1337	45° V 2	88,8×108	4-Takt	OHV	2	7,4	L	49/67 6000	4	K	SDR	T	S	SB	SB	MT 90-16	MT 90-16	450	19	–	125	27695
Hercules	K 125 Military	124	S 1	54×54	2-Takt	SL	–	9	L	9/12,5 7000	5	K	SDR	S	S	TB	TB	3.25-18	3.50-18	135	15	–	94	5295
Honda	XL 185 S	180	S 1	63×57,8	4-Takt	OHC	2	9,2	L	7/10 6500	5	K	SER	T	S	TB	TB	2.75-21	4.10-18	118	7	–	93	3708
	XL 185 S	180	S 1	63×57,8	4-Takt	OHC	2	9,2	L	12/16 8000	5	K	SER	T	S	TB	TB	2.75-21	4.10-18	118	7	16	115	3708
	XL 250 S	248	S 1	74×57,8	4-Takt	OHC	4	9,1	L	13/17 7000	5	K	SER	T	S	TB	TB	3.00-23	4.60-18	132	9,5	15,2	111	4528

* Sidecar

Hersteller	Typ	Hubraum (cm³)	Zyl.-Anordnung und -zahl	Bohrung und Hub (mm)	Arbeitsweise	Steuerung	Ventile/Zylinder	Verdichtung	Kühlung	Leistung (kW/PS bei 1/min)	Gänge	Hinterradantrieb	Rahmen	Vorderradfederung	Hinterradfederung	Vorderradbremse	Hinterradbremse	Vorderreifen	Hinterreifen	Gewicht incl. Kraftstoff und Öl (kg)	Tankinhalt (l)	Beschleun. 1 Pers. (0–100 km/h sec)	Höchstgeschwindigkeit, 1 Pers. (km/h)	Preis incl. MWSt (Mark)
	XL 250 R	249	S 1	75×56,5	4-Takt	OHC	4	10,2	L	13/17 8000	6	K	SER	T	S	TB	TB	3.00-21	4.60-17	131	9	–	110	4678
	XL 500 S	497	S 1	89×80	4-Takt	OHC	4	8,6	L	20/27 5500	5	K	SER	T	S	TB	TB	3.00-23	4.60-18	142	10,5	8,1	135	5370
	XL 500 R	497	S 1	89×80	4-Takt	OHC	4	8,6	L	20/27 5500	5	K	SER	T	S	TB	TB	3.00-21	4.60-17	152	10,5	7,6	134	5548
	CB 125 T 2	125	R 2	44×41	4-Takt	OHC	2	9,4	L	7/10 10500	5	K	SER	T	S	SB	TB	2.75-18	3.00-18	126	10	–	100	3298
	CB 125 T 2	125	R 2	44×41	4-Takt	OHC	2	9,4	L	13/17 11500	5	K	SER	T	S	SB	TB	2.75-18	3.00-18	126	10	16,1	128	3298
	CM 125 C	125	R 2	44×41	4-Takt	OHC	2	9,4	L	7/10 9000	5	K	SER	T	S	TB	TB	3.25-18	110/90-16	139	13	–	91	3498
	CM 200 T	194	R 2	53×44	4-Takt	OHC	2	8,8	L	7/10 7000	4	K	SER	T	S	TB	TB	3.00-17	3.50-16	138	11	15,1	100	3808
	CM 200 T	194	R 2	53×44	4-Takt	OHC	2	8,8	L	13/17 9000	4	K	SER	T	S	TB	TB	3.00-17	3.50-16	138	11	19,1	119	3808
	CB 250 N	250	R 2	62×41,4	4-Takt	OHC	3	9,4	L	13/17 8500	6	K	SER	T	S	SB	TB	3.60-19	4.10-18	186	14	–	125	4788
	CM 250 C	234	R 2	53×53	4-Takt	OHC	2	9,3	L	13/17 7500	5	K	SER	T	S	TB	TB	3.25-18	110/90-16	144	12	–	106	4028
	CL 250 S	248	S 1	74×57,8	4-Takt	OHC	4	9,3	L	13/17 6500	6	K	SER	T	S	SB	TB	3.00-19	3.50-18	145	11,5	11,2	109	4328
	CB 250 RS	248	S 1	74×57,8	4-Takt	OHC	4	9,3	L	13/17 7000	5	K	SER	T	S	SB	TB	3.00-18	3.50-18	148	13	8	136	4278
	CB 250 RS	248	S 1	74×57,8	4-Takt	OHC	4	9,3	L	19/26 8500	5	K	SER	T	S	DSB	TB	3.00-18	4.10-18	148	13	11	146	4278
	CB 400 N	395	R 2	70,5×50,6	4-Takt	OHC	3	9,3	L	20/27 7500	6	K	SER	T	S	DSB	TB	3.60-19	4.10-18	185	14	–	137	5148
	CB 400 N	395	R 2	70,5×50,6	4-Takt	OHC	3	9,3	L	32/43 8500	6	K	SER	T	S	DSB	TB	3.60-19	4.10-18	185	14	10,1	161	5148
	CM 400 T	395	R 2	70,5×50,6	4-Takt	OHC	3	9,3	L	20/27 7500	5	K	SER	T	S	DSB	TB	3.50-19	4.60-16	184	9,5	–	141	5128
	CM 400 T	395	R 2	70,5×50,6	4-Takt	OHC	3	9,3	L	32/43 8500	5	K	SZR	T	S	DSB	TB	3.50-19	4.60-16	184	9,5	–	156	5128
	FT 500	497	S 1	89×90	4-Takt	OHV	4	8,6	L	20/27 5500	5	K	SZR	T	S	DSB	SB	3.50-18	4.25-18	175	13,5	8,3	147	5448
	CX 500	497	80° V 2	78×52	4-Takt	OHV	4	10	W	20/27 6500	5	W	SDR	T	S	DSB	SB	3.25-19	3.75-18	221	17	9,8	148	6753
	CX 500	497	80° V 2	78×52	4-Takt	OHV	4	10	W	37/50 9000	5	W	SZR	T	S	DSB	SB	3.25-19	3.75-18	221	17	6,2	176	6753
	CX 500 E	497	80° V 2	78×52	4-Takt	OHV	4	10	W	20/27 6500	5	W	SDR	T	S	DSB	SB	100/90-18	120/80-18	228	19	9,8	145	7363
	CX 500 E	497	80° V 2	78×52	4-Takt	OHV	4	10	W	37/50 9000	5	W	SDR	T	S	DSB	SB	100/90-18	120/80-18	228	19	6,7	172	7363
	CX 500 C	497	80° V 2	78×52	4-Takt	OHV	4	10	W	20/27 6500	5	W	SZR	T	S	DSB	TB	3.50-19	130/90-16	216	11	9	140	7063
	CX 500 C	497	80° V 2	78×52	4-Takt	OHV	4	10	W	37/50 9000	5	W	SDR	T	S	DSB	TB	3.50-19	130/90-16	216	11	6	159	6753
	CX 500 Turbo	497	80° V 2	78×52	4-Takt/Turbo	OHV	4	7,2	W	60/82 8000	5	W	SDR	T	S	DSB	SB	3.50-18	120/90-17	263	20	4,7	200	13 203
	GL 500 Silver Wing	497	80° V 2	78×52	4-Takt	OHV	4	10	W	20/27 6500	5	W	SDR	T	S	DSB	SB	3.50-19	130/90-16	235	20	10	125	7873
	GL 500 Silver Wing	497	80° V 2	78×52	4-Takt	OHV	4	10	W	37/50 9000	5	W	SDR	T	S	DSB	SB	3.50-19	130/90-16	235	20	7	153	7873
	CBX 550 F	572	R 4	59,2×52	4-Takt	DOHC	4	9,5	L	37/50 8500	6	K	SDR	T	S	DSB	SB	3.60-18	4.10-18	209	18	4,8	182	7063
	CBX 550 F	572	R 4	59,2×52	4-Takt	DOHC	4	9,5	L	44/60 10 000	6	K	SDR	T	S	DSB	SB	3.60-18	4.10-18	209	18	4,4	191	7063
	CBX 550 F 2	572	R 4	59,2×52	4-Takt	DOHC	4	9,5	L	37/50 8500	6	K	SDR	T	S	DSB	SB	3.60-18	4.10-18	213	18	4,7	185	7943
	CBX 550 F 2	572	R 4	59,2×52	4-Takt	DOHC	4	9,5	L	44/60 10 000	6	K	SDR	T	S	DSB	SB	3.60-18	4.10-18	213	18	4,6	190	7943
	CB 650	627	R 4	59,8×55,8	4-Takt	OHC	2	9	L	37/50 8000	5	K	SDR	T	S	DSB	TB	3.25-19	3.75-18	220	18	6,2	175	6972
	CB 650	627	R 4	59,8×55,8	4-Takt	OHC	2	9	L	46/63 9000	5	K	SDR	T	S	DSB	DSB	3.25-19	3.75-18	216	18	5,3	183	6972

1982

Hersteller	Typ	Hubraum (cm³)	Zyl.-Anordnung und -zahl	Bohrung und Hub (mm)	Arbeitsweise	Steuerung	Ventile/Zylinder	Verdichtung	Kühlung	Leistung (kW/PS bei 1/min)	Gänge	Hinterradantrieb	Rahmen	Vorderradfederung	Hinterradfederung	Vorderradbremse	Hinterradbremse	Vorderreifen	Hinterreifen	Gewicht incl. Kraftstoff und Öl (kg)	Tankinhalt (l)	Beschleun. 1 Pers. (0–100 km/h sec)	Höchstgeschwindigkeit, 1 Pers. (km/h)	Preis incl. MWSt (Mark)
	CB 650 RC	627	R 4	59,8×55,8	4-Takt	OHC	2	9	L	37/50 8000	5	K	SDR	T	S	DSB	TB	3.50-19	130/90-16	220	14	6,2	175	7163
	CB 650 RC	627	R 4	59,8×55,8	4-Takt	OHC	2	9	L	46/63 9000	5	K	SDR	T	S	DSB	TB	3.50-19	130/90-16	220	14	5,9	173	7163
	CB 750 K	748	R 4	62×62	4-Takt	DOHC	4	9	L	57/77 9000	5	K	SDR	T	S	DSB	TB	3.25-19	4.00-18	256	20	4,5	200	8613
	CB 750 F	748	R 4	62×62	4-Takt	DOHC	4	9	L	57/78 9000	5	K	SDR	T	S	DSB	SB	3.25-19	4.00-18	253	20	4,4	203	8773
	CB 750 F 2	748	R 4	62×62	4-Takt	DOHC	4	9	L	57/78 9000	5	K	SDR	T	S	DSB	SB	3.25-19	4.00-18	266	20	4,8	189	9703
	CB 750 C	748	R 4	62×62	4-Takt	DOHC	4	9	L	57/77 9000	5	K	SDR	T	S	DSB	TB	110/90-19	130/90-16	253	16	4,8	176	8613
	VF 750 S	748	90° V 4	70×48,6	4-Takt	DOHC	4	10,5	W	60/82 9500	6	K	SDR	T	S	DSB	SB	110/90-18	130/90-17	246	17,5	4	202	9173
	VF 750 C	748	90° V 4	70×48,6	4-Takt	DOHC	4	10,5	W	60/82 9500	6	W	SDR	T	S	DSB	TB	110/90-18	130/90-16	240	14	4,5	187	9173
	CB 900 F Bol d'Or	901	R 4	64,5×69	4-Takt	DOHC	4	8,8	L	70/95 9000	5	K	SDR	T	S	DSB	SB	100/90-18	130/80-18	260	20	4,4	213	10422
	CB 900 F 2 Bol d'Or	901	R 4	64,5×69	4-Takt	DOHC	4	8,8	L	70/95 9000	5	K	SDR	T	S	DSB	SB	100/90-18	130/90-18	277	22	4,7	195	11573
	CBX Pro Link	1046	R 6	64,5×53,4	4-Takt	DOHC	4	9,3	L	74/100 9000	5	K	SDR	T	S	DSB	SB	3.50-19	130/90-18	300	26	4,4	208	14203
	CB 1100 R	1062	R 4	70×69	4-Takt	DOHC	4	10	L	74/100 9000	5	K	SDR	T	S	DSB	SB	100/90-18	130/80-18	259	19	3,7	234	15755
	GL 1100 Gold Wing	1084	180° 4	75×61,4	4-Takt	OHC	2	9,2	W	61/83 7500	5	W	SDR	T	S	SB	TB	110/90-19	130/90-17	315	19	5	192	11327
	GL 1100 Gold Wing Interstate	1084	180° 4	75×61,4	4-Takt	OHC	2	9,2	W	61/83 7500	5	W	SDR	T	S	SB	TB	110/90-19	130/90-17	330	19	5	195	12757
Horex	1400 TI	1338	R 2	80×66,6	4-Takt/Turbo	OHC	2	6	L	74/100 7200	4	K	SDR	T	S	SB	TB	120/90-18	130/80-18	296	36	–	230	36160
Jawa	350/634.6	343	R 2	58×65	2-Takt	SL	–	9,2	L	18/24 5250	4	K	SER	T	S	TB	SB	3.25-18	3.50-18	175	17	–	125	3300
Kawasaki	KE 125	125	S 1	56×50,6	2-Takt	DS	–	6,5	L	7/10 6300	6	K	SER	T	S	TB	TB	2.75-21	3.50-18	110	9,5	10,9	94	3180
	KDX 175	173	S 1	66×50,6	2-Takt	MB	–	7,6	L	7/10 7000	6	K	SER	T	S	TB	TB	3.00-21	4.00-18	109	10,5	15,5	114	4820
	KE 175	175	S 1	62,5×57	2-Takt	MB	–	6	L	13/17 7500	5	K	SER	T	S	TB	TB	2.75-21	3.50-18	116	9,5	17,1	113	3580
	KL 250	246	S 1	70×64	4-Takt	OHC	4	8,9	L	13/17 7500	5	K	SER	T	S	TB	TB	3.00-21	4.60-17	132	10	13	111	4080
	KLX 250	246	S 1	70×64	4-Takt	OHC	4	8,9	L	13/17 7000	6	K	SER	T	S	TB	TB	3.00-21	4.00-18	115	9,5	9,6	118	5140
	Z 250 A	249	R 2	55×52,4	4-Takt	DOHC	4	9,5	L	20/27 10000	6	K	SDR	T	S	DSB	SB	3.00-18	3.50-18	167	13,5	–	145	4480
	Z 250 J	249	R 2	55×52,4	4-Takt	DOHC	4	9,5	L	13/17 8250	6	K	SDR	T	S	SB	SB	3.00-18	3.50-18	166	13,5	11,3	115	4480
	Z 250 C	246	S 1	70×64	4-Takt	OHC	4	8,9	L	13/17 7000	6	K	SDR	T	S	SB	SB	3.00-18	4.60-16	132	9	11,3	126	3780
	Z 250 LTD	246	S 1	70×64	4-Takt	OHC	4	8,9	L	13/17 7000	6	K	SDR	T	S	SB	SB	2.75-18	4.60-16	143	8	9,3	116	3980
	Z 400 J	399	R 4	52×47	4-Takt	DOHC	2	9,5	L	20/27 8000	6	K	SDR	T	S	DSB	SB	3.25-19	3.75-18	210	16,5	9,8	154	5680
	Z 440 Twin	444	R 2	67,5×62	4-Takt	OHC	2	9,2	L	20/27 7000	6	K	SDR	T	S	SB	SB	3.60-18	4.10-18	180	16,5	7,4	140	4920
	Z 440 LTD	444	R 2	67,5×62	4-Takt	OHC	2	9,2	L	20/27 7000	6	K	SDR	T	S	SB	SB	3.25-19	130/90-16	184	12	10,7	154	5040
	Z 440 LTD Belt Drive	444	R 2	67,5×62	4-Takt	OHC	2	9,2	L	20/27 7000	6	ZR	SDR	T	S	SB	SB	3.25-19	130/90-16	185	12	–	125	5140
	GPZ 550	553	R 4	58×52,4	4-Takt	DOHC	2	10	L	43/58 9000	6	K	SDR	T	S	DSB	SB	3.25-19	3.75-18	216	18	5,1	194	6840

1982

1982

Hersteller	Typ	Hubraum (cm³)	Zyl.-Anordnung und -zahl	Bohrung und Hub (mm)	Arbeitsweise	Steuerung	Ventile/Zylinder	Verdichtung	Kühlung	Leistung (kW/PS bei 1/min)	Gänge	Hinterradantrieb	Rahmen	Vorderradfederung	Hinterradfederung	Vorderradbremse	Hinterradbremse	Vorderreifen	Hinterreifen	Gewicht incl. Kraftstoff und Öl (kg)	Tankinhalt (l)	Beschleun. 1 Pers. (0–100 km/sec)	Höchstgeschwindigkeit, 1 Pers. (km/h)	Preis incl. MWSt (Mark)
	Z 550 LTD	553	R 4	58×52.4	4-Takt	DOHC	2	9.5	L	37/50 8500	6	K	SDR	T	S	DSB	TB	3.25-19	130/90-16	211	13	5.4	178	6680
	Z 650 F	652	R 4	62×54	4-Takt	DOHC	2	9	L	49/67 9000	5	K	SDR	T	S	DSB	TB	3.25-19	4.00-18	226	16.5	4.8	195	7000
	Z 750 GT	739	R 4	66×54	4-Takt	DOHC	2	9.5	L	57/78 8500	5	W	SDR	T	S	DSB	SB	100/90-19	120/90-18	243	24.5	4.6	198	8300
	Z 750 LTD	739	R 4	66×54	4-Takt	DOHC	2	9	L	54/74 9000	5	K	SDR	T	S	DSB	SB	3.25-19	130/90-16	226	13	5.2	179	8100
	Z 1000 J	998	R 4	69.4×66	4-Takt	DOHC	2	9.2	L	72/98 8500	5	K	SDR	T	S	DSB	SB	3.25-19	4.25-18	253	21	3.7	211	10200
	Z 1000 LTD	998	R 4	69.4×66	4-Takt	DOHC	2	9.2	L	70/95 8500	5	K	SDR	T	S	DSB	SB	3.25-19	130/90-16	254	15	4.2	192	10200
	GPZ 1100	1089	R 4	72.5×66	4-Takt	DOHC	2	9.5	L	74/100 8750	5	K	SDR	T	S	DSB	SB	3.25-19	4.25-18	266	20	3.6	240	10700
	Z 1100 ST	1089	R 4	72.5×66	4-Takt	DOHC	2	8.9	L	71/97 8000	5	W	SDR	T	S	DSB	SB	3.50-19	130/90-16	271	21	4.2	212	10450
	Z 1300	1285	R 6	62×71	4-Takt	DOHC	2	9.9	W	73/99 8000	5	W	SDR	T	S	DSB	SB	110/90-18	130/90-17	322	27	4.2	217	12900
KTM	500 K 4 Enduro	504	S 1	89×81	4-Takt	OHC	4	9.8	L	26/36 7000	5	K	SER	T	S	SB	TB	3.00-21	4.00-18	156	14	5.7	143	7495
Laverda	500 SFC	496	R 2	72×61	4-Takt	DOHC	4	9.2	L	33/45 8200	6	K	SER	T	S	DSB	SB	100/90-18	110/90-18	194	14.5	6.4	182	7978
	1000	980	R 3	75×74	4-Takt	DOHC	2	9	L	63/85 7600	5	K	SDR	T	S	DSB	SB	100/90-18	120/90-18	253	19.5	6	210	9597
	1000 Jota	980	R 3	75×74	4-Takt	DOHC	2	9	L	63/85 7600	5	K	SDR	T	S	DSB	SB	100/90-18	120/90-18	258	20.5	6	210	11588
	1000 Jota/120	980	R 3	75×74	4-Takt	DOHC	2	9	L	63/86 7900	5	K	SDR	T	S	DSB	SB	100/90-18	120/90-18	265	20.5	4.4	211	12688
	1000 RGS	980	R 3	75×74	4-Takt	DOHC	2	9	L	60/82 7900	5	W	SDR	T	S	DSB	SB	100/90-18	120/90-18	269	22	4.4	225	13188
	1200 TS	1115	R 3	80×74	4-Takt	DOHC	2	8	L	63/86 7350	5	K	SDR	T	S	DSB	SB	100/90-18	120/90-18	247	19.5	5	204	11748
Maico	MD 250 wk	245	S 1	76×54	2-Takt	DS	–	11.7	W	20/27 7000	6	K	SDR	T	S	SB	TB	3.00-18	3.25-18	132	17	8.1	151	4550
Malanca	125 E 2 C Sport	125	R 2	43×43	2-Takt	SL	–	10	L	13/17 9300	5	K	SDR	T	S	DSB	SB	2.75-18	80/90-18	115	11	15.6	120	4440
	125 E 2 CS wk	125	R 2	43×43	2-Takt	SL	–	11	W	19/26 10800	6	K	SDR	T	S	DSB	SB	2.75-18	80/90-18	110	11	10.6	136	6500
Morini	500 Camel	478	72° V 2	69×64	4-Takt	OHV	2	11.2	L	28/38 7400	6	K	SDR	T	S	TB	TB	3.00-21	4.00-18	155	13	9.1	129	8999
	125 T	123	S 1	59×45	4-Takt	OHV	2	11.7	L	7/9 9000	6	K	SDR	T	S	SB	SB	2.75-18	3.00-18	115	12	–	110	4393
	AMEX 250 J	239	72° V 2	59×43.8	4-Takt	OHV	2	11.7	L	17/23 8800	6	K	SDR	T	S	SB	SB	2.75-18	3.25-18	145	13	11.3	141	5505
	3½ V	344	72° V 2	62×57	4-Takt	OHV	2	10	L	20/27 6850	6	K	SDR	T	S	DSB	SB	3.25-18	4.10-18	160	13	8.5	153	6399
	3½ S	344	72° V 2	62×57	4-Takt	OHV	2	10	L	20/27 6850	6	K	SDR	T	S	DSB	SB	3.25-18	4.10-18	160	13	8.5	155	6699
	400 S	396	72° V 2	66.5×57	4-Takt	OHV	2	11	L	27/37 8040	6	K	SDR	T	S	DSB	SB	100/90-18	3.50-18	156	15	–	165	7495
	500 T	478	72° V 2	69×64	4-Takt	OHV	2	11.2	L	31/42 7500	5	K	SDR	T	S	DSB	SB	100/90-18	4.00-18	184	15	7.8	165	7985
	500 S	478	72° V 2	69×64	4-Takt	OHV	2	11.2	L	31/42 7500	5	K	SDR	T	S	DSB	SB	100/90-18	4.00-18	184	15	7.8	170	9485

Hersteller	Typ	Hubraum (cm³)	Zyl.-Anordnung und -zahl	Bohrung und Hub (mm)	Arbeitsweise	Steuerung	Ventile/Zylinder	Verdichtung	Kühlung	Leistung (kW/PS bei 1/min)	Gänge	Hinterradantrieb	Rahmen	Vorderradfederung	Hinterradfederung	Vorderradbremse	Hinterradbremse	Vorderreifen	Hinterreifen	Gewicht incl. Kraftstoff und Öl (kg)	Tankinhalt (l)	Beschleun. 1 Pers. (0-100 km/h sec)	Höchstgeschwindigkeit, 1 Pers. (km/h)	Preis incl. MWSt (Mark)
Motobi	254	231	R 4	44×38	4-Takt	OHC	2	10,5	L	20/27 10600	5	K	SDR	T	S	SB	TB	2.75-18	3.00-18	130	8	7,5	156	4995
Moto Guzzi	V 35 II	346	90° V 2	66×50,6	4-Takt	OHV	2	10,8	L	20/27 7600	5	W	SDR	T	S	DSB	SB	90/90-18	100/90-18	185	16	9,6	151	6450
	V 35 Imola	346	90° V 2	66×50,6	4-Takt	OHV	2	10,8	L	20/27 7600	5	W	SDR	T	S	DSB	SB	90/90-18	100/90-18	181	16	9,5	150	6720
	V 50 III	490	90° V 2	74×57	4-Takt	OHV	2	10,4	L	36/49 7600	5	W	SDR	T	S	DSB	SB	90/90-18	100/90-18	182	16	8,1	161	6615
	V 50 Monza	490	90° V 2	74×57	4-Takt	OHV	2	10,4	L	36/49 7600	5	W	SDR	T	S	DSB	SB	3.25-18	3.50-18	181	16	8,1	174	6995
	V 50 C	490	90° V 2	74×57	4-Takt	OHV	2	10,4	L	36/49 7600	5	W	SDR	T	S	DSB	SB	100/90-18	130/90-16	192	16	7,1	151	6975
	V 65	643	90° V 2	80×64	4-Takt	OHV	2	10	L	37/50 6900	5	W	SDR	T	S	DSB	SB	100/90-18	110/90-18	188	15,5	6	173	7350
	V 65 SP	643	90° V 2	80×64	4-Takt	OHV	2	10	L	37/50 6900	5	W	SDR	T	S	DSB	SB	100/90-18	110/90-18	192	15,5	6	178	7950
	850 T 3 California	844	90° V 2	83×78	4-Takt	OHV	2	9,2	L	43/59 6800	5	W	SDR	T	S	DSB	SB	100/90-18	110/90-18	245	24	7,7	150	10850
	850 T 4	844	90° V 2	83×78	4-Takt	OHV	2	9,2	L	43/59 6800	5	W	SDR	T	S	DSB	SB	100/90-18	110/90-18	255	24	6,6	178	10550
	850 Le Mans III	844	90° V 2	83×78	4-Takt	OHV	2	10,2	L	56/76 7700	5	W	SDR	T	S	DSB	SB	100/90-18	110/90-18	247	25	5,2	214	11950
	V 1000 California II	948	90° V 2	88×78	4-Takt	OHV	2	9,2	L	49/67 6700	5	W	SDR	T	S	DSB	SB	120/90-18	120/90-18	276	23	6	159	11990
	V 1000 G 5	948	90° V 2	88×78	4-Takt	OHV	2	9,2	L	45/61 6500	5	W	SDR	T	S	DSB	SB	100/90-18	110/90-18	259	24	6	157	11050
	V 1000 SP/NT	948	90° V 2	88×78	4-Takt	OHV	2	9,2	L	45/61 6500	5	W	SDR	T	S	DSB	SB	100/90-18	110/90-18	252	24	6	181	11850
	V 1000 Le Mans III	948	90° V 2	88×78	4-Takt	OHV	2	9,8	L	63/86 7700	5	W	SDR	T	S	DSB	SB	100/90-18	110/90-18	243	23	–	222	16850
MZ	TS 125	123	S 1	52×58	2-Takt	SL	–	10	L	7/10 6300	4	K	PSR	T	S	TB	TB	2.75-18	3.00-18	127	12,5	–	100	1925
	ETZ 250	243	S 1	69×65	2-Takt	SL	–	10	L	13/17 5200	5	K	PSR	T	S	SB	TB	2.75-18	3.50-18	154	17,5	12,6	130	2998
	ETZ 250-Gespann	243	S 1	69×65	2-Takt	SL	–	10	L	16/22 5800	5	K	PSR	T	S	SB	TB	2.75-18	3.50-18	240	17,5	–	100	4850
Sanglas	400 y	392	R 2	69×52,4	4-Takt	OHC	2	9,2	L	20/27 7100	6	K	SDR	T	S	DSB	SB	3.25-18	3.50-18	177	18	10,2	140	5995
	500 S 2	497	S 1	89,5×79	4-Takt	OHV	2	9,2	L	20/27 5930	5	K	SDR	T	S	DSB	SB	3.25-18	3.50-18	202	18	10,9	140	5885
Suzuki	DR 125 S	124	S 1	57×48,8	4-Takt	OHC	2	9,5	L	7/10 9500	6	K	SER	T	S	TB	SB	2.75-21	3.50-18	112	8,5	–	95	3799
	DR 250 S	249	S 1	72×61,2	4-Takt	OHC	4	9	L	13/17 7800	5	K	SER	T	S	TB	SB	3.00-21	4.00-18	129	9,5	10,6	117	4379
	DR 500 S	498	S 1	88×82	4-Takt	OHC	4	8,7	L	20/27 6500	5	K	SER	T	S	TB	SB	3.00-21	4.60-18	146	9	7,5	136	5498
	GNX 250 E	249	S 1	72×61,2	4-Takt	OHC	4	9	L	13/17 7800	5	K	SER	T	S	SB	SB	3.00-18	120/90-16	140	10	11,9	122	4379
	GSX 250 E	250	R 2	60×44,2	4-Takt	DOHC	4	10,5	L	13/17 8200	6	K	SDR	T	S	SB	SB	3.00-18	3.75-18	174	14	–	134	4579
	GS 400 T	398	S 1	65×60	4-Takt	OHV	2	8,5	L	20/27 7400	6	K	SDR	T	S	SB	TB	3.00-18	3.50-18	185	14	8,7	150	3999
	GSX 400 E	399	R 2	67×56,6	4-Takt	DOHC	4	9	L	20/27 8000	6	K	SDR	T	S	SB	SB	3.00-18	3.75-18	189	15	8	154	4994
	GSX 400 L	399	R 2	67×56,6	4-Takt	DOHC	4	9	L	20/27 8000	6	K	SDR	T	S	SB	SB	3.00-19	4.60-16	186	11,5	8,8	141	3999
	GSX 400 F Katana	399	R 4	53×45,2	4-Takt	DOHC	4	10,5	L	31/42 10500	6	K	SDR	T	S	DSB	SB	3.25-19	110/90-18	197	15	6,6	170	4999

Hersteller	Typ	Hubraum (cm³)	Zyl.-Anordnung und -zahl	Bohrung und Hub (mm)	Arbeitsweise	Steuerung	Ventile/Zylinder	Verdichtung	Kühlung	Leistung (kW/PS bei 1/min)	Gänge	Hinterradantrieb	Rahmen	Vorderradfederung	Hinterradfederung	Vorderradbremse	Hinterradbremse	Vorderreifen	Hinterreifen	Gewicht incl. Kraftstoff und Öl (kg)	Tankinhalt (l)	Beschleun. 1 Pers. (0-100 km/h sec)	Höchstgeschwindigkeit 1 Pers. (km/h)	Preis incl. MwSt (Mark)
	GS 450 T	448	R 2	71×56,6	4-Takt	DOHC	2	9	L	31/42 9000	6	K	SDR	T	S	SB	TB	90/80-19	110/90-17	193	15	6,4	168	5198
	GS 450 L	448	R 2	71×56,6	4-Takt	DOHC	2	9	L	31/42 9000	6	K	SDR	T	S	SB	TB	3.60-19	4.60-16	189	11	6,5	165	5198
	GS 550 M Katana	549	R 4	56×55,8	4-Takt	DOHC	2	8,6	L	37/50 9400	6	K	SDR	T	S	DSB	SB	3.25-19	4.00-18	222	23	5,9	177	5499
	GS 650 G Katana	674	R 4	62×55,8	4-Takt	DOHC	2	9,4	L	54/73 9500	5	W	SDR	T	S	DSB	SB	3.25-19	4.25-17	239	23	5	197	6499
	GSX 750 S Katana	747	R 4	67×53	4-Takt	DOHC	4	9,8	L	60/82 9500	5	K	SDR	T	S	DSB	SB	3.25-19	120/90-18	249	21	4,1	210	9299
	GSX 1100 E	1074	R 4	72×66	4-Takt	DOHC	4	9,5	L	74/100 8700	5	K	SDR	T	S	DSB	SB	3.50-19	4.50-17	256	20	3,8	222	9499
	GSX 1100 ES	1074	R 4	72×66	4-Takt	DOHC	4	9,5	L	74/100 8700	5	K	SDR	T	S	DSB	SB	3.50-19	4.50-17	253	20	3,7	221	9499
	GSX 1100 S Katana	1074	R 4	72×66	4-Takt	DOHC	4	9,5	L	74/100 8700	5	K	SDR	T	S	DSB	SB	3.50-19	4.50-17	272	21	3,6	228	9999
Triumph	TR 7 T Tiger Trail	744	R 2	76×82	4-Takt	OHV	2	7,4	L	31/42 6500	5	K	SDR	T	S	SB	TB	3.00-21	4.00-18	185	12,5	6,6	155	8895
	TR 6 Thunderbird	648	R 2	76×71,5	4-Takt	OHV	2	6,8	L	31/42 6500	5	K	SDR	T	S	SB	TB	3.25-21	4.00-18	190	18,5	6,6	160	8395
	TR 7 RV Tiger	744	R 2	76×82	4-Takt	OHV	2	7,9	L	33/45 6000	5	K	SDR	T	S	SB	SB	4.10-19	4.10-18	197	18,5	6,7	172	8850
	T 140 E Bonneville	744	R 2	76×82	4-Takt	OHV	2	9	L	36/49 6500	5	K	SDR	T	S	SB	SB	4.10-19	4.10-18	206	18,5	5,9	176	8895
	T 140 E Bonneville Executive	744	R 2	76×82	4-Takt	OHV	2	9	L	36/49 6500	5	K	SDR	T	S	SB	SB	4.10-19	4.10-18	200	18,5	5,9	160	10980
	TSX	744	R 2	76×82	4-Takt	OHV	2	8	L	36/49 6500	5	K	SDR	T	S	DSB	SB	MJ 90-19	MT 90-16	200	10,5	6,9	162	10400
	TSS	744	R 2	76×82	4-Takt	OHV	4	9,5	L	42/57 6500	5	K	SDR	T	S	SB	SB	4.10-19	4.10-18	212	10,5	4,8	167	10850
Yamaha	DT 125 LC	123	S 1	56×50	2-Takt	MB	–	7,2	W	12/16 7000	6	K	SDR	T	S	TB	TB	2.75-21	4.10-18	108	9	–	109	3938
	DT 175 MX	171	S 1	66×50	2-Takt	MB	–	6,8	L	12/16 7000	6	K	SDR	T	S	TB	TB	2.75-21	3.50-18	109	7	–	105	3618
	DT 250 MX	246	S 1	70×64	2-Takt	MB	–	6,7	L	12/16 5400	5	K	SDR	T	S	TB	TB	3.00-21	4.00-18	135	9	–	109	4437
	XT 250	249	S 1	75×56,5	4-Takt	OHC	2	9,2	L	13/17 7500	5	K	SDR	T	S	TB.	TB	3.00-21	4.60-17	125	8	12,3	112	4537
	XT 500	499	S 1	87×84	4-Takt	OHC	2	9	L	20/27 5900	5	K	SDR	T	S	TB	TB	3.25-19	4.00-18	155	9	8,5	132	5508
	XT 550	558	S 1	92×84	4-Takt	OHC	4	8,5	L	20/27 5500	5	K	SDR	T	S	TB	SB	3.00-21	4.60-18	145	12	9,6	129	5915
	XT 550	558	S 1	92×84	4-Takt	OHC	4	8,5	L	20/27 5500	5	K	SDR	T	S	TB	SB	3.00-21	4.60-18	145	12	5,7	149	5915
	SR 250 SE	240	S 1	73,5×56,5	4-Takt	OHC	2	9,2	L	13/17 7500	5	K	SDR	T	S	DSB	TB	3.00-19	120/90-16	135	10	11,7	115	4107
	SR 500 S (Speichenräder)	499	S 1	87×84	4-Takt	OHC	2	9	L	20/27 6000	5	K	SDR	T	S	SB	TB	3.50-19	4.00-18	174	12	9,3	135	5168
	SR 500 G (Gußräder)	499	S 1	87×84	4-Takt	OHC	2	9	L	20/27 6000	5	K	SDR	T	S	SB	TB	3.50-19	4.00-18	174	12	9,3	135	5318
	RD 125 LC	123	S 1	56×50	2-Takt	MB	–	6,4	W	13/17 9000	6	K	SDR	T	S	TB	TB	2.75-18	3.25-18	115	13	10,5	126	4188
	RD 250 LC	247	S 1	54×54	2-Takt	MB	–	6,2	W	20/27 8100	6	K	SER	T	S	TB	TB	3.00-18	3.50-18	158	17	8,7	149	4857
	RD 250 LC	247	S 1	54×54	2-Takt	MB	–	6,9	W	28/38 8500	6	K	SER	T	S	TB	TB	3.00-18	3.50-18	158	17	7,1	163	4857
	RD 350 LC	347	S 1	64×54	2-Takt	MB	–	6,9	W	36/49 8700	6	K	SER	T	S	TB	TB	3.00-18	3.50-18	161	20	5,4	178	5388
	XS 400	392	R 2	69×52,4	4-Takt	OHC	2	9,2	L	20/27 7000	6	K	SER	T	S	TB	TB	3.00-18	3.75-18	182	17	10,3	140	4868
	XS 400 DOHC	399	R 2	69×53,4	4-Takt	DOHC	2	9,7	L	20/27 8000	6	K	PSR	T	S	SB	TB	3.00-18	4.10-18	187	18	9,4	143	5138

Hersteller	Typ	Hubraum (cm³)	Zyl.-Anordnung und -zahl	Bohrung und Hub (mm)	Arbeitsweise	Steuerung	Ventile/Zylinder	Verdichtung	Kühlung	Leistung (kW/PS bei 1/min)	Gänge	Hinterradantrieb	Rahmen	Vorderradfederung	Hinterradfederung	Vorderradbremse	Hinterradbremse	Vorderreifen	Hinterreifen	Gewicht incl. Kraftstoff und Öl (kg)	Tankinhalt (l)	Beschleun. 1 Pers. (0–100 km/h sec)	Höchstgeschwindigkeit, 1 Pers. (km/h)	Preis incl. MWSt (Mark)
	XS 400 DOHC	399	R 2	69×53,4	4-Takt	DOHC	2	9,7	L	33/45 9500	6	K	PSR	T	S	SB	TB	3.00-18	4.10-18	187	18	6,1	168	5138
	XS 400 SE	392	R 2	69×52,4	4-Takt	OHC	2	9,3	L	20/27 7500	6	K	SER	T	S	SB	TB	3.00-18	120/90-16	178	14	10,3	139	4968
	XJ 550	528	R 4	57×51,8	4-Takt	DOHC	2	9,5	L	37/50 9000	6	K	SDR	T	S	DSB	TB	3.00-19	110/90-18	204	15	5,2	176	6815
	XZ 550	553	70° V 2	80×55	4-Takt	DOHC	4	10,5	W	37/50 9000	5	W	SDR	T	S	DSB	TB	90/90-18	4.25/85-18	221	17	5,9	178	7315
	XZ 550	553	70° V 2	80×55	4-Takt	DOHC	4	10,5	W	47/64 9500	5	W	SDR	T	S	DSB	TB	90/90-18	4.25/85-18	228	17	5,3	180	7315
	XS 650	654	R 2	75×74	4-Takt	OHC	2	8,4	L	37/50 6800	5	W	SDR	T	S	SB	TB	3.25-19	4.00-18	225	15	6,1	171	6505
	XS 650 SE	654	R 2	75×74	4-Takt	OHC	2	8,4	L	35/48 7100	5	W	SDR	T	S	DSB	TB	3.50-19	130/90-16	220	11,5	6,4	156	6915
	XJ 650	653	R 4	63×52,4	4-Takt	DOHC	2	8,5	L	37/50 7500	5	W	SDR	T	S	DSB	TB	3.25-19	120/90-18	231	20,5	6,5	173	7715
	XJ 650	653	R 4	63×52,4	4-Takt	DOHC	2	9,2	L	52/71 9400	5	W	SDR	T	S	DSB	TB	3.25-19	120/90-18	231	20,5	4,8	197	7515
	XJ 650 Turbo	653	R 4	63×52,4	4-Takt/Turbo	DOHC	2	8,5	L	66/90 9000	5	W	SDR	T	S	DSB	TB	3.50-19	120/90-18	262	19	4,9	203	12158
	XV 750 SE	748	75° V 2	83×69,2	4-Takt	OHC	2	8,7	L	37/50 6500	5	K	PSR	T	S	DSB	TB	3.50-19	130/90-16	227	12	5,6	164	8695
	XJ 750 Seca	748	R 4	65×56,4	4-Takt	DOHC	2	9,2	L	60/82 9000	5	W	SDR	T	S	DSB	TB	3.25-19	120/90-18	241	18	4,8	204	8715
	XS 850	826	R 3	71,5×68,6	4-Takt	DOHC	2	8,3	L	58/79 8500	5	K	PSR	T	S	DSB	TB	3.25-19	4.00-18	258	24	5,3	196	7915
	TR 1	981	75° V 2	95×69,2	4-Takt	OHC	2	9,2	L	51/69 6500	5	W	SDR	T	S	DSB	TB	3.25-19	120/90-18	248	19	5,1	182	8878
	XS 1100	1101	R 4	71,5×68,6	4-Takt	DOHC	2	9,2	L	70/95 8500	5	K	SDR	T	S	SB	TB	3.50-19	4.50-17	286	24	4,1	215	10498
	XS 1100 S	1101	R 4	71,5×68,6	4-Takt	DOHC	2	9,2	L	70/95 8000	5	W	SDR	T	S	SB	TB	3.50-19	4.50-17	276	24	4,1	217	11178
Zündapp	KS 175	163	S 1	62×54	2-Takt	SL	–	8,7	W	13/17 7400	5	K	SER	T	S	SB	TB	2.75-18	3.25-18	121	14	11,7	126	4595
Importe aus der UdSSR	ISH Planeta Sport	340	S 1	76×75	2-Takt	SL	–	10,3	L	24/32 6800	4	K	SER	T	S	TB	TB	2.75-21	4.00-18	145	14	–	140	3980
	Dnepr MT 10-Gespann*	650	180° 2	78×68	4-Takt	OHV	2	7,5	L	26/36 5900	4+R	W	SDR	T	S	TB	TB	3.75-19	3.75-19	365	19	–	110	7900
	Dnepr MT 12-Gespann*	745	180° 2	78×78	4-Takt	SV	2	7,5	L	19/26 4900	4+R	W	SDR	T	S	TB	TB	3.75-19	3.75-19	370	19	–	100	7900

Zulassungsfähige Sondermodelle

AMC	Chopper	Fahrgestelle für V- und Reihenmotoren von Honda, Kawasaki, Suzuki und Yamaha																					bis 30 000 (komplett)	
AME		Typgeprüfte Fahrgestelle für 2- bis 4-Zylinder-Boxer- und Reihenmotoren																					bis 19 804 (komplett)	
Bajohr (Ducati)	600 Pantah	581	90° V 2	80×57,8	4-Takt	DES	2	10	L	44/60 10000	5		SDR	T	S	DSB	SB	3.25-18	4.25/85-18	192	18	5,3	211	11500
	1000 SS	966	90° V 2	90×76	4-Takt	DES	2	10	L	66/90 7500	5		SDR	T	S	DSB	SB	3.50-18	4.70/85-18	205	18	4,1	234	17400
Bakker		Fahrgestelle für R 4-Motoren von Honda, Kawasaki und Suzuki																					bis 25 000 (komplett)	

* mit SW-Rad-Antrieb

Hersteller	Typ		Hubraum (cm³)	Zyl.-Anordnung und -zahl	Bohrung und Hub (mm)	Arbeitsweise	Steuerung	Ventile/Zylinder	Verdichtung	Kühlung	Leistung (kW/PS bei 1/min)	Gänge	Hinterradantrieb	Rahmen	Vorderradfederung	Hinterradfederung	Vorderradbremse	Hinterradbremse	Vorderreifen	Hinterreifen	Gewicht incl. Kraftstoff und Öl (kg)	Tankinhalt (l)	Beschleun. 1 Pers. (0-100 km/h sec)	Höchstgeschwindigkeit, 1 Pers. (km/h)	Preis incl. MWSt (Mark)
Bimota	(Honda)	HB 2	901	R 4	64,5×69	4-Takt	DOHC	4	8,8	L	70/95 9000	5	K	SGR	T	S	DSB	SB	120/80-16	150/80-16	229	20	4	231	28 500
	(Kawasaki)	KB 2 Laser	592	R 4	60×52,4	4-Takt	DOHC	2	10	L	48/65 9000	6	K	SGR	T	S	DSB	SB	120/80-16	150/80-16	188	20	4,3	216	26 300
		KB 3	998	R 4	69,4×66	4-Takt	DOHC	2	9,2	L	76/103 9400	5	K	SGR	T	S	DSB	SB	120/80-16	150/80-16	226	20	3,8	233	28 500
	(Suzuki)	SB 3*	997	R 4	70×64,8	4-Takt	DOHC	2	9,2	L	66/90 8830	5	K	SGR	T	S	DSB	SB	3.50-18	150/80-18	219	13	3,8	227	19 995
Eckert	(Honda)	1100	1062	R 4	70×69	4-Takt	DOHC	4	9,7	L	74/100 8500	5	K	SGR	T	S	DSB	SB	3.25-19	130/80-18	260	20	4	222	16 000
		RE 1	1062	R 4	70×69	4-Takt	DOHC	4	10,5	L	96/130 9500	5	K	SGR	T	S	DSB	SB	3.50-18	3.50/6.50-18	210	22	3,9	253	35 000
Egli	(Honda)	900	901	R 4	64,5×69	4-Takt	DOHC	4	8,8	L	70/95 9000	5	K	SGR	T	S	DSB	SB	4.10-18	4.25/85-18	216	20	4	220	24 500
		CBX	1046	R 6	64,5×53,4	4-Takt	DOHC	4	9,3	L	74/100 9000	5	K	SZR	T	S	DSB	SB	100/90-18	130/80-18	255	24	3,7	224	28 000
		CBX Target	1046	R 6	64,5×53,4	4-Takt	DOHC	4	9,3	L	74/100 9000	5	K	SZR	T	S	DSB	SB	4.10-18	120/90-18	242	24	4	232	29 900
	(Kawasaki)	Z 1000 Mk II	1015	R 4	70×66	4-Takt	DOHC	2	8,7	L	69/94 8000	5	K	SZR	T	S	DSB	SB	4.10-18	4.25/85-18	240	20	4,1	215	23 900
Fallert	(BMW)	R 100 S	979	180° 2	94×70,6	4-Takt	OHV	2	10,5	L	60/81 7500	5	W	SDR	T	S	DSB	SB	100/90-19	130/90-18	227	24	4,7	215	18 814
Krauser	(BMW)	MKM 1000	979	180° 2	94×70,6	4-Takt	OHV	2	9,5	L	52/70 7000	5	W	SGR	T	S	DSB	SB	3.50-19	130/80-18	222	21	5	193	23 920
		MKM 1000/4	979	180° 2	94×70,6	4-Takt	OHV	4	10,2	L	60/82 7300	5	W	SGR	T	S	DSB	SB	3.50-18	130/90-18	217	21	4,7	207	27 000
Magni	(BMW)	MB 1**	979	180° 2	94×70,6	4-Takt	OHV	2	9,5	L	52/70 7000	5	W	SDR	T	S	DSB	SB	4.10-18	120/90-18	208	27	4,9	200	17 000
	(Honda)	MH 1**	901	R 4	64,5×69	4-Takt	DOHC	4	8,8	L	70/95 9000	5	K	SDR	T	S	DSB	SB	3.25-19	4.00-18	245	20	4,1	211	13 600
		MH 2**	901	R 4	64,5×69	4-Takt	DOHC	4	8,8	L	70/95 9000	5	K	SDR	T	S	DSB	SB	4.10-19	120/90-18	249	20	4,1	212	17 300
Martin							Fahrgestelle für R 4- und R 6-Motoren von Honda, Kawasaki und Suzuki																		bis 24 000 (komplett)
Mattheis und Klose (Yamaha)						Leistungsgesteigerte Zweitakter auf DT 125 LC- und RD 250/350 LC-Basis (22/45/55 PS)																		bis 9500
Michel	(BMW)	R 75	731	180° 2	87×61,5	4-Takt	OHV	2	10,5	L	48/65 8000	5	W	SDR	T	S	DSB	TB	3.25-19	4.00-18	215	24	5	200	11 780
		R 100	979	180° 2	94×70,6	4-Takt	OHV	2	9,5	L	52/70 7000	5	W	SDR	T	S	DSB	SB	3.25-19	4.00-18	237	22	5	202	12 000
Moko							Fahrgestelle für R 4- und R 6-Motoren von Honda, Kawasaki und Suzuki																		bis 39 000 (komplett)
Rau							Fahrgestelle für R 4- und R 6-Motoren von Honda, Kawasaki und Suzuki																		bis 25 000 (komplett)

1982

Hersteller	Typ	Hubraum (cm³)	Zyl.-Anordnung und -zahl	Bohrung und Hub (mm)	Arbeitsweise	Steuerung	Ventile/Zylinder	Verdichtung	Kühlung	Leistung (kW/PS bei 1/min)	Gänge	Hinterradantrieb	Rahmen	Vorderradfederung	Hinterradfederung	Vorderradbremse	Hinterradbremse	Vorderreifen	Hinterreifen	Gewicht incl. Kraftstoff und Öl (kg)	Tankinhalt (l)	Beschleun. 1 Pers. (0–100 km/h sec)	Höchstgeschwindigkeit, 1 Pers. (km/h)	Preis incl. MWSt (Mark)
Reimo (Suzuki)	GSX 1100	1074	R 4	72×66	4-Takt	DOHC	4	9,5	L	74/100 8700	5	K	SDR	T	S	DSB	SB	3.50-19	4.50-17	249	22	3,5	238	16000
Rickman (Kawasaki)	Z 1000 Mk II	1015	R 4	70×66	4-Takt	DOHC	2	8,7	L	69/94 8000	5	K	SDR	T	S	DSB	SB	4.10-18	4.25/85-18	245	17	4,3	210	15500
Schek (BMW)	R 45 Enduro	473	180° 2	70×61,5	4-Takt	OHV	2	8,2	L	20/27 6500	5	W	SDR	T	S	SB	TB	3.25-18	4.00-18	204	22	11,4	141	8600
	R 65 Enduro	649	180° 2	82×61,5	4-Takt	OHV	2	9,2	L	37/50 7250	5	W	SDR	T	S	SB	TB	3.25-18	4.00-18	208	22	6,7	181	9500
Sulzbacher (Laverda)	1200	1172	R 3	82×74	4-Takt	DOHC	2	10	L	82/112 7700	5	K	SDR	T	S	DSB	SB	4.25-18	4.50-17	247	19,5	–	235	15000
Tweesmann (Yamaha)	XT 505	508	S 1	87,75×84	4-Takt	OHC	2	8,5	L	29/40 6000	5	K	SER	T	S	TB	TB	3.25-21	4.50-18	130	9	6,2	140	7600
	XT 600	595	S 1	95×84	4-Takt	OHC	2	8,5	L	35/48 6000	5	K	SER	T	S	TB	TB	3.25-21	4.50-18	125	9	6	145	14500

1982

Hersteller	Typ	Hubraum (cm³)	Zyl.-Anordnung und -zahl	Bohrung und Hub (mm)	Arbeitsweise	Steuerung	Ventile/Zylinder	Verdichtung	Kühlung	Leistung (kW/PS bei 1/min)	Gänge	Hinterradantrieb	Rahmen	Vorderradfederung	Hinterradfederung	Vorderradbremse	Hinterradbremse	Vorderreifen	Hinterreifen	Gewicht incl. Kraftstoff und Öl (kg)	Tankinhalt (l)	Beschleun. 1 Pers. (0-100 km/h sec)	Höchstgeschwindigkeit, 1 Pers. (km/h)	Preis incl. MWSt (Mark)
Benelli	125 t	125	R 2	42,5×44	2-Takt	SL	–	10,3	L	7/10 7600	5	K	SDR	T	S	SB	TB	2.75-18	3.00-18	127	14	–	110	3880
	125 Sport	125	R 2	42,5×44	2-Takt	SL	–	10,3	L	7/10 7600	5	K	SDR	T	S	SB	TB	2.75-18	3.00-18	127	14	–	110	4430
	250 2 C	231	R 2	56×47	2-Takt	SL	–	10	L	13/17 7600	5	K	SDR	T	S	SB	TB	3.00-18	3.25-18	134	17	–	125	4580
	250 Sport	231	R 2	56×47	2-Takt	SL	–	10,3	L	20/27 7800	5	K	SDR	T	S	SB	TB	3.00-18	3.25-18	133	12	7,6	143	4580
	254 Quattro	231	R 4	44×38	4-Takt	OHC	2	10,5	L	20/27 10500	5	K	SDR	T	S	SB	SB	2.75-18	3.00-18	122	8	7,8	150	5600
	354 t	345	R 4	50×44	4-Takt	OHC	2	10,2	L	20/27 9500	5	K	PSR	T	S	DSB	SB	3.00-18	3.00-18	206	15,5	8,9	150	7310
	354 Sport	345	R 4	50×44	4-Takt	OHC	2	10,2	L	20/27 9500	5	K	SDR	T	S	DSB	SB	3.00-18	3.25-18	206	15,5	8,9	153	7690
	654 t	604	R 4	60×53,4	4-Takt	OHC	2	9,3	L	37/50 8700	5	K	SDR	T	S	DSB	SB	3.25-18	3.50-18	203	22	5,3	172	8320
	654 Sport	604	R 4	60×53,4	4-Takt	OHC	2	9,3	L	37/50 8700	5	K	SDR	T	S	DSB	SB	3.25-18	3.50-18	203	22	6,3	165	8620
	900 Sei	905	R 6	60×53,4	4-Takt	OHC	2	9,5	L	59/80 8300	5	K	SDR	T	S	DSB	SB	100/90-18	120/90-18	249	17	4,6	193	11780
BMW	R 80 G/S	797	180° 2	84,8×70,6	4-Takt	OHV	2	8,2	L	37/50 6500	5	W	SDR	T	ES	SB	TB	3.00-21	4.00-18	196	19,5	5,6	173	9070
	R 45	473	180° 2	70×61,5	4-Takt	OHV	2	10,3	L	20/27 6500	5	W	SDR	T	S	TB	TB	3.25-18	4.00-18	206	22	11,4	141	7052
	R 45	473	180° 2	70×61,5	4-Takt	OHV	2	10	L	26/35 7250	5	W	SDR	T	S	TB	TB	3.00-18	4.00-18	206	22	8,8	160	7052
	R 65	649	180° 2	82×61,5	4-Takt	OHV	2	9,2	L	37/50 7250	5	W	SDR	T	S	TB	TB	3.25-18	4.00-18	204	22	6,5	175	8464
	R 65 LS	649	180° 2	82×61,5	4-Takt	OHV	2	9,2	L	37/50 7250	5	W	SDR	T	S	DSB	TB	3.25-18	4.00-18	208	22	6,6	175	9070
	R 80 ST	797	180° 2	84,8×70,6	4-Takt	OHV	2	8,2	L	37/50 6500	5	W	SDR	T	ES	SB	TB	100/90-19	120/90-18	197	19	6	172	9574
	R 80 RT	797	180° 2	84,8×70,6	4-Takt	OHV	2	8,2	L	37/50 6500	5	W	SDR	T	S	DSB	SB	3.25-19	4.00-18	243	22	6,5	163	11087
	R 100	979	180° 2	94×70,6	4-Takt	OHV	2	8,2	L	49/67 7000	5	W	SDR	T	S	DSB	SB	3.25-19	4.00-18	236	24	5,4	191	10684
	R 100 CS	979	180° 2	94×70,6	4-Takt	OHV	2	9,5	L	52/70 7000	5	W	SDR	T	S	DSB	SB	3.25-19	4.00-18	232	24	4,8	194	11693
	R 100 RT	979	180° 2	94×70,6	4-Takt	OHV	2	9,5	L	52/70 7000	5	W	SDR	T	S	DSB	SB	3.25-19	4.00-18	260	24	5,2	179	14114
	R 100 RS	979	180° 2	94×70,6	4-Takt	OHV	2	9,5	L	52/70 7000	5	W	SDR	T	S	DSB	SB	3.25-19	4.00-18	247	24	4,6	193	14114
	K 100	987	R 4	67×70	4-Takt	DOHC	2	10,2	W	66/90 8000	5	W	SDR	T	ES	DSB	TB	100/90-18	130/90-17	243	22	3,9	218	12910
	K 100 RS	987	R 4	67×70	4-Takt	DOHC	2	10,2	W	66/90 8000	5	W	SZR	T	ES	DSB	TB	100/90-18	130/90-17	260	22	4,4	222	15600
Cagiva	SXT 125	125	S 1	56×50,6	2-Takt	MB	–	12,1	L	13/17 6500	6	K	SZR	T	S	SB	TB	2.75-21	3.50-18	120	9	–	100	4130
	SX 250	243	S 1	72×59,6	2-Takt	SL	–	10,3	L	13/17 6000	5	K	SDR	T	S	TB	TB	3.00-21	4.00-18	141	10,5	–	100	4590
	SX 350	342	S 1	80×68	2-Takt	SL	–	9,6	L	20/27 6000	5	K	SDR	T	S	TB	TB	3.00-21	4.00-18	139	9	–	132	4790
	STX 350 Ala Rossa	347	S 1	82,5×65	4-Takt	OHC	2	9,4	L	20/27 7000	5	K	SDR	T	S	SB	TB	3.00-21	4.00-18	163	10,5	10	133	6190
	SST 125	125	S 1	56×50,6	2-Takt	SL	–	10,8	L	7/10 7000	5	K	SDR	T	S	SB	TB	3.00-19	3.50-18	116	12	–	104	3450
	SST 250	243	S 1	72×59,6	2-Takt	SL	–	10,6	L	7/10 5500	5	K	SDR	T	S	SB	TB	3.00-19	4.00-18	143	10,5	–	100	4590
	SST 350	342	S 1	80×68	2-Takt	SL	–	9,6	L	20/27 5750	5	K	SDR	T	S	SB	TB	3.25-18	4.00-18	145	15	–	136	4790
	SST 350-Gespann	342	S 1	80×68	2-Takt	SL	–	9,6	L	20/27 5750	5	K	SDR	T	S	SB	TB	3.25-18	4.00-18	215	15	–	101	8450

1983

Hersteller	Typ	Hubraum (cm³)	Zyl.-Anordnung und -zahl	Bohrung und Hub (mm)	Arbeitsweise	Steuerung	Ventile/Zylinder	Verdichtung	Kühlung	Leistung (kW/PS bei 1/min)	Gänge	Hinterradantrieb	Rahmen	Vorderradfederung	Hinterradfederung	Vorderradbremse	Hinterradbremse	Vorderreifen	Hinterreifen	Gewicht incl. Kraftstoff und Öl (kg)	Tankinhalt (l)	Beschleun. 1 Pers. (0-100 km/h sec)	Höchstgeschwindigkeit 1 Pers. (km/h)	Preis incl. MWSt (Mark)
Ducati	350 XL	349	90° V 2	66×51	4-Takt	DES	2	10,3	L	20/27 9600	5	K	SGR	T	S	DSB	SB	3.00-18	3.50-18	185	18	–	145	7200
	500 SL Pantah	497	90° V 2	74×57,8	4-Takt	DES	2	9,5	L	37/50 8500	5	K	SGR	T	S	DSB	SB	100/90-18	110/90-18	202	18	6,6	180	9236
	600 SL Pantah	581	90° V 2	80×57,8	4-Takt	DES	2	9,5	L	42/57 8500	5	K	SGR	T	S	DSB	SB	100/90-18	110/90-18	202	18	5,6	195	10114
	600 TL Pantah	581	90° V 2	80×57,8	4-Takt	DES	2	9,5	L	42/57 8500	5	K	SGR	T	S	DSB	SB	100/90-18	110/90-18	195	18	5,6	195	10114
	900 SD Darmah	864	90° V 2	86×74,4	4-Takt	DES	2	9,5	L	45/61 7000	5	K	SGR	T	S	DSB	SB	100/90-18	110/90-18	240	16	5	200	10551
	900 SS	864	90° V 2	86×74,4	4-Takt	DES	2	9,5	L	48/65 7000	5	K	SDR	T	S	DSB	SB	100/90-18	110/90-18	225	18	4,7	213	12028
	900 SS Hailwood-Replica	864	90° V 2	86×74,4	4-Takt	DES	2	9,5	L	51/69 7000	5	K	SDR	T	S	DSB	SB	100/90-18	120/90-18	229	18	4,7	215	13169
	900 S 2	864	90° V 2	86×74,4	4-Takt	DES	2	9,3	L	48/65 7000	5	K	SDR	T	S	DSB	SB	100/90-18	120/90-18	227	19	5,1	208	12261
Enfield India	350 Bullet	346	S 1	70×90	4-Takt	OHV	2	6,5	L	13/17 5620	4	K	SER	T	S	TB	TB	3.25-19	3.25-19	170	15	–	110	4690
	350 Bullet de Luxe	346	S 1	70×90	4-Takt	OHV	2	6,5	L	13/17 5620	4	K	SER	T	S	TB	TB	3.25-19	3.25-19	170	15	–	110	4890
Fantic	125 Strada Sport	124	S 1	55,2×52	2-Takt	SL	–	12	W	13/17 7000	6	K	SDR	T	S	SB	SB	3.00-18	3.25-18	130	12	10,8	127	4973
Harley-Davidson	XLX 1000-61	997	45° V 2	81×96,8	4-Takt	OHV	2	8,8	L	37/50 6000	4	K	SDR	T	S	SB	SB	MJ 90-19	MT 90-16	244	8,5	7,6	159	12385
	XLH 1000 Sportster	997	45° V 2	81×96,8	4-Takt	OHV	2	8,8	L	37/50 6000	4	K	SDR	T	S	SB	SB	MJ 90-19	MT 90-16	246	8,5	6,8	170	13310
	XLS 1000 Roadster	997	45° V 2	81×96,8	4-Takt	OHV	2	8,8	L	37/50 6000	4	K	SDR	T	S	SB	SB	MJ 90-19	MT 90-16	249	15	6,8	167	14625
	XR 1000	997	45° V 2	81×96,8	4-Takt	OHV	2	9	L	49/67 5600	4	K	SDR	T	S	DSB	SB	100/90-19	130/90-16	231	9,5	5,2	185	18060
	FXE 1340 Super Glide	1337	45° V 2	88,8×108	4-Takt	OHV	2	7,4	L	42/54 5200	4	K	SDR	T	S	SB	SB	MJ 90-19	MT 90-16	282	13,5	–	155	17235
	FXSB 1340 Low Rider	1337	45° V 2	88,8×108	4-Takt	OHV	2	7,4	L	42/57 5200	4	K	SDR	T	S	SB	SB	MJ 90-19	MT 90-16	289	13	–	155	20500
	FXWG 1340 Wide Glide	1337	45° V 2	88,8×108	4-Takt	OHV	2	7,4	L	42/57 5200	4	ZR	SDR	T	S	SB	SB	MH 90-21	MT 90-16	292	19	–	155	20180
	FXST 1340 Softail	1337	45° V 2	88,8×108	4-Takt	OHV	2	8,5	L	47/64 5200	4	K	SDR	T	S	SB	SB	MH 90-21	MT 90-16	298	19	6,4	174	22385
	FXRS 1340 Low Glide	1337	45° V 2	88,8×108	4-Takt	OHV	2	8,5	L	47/64 5200	5	K	SDR	T	S	SB	SB	MJ 90-19	MT 90-19	284	15	6,5	162	20550
	FXRT 1340 Sport Glide	1337	45° V 2	88,8×108	4-Takt	OHV	2	8,5	L	47/64 5200	5	K	SDR	T	S	SB	SB	MJ 90-19	MT 90-19	310	15	6,5	160	22000
	FLH 1340 El. Glide Belt Drive	1337	45° V 2	88,8×108	4-Takt	OHV	2	7,4	L	52/70 5800	4	ZR	SDR	T	S	SB	SB	MT 90-16	MT90-16	345	19	–	145	20600
	FLHTC 1340 El. Glide Classic	1337	45° V 2	88,8×108	4-Takt	OHV	2	7,4	L	52/70 5800	5	K	SDR	T	S	SB	SB	MT 90-16	MT 90-16	345	19	–	145	23726
	FLTC 1340 Tour Glide Classic	1337	45° V 2	88,8×108	4-Takt	OHV	2	7,4	L	52/70 5800	5	K	SDR	T	S	SB	SB	MT 90-16	MT 90-16	355	19	–	165	23810
	FLHTC 1340- Sidecar	1337	45° V 2	88,8×108	4-Takt	OHV	2	7,4	L	52/70 5800	5	K	SDR	T	S	DSB	SB	MT 90-16	MT 90-16	479	19	–	125	32766
	FLTC 1340- Sidecar	1337	45° V 2	88,8×108	4-Takt	OHV	2	7,4	L	52/70 5800	5	K	SDR	T	S	DSB	SB	MT 90-16	MT 90-16	479	19	–	125	32850
Hercules	K 125 Military	124	S 1	54×54	2-Takt	SL	–	9	L	9/12,5 7000	5	K	SDR	S	S	TB	TB	3.25-18	3.50-18	135	15	–	94	5910

Hersteller	Typ	Hubraum (cm³)	Zyl.-Anordnung und -zahl	Bohrung und Hub (mm)	Arbeitsweise	Steuerung	Ventile/Zylinder	Verdichtung	Kühlung	Leistung (kW/PS bei 1/min)	Gänge	Hinterradantrieb	Rahmen	Vorderradfederung	Hinterradfederung	Vorderradbremse	Hinterradbremse	Vorderreifen	Hinterreifen	Gewicht incl. Kraftstoff und Öl (kg)	Tankinhalt (l)	Beschleun. 1 Pers. (0–100 km/h sec)	Höchstgeschwindigkeit, 1 Pers. (km/h)	Preis incl. MWSt (Mark)
Honda	MTX 200 RW	194	S 1	67×55	2-Takt	MB	–	7,5	W	20/26,5 7500	6	K	SER	T	S	TB	TB	2.75-21	4.10-18	116	9	9,5	121	4789
	XL 185 S	180	S 1	63×57,8	4-Takt	OHC	2	9,2	L	7/10 6500	5	K	SER	T	S	TB	TB	2.75-21	4.10-18	118	7	–	93	3749
	XL 185 S	180	S 1	63×57,8	4-Takt	OHC	2	9,2	L	12/16 8000	5	K	SER	T	S	TB	TB	2.75-21	4.10-18	118	7	16	115	3749
	XL 200 R	195	S 1	65,5×57,8	4-Takt	OHC	2	9,2	L	13/17 8000	5	K	SER	T	S	TB	TB	2.75-21	4.10-18	114	9	–	110	4527
	XL 250 R	249	S 1	75×56,5	4-Takt	OHC	4	10,2	L	13/17 8000	6	K	SER	T	S	TB	TB	3.00-21	4.60-17	131	9	–	110	5072
	XL 500 R	497	S 1	89×80	4-Takt	OHC	4	8,6	L	20/27 5500	5	K	SER	T	S	TB	TB	3.00-21	4.60-17	152	10,5	7,6	134	5809
	XL 600 R	589	S 1	100×75	4-Takt	OHC	4	8,5	L	32/44 6500	5	K	SER	T	S	TB	TB	3.00-21	5.10-17	146	12	5,6	151	6821
	CB 125 T 2	125	R 2	44×41	4-Takt	OHC	2	9,4	L	7/10 10500	5	K	SER	T	S	SB	TB	3.00-18	3.25-18	126	10	–	100	3334
	CB 125 T 2	125	R 2	44×41	4-Takt	OHC	2	9,4	L	13/17 11500	5	K	SER	T	S	SB	TB	3.00-18	3.25-18	126	10	16,1	128	3334
	CM 125 C	125	R 2	44×41	4-Takt	OHC	2	9,4	L	7/10 9000	5	K	SER	T	S	TB	TB	3.25-18	110/90-16	139	13	–	91	3536
	CM 200 T	194	R 2	53×44	4-Takt	OHC	2	8,8	L	7/10 7000	4	K	SER	T	S	TB	TB	3.00-17	3.50-16	138	11	–	100	3850
	CM 200 T	194	R 2	53×44	4-Takt	OHC	2	8,8	L	13/17 9000	5	K	SER	T	S	TB	TB	3.00-17	3.50-16	138	11	15,1	119	3850
	CB 250 N	250	R 2	62×41,4	4-Takt	OHC	3	9,4	L	13/17 8500	6	K	SER	T	S	SB	TB	3.60-19	4.10-18	186	14	19,1	125	4840
	CM 250 C	234	R 2	53×53	4-Takt	OHC	2	9,4	L	13/17 7500	5	K	SER	T	S	TB	TB	3.25-18	110/90-16	144	12	–	106	4073
	CL 250 S	248	S 1	74×57,8	4-Takt	OHC	2	8,8	L	7/10 9000	5	K	SER	T	S	TB	TB	3.00-19	3.50-18	145	11,5	–	109	3165
	CB 250 RSD	248	S 1	74×57,8	4-Takt	OHC	4	9,3	L	13/17 9000	6	K	SER	T	S	SB	TB	3.00-18	3.50-18	148	13	11,2	136	4174
	CB 250 RS	248	S 1	74×57,8	4-Takt	OHC	4	9,3	L	13/17 9000	6	K	SER	T	S	SB	TB	3.00-18	4.10-18	148	13	8	146	4325
	CB 400 N	395	R 2	70,5×50,6	4-Takt	OHC	3	9,3	L	19/26 8500	6	K	SER	T	S	SB	TB	3.60-19	4.10-18	185	14	11	137	5204
	CB 400 N	395	R 2	70,5×50,6	4-Takt	OHC	3	9,3	L	20/27 7500	6	K	SER	T	S	SB	TB	3.60-19	4.10-18	185	14	–	161	5204
	CM 400 T	395	R 2	70,5×50,6	4-Takt	OHC	2	9,3	L	32/43 8500	5	K	SER	T	S	DSB	TB	3.50-18	4.60-16	184	9,5	10,1	141	5184
	CM 400 T	395	R 2	70,5×50,6	4-Takt	OHC	2	9,3	L	20/27 7500	5	K	SER	T	S	DSB	TB	3.50-18	4.60-16	184	9,5	–	156	5184
	FT 500	497	S 1	89×90	4-Takt	OHC	4	8,6	L	32/43 8500	5	K	SER	T	S	SB	SB	3.50-18	4.25-18	175	13,5	8,3	147	4699
	VT 500 E	491	52° V 2	71×62	4-Takt	OHC	3	10,5	W	20/27 5500	6	W	SDR	T	S	DSB	TB	3.50-18	120/80-18	204	17	8,4	137	7226
	VT 500 E	491	52° V 2	71×62	4-Takt	OHC	3	10,5	W	20/27 6000	6	W	SDR	T	S	DSB	SB	100/90-18	120/80-18	204	17	5,7	187	7226
	VT 500 C	491	52° V 2	71×62	4-Takt	OHC	3	10,5	W	37/50 9000	6	W	SDR	T	S	SB	SB	3.50-18	130/90-16	201	11,5	8,4	137	7226
	VT 500 C	491	52° V 2	71×62	4-Takt	OHC	3	10,5	W	20/27 6000	6	W	SDR	T	S	SB	SB	3.50-18	130/90-16	201	11,5	5,7	160	7226
	CX 500 SC	497	80° V 2	78×52	4-Takt	OHV	4	10	W	37/50 9000	5	W	SZR	T	S	DSB	SB	3.25-19	3.75-18	221	11,5	9,8	148	6823
	CX 500 SC	497	80° V 2	78×52	4-Takt	OHV	4	10	W	20/27 6500	5	W	SZR	T	S	DSB	SB	3.25-19	3.75-18	221	11	6,2	176	6823
	CX 500 E	497	80° V 2	78×52	4-Takt	OHV	4	10	W	37/50 9000	5	W	SDR	T	S	DSB	SB	100/90-18	120/80-18	228	19	9,8	145	7439
	CX 500 E	497	80° V 2	78×52	4-Takt	OHV	4	10	W	20/27 6500	5	W	SDR	T	S	DSB	SB	100/90-18	120/80-18	228	19	6,7	172	7439
	CX 500 C	497	80° V 2	78×52	4-Takt	OHV	4	10	W	37/50 9000	5	W	SZR	T	S	SB	TB	3.50-19	130/90-16	216	11	9	140	6823
	CX 500 C	497	80° V 2	78×52	4-Takt	OHV	4	10	W	20/27 6500	5	W	SZR	T	S	SB	TB	3.50-19	130/90-16	216	11	6	159	6823
	CX 500 Turbo	497	80° V 2	78×52	4-Takt/Turbo	OHV	4	7,2	W	60/82 8000	5	W	SDR	T	S	DSB	SB	3.50-18	120/90-17	263	20	4,7	200	13333

1983

Hersteller	Typ	Hubraum (cm³)	Zyl.-Anordnung und -zahl	Bohrung und Hub (mm)	Arbeitsweise	Steuerung	Ventile/Zylinder	Verdichtung	Kühlung	Leistung (kW/PS bei 1/min)	Gänge	Hinterradantrieb	Rahmen	Vorderradfederung	Hinterradfederung	Vorderradbremse	Hinterradbremse	Vorderreifen	Hinterreifen	Gewicht incl. Kraftstoff und Öl (kg)	Tankinhalt (l)	Beschleun. 1 Pers. (0–100 km/h sec)	Höchstgeschwindigkeit, 1 Pers. (km/h)	Preis incl. MWSt (Mark)
	GL 500 Silver Wing	497	80° V 2	78×52	4-Takt	OHV	4	10	W	20/27 6500	5	W	SDR	T	S	DSB	TB	3.50-19	130/90-16	235	20	10	125	7955
	GL 500 Silver Wing	497	80° V 2	78×52	4-Takt	OHV	4	10	W	37/50 9000	5	W	SDR	T	S	DSB	TB	3.50-19	130/90-16	235	20	7	153	7955
	CBX 550 F	572	R 4	59.2×52	4-Takt	DOHC	4	9.5	L	37/50 8500	6	K	SDR	T	S	DSB	SB	3.60-18	4.10-18	209	18	4.8	182	7490
	CBX 550 F	572	R 4	59.2×52	4-Takt	DOHC	4	9.5	L	37/50 8500	6	K	SDR	T	S	DSB	SB	3.60-18	4.10-18	209	18	4.4	191	7490
	CBX 550 F 2	572	R 4	59.2×52	4-Takt	DOHC	4	9.5	L	44/60 10000	6	K	SDR	T	S	DSB	SB	3.60-18	4.10-18	213	18	4.7	185	8420
	CBX 550 F 2	572	R 4	59.2×52	4-Takt	DOHC	4	9.5	L	37/50 8500	6	K	SDR	T	S	DSB	SB	3.60-18	4.10-18	213	18	4.6	190	8420
	CBX 650 E	656	R 4	60×58	4-Takt	DOHC	4	9.5	L	44/60 10000	5	W	SDR	T	S	DSB	TB	3.60-19	130/90-16	220	18	4.8	175	7904
	CBX 650 E	656	R 4	60×58	4-Takt	DOHC	4	9.5	L	37/50 8000	5	W	SDR	T	S	DSB	TB	3.60-19	130/90-16	220	18	4.2	202	7904
	CB 650 RC	627	R 4	59.8×55.8	4-Takt	OHC	2	9	L	55/75 9500	5	K	SDR	T	S	SB	SB	100/90-19	120/90-16	220	14	6.2	175	7237
	CB 650 RC	627	R 4	59.8×55.8	4-Takt	OHC	2	9	L	37/50 8000	5	K	SDR	T	S	SB	SB	100/90-19	120/90-16	220	14	5.9	173	7237
	CX 650 E	673	80° V 2	82.5×63	4-Takt	OHV	4	9.8	W	46/63 9000	5	W	SDR	T	S	DSB	SB	100/90-19	140/90-15	235	19	5	190	7973
	CX 650 C	673	80° V 2	82.5×63	4-Takt	OHV	4	9.8	W	48/65 8000	5	W	SDR	T	S	DSB	SB	100/90-19	140/90-15	218	12	6	170	7743
	CX 650 C	673	80° V 2	82.5×63	4-Takt	OHV	4	9.8	W	37/50 7000	5	W	SDR	T	S	DSB	SB	100/90-19	140/90-15	218	12	4.9	179	7743
	CX 650 Turbo	673	80° V 2	82.5×63	4-Takt/Turbo	OHV	4	7.8	W	48/65 8000	5	W	SDR	T	S	DSB	TB	100/90-18	120/90-17	260	20	4.1	226	13837
	GL 650	673	80° V 2	82.5×63	4-Takt	OHV	4	9.8	W	74/100 8000	5	W	SDR	T	S	DSB	TB	3.50-19	130/90-16	249	17.5	6.5	165	8813
	GL 650	673	80° V 2	82.5×63	4-Takt	OHV	4	9.8	W	48/65 8000	5	W	SDR	T	S	DSB	SB	3.50-19	130/90-16	249	17.5	5.9	167	8813
	CB 750 F	748	R 4	62×62	4-Takt	DOHC	4	9	L	57/78 9000	5	K	SDR	T	S	DSB	SB	3.25-19	4.00-18	253	20	4.4	203	8862
	CB 750 F 2	748	R 4	62×62	4-Takt	DOHC	4	9	L	57/78 9000	5	K	SDR	T	S	DSB	SB	3.25-19	4.00-18	266	22	4.8	189	9802
	CB 750 C	748	R 4	62×62	4-Takt	DOHC	4	9	L	57/77 9000	5	K	SDR	T	S	DSB	SB	110/90-19	130/90-16	253	20	4.8	176	8701
	VF 750 F	748	90° V 4	70×48.6	4-Takt	DOHC	4	10.5	W	66/90 10000	6	K	SDR	T	S	DSB	TB	120/80-16	130/80-18	248	19	4	216	10107
	VF 750 S	748	90° V 4	70×48.6	4-Takt	DOHC	4	10.5	W	60/82 9500	6	W	SDR	T	S	DSB	TB	110/90-18	130/90-17	246	17.5	4	202	9791
	VF 750 C	748	90° V 4	70×48.6	4-Takt	DOHC	4	10.5	W	60/82 9500	6	W	SDR	T	S	DSB	TB	110/90-19	130/90-16	240	14	4.5	187	9791
	CB 900 F 2 Bol d'Or	901	R 4	64.5×69	4-Takt	DOHC	4	8.8	L	70/95 9000	5	K	SDR	T	S	DSB	SB	100/90-18	130/80-18	277	20	4.7	195	10526
	CBX Pro Link	1046	R 6	64.5×53.4	4-Takt	DOHC	4	9.3	L	74/100 9000	5	K	SDR	T	S	DSB	SB	3.50-18	130/90-18	300	22	4.4	208	11315
	CB 1100 F	1062	R 4	70×69	4-Takt	DOHC	4	9.7	L	74/100 8500	5	K	SDR	T	S	DSB	SB	100/90-18	130/90-17	266	20	4.2	216	11591
	CB 1100 R	1062	R 4	70×69	4-Takt	DOHC	4	10	L	74/100 9000	5	K	SDR	T	S	DSB	SB	100/90-18	130/80-18	259	26	3.7	234	16851
	VF 1100 C	1097	90° V 4	79.5×55.3	4-Takt	DOHC	4	10.5	W	74/100 8500	5	W	SDR	T	S	DSB	SB	110/90-18	140/90-16	268	18	4.1	193	12651
	GL 1100 Gold Wing	1084	180° 4	75×61.4	4-Takt	OHC	2	9.2	W	61/83 7500	5	W	SDR	T	S	DSB	SB	110/90-19	130/90-17	315	19	5	192	11440
	GL 1100 Gold Wing de Luxe	1084	180° 4	75×61.4	4-Takt	OHC	2	9.2	W	61/83 7500	5	W	SDR	T	S	DSB	SB	110/90-19	130/90-17	330	19	5	195	12852
Horex	1400 TI	1338	R 4	80×66.6	4-Takt/Turbo	OHC	2	6	L	74/100 7200	4	K	SDR	T	S	TB	TB	120/90-18	130/80-18	296	36	–	230	36160
Jawa	350/634.6	343	R 2	58×65	2-Takt	SL	–	9.2	L	18/24 5250	4	K	SDR	T	S	DSB	TB	3.25-18	3.50-18	175	17	–	125	3300

1983

Hersteller	Typ	Hubraum (cm³)	Zyl.-Anordnung und -zahl	Bohrung und Hub (mm)	Arbeitsweise	Steuerung	Ventile/Zylinder	Verdichtung	Kühlung	Leistung (kW/PS bei 1/min)	Gänge	Hinterradantrieb	Rahmen	Vorderradfederung	Hinterradfederung	Vorderradbremse	Hinterradbremse	Vorderreifen	Hinterreifen	Gewicht incl. Kraftstoff und Öl (kg)	Tankinhalt (l)	Beschleun. 1 Pers. (0–100 km/h sec)	Höchstgeschwindigkeit, 1 Pers. (km/h)	Preis incl. MWSt (Mark)
Kawasaki	KE 125	125	S 1	56×50,6	2-Takt	DS	–	6,5	L	7/10 6300	6	K	SER	T	S	TB	TB	2,75-21	3.50-18	110	9,5	–	94	3180
	KE 175	175	S 1	62,5×57	2-Takt	MB	–	6	L	13/17 7500	5	K	SER	T	S	TB	TB	2,75-21	3.50-18	116	9,5	15,5	113	3650
	KDX 175	173	S 1	66×50,6	2-Takt	MB	–	7,6	L	7/10 7000	6	K	SER	T	S	TB	TB	3.00-21	4.00-18	109	10,5	10,9	114	4680
	KL 250	246	S 1	70×64	4-Takt	OHC	2	8,9	L	13/17 7500	5	K	SER	T	S	TB	TB	3.00-21	4.60-17	132	10	17,1	111	3510
	KLX 250	246	S 1	70×64	4-Takt	OHC	2	8,9	L	13/17 7000	6	K	SER	T	S	TB	TB	3.00-21	4.00-18	115	9,5	13	118	5220
	Z 250 A	249	R 2	55×52,4	4-Takt	OHC	2	9,5	L	20/27 10000	6	K	SER	T	S	SB	SB	3.00-18	3.50-18	167	13,5	9,6	145	4560
	Z 250 J	249	R 2	55×52,4	4-Takt	OHC	2	9,5	L	13/17 8250	6	K	SER	T	S	SB	SB	3.00-18	3.50-18	166	13,5	–	115	4560
	GPZ 250 Belt Drive	249	R 2	55×52,4	4-Takt	OHC	2	10	L	13/17 8000	6	ZR	SDR	T	S	DSB	TB	3.00-18	110/80-18	165	17	14,8	128	4720
	Z 250 C	246	S 1	70×64	4-Takt	OHC	2	8,9	L	13/17 7000	5	K	SER	T	S	SB	TB	90/90-18	120/90-16	132	9	11,3	126	3850
	Z 250 LTD	246	S 1	70×64	4-Takt	OHC	2	8,9	L	13/17 7000	5	K	SER	T	S	SB	TB	2,75-18	120/90-16	143	8	11,3	116	4050
	Z 250 LTD Belt Drive	250	S 1	70,5×64	4-Takt	OHC	2	9,3	L	13/17 7000	5	ZR	SDR	T	S	DSB	TB	2,75-18	120/90-16	144	12	17	126	4210
	GPZ 305	306	R 2	61×52,4	4-Takt	OHC	2	9,7	L	20/27 10000	6	K	SDR	T	S	DSB	TB	3.00-19	110/80-18	164	17	8,3	152	4930
	Z 400 J	399	R 2	52×47	4-Takt	DOHC	2	9,5	L	20/27 8000	6	K	SDR	T	S	DSB	TB	90/90-18	3.75-18	210	16,5	9,3	154	4720
	Z 400 J	399	R 2	52×47	4-Takt	DOHC	2	9,7	L	20/27 9000	6	K	SDR	T	S	SB	TB	90/90-19	110/90-18	202	18	10	142	6030
	Z 440 Twin	444	R 2	67,5×62	4-Takt	OHC	2	9,2	L	20/27 7000	6	K	SDR	T	S	SB	TB	3.60-18	4.10-18	180	16,5	9,8	140	5010
	Z 440 LTD	444	R 2	67,5×62	4-Takt	OHC	2	9,2	L	20/27 7000	6	K	SDR	T	S	DSB	TB	3.25-19	130/90-16	184	12	7,4	154	4210
	Z 440 LTD Belt Drive	444	R 2	67,5×62	4-Takt	OHC	2	9,2	L	20/27 7000	6	ZR	SDR	T	S	DSB	TB	3.25-19	130/90-16	185	12	10,7	125	5230
	GPZ 550	553	R 4	58×52,4	4-Takt	DOHC	2	10	L	48/65 10500	6	K	SDR	T	S	DSB	SB	100/90-19	120/90-18	209	18	4,6	196	7280
	Z 550 GT	553	R 4	58×52,4	4-Takt	DOHC	2	9,5	L	37/50 8500	6	K	SDR	T	S	DSB	TB	100/90-19	130/90-16	221	22	5	177	7320
	Z 550 Sport	553	R 4	58×52,4	4-Takt	DOHC	2	9,5	L	37/50 8500	6	K	SDR	T	S	DSB	SB	3.25-19	4.00-18	208	18,5	4,9	184	6730
	Z 550 LTD	553	R 4	58×52,4	4-Takt	DOHC	2	9,5	L	37/50 8500	6	K	SDR	T	S	DSB	TB	3.25-19	130/90-16	211	13	5,4	178	6860
	Z 650 F	652	R 4	62×54	4-Takt	DOHC	2	9	L	49/67 9000	6	K	SDR	T	S	DSB	TB	3.25-19	4.00-18	226	16,5	4,8	195	7190
	GPZ 750	739	R 4	66×54	4-Takt	DOHC	2	9,5	L	64/87 9500	5	K	SDR	T	S	DSB	SB	110/90-18	130/80-18	241	18	3,9	216	9150
	Z 750 GT	739	R 4	66×54	4-Takt	DOHC	2	9,5	L	57/78 9500	5	W	SDR	T	S	DSB	SB	100/90-19	120/90-18	243	24,5	4,6	198	8550
	Z 750 L	739	R 4	66×54	4-Takt	DOHC	2	9,5	L	57/78 9500	5	K	SDR	T	S	DSB	TB	3.25-19	4.00-18	232	22	4,8	195	7990
	Z 750 Sport	739	R 4	66×54	4-Takt	DOHC	2	9	L	59/80 9500	5	K	SDR	T	S	DSB	SB	3.25-19	120/90-18	234	21	4,1	204	8250
	Z 750 LTD	739	R 4	66×54	4-Takt	DOHC	2	8,5	L	54/74 9000	5	K	SDR	T	S	DSB	TB	3.25-19	130/90-16	226	13	5,2	179	8280
	Z 750 LTD Twin	745	R 2	78×78	4-Takt	DOHC	2	8,5	L	36/49 7000	5	K	SDR	T	S	DSB	TB	3.25-19	130/90-16	222	13	6,1	164	7230
	Z 750 LTD Belt Drive	745	R 2	78×78	4-Takt	DOHC	2	9,2	L	36/49 7000	5	W	SDR	T	S	DSB	TB	3.25-19	130/90-16	222	10,5	6,1	174	7450
	Z 1000 J	998	R 4	69,4×66	4-Takt	DOHC	2	9,2	L	72/98 8500	5	K	SDR	T	S	DSB	SB	3.25-19	4.25-18	253	21	3,7	211	10350
	Z 1000 R	998	R 4	69,4×66	4-Takt	DOHC	2	9,2	L	72/98 8500	5	K	SDR	T	S	DSB	SB	3.25-19	4.25-18	260	18	4,2	219	10810
	Z 1000 LTD	998	R 4	69,4×66	4-Takt	DOHC	2	9,2	L	70/95 8500	5	ZR	SDR	T	S	DSB	SB	3.25-19	130/90-16	254	15	4,2	192	10390
	GPZ 1100	1089	R 4	72,5×66	4-Takt	DOHC	2	9,5	L	74/100 8750	5	K	SDR	T	S	DSB	SB	110/90-18	130/90-17	266	20	3,6	240	11650

1983

Hersteller	Typ	Hubraum (cm³)	Zyl.-Anordnung und -zahl	Bohrung und Hub (mm)	Arbeitsweise	Steuerung	Ventile/Zylinder	Verdichtung	Kühlung	Leistung kW/PS bei 1/min	Gänge	Hinterradantrieb	Rahmen	Vorderradfederung	Hinterradfederung	Vorderradbremse	Hinterradbremse	Vorderreifen	Hinterreifen	Gewicht incl. Kraftstoff und Öl (kg)	Tankinhalt (l)	Beschleun. 1 Pers. (0–100 km/h sec)	Höchstgeschwindigkeit, 1 Pers. (km/h)	Preis incl. MWSt (Mark)
Kreidler	Z 1100 ST	1089	R 4	72,5×66	4-Takt	DOHC	2	8,9	L	71/97 8000	5	W	SDR	T	S	DSB	SB	3.50-19	130/90-16	271	21	4,2	212	10750
	Z 1300	1285	R 6	62×71	4-Takt	DOHC	2	9,9	W	73/99 8000	5	W	SDR	T	S	DSB	SB	110/90-18	130/90-17	322	27	4,2	217	13250
KTM	Mustang 125	123	S 1	55×52	2-Takt	SL	–	10	W	12/16 7250	5	K	SDR	T	S	SB	TB	2.75-18	3.25-18	110	11	–	110	4998
	500 K 4 Enduro	504	S 1	89×81	4-Takt	OHC	4	9,8	L	26/36 7000	5	K	SER	T	S	SB	TB	3.00-21	4.00-18	156	14	5,7	143	7190
Laverda	500 SFC	496	R 2	72×61	4-Takt	DOHC	4	9,2	L	33/45 8200	6	K	SER	T	S	DSB	SB	100/90-18	110/90-18	194	14,5	6,4	182	7978
	1000	980	R 3	75×74	4-Takt	DOHC	2	9	L	63/85 7600	5	K	SDR	T	S	DSB	SB	100/90-18	120/90-18	253	19,5	6	210	9597
	1000 Jota	980	R 3	75×74	4-Takt	DOHC	2	9	L	63/85 7600	5	K	SDR	T	S	DSB	SB	100/90-18	120/90-18	258	20,5	6	210	11588
	1000 Jota/120	980	R 3	75×74	4-Takt	DOHC	2	9	L	63/86 7900	5	K	SDR	T	S	DSB	SB	100/90-18	120/90-18	265	20,5	4,4	211	12688
	1000 RGS	980	R 3	75×74	4-Takt	DOHC	2	9	L	60/82 7900	5	K	SDR	T	S	DSB	SB	100/90-18	120/90-18	269	22	4,4	225	13188
Maico	MD 250 wk	245	S 1	76×54	2-Takt	DS	–	11,7	W	20/27 7000	6	K	SDR	T	S	SB	SB	3.00-18	3.25-18	132	17	8,1	151	4550
Malanca	125 E 2 C Sport	125	R 2	43×43	2-Takt	SL	–	11	L	13/17 9500	5	K	SDR	T	S	DSB	SB	80/90-18	80/90-18	110	11	15,6	120	4485
	125 E 2 CS ob one 5 N/6 N	125	R 2	43×43	2-Takt	SL	–	11	L	19/26 10800	5/6	K	SDR	T	S	DSB	SB	80/90-18	80/90-18	107	13	10,6	136	5500
	125 E 2 CS ob one Racing	125	R 2	43×43	2-Takt	SL	–	11	W	19/26 10800	6	K	SDR	T	S	DSB	SB	80/90-18	3.00-18	110	13	10,6	136	6500
Morini	350 Kanguro	344	72° V 2	62×57	4-Takt	OHV	2	11	L	20/27 7900	6	K	SDR	T	S	TB	TB	3.00-21	4.00-18	150	10	10	123	7298
	500 Camel	478	72° V 2	69×64	4-Takt	OHV	2	11,2	L	28/38 7400	6	K	SDR	T	S	TB	TB	3.00-21	4.00-18	155	13	9,1	129	8999
	125 T	123	S 1	59×45	4-Takt	OHV	2	11,7	L	7/9 9000	6	K	SDR	T	S	SB	SB	2.75-18	3.00-18	115	12	–	110	4995
	AMEX 250 J	239	72° V 2	59×43,8	4-Takt	OHV	2	11,7	L	17/23 8800	6	K	SDR	T	S	SB	TB	2.75-18	3.25-18	145	13	11,3	141	5485
	3½ V	344	72° V 2	62×57	4-Takt	OHV	2	11	L	20/27 6850	6	K	SDR	T	S	SB	TB	3.25-18	4.10-18	160	13	8,5	153	6399
	3½ S	344	72° V 2	62×57	4-Takt	OHV	2	10	L	20/27 6850	6	K	SDR	T	S	SB	TB	3.25-18	4.10-18	160	13	8,5	155	6699
	400 S	396	72° V 2	66,5×57	4-Takt	OHV	2	11	L	27/37 8040	6	K	SDR	T	S	DSB	TB	100/90-18	3.50-18	156	15	–	165	7495
	500 Sei-V	478	72° V 2	69×64	4-Takt	OHV	2	11,2	L	31/42 7500	6	K	SDR	T	S	DSB	TB	3.25-18	4.00-18	180	16	12,2	155	7985
Motobi	254	231	R 4	44×38	4-Takt	OHC	2	10,5	L	20/27 10600	5	K	SDR	T	S	SB	SB	2.75-18	3.00-18	130	8	7,5	156	4995
Moto Guzzi	V 35 II	346	90° V 2	66×50,6	4-Takt	OHV	2	10,8	L	20/27 7600	5	K	SDR	T	S	DSB	SB	90/90-18	100/90-18	185	16	9,6	151	6690
	V 50 III	490	90° V 2	74×57	4-Takt	OHV	2	10,4	L	36/49 7600	5	W	SDR	T	S	DSB	SB	90/90-18	100/90-18	182	16	8,1	162	6840
	V 50 Monza	490	90° V 2	74×57	4-Takt	OHV	2	10,4	L	36/49 7600	5	W	SDR	T	S	DSB	SB	3.25-18	3.50-18	181	16	8,1	174	7280

1983

Hersteller	Typ	Hubraum (cm³)	Zyl.-Anordnung und -zahl	Bohrung und Hub (mm)	Arbeitsweise	Steuerung	Ventile/Zylinder	Verdichtung	Kühlung	Leistung (kW/PS bei 1/min)	Gänge	Hinterradantrieb	Rahmen	Vorderradfederung	Hinterradfederung	Vorderradbremse	Hinterradbremse	Vorderreifen	Hinterreifen	Gewicht incl. Kraftstoff und Öl (kg)	Tankinhalt (l)	Beschleun. 1 Pers. (0–100 km/h sec)	Höchstgeschwindigkeit, 1 Pers. (km/h)	Preis incl. MWSt (Mark)
	V 50 C	490	90° V 2	74×57	4-Takt	OHV	2	10,4	L	36/49 7600	5	W	SDR	T	S	DSB	SB	100/90-18	130/90-16	192	16	7,1	151	7250
	V 65	643	90° V 2	80×64	4-Takt	OHV	2	10	L	37/50 6900	5	W	SDR	T	S	DSB	SB	100/90-18	110/90-18	188	15,5	6	173	7620
	V 65 SP	643	90° V 2	80×64	4-Takt	OHV	2	10	L	37/50 6900	5	W	SDR	T	S	DSB	SB	100/90-18	110/90-18	192	15,5	6	178	8050
	850 T 5	844	90° V 2	83×78	4-Takt	OHV	2	9,5	L	49/67 6900	5	W	SDR	T	S	DSB	SB	110/90-18	130/90-16	244	22	5,5	199	11 400
	850 Le Mans III	844	90° V 2	83×78	4-Takt	OHV	2	10,2	L	56/76 7700	5	W	SDR	T	S	DSB	SB	100/90-18	110/90-18	247	25	5,2	214	12 220
	V 1000 California II	948	90° V 2	88×78	4-Takt	OHV	2	9,2	L	49/67 6700	5	W	SDR	T	S	DSB	SB	120/90-18	120/90-18	276	23	6	159	12 410
	V 1000 Le Mans III	948	90° V 2	88×78	4-Takt	OHV	2	9,8	L	63/86 7700	5	W	SDR	T	S	DSB	SB	100/90-18	110/90-18	243	23	–	222	17 500
MZ	TS 125	123	S 1	52×58	2-Takt	SL	–	10	L	7/10 6300	4	K	PSR	T	S	TB	TB	2,75-18	3.00-18	127	12,5	–	100	1999
	ETZ 250	243	S 1	69×65	2-Takt	SL	–	10	L	13/17 5200	5	K	PSR	T	S	SB	TB	2,75-18	3,50-18	154	17,5	12,6	130	2998
	ETZ 250-Gespann	243	S 1	69×65	2-Takt	SL	–	10	L	16/22 5800	5	K	PSR	T	S	SB	TB	2,75-18	3,50-18	240	17,5	–	100	4998
Suzuki	DR 125 S	124	S 1	57×48,8	4-Takt	OHC	2	9,5	L	7/10 9500	6	K	SER	T	S	TB	TB	2,75-21	3,50-18	112	8,5	–	95	2499
	DR 250 S	249	S 1	72×61,2	4-Takt	OHC	4	9	L	13/17 7800	5	K	SER	T	S	SB	SB	3,00-21	4,00-18	129	9,5	10,6	117	3699
	DR 500 S	498	S 1	88×82	4-Takt	OHC	4	8,7	L	20/27 6500	5	K	SER	T	S	SB	SB	3,00-21	4,60-18	146	9	7,5	136	3999
	GNX 250 E	249	S 1	72×61,2	4-Takt	OHC	4	9	L	13/17 7800	5	K	SER	T	S	SB	SB	3,00-18	120/90-16	140	10	11,9	122	3299
	GSX 250 E	250	R 2	60×44,2	4-Takt	DOHC	4	10,5	L	13/17 8200	6	K	SDR	T	S	DSB	SB	3,00-18	3,75-18	174	14	–	134	3299
	GSX 400 E	399	R 2	67×56,6	4-Takt	DOHC	4	9	L	20/27 8000	6	K	SDR	T	S	SB	SB	3,00-18	3,75-18	189	15	8	154	4399
	GSX 400 S	399	R 2	67×56,6	4-Takt	DOHC	4	10	L	20/27 7800	6	K	SDR	T	S	SB	SB	3,00-18	3,75-18	190	15	8,4	151	4750
	GSX 400 F Katana	399	R 4	53×45,2	4-Takt	DOHC	4	10,5	L	31/42 10 500	6	K	SDR	T	S	DSB	SB	3,25-19	110/90-18	197	15	6,6	170	4499
	GSX 550 ES	572	R 4	60×50,6	4-Takt	DOHC	4	10	L	47/64 10 000	6	K	SDR	T	S	DSB	SB	100/90-16	110/90-18	216	18	4,5	201	6560
	GR 650	652	R 2	77×70	4-Takt	DOHC	2	8,7	L	37/50 7200	5	W	SDR	T	S	SB	SB	100/90-19	130/90-16	200	12	6,2	165	6060
	GR 650 X	652	R 2	77×70	4-Takt	DOHC	2	8,7	L	37/50 7200	5	W	SDR	T	S	SB	SB	100/90-19	130/90-16	200	12	6,2	165	6060
	GS 650 G Katana	674	R 4	62×55,8	4-Takt	DOHC	4	9,4	L	54/73 9500	5	K	SDR	T	S	DSB	SB	3,25-19	4,25-17	239	23	5	197	5999
	GSX 750 E	747	R 4	67×53	4-Takt	DOHC	4	9,6	L	59/80 9200	5	K	SDR	T	S	DSB	SB	3,25-19	4,00-18	248	19	4,4	203	6999
	GSX 750 ES	747	R 4	67×53	4-Takt	DOHC	4	9,8	L	63/86 9500	5	K	SDR	T	S	DSB	SB	100/90-16	120/90-17	238	19	4,2	210	8790
	GSX 750 S Katana	747	R 4	67×53	4-Takt	DOHC	4	9,8	L	60/82 9500	5	W	SDR	T	S	DSB	SB	3,25-19	120/90-18	249	19	4,1	210	7950
	GSX 1100 E	1074	R 4	72×66	4-Takt	DOHC	4	9,5	L	74/100 8700	5	K	SDR	T	S	SB	SB	3,50-19	4,50-17	256	21	3,8	222	8950
	GSX 1100 ES	1074	R 4	72×66	4-Takt	DOHC	4	9,5	L	74/100 8700	5	K	SDR	T	S	SB	SB	3,50-19	4,50-17	253	20	3,7	221	10 100
	GSX 1100 S Katana	1074	R 4	72×66	4-Takt	DOHC	4	9,5	L	74/100 8700	5	K	SDR	T	S	SB	SB	3,50-19	4,50-17	272	21	3,6	228	9750
Triumph	TR 6 Thunderbird	648	R 2	76×71,5	4-Takt	OHV	2	9	L	31/42 6500	5	K	SDR	T	S	TB	SB	3,25-19	4,00-18	190	18,5	6,6	160	8395
	TR 7 RV Tiger	744	R 2	76×82	4-Takt	OHV	2	7,9	L	33/45 6000	5	K	SDR	T	S	SB	SB	4,10-19	4,10-18	197	18,5	6,7	172	8850

1983

Hersteller	Typ	Hubraum (cm³)	Zyl.-Anordnung und -zahl	Bohrung und Hub (mm)	Arbeitsweise	Steuerung	Ventile/Zylinder	Verdichtung	Kühlung	Leistung (kW/PS bei 1/min)	Gänge	Hinterradantrieb	Rahmen	Vorderradfederung	Hinterradfederung	Vorderradbremse	Hinterradbremse	Vorderreifen	Hinterreifen	Gewicht incl. Kraftstoff und Öl (kg)	Tankinhalt (l)	Beschleun. 1 Pers. (0–100 km/h sec)	Höchstgeschwindigkeit, 1 Pers. (km/h)	Preis incl. MWSt (Mark)
	T 140 E Bonneville	744	R 2	76×82	4-Takt	OHV	2	9	L	36/49 6500	5	K	SDR	T	S	SB	SB	4.10-19	4.10-18	206	18.5	5,9	176	8895
	T 140 E Bonneville Executive	744	R 2	76×82	4-Takt	OHV	2	9	L	36/49 6500	5	K	SDR	T	S	SB	SB	4.10-19	4.10-18	200	18.5	5,9	160	10 980
	TSX	744	R 2	76×82	4-Takt	OHV	2	8	L	36/49 6500	5	K	SDR	T	S	SB	SB	MJ 90-19	MT 90-16	200	10.5	6,9	162	10 400
	TSS	744	R 2	76×82	4-Takt	OHV	2	9,5	W	42/57 6500	5	K	SDR	T	S	DSB	SB	4.10-19	4.10-18	212	10.5	4,8	167	10 850
Yamaha	DT 125 LC	123	S 1	56×50	2-Takt	MB	–	7,2	W	12/16 7000	6	K	SDR	T	S	TB	TB	2.75-21	4.10-18	108	9	–	109	3970
	XT 250	249	S 1	75×56,5	4-Takt	OHC	2	9,2	L	13/17 7500	5	K	SDR	T	S	TB	TB	3.00-21	4.60-17	125	8	12,3	112	3989
	XT 500	499	S 1	87×84	4-Takt	OHC	2	9	L	20/27 5900	5	K	SER	T	S	TB	TB	3.25-21	4.00-18	155	9	8,5	132	5130
	XT 550	558	S 1	92×84	4-Takt	OHC	4	8,5	L	20/27 5500	5	K	SER	T	S	TB	TB	3.00-21	4.60-18	145	12	9,6	129	5467
	XT 550	558	S 1	92×84	4-Takt	OHC	4	8,5	L	28/38 6500	5	K	SER	T	S	TB	TB	3.00-21	4.60-18	145	12	5,7	149	5767
	XT 600 Ténéré	595	S 1	95×84	4-Takt	OHC	4	8,5	L	34/46 6500	5	K	SER	T	S	TB	TB	3.00-21	4.60-18	177	23	6,2	150	6727
	SR 250 SE	240	S 1	73,5×56,5	4-Takt	OHC	2	9,2	L	13/17 7400	5	K	SDR	T	S	TB	TB	3.00-21	120/90-16	135	10	11,7	115	3689
	SR 500	499	S 1	87×84	4-Takt	OHC	2	9	L	20/27 6000	5	K	SDR	T	S	TB	TB	3.50-19	4.00-18	174	12	9,3	135	4600
	RD 125 LC	123	S 1	56×50	2-Takt	MB	–	6,4	W	13/17 9000	6	K	SDR	T	S	SB	TB	2.75-18	3.25-18	115	13	10,5	126	4130
	RD 250 LC	247	R 2	54×54	2-Takt	MB	–	6,2	W	20/27 8100	6	K	SDR	T	S	DSB	TB	3.00-18	3.50-18	158	17	8,7	149	4499
	RD 250 LC	247	R 2	54×54	2-Takt	MB	–	6,9	W	28/38 8500	6	K	SDR	T	S	DSB	TB	3.00-18	3.50-18	158	17	7,1	163	4499
	RD 350 LC YPVS	347	R 2	64×54	2-Takt	MB/PV	–	6	W	37/50 9200	6	K	PSR	T	S	DSB	TB	90/90-18	110/80-18	170	20	5	180	6090
	RD 350 LC YPVS	347	R 2	64×54	2-Takt	MB/PV	–	6	W	43/58 9200	6	K	PSR	T	S	DSB	TB	90/90-18	110/80-18	170	20	4,9	189	6090
	XS 400 DOHC	399	R 2	69×53,4	4-Takt	DOHC	4	9,7	L	27/37 8000	6	K	SER	T	S	DSB	TB	3.00-18	4.10-18	187	18	9,4	143	4830
	XS 400 DOHC	399	R 2	69×53,4	4-Takt	DOHC	4	9,7	W	37/50 9000	6	K	SDR	T	S	DSB	TB	3.00-18	4.10-18	187	18	6,1	168	4830
	XS 400 SE	392	R 2	69×52,4	4-Takt	DOHC	2	9,3	L	27/37 7500	5	K	SDR	T	S	SB	TB	3.00-19	120/90-16	178	14	10,3	139	5010
	XV 500	494	70° V 2	73×59	4-Takt	OHC	2	9,3	L	36/49 8000	5	W	SDR	T	S	SB	TB	3.00-19	130/90-16	190	11	6,5	152	6210
	XJ 550	528	R 4	57×51,8	4-Takt	DOHC	2	9,5	L	37/50 9000	6	K	PSR	T	S	DSB	TB	3.00-19	110/90-18	204	15	5,2	176	6877
	XZ 550	553	70° V 2	80×55	4-Takt	DOHC	4	10,5	W	37/50 9000	5	W	SDR	T	S	DSB	TB	90/90-18	4.25-85-18	221	17	5,9	178	7377
	XZ 550 S	553	70° V 2	80×55	4-Takt	DOHC	4	10,5	W	47/64 9500	5	W	SDR	T	S	DSB	TB	90/90-18	4.25-85-18	228	17	5,3	180	7377
	XS 650	654	R 2	75×74	4-Takt	OHC	2	8,4	L	35/48 7100	5	K	SDR	T	S	SB	TB	3.25-19	4.00-18	225	15	6,1	171	6567
	XS 650 SE	654	R 2	75×74	4-Takt	OHC	2	8,4	L	37/50 7500	5	K	SDR	T	S	SB	TB	3.50-19	130/90-16	220	11,5	6,4	156	5827
	XJ 650	653	R 4	63×52,4	4-Takt	DOHC	2	8,5	L	37/50 9000	5	W	SDR	T	S	DSB	TB	3.25-19	120/90-18	231	20,5	6,5	173	7577
	XJ 650	653	R 4	63×52,4	4-Takt	DOHC	2	9,2	L	52/71 9400	5	W	PSR	T	S	SB	TB	3.25-19	120/90-18	231	20,5	4,8	197	6567
	XJ 650 Turbo	653	R 4	63×52,4	4-Takt/Turbo	DOHC	2	8,5	L	66/90 9000	5	W	SDR	T	S	DSB	TB	3.50-19	130/90-16	262	19	4,9	203	12 261
	XV 750 SE	748	75° V 2	83×69,2	4-Takt	OHC	2	8,7	L	37/50 6500	5	W	SDR	T	S	SB	TB	3.25-19	130/90-16	227	12	5,6	164	8777
	XJ 750	748	R 4	65×56,4	4-Takt	DOHC	2	9,2	L	60/82 9000	5	W	SDR	T	S	DSB	TB	3.25-19	120/90-18	238	18	4,6	201	8037
	XJ 900	853	R 4	67×60,5	4-Takt	DOHC	2	9,6	L	71/97 9000	5	W	SDR	T	S	DSB	SB	100/90-18	120/90-18	244	22	4	211	9541

1983

Hersteller	Typ	Hubraum (cm³)	Zyl.-Anordnung und -zahl	Bohrung und Hub (mm)	Arbeitsweise	Steuerung	Ventile/Zylinder	Verdichtung	Kühlung	Leistung (kW/PS bei 1/min)	Gänge	Hinterradantrieb	Rahmen	Vorderradfederung	Hinterradfederung	Vorderradbremse	Hinterradbremse	Vorderreifen	Hinterreifen	Gewicht incl. Kraftstoff und Öl (kg)	Tankinhalt (l)	Beschleun. 1 Pers. (0–100 km/h sec)	Höchstgeschwindigkeit, 1 Pers. (km/h)	Preis incl. MWSt (Mark)
	TR 1	981	75° V 2	95×69,2	4-Takt	OHC	2	8,3	L	51/69 6500	5	K	PSR	T	S	DSB	TB	3.25-19	120/90-18	248	19	5,1	182	8031
	XV 100 SE Midnight Special	981	75° V 2	95×69,2	4-Takt	OHC	2	8,3	L	50/68 6500	5	W	PSR	T	S	DSB	TB	3.50-19	130/90-16	240	13	4,9	172	9541
Importe aus der UdSSR	Dnepr MT 10-Gespann*	650	180° 2	78×68	4-Takt	OHV	2	7,5	L	26/36 5900	4+R	K	SDR	T	S	TB	TB	3.75-19	3.75-19	365	19	–	110	7900
	Dnepr MT 12-Gespann*	745	180° 2	78×78	4-Takt	SV	2	7,5	L	19/26 4900	4+R	W	SDR	T	S	TB	TB	3.75-19	3.75-19	370	19	–	100	7900

Zulassungsfähige Sondermodelle

Hersteller	Typ	Hubraum (cm³)	Zyl.-Anordnung und -zahl	Bohrung und Hub (mm)	Arbeitsweise	Steuerung	Ventile/Zylinder	Verdichtung	Kühlung	Leistung (kW/PS bei 1/min)	Gänge	Hinterradantrieb	Rahmen	Vorderradfederung	Hinterradfederung	Vorderradbremse	Hinterradbremse	Vorderreifen	Hinterreifen	Gewicht incl. Kraftstoff und Öl (kg)	Tankinhalt (l)	Beschleun. 1 Pers. (0–100 km/h sec)	Höchstgeschwindigkeit, 1 Pers. (km/h)	Preis incl. MWSt (Mark)
AMC	Fahrgestelle für V- und Reihenmotoren von Honda, Kawasaki und Yamaha																							bis 30 000 (komplett)
AME	Chopper		Typgeprüfte Fahrgestelle für Einzylinder-, Boxer-, V- und Reihenmotoren																						
z. B.:	Honda CB 400 N	395	R 2	70,5×50,6	4-Takt	OHC	3	9,3	L	20/27 7500	6	K	SDR	T	S	SB	TB	3.25-19	5.00-16	196	10	–	130	12 000
	Honda CB 900 F	901	R 4	64,5×69	4-Takt	DOHC	4	8,8	L	70/95 9000	5	K	SDR	T	S	DSB	SB	3.50-19	5.00-16	250	13	–	185	21 784
	Harley-Davidson 1340	1337	45° V 2	88,8×108	4-Takt	OHV	2	7,4	L	52/70 5800	5	K	SDR	T	S	SB	SB	3.25-19	5.00-16	255	11	–	165	25 000
Bajohr (Ducati)	600 Pantah	581	90° V 2	80×57,8	4-Takt	DES	2	10	L	44/60 10 000	5	K	SDR	T	S	DSB	SB	3.25-18	4.25/85-18	192	18	5,3	211	12 500
	1000 SS	966	90° V 2	90×76	4-Takt	DES	2	10	L	66/90 7500	5	K	SDR	T	S	DSB	SB	3.50-18	4.70/85-18	205	18	4,1	234	22 500
(Moto Guzzi)	Le Mans III	992	90° V 2	90×78	4-Takt	OHV	2	10	L	65/88 7500	5	W	SDR	T	S	DSB	SB	3.50-18	4.70/85-18	228	23	–	225	22 500
Bakker	Fahrgestelle für R 4-Motoren von Honda, Kawasaki und Suzuki																							
z. B.:	Kawasaki Z 1000 J	998	R 4	69,4×66	4-Takt	DOHC	4	9,2	L	72/98 8500	5	K	SDR	T	S	DSB	SB	110/90-18	150/70-18	222	22	3,9	233	25 000
Bimota (Honda)	HB 2	901	R 4	64,5×69	4-Takt	DOHC	4	8,8	L	70/95 9000	5	K	SGR	T	S	DSB	SB	120/80-16	150/80-16	229	20	4	231	28 500
(Kawasaki)	KB 2 Laser	592	R 4	60×52,4	4-Takt	DOHC	2	10	L	48/65 9000	6	K	SGR	T	S	DSB	SB	120/80-16	150/80-16	188	20	4,3	216	26 300
	KB 3	998	R 4	69,4×66	4-Takt	DOHC	2	9,2	L	76/103 9400	5	K	SGR	T	S	DSB	SB	120/80-16	150/80-16	226	20	3,8	233	28 500
(Suzuki)	SB 3**	997	90° V 2	70×64,8	4-Takt	DOHC	2	9,2	L	66/90 8830	5	K	SDR	T	S	DSB	SB	3.50-18	150/70-18	219	13	3,8	227	22 500
Eckert (Honda)	1100	1062	R 4	70×69	4-Takt	DOHC	4	9,7	L	74/100 8500	5	K	SDR	T	S	DSB	SB	100/90-18	130/90-17	261	20	3,6	232	13 955
	RE 1	1062	R 4	70×69	4-Takt	DOHC	4	10,5	L	96/130 9500	5	K	SGR	T	S	DSB	SB	3.50-18	5.50/6.50-18	210	22	3,9	253	35 000
Egli	Red Falcon:	Fahrgestell für 500/600 cm³-Einzylindermotoren von Honda, Rotax und Yamaha																						bis 22 000 (komplett)
(Honda)	900 Red Hunter	901	R 4	64,5×69	4-Takt	DOHC	4	8,8	L	70/95 9000	5	K	SZR	T	S	DSB	SB	100/90-18	130/80-18	216	20	4	220	25 000
	1100 Red Hunter	1062	R 4	70×69	4-Takt	DOHC	4	10,5	L	85/115 9500	5	K	SZR	T	S	DSB	SB	100/90-18	130/80-18	216	20	3,5	235	25 000

		CBX Red Baron	1046	R 6	64,5×53,4	4-Takt	DOHC	4	9,3	L	74/100 9000	5	K	SZR	T	S	DSB	SB	100/90-18	130/80-18	245	24	4,1	244	32 400
		CBX Red Baron	1112	R 6	66,5×53,4	4-Takt	DOHC	4	9,5	L	88/120 9500	5	K	SZR	T	S	DSB	SB	100/90-18	130/80-18	245	24	3,9	250	33 500
		CBX Target	1046	R 6	64,5×53,4	4-Takt	DOHC	4	9,3	L	74/100 9000	5	K	SZR	T	S	DSB	SB	4.10-18	120/90-18	242	24	4	232	29 900
	(Kawasaki)	Bonneville	957	R 4	69×64	4-Takt	DOHC	2	9	L	66/90 9000	5	K	SZR	T	S	DSB	SB	100/90-18	130/80-18	215	20	4	220	25 000
		Bonneville	1161	R 4	76×64	4-Takt	DOHC	2	10	L	92/125 9600	5	K	SZR	T	S	DSB	SB	100/90-18	130/80-18	215	20	3,5	250	25 000
Fallert	(BMW)	R 65 S	649	180° 2	82×61,5	4-Takt	OHV	2	9,2	L	37,5/50 7250	5	W	SDR	T	S	SB	TB	3.25-18	4.00-18	209	22	6,5	175	9990
		R 80 S	797	180° 2	84,8×70,6	4-Takt	OHV	2	8,2	L	37,5/50 6500	5	W	SDR	T	S	SB	TB	3.00-21	4.00-18	196	22	6	180	10 490
		R 100 S	979	180° 2	94×70,6	4-Takt	OHV	2	10,5	L	60/81 7500	5	W	SDR	T	S	DSB	SB	100/90-19	130/80-18	227	24	4,7	215	18 814
Fischer					Fahrgestelle für Honda-, Kawasaki- und Laverda-Motoren ab 500 cm³																			bis 22 000 (komplett)	
HSM					Fahrgestelle für R 4-Motoren von Honda und Kawasaki																				
Krauser	(BMW)	MKM 1000	979	180° 2	94×70,6	4-Takt	OHV	2	9,5	L	52/70 7000	5	W	SGR	T	S	DSB	SB	3.50-19	130/80-18	222	21	5	193	25 000
		MKM 1000/4	979	180° 2	94×70,6	4-Takt	OHV	2	10,2	L	60/82 7300	5	W	SGR	T	S	DSB	SB	3.50-18	130/90-18	217	21	4,7	207	27 000
Magni	(BMW)	MB 2"	979	180° 2	94×70,6	4-Takt	OHV	2	9,5	L	52/70 7000	5	W	SDR	T	S	DSB	SB	4.10-19	120/90-18	223	27	4,9	200	17 000
	(Honda)	MH 1"	901	R 4	64,5×69	4-Takt	DOHC	4	8,8	L	70/95 9000	5	K	SDR	T	S	DSB	SB	3.25-19	4.00-18	245	20	4,1	211	13 960
		MH 2"	901	R 4	64,5×69	4-Takt	DOHC	4	8,8	L	70/95 9000	5	K	SDR	T	S	DSB	SB	4.10-19	120/90-18	249	20	4,1	212	17 750
Martin					Fahrgestelle für R 4- und R 6-Motoren von Honda, Kawasaki und Suzuki																			bis 24 000 (komplett)	
		Suzuki GSX 1100 E	1075	R 4	72×66	4-Takt	DOHC	4	9,5	L	74/100 8700	5	K	SGR	T	S	DSB	SB	110/90-18	130/80-18	233	20	3,8	238	19 400
Michel	(BMW)	R 75	731	180° 2	87×61,5	4-Takt	OHV	2	10,5	L	48/65 8000	5	W	SDR	T	S	DSB	SB	3.25-19	4.00-18	215	24	5	200	15 000
		R 100 S	979	180° 2	94×70,6	4-Takt	OHV	2	10,5	L	62/84 7500	5	W	SDR	T	S	DSB	SB	100/90-19	130/90-18	237	22	4,6	222	20 000
Moko					Fahrgestelle für alle großvolumigen R 4-Motoren von Honda, Kawasaki und Suzuki																			bis 39 000 (komplett)	
	z. B.:	Honda CB 900 F	901	R 4	64,5×69	4-Takt	DOHC	4	8,8	L	70/95 9000	5	K	SZR	T	S	DSB	SB	110/90-18	150/70-18	235	20	4,1	215	24 000
Rau					Fahrgestelle für Honda-, Kawasaki- und Suzuki-Reihenmotoren ab 500 cm³																				
Rickman	(Kawasaki)	Z 1000 J/R	998	R 4	69,4×66	4-Takt	DOHC	2	9,2	L	72/98 8500	5	K	SDR	T	S	DSB	SB	3.50-18	120/90-18	225	18	4,1	215	15 500
Sulzbacher	(Laverda)	1200	1172	R 3	82×74	4-Takt	DOHC	2	10	L	82/112 7700	5	K	SDR	T	S	DSB	SB	4.25-18	4.50-17	247	19,5	–	235	15 000
Tweesmann	(Yamaha)	XT 550	558	S 1	92×84	4-Takt	OHC	2	8,5	L	33/45 6000	5	K	SER	T	S	TB	TB	3.25-21	4.50-18	130	9	6	145	9800
		XT 600	595	S 1	95×84	4-Takt	OHC	2	8,5	L	35/48 6000	5	K	SER	T	S	TB	TB	3.25-21	4.50-18	125	9	6	145	14 500

1983

* Vertrieb durch MV Agusta – Deutschland

Hersteller	Typ	Hubraum (cm³)	Zyl.-Anordnung und -zahl	Bohrung und Hub (mm)	Arbeitsweise	Steuerung	Ventile/Zylinder	Verdichtung	Kühlung	Leistung (kW/PS bei 1/min)	Gänge	Hinterradantrieb	Rahmen	Vorderradfederung	Hinterradfederung	Vorderradbremse	Hinterradbremse	Vorderreifen	Hinterreifen	Gewicht incl. Kraftstoff und Öl (kg)	Tankinhalt (l)	Beschleun. 1 Pers. (0–100 km/h sec)	Höchstgeschwindigkeit, 1 Pers. (km/h)	Preis incl. MWSt (Mark)
Aprilia	RX 125	124	S 1	54×54	2-Takt	MB	–	14,5	W	25/34 10750	6	K	SER	T	S	TB	TB	3.00-21	4.00-18	91	8,5	–	130	6180
	RX 250	246	S 1	72×61	2-Takt	DS	–	14	W	35/47 8000	5	K	SER	T	S	TB	TB	3.00-21	4.50-18	100	8,5	–	120	6590
Benelli	125 t	125	R 2	42,5×44	2-Takt	SL	–	10,3	L	7/10 7600	5	K	SDR	T	S	SB	TB	2.75-18	3.00-18	127	14	–	110	3880
	125 Sport	125	R 2	42,5×44	2-Takt	SL	–	10,3	L	7/10 7600	5	K	SDR	T	S	SB	TB	2.75-18	3.00-18	127	14	–	110	4430
	250 2 C	231	R 2	56×47	2-Takt	SL	–	10	L	13/17 7600	5	K	SDR	T	S	SB	TB	3.00-18	3.00-18	134	17	–	125	3820
	250 Sport	231	R 2	56×47	2-Takt	SL	–	10,3	L	20/27 7800	5	K	SDR	T	S	SB	TB	3.00-18	3.25-18	133	12	7,6	143	4560
	304	231	R 4	44×38	4-Takt	OHC	2	10,5	L	20/27 10500	5	K	SDR	T	S	SB	TB	3.00-18	3.25-18	134	11	11,1	135	5740
	354 Sport II	345	R 4	50×44	4-Takt	OHC	2	10,2	L	20/27 9500	5	K	SDR	T	S	SB	SB	3.00-18	3.25-18	181	15,5	7,6	153	6805
	654 t	604	R 4	60×53,4	4-Takt	OHC	2	9,3	L	37/50 8700	5	K	SDR	T	S	DSB	SB	3.25-18	3.50-18	203	22	5,3	172	6980
	654 Sport	604	R 4	60×53,4	4-Takt	OHC	2	9,3	L	37/50 8700	5	K	SDR	T	S	DSB	SB	3.25-18	3.50-18	203	22	6,3	165	6980
	900 Sei	905	R 6	60×53,4	4-Takt	OHC	2	9,5	L	59/80 8300	5	K	SDR	T	S	DSB	SB	100/90-18	120/90-18	249	17	4,6	193	9995
BMW	R 80 G/S	797	180° 2	84,8×70,6	4-Takt	OHV	2	8,2	L	37/50 6500	5	W	SDR	T	ES	SB	TB	3.00-21	4.00-18	196	19,5	5,6	173	9490
	R 80 G/S Paris–Dakar	797	180° 2	84,8×70,6	4-Takt	OHV	2	8,2	L	37/50 6500	5	W	SDR	T	ES	SB	TB	3.00-21	4.00-18	219	33,5	6,4	164	10120
	R 45	473	180° 2	70×61,5	4-Takt	OHV	2	9,2	L	20/27 6500	5	W	SDR	T	S	SB	TB	3.25-18	4.00-18	206	22	11,4	141	7690
	R 45	473	180° 2	70×61,5	4-Takt	OHV	2	9,2	L	26/35 7250	5	W	SDR	T	S	SB	TB	3.25-18	4.00-18	206	22	8,8	160	7690
	R 65	649	180° 2	82×61,5	4-Takt	OHV	2	8,2	L	37/50 7250	5	W	SDR	T	S	SB	TB	3.25-18	4.00-18	204	22	6,5	175	8890
	R 65 LS	649	180° 2	82×61,5	4-Takt	OHV	2	8,2	L	37/50 7250	5	W	SDR	T	S	DSB	TB	3.25-18	4.00-18	208	22	6,6	175	9490
	R 80	797	180° 2	84,8×70,6	4-Takt	OHV	2	8,2	L	37/50 6500	5	W	SDR	T	ES	SB	TB	90/90-18	120/90-18	207	22	5,4	181	9990
	R 80 ST	797	180° 2	84,8×70,6	4-Takt	OHV	2	8,2	L	37/50 6500	5	W	SDR	T	ES	SB	TB	100/90-19	120/90-18	197	19	6	172	9990
	R 80 RT	797	180° 2	84,8×70,6	4-Takt	OHV	2	8,2	L	37/50 6500	5	W	SDR	T	ES	SB	TB	90/90-18	120/90-18	243	22	6,5	163	12110
	K 100	987	R 4	67×70	4-Takt	DOHC	2	10,2	W	66/90 8000	5	W	SDR	T	ES	DSB	SB	100/90-18	130/90-17	243	22	3,9	218	13250
	K 100 RT	987	R 4	67×70	4-Takt	DOHC	2	10,2	W	66/90 8000	5	W	SDR	T	ES	DSB	SB	100/90-18	130/90-17	272	22	4,5	206	16300
	K 100 RS	987	R 4	67×70	4-Takt	DOHC	2	10,2	W	66/90 8000	5	W	SDR	T	ES	DSB	SB	100/90-18	130/90-17	260	22	4,4	222	15950
Cagiva	650 Alazzurra	649	90° V 2	82×61,5	4-Takt	DES	2	10	L	37/50 8400	5	K	SGR	T	S	DSB	SB	100/90-18	110/90-18	207	18	5,5	175	9000
Ducati	600 SL Pantah	581	90° V 2	80×57,8	4-Takt	DES	2	9,5	L	42/57 8500	5	K	SGR	T	S	DSB	SB	100/90-18	110/90-18	202	18	5,6	195	10400
	900 SS	864	90° V 2	86×74,4	4-Takt	DES	2	9,5	L	48/65 7000	5	K	SDR	T	S	DSB	SB	100/90-18	110/90-18	225	18	4,7	213	15000
	900 SS Hailwood-Replica	864	90° V 2	86×74,4	4-Takt	DES	2	9,5	L	51/69 7000	5	K	SDR	T	S	DSB	SB	100/90-18	120/90-18	229	18	4,7	215	15000
	1000 SS Hailwood-Replica	973	90° V 2	88×80	4-Takt	DES	2	9,3	L	56/76 6700	5	K	SDR	T	S	DSB	SB	100/90-18	130/80-18	230	24	–	220	15990
	1000 S 2	973	90° V 2	88×80	4-Takt	DES	2	9,3	L	56/76 6700	5	K	SDR	T	S	DSB	SB	100/90-18	130/80-18	230	18	–	220	15990

1984

1984

Hersteller	Typ	Hubraum (cm³)	Zyl.-Anordnung und -zahl	Bohrung und Hub (mm)	Arbeitsweise	Steuerung	Ventile/Zylinder	Verdichtung	Kühlung	Leistung (kW/PS bei 1/min)	Gänge	Hinterradantrieb	Rahmen	Vorderradfederung	Hinterradfederung	Vorderradbremse	Hinterradbremse	Vorderreifen	Hinterreifen	Gewicht incl. Kraftstoff und Öl (kg)	Tankinhalt (l)	Beschleun. 1 Pers. (0-100 km/h sec)	Höchstgeschwindigkeit, 1 Pers. (km/h)	Preis incl. MWSt (Mark)
Enfield India	350 Bullet	346	S 1	70×90	4-Takt	OHV	2	6.5	L	13/17 5620	4	K	SER	T	S	TB	TB	3.25-19	3.25-19	170	15	–	110	4690
	350 Bullet de Luxe	346	S 1	70×90	4-Takt	OHV	2	6.5	L	13/17 5620	4	K	SER	T	S	TB	TB	3.25-19	3.25-19	170	15	–	110	4890
Fantic	125 Strada LC	124	S 1	55.2×52	2-Takt	SL	–	12	W	13/17 7000	6	K	SDR	T	S	TB	TB	3.00-18	3.25-18	130	12	10.8	127	4832
Harley-Davidson	XLX 1000-61	997	45° V 2	81×96.8	4-Takt	OHV	2	8.8	L	37/50 6000	4	K	SDR	T	S	SB	SB	MJ 90-19	MT 90-16	244	8.5	7.6	159	14400
	XLH 1000 Sportster	997	45° V 2	81×96.8	4-Takt	OHV	2	8.8	L	37/50 6000	4	K	SDR	T	S	SB	SB	MJ 90-19	MT 90-16	246	8.5	6.8	170	15020
	XLS 1000 Roadster	997	45° V 2	81×96.8	4-Takt	OHV	2	8.8	L	37/50 6000	4	K	SDR	T	S	SB	SB	MJ 90-19	MT 90-16	249	15	6.8	167	15880
	FXSB 1340 Low Rider	1337	45° V 2	88.8×108	4-Takt	OHV	2	8.5	L	47/64 5000	4	K	SDR	T	S	SB	SB	MJ 90-19	MT 90-16	277	13	–	155	23180
	FXWG 1340 Wide Glide	1337	45° V 2	88.8×108	4-Takt	OHV	2	8.5	L	47/64 5000	4	ZR	SDR	T	S	SB	SB	MH 90-21	MT 90-16	285	19	6.8	164	23250
	FXST 1340 Softail	1337	45° V 2	88.8×108	4-Takt	OHV	2	8.5	L	47/64 5200	4	ZR	SDR	T	S	SB	SB	MJ 90-21	MT 90-19	298	19	6.4	174	24200
	FXRS 1340 Low Glide	1337	45° V 2	88.8×108	4-Takt	OHV	2	8.5	L	47/64 5200	5	ZR	SDR	T	S	SB	SB	MJ 90-19	MT 90-19	284	15	6.5	162	22630
	FXRT 1340 Sport Glide	1337	45° V 2	88.8×108	4-Takt	OHV	2	8.5	L	47/64 5200	5	ZR	SDR	T	S	SB	SB	MJ 90-19	MT 90-19	310	15	6.5	160	23180
	FXEF 1340 Fat Bob	1337	45° V 2	88.8×108	4-Takt	OHV	2	8.5	L	47/64 5000	4	K	SDR	T	S	SB	SB	MT 90-16	MT 90-16	272	13	–	155	19900
	FLHTC 1340 El. Glide Classic	1337	45° V 2	88.8×108	4-Takt	OHV	2	8.5	L	47/64 5000	5	K	SDR	T	S	DSB	SB	MT 90-16	MT 90-16	345	19	6.9	152	25360
	FLTC 1340 Tour Glide Classic	1337	45° V 2	88.8×108	4-Takt	OHV	2	8.5	L	47/64 5000	5	K	SDR	T	S	DSB	SB	MT 90-16	MT 90-16	354	19	7.1	155	25360
	FLHTC 1340-Sidecar	1337	45° V 2	88.8×108	4-Takt	OHV	2	8.5	L	47/64 5000	5	W	SDR	T	S	DSB	SB	MT 90-16	MT 90-16	479	19	–	125	36000
	FLTC 1340-Sidecar	1337	45° V 2	88.8×108	4-Takt	OHV	2	8.5	L	47/64 5000	5	W	SDR	T	S	DSB	SB	MT 90-16	MT 90-16	479	19	–	125	36000
Hercules	K 125 Military	124	S 1	54×54	2-Takt	SL	–	9	L	9/12.5 7000	5	K	SDR	S	S	TB	TB	3.25-18	3.50-18	135	15	–	94	5910
Honda	MTX 200 RW	194	S 1	67×55	2-Takt	MB	–	7.5	W	20/26.5 7500	6	K	SER	T	S	TB	TB	2.75-21	4.10-18	116	9	9.5	121	5098
	XL 250 R	249	S 1	75×56.5	4-Takt	OHC	4	10.2	L	13/17 8000	6	K	SER	T	S	TB	TB	3.00-21	4.60-17	131	9	–	110	5288
	XL 350 R	340	S 1	84×61.3	4-Takt	OHC	4	9.5	L	20/27 7500	6	K	SER	T	S	TB	TB	3.00-21	4.60-17	137	11	9.1	134	5673
	XL 500 R	497	S 1	89×80	4-Takt	OHC	4	8.6	L	20/27 5500	5	K	SER	T	S	TB	TB	3.00-21	4.60-17	152	10.5	7.6	134	5398
	XL 600 R	589	S 1	100×75	4-Takt	OHC	4	8.5	L	32/44 6500	5	K	SER	T	S	TB	TB	3.00-21	5.10-17	146	12	5.6	151	5828
	XLV 750 R	749	45° V 2	79.5×75.5	4-Takt	OHC	3	8.4	L	37/50 6500	5	W	SDR	T	S	SB	TB	90/90-21	130/80-17	220	19.5	–	–	10038
	XLV 750 R	749	45° V 2	79.5×75.5	4-Takt	OHC	3	8.4	L	45/61 7000	5	W	SDR	T	S	SB	TB	90/90-21	130/80-17	220	19.5	5.5	174	10038
	CB 125 T 2	125	S 1	44×41	4-Takt	OHC	4	9.4	L	7/10 10500	5	K	SER	T	S	SB	TB	3.00-18	3.25-18	126	10	–	100	3347
	CB 125 T 2	125	S 1	44×41	4-Takt	OHC	4	9.4	L	13/17 11500	5	K	SER	T	S	SB	TB	3.00-18	3.25-18	126	10	16.1	128	3347
	CM 125 C	125	S 1	44×41	4-Takt	OHC	4	9.4	L	7/10 9000	5	K	SER	T	S	SB	TB	3.25-18	110/90-16	139	13	–	91	3549
	CM 200 T	194	R 2	53×44	4-Takt	OHC	2	8.8	L	7/10 7000	4	K	SER	T	S	SB	TB	3.00-17	3.50-16	138	11	–	100	3128
	CM 200 T	194	R 2	53×44	4-Takt	OHC	2	8.8	L	13/17 9000	4	K	SER	T	S	SB	TB	3.00-17	3.50-16	138	11	15.1	119	3128

Hersteller	Typ	Hubraum (cm³)	Zyl.-Anordnung und -zahl	Bohrung und Hub (mm)	Arbeitsweise	Steuerung	Ventile/Zylinder	Verdichtung	Kühlung	Leistung (kW/PS bei 1/min)	Gänge	Hinterradantrieb	Rahmen	Vorderradfederung	Hinterradfederung	Vorderradbremse	Hinterradbremse	Vorderreifen	Hinterreifen	Gewicht incl. Kraftstoff und Öl (kg)	Tankinhalt (l)	Beschleun. 1 Pers. (0-100 km/h sec)	Höchstgeschwindigkeit, 1 Pers. (km/h)	Preis incl. MWSt (Mark)
	CB 250 N	250	R 2	62×41,4	4-Takt	OHC	3	9,4	L	13/17 8500	6	K	SER	T	S	SB	TB	3.60-19	4.10-18	186	14	19,1	125	4850
	CM 250 C	234	R 2	53×53	4-Takt	OHC	2	9,4	L	13/17 7500	5	K	SER	T	S	TB	TB	3.25-18	110/90-16	144	12	–	106	4088
	CB 250 RSD	248	S 1	74×57,8	4-Takt	OHC	4	9,3	L	13/17 7000	5	K	SER	T	S	SB	TB	3.00-18	3.50-18	148	13	11,2	136	3593
	CB 250 RS	248	S 1	74×57,8	4-Takt	OHC	4	9,3	L	19/26 8500	6	K	SER	T	S	SB	TB	3.00-18	4.10-18	148	13	8	146	3593
	CB 450 N	447	R 2	75×50,6	4-Takt	OHC	3	9,1	L	20/27 7000	6	K	SER	T	S	SB	TB	3.60-19	4.10-18	189	17	10	141	5178
	CB 450 N	447	R 2	75×50,6	4-Takt	OHC	4	9,3	L	32/43 9000	6	K	SER	T	S	DSB	TB	3.60-19	4.10-18	189	17	–	178	5178
	XBR 500	498	S 1	92×75	4-Takt	OHC	4	8,9	L	20/27 6000	5	K	SER	T	S	SB	TB	3.60-19	110/90-18	182	20	9,4	145	5683
	VT 500 E	491	52° V 2	71×62	4-Takt	OHC	3	10,5	W	20/27 6000	6	W	SDR	T	S	SB	TB	100/90-18	120/80-18	204	17	8,4	137	7663
	VT 500 E	491	52° V 2	71×62	4-Takt	OHC	3	10,5	W	37/50 9000	6	W	SDR	T	S	DSB	TB	100/90-18	120/80-18	204	17	5,7	187	7663
	VT 500 C	491	52° V 2	71×62	4-Takt	OHC	3	10,5	W	37/50 9000	5	W	SDR	T	S	DSB	TB	3.50-18	130/90-16	201	11,5	5,7	160	7563
	VF 500 F	497	90° V 4	60×44	4-Takt	DOHC	4	11	W	52/70 11500	6	W	SDR	T	S	DSB	SB	100/90-16	110/90-18	206	17	4,8	199	8693
	VF 500 F 2	497	90° V 4	60×44	4-Takt	DOHC	4	11	W	52/70 11500	6	W	SDR	T	S	DSB	SB	100/90-16	110/90-18	206	17	4,9	206	9618
	CX 500 E	497	80° V 2	78×52	4-Takt	OHV	4	10	W	20/27 6500	5	W	SDR	T	S	DSB	SB	100/90-18	120/80-18	228	19	9,8	145	7457
	CX 500 E	497	80° V 2	78×52	4-Takt	OHV	4	10	W	37/50 9000	5	W	SDR	T	S	DSB	SB	100/90-18	120/80-18	228	19	6,7	172	7457
	CX 500 Turbo	497	80° V 2	78×52	4-Takt/Turbo	OHV	4	7,2	W	60/82 8000	5	W	SDR	T	S	DSB	SB	3.50-18	120/90-17	263	20	4,7	200	13 333
	CBX 550 F	572	R 4	59,2×52	4-Takt	DOHC	4	9,5	L	37/50 8500	6	K	SDR	T	S	DSB	SB	3.60-18	4.10-18	209	18	4,8	182	7508
	CBX 550 F	572	R 4	59,2×52	4-Takt	DOHC	4	9,5	L	44/60 10000	6	K	SDR	T	S	DSB	SB	3.60-18	4.10-18	209	18	4,4	191	7508
	CBX 550 F 2	572	R 4	59,2×52	4-Takt	DOHC	4	9,5	W	37/50 8500	6	K	SDR	T	S	DSB	SB	3.60-18	4.10-18	213	18	4,7	185	8420
	CBX 550 F 2	572	R 4	59,2×52	4-Takt	DOHC	4	9,5	W	44/60 10000	6	K	SDR	T	S	DSB	SB	3.60-18	4.10-18	213	18	4,6	190	8420
	CBX 650 E	656	R 4	60×58	4-Takt	DOHC	4	9,5	L	37/50 8000	6	K	SDR	T	S	DSB	SB	100/90-18	130/90-16	220	18	4,8	175	8216
	CBX 650 E	656	R 4	60×58	4-Takt	DOHC	4	9,3	L	55/75 9500	6	K	SDR	T	S	DSB	SB	100/90-18	130/90-16	220	18	4,2	202	8216
	CX 650 E	673	80° V 2	82,5×63	4-Takt	OHV	4	9,8	W	48/65 8000	5	W	SDR	T	S	DSB	SB	120/80-18	130/80-18	235	19	5	190	8238
	CX 650 Turbo	673	80° V 2	82,5×63	4-Takt/Turbo	OHV	4	7,8	W	74/100 8000	5	W	SDR	T	S	DSB	SB	110/90-18	120/90-17	260	20	7,3	226	13 837
	GL 650	673	80° V 2	82,5×63	4-Takt	OHV	4	9,8	W	37/50 7000	5	W	SDR	T	S	DSB	TB	120/80-16	130/90-16	249	17,5	6,5	165	8814
	GL 650	673	80° V 2	82,5×63	4-Takt	OHV	4	9,8	W	48/65 8000	5	W	SDR	T	S	DSB	SB	3.50-18	140/80-17	249	17,5	5,9	167	8814
	CBX 750 F	747	R 4	67×53	4-Takt	DOHC	4	9,3	L	67/91 9500	6	K	SDR	T	S	DSB	SB	110/90-18	130/80-18	241	22	4,3	211	10 103
	VF 750 F	748	90° V 4	70×48,6	4-Takt	DOHC	4	10,5	W	66/90 10000	6	W	SDR	T	S	DSB	SB	120/80-16	140/80-17	248	19	4	216	10 508
	VF 750 C	748	90° V 4	70×48,6	4-Takt	DOHC	4	10,5	W	60/82 9500	6	W	SDR	T	S	DSB	SB	110/90-18	140/80-15	240	14	4,5	187	9958
	VF 1000 F	998	90° V 4	77×53,6	4-Takt	DOHC	4	10,5	W	74/100 9500	6	K	SDR	T	S	DSB	SB	120/80-16	140/80-17	261	23	3,5	232	12 943
	VF 1000 F 2	998	90° V 4	77×53,6	4-Takt	DOHC	4	10,5	W	74/100 9500	6	K	SDR	T	S	DSB	SB	100/90-16	140/80-17	277	23	3,6	232	13 998
	VF 1000 R	998	90° V 4	77×53,6	4-Takt	DOHC	4	11	W	74/100 9000	6	K	SDR	T	S	DSB	SB	120/80-16	140/80-17	272	25	3,4	249	18 198
	CB 1100 F	1062	R 4	70×69	4-Takt	DOHC	4	9,7	L	74/100 8500	5	K	SDR	T	S	DSB	SB	100/90-18	130/90-17	266	20	4,2	216	11 643
	VF 1100 C	1097	90° V 4	79,5×55,3	4-Takt	DOHC	4	10,5	W	74/100 8500	5	W	SDR	T	S	DSB	SB	110/90-18	140/90-16	268	18	4,1	193	13 203

1984

Hersteller	Typ	Hubraum (cm³)	Zyl.-Anordnung und -zahl	Bohrung und Hub (mm)	Arbeitsweise	Steuerung	Ventile/Zylinder	Verdichtung	Kühlung	Leistung (kW/PS bei 1/min)	Gänge	Hinterradantrieb	Rahmen	Vorderradfederung	Hinterradfederung	Vorderradbremse	Hinterradbremse	Vorderreifen	Hinterreifen	Gewicht incl. Kraftstoff und Öl (kg)	Tankinhalt (l)	Beschleun. 1 Pers. (0-100 km/h sec)	Höchstgeschwindigkeit, 1 Pers. (km/h)	Preis incl. MWSt (Mark)
	GL 1200 DX Gold Wing	1181	180° 4	75,5×66	4-Takt	OHC	2	9	W	69/94 7000	5	W	SDR	T	S	DSB	SB	130/90-16	150/90-15	333	22	5	191	17758
Jawa	350/638.5	343	R 2	58×65	2-Takt	SL	-	10,2	L	19/26 5500	4	K	SDR	T	S	TB	TB	3.25-18	3.50-18	156	17	10,5	133	2995
	350/638.5-Gespann	343	R 2	58×65	2-Takt	SL	-	10,2	L	19/26 5500	4	K	SDR	T	S	TB	TB	3.25-18	3.50-18	225	17	-	100	4995
Kawasaki	KLR 250	249	S 1	74×58	4-Takt	DOHC	4	11	W	13/17 9000	6	K	SER	T	S	SB	TB	3.00-21	4.60-17	134	11	8,8	133	5490
	KLR 600	564	S 1	96×78	4-Takt	DOHC	4	9,5	W	20/27 6000	5	K	SER	T	S	SB	TB	3.00-21	5.10-17	155	11,5	7,6	130	6550
	KLR 600 E	564	S 1	96×78	4-Takt	DOHC	4	9,5	W	31/42 7000	5	K	SER	T	S	SB	TB	3.00-21	5.10-17	155	11,5	6	146	6990
	GPZ 305 Belt Drive	306	R 2	61×52,4	4-Takt	OHC	2	9,7	L	20/27 10000	6	K	SDR	T	S	DSB	SB	90/90-18	110/80-18	164	16,5	8,8	140	5090
	Z 400 F	399	R 4	52×47	4-Takt	DOHC	2	9,5	L	20/27 9000	6	K	SDR	T	S	DSB	TB	90/90-19	110/90-18	197	18	-	145	5940
	Z 400 F	399	R 4	52×47	4-Takt	DOHC	2	9,5	L	30/41 10500	6	K	SDR	T	S	DSB	TB	90/90-19	100/90-18	197	18	9,8	157	5940
	GPZ 400	399	R 4	55×42	4-Takt	DOHC	2	9,5	L	20/27 10000	6	ZR	SDR	T	S	DSB	SB	100/90-18	110/80-18	202	18	-	151	6690
	GPZ 400	399	R 4	55×42	4-Takt	DOHC	2	9,2	L	37/50 10500	6	ZR	SDR	T	S	DSB	SB	100/90-18	110/80-18	202	18	10,7	175	6690
	Z 440 LTD Belt Drive	444	R 2	67,5×62	4-Takt	OHC	2	10,7	W	20/27 7000	6	ZR	SDR	T	S	DSB	SB	3.60-19	4.10-18	185	16,5	8	125	5370
	Z 450 LTD	454	R 2	72,5×55	4-Takt	DOHC	4	10,7	W	20/27 8500	6	K	SDR	T	S	DSB	SB	100/90-18	140/90-15	199	11	-	132	6600
	Z 450 LTD	454	R 2	72,5×55	4-Takt	DOHC	4	10,7	W	37/50 9500	6	K	SDR	T	S	DSB	SB	100/90-18	140/90-15	199	11	-	162	6600
	GPZ 550	553	R 4	58×52,4	4-Takt	DOHC	2	10	L	37/50 8500	6	K	SDR	T	S	DSB	SB	100/90-18	120/80-18	209	18	4,6	176	7690
	GPZ 550	553	R 4	58×52,4	4-Takt	DOHC	2	9,5	L	48/65 10500	6	K	SDR	T	S	DSB	SB	100/90-18	120/80-18	209	18	-	196	7690
	Z 550 GT	553	R 4	58×52,4	4-Takt	DOHC	2	9,5	L	37/50 8500	6	K	SDR	T	S	DSB	TB	100/90-19	120/90-18	221	22	5	177	7440
	Z 550 Sport	553	R 4	58×52,4	4-Takt	DOHC	2	7,8	L	37/50 8500	6	K	SDR	T	S	DSB	SB	3.25-19	4.00-18	208	18,5	4,9	184	6930
	GPZ 600 R	592	R 4	60×52,4	4-Takt	DOHC	4	11	L	55/75 10500	6	K	SDR	T	S	DSB	SB	110/90-16	130/80-16	217	18	4,3	216	9640
	GPZ 750	739	R 4	66×54	4-Takt	DOHC	2	8,5	L	64/87 9500	5	K	SDR	T	S	DSB	SB	110/90-18	130/90-18	241	18	3,9	216	9390
	Z 750 GT	739	R 4	66×54	4-Takt	DOHC	2	11	L	57/78 9500	5	K	SDR	T	S	DSB	SB	100/90-19	120/90-18	243	24,5	4,6	198	8590
	Z 750 Sport	739	R 4	66×54	4-Takt	DOHC	2	9,5	L	59/80 9500	5	K	SDR	T	S	DSB	SB	100/90-18	120/90-18	234	21	4,1	204	8290
	Z 750 Turbo	739	R 4	66×54	4-Takt/Turbo	DOHC	2	7,8	L	74/100 9000	5	W	SDR	T	S	DSB	SB	110/90-18	130/80-18	254	18	3,7	225	11790
	Z 750 LTD Belt Drive	745	R 2	78×78	4-Takt	DOHC	4	8,5	W	36/49 7000	5	ZR	SDR	T	S	DSB	TB	3.25-19	130/90-16	222	10,5	6,1	174	7490
	GPZ 900 R	908	R 4	72,5×55	4-Takt	DOHC	4	11	W	74/100 9500	6	K	SDR	T	S	DSB	SB	120/80-16	130/80-18	257	22	3,6	240	11700
	GPZ 1100	1089	R 4	72,5×66	4-Takt	DOHC	2	9,5	L	74/100 6750	5	K	SDR	T	S	DSB	SB	110/90-18	130/90-17	266	20	3,6	240	11790
	Z 1300 DFI	1285	R 6	62×71	4-Takt	DOHC	2	9,3	W	74/100 7750	5	K	SDR	T	S	SB	SB	110/90-18	130/90-17	324	27	4,1	208	13990
Kreidler	Mustang 125	123	S 1	55×52	2-Takt	SL	-	10	W	12/16 7250	5							2.75-18	3.25-18	110	11	-	110	4998

Hersteller	Typ	Hubraum (cm³)	Zyl.-Anordnung und -zahl	Bohrung und Hub (mm)	Arbeitsweise	Steuerung	Ventile/Zylinder	Verdichtung	Kühlung	Leistung (kW/PS bei 1/min)	Gänge	Hinterradantrieb	Rahmen	Vorderradfederung	Hinterradfederung	Vorderradbremse	Hinterradbremse	Vorderreifen	Hinterreifen	Gewicht incl. Kraftstoff und Öl (kg)	Tankinhalt (l)	Beschleun. 1 Pers. (0–100 km/h sec)	Höchstgeschwindigkeit, 1 Pers. (km/h)	Preis incl. MWSt (Mark)
KTM	125 Enduro Sport	124	S 1	54×54	2-Takt	MB	–	14	W	5/6,8 6500	6	K	SER	T	S	TB	TB	3.00-21	4.00-18	109	9,5	–	83	6190
	250 GS Enduro Sport	247	S 1	67,5×69	2-Takt	MB	–	15	W	13/17 6500	5	K	SER	T	S	SB	TB	3.00-21	4.50-18	117	9,5	–	110	7100
	300 GS Enduro Sport	273	S 1	71×69	2-Takt	MB	–	15	W	12/16 6500	5	K	SER	T	S	SB	TB	3.00-21	4.50-18	117	9,5	–	110	7190
	500 K 4 Enduro	504	S 1	89×81	4-Takt	OHC	4	9,8	L	26/36 7000	5	K	SER	T	S	SB	TB	3.00-21	4.00-18	156	14	5,7	143	7150
	600 Enduro Sport	562	S 1	94×81	4-Takt	OHC	4	9,6	L	20/27 6500	5	K	SER	T	S	SB	TB	3.00-21	4.50-18	140	13	–	130	7590
	XC 600 Enduro Sport	562	S 1	94×81	4-Takt	OHC	4	9,6	L	20/27 6500	5	K	SER	T	S	SB	TB	3.00-21	4.00-18	140	13	–	130	7350
	XC 600 E Enduro Sport	562	S 1	94×81	4-Takt	OHC	4	9,6	L	25/34 6500	5	K	SER	T	S	SB	TB	3.00-21	130/80-18	159	14	7,8	128	7990
Laverda	1000 RGS/2	980	R 3	75×74	4-Takt	DOHC	2	9	L	60/82 7900	5	K	SDR	T	S	DSB	SB	100/90-18	120/90-18	269	22	4,4	225	13 970
	1000 RGS-Jota	980	R 3	75×74	4-Takt	DOHC	2	9	L	60/62 7900	5	K	SDR	T	S	DSB	SB	100/90-18	120/90-18	265	22	4,6	215	13 370
	1000 SFC	996	R 3	75,5×74	4-Takt	DOHC	2	10	L	70/95 8000	5	K	SDR	T	S	DSB	SB	100/90-18	130/90-18	253	22	4,1	221	15 200
Maico	GME 250	247	S 1	67×70	2-Takt	MB	–	14,7	L	35/47 8000	5	K	SDR	T	S	SB	TB	3.00-21	4.10-18	105	10	–	–	7230
	GME 500	488	S 1	86,5×83	2-Takt	MB	–	12	L/W	45/61 7000	5	K	SDR	T	S	SB	TB	3.00-21	5.10-18	109	10	–	–	7290
Malanca	125 Mark Enduro	125	R 2	43×43	2-Takt	SL	–	11	W	13/17 8500	5	K	SER	T	S	SB	TB	2.75-21	3.50-18	119	13	11,8	112	4203
	125 E 2 CS ob one 5 N/6 N	125	R 2	43×43	2-Takt	SL	–	11	W	19/26 10 800	5,6	K	SDR	T	S	DSB	SB	2.75-18	3.00-18	107	13	10,6	136	4963
	125 E 2 CS ob one Racing	125	R 2	43×43	2-Takt	SL	–	11	W	19/26 10 800	6	K	SDR	T	S	DSB	SB	2.75-18	3.00-18	110	13	10,6	136	6430
Morini	125 KJ Kanguro	123	S 1	59×45	4-Takt	OHV	2	11,7	L	10/13 10 000	6	K	SER	T	S	SB	TB	2.75-21	4.00-18	119	7,5	–	110	4950
	350 Kanguro	344	72° V 2	62×57	4-Takt	OHV	2	11	L	20/27 7900	6	K	SDR	T	S	SB	TB	3.00-21	4.00-18	150	10	10	123	7298
	500 Camel	478	72° V 2	69×64	4-Takt	OHV	2	11,2	L	28/38 7400	6	K	SDR	T	S	TB	SB	3.00-21	4.00-18	155	13	9,1	129	8999
	125 T	123	S 1	59×45	4-Takt	OHV	2	11,7	L	7/9 9000	6	K	SDR	T	S	SB	TB	2.75-18	3.00-18	115	12	–	110	4995
	AMEX 250 J	239	72° V 2	59×43,8	4-Takt	OHV	2	11,7	L	17/23 8800	6	K	SDR	T	S	SB	TB	3.25-18	3.25-18	145	13	11,3	141	4995
	3½ LVS	344	72° V 2	62×57	4-Takt	OHV	2	11,1	L	20/27 6850	6	K	SDR	T	S	DSB	SB	100/90-18	3.50-18	160	14	–	165	6699
	400 S	396	72° V 2	66,5×57	4-Takt	OHV	2	11	L	27/37 8040	6	K	SDR	T	S	DSB	SB	100/90-18	3.50-18	156	15	–	165	7495
	500 Sei-V	478	72° V 2	69×64	4-Takt	OHV	2	11,2	L	31/42 7500	6	K	SDR	T	S	DSB	SB	3.25-18	4.00-18	180	16	12,2	155	7985
Motobi	254	231	R 4	44×38	4-Takt	OHC	2	10,5	L	20/27 10 600	5	W	SDR	T	S	SB	TB	2.75-18	3.00-18	130	8	7,5	156	4995
Moto Guzzi	V 65 TT	643	90° V 2	80×64	4-Takt	OHV	2	9,8	L	33/45 7500	5	W	SDR	T	S	SB	SB	3.00-21	4.00-18	184	13	6,8	156	8598
	V 35 II	346	90° V 2	66×50,6	4-Takt	OHV	2	10,8	L	20/27 7600	5	W	SDR	T	S	DSB	SB	90/90-18	100/90-18	185	16	9,6	151	6845
	V 65 II	643	90° V 2	80×64	4-Takt	OHV	2	10	L	37/50 6900	5	W	SDR	T	S	DSB	SB	100/90-18	110/90-18	188	15,5	6	173	7690

1984

Hersteller	Typ	Hubraum (cm³)	Zyl.-Anordnung und -zahl	Bohrung und Hub (mm)	Arbeitsweise	Steuerung	Ventile/Zylinder	Verdichtung	Kühlung	Leistung (kW/PS bei 1/min)	Gänge	Hinterradantrieb	Rahmen	Vorderradfederung	Hinterradfederung	Vorderradbremse	Hinterradbremse	Vorderreifen	Hinterreifen	Gewicht incl. Kraftstoff und Öl (kg)	Tankinhalt (l)	Beschleun. 1 Pers. (0-100 km/h sec)	Höchstgeschwindigkeit, 1 Pers. (km/h)	Preis incl. MWSt (Mark)
	V 65 SP	643	90° V 2	80×64	4-Takt	OHV	2		L	37/50 6900	5	W	SDR	T	S	DSB	SB	100/90-18	110/90-18	192	15,5	6	178	8090
	V 65 Lario	643	90° V 2	80×64	4-Takt	OHV	4	10,3	L	37/50 7800	5	W	SDR	T	S	DSB	SB	100/90-16	120/90-16	199	18	6,2	176	8990
	850 T 5	844	90° V 2	83×78	4-Takt	OHV	2	9,5	L	49/67 6900	5	W	SDR	T	S	DSB	SB	110/90-16	130/90-16	244	22	5,5	199	11 980
	850 Le Mans III	844	90° V 2	83×78	4-Takt	OHV	2	10,2	L	56/76 7700	5	W	SDR	T	S	DSB	SB	100/90-18	120/90-18	247	25	5,2	214	12 350
	V 1000 California II	948	90° V 2	88×78	4-Takt	OHV	2	9,2	L	49/67 6700	5	W	SDR	T	S	DSB	SB	120/90-18	120/90-18	276	23	6	159	12 700
	V 1000 SP II	948	90° V 2	88×78	4-Takt	OHV	2	9,2	L	49/67 6700	5	W	SDR	T	S	DSB	SB	110/90-18	120/90-18	246	23	–	200	11 885
	V 1000 Le Mans IV	948	90° V 2	88×78	4-Takt	OHV	2	9,8	L	60/81 7400	5	W	SDR	T	S	DSB	SB	120/80-18	130/80-18	245	24	4,1	217	12 890
MZ	ETZ 250	243	S 1	69×65	2-Takt	SL	–	10	L	13/17 5200	5	K	PSR	T	S	SB	TB	2,75-18	3,50-18	154	17,5	12,6	130	2300
	ETZ 250-Gespann	243	S 1	69×65	2-Takt	SL	–	10	L	16/22 5800	5	K	PSR	T	S	SB	TB	2,75-18	3,50-18	240	17,5	–	100	4600
Puch	GS 350 F4T	347	S 1	79,5×70	4-Takt	OHC	4	9,2	L	20/27 7900	5	K	SDR	T	S	SB	TB	3,25-21	4,50-18	137	9,5	–	130	7907
Suzuki	DR 250 S	249	S 1	72×61,2	4-Takt	OHC	4	9	L	13/17 7800	5	K	SER	T	S	TB	TB	3,00-21	4,00-18	129	9,5	10,6	117	4099
	DR 600 S	590	S 1	94×85	4-Takt	OHC	4	9,5	L	33/45 6800	5	K	SER	T	S	SB	SB	100/80-21	130/80-17	166	20	6,4	150	6699
	GNX 250 E	249	S 1	72×61,2	4-Takt	OHC	4	9	L	13/17 7800	5	K	SER	T	S	SB	SB	3,00-18	120/90-16	140	10	11,9	122	3699
	RG 250 W	247	S 1	54×54	2-Takt	MB	–	7,5	W	33/45 8500	6	K	SDR	T	S	DSB	SB	100/90-16	110/90-18	153	17	6,7	167	8950
	GSX 400 E	399	R 2	67×56,6	4-Takt	DOHC	4	9	L	20/27 8000	6	K	SDR	T	S	SB	SB	3,00-18	3,75-18	189	15	8	154	4799
	GSX 400 S	399	R 2	67×56,6	4-Takt	DOHC	4	10	L	20/27 7800	6	K	SDR	T	S	SB	SB	3,00-18	3,75-18	190	15	8,4	151	5099
	GSX 550 ES	572	R 4	60×50,6	4-Takt	DOHC	4	10	L	47/64 10000	6	K	SDR	T	S	DSB	SB	100/90-16	110/90-18	216	18	4,5	201	7499
	GSX 550 EF	572	R 4	60×50,6	4-Takt	DOHC	4	10	L	47/64 10000	6	K	SDR	T	S	DSB	SB	100/90-16	110/90-18	220	18	5,1	194	7999
	GR 650 X	652	R 2	77×70	4-Takt	DOHC	4	8,7	L	37/50 7200	5	W	SDR	T	S	DSB	SB	100/90-19	130/90-16	200	12	6,2	165	6499
	GSX 750 ES	747	R 4	67×53	4-Takt	DOHC	4	9,6	L	66/90 9500	5	K	SDR	T	S	DSB	SB	100/90-16	120/90-17	238	19	4,2	210	8849
	GSX 750 EF	747	R 4	67×53	4-Takt	DOHC	4	9,6	L	66/90 9500	5	K	SDR	T	S	DSB	SB	100/90-16	120/90-17	237	19	4,2	206	9699
	GSX 750 S Katana	747	R 4	67×53	4-Takt	DOHC	4	9,8	L	60/82 9500	5	K	SDR	T	S	DSB	SB	3,25-19	120/90-18	249	21	4,1	210	7950
	GS 850 G	843	R 4	69×56,4	4-Takt	DOHC	2	8,8	L	59/80 8500	5	W	SDR	T	S	DSB	SB	3,50-19	4,50-17	273	23	4,6	203	8690
	GSX 1100 S Katana	1074	R 4	72×66	4-Takt	DOHC	4	9,5	L	74/100 8700	5	K	SDR	T	S	DSB	SB	3,50-19	4,50-17	272	21	3,6	228	9899
SVM	XN 506	504	S 1	89×81	4-Takt	OHC	4	9,5	L	20/27 6000	5	K	SER	T	S	TB	TB	3,00-18	4,00-18	150	10,5	–	137	6990
Triumph	Tiger Europa	744	R 2	76×82	4-Takt	OHV	2	7,9	L	36/49 6500	5	K	SDR	T	S	DSB	SB	100/90-19	110/90-18	186	18	6,5	160	9750
	Tiger USA	744	R 2	76×82	4-Takt	OHV	2	7,9	L	36/49 6500	5	K	SDR	T	S	DSB	SB	100/90-19	110/90-18	182	11	6,5	160	9850
	Bonneville Europa	744	R 2	76×82	4-Takt	OHV	2	7,9	L	36/49 6500	5	K	SDR	T	S	DSB	SB	100/90-19	110/90-18	196	18	6,4	161	9850

Hersteller	Typ	Hubraum (cm³)	Zyl.-Anordnung und -zahl	Bohrung und Hub (mm)	Arbeitsweise	Steuerung	Ventile/Zylinder	Verdichtung	Kühlung	Leistung (kW/PS bei 1/min)	Gänge	Hinterradantrieb	Rahmen	Vorderradfederung	Hinterradfederung	Vorderradbremse	Hinterradbremse	Vorderreifen	Hinterreifen	Gewicht incl. Kraftstoff und Öl (kg)	Tankinhalt (l)	Beschleun., 1 Pers. (0-100 km/h sec)	Höchstgeschwindigkeit, 1 Pers. (km/h)	Preis incl. MWSt (Mark)
Yamaha	Bonneville USA	744	R 2	76×82	4-Takt	OHV	2	7,9	L	36/49 6500	5	K	SDR	T	S	SB	SB	100/90-19	110/90-18	192	11	6,4	161	9950
	DT 125 LC	123	S 1	56×50	2-Takt	MB	–	7,2	W	12/16 7000	6	K	SDR	T	S	TB	TB	2.75-21	4.10-18	108	9	–	109	3288
	XT 250	249	S 1	75×56,5	4-Takt	OHC	2	9,2	L	13/17 7500	5	K	SER	T	S	TB	TB	3.00-21	4.60-17	125	8	12,3	115	4418
	XT 500	499	S 1	87×84	4-Takt	OHC	2	9	L	20/27 5900	5	K	SER	T	S	TB	TB	3.25-21	4.00-18	155	9	8,5	132	5838
	XT 600	595	S 1	95×84	4-Takt	OHC	4	8,5	L	20/27 6000	5	K	SER	T	S	SB	TB	3.00-21	4.60-18	148	11	8,6	136	7200
	XT 600	595	S 1	95×84	4-Takt	OHC	4	8,5	L	32/44 6500	5	K	SER	T	S	SB	TB	3.00-21	4.60-18	154	11	5,8	146	7200
	XT 600 Ténéré	595	S 1	95×84	4-Takt	OHC	4	9	L	34/46 6500	5	K	SDR	T	S	SB	TB	3.00-21	4.60-18	177	23	6,2	150	7430
	SR 500 (Speichenräder)	499	S 1	87×84	4-Takt	OHC	2	9	L	20/27 6000	5	K	SDR	T	S	SB	TB	3.50-18	4.00-18	167	12	8,3	142	5148
	RD 350 LC YPVS	347	R 2	64×54	2-Takt	MB/PV	–	6	W	37/50 9200	6	K	SDR	T	S	DSB	TB	90/90-18	110/80-18	170	20	5	180	6698
	RD 350 LC YPVS	347	R 2	64×54	2-Takt	MB/PV	–	6	W	43/58 9200	6	K	SDR	T	S	DSB	TB	90/90-18	110/80-18	170	20	4,9	189	7698
	XS 400 DOHC	399	R 2	69×53,4	4-Takt	DOHC	2	9,7	L	20/27 8000	6	K	SDR	T	S	DSB	TB	3.00-18	4.10-18	187	18	9,4	143	4978
	XS 400 DOHC	399	R 2	69×53,4	4-Takt	DOHC	2	9,7	L	33/45 9500	6	K	PSR	T	S	DSB	TB	3.00-18	4.10-18	187	18	6,1	168	4978
	RD 500 LC	499	50° V 4	56,4×50	2-Takt	MB/PV	–	6,6	W	65/88 9500	6	K	PSR	T	S	DSB	SB	120/80-16	130/80-18	216	22	5,1	223	11188
	XV 500 SE	494	70° V 2	73×59	4-Takt	OHC	2	9,3	L	36/49 8000	5	W	SDR	T	S	DSB	TB	3.00-19	130/90-16	190	11	6,5	152	7220
	XJ 550	528	R 4	57×51,8	4-Takt	DOHC	2	9,5	L	37/50 9000	6	K	SDR	T	S	DSB	TB	3.00-19	110/90-18	204	15	5,2	176	6890
	XZ 550	553	70° V 2	80×55	4-Takt	DOHC	4	10,5	W	47/64 9500	5	W	SDR	T	S	DSB	TB	90/90-18	4.25 85-18	221	17	5,9	178	6680
	XZ 550 S	553	70° V 2	80×55	4-Takt	DOHC	4	10,5	W	37/50 9250	5	W	SDR	T	S	DSB	TB	90/90-18	4.25 85-18	228	17	5,3	180	6680
	XJ 600	599	R 4	58,5×55,7	4-Takt	DOHC	2	10	L	37/50 9250	6	W	SDR	T	S	DSB	TB	90/90-18	110/90-18	212	20	5	177	8420
	XJ 600 S	599	R 4	58,5×55,7	4-Takt	DOHC	2	10	L	53/72 10000	6	W	SDR	T	S	DSB	TB	90/90-18	110/90-18	212	20	4,6	198	8420
	XJ 650	653	R 4	63×52,4	4-Takt	DOHC	2	8,5	L	37/50 7500	5	W	SDR	T	S	DSB	TB	3.25-19	120/90-18	231	20,5	6,5	173	7730
	XJ 650	653	R 4	63×52,4	4-Takt	DOHC	2	9,2	L	52/71 9400	5	W	SDR	T	S	DSB	TB	3.25-19	120/90-18	231	20,5	4,8	197	7730
	XJ 650 Turbo	653	R 4	63×52,4	4-Takt/Turbo	DOHC	2	8,5	L	66/90 9000	5	W	SDR	T	S	DSB	TB	3.25-19	120/90-18	262	19	4,9	203	12288
	XS 650	654	R 2	75×74	4-Takt	OHC	2	8,4	L	37/50 6800	5	K	SDR	T	S	DSB	SB	3.25-19	4.00-18	225	15	–	171	6730
	XJ 750 S	749	R 4	65×56,4	4-Takt	DOHC	2	9,8	L	64/87 9000	5	W	SDR	T	S	DSB	TB	100/90-18	120/90-18	241	22	4,7	203	9788
	XJ 900 S	853	R 4	67×60,5	4-Takt	DOHC	2	9,6	L	71/97 9000	5	W	SDR	T	S	DSB	TB	100/90-18	120/90-18	244	22	4	211	10788
	XV 1000 SE Midnight Special	981	75° V 2	95×69,2	4-Takt	OHC	2	8,3	L	50/68 6500	5	W	SDR	T	S	DSB	TB	3.50-19	130/90-16	240	13	4,9	172	10355
	FJ 1100	1097	R 4	74×63,8	4-Takt	DOHC	4	9,5	L	74/100 9000	5	K	SDR	T	S	DSB	TB	120/80-16	150/80-16	261	24	3,6	220	13168
	XVZ 12 T	1197	70° V 4	76×66	4-Takt	DOHC	4	10,5	W	71/97 7000	5	W	SDR	T	S	DSB	TB	120/80-18	140/90-16	325	20	4,3	192	17700
Importe aus der UdSSR	ISH Jupiter 4	350	R 2	62×58	2-Takt	SL	–	9,5	L	20/27 6000	4	K	SDR	T	S	TB	TB	3.50-18	3.50-18	180	17	–	125	3750
	Dnepr MT 10-Gespann	650	180° 2	78×68	4-Takt	OHV	2	7,5	L	26/36 5900	4+R	W	SDR	T	S	TB	TB	3.75-19	3.75-19	365	19	–	110	8200
	Dnepr MT 10-Gespann*	650	180° 2	78×68	4-Takt	OHV	2	7,5	L	26/36 5900	4+R	W	SDR	T	S	TB	TB	3.75-19	3.75-19	365	19	–	110	8850

* mit SW-Rad-Antrieb

1984 - Zulassungsfähige Sondermodelle

Hersteller	Typ	Hubraum (cm³)	Zyl.-Anordnung und -zahl	Bohrung und Hub (mm)	Arbeitsweise	Steuerung	Ventile/Zylinder	Verdichtung	Kühlung	Leistung (kW/PS bei 1/min)	Gänge	Hinterradantrieb	Rahmen	Vorderradfederung	Hinterradfederung	Vorderradbremse	Hinterradbremse	Vorderreifen	Hinterreifen	Gewicht incl. Kraftstoff und Öl (kg)	Tankinhalt (l)	Beschleun. 1 Pers. (0-100 km/h sec)	Höchstgeschwindigkeit, 1 Pers. (km/h)	Preis incl. MWSt (Mark)
AMC	Dnepr MT 12-Gespann*	745	180° 2	78×78	4-Takt	SV	2	7,5	L	19,26 4900	4+R	W	SDR	T	S	TB	TB	3,75-19	3,75-19	370	19	–	100	8750
AME																						bis 30 000 (komplett)		
AME	SB 400	654	R 2	75×74	4-Takt	OHC	2	8,4	L	37,50 6800	5	K	SDR	T	S	DSB	SB	3.25-19	6.10-16	240	10	6,2	165	18 999
	SC 600	901	R 4	64,5×69	4-Takt	DOHC	4	8,8	L	70,95 9000	5	K	SDR	T	S	DSB	SB	3.25-19	6.10-16	250	13	5,2	185	21 976
	ST 800	901	R 4	64,5×69	4-Takt	DOHC	4	8,8	L	70,95 9000	5	K	SDR	T	S	DSB	SB	3.25-19	6.10-16	250	13	5,2	185	22 682
	ST 800 CBX	1046	R 6	64,5×53,4	4-Takt	DOHC	4	9,3	L	74/100 9000	5	K	SDR	T	S	DSB	SB	3.25-19	6.10-16	260	16	4,7	200	23 377
	SF 1000	1337	45° V 2	88,8×108	4-Takt	OHV	2	7,4	L	52/70 5800	5	K	SDR	T	S	DSB	TB	3.25-19	6.10-16	255	11	7	165	28 877
Bajohr (Ducati)	600 Pantah	581	90° V 2	80×57,8	4-Takt	DES	2	10	L	44,60 10000	5	K	SGR	T	S	DSB	SB	3.25-18	4.25 85-18	192	18	5,3	211	14 500
	1000 SS	966	90° V 2	90×76	4-Takt	DES	2	10	L	66/90 7500	5	K	SGR	T	S	DSB	SB	3.50-18	150/80-18	205	18	4,1	234	24 500
(Moto Guzzi)	Le Mans III	992	90° V 2	90×78	4-Takt	OHV	2	10	L	65/88 7500	5	W	SDR	T	S	DSB	SB	3.50-18	150/80-18	228	23	–	225	24 500
Bakker			Fahrgestelle für R 4-Motoren von Honda, Kawasaki und Suzuki																				bis 25 000 (komplett)		
z. B.:	Kawasaki Z 1000 J	998	R 4	69,4×66	4-Takt	DOHC	2	9,2	L	72,98 8500	5	K	SDR	T	S	DSB	SB	110/80-18	150/70-18	222	22	3,9	233	25 000
	Kawasaki GPZ 900 R	908	R 4	72,5×55	4-Takt	DOHC	4	11	W	74/100 9500	6	K	LDR	T	S	DSB	SB	120/80-18	150/70-18	235	20	4	250	19 770
Bimota (Honda)	HB 3	1062	R 4	70×69	4-Takt	DOHC	4	9,7	L	74/100 8500	5	K	SGR	T	S	DSB	SB	120/80-16	150/80-16	239	21	3,8	235	32 850
(Kawasaki)	KB 2 TT	553	R 4	58×52,4	4-Takt	DOHC	2	10	L	48/65 10500	6	K	SGR	T	S	DSB	SB	120/80-16	150/80-16	169	20	4,2	213	27 700
	KB 3	998	R 4	69,4×66	4-Takt	DOHC	2	9,2	L	76/103 9400	5	K	SGR	T	S	DSB	SB	120/80-16	150/80-16	226	20	3,8	233	29 900
(Suzuki)	SB 4/5	1135	R 4	74×66	4-Takt	DOHC	4	9,7	L	74/100 8700	5	K	SGR	T	S	DSB	SB	120/80-16	150/80-16	232	20	3,7	248	29 900
Eckert (Honda)	1100	1062	R 4	70×69	4-Takt	DOHC	4	9,7	L	74/100 8500	5	K	SDR	T	S	DSB	SB	100/90-18	130/90-17	261	20	3,6	232	14 800
	RE 1	1062	R 4	70×69	4-Takt	DOHC	4	10,5	L	96/130 9500	5	K	SGR	T	S	DSB	SB	3.50-18	3.50 6.50-18	210	22	3,9	253	35 000
	RE 1 S	1123	R 4	72×69	4-Takt	DOHC	4	11	L	107/145 9000	5	K	SGR	T	S	DSB	SB	3.50-18	3.50 6.50-18	204	22	3,2	268	50 000
Egli	Red Falcon:		Fahrgestell für 500/600 cm³-Einzylindermotoren von Honda, Rotax und Yamaha																				bis 22 000 (komplett)		
(Honda)	900 Red Hunter	901	R 4	64,5×69	4-Takt	DOHC	4	8,8	L	70,95 9000	5	K	SZR	T	S	DSB	SB	100/90-18	140/80-18	216	20	4	220	26 500
	1100 Red Hunter	1062	R 4	70×69	4-Takt	DOHC	4	10,5	L	85/115 9500	5	K	SZR	T	S	DSB	SB	100/90-18	140/80-18	216	20	3,5	235	26 500
	CBX Red Baron	1046	R 6	64,5×53,4	4-Takt	DOHC	4	9,3	L	74/100 9000	5	K	SZR	T	S	DSB	SB	110/90-18	140/80-18	245	24	4,1	244	29 900

* mit SW-Rad-Antrieb

1984

Hersteller		Typ	Hubraum (cm³)	Zyl.-Anordnung und -zahl	Bohrung und Hub (mm)	Arbeitsweise	Steuerung	Ventile/Zylinder	Verdichtung	Kühlung	Leistung (kW/PS bei 1/min)	Gänge	Hinterradantrieb	Rahmen	Vorderradfederung	Hinterradfederung	Vorderradbremse	Hinterradbremse	Vorderreifen	Hinterreifen	Gewicht incl. Kraftstoff und Öl (kg)	Tankinhalt (l)	Beschleun. 1 Pers. (0–100 km/h sec)	Höchstgeschwindigkeit, 1 Pers. (km/h)	Preis incl. MWSt (Mark)
Emonts	(Kawasaki)	CBX Red Baron	1112	R 6	66,5×53,4	4-Takt	DOHC	4	9,5	L	88/120 9500	5	K	SZR	T	S	DSB	SB	110/90-18	140/80-18	245	24	3,9	250	29 900
		Bonneville	957	R 4	69×64	4-Takt	DOHC	2	9	L	66/90 9000	5	K	SZR	T	S	DSB	SB	110/90-18	140/80-18	215	20	4	220	28 500
		Bonneville	1161	R 4	76×64	4-Takt	DOHC	2	10	L	92/125 9600	5	K	SZR	T	S	DSB	SB	110/90-18	140/80-18	215	20	3,5	250	28 500
	(Suzuki)	Red Lightning	1135	R 4	74×66	4-Takt	DOHC	4	10,2	L	93/127 9000	5	K	SZR	T	S	DSB	SB	120/80-16	150/80-16	223	20	3,1	258	28 950
Fallert	(Yamaha)	XS 1100	1101	R 4	71,5×68,6	4-Takt	DOHC	2	9,2	L	70/95 8500	5	K	SZR	T	S	DSB	SB	110/90-18	150/70-18	220	24	–	225	22 000
	(BMW)	R 65 S	649	180°2	82×61,5	4-Takt	OHV	2	9,2	L	37/50 7250	5	W	SDR	T	S	DSB	TB	3.25-18	120/90-18	209	22	6,5	175	11 500
		R 100 S	979	180°2	94×70,6	4-Takt	OHV	2	10,5	L	60/81 7500	5	W	SDR	T	S	DSB	SB	100/90-19	130/80-18	227	24	4,7	215	18 500
Fischer		Fahrgestelle für Honda-, Kawasaki-, Suzuki-, Yamaha-, Laverda- und Rotax-Motoren ab 500 cm³																						bis 22 000 (komplett)	
	z. B.:	Rotax GF 500 R	504	S 1	89×81	4-Takt	OHC	4	9,8	L	26/36 7000	5	K	SZR	T	S	DSB	SB	100/90-18	130/80-18	140	–	–	–	18 500
		Kawasaki GF 1000 K	1015	R 4	70×66	4-Takt	DOHC	2	11	L	103/140 9500	5	K	SZR	T	S	DSB	SB	100/90-18	150/70-18	220	20	–	–	20 000
HSM		Fahrgestelle für R 4-Motoren von Honda und Kawasaki																						bis 24 900 (komplett)	
Jung		Fahrgestelle für R 4-Motoren von BMW, Honda, Kawasaki und Suzuki																						bis 25 000 (komplett)	
Krauser	(BMW)	MKM 1000	979	180°2	94×70,6	4-Takt	OHV	2	9,5	L	52/70 7000	5	W	SGR	T	S	DSB	SB	3.50-19	130/80-18	222	21	5	193	21 945
		MKM 1000/4	979	180°2	94×70,6	4-Takt	OHV	4	10,2	L	60/82 7300	5	W	SGR	T	S	DSB	SB	3.50-19	130/80-18	217	21	4,7	207	23 940
Magni	(BMW)	MB 2*	979	180°2	94×70,6	4-Takt	OHV	2	9,5	L	52/70 7000	5	W	SDR	T	S	DSB	SB	4.10-19	120/90-18	223	27	4,9	200	18 600
	(Honda)	MH 2*	901	R 4	64,5×69	4-Takt	DOHC	4	8,8	L	70/95 9000	5	K	SZR	T	S	DSB	SB	4.10-19	120/90-18	249	20	4,1	212	17 750
Martin		Fahrgestelle für R 4- und R 6-Motoren von Honda, Kawasaki und Suzuki																						bis 24 000 (komplett)	
	z. B.:	Kawasaki GPZ 900 R	908	R 4	72,5×55	4-Takt	DOHC	4	11	W	74/100 9500	6	K	SZR	T	S	DSB	SB	120/90-16	150/80-18	230	21	4	223	24 000
Michel	(BMW)	R 100 S	979	180°2	94×70,6	4-Takt	OHV	2	10,5	L	62/84 7500	5	W	SDR	T	S	DSB	SB	100/90-18	130/90-18	237	22	4,6	222	20 000
Moko		Fahrgestelle für alle großvolumigen R 4-Motoren von Honda, Kawasaki, Suzuki und Yamaha																						bis 40 000 (komplett)	
	z. B.:	Yamaha FJ 1100	1097	R 4	74×63,8	4-Takt	DOHC	4	9,5	L	74/100 9000	5	K	SZR	T	S	DSB	SB	110/90-18	150/70-18	229	20	3,6	230	28 000

* Vertrieb durch MV Agusta – Deutschland

Hersteller	Typ	Hubraum (cm³)	Zyl.-Anordnung und -zahl	Bohrung und Hub (mm)	Arbeitsweise	Steuerung	Ventile/Zylinder	Verdichtung	Kühlung	Leistung (kW/PS bei 1/min)	Gänge	Hinterradantrieb	Rahmen	Vorderradfederung	Hinterradfederung	Vorderradbremse	Hinterradbremse	Vorderreifen	Hinterreifen	Gewicht incl. Kraftstoff und Öl (kg)	Tankinhalt (l)	Beschleun. 1 Pers. (0–100 km/h sec)	Höchstgeschwindigkeit, 1 Pers. (km/h)	Preis incl. MWSt (Mark)
Rau	z. B.: Kawasaki Z 1000 J	998	R 4	69,4×66	4-Takt	DOHC	2	9,2	L	72/98 8500	5	K	SZR	T	S	DSB	SB	3.50-18	4.50-18	235	22	3,8	234	22 000
																								Fahrgestelle für Honda-, Kawasaki-, Rotax-, Suzuki- und Yamaha-Motoren ab 500 cm³ — bis 22 000 (komplett)
Rickman (Kawasaki)	Z 1000 J/R	998	R 4	69,4×66	4-Takt	DOHC	2	9,2	L	72/98 8500	5	K	SDR	T	S	DSB	SB	3.50-18	120/90-18	225	18	4,1	215	15 500
Sera (Suzuki)	GSX 1100	1074	R 4	72×66	4-Takt	DOHC	4	9,5	L	74/100 8700	5	K	SGR	T	S	DSB	SB	110/90-18	140/80-18	220	20	3,6	230	24 500
Spaett (Honda)	Target-Egli CBX	1046	R 6	64,5×53,4	4-Takt	DOHC	4	9,3	L	74/100 9000	5	K	SZR	T	S	DSB	SB	100/90-18	130/80-18	242	24	4	232	30 000
Sulzbacher (Laverda)	1200	1172	R 3	82×74	4-Takt	DOHC	2	10	L	82/112 7700	5	K	SDR	T	S	DSB	SB	4.25-18	4.50-17	247	19,5	–	235	15 000
Wüdo (BMW)	R 100 S	979	180° 2	94×70,6	4-Takt	OHV	2	9,5	L	52/70 7000	5	W	SDR	T	S	DSB	SB	110/90-18	150/70-18	226	18	–	200	30 000

1984

Hersteller	Typ	Hubraum (cm³)	Zyl.-Anordnung und Zyl.-zahl	Bohrung und Hub (mm)	Arbeitsweise	Steuerung	Ventile/Zylinder	Verdichtung	Kühlung	Leistung (kW/PS bei 1/min)	Gänge	Hinterradantrieb	Rahmen	Vorderradfederung	Hinterradfederung	Vorderradbremse	Hinterradbremse	Vorderreifen	Hinterreifen	Gewicht incl. Kraftstoff und Öl (kg)	Tankinhalt (l)	Beschleun. 1 Pers. (0-100 km/h sec)	Höchstgeschwindigkeit, 1 Pers. (Km/h)	Preis incl. MWSt (Mark)
Aprilia	RX 125	124	S 1	54×54	2-Takt	MB	–	14,5	W	25,34 10750	6	K	SER	T	S	SB	TB	3.00-21	4.00-18	91	8,5	–	130	6590
	RX 250	246	S 1	72×61	2-Takt	DS	–	14	W	35/47 8000	5	K	SER	T	S	SB	TB	3.00-21	4.50-18	100	8,5	–	120	6990
	250 Tuareg	246	S 1	72×61	2-Takt	DS	–	14	W	35/47 8000	5	K	SER	T	S	TB	TB	3.00-21	4.25-18	127	22	7,7	136	7150
	ETX 350	349	S 1	79,5×70,4	4-Takt	OHC	4	9,6	L	20/27 7000	5	K	SER	T	S	SB	SB	90/90-21	130/80-17	167	13	9,3	130	6890
	ETX 600	562	S 1	94×81	4-Takt	OHC	4	9,4	L	36/49 6800	5	K	SER	T	S	SB	SB	3.00-21	5.10-17	177	13	–	160	7890
Benelli	125 t	125	R 2	42,5×44	2-Takt	SL	–	10,3	L	7/10 7600	5	K	SDR	T	S	SB	TB	2.75-18	3.00-18	127	14	–	110	2990
	125 Sport	125	R 2	42,5×44	2-Takt	SL	–	10,3	L	7/10 7600	5	K	SDR	T	S	SB	TB	2.75-18	3.00-18	127	14	–	110	2990
	250 2 C	231	R 2	56×47	2-Takt	SL	–	10	L	13/17 7600	5	K	SDR	T	S	TB	SB	3.00-18	3.25-18	134	17	–	125	3820
	304	231	R 4	44×38	4-Takt	OHC	2	10,5	L	20/27 10500	5	K	SDR	T	S	SB	SB	3.00-18	3.25-18	134	11	11,1	135	4980
	354 t	345	R 4	50×44	4-Takt	OHC	2	10,2	L	20/27 9500	5	K	SDR	T	S	DSB	SB	3.00-18	3.25-18	181	15,5	7,6	152	4980
	354 Sport II	345	R 4	50×44	4-Takt	OHC	2	10,2	L	20/27 9500	5	K	SDR	T	S	DSB	SB	3.00-18	3.25-18	181	15,5	7,6	153	4980
	654 t	604	R 4	60×53,4	4-Takt	OHC	2	9,3	L	37/50 8700	5	K	SDR	T	S	DSB	SB	3.25-18	3.50-18	203	22	5,3	172	6980
	654 Sport	604	R 4	60×53,4	4-Takt	OHC	2	9,3	L	37/50 8700	5	K	SDR	T	S	DSB	SB	3.25-18	3.50-18	203	22	6,3	165	6980
	900 Sei	905	R 6	60×53,4	4-Takt	OHC	2	9,5	L	59/80 8300	5	K	SDR	T	S	DSB	SB	100/90-18	120/90-18	249	17	4,6	193	9995
	900 Sei Sport	905	R 6	60×53,4	4-Takt	OHC	2	9,5	L	59/80 8300	5	K	SDR	T	S	DSB	SB	120/80-16	150/70-18	231	17	4,2	201	11815
BMW	R 80 G/S	797	180° 2	84,8×70,6	4-Takt	OHV	2	8,2	L	37/50 6500	5	W	SDR	T	ES	SB	TB	3.00-21	4.00-18	196	19,5	5,6	173	9920
	R 80 G/S Paris–Dakar	797	180° 2	84,8×70,6	4-Takt	OHV	2	8,2	L	37/50 6500	5	W	SDR	T	ES	SB	TB	3.00-21	4.00-18	219	33,5	6,4	164	9920
	R 65	649	180° 2	82×61,5	4-Takt	OHV	2	8,4	L	20/27 5500	5	W	SDR	T	ES	DSB	SB	90/90-18	120/90-18	205	22	8,6	147	8980
	R 65	649	180° 2	82×61,5	4-Takt	OHV	2	8,7	L	35/48 7250	5	W	SDR	T	ES	DSB	SB	90/90-18	120/90-18	205	22	5,7	178	9290
	R 80	797	180° 2	84,8×70,6	4-Takt	OHV	2	8,2	L	37/50 6500	5	W	SDR	T	ES	DSB	SB	90/90-18	120/90-18	207	22	5,4	181	10440
	R 80 RT	797	180° 2	84,8×70,6	4-Takt	OHV	2	8,2	L	37/50 6500	5	W	SDR	T	ES	DSB	SB	90/90-18	120/90-18	243	22	6,5	163	12690
	K 75 C	740	R 3	67×70	4-Takt	DOHC	2	11	W	55/75 8500	5	W	SDR	T	ES	DSB	SB	100/90-18	120/90-18	236	21	4,8	200	12890
	K 75 S	740	R 3	67×70	4-Takt	DOHC	2	11	W	55/75 8500	5	W	SDR	T	ES	DSB	SB	100/90-18	130/90-18	235	21	5,5	199	13980
	K 100	987	R 4	67×70	4-Takt	DOHC	2	10,2	W	66/90 8000	5	W	SDR	T	ES	DSB	SB	100/90-18	130/90-17	243	22	3,9	218	13890
	K 100 RT	987	R 4	67×70	4-Takt	DOHC	2	10,2	W	66/90 8000	5	W	SDR	T	ES	DSB	SB	100/90-18	130/90-17	272	22	4,5	206	16990
	K 100 RS	987	R 4	67×70	4-Takt	DOHC	2	10,2	W	66/90 8000	5	W	SDR	T	ES	DSB	SB	100/90-18	130/90-17	260	22	4,4	222	16690
Cagiva	650 Elefant	649	90° V 2	82×61,5	4-Takt	DES	2	10	L	37/50 8400	5	K	SDR	T	S	SB	TB	90/90-21	130/80-17	208	18	5,8	168	11590
	350 Alazzurra	349	90° V 2	66×51	4-Takt	DES	2	10,5	L	20/27 8750	5	K	SGR	T	S	DSB	SB	90/90-18	110/80-18	205	18	10,5	146	7400
	650 Alazzurra	649	90° V 2	82×61,5	4-Takt	DES	2	10	L	37/50 8400	5	K	SGR	T	S	DSB	SB	100/90-18	110/90-18	207	18	5,5	175	9180
	650 Alazzurra	649	90° V 2	82×61,5	4-Takt	DES	2	10	L	41/56 8250	5	K	SGR	T	S	DSB	SB	100/70-18	110/70-18	202	18	–	192	9180

Hersteller	Typ	Hubraum (cm³)	Zyl.-Anordnung und -zahl	Bohrung und Hub (mm)	Arbeitsweise	Steuerung	Ventile/Zylinder	Verdichtung	Kühlung	Leistung (kW/PS bei 1/min)	Gänge	Hinterradantrieb	Rahmen	Vorderradfederung	Hinterradfederung	Vorderradbremse	Hinterradbremse	Vorderreifen	Hinterreifen	Gewicht incl. Kraftstoff und Öl (kg)	Tankinhalt (l)	Beschleun. 1 Pers. (0–100 km/h sec)	Höchstgeschwindigkeit, 1 Pers. (km/h)	Preis incl. MWSt (Mark)
Ducati	600 TL	581	90° V 2	80×57,8	4-Takt	DES	2	9,5	L	37,50/8500	5	K	SGR	T	S	DSB	SB	90.90-18	110.90-18	200	18	–	175	7990
	750 F 1	748	90° V 2	88×61,5	4-Takt	DES	2	9,3	L	52,70/8000	5	K	SGR	T	S	DSB	SB	120.80-16	130.80-18	189	18	4,8	206	20 900
	900 SS Hailwood-Replica	864	90° V 2	86×74,4	4-Takt	DES	2	10,4	L	51,69/7000	5	K	SDR	T	S	DSB	SB	100.90-18	120.90-18	210	18	–	214	13 490
	1000 SS Hailwood-Replica	973	90° V 2	88×80	4-Takt	DES	2	9,3	L	56,76/6700	5	K	SDR	T	S	DSB	SB	100.90-18	130.80-18	230	24	–	220	15 990
	1000 S 2	973	90° V 2	88×80	4-Takt	DES	2	9,3	L	56,76/6700	5	K	SDR	T	S	DSB	SB	100.90-18	130.80-18	230	18	–	220	15 990
Enfield India	350 Bullet	346	S 1	70×90	4-Takt	OHV	2	6,5	L	13,17/5620	4	K	SER	T	S	TB	TB	3.25-19	3.25-19	170	15	–	110	4890
	350 Bullet de Luxe	346	S 1	70×90	4-Takt	OHV	2	6,5	L	13,17/5620	4	K	SER	T	S	TB	TB	3.25-19	3.25-19	170	15	–	110	4990
Fantic	125 Raider LC	124	S 1	55,2×52	2-Takt	SL	–	12	W	12,16/7250	6	K	SDR	T	S	SB	TB	3.00-21	4.10-18	111	13	–	105	4349
	250 Raider LC	249	S 1	74×58	2-Takt	SL	–	11	W	18,25/6200	6	K	SDR	T	S	SB	TB	3.00-21	4.60-17	134	14	11,1	122	6549
	125 Strada LC	124	S 1	55,2×52	2-Takt	SL	–	12	W	13,17/7000	6	K	SDR	T	S	SB	TB	3.00-18	3.25-18	130	12	10,8	127	4950
Harley-Davidson	XLX 1000-61	997	45° V 2	81×96,8	4-Takt	OHV	2	8,8	L	37,50/6000	4	K	SDR	T	S	SB	SB	MJ 90-19	MT 90-16	244	8,5	7,6	159	15 020
	XLH 1000 Sportster	997	45° V 2	81×96,8	4-Takt	OHV	2	8,8	L	37,50/6000	4	K	SDR	T	S	SB	SB	MJ 90-19	MT 90-16	246	8,5	6,8	170	15 620
	XLS 1000 Roadster	997	45° V 2	81×96,8	4-Takt	OHV	2	8,8	L	37,50/6000	4	K	SDR	T	S	SB	SB	MJ 90-19	MT 90-16	249	15	6,8	167	16 500
	FXSB 1340 Low Rider	1337	45° V 2	88,8×108	4-Takt	OHV	2	8,5	L	47,64/5000	4	K	SDR	T	S	SB	SB	MJ 90-19	MT 90-16	277	13	–	155	24 600
	FXWG 1340 Wide Glide	1337	45° V 2	88,8×108	4-Takt	OHV	2	8,5	L	47,64/5000	4	K	SDR	T	S	SB	SB	MH 90-21	MT 90-16	285	19	6,4	164	24 676
	FXST 1340 Softail	1337	45° V 2	88,8×108	4-Takt	OHV	2	8,5	L	47,64/5200	4	K	ZR	T	S	SB	SB	MH 90-21	MT 90-16	298	19	6,5	174	25 680
	FXRS 1340 Low Glide	1337	45° V 2	88,8×108	4-Takt	OHV	2	8,5	L	47,64/5200	5	K	SDR	T	S	SB	SB	MJ 90-19	MT 90-16	284	15	–	162	24 000
	FXRS 1340 Low Glide Custom	1337	45° V 2	88,8×108	4-Takt	OHV	2	8,5	L	47,64/5200	5	K	ZR	T	S	SB	SB	MJ 90-19	MT 90-16	287	15	–	165	25 350
	FXRT 1340 Sport Glide	1337	45° V 2	88,8×108	4-Takt	OHV	2	8,5	L	47,64/5200	5	K	ZR	T	S	DSB	SB	MJ 90-19	MT 90-16	280	15	–	165	24 500
	FXEF 1340 Fat Bob	1337	45° V 2	88,8×108	4-Takt	OHV	2	8,5	L	47,64/5000	4	K	ZR	T	S	DSB	SB	MJ 90-19	MT 90-16	310	15	6,5	160	24 600
	FLHTC 1340 El. Glide Classic	1337	45° V 2	88,8×108	4-Takt	OHV	2	8,5	L	47,64/5000	5	K	SDR	T	S	SB	SB	MJ 90-19	MT 90-16	272	13	–	155	21 000
	FLHTC C 1340 El. Glide Chrom	1337	45° V 2	88,8×108	4-Takt	OHV	2	8,5	L	47,64/5000	5	K	SDR	T	S	DSB	SB	MT 90-16	MT 90-16	345	19	6,9	152	27 000
	FLTC 1340 Tour Glide Classic	1337	45° V 2	88,8×108	4-Takt	OHV	2	8,5	L	47,64/5000	5	K	SDR	T	S	DSB	SB	MT 90-16	MT 90-16	345	19	6,9	152	28 575
	FLHTC 1340 Tour Glide Classic	1337	45° V 2	88,8×108	4-Takt	OHV	2	8,5	L	47,64/5000	5	K	SDR	T	S	DSB	SB	MT 90-16	MT 90-16	354	19	7,1	155	27 000
	FLHTC 1340-Sidecar	1337	45° V 2	88,8×108	4-Takt	OHV	2	8,5	L	47,64/5000	5	K	SDR	T	S	DSB	SB	MT 90-16	MT 90-16	479	19	–	125	39 000
	FLTC 1340-Sidecar	1337	45° V 2	88,8×108	4-Takt	OHV	2	8,5	L	47,64/5000	5	K	SDR	T	S	DSB	SB	MT 90-16	MT 90-16	479	19	–	125	39 000
Hercules	K 125 Military	124	S 1	54×54	2-Takt	SL	–	9	L	9/12,5/7000	5	K	SDR	S	S	TB	TB	3.25-18	3.50-18	135	15	–	94	6118

1985

1985

Hersteller	Typ	Hubraum (cm³)	Zyl.-Anordnung und -zahl	Bohrung und Hub (mm)	Arbeitsweise	Steuerung	Ventile/Zylinder	Verdichtung	Kühlung	Leistung (kW/PS bei 1/min)	Gänge	Hinterradantrieb	Rahmen	Vorderradfederung	Hinterradfederung	Vorderradbremse	Hinterradbremse	Vorderreifen	Hinterreifen	Gewicht incl. Kraftstoff und Öl (kg)	Tankinhalt (l)	Beschleun., 1 Pers. (0-100 km/h sec)	Höchstgeschwindigkeit, 1 Pers. (km/h)	Preis incl. MWSt (Mark)
Honda	MTX 200 R	194	S 1	67×55	2-Takt	MB	-	7,5	W	20/27 7500	6	K	SER	T	S	SB	TB	2.75-21	4.10-18	114	9	6,2	118	5098
	XL 250 R	249	S 1	75×56,5	4-Takt	OHC	4	10,2	L	13/17 8000	6	K	SER	T	S	TB	TB	3.00-21	4.60-17	131	9	-	110	5398
	XL 250 R	249	S 1	75×56,5	4-Takt	OHC	4	10,2	L	18/24 8000	6	K	SER	T	S	TB	TB	3.00-21	4.60-17	131	9	-	128	5398
	XL 350 R	340	S 1	84×61,3	4-Takt	OHC	4	9,5	L	20/27 7500	6	K	SER	T	S	SB	TB	3.00-21	4.60-17	137	11	9,1	134	5863
	XL 600 R	589	S 1	100×75	4-Takt	OHC	4	8,5	L	32/44 6500	5	K	SER	T	S	SB	TB	3.00-21	5.10-17	146	12	5,6	151	7073
	XL 600 LM	591	S 1	97×80	4-Takt	OHC	4	8,8	L	32/44 6500	5	K	SER	T	S	SB	TB	3.00-21	5.10-17	189	28	6,5	144	7958
	XLV 750 R	749	45° V 2	79,5×75,5	4-Takt	OHC	3	8,4	L	37/50 6500	5	W	SDR	T	S	SB	TB	90/90-21	130/80-17	220	19,5	-	-	10 038
	XLV 750 R	749	45° V 2	79,5×75,5	4-Takt	OHC	3	8,4	L	45/61 7000	5	W	SDR	T	S	SB	TB	90/90-21	130/80-17	220	19,5	5,5	174	10 038
	CB 125 T 2	125	R 2	44×41	4-Takt	OHC	2	9,4	L	7/10 10500	5	K	SER	T	S	SB	TB	3.00-18	3.25-18	126	10	-	100	3347
	CB 125 T 2	125	R 2	44×41	4-Takt	OHC	2	9,4	L	13/17 11500	5	K	SER	T	S	SB	TB	3.00-18	3.25-18	126	10	16,1	128	3347
	CM 125 C	125	R 2	44×41	4-Takt	OHC	2	8,8	L	7/10 9000	5	K	SER	T	S	TB	TB	3.25-18	110/90-16	139	13	-	91	3549
	CM 200 T	194	R 2	53×44	4-Takt	OHC	2	8,8	L	7/10 7000	4	K	SER	T	S	TB	TB	3.00-17	3.50-16	138	11	-	100	3128
	CM 200 T	194	R 2	53×44	4-Takt	OHC	4	8,4	L	13/17 9000	4	K	SER	T	S	TB	TB.	3.00-17	3.50-16	138	11	15,1	119	3128
	CB 250 N	250	R 2	62×41,4	4-Takt	OHC	3	9,4	L	32/43 9000	6	K	SER	T	S	TB	TB	3.60-19	4.10-18	186	14	19,1	125	4850
	CB 250 RSD	248	S 1	74×57,8	4-Takt	OHC	4	9,3	L	20/27 6000	5	K	SER	T	S	SB	TB	3.00-18	3.50-18	148	13	11,2	136	3593
	CB 250 RS	248	S 1	74×57,8	4-Takt	OHC	4	9,3	L	19/26 8500	5	K	SER	T	S	SB	TB	3.00-18	4.10-18	148	13	8	146	3593
	NS 400 R	387	90° V 3	57×50,6	2-Takt	MB	-	7	W	53/72 9500	6	K	LDR	T	S	DSB	SB	100/90-16	110/90-17	192	19	4,9	207	9718
	CB 450 N	447	R 2	75×50,6	4-Takt	OHC	3	9,1	L	20/27 7000	6	K	SER	T	S	DSB	SB	3.60-19	4.10-18	189	17	10	141	5178
	CB 450 N	447	R 2	75×50,6	4-Takt	OHC	3	9,3	L	32/43 9000	6	K	SER	T	S	DSB	SB	3.60-19	4.10-18	189	17	-	178	5178
	XBR 500 N	498	S 1	92×75	4-Takt	OHC	4	8,9	L	20/27 6000	5	W	SDR	T	S	SB	TB	100/90-18	110/90-18	182	20	9,4	145	5683
	XBR 500 N	498	S 1	92×75	4-Takt	OHC	4	8,9	L	32/44 7000	5	W	SDR	T	S	SB	TB	100/90-18	110/90-18	182	20	6,2	171	5683
	VT 500 E	491	52° V 2	71×62	4-Takt	OHC	3	10,5	W	20/27 6000	6	W	SDR	T	S	SB	SB	100/90-18	120/80-18	204	17	8,4	137	7683
	VT 500 E	491	52° V 2	71×62	4-Takt	OHC	3	10,5	W	37/50 8500	6	W	SDR	T	S	SB	SB	100/90-18	120/80-18	204	17	5,7	187	7683
	VT 500 C	491	52° V 2	71×62	4-Takt	OHC	3	10,5	W	37/50 9000	5	W	SDR	T	S	SB	SB	3.50-18	130/90-16	201	17	5,7	160	7583
	VF 500 F	497	90° V 4	60×44	4-Takt	DOHC	4	11	W	52/70 11500	6	K	SDR	T	S	DSB	SB	100/90-16	110/90-18	206	11,5	4,8	199	8693
	VF 500 F 2	497	90° V 4	60×44	4-Takt	DOHC	4	11	W	52/70 11500	6	K	SDR	T	S	DSB	SB	100/90-16	110/90-18	206	17	4,9	206	8693
	CBX 550 F	572	R 4	59,2×52	4-Takt	DOHC	4	9,5	L	37/50 8500	6	K	SDR	T	S	DSB	SB	3.60-18	4.10-18	209	18	4,8	182	7508
	CBX 550 F	572	R 4	59,2×52	4-Takt	DOHC	4	9,5	L	44/60 10000	6	K	SDR	T	S	DSB	SB	3.60-18	4.10-18	209	18	4,4	191	7508
	CBX 550 F 2	572	R 4	59,2×52	4-Takt	DOHC	4	9,5	L	37/50 8500	5	K	SDR	T	S	DSB	SB	3.60-18	4.10-18	213	18	4,7	185	8420
	CBX 550 F 2	572	R 4	59,2×52	4-Takt	DOHC	4	9,5	L	44/60 10000	5	K	SDR	T	S	DSB	SB	3.60-18	4.10-18	213	18	4,6	190	8420
	CBX 650 E	656	R 4	60×58	4-Takt	DOHC	4	9,5	L	37/50 8000	6	W	SDR	T	S	DSB	TB	100/90-19	130/90-16	220	18	4,8	175	8238
	CBX 650 E	656	R 4	60×58	4-Takt	DOHC	4	9,5	L	55/75 9500	6	W	SDR	T	S	DSB	TB	100/90-19	130/90-16	220	18	4,2	202	8238
	CX 650 E	673	80° V 2	82,5×63	4-Takt	OHV	4	9,8	W	48/65 8000	5	W	SDR	T	S	DSB	SB	100/90-18	120/90-18	235	19	5	190	8269

Hersteller	Typ	Hubraum (cm³)	Zyl.-Anordnung und -zahl	Bohrung und Hub (mm)	Arbeitsweise	Steuerung	Ventile/Zylinder	Verdichtung	Kühlung	Leistung (kW/PS bei 1/min)	Gänge	Hinterradantrieb	Rahmen	Vorderradfederung	Hinterradfederung	Vorderradbremse	Hinterradbremse	Vorderreifen	Hinterreifen	Gewicht incl. Kraftstoff und Öl (kg)	Tankinhalt (l)	Beschleun. 1 Pers. (0-100 km/h sec)	Höchstgeschwindigkeit, 1 Pers. (km/h)	Preis incl. MWSt (Mark)
	CX 650 Turbo	673	80° V 2	82,5×63	4-Takt/Turbo	OHV	4	7,8	W	74/100 8000	5	W	SDR	T	S	DSB	SB	100/90-18	120/90-17	260	20	7,3	226	13837
	CBX 750 F	747	R 4	67×53	4-Takt	DOHC	4	9,3	L	67/91 9500	6	K	SDR	T	S	DSB	SB	110/90-16	130/80-18	241	22	4,3	211	10128
	VF 750 F	748	90° V 4	70×48,6	4-Takt	DOHC	4	10,5	W	66/90 10000	5	K	SDR	T	S	DSB	SB	120/80-16	130/80-18	248	19	4	216	10508
	VF 750 C	748	90° V 4	70×48,6	4-Takt	DOHC	4	10,5	W	60/82 9500	6	W	SDR	T	S	DSB	TB	110/90-18	130/90-16	240	14	4,5	187	9958
	VF 1000 F (neu)	998	90° V 4	77×53,6	4-Takt	DOHC	4	10,5	W	74/100 9000	5	K	SDR	T	S	DSB	SB	100/90-18	140/80-17	272	23	3,6	225	13243
	VF 1000 F 2	998	90° V 4	77×53,6	4-Takt	DOHC	4	10,5	W	74/100 9500	5	K	SDR	T	S	DSB	SB	100/90-18	140/80-17	277	23	3,6	232	14258
	VF 1000 R	998	90° V 4	77×53,6	4-Takt	DOHC	4	10,5	W	74/100 9000	5	K	SDR	T	S	DSB	SB	120/80-16	140/80-17	272	25	3,4	249	18748
	VF 1100 C	1097	90° V 4	79,5×55,3	4-Takt	DOHC	4	10,5	W	74/100 8500	5	W	SDR	T	S	DSB	SB	110/90-18	140/90-16	268	18	4,1	193	13203
	GL 1200 DX Gold Wing	1181	180° 4	75,5×66	4-Takt	OHC	2	9	W	69/94 7000	5	W	SDR	T	S	DSB	SB	130/90-16	150/90-15	333	22	5	191	18458
Husqvarna	125 WR	123	S 1	55×52	2-Takt	MB	–	14,6	W	7/10 8500	6	K	SER	T	S	TB	TB	3.00-21	4.50-18	98	11	–	95	6295
	240 WR	239	S 1	68,75×64,5	2-Takt	MB	–	12,3	W	13/17 5500	6	K	SER	T	S	SB	TB	3.00-21	5.00-18	108	12,5	–	110	7295
	400 WR	395	S 1	82,5×74	2-Takt	MB	–	12,5	W	13/17 5500	6	K	SER	T	S	SB	TB	3.00-21	5.00-18	110	10,5	–	110	7495
Jawa	350/638.5	343	R 2	58×65	2-Takt	SL	–	10,2	L	19/26 5500	4	K	SDR	T	S	TB	TB	3.25-18	3.50-18	156	17	10,5	133	3195
	350/638.5-Gespann	343	R 2	58×65	2-Takt	SL	–	10,2	L	19/26 5500	4	K	SDR	T	S	TB	TB	3.25-18	3.50-18	225	17	–	100	5340
Kawasaki	KLR 250	249	S 1	74×58	4-Takt	DOHC	4	11	W	13/17 9000	6	K	SER	T	S	TB	TB	3.00-21	4.60-17	134	11	8,8	133	5390
	KLR 250	249	S 1	74×58	4-Takt	DOHC	4	11	W	20/27 9000	6	K	SER	T	S	TB	TB	3.00-21	4.60-17	134	11	–	143	5390
	KLR 600	564	S 1	96×78	4-Takt	DOHC	4	9,5	W	20/27 6000	5	K	SER	T	S	SB	TB	90/90-21	130/80-17	155	11,5	7,6	130	7140
	KLR 600 E	564	S 1	96×78	4-Takt	DOHC	4	9,5	W	31/42 7000	6	K	SER	T	S	SB	TB	90/90-21	130/90-17	155	11,5	6	146	7140
	GPZ 305 Belt Drive	306	R 2	61×52,4	4-Takt	DOHC	4	9,7	L	13/17 7500	6	ZR	SDR	T	S	DSB	TB	90/90-18	110/80-18	164	16,5	–	125	5290
	GPZ 305 Belt Drive	306	R 2	61×52,4	4-Takt	DOHC	4	9,7	L	20/27 10000	6	ZR	SDR	T	S	DSB	TB	90/90-18	110/80-18	164	16,5	8,8	140	5290
	Z 400 F	399	R 4	52×47	4-Takt	DOHC	2	9,5	L	20/27 9000	6	K	SDR	T	S	SB	SB	90/90-19	110/90-18	197	18	–	145	5850
	Z 400 F	399	R 4	52×47	4-Takt	DOHC	2	9,5	L	30/41 10500	6	K	SDR	T	S	SB	TB	90/90-19	110/90-18	197	18	–	157	5850
	GPZ 400	399	R 4	55×42	4-Takt	DOHC	4	9,7	L	20/27 10000	6	K	SDR	T	S	DSB	SB	100/90-18	110/80-18	202	18	9,8	151	6690
	GPZ 400	399	R 4	55×42	4-Takt	DOHC	4	9,7	L	37/50 10500	6	K	SDR	T	S	DSB	SB	100/90-18	110/80-18	202	18	–	175	6690
	Z 440 LTD Belt Drive	444	R 2	67,5×62	4-Takt	OHC	2	9,2	L	20/27 7000	6	ZR	SDR	T	S	SB	TB	3.25-19	130/90-16	183	11,5	10,7	140	5240
	Z 440 LTD Belt Drive	444	R 2	67,5×62	4-Takt	OHC	2	9,2	L	26/36 8150	6	ZR	SDR	T	S	SB	TB	3.25-19	130/90-16	183	11,5	–	151	5240
	Z 450 LTD	454	R 2	72,5×55	4-Takt	DOHC	4	10,7	W	20/27 8500	6	K	SDR	T	S	SB	TB	100/90-19	140/90-15	199	11	8	132	6690
	Z 450 LTD	454	R 2	72,5×55	4-Takt	DOHC	4	10,7	W	37/50 9500	6	K	SDR	T	S	SB	TB	100/90-19	140/90-15	199	11	–	162	6690
	GPZ 550	553	R 4	58×52,4	4-Takt	DOHC	2	10	L	37/50 8500	6	K	SDR	T	S	DSB	SB	100/90-18	120/80-18	209	18	–	176	7640
	GPZ 550	553	R 4	58×52,4	4-Takt	DOHC	2	10	L	48/65 10500	6	K	SDR	T	S	DSB	SB	100/90-18	120/80-18	209	18	4,6	196	7640

1985

Hersteller	Typ	Hubraum (cm³)	Zyl.-Anordnung und -zahl	Bohrung und Hub (mm)	Arbeitsweise	Steuerung	Ventile/Zylinder	Verdichtung	Kühlung	Leistung (kW/PS bei 1/min)	Gänge	Hinterradantrieb	Rahmen	Vorderradfederung	Hinterradfederung	Vorderradbremse	Hinterradbremse	Vorderreifen	Hinterreifen	Gewicht incl. Kraftstoff und Öl (kg)	Tankinhalt (l)	Beschleun., 1 Pers. (0-100 km/h sec)	Höchstgeschwindigkeit, 1 Pers. (km/h)	Preis incl. MWSt (Mark)
	Z 550 GT	553	R 4	58×52,4	4-Takt	DOHC	2	9,5	L	37/50 8500	6	W	SDR	T	S	DSB	TB	100/90-19	120/90-18	221	22	5	177	7540
	Z 550 Sport	553	R 4	58×52,4	4-Takt	DOHC	2	9,5	L	37/50 8500	6	K	SDR	T	S	DSB	TB	3.25-19	4.00-18	208	18,5	4,9	184	6790
	GPZ 600 R	592	R 4	60×52,4	4-Takt	DOHC	4	11	W	37/50 10000	6	K	SDR	T	S	DSB	SB	110/90-16	130/90-16	217	18	–	178	9640
	GPZ 600 R	592	R 4	60×52,4	4-Takt	DOHC	4	11	W	55/75 10500	6	K	SDR	T	S	DSB	SB	110/90-16	130/90-16	217	18	4,3	216	9680
	GPZ 750	739	R 4	66×54	4-Takt	DOHC	4	9,5	L	64/87 9500	6	K	SDR	T	S	DSB	SB	110/90-19	120/90-18	241	18	3,9	216	9890
	Z 750 GT	739	R 4	66×54	4-Takt	DOHC	2	9,5	L	57/78 9500	5	W	SDR	T	S	DSB	SB	100/90-19	120/90-18	243	24,5	4,6	198	8690
	Z 750 Sport	739	R 4	66×54	4-Takt	DOHC	2	9,5	L	59/80 9500	5	K	SDR	T	S	DSB	SB	100/90-19	120/90-18	234	21	4,1	204	8240
	Z 750 Turbo	739	R 4	66×54	4-Takt/Turbo	DOHC	2	7,8	L	74/100 9000	5	K	SDR	T	S	DSB	SB	110/90-18	130/80-18	254	18	3,7	225	11890
	GPZ 750 R	748	R 4	70×48,6	4-Takt	DOHC	4	10,5	W	68/92 10000	6	K	SDR	T	S	DSB	SB	120/80-16	130/80-18	255	22	4	224	10690
	GPZ 900 R	908	R 4	72,5×55	4-Takt	DOHC	4	11	W	74/100 9500	5	K	SDR	T	S	DSB	SB	120/80-16	130/90-18	257	22	3,6	240	12440
	GPZ 1100	1089	R 4	72,5×66	4-Takt	DOHC	2	9,5	L	74/100 8750	5	K	SDR	T	S	DSB	SB	110/90-18	130/90-17	266	20	3,6	240	11990
	Z 1300 DFI	1285	R 6	62×71	4-Takt	DOHC	2	9,3	W	74/100 7750	5	W	SDR	T	S	DSB	SB	110/90-18	130/90-17	324	27	4,1	208	14790
Kreidler	Mustang 125	123	S 1	55×52	2-Takt	SL	–	10	W	12/16 7250	5	K	SER	T	S	SB	TB	2.75-18	3.25-18	110	11	–	110	4998
KTM	125 Enduro Sport	124	S 1	54×54	2-Takt	MB	–	14	W	5/6,8 6500	6	K	SER	T	S	TB	TB	3.00-21	4.00-18	109	9,5	–	83	6190
	250 GS Enduro Sport	247	S 1	67,5×69	2-Takt	MB	–	15	W	13/17 6500	5	K	SER	T	S	SB	TB	3.00-21	4.50-18	117	9,5	–	110	7100
	300 GS Enduro Sport	273	S 1	71×69	2-Takt	MB	–	15	W	12/16 6500	5	K	SER	T	S	SB	TB	3.00-21	4.50-18	117	9,5	–	110	7190
	600 Enduro Sport	562	S 1	94×81	4-Takt	OHC	4	9,6	L	20/27 6500	5	K	SER	T	S	SB	TB	3.00-21	4.50-18	140	13	–	130	7590
	XC 600 Enduro Sport	562	S 1	94×81	4-Takt	OHC	4	9,6	L	20/27 6500	5	K	SER	T	S	SB	TB	3.00-21	4.00-18	140	13	–	130	7350
	XC 600 E Enduro Sport	562	S 1	94×81	4-Takt	OHC	4	9,6	L	25/34 6500	5	K	SER	T	S	SB	TB	3.00-21	130/80-18	159	14	7,8	128	7990
Laverda	1000 RGS/2	980	R 3	75×74	4-Takt	DOHC	2	9	L	60/82 7900	5	K	SDR	T	S	DSB	SB	100/90-18	120/90-18	269	22	4,4	225	13970
	1000 RGS-Jota	980	R 3	75×74	4-Takt	DOHC	2	9	L	60/82 7900	5	K	SDR	T	S	DSB	SB	100/90-18	120/90-18	265	22	4,6	215	13370
	1000 SFC	996	R 3	75,6×74	4-Takt	DOHC	2	10	L	70/95 8000	5	K	SDR	T	S	SB	SB	100/90-18	130/90-18	253	22	4,1	221	15870
Maico	GME 250	247	S 1	67×70	2-Takt	MB	–	14,7	L	13/17 5400	5	K	SDR	T	S	TB	TB	3.00-21	4.10-18	105	10	–	100	7410
	GME 250	247	S 1	67×70	2-Takt	MB	–	14,7	L	35/47 8000	5	K	SDR	T	S	TB	TB	3.00-21	4.10-18	105	10	–	–	7410
	GME 500	488	S 1	86,5×83	2-Takt	MB	–	12	L/W	13/17 5400	5	K	SDR	T	S	TB	TB	3.00-21	5.10-18	109	10	–	100	71507510
	GME 500	488	S 1	86,5×83	2-Takt	MB	–	12	L/W	45/61 7000	5	K	SDR	T	S	TB	TB	3.00-21	5.10-18	109	10	–	–	71507510
Malanca	125 Mark Enduro	125	R 2	43×43	2-Takt	SL	–	11	W	13/17 8500	5	K	SER	T	S	TB	SB	2.75-21	3.50-18	119	13	11,8	112	5102
	125 M 6 ob one	125	R 2	43×43	2-Takt	SL	–	11	W	18/25 11000	6	K	SDR	T	S	SB	SB	2.75-18	3.00-18	116	13	10,4	140	5875

1985

Hersteller	Typ	Hubraum (cm³)	Zyl.-Anordnung und -zahl	Bohrung und Hub (mm)	Arbeitsweise	Steuerung	Ventile/Zylinder	Verdichtung	Kühlung	Leistung (kW/PS bei 1/min)	Gänge	Hinterradantrieb	Rahmen	Vorderradfederung	Hinterradfederung	Vorderradbremse	Hinterradbremse	Vorderreifen	Hinterreifen	Gewicht incl. Kraftstoff und Öl (kg)	Tankinhalt (l)	Beschleun. 1 Pers. (0–100 km/h sec)	Höchstgeschwindigkeit, 1 Pers. (km/h)	Preis incl. MWSt (Mark)
Morini	125 M 6 ob one Racing	125	R 2	43×43	2-Takt	SL	–	11	W	18/25 11000	6	K	SDR	T	S	DSB	SB	2.75-16	3.00-18	116	13	10,4	140	6430
	125 KJ Kanguro	123	S 1	59×45	4-Takt	OHV	2	11,7	L	10/13 10000	6	K	SER	T	S	SB	TB	2.75-21	4.00-18	119	7,5	–	110	4950
	350 Kanguro	344	72° V 2	62×57	4-Takt	OHV	2	11	L	20/27 7900	6	K	SDR	T	S	SB	TB	3.00-21	4.00-18	150	10	10	123	7298
	501 Camel	507	72° V 2	71×64	4-Takt	OHV	2	11,5	L	32/43 8500	6	K	SDR	T	S	SB	TB	3.00-21	4.00-18	154	14	9	150	8999
	AMEX 250 J	239	72° V 2	59×43,8	4-Takt	OHV	2	11,7	L	17/23 8800	6	K	SDR	T	S	SB	SB	2.75-18	3.25-18	145	13	11,3	141	4995
	3½ Klassik	344	72° V 2	62×57	4-Takt	OHV	2	11	L	20/27 7800	6	K	SDR	T	S	SB	TB	100/90-18	3.50-18	144	14	–	140	6699
	350 K 2	344	72° V 2	62×57	4-Takt	OHV	2	11	L	20/27 7800	6	K	SDR	T	S	DSB	SB	100/90-18	3.50-18	160	15	9,8	141	6995
	400 S	396	72° V 2	66,5×57	4-Takt	OHV	2	11,2	L	27/37 8040	6	K	SDR	T	S	DSB	SB	100/90-18	3.50-18	156	15	–	165	7495
	500 Sei-V Klassik	478	72° V 2	69×64	4-Takt	OHV	2	11	L	31/42 7500	6	K	SDR	T	S	DSB	SB	3.25-18	4.00-18	180	16	12,2	155	7985
Motobi	254	231	R 4	44×38	4-Takt	OHC	2	10,5	L	20/27 10600	5	K	SDR	T	S	SB	TB	2.75-18	3.00-18	130	8	7,5	156	4995
Moto Guzzi	V 65 TT	643	90° V 2	80×64	4-Takt	OHV	2	9,8	L	33/45 7500	5	W	SDR	T	S	SB	SB	3.00-21	4.00-18	184	13	6,8	156	8850
	V 35 II	346	90° V 2	66×50,6	4-Takt	OHV	2	10,8	L	20/27 7600	5	W	SDR	T	S	DSB	SB	90/90-18	100/90-18	185	16	9,6	151	6845
	V 65 II	643	90° V 2	80×64	4-Takt	OHV	2	10	L	37/50 6900	5	W	SDR	T	S	DSB	SB	100/90-18	110/90-18	188	15,5	6	173	7690
	V 65 SP	643	90° V 2	80×64	4-Takt	OHV	2	10,3	L	37/50 6900	5	W	SDR	T	S	DSB	SB	100/90-18	110/90-18	192	15,5	6	178	8090
	V 65 Lario	643	90° V 2	80×64	4-Takt	OHV	4	10,3	L	37/50 7800	5	W	SDR	T	S	DSB	SB	100/90-16	120/90-16	199	18	6,2	176	8990
	850 T 5	844	90° V 2	83×78	4-Takt	OHV	2	9,5	L	49/67 6900	5	W	SDR	T	S	DSB	SB	110/90-18	130/90-16	244	22	5,5	199	11 980
	V 1000 California II	948	90° V 2	88×78	4-Takt	OHV	2	9,2	L	49/67 6700	5	W	SDR	T	S	DSB	SB	120/90-18	120/90-18	276	23	6	159	13 385
	V 1000 SP II	948	90° V 2	88×78	4-Takt	OHV	2	9,2	L	49/67 6700	5	W	SDR	T	S	DSB	SB	110/90-16	120/90-18	246	23	–	200	12 570
	V 1000 Le Mans IV	948	90° V 2	88×78	4-Takt	OHV	2	9,8	L	60/81 7400	5	W	SDR	T	S	DSB	SB	120/80-16	130/80-18	245	24	4,1	217	13 385
MZ	ETZ 150	143	S 1	56×58	2-Takt	SL	–	10	L	7/10 6000	5	K	PSR	T	S	SB	TB	2.75-18	3.25-16	125	13	–	95	2190
	ETZ 250	243	S 1	69×65	2-Takt	SL	–	10	L	13/17 5200	5	K	PSR	T	S	SB	TB	2.75-18	3.50-18	154	17,5	12,6	130	2390
	ETZ 250-Gespann	243	S 1	69×65	2-Takt	SL	–	10	L	16/22 5800	5	K	PSR	T	S	SB	TB	2.75-18	3.50-18	240	17,5	–	100	4690
Puch	GS 125 F 5	124	S 1	54×54	2-Takt	MB	–	15	W	7/9,8 10000	6	K	SDR	T	S	TB	TB	3.00-21	4.50-18	100	9	–	100	7722
	GS 250 F 5	248	S 1	72×61	2-Takt	DS	–	13	W	13/17 9000	5	K	SDR	T	S	SB	SB	3.00-21	4.50-18	107	9	–	110	8189
	GS 350 F 5	348	S 1	82×66	2-Takt	MB	–	13	W	16/22 7300	5	K	SDR	T	S	SB	SB	3.00-21	4.50-18	102	9	–	120	8865
	350 HWE	347	S 1	79,5×70	4-Takt	OHC	4	9,2	L	20/27 7900	5	K	SDR	T	S	SB	SB	3.50-21	4.50-18	132	10	–	130	9135
	350 HWE Safari	347	S 1	79,5×70	4-Takt	OHC	4	9,2	L	20/27 7900	5	K	SDR	T	S	SB	SB	3.50-21	4.50-18	150	28	–	130	9135
	GS 504 F 4 T	502	S 1	90×79	4-Takt	OHC	4	9,2	L	20/27 7700	5	K	SDR	T	S	SB	SB	3.25-21	4.50-18	137	9,5	–	130	8865

1985

Hersteller	Typ	Hubraum (cm³)	Zyl.-Anordnung und -zahl	Bohrung und Hub (mm)	Arbeitsweise	Steuerung	Ventile/Zylinder	Verdichtung	Kühlung	Leistung (kW/PS bei 1/min)	Gänge	Hinterradantrieb	Rahmen	Vorderradfederung	Hinterradfederung	Vorderradbremse	Hinterradbremse	Vorderreifen	Hinterreifen	Gewicht incl. Kraftstoff und Öl (kg)	Tankinhalt (l)	Beschleun. 1 Pers. (0–100 km/h sec)	Höchstgeschwindigkeit, 1 Pers. (km/h)	Preis incl. MWSt (Mark)
Suzuki	GS 560 F 4 T	562	S 1	94×81	4-Takt	OHC	4	9,2	L	20/27 7400	5	K	SDR	T	S	SB	TB	3.25-21	4.50-18	137	9,5	–	130	9085
	600 HWE	562	S 1	94×81	4-Takt	OHC	4	9,8	L	20/27 7700	5	K	SDR	T	S	SB	TB	3.50-21	4.50-18	132	10	–	140	9431
	600 HWE Safari	562	S 1	94×81	4-Takt	OHC	4	9,8	L	20/27 7700	5	K	SDR	T	S	SB	TB	3.50-21	4.50-18	150	28	–	140	9431
	DR 250 S	249	S 1	72×61,2	4-Takt	OHC	4	9	L	13/17 7800	5	K	SER	T	S	SB	TB	3.00-21	4.00-18	129	9,5	10,6	117	4599
	DR 600 S	590	S 1	94×85	4-Takt	OHC	4	9,5	L	20/27 6200	5	K	SER	T	S	SB	TB	100/80-21	130/80-17	160	20	–	131	6699
	DR 600 S	590	S 1	94×85	4-Takt	OHC	4	9,5	L	33/45 6800	5	K	SER	T	S	SB	TB	100/80-21	130/80-17	166	20	6,4	150	6699
	GNX 250 E	249	S 1	72×61,2	4-Takt	OHC	4	9	L	13/17 7800	5	K	SER	T	S	SB	TB	3.00-18	120/90-16	140	10	11,9	122	3899
	RG 250 Gamma	247	R 2	54×54	2-Takt	MB	–	7,1	W	33/45 8500	6	K	LDR	T	S	DSB	SB	100/90-16	100/90-18	153	17	6,5	172	7699
	GSX 400 E	399	R 2	67×56,6	4-Takt	DOHC	4	9	L	20/27 8000	6	K	SDR	T	S	SB	TB	3.00-18	3.75-18	189	15	8	154	4899
	GSX 400 S	399	R 2	67×56,6	4-Takt	DOHC	4	10	L	20/27 7800	6	K	SDR	T	S	SB	TB	3.00-18	3.75-18	190	15	8,4	151	5199
	GS 450 L	448	R 2	71×56,6	4-Takt	DOHC	2	9	L	20/27 7600	5	K	SDR	T	S	SB	TB	3.60-19	4.60-16	183	11	–	164	5039
	RG 500 Gamma	498	Square Four	56×50,6	2-Takt	DS	–	7	W	70/95 9500	6	K	LDR	T	S	DSB	SB	110/90-16	120/90-17	181	22	4	228	11999
	GSX 550 ES	572	R 4	60×50,6	4-Takt	DOHC	4	10	L	47/64 10000	6	K	SDR	T	S	DSB	SB	100/90-16	110/90-18	216	18	4,5	201	7284
	GSX 550 EF	572	R 4	60×50,6	4-Takt	DOHC	4	10	L	47/64 10000	6	K	SDR	T	S	DSB	SB	100/90-16	110/90-18	220	18	5,1	194	8159
	GSX 550 EU	572	R 4	60×50,6	4-Takt	DOHC	4	8,6	L	37/50 9600	6	K	SDR	T	S	DSB	SB	100/90-16	110/90-18	211	18	5,3	182	6759
	GR 650 X	652	R 2	77×70	4-Takt	DOHC	2	8,7	L	37/50 7200	5	K	SDR	T	S	SB	TB	100/90-19	130/90-16	200	12	6,4	161	6049
	GSX 750 ES	747	R 4	67×53	4-Takt	DOHC	4	9,6	L	66/90 9500	6	K	SDR	T	S	DSB	SB	100/90-18	120/90-17	238	19	4,2	210	8849
	GSX 750 EF	747	R 4	67×53	4-Takt	DOHC	4	9,6	L	66/90 9500	6	K	SDR	T	S	DSB	SB	100/90-18	120/90-17	237	19	4,2	206	9699
	GSX-R 750	749	R 4	70×48,7	4-Takt	DOHC	4	9,8	L	74/100 11000	6	W	LDR	T	S	DSB	SB	110/80-18	140/70-18	201	19	3,9	226	12799
	GS 850 G	843	R 4	69×56,4	4-Takt	DOHC	4	8,8	L	59/80 8500	5	W	SDR	T	S	DSB	SB	3.50-19	4.50-17	273	23	4,6	203	8699
	GS 1100 G	1074	R 4	72×66	4-Takt	DOHC	4	8,3	L	69/94 8000	5	K	SDR	T	S	DSB	SB	3.50-19	4.50-17	268	22	4,5	207	9999
	GSX 1100 E	1135	R 4	74×66	4-Takt	DOHC	4	9,7	L	74/100 8100	5	K	SDR	T	S	DSB	SB	110/90-19	130/90-17	243	20	3,1	224	10999
	GSX 1100 EF	1135	R 4	74×66	4-Takt	DOHC	4	9,7	L	74/100 8100	5	K	SDR	T	S	DSB	SB	110/90-19	130/90-17	256	20	3,1	230	12899
SVM	XN 506	504	S 1	89×81	4-Takt	OHC	4	9,5	L	20/27 6000	5	K	SER	T	S	TB	SB	3.00-21	4.00-18	150	10,5	–	137	6990
Triumph	Tiger Europa	744	R 2	76×82	4-Takt	OHV	2	7,9	L	36/49 6500	5	K	SDR	T	S	SB	SB	100/90-19	110/90-18	186	18	6,5	160	10300
	Tiger USA	744	R 2	76×82	4-Takt	OHV	2	7,9	L	36/49 6500	5	K	SDR	T	S	SB	SB	100/90-19	110/90-18	182	11	6,5	160	10400
	Bonneville Europa	744	R 2	76×82	4-Takt	OHV	2	7,9	L	36/49 6500	5	K	SDR	T	S	SB	SB	100/90-19	110/90-18	196	18	6,4	161	10400
	Bonneville USA	744	R 2	76×82	4-Takt	OHV	2	7,9	L	36/49 6500	5	K	SDR	T	S	SB	SB	100/90-19	110/90-18	192	11	6,4	161	10500

Hersteller	Typ	Hubraum (cm³)	Zyl.-Anordnung und -zahl	Bohrung und Hub (mm)	Arbeitsweise	Steuerung	Ventile/Zylinder	Verdichtung	Kühlung	Leistung (kW/PS bei 1/min)	Gänge	Hinterradantrieb	Rahmen	Vorderradfederung	Hinterradfederung	Vorderradbremse	Hinterradbremse	Vorderreifen	Hinterreifen	Gewicht incl. Kraftstoff und Öl (kg)	Tankinhalt (l)	Beschleun. 1 Pers. (0–100 km/h sec)	Höchstgeschwindigkeit, 1 Pers. (km/h)	Preis incl. MWSt (Mark)
Yamaha	XT 250	249	S 1	75×56,5	4-Takt	OHC	2	9,2	L	13/17 7500	5	K	SER	T	S	TB	TB	3.00-21	4.60-17	125	8	12,3	112	4618
	XT 350	346	S 1	86×59,6	4-Takt	DOHC	4	9	L	20/27 8000	6	K	SER	T	S	SB	TB	3.00-21	110/80-18	150	12	8,5	135	5863
	XT 500	499	S 1	87×84	4-Takt	OHC	2	9	L	20/27 5900	5	K	SER	T	S	TB	TB	3.25-21	4.00-18	155	9	8,5	132	5838
	XT 600	595	S 1	95×84	4-Takt	OHC	4	8,5	L	20/27 6000	5	K	SER	T	S	SB	TB	3.00-21	4.60-18	148	11	8,6	136	7225
	XT 600	595	S 1	95×84	4-Takt	OHC	4	8,5	L	32/44 6500	5	K	SER	T	S	SB	TB	3.00-21	4.60-18	154	11	5,8	146	7225
	XT 600 Ténéré	595	S 1	95×84	4-Takt	OHC	4	8,5	L	20/27 6000	5	K	SER	T	S	SB	TB	3.00-21	4.60-18	177	23	9	136	7530
	XT 600 Ténéré	595	S 1	95×84	4-Takt	OHC	4	9	L	34/46 6500	5	K	SER	T	S	SB	TB	3.50-21	4.00-18	177	23	6,2	150	7530
	SR 500 (Speichenräder)	499	S 1	87×84	4-Takt	OHC	2	9	L	20/27 6000	5	K	SER	T	S	SB	TB	3.50-18	4.00-18	167	12	8,3	142	5548
	SR 500 (Speichenräder)	499	S 1	87×84	4-Takt	OHC	2	9	L	25/34 4600	5	K	SDR	T	S	SB	TB	3.50-18	4.00-18	167	12	6,5	161	4998
	RD 350/F	347	R 2	64×54	2-Takt	MB/PV	–	6	W	37/50 9200	6	K	SDR	T	S	DSB	SB	90/90-18	110/80-18	170	20	5,1	184	6698
	RD 350/F	347	R 2	64×54	2-Takt	MB/PV	–	6	W	46/63 9000	6	K	SDR	T	S	SB	SB	90/90-18	110/80-18	170	20	4,8	190	7698
	XS 400 DOHC	399	R 2	69×53,4	4-Takt	DOHC	2	9,7	L	20/27 8000	6	K	PSR	T	S	SB	TB	3.00-18	4.10-18	187	18	9,4	143	5478
	XS 400 DOHC	399	R 2	69×53,4	4-Takt	DOHC	2	9,7	L	33/45 9500	6	K	PSR	T	S	DSB	SB	90/90-18	4.10-18	187	18	6,1	168	5478
	RD 500 LC	499	50° V 4	56,4×50	2-Takt	MB/PV	–	6,6	W	65/88 9500	6	K	SDR	T	S	DSB	SB	120/80-18	130/80-18	216	22	5,1	223	12070
	XV 500 SE	494	70° V 2	73×59	4-Takt	OHC	2	9,3	L	36/49 8000	5	W	PSR	T	S	SB	TB	3.00-19	130/90-16	190	11	6,5	152	7225
	XZ 550	553	70° V 2	80×55	4-Takt	DOHC	4	10,5	W	37/50 9000	6	W	SDR	T	S	DSB	SB	90/90-18	4.25/85-18	221	17	5,9	178	6680
	XZ 550 S	553	70° V 2	80×55	4-Takt	DOHC	4	10,5	W	47/64 9500	6	W	SDR	T	S	DSB	SB	90/90-18	4.25/85-18	228	17	5,3	180	6680
	XJ 600	599	R 4	58,5×55,7	4-Takt	DOHC	2	10	L	37/50 9250	6	K	SDR	T	S	SB	TB	90/90-18	110/90-18	212	20	5	177	8510
	XJ 600 S	599	R 4	58,5×55,7	4-Takt	DOHC	2	10	L	53/72 10000	6	W	SDR	T	S	DSB	SB	90/90-18	110/90-18	212	20	4,6	198	8510
	XJ 650 Turbo	653	R 4	63×52,4	4-Takt/Turbo	DOHC	2	8,5	W	66/90 9000	5	W	SDR	T	S	DSB	SB	3.25-19	120/90-18	262	19	4,9	203	9338
	FZ 750	749	R 4	68×51,6	4-Takt	DOHC	5	9,8	L	64/87 9000	6	K	SDR	T	S	DSB	SB	100/90-18	120/80-18	241	22	4,7	203	9878
	XJ 900 S	853	R 4	67×60,5	4-Takt	DOHC	2	11,2	W	74/100 10500	6	W	SDR	T	S	DSB	SB	120/80-18	130/80-18	244	22	3,8	231	12788
	XJ 900	891	R 4	68,5×60,5	4-Takt	DOHC	2	9,6	L	71/97 9000	5	W	SDR	T	S	DSB	SB	100/90-18	120/90-18	241	22	4	211	10278
	XJ 900 F	891	R 4	68,5×60,5	4-Takt	DOHC	2	9,6	L	72/98 9000	5	W	SDR	T	S	DSB	SB	100/90-18	120/90-18	242	22	4,2	217	10278
	FJ 1100	1097	R 4	74×63,8	4-Takt	DOHC	2	9,5	L	74/100 9000	5	K	SDR	T	S	DSB	SB	120/80-16	150/80-16	261	24	3,6	220	11388
	XVZ 12 T	1197	70° V 4	76×66	4-Takt	DOHC	4	10,5	W	71/97 7000	5	W	SDR	T	S	DSB	SB	120/80-18	140/90-16	325	20	4,3	192	18390
Importe aus der UdSSR	ISH Jupiter 4	350	R 2	62×58	2-Takt	SL	–	9,5	L	20/27 6000	4	K	SDR	T	S	TB	TB	3.50-18	3.50-18	180	17	–	125	3750
	Dnepr MT 10-Gespann	650	180° 2	78×68	4-Takt	OHV	2	7,5	L	26/36 5900	4+R	W	SDR	T	S	TB	TB	3.75-19	3.75-19	355	19	–	110	8200
	Dnepr MT 10-Gespann*	650	180° 2	78×68	4-Takt	OHV	2	7,5	L	26/36 5900	4+R	W	SDR	T	S	TB	TB	3.75-19	3.75-19	365	19	–	110	8850
	Dnepr MT 12-Gespann*	745	180° 2	78×78	4-Takt	SV	2	7,5	L	19/26 4900	4+R	W	SDR	T	S	TB	TB	3.75-19	3.75-19	370	19	–	100	8750

* mit SW-Rad-Antrieb

1985 — Zulassungsfähige Sondermodelle

Hersteller	Typ	Hubraum (cm³)	Zyl.-Anordnung und -zahl	Bohrung und Hub (mm)	Arbeitsweise	Steuerung	Ventile/Zylinder	Verdichtung	Kühlung	Leistung (kW/PS bei 1/min)	Gänge	Hinterradantrieb	Rahmen	Vorderradfederung	Hinterradfederung	Vorderradbremse	Hinterradbremse	Vorderreifen	Hinterreifen	Gewicht incl. Kraftstoff und Öl (kg)	Tankinhalt (l)	Beschleun. 1 Pers. (0-100 km/h sec)	Höchstgeschwindigkeit, 1 Pers. (km/h)	Preis incl. MWSt (Mark)
AMC																								bis 30 000 (komplett)
AME z. B.:	SC 600 H 9	901	R 4	64,5×69	4-Takt	DOHC	4	8,8	L	70/95 9000	5							3,25-19	6.10-16	250	13	5,2	185	22 682
	ST 800 HD 13	1337	45° V 2	88,8×108	4-Takt	OHV	2	8,5	L	47/64 5200	4							3,25-19	6.10-16	255	13	7	165	29 877
	ST 800 CBX	1046	R 6	64,5×53,4	4-Takt	DOHC	4	9,3	L	74/100 9000	5							3,25-19	6.10-16	260	16	4,7	200	23 977
Bakker z. B.:	Kawasaki GPZ 900 R	908	R 4	72,5×55	4-Takt	DOHC	4	11	W	74/100 9500	6	K	LDR	T	S	DSB	SB	120/80-16	150/70-18	235	20	4	250	19 970
	Honda CB 1100 F	1062	R 4	70×69	4-Takt	DOHC	4	9,7	L	74/100 8500	5	K	SDR	T	S	DSB	SB	120/90-18	150/70-18	239	20	4,2	216	25 000
	Honda CB 1100 R	1062	R 4	70×69	4-Takt	DOHC	4	10	L	74/100 9000	5	K	SDR	T	S	DSB	SB	120/90-18	150/70-18	240	20	3,7	235	25 000
Bimota (Kawasaki)	KB 2 TT	553	R 4	58×52,4	4-Takt	DOHC	2	10	L	48/65 10 500	6	K	LDR	T	S	DSB	SB	120/80-16	150/80-16	169	20	4,2	213	28 590
(Suzuki)	SB 4/5	1135	R 4	74×66	4-Takt	DOHC	4	9,7	L	74/100 8100	5	K	SGR	T	S	DSB	SB	120/80-16	150/80-16	232	20	3,7	248	29 900
Boxer																								bis 25 000 (komplett)
Eckert (Honda)	1100	1062	R 4	70×69	4-Takt	DOHC	4	9,7	L	74/100 8500	5	K	SDR	T	S	DSB	SB	100/90-18	130/90-17	261	20	3,6	232	14 800
	RE 1	1062	R 4	70×69	4-Takt	DOHC	4	10,5	L	96/130 9500	5	K	SGR	T	S	DSB	SB	3.50-18	3.50-6.50-18	210	22	3,9	253	35 000
	RE 1 S	1123	R 4	72×69	4-Takt	DOHC	4	11	L	107/145 9000	5	K	SGR	T	S	DSB	SB	3.50-18	3.50-6.50-18	204	22	3,2	268	50 000
Egli Red Falcon:																								bis 22 000 (komplett)
(Ducati)	Corsaro Rosso	864	90° V 2	86×74,4	4-Takt	DES	2	10,4	L	51/69 7000	5	K	SZR	T	S	DSB	SB	120/80-16	150/80-16	210	20	4,1	220	28 000
(Honda)	900 Red Hunter	901	R 4	64,5×69	4-Takt	DOHC	4	8,8	L	70/95 9000	5	K	SZR	T	S	DSB	SB	100/80-18	140/80-18	216	20	4	220	26 000
	1100 Red Hunter	1062	R 4	70×69	4-Takt	DOHC	4	10,5	L	85/115 9500	5	K	SZR	T	S	DSB	SB	100/80-18	140/80-18	216	20	3,5	235	26 000
	CBX Red Baron	1046	R 6	64,5×53,4	4-Takt	DOHC	4	9,3	L	74/100 9000	5	K	SZR	T	S	DSB	SB	110/80-18	140/80-18	245	24	4,1	244	28 500
	CBX Red Baron	1112	R 6	66,5×53,4	4-Takt	DOHC	4	9,5	L	88/120 9500	5	K	SZR	T	S	DSB	SB	110/80-18	140/80-18	245	24	3,9	250	28 500
(Kawasaki)	Bonneville	957	R 4	69×64	4-Takt	DOHC	2	9	L	66/90 9000	5	K	SZR	T	S	DSB	SB	110/80-18	140/80-18	215	20	4	220	27 000
	Bonneville	1161	R 4	76×64	4-Takt	DOHC	2	10	L	92/125 9600	5	K	SZR	T	S	DSB	SB	110/80-18	140/80-18	215	20	3,5	250	27 000
(Suzuki)	Red Lightning	1135	R 4	74×66	4-Takt	DOHC	4	10,2	L	93/127 9000	5	K	SZR	T	S	DSB	SB	120/80-18	150/80-18	223	20	3,1	258	28 000

Fahrgestelle für V- und Reihenmotoren von Honda, Kawasaki, Suzuki und Yamaha (AMC)
Fahrgestelle für V-, Reihen- und Boxermotoren von BMW, Harley-Davidson, Honda, Kawasaki, Suzuki und Yamaha (AME)
Fahrgestelle für R 4-Motoren von Honda, Kawasaki und Suzuki (Bakker)
Fahrgestelle für R 4-Motoren von Honda, Kawasaki, Suzuki und Yamaha (Boxer)
Fahrgestell für 500/600 cm³-Einzylindermotoren von Honda, Rotax und Yamaha (Egli)

Hersteller	Typ	Hubraum (cm³)	Zyl.-Anordnung und -zahl	Bohrung und Hub (mm)	Arbeitsweise	Steuerung	Ventile/Zylinder	Verdichtung	Kühlung	Leistung (kW/PS bei 1/min)	Gänge	Hinterradantrieb	Rahmen	Vorderradfederung	Hinterradfederung	Vorderradbremse	Hinterradbremse	Vorderreifen	Hinterreifen	Gewicht incl. Kraftstoff und Öl (kg)	Tankinhalt (l)	Beschleun. 1 Pers. (0-100 km/h sec)	Höchstgeschwindigkeit, 1 Pers. (km/h)	Preis incl. MWSt (Mark)
Emonts (Yamaha)	XS 1100	1101	R 4	71,5×68,6	4-Takt	DOHC	2	9,2	L	70/95 8500	5	K	SZR	T	S	SB	SB	110/90-18	150/70-18	220	24	4,2	225	22 000
Fallert (BMW)	R 80 G/S-1000	979	180° 2	94×70,6	4-Takt	OHV	2	8,2	L	37/50 6500	5	W	SDR	T	S	SB	TB	3.00-21	4.00-18	212	34	5,8	162	11 320
	R 80-1000	979	180° 2	94×70,6	4-Takt	OHV	2	8,2	L	37/50 6500	5	W	SDR	T	S	SB	TB	100/90-18	120/90-18	216	24	5,2	186	11 840
	R 80-1000	979	180° 2	94×70,6	4-Takt	OHV	2	10,5	L	48/65 7500	5	W	SDR	T	S	SB	TB	100/90-18	120/90-18	216	24	4,9	195	11 990
Fischer	Fahrgestelle für Honda-, Kawasaki-, Laverda-, Rotax-, Suzuki- und Yamaha-Motoren ab 500 cm³																							bis 31 000 (komplett)
z. B.:	Rotax GF 500 R	504	S 1	89×81	4-Takt	OHC	4	9,8	L	26/36 7000	5	K	SZR	T	S	DSB	SB	100/90-18	130/80-18	140	–	–	–	18 500
	Kawasaki GPZ 900 R	908	R 4	72,5×55	4-Takt	DOHC	4	11	W	83/113 9500	6	K	SZR	T	S	DSB	SB	120/80-16	170/60-18	222	20	4,2	216	30 780
HSM	Fahrgestelle für R 4-Motoren von Honda und Kawasaki																							bis 24 900 (komplett)
Jung	Fahrgestelle für R 4-Motoren von BMW, Honda, Kawasaki und Suzuki																							bis 18 000 (komplett)
z. B.:	Kawasaki GPZ 900 R	908	R 4	72,5×55	4-Takt	DOHC	4	11	W	74/100 9500	6	K	SZR	T	S	DSB	SB	120/80-18	150/70-18	223	22	3,6	245	17 900
	Kawasaki GPZ 1100	1089	R 4	72,5×66	4-Takt	DOHC	4	9,5	L	74/100 8750	5	K	SZR	T	S	DSB	SB	110/90-18	130/90-17	234	20	3,6	240	16 990
	Suzuki GSX 1100	1135	R 4	74×66	4-Takt	DOHC	4	9,7	L	74/100 8100	5	K	SZR	T	S	DSB	SB	110/90-18	130/90-18	232	24	3,1	230	17 000
Krauser (BMW)	MKM 1000	979	180° 2	94×70,6	4-Takt	OHV	2	9,5	L	52/70 7000	5	W	SGR	T	S	DSB	SB	3.50-19	130/80-18	222	21	5	193	19 305
	MKM 1000/4	979	180° 2	94×70,6	4-Takt	OHV	4	10,2	L	60/82 7300	5	W	SGR	T	S	DSB	SB	3.50-19	130/80-18	217	21	4,7	207	20 216
Magni (BMW)	MB 2*	979	180° 2	94×70,6	4-Takt	OHV	2	9,5	L	52/70 7000	5	W	SDR	T	S	DSB	SB	4.10-19	120/90-18	223	27	4,9	200	18 600
(Honda)	MH 2*	901	R 4	64,5×69	4-Takt	DOHC	4	8,8	L	70/95 9000	5	K	SDR	T	S	DSB	SB	4.10-19	120/90-18	249	20	4,1	212	17 900
(Moto Guzzi)	Le Mans 1100*	1090	90° V 2	92×82	4-Takt	OHV	2	11,2	L	74/100 6800	5	W	SDR	T	S	DSB	SB	110/90-18	130/80-18	236	19	4,5	225	22 000
Martin	Fahrgestelle für R 4- und R 6-Motoren von Honda, Kawasaki, Suzuki und Yamaha																							bis 24 000 (komplett)
z. B.:	Kawasaki GPZ 900 R	908	R 4	72,5×55	4-Takt	DOHC	4	11	W	74/100 9500	6	K	SZR	T	S	DSB	SB	120/90-16	150/80-18	230	21	4	223	24 000
	Yamaha FJ 1100	1097	R 4	74×63,8	4-Takt	DOHC	4	9,5	L	74/100 9000	5	K	SGR	T	S	DSB	SB	120/80-18	150/70-18	246	24	3,5	220	24 000
Michel (BMW)	R 100 S	979	180° 2	94×70,6	4-Takt	OHV	2	10,5	L	62/84 7500	5	W	SDR	T	S	DSB	SB	100/90-18	130/90-18	237	22	4,6	222	20 000
Moko	Fahrgestelle für alle großvolumigen R 4-Motoren von Honda, Kawasaki, Suzuki und Yamaha																							bis 40 000 (komplett)
z. B.:	Yamaha FJ 1100	1097	R 4	74×63,8	4-Takt	DOHC	4	9,5	L	74/100 9000	5	K	SZR	T	PS	DSB	SB	100/90-18	150/70-18	255	20	3,6	230	28 000

* Vertrieb durch MV Agusta – Deutschland

Hersteller	Typ	Hubraum (cm³)	Zyl.-Anordnung und -zahl	Bohrung und Hub (mm)	Arbeitsweise	Steuerung	Ventile/Zylinder	Verdichtung	Kühlung	Leistung (kW/PS bei 1/min)	Gänge	Hinterradantrieb	Rahmen	Vorderradfederung	Hinterradfederung	Vorderradbremse	Hinterradbremse	Vorderreifen	Hinterreifen	Gewicht incl. Kraftstoff und Öl (kg)	Tankinhalt (l)	Beschleun. 1 Pers. (0–100 km/h sec)	Höchstgeschwindigkeit, 1 Pers. (km/h)	Preis incl. MWSt (Mark)
Rau																								
z. B.:	Kawasaki GPZ 900 R	908	R 4	72,5×55	4-Takt	DOHC	4	11	W	74/100 9500	6	K	SZR	T	S	DSB	SB	110/90-18	150/70-18	220	22	3,6	245	22 800
	Honda CB 1100 R	1062	R 4	70×69	4-Takt	DOHC	4	10	L	74/100 9000	5	K	SZR	T	S	DSB	SB	110/90-18	150/70-18	218	26	3,7	235	23 500
Rickman (Kawasaki)	Z 1000 J/R	998	R 4	69,4×66	4-Takt	DOHC	2	9,2	L	72/98 8500	5	K	SDR	T	S	DSB	SB	3.50-18	120/90-18	225	18	4,1	215	15 500
Sera (Suzuki)	GSX 1100	1074	R 4	72×66	4-Takt	DOHC	4	9,5	L	74/100 8700	5	K	SGR	T	S	DSB	SB	110/90-18	140/80-18	220	20	3,6	230	24 500
Spaett (Honda)	Target-Egli CBX	1046	R 6	64,5×53,4	4-Takt	DOHC	4	9,3	L	74/100 9000	5	K	SZR	T	S	DSB	SB	100/90-18	130/80-18	242	24	4	232	30 000
Wüdo (BMW)	R 100 S	979	180° 2	94×70,6	4-Takt	OHV	2	9,5	L	52/70 7000	5	W	SDR	T	S	DSB	SB	110/90-18	150/70-18	226	18	–	200	30 000

Fahrgestelle für Honda-, Kawasaki-, Rotax-, Suzuki- und Yamaha-Motoren ab 500 cm³ — bis 24 000 (komplett)

1985

Hersteller	Typ	Hubraum (cm³)	Zyl.-Anordnung und -zahl	Bohrung und Hub (mm)	Arbeitsweise	Steuerung	Ventile/Zylinder	Verdichtung	Kühlung	Leistung (kW/PS bei 1/min)	Gänge	Hinterradantrieb	Rahmen	Vorderradfederung	Hinterradfederung	Vorderradbremse	Hinterradbremse	Vorderreifen	Hinterreifen	Gewicht incl. Kraftstoff und Öl (kg)	Tankinhalt (l)	Beschleun. 1 Pers. (0–100 km/h sec)	Höchstgeschwindigkeit, 1 Pers. (km/h)	Preis incl. MWSt (Mark)
Aprilia	RX 125	124	S 1	54×54	2-Takt	MB	–	14,5	W	7/9 7000	6	K	SER	T	S	SB	TB	3.00-21	4.00-18	91	8,5	–	100	6690
	RX 125	124	S 1	54×54	2-Takt	MB	–	14,5	W	25/34 10.750	6	K	SER	T	S	SB	TB	3.00-21	4.00-18	91	8,5	–	130	6690
	RX 250	246	S 1	72×61	2-Takt	DS	–	14	W	35/47 8000	5	K	SER	T	S	SB	TB	3.00-21	4.50-18	100	8,5	–	120	7100
	250 Tuareg	246	S 1	72×61	2-Takt	DS	–	14	W	35/47 8000	5	K	SER	T	S	SB	TB	3.00-21	4.25-18	127	22	7,7	136	7490
	TX 311 M	277	S 1	76×61	2-Takt	DS	–	8,5	W	13/17 6400	6	K	SER	T	S	SB	TB	2.75-21	4.00-18	85	6,5	–	125	6070
	ETX 350 E	349	S 1	79,5×70,4	4-Takt	OHC	4	9,6	L	20/27 7000	5	K	SDR	T	S	SB	SB	90/90-21	130/80-17	167	13	9,3	130	7290
	ETX 350 Tuareg	349	S 1	79,5×70,4	4-Takt	OHC	4	9,6	L	20/27 7000	5	K	SDR	T	S	SB	SB	90/90-21	130/80-17	170	24	–	140	7430
	ETX 600	562	S 1	94×81	4-Takt	OHC	4	9,4	L	36/49 6800	5	K	SDR	T	S	SB	SB	3.00-21	5.10-17	177	13	–	160	7890
	ETX 600 Tuareg	562	S 1	94×81	4-Takt	OHC	4	9,4	L	36/49 6800	5	K	SDR	T	S	SB	SB	3.00-21	5.10-17	189	30	–	155	7890
Benelli	125 Sport	125	S 1	42,5×44	2-Takt	SL	–	10,3	L	7/10 7600	5	K	SDR	T	ES	SB	TB	2.75-18	3.00-18	127	14	–	110	3790
	250 2 C	231	R 2	56×47	2-Takt	SL	–	10	L	13/17 7600	5	K	SDR	T	ES	SB	TB	3.00-18	3.25-18	134	17	–	125	3790
	304	231	R 4	44×38	4-Takt	OHC	2	10,5	L	20/27 10.500	5	K	SDR	T	ES	DSB	TB	3.00-18	3.25-18	134	11	11,1	135	4980
	654 t	604	R 4	60×53,4	4-Takt	OHC	2	9,3	L	37/50 8700	5	K	SDR	T	ES	DSB	SB	3.25-18	3.50-18	203	22	5,3	172	6665
	654 Sport	604	R 4	60×53,4	4-Takt	OHC	2	9,3	L	37/50 8700	5	K	SDR	T	ES	DSB	SB	3.25-18	3.50-18	203	22	6,3	165	6665
	900 Sei	905	R 6	60×53,4	4-Takt	OHC	2	9,5	L	59/80 8300	5	K	SDR	T	ES	DSB	SB	100/90-18	120/90-18	249	17	4,6	193	10.500
	900 Sei Sport	905	R 6	60×53,4	4-Takt	OHC	2	9,5	L	59/80 8300	5	K	SDR	T	ES	DSB	SB	120/80-16	150/70-18	231	17	4,2	201	13.800
BMW	R 80 G/S	797	180° 2	84,8×70,6	4-Takt	OHV	2	8,2	L	37/50 6500	5	W	SDR	T	ES	SB	TB	3.00-21	4.00-18	196	19,5	5,6	173	10.250
	R 80 G/S Paris–Dakar	797	180° 2	84,8×70,6	4-Takt	OHV	2	8,2	L	37/50 6500	5	W	SDR	T	ES	SB	TB	3.00-21	4.00-18	219	33,5	6,4	164	10.950
	R 65	649	180° 2	82×61,5	4-Takt	OHV	2	8,4	L	20/27 5500	5	W	SDR	T	ES	SB	TB	90/90-18	120/90-18	205	22	8,6	147	9200
	R 65	649	180° 2	82×61,5	4-Takt	OHV	2	8,7	L	35/48 7250	5	W	SDR	T	ES	SB	TB	90/90-18	120/90-18	205	22	5,7	178	9530
	R 80	797	180° 2	84,8×70,6	4-Takt	OHV	2	8,2	L	37/50 6500	5	W	SDR	T	ES	SB	TB	90/90-18	120/90-18	207	22	5,4	181	10.800
	R 80 RT	797	180° 2	84,8×70,6	4-Takt	OHV	2	8,2	L	37/50 6500	5	W	SDR	T	ES	SB	TB	90/90-18	120/90-18	243	22	6,5	163	13.150
	R 100 RS	979	180° 2	94×70,6	4-Takt	OHV	2	8,4	L	44/60 6500	5	W	SDR	T	ES	DSB	TB	90/90-18	120/90-18	243	22	5,4	186	15.700
	K 75	740	R 3	67×70	4-Takt	DOHC	2	11	W	55/75 8500	5	W	SDR	T	ES	DSB	TB	100/90-18	120/90-18	236	21	5,2	200	11.990
	K 75 C	740	R 3	67×70	4-Takt	DOHC	2	11	W	55/75 8500	5	W	SDR	T	ES	DSB	TB	100/90-18	120/90-18	236	21	4,8	200	13.250
	K 75 S	740	R 3	67×70	4-Takt	DOHC	2	11	W	55/75 8500	5	W	SDR	T	ES	DSB	TB	100/90-18	120/90-18	235	21	5,5	199	14.390
	K 75 S Special	740	R 3	67×70	4-Takt	DOHC	2	11	W	55/75 8500	5	W	SDR	T	ES	DSB	TB	100/90-18	130/90-17	235	21	4,6	210	14.900
	K 100	987	R 4	67×70	4-Takt	DOHC	2	10,2	W	66/90 8000	5	W	SDR	T	ES	DSB	TB	100/90-18	130/90-17	243	22	3,9	218	14.400
	K 100 RT	987	R 4	67×70	4-Takt	DOHC	2	10,2	W	66/90 8000	5	W	SDR	T	ES	DSB	TB	100/90-18	130/90-17	272	22	4,5	206	17.650
	K 100 LT	987	R 4	67×70	4-Takt	DOHC	2	10,2	W	66/90 8000	5	W	SDR	T	ES	DSB	TB	100/90-18	130/90-17	273	22	4,1	215	18.530
	K 100 RS	987	R 4	67×70	4-Takt	DOHC	2	10,2	W	66/90 8000	5	W	SDR	T	ES	DSB	TB	100/90-18	130/90-17	260	22	4,4	222	17.250

1986

Hersteller	Typ	Hubraum (cm³)	Zyl.-Anordnung und -zahl	Bohrung und Hub (mm)	Arbeitsweise	Steuerung	Ventile/Zylinder	Verdichtung	Kühlung	Leistung (kW/PS bei 1/min)	Gänge	Hinterradantrieb	Rahmen	Vorderradfederung	Hinterradfederung	Vorderradbremse	Hinterradbremse	Vorderreifen	Hinterreifen	Gewicht incl. Kraftstoff und Öl (kg)	Tankinhalt (l)	Beschleun. 1 Pers. (0-100 km/h sec)	Höchstgeschwindigkeit, 1 Pers. (km/h)	Preis incl. MWSt (Mark)
	K 100 RS Motorsport	987	R 4	67×70	4-Takt	DOHC	2	10,2	W	66/90 8000	5	W	SDR	T	ES	DSB	SB	100/90-18	140/80-17	259	19,5	4,4	221	17 160
Cagiva	650 Elefant	649	90° V 2	82×61,5	4-Takt	DES	2	10	L	37/50 8400	5	K	SDR	T	S	SB	SB	90/90-21	130/80-17	208	18	5,8	168	12 999
	650 Alazzurra	649	90° V 2	82×61,5	4-Takt	DES	2	10	L	37/50 8400	5	K	SDR	T	S	DSB	TB	100/90-18	110/90-18	207	18	5,5	175	9980
	650 Alazzurra	649	90° V 2	82×61,5	4-Takt	DES	2	10	L	41/56 8250	5	K	SDR	T	S	DSB	SB	100/70-18	110/90-18	202	18	–	192	9980
Ducati	750 F 1	748	90° V 2	88×61,5	4-Takt	DES	2	9,3	L	52/70 8000	5	K	SGR	T	S	DSB	SB	120/80-16	130/80-18	189	18	4,8	206	18 499
	750 Paso	748	90° V 2	88×61,5	4-Takt	DES	2	10	L	54/73 7900	5	K	SGR	T	S	DSB	SB	130/60-16	160/60-16	222	22	4,7	201	17 999
	1000 SS Hailwood-Replica	973	90° V 2	88×80	4-Takt	DES	2	9,3	L	56/76 6700	5	K	SGR	T	S	DSB	SB	100/90-18	130/80-18	230	24	–	220	18 140
	1000 S 2	973	90° V 2	88×80	4-Takt	DES	2	9,3	L	56/76 6700	5	K	SGR	T	S	DSB	SB	100/90-18	130/80-18	230	18	–	220	15 140
Enfield India	350 Bullet	346	S 1	70×90	4-Takt	OHV	2	6,5	L	13/17 5620	4	K	SER	T	S	TB	TB	3,25-19	3,25-19	170	15	–	110	4890
	350 Bullet de Luxe	346	S 1	70×90	4-Takt	OHV	2	6,5	L	13/17 5620	4	K	SER	T	S	TB	TB	3,25-19	3,25-19	170	15	–	110	4990
Fantic	125 Raider LC	124	S 1	55,2×52	2-Takt	SL	–	12	W	12/16 7250	6	K	SDR	T	S	SB	TB	3,00-21	4,10-18	111	13	–	105	4349
	250 Raider LC	249	S 1	74×58	2-Takt	SL	–	11	W	18/25 6200	6	K	SDR	T	S	SB	TB	3,00-21	4,60-17	134	14	11,1	122	6400
Gilera	RX 200 Enduro	183	S 1	68×50,5	2-Takt	MB	–	12,5	W	13/17 7000	6	K	SDR	T	S	SB	TB	2,45-21/45	4,60-17/62	136	13	–	115	5820
	RX 200 Arizona	183	S 1	68×50,5	2-Takt	MB	–	12,5	W	13/17 7000	6	K	SDR	T	S	SB	TB	2,45-21/45	4,60-17/62	140	16	–	105	5890
	RV 200	183	S 1	68×50,5	2-Takt	MB	–	12,5	W	13/17 6500	6	K	SDR	T	S	SB	TB	3,25-16	3,50-18	143	19	–	115	5990
	NGR 250	249	S 1	71,5×62	2-Takt	DS	–	12,5	W	20/27 6750	5	K	SDR	T	S	DSB	SB	100/90-16	110/90-18	160	22	–	138	7495
	NGR 250	249	S 1	71,5×62	2-Takt	DS	–	13,5	W	24/33 7500	5	K	SDR	T	S	DSB	SB	100/90-16	110/90-18	160	22	7,8	155	7495
Harley-Davidson	XLH Sportster 883 Evolution	883	45° V 2	76,2×96,8	4-Takt	OHV	2	9	L	20/27 4800	4	ZR	SDR	T	S	SB	SB	MJ 90-19	MT 90-16	222	8,5	–	129	13 630
	XLH Sportster 883 Evolution	883	45° V 2	76,2×96,8	4-Takt	OHV	2	9	L	34/46 6000	4	ZR	SDR	T	S	SB	SB	MJ 90-19	MT 90-16	222	8,5	7,6	149	13 630
	XLH Sportster 883 Evol. De Luxe	883	45° V 2	76,2×96,8	4-Takt	OHV	2	9	L	34/46 6000	4	ZR	SDR	T	S	SB	SB	MJ 90-19	MT 90-16	222	8,5	7,6	149	14 280
	XLH Sportster 1100 Evolution	1101	45° V 2	85,1×96,8	4-Takt	OHV	2	9	L	37/50 5500	4	ZR	SDR	T	S	SB	SB	MJ 90-19	MT 90-16	222	8,5	5,8	164	16 245
	XLH Sportster 1100 Ev. De Luxe	1101	45° V 2	85,1×96,8	4-Takt	OHV	2	9	L	40/54 6000	4	ZR	SDR	T	S	SB	SB	MJ 90-19	MT 90-16	222	8,5	–	165	16 670
	FXR 1340 Super Glide	1337	45° V 2	88,8×108	4-Takt	OHV	2	8,5	L	43/58 5000	5	ZR	SDR	T	S	DSB	SB	MJ 90-19	MT 90-16	276	15	–	170	21 610 – 21 835
	FXRS 1340 Low Rider	1337	45° V 2	88,8×108	4-Takt	OHV	2	8,5	L	43/58 5000	5	ZR	SDR	T	S	DSB	SB	MJ 90-19	MT 90-16	276	15	–	160	24 080 – 24 305
	FXRS 1340 Low Rider Custom	1337	45° V 2	88,8×108	4-Takt	OHV	2	8,5	L	43/58 5000	5	ZR	SDR	T	S	DSB	SB	MJ 90-19	MT 90-16	280	15	–	165	25 865 – 26 290
	FXRS 1340 Low Rider Sport Ed.	1337	45° V 2	88,8×108	4-Takt	OHV	2	8,5	L	43/58 5000	5	ZR	SDR	T	S	DSB	SB	MJ 90-19	MT 90-16	278	15	6,4	167	24 505 – 24 930
	FXST 1340 Softail	1337	45° V 2	88,8×108	4-Takt	OHV	2	8,5	L	43/58 5000	5	ZR	SDR	T	S	SB	SB	MH 90-21	MT 90-16	290	19	–	170	25 355 – 25 580

Hersteller	Typ	Hubraum (cm³)	Zyl.-Anordnung und -zahl	Bohrung und Hub (mm)	Arbeitsweise	Steuerung	Ventile/Zylinder	Verdichtung	Kühlung	Leistung (kW/PS bei 1/min)	Gänge	Hinterradantrieb	Rahmen	Vorderradfederung	Hinterradfederung	Vorderradbremse	Hinterradbremse	Vorderreifen	Hinterreifen	Gewicht incl. Kraftstoff und Öl (kg)	Tankinhalt (l)	Beschleun. 1 Pers. (0–100 km/h sec)	Höchstgeschwindigkeit, 1 Pers. (km/h)	Preis incl. MWSt (Mark)
	FXST 1340 Softail Custom	1337	45° V 2	88,8×108	4-Takt	OHV	2	8,5	L	43/58 5000	5	ZR	SDR	T	S	SB	SB	MH 90-21	MT 90-16	298	19	–	167	26 490 – 26 915
	FXRT 1340 Sport Glide	1337	45° V 2	88,8×108	4-Takt	OHV	2	8,5	L	43/58 5000	5	ZR	SDR	T	S	SB	SB	MM 90-19	MT 90-16	310	15	–	160	26 905 – 26 850
	FLHT 1340 Electra Glide	1337	45° V 2	88,8×108	4-Takt	OHV	2	8,5	L	48/65 5000	5	ZR	SDR	T	S	DSB	SB	MT 80-16 T	MT 90-16 T	345	18	–	150	27 390 – 27 680
	FLHTC 1340 El. Glide Classic	1337	45° V 2	88,8×108	4-Takt	OHV	2	8,5	L	48/65 5000	5	ZR	SDR	T	S	DSB	SB	MT 80-16 T	MT 90-16 T	350	18	–	150	28 140
	FLTC 1340 Tour Glide Classic	1337	45° V 2	88,8×108	4-Takt	OHV	2	8,5	L	48/65 5000	5	ZR	SDR	T	S	DSB	SB	MT 80-16 T	MT 90-16 T	360	18	–	150	29 085
Hercules	K 125 Military	124	S 1	54×54	2-Takt	SL	–	9	L	9/12,5 7000	5	K	SDR	S	S	TB	TB	3,25-18	3,50-18	135	15	–	94	6695
Honda	MTX 200 R	194	S 1	67×55	2-Takt	MB	–	7,5	W	20/27 7500	6	K	SER	T	S	SB	TB	2,75-21	4,10-18	114	9	6,2	118	5108
	XL 250 R	249	S 1	75×56,5	4-Takt	OHC	4	10,2	L	13/17 8000	6	K	SER	T	S	TB	SB	3,00-21	4,60-17	131	9	–	110	5408
	XL 250 R	249	S 1	75×56,5	4-Takt	OHC	4	10,2	L	18/24 8000	6	K	SER	T	S	TB	SB	3,00-21	4,60-17	131	9	–	128	5408
	XL 350 R	340	S 1	84×61,3	4-Takt	OHC	4	9,5	L	13/17 7000	6	K	SER	T	S	SB	SB	3,00-21	4,60-17	137	11	–	110	6090
	XL 350 R	340	S 1	84×61,3	4-Takt	OHC	4	9,5	L	20/27 7500	6	K	SER	T	S	SB	SB	3,00-21	4,60-17	137	11	9,1	134	6090
	XL 600 R	589	S 1	100×75	4-Takt	OHC	4	8,5	L	20/27 5500	5	K	SER	T	S	SB	SB	3,00-21	5,10-17	146	12	–	135	7450
	XL 600 R	589	S 1	100×75	4-Takt	OHC	4	8,5	L	32/44 6500	5	K	SER	T	S	SB	SB	3,00-21	5,10-17	146	12	5,6	151	7450
	XL 600 LM	591	S 1	97×80	4-Takt	OHC	4	8,8	L	32/44 6500	5	K	SER	T	S	SB	SB	3,00-21	5,10-17	189	28	6,5	144	8420
	XL 600 RM	591	S 1	97×80	4-Takt	OHC	4	8,8	L	20/27 6000	5	K	SER	T	S	SB	SB	3,00-21	5,10-17	169	13	–	135	7700
	XL 600 RM	591	S 1	97×80	4-Takt	OHC	4	8,8	L	32/44 6500	5	K	SER	T	S	SB	SB	3,00-21	5,10-17	169	13	7,2	142	7700
	XLV 750 R	749	45° V 2	79,5×75,5	4-Takt	OHC	3	8,4	L	45/61 7000	5	W	SER	T	S	SB	TB	90/90-21	130/80-17	220	19,5	5,5	174	10 038
	CB 125 T 2	125	R 2	44×41	4-Takt	OHC	2	9,4	L	7/10 10 500	6	K	SER	T	S	TB	TB	3,00-18	3,25-18	126	10	–	100	3352
	CB 125 T 2	125	R 2	44×41	4-Takt	OHC	2	9,4	L	13/17 11 500	6	K	SER	T	S	TB	TB	3,00-18	3,25-18	126	10	16,1	128	3352
	CM 125 C	125	R 2	44×41	4-Takt	OHC	2	9,4	L	7/10 9000	4	K	SER	T	S	TB	TB	3,25-18	110/90-16	139	13	–	91	3554
	CM 200 T	194	R 2	53×44	4-Takt	OHC	2	8,8	L	7/10 7000	4	K	SER	T	S	TB	TB	3,00-17	3,50-16	138	11	–	100	3133
	CM 200 T	194	R 2	53×44	4-Takt	OHC	2	8,8	L	13/17 9000	4	K	SER	T	S	TB	TB	3,00-17	3,50-16	138	11	15,1	119	3133
	CB 250 N	250	R 2	62×41,4	4-Takt	OHC	3	9,4	L	13/17 8500	6	K	SER	T	S	TB	SB	3,60-19	4,10-18	186	14	19,1	125	4860
	NS 400 R	387	90° V 3	57×50,6	2-Takt	MB	–	7	W	53/72 9500	6	K	LDR	T	S	DSB	TB	100/90-18	110/90-17	192	19	4,9	207	10 230
	CB 450 N	447	R 2	75×50,6	4-Takt	OHC	3	9,1	L	20/27 7000	6	K	SER	T	S	DSB	TB	3,60-19	4,10-18	189	17	10	141	5188
	CB 450 N	447	R 2	75×50,6	4-Takt	OHC	3	9,3	L	32/43 9000	6	K	SER	T	S	DSB	TB	3,60-19	4,10-18	189	17	–	178	5188
	CB 450 S	447	R 2	75×50,6	4-Takt	OHC	3	9,1	L	20/27 7000	6	K	SER	T	S	DSB	TB	100/90-18	110/90-18	185	18	10,6	141	6145
	CB 450 S	447	R 2	75×50,6	4-Takt	OHC	3	9,3	L	32/44 9000	6	K	SER	T	S	DSB	TB	100/90-18	110/90-18	185	18	7	163	6145
	XBR 500	498	S 1	92×75	4-Takt	OHC	4	8,9	L	20/27 6000	5	K	SER	T	S	SB	TB	100/90-18	110/90-18	182	20	9,4	145	6450
	XBR 500	498	S 1	92×75	4-Takt	OHC	4	8,9	L	32/44 7000	5	K	SER	T	S	SB	TB	100/90-18	110/90-18	182	20	6,2	171	6450
	VT 500 E	491	52° V 2	71×62	4-Takt	OHC	3	10,5	W	20/27 6000	6	W	SDR	T	S	TB	TB	100/90-18	120/80-18	204	17	8,4	137	7900

1986

Hersteller	Typ	Hubraum (cm³)	Zyl.-Anordnung und -zahl	Bohrung und Hub (mm)	Arbeitsweise	Steuerung	Ventile/Zylinder	Verdichtung	Kühlung	Leistung (kW/PS bei 1/min)	Gänge	Hinterradantrieb	Rahmen	Vorderradfederung	Hinterradfederung	Vorderradbremse	Hinterradbremse	Vorderreifen	Hinterreifen	Gewicht incl. Kraftstoff und Öl (kg)	Tankinhalt (l)	Beschleun. 1 Pers. (0–100 km/h sec)	Höchstgeschwindigkeit, 1 Pers. (km/h)	Preis incl. MWSt (Mark)
Horex	VT 500 E	491	52° V 2	71×62	4-Takt	OHC	3	10,5	W	37/50 9000	6	W	SDR	T	S	SB	TB	100/90-18	120/80-18	204	17	5,7	187	7900
	VT 500 C	491	52° V 2	71×62	4-Takt	OHC	3	10,5	W	20/27 6000	6	W	SDR	T	S	SB	TB	3,50-18	130/90-16	201	11,5	8,3	137	8050
	VT 500 C	491	52° V 2	71×62	4-Takt	OHC	3	10,5	W	37/50 9000	6	W	SDR	T	S	SB	TB	3,50-18	130/90-16	201	11,5	5,7	160	8050
	VF 500 F	497	90° V 4	60×44	4-Takt	DOHC	4	11	W	52/70 11500	6	K	SDR	T	S	DSB	SB	100/90-16	110/90-18	206	17	4,8	199	9003
	VF 500 F 2	497	90° V 4	60×44	4-Takt	DOHC	4	11	W	52/70 11500	6	K	SDR	T	S	DSB	SB	100/90-16	110/90-18	206	17	4,9	206	9933
	CBX 650 E	656	R 4	60×58	4-Takt	DOHC	4	9,5	L	37/50 8000	6	W	SDR	T	S	DSB	SB	100/90-19	130/90-16	220	18	4,8	175	8575
	CBX 650 E	656	R 4	60×58	4-Takt	DOHC	4	9,5	L	55/75 9500	6	W	SDR	T	S	DSB	SB	100/90-19	130/90-16	220	18	4,2	202	8575
	CBX 750 F	747	R 4	67×53	4-Takt	DOHC	4	9,3	L	67/91 9500	6	W	SDR	T	S	DSB	SB	110/90-16	130/80-18	241	22	4,3	211	10235
	VF 750 F	748	90° V 4	70×48,6	4-Takt	DOHC	4	10,5	W	66/90 10000	5	W	SDR	T	S	DSB	SB	120/80-16	130/80-18	248	19	4	216	10518
	VF 750 C	748	90° V 4	70×48,6	4-Takt	DOHC	4	10,5	W	60/82 9500	6	W	SDR	T	S	DSB	SB	110/90-16	130/90-16	240	14	4,5	187	10123
	VFR 750 F	748	90° V 4	70×48,6	4-Takt	DOHC	4	10,5	W	74/100 10500	5	W	SDR	T	S	DSB	SB	110/90-18	130/80-18	230	20	3,6	235	12750
	VF 1000 F	998	90° V 4	77×53,6	4-Takt	DOHC	4	10,5	W	74/100 9500	5	W	SDR	T	S	DSB	SB	100/90-18	140/80-17	272	23	3,6	225	13653
	VF 1000 F 2	998	90° V 4	77×53,6	4-Takt	DOHC	4	11	W	74/100 9500	5	W	SDR	T	S	DSB	SB	100/90-18	140/80-17	277	23	3,6	232	14673
	VF 1000 R	998	90° V 4	77×53,6	4-Takt	DOHC	4	12,6	W	74/100 9000	5	W	SDR	T	S	DSB	SB	120/80-18	140/80-17	272	25	3,4	249	13658
	VFR 1000 F 2	998	90° V 4	77×53,6	4-Takt	DOHC	4	10	W	74/100 8500	5	W	SDR	T	S	DSB	SB	100/90-18	140/90-16	277	23	3,5	233	14680
	VF 1100 C	1097	90° V 4	79,5×55,3	4-Takt	OHV	2	9,6	W	69/94 7000	5	W	SDR	T	S	DSB	SB	110/90-18	150/90-15	268	18	4,1	193	13213
	GL 1200 DX Gold Wing	1181	180° 4	75,5×66	4-Takt	OHC	4	9	L	35/48 7500	5	S-A	SDR	T	S	DSB	SB	130/90-16	130/90-16	333	22	5	191	18978
Husqvarna	Columbus 600	562	S 1	94×81	4-Takt	OHC	4	14,6	W	7/10 8500	6	K	SER	T	S	TB	TB	110/90-21	4.50-18	166	17	–	185	16500
	125 WR	123	S 1	55×52	2-Takt	MB	–	12,3	W	13/17 5500	6	K	SER	T	S	TB	TB	3.00-21	5.00-18	98	11	–	95	6795
	240 WR	239	S 1	68,75×64,5	2-Takt	MB	–	12,5	W	13/17 5500	6	K	SER	T	S	TB	TB	3.00-21	5.00-18	108	12,5	10,5	110	7795
	400 WR	395	S 1	82,5×74	2-Takt	MB	–	12,6	W	13/17 5500	6	K	SER	T	S	TB	TB	3.00-21	5.00-18	110	10,5	–	110	7995
	430 Automatic	430	S 1	86×74	2-Takt	OHV	4	10	W	13/17 7200	4	K	SER	T	S	TB	TB	3.00-21	5.00-18	107	12	–	110	8495
	510 TE/LC	502	S 1	91,5×76,4	4-Takt	SL	–	10,2	L	19/26 5500	4	K	SDR	T	S	SB	TB	3.00-21	3.50-18	116	10	–	110	9595
Jawa	350/638.5	343	R 2	58×65	2-Takt	SL	–	10,2	L	19/26 5500	4	K	SDR	T	S	SB	TB	3.25-18	3.50-18	156	17	10,5	133	3500
	350/638.5-Gespann	343	R 2	58×65	2-Takt		–				4	K	SDR	T	S	SB	TB	3.25-18	3.50-18	225	17	–	100	5845
Kawasaki	KMX 125	125	S 1	54×54,4	2-Takt	MB	–	7,8	W	13/17 8500	6	K	SER	T	S	SB	TB	2.75-21	4.10-18	118	9	–	107	4740
	KLR 250	249	S 1	74×58	4-Takt	DOHC	4	11	W	13/17 9000	6	K	SER	T	S	SB	TB	3.00-21	4.60-17	134	11	8,8	133	5890
	KLR 250	249	S 1	74×58	4-Takt	DOHC	4	11	W	20/27 9000	6	K	SER	T	S	SB	TB	3.00-21	4.60-17	134	11	–	143	5890
	KLR 600	564	S 1	96×78	4-Takt	DOHC	4	9,5	W	20/27 6000	5	K	SER	T	S	SB	TB	90/90-21	130/80-17	155	11,5	7,6	130	7690

Hersteller	Typ	Hubraum (cm³)	Zyl.-Anordnung und -zahl	Bohrung und Hub (mm)	Arbeitsweise	Steuerung	Ventile/Zylinder	Verdichtung	Kühlung	Leistung (kW/PS bei 1/min)	Gänge	Hinterradantrieb	Rahmen	Vorderradfederung	Hinterradfederung	Vorderradbremse	Hinterradbremse	Vorderreifen	Hinterreifen	Gewicht incl. Kraftstoff und Öl (kg)	Tankinhalt (l)	Beschleun., 1 Pers. (0–100 km/h sec)	Höchstgeschwindigkeit, 1 Pers. (km/h)	Preis incl. MWSt (Mark)
	KLR 600 E	564	S 1	96×78	4-Takt	DOHC	4	9,5	W	31/42 7000	5	K	SER	T	S	SB	TB	90/90-21	130/80-17	155	11,5	6	146	7690
	GPZ 305 Belt Drive	306	R 2	61×52,4	4-Takt	OHC	2	9,7	L	13/17 7500	6	ZR	SDR	T	S	DSB	TB	90/90-18	110/80-18	164	16,5	–	125	5690
	GPZ 305 Belt Drive	306	R 2	61×52,4	4-Takt	OHC	2	9,7	L	20/27 10000	6	ZR	SDR	T	S	DSB	TB	90/90-18	110/80-18	164	16,5	8,8	140	5690
	Z 450 LTD	454	R 2	72,5×55	4-Takt	DOHC	4	10,7	L	20/27 8500	6	ZR	SDR	T	S	SB	TB	100/90-19	140/90-15	199	11	8	132	7290
	Z 450 LTD	454	R 2	72,5×55	4-Takt	DOHC	4	10,7	L	37/50 9500	6	ZR	SDR	T	S	DSB	TB	100/90-19	140/90-15	199	11	–	162	7290
	GPZ 550	553	R 4	58×52,4	4-Takt	DOHC	2	10	L	37/50 8500	6	K	SDR	T	S	SB	TB	100/90-18	120/80-18	209	18	–	176	8040
	GPZ 550	553	R 4	58×52,4	4-Takt	DOHC	2	10	L	48/65 10500	6	K	SDR	T	S	DSB	TB	100/90-18	120/80-18	209	18	4,6	196	8040
	Z 550 GT	553	R 4	58×52,4	4-Takt	DOHC	2	9,5	L	37/50 8500	6	W	SDR	T	S	DSB	TB	100/90-19	120/90-18	221	22	5	177	7940
	Z 550 Sport	553	R 4	58×52,4	4-Takt	DOHC	4	9,5	L	37/50 8500	6	K	SDR	T	S	DSB	TB	3,25-19	4,00-18	208	18,5	4,9	184	6790
	GPZ 600 R	592	R 4	60×52,4	4-Takt	DOHC	4	11	W	55/75 10500	6	K	SDR	T	S	DSB	TB	110/90-16	130/80-16	217	18	–	178	10290
	GPZ 600 R	592	R 4	60×52,4	4-Takt	DOHC	4	11	W	55/75 10500	6	K	SDR	T	S	DSB	TB	110/90-16	130/80-16	217	18	4,3	216	10290
	ZL 600	592	R 4	60×52,4	4-Takt	DOHC	4	11	W	54/74 10500	5	W	SDR	T	S	SB	TB	100/90-19	150/80-15	209	12	4,6	192	10090
	Z 750 GT	739	R 4	66×54	4-Takt	DOHC	2	9,5	L	57/78 9500	5	W	SDR	T	S	DSB	TB	100/90-19	120/90-18	243	24,5	4,6	198	9190
	Z 750 Sport	739	R 4	66×54	4-Takt	DOHC	2	9,5	L	59/80 9500	5	K	SDR	T	S	DSB	TB	100/90-19	130/90-18	234	21	4,1	204	8740
	Z 750 Turbo	739	R 4	66×54	4-Takt/Turbo	DOHC	2	7,8	L	74/100 9000	5	K	SDR	T	S	DSB	TB	100/90-18	130/80-18	254	18	3,7	225	10290
	GPZ 750	739	R 4	66×54	4-Takt	DOHC	2	9,5	L	64/87 9500	5	K	SDR	T	S	DSB	TB	120/80-16	150/80-16	241	18	3,9	216	10290
	GPZ 750 R	748	R 4	70×48,6	4-Takt	DOHC	4	10,5	W	68/92 10000	6	K	SDR	T	S	DSB	TB	100/90-16	140/70-18	255	22	4	224	10690
	GPX 750 R	748	R 4	68×51,5	4-Takt	DOHC	4	11,2	W	74/100 10500	6	K	SDR	T	S	DSB	TB	110/90-16	140/70-18	222	21	3,8	235	12950
	VN 750 Twin	749	55° V 2	84,9×66,2	4-Takt	DOHC	4	10,3	W	37/50 7500	5	K	SDR	T	S	DSB	TB	100/90-19	150/90-15	244	13,5	7,1	162	10790
	GPZ 900 R	908	R 4	72,5×55	4-Takt	DOHC	4	11	W	74/100 9500	6	K	SDR	T	S	DSB	TB	120/80-16	150/80-16	257	22	3,6	240	13090
	GPZ 1000 RX	997	R 4	74×58	4-Takt	DOHC	4	10,2	W	74/100 9500	5	K	SDR	T	S	DSB	TB	120/80-16	150/80-16	267	21	3,6	243	14790
	Z 1000 GTR	997	R 4	74×58	4-Takt	DOHC	4	10,2	W	74/100 9000	5	W	SER	T	S	DSB	TB	110/80-18	150/80-16	296	28,5	3,9	194	15940
	GPZ 1100	1089	R 4	72,5×66	4-Takt	DOHC	2	9,5	L	74/100 8750	5	K	SER	T	S	DSB	TB	110/90-18	130/90-17	266	20	3,6	240	10780
	Z 1300 DFI	1285	R 6	62×71	4-Takt	DOHC	2	9,3	W	74/100 7750	5	W	SER	T	S	DSB	TB	110/90-18	130/90-17	324	27	4,1	208	15990
Kreidler	Mustang 125	123	S 1	55×52	2-Takt	SL	–	10	W	12/16 7250	5	K	SER	T	S	SB	TB	2,75-18	3,25-18	110	11	–	110	4998
KTM	125 Enduro Sport	124	S 1	54×54	2-Takt	MB	–	14	W	5,6,8 6500	6	K	SER	T	S	TB	TB	3,00-21	4,00-18	109	9,5	–	83	6190
	250 GS Enduro Sport	247	S 1	67,5×69	2-Takt	MB	–	15	W	13/17 6500	5	K	SER	T	S	SB	TB	3,00-21	4,50-18	117	9,5	–	110	7100
	300 GS Enduro Sport	273	S 1	71×69	2-Takt	MB	–	15	W	12/16 6500	5	K	SER	T	S	SB	TB	3,00-21	4,50-18	117	9,5	–	110	7550
	600 Enduro Sport	562	S 1	94×81	4-Takt	OHC	4	9,6	L	20/27 6500	5	K	SER	T	S	SB	TB	3,00-21	4,50-18	140	13	–	130	7990
	XC 600 Enduro Sport	562	S 1	94×81	4-Takt	OHC	4	9,6	L	20/27 6500	5	K	SER	T	S	SB	TB	3,00-21	4,00-18	140	13	–	130	7650
	XC 600 E Enduro Sport	562	S 1	94×81	4-Takt	OHC	4	9,6	L	25/34 6500	5	K	SER	T	S	SB	TB	3,00-21	130/80-18	159	14	7,8	128	7990

1986

Hersteller	Typ	Hubraum (cm³)	Zyl.-Anordnung und -zahl	Bohrung und Hub (mm)	Arbeitsweise	Steuerung	Ventile/Zylinder	Verdichtung	Kühlung	Leistung (kW/PS bei 1/min)	Gänge	Hinterradantrieb	Rahmen	Vorderradfederung	Hinterradfederung	Vorderradbremse	Hinterradbremse	Vorderreifen	Hinterreifen	Gewicht incl. Kraftstoff und Öl (kg)	Tankinhalt (l)	Beschleun. 1 Pers. (0–100 km/h sec)	Höchstgeschwindigkeit, 1 Pers. (km/h)	Preis incl. MWSt (Mark)
Laverda	OR 600 Atlas	571	R 2	76×63	4-Takt	DOHC	4	9	L	37/50 8200	6	K	SDR	T	S	SB	SB	90/90-21	5.10-17	178	27	–	175	10 370
	1000 RGS/2	980	R 3	75×74	4-Takt	DOHC	2	9	L	60/82 7900	5	K	SDR	T	S	DSB	SB	100/90-18	120/90-18	269	22	4,4	225	13 970
	1000 RGS-Jota	980	R 3	75×74	4-Takt	DOHC	2	9	L	60/82 7900	5	K	SDR	T	S	DSB	SB	100/90-18	120/90-18	265	22	4,6	215	13 370
	1000 SFC	996	R 3	75,6×74	4-Takt	DOHC	2	10	L	70/95 8000	5	K	SDR	T	S	DSB	SB	100/90-18	130/90-18	253	22	4,1	221	16 370
Maico	GME 250	247	S 1	67×70	2-Takt	MB	–	14,7	L	13/17 5400	5	K	SDR	T	S	SB	TB	3.00-21	4.10-18	105	10	–	100	7 410
	GME 250	247	S 1	67×70	2-Takt	MB	–	14,7	L	35/47 8000	5	K	SDR	T	S	SB	TB	3.00-21	4.10-18	105	10	–	–	7 410
	GME 500	488	S 1	86,5×83	2-Takt	MB	–	12	L/W	13/17 5400	5	K	SDR	T	S	SB	TB	3.00-21	5.10-18	109	10	–	100	7150/7510
	GME 500	488	S 1	86,5×83	2-Takt	MB	–	12	L/W	45/61 7000	5	K	SDR	T	S	SB	TB	3.00-21	5.10-18	109	10	–	–	7150/7510
Malanca	125 Mark Enduro	125	R 2	43×43	2-Takt	SL	–	11	W	13/17 8500	5	K	SER	T	S	SB	TB	2.75-21	3.50-18	119	13	11,8	112	5 102
	125 M 6 ob one	125	R 2	43×43	2-Takt	SL	–	11	W	18/25 11 000	6	K	SDR	T	S	DSB	SB	3.00-21	3.00-18	116	13	10,4	140	5 875
	125 M 6 ob one Racing	125	R 2	43×43	2-Takt	SL	–	11	W	18/25 11 000	6	K	SDR	T	S	DSB	SB	2.75-16	3.00-18	116	13	10,4	140	6 430
Morini	125 KJ Kanguro	123	S 1	59×45	4-Takt	OHV	2	11,7	L	10/13 10 000	6	K	SDR	T	S	SB	SB	2.75-21	4.00-18	119	7,5	–	110	4 950
	350 Kanguro	344	72° V 2	62×57	4-Takt	OHV	2	11	L	20/27 7900	5	K	SDR	T	S	DSB	SB	3.00-21	4.00-18	150	10	10	123	8 495
	501 Camel	507	72° V 2	71×64	4-Takt	OHV	2	11,5	L	32/43 8500	5	K	SDR	T	S	SB	SB	3.00-21	4.00-18	154	14	9	150	8 999
	3½ Klassik	344	72° V 2	62×57	4-Takt	OHV	2	11	L	20/27 7800	5	K	SDR	T	S	DSB	SB	100/90-18	3.50-18	144	14	–	140	8 775
	350 K 2	344	72° V 2	62×57	4-Takt	OHV	2	11	L	20/27 7800	5	K	SDR	T	S	DSB	SB	100/90-18	3.50-18	160	15	9,8	141	7795–8485
	350 Excalibur	344	72° V 2	62×57	4-Takt	OHV	2	11	L	20/27 7800	5	K	SDR	T	S	DSB	SB	100/90-18	130/90-18	181	17	–	145	8 995
	500 Sei-V Klassik	478	72° V 2	69×64	4-Takt	OHV	2	11,2	L	31/42 7500	6	K	SDR	T	S	DSB	SB	3.25-18	4.00-18	180	16	12,2	155	10 950
	501 Excalibur	507	72° V 2	71×64	4-Takt	OHV	2	11,5	L	30/41 8500	6	K	SDR	T	S	SB	SB	100/90-18	130/90-16	193	17	7	149	10 850
Moto Guzzi	V 65 TT	643	90° V 2	80×64	4-Takt	OHV	2	9,8	L	33/45 7500	5	W	SDR	T	S	SB	SB	3.00-21	4.00-18	184	13	6,8	156	8 850
	V 35 II	346	90° V 2	66×50,6	4-Takt	OHV	2	10,5	L	20/27 7900	5	W	SDR	T	S	DSB	SB	90/90-18	100/90-18	175	16	9,4	142	5 950
	V 35 III	346	90° V 2	66×50,6	4-Takt	OHV	2	10,5	L	20/27 7900	5	W	SDR	T	S	DSB	SB	100/90-16	110/80-18	173	17	9,4	145	7 920
	V 65 II	643	90° V 2	80×64	4-Takt	OHV	2	10	L	34/50 6900	5	W	SDR	T	S	DSB	SB	100/90-18	110/90-18	192	17	6	178	7 888
	V 65 Florida	643	90° V 2	80×64	4-Takt	OHV	2	10	L	20/27 5200	5	W	SDR	T	S	DSB	SB	100/90-16	130/90-16	197	15	–	136	8 990
	V 65 Florida	643	90° V 2	80×64	4-Takt	OHV	2	10	L	35/48 7200	5	W	SDR	T	S	DSB	SB	100/90-18	120/80-18	197	15	–	168	8 990
	V 75	744	90° V 2	80×74	4-Takt	OHV	4	9,6	L	20/27 4600	5	W	SDR	T	S	DSB	SB	100/90-16	120/80-18	200	17	–	138	9 890
	V 75	744	90° V 2	80×74	4-Takt	OHV	4	10,2	L	37/50 6400	5	W	SDR	T	S	DSB	SB	100/90-18	120/80-18	200	17	–	175	9 890
	V 75	744	90° V 2	80×74	4-Takt	OHV	4	10,2	L	43/59 7300	5	W	SDR	T	S	DSB	SB	100/90-18	120/80-18	200	17	–	188	9 890
	850 T 5	844	90° V 2	83×78	4-Takt	OHV	2	9,5	L	49/67 6900	5	W	SDR	T	S	DSB	SB	110/90-18	130/90-16	244	22	5,5	199	10 198

1986

Hersteller	Typ	Hubraum (cm³)	Zyl.-Anordnung und -zahl	Bohrung und Hub (mm)	Arbeitsweise	Steuerung	Ventile/Zylinder	Verdichtung	Kühlung	Leistung (kW/PS bei 1/min)	Gänge	Hinterradantrieb	Rahmen	Vorderradfederung	Hinterradfederung	Vorderradbremse	Hinterradbremse	Vorderreifen	Hinterreifen	Gewicht incl. Kraftstoff und Öl (kg)	Tankinhalt (l)	Beschleun. 1 Pers. (0–100 km/h sec)	Höchstgeschwindigkeit 1 Pers. (km/h)	Preis incl. MWSt (Mark)
	850 T 5-Gespann	844	90° V 2	83×78	4-Takt	OHV	2	9,5	L	49/67 6900	5	W	SDR	T	S	DSB	SB	110/90-16	130/90-16	331	22	–	145	15895
	V 1000 California II	948	90° V 2	88×78	4-Takt	OHV	2	9,2	L	49/67 6700	5	W	SDR	T	S	DSB	SB	120/90-18	120/90-18	276	23	6	159	13490
	V 1000 SP II	948	90° V 2	88×78	4-Takt	OHV	2	9,2	L	49/67 6700	5	W	SDR	T	S	DSB	SB	110/90-16	120/90-16	246	23	–	200	12650
	V 1000 Le Mans IV	948	90° V 2	88×78	4-Takt	OHV	2	9,8	L	60/81 7400	5	W	SDR	T	S	DSB	SB	120/80-16	130/80-18	245	24	4,1	217	13350
MZ	ETZ 150	143	S 1	56×58	2-Takt	SL	–	10	L	7/10 6000	5	K	PSR	T	S	SB	TB	2,75-18	3,25-16	125	13	–	95	2480
	ETZ 250	243	S 1	69×65	2-Takt	SL	–	10	L	13/17 5200	5	K	PSR	T	S	SB	TB	2,75-18	3,50-18	154	17,5	12,6	130	2680
	ETZ 250-Gespann	243	S 1	69×65	2-Takt	SL	–	10	L	16/22 5800	5	K	PSR	T	S	SB	TB	2,75-18	3,50-18	240	17,5	–	100	5380
Puch	GS 125 HF	124	S 1	54×54	2-Takt	MB	–	15	W	7/9,8 10000	6	K	SDR	T	S	TB	TB	3,00-21	4,50-18	100	9	–	100	7604
	GS 250 HF	248	S 1	72×61	2-Takt	DS	–	13	W	13/17 9000	5	K	SDR	T	S	SB	TB	3,00-21	4,50-18	107	9	–	110	8405
	GS 350 F 5	348	S 1	82×66	2-Takt	MB	–	13	W	20/27 7300	5	K	SDR	T	S	SB	TB	3,00-21	4,50-18	102	9	–	120	8885
	350 HWE	347	S 1	79,5×70	4-Takt	OHC	4	9,2	L	20/27 7900	5	K	SDR	T	S	SB	TB	3,50-21	4,50-18	132	10	–	130	8456
	350 HWE Safari	347	S 1	79,5×70	4-Takt	OHC	4	9,2	L	20/27 7900	5	K	SDR	T	S	SB	TB	3,50-21	4,50-18	150	28	–	130	8456
	GS 504 F 4 T	502	S 1	90×79	4-Takt	OHC	4	9,2	L	20/27 7700	5	K	SDR	T	S	SB	TB	3,25-21	4,50-18	137	9,5	–	130	8589
	GS 560 F 4 T	562	S 1	94×81	4-Takt	OHC	4	9,2	L	20/27 7400	5	K	SDR	T	S	SB	TB	3,25-21	4,50-18	137	9,5	–	130	8589
	600 HWE	562	S 1	94×81	4-Takt	OHC	4	9,8	L	20/27 7700	5	K	SDR	T	S	SB	TB	3,50-21	4,50-18	132	10	–	140	8733
	600 HWE Safari	562	S 1	94×81	4-Takt	OHC	4	9,8	L	20/27 7700	5	K	SDR	T	S	SB	TB	3,50-21	4,50-18	150	28	–	140	9431
Suzuki	TS 250 X	249	S 1	70×64,8	2-Takt	MB	–	7,4	L	20/27 7300	6	K	SER	T	S	SB	SB	3,00-21	130/80-17	123	12	9,1	121	5389
	DR 250 S	249	S 1	72×61,2	4-Takt	OHC	4	9	L	13/17 7800	5	K	SER	T	S	SB	SB	3,00-21	4,00-18	129	9,5	10,6	117	4649
	DR 600 S	590	S 1	94×85	4-Takt	OHC	4	9,5	L	20/27 6200	5	K	SER	T	S	SB	SB	100/80-21	130/80-17	160	20	–	131	6849
	DR 600 R Dakar	590	S 1	94×85	4-Takt	OHC	4	8,5	L	32/44 6500	5	K	SER	T	S	SB	SB	100/80-21	130/80-17	166	21	6,4	150	7299
	GNX 250 E	249	S 1	72×61,2	4-Takt	OHC	4	9	L	13/17 7800	5	K	LDR	T	S	DSB	SB	3,00-18	120/90-16	140	10	11,9	122	3999
	RG 250 Gamma	247	S 1	54×54	2-Takt	MB	–	7,1	W	33/45 8500	6	K	LDR	T	S	DSB	SB	100/90-16	100/90-18	153	17	6,5	172	7699
	GSX 400 E	399	R 2	67×56,6	4-Takt	DOHC	4	9	L	20/27 8000	6	K	SDR	T	S	DSB	SB	3,00-18	3,75-18	189	15	8	154	5249
	GSX 400 S	399	R 2	67×56,6	4-Takt	DOHC	4	10	L	20/27 7800	6	K	SDR	T	S	DSB	SB	3,00-18	3,75-18	190	15	8,4	151	5359
	GS 450 L	448	R 2	71×56,6	4-Takt	OHC	2	9	L	20/27 7600	6	K	SDR	T	S	DSB	SB	3,60-19	4,60-16	183	11	–	164	5259
	RG 500 Gamma	498	Square Four	56×50,6	2-Takt	DS	–	7	W	70/95 9500	6	K	SDR	T	S	DSB	SB	110/90-16	120/90-17	181	22	4	228	11999
	GSX 550 ES	572	R 4	60×50,6	4-Takt	DOHC	4	10	L	47/64 10000	6	K	SDR	T	S	DSB	SB	3,00-18	110/90-18	216	18	4,5	201	7499
	GSX 550 EF	572	R 4	60×50,6	4-Takt	DOHC	4	10	L	47/64 10000	6	K	SDR	T	S	DSB	SB	3,00-18	110/90-18	220	18	5,1	194	8399
	GSX 550 EU	572	R 4	60×50,6	4-Takt	DOHC	4	8,6	L	37/50 9600	6	K	SDR	T	S	DSB	SB	3,00-18	110/90-18	211	18	5,3	182	6959
	GR 650 X	652	R 2	77×70	4-Takt	DOHC	2	8,7	L	37/50 7200	5	K	SDR	T	S	DSB	SB	100/90-19	130/90-16	200	12	6,4	161	6299

1986

Hersteller	Typ	Hubraum (cm³)	Zyl.-Anordnung und -zahl	Bohrung und Hub (mm)	Arbeitsweise	Steuerung	Ventile/Zylinder	Verdichtung	Kühlung	Leistung (kW/PS bei 1/min)	Gänge	Hinterradantrieb	Rahmen	Vorderradfederung	Hinterradfederung	Vorderradbremse	Hinterradbremse	Vorderreifen	Hinterreifen	Gewicht incl. Kraftstoff und Öl (kg)	Tankinhalt (l)	Beschleun. 1 Pers. (0-100 km/h sec)	Höchstgeschwindigkeit, 1 Pers. (km/h)	Preis incl. MWSt (Mark)
	LS 650 Savage	652	S 1	94×94	4-Takt	OHC	4	8,5	L	20/27 5200	4	ZR	SER	T	S	SB	TB	100/90-19	140/80-15	171	11	9,3	127	7489
	GSX 750 ES	747	R 4	67×53	4-Takt	DOHC	4	9,6	L	66/90 9500	5	K	SDR	T	S	DSB	SB	100/90-16	120/90-17	238	19	4,2	210	8999
	GSX 750 EF	747	R 4	67×53	4-Takt	DOHC	4	9,6	L	66/90 9500	5	K	SDR	T	S	DSB	SB	100/90-16	120/90-17	237	19	4,2	206	9699
	GSX-R 750	749	R 4	70×48,7	4-Takt	DOHC	4	9,8	L	74/100 11000	6	K	LDR	T	S	DSB	SB	110/80-18	140/70-18	201	19	3,9	226	12999
	GSX-R 750 Special Edition	749	R 4	70×48,7	4-Takt	DOHC	4	9,8	L	74/100 11000	6	K	LDR	T	S	DSB	SB	110/80-18	150/70-18	199	19	3,8	226	16549
	VS 750 GL Intruder	748	45° V 2	80×74,4	4-Takt	OHC	4	10	W	40/55 7500	5	W	SDR	T	S	SB	TB	100/90-19	140/90-15	207	12	5,1	179	10599
	GS 850 G	843	R 4	69×56,4	4-Takt	DOHC	2	8,8	L	59/80 8500	5	W	SDR	T	S	DSB	SB	3.50-19	4.50-17	273	23	4,6	203	8899
	GS 1100 G	1074	R 4	72×66	4-Takt	DOHC	2	8,3	L	69/94 8000	5	W	SDR	T	S	DSB	SB	3.50-19	4.50-17	268	22	4,5	207	9999
	GSX 1100 E	1135	R 4	74×66	4-Takt	DOHC	4	9,7	L	74/100 8100	5	K	SDR	T	S	DSB	SB	110/90-16	130/90-17	243	20	3,1	224	11099
	GSX 1100 EF	1135	R 4	74×66	4-Takt	DOHC	4	9,7	L	74/100 8100	5	K	SDR	T	S	DSB	SB	110/90-16	130/90-17	256	20	3,1	230	12999
	GSX 1100 ES	1135	R 4	74×66	4-Takt	DOHC	4	9,7	L	74/100 8100	5	K	SDR	T	S	DSB	SB	110/90-16	130/90-17	243	20	3,8	224	11699
	GSX-R 1100	1052	R 4	76×58	4-Takt	DOHC	4	10	L	74/100 8700	5	K	LDR	T	S	DSB	SB	110/80-18	150/70-18	225	19	3,3	228	15849
SVM	S 3 125 GS	124	S 1	54×54	2-Takt	MB	–	8,5	L	14/19,5 6800	6	K	SDR	T	S	SB	TB	2.75-21	4.00-18	82	5	–	100	6790
	S 3 250 GS	248	S 1	72×61	2-Takt	DS	–	10	L	24/32 11200	6	K	SDR	T	S	SB	SB	3.00-21	4.25-18	94	8	–	–	7290
	329 Jumbo	328	S 1	83,5×60	2-Takt	DS	–	10	L	31/42 9600	5	K	SDR	T	S	DSB	SB	3.00-21	4.50-18	96	10	–	–	7790
Triumph	Bonneville	744	R 2	76×82	4-Takt	OHV	2	7,9	L	36/49 6500	5	K	SER	T	S	SB	TB	100/90-19	110/90-19	192	11	6,4	161	11125
Yamaha	XT 250	249	S 1	75×56,5	4-Takt	OHC	4	9,2	L	13/17 7500	5	K	SER	T	S	SB	TB	3.00-21	4.60-17	125	8	12,3	112	4160
	XT 350	346	S 1	86×59,6	4-Takt	DOHC	4	9	L	13/17 7000	6	K	SER	T	S	SB	TB	3.00-21	110/80-18	150	12	–	116	6180
	XT 350	346	S 1	86×59,6	4-Takt	DOHC	4	9	L	20/27 8000	6	K	SER	T	S	SB	TB	3.00-21	110/80-18	150	12	8,5	135	6180
	XT 500	499	S 1	87×84	4-Takt	OHC	2	8,5	L	20/27 5900	5	K	SER	T	S	SB	TB	3.25-21	4.00-18	155	9	8,5	132	5890
	XT 600	595	S 1	95×84	4-Takt	OHC	4	8,5	L	20/27 6000	5	K	SER	T	S	SB	TB	3.00-21	4.60-18	148	11	8,6	136	7025
	XT 600	595	S 1	95×84	4-Takt	OHC	4	8,5	L	32/44 6500	5	K	SER	T	S	SB	TB	3.00-21	4.60-18	154	11	5,8	146	7025
	XT 600 Ténéré	595	S 1	95×84	4-Takt	OHC	4	8,5	L	20/27 6000	5	K	SER	T	S	SB	TB	3.00-21	4.60-18	177	23	9	136	8030
	XT 600 Ténéré	595	S 1	95×84	4-Takt	OHC	4	9	L	34/46 6500	5	K	SER	T	S	SB	TB	3.00-21	4.60-18	177	23	6,2	150	8030
	SR 500 (Speichenräder)	499	S 1	87×84	4-Takt	OHC	2	9	L	20/27 6000	5	K	SER	T	S	SB	TB	3.50-18	4.00-18	167	12	8,3	142	5193
	RD 350/F	347	R 2	64×54	2-Takt	MB/PV	–	6	L	37/50 9200	6	K	SDR	T	S	DSB	SB	90/90-18	110/80-18	170	20	5,1	184	5998
	RD 350/F	347	R 2	64×54	2-Takt	MB/PV	–	6	W	46/63 9000	6	K	SDR	T	S	DSB	SB	90/90-18	110/80-18	170	20	4,8	190	7198
	XS 400 DOHC	399	R 2	69×53,4	4-Takt	DOHC	4	9,7	L	20/27 8000	6	K	SER	T	S	SB	TB	3.00-18	4.10-18	187	18	9,4	143	5480
	XS 400 DOHC	399	R 2	69×53,4	4-Takt	DOHC	4	9,7	L	33/45 9500	6	K	PSR	T	S	DSB	SB	3.00-18	4.10-18	187	18	6,1	168	5480
	RD 500 LC	499	50° V 4	56,4×50	2-Takt	MB/PV	–	6,6	W	65/88 9500	6	K	SDR	T	S	DSB	SB	120/80-16	130/80-18	216	22	5,1	223	12070

1986

Modell	ccm	Zyl.	Bohrung×Hub	Takt	Steuerung	Ventile	Verdichtung	Kühlung	kW/PS U/min	Gänge	Starter			Bremse	Reifen vorn	Reifen hinten					Preis
XV 500 SE	494	70° V 2	73×59	4-Takt	OHC	2	9,3	L	36/49 8000	5	W	PSR	T	SB	3.00-19	130/90-16	190	11	6,5	152	7225
XZ 550	553	70° V 2	80×55	4-Takt	DOHC	4	10,5	W	37/50 9000	5	W	SDR	T	TB	90/90-18	4.25 85-18	221	17	5,9	178	6680
XZ 550 S	553	70° V 2	80×55	4-Takt	DOHC	4	10,5	W	47/64 9500	5	W	SDR	T	TB	90/90-18	4.25 85-18	228	17	5,3	180	6680
SRX 6	608	S 1	96×84	4-Takt	OHC	4	8,5	L	20/27 6000	5	K	SDR	T	SB	100/80-18	120/80-18	172	15	8,8	150	7130
SRX 6	608	S 1	96×84	4-Takt	OHC	4	8,5	L	31/42 6500	5	K	SDR	T	SB	100/80-18	120/80-18	172	15	6,2	170	7130
XJ 600	599	R 4	58,5×55,7	4-Takt	DOHC	2	10	L	37/50 9250	6	K	SDR	T	DSB	90/90-18	110/90-18	212	20	5	177	8030
XJ 600 S	599	R 4	58,5×55,7	4-Takt	DOHC	2	10	L	37/50 9250	6	K	SDR	T	DSB	90/90-18	110/90-18	212	20	4,6	198	8030
XJ 650 Turbo	653	R 4	63×52,4	4-Takt/Turbo	DOHC	2	8,5	L	66/90 9000	5	W	SDR	T	TB	3.25-19	120/90-18	262	19	4,9	203	9338
XJ 750 S	749	R 4	65×56,5	4-Takt	DOHC	2	9,8	L	64/87 9000	5	W	SDR	T	DSB	100/90-18	130/80-18	241	22	4,7	203	9878
FZ 750	749	R 4	68×51,6	4-Takt	DOHC	5	11,2	W	74/100 10500	6	K	SDR	T	DSB	100/80-16	130/80-18	241	22	3,8	231	12888
XJ 900	891	R 4	68,5×60,5	4-Takt	DOHC	2	9,6	L	72/98 9000	5	W	SDR	T	DSB	100/90-18	120/90-18	242	22	4,2	217	10280
XJ 900 F	891	R 4	68,5×60,5	4-Takt	DOHC	2	9,6	L	72/98 9000	5	W	SDR	T	DSB	100/90-18	120/90-18	242	22	4,3	221	11280
XV 1000 Virago	981	75° V 2	95×69,2	4-Takt	OHC	2	8,3	L	47/64 6500	5	W	PSR	T	TB	100/90-19	140/90-15	235	14,5	5,2	171	11588
FJ 1100	1097	R 4	74×63,8	4-Takt	DOHC	4	9,5	L	74/100 9000	5	K	SDR	T	DSB	120/80-16	150/80-16	261	24	3,6	220	13488
FJ 1200	1188	R 4	77×63,8	4-Takt	DOHC	4	9,7	L	74/100 8500	5	K	SDR	T	DSB	120/80-18	150/80-16	259	24	3,5	231	13888
XVZ 12 T	1197	70° V 4	76×66	4-Takt	DOHC	4	10,5	W	71/97 7000	5	W	SDR	T	DSB	120/80-18	140/90-16	325	20	4,3	192	18750

Importe aus der UdSSR

Modell	ccm	Zyl.	Bohrung×Hub	Takt	Steuerung	Ventile	Verdichtung	Kühlung	kW/PS U/min	Gänge	Starter			Bremse	Reifen vorn	Reifen hinten					Preis
ISH Jupiter 4	350	R 2	62×58	2-Takt	SL	–	9,5	L	20/27 6000	4	K	SDR	T	TB	3.50-18	3.50-18	180	17	–	125	3750
Dnepr MT 11-Gespann*	650	180° 2	78×68	4-Takt	OHV	2	8,5	L	28/38 5900	4+R	W	SDR	T	TB	3.75-19	3.75-19	350	19	–	125	9700
Dnepr MT 16-Gespann*	650	180° 2	78×68	4-Takt	OHV	2	8,5	L	28/38 5900	4+R	W	SDR	T	TB	3.75-19	3.75-19	365	19	–	125	10850

Zulassungsfähige Sondermodelle

AMC

Fahrgestelle für V- und Reihenmotoren von Honda, Kawasaki, Suzuki und Yamaha

Modell	ccm	Zyl.	Bohrung×Hub	Takt	Steuerung	Ventile	Verdichtung	Kühlung	kW/PS U/min	Gänge	Starter			Bremse	Reifen vorn	Reifen hinten					Preis
z. B.: Suzuki GSX 1100	1135	R 4	74×66	4-Takt	DOHC	4	9,7	L	74/100 8100	5	K	SDR	T	SB	130/80-18	160/80-18	230	20	–	245	bis 30 000 (komplett) 25 000

AME

Fahrgestelle für V-, Reihen- und Boxermotoren von BMW, Harley-Davidson, Honda, Kawasaki, Suzuki und Yamaha

Modell	ccm	Zyl.	Bohrung×Hub	Takt	Steuerung	Ventile	Verdichtung	Kühlung	kW/PS U/min	Gänge	Starter			Bremse	Reifen vorn	Reifen hinten					Preis
z. B.: SC 600 H 9	901	R 4	64,5×69	4-Takt	DOHC	4	8,8	L	70/95 9000	5	K	SDR	T	DSB	3.25-19	6.10-16	250	13	5,2	185	bis 30 000 (komplett) 22 682
ST 800 HD 13	1337	45° V 2	88,8×108	4-Takt	OHV	2	8,5	L	47/64 5200	4	K	SDR	T	DSB	3.25-19	6.10-16	255	13	7	165	29 877
ST 1000 CBX	1046	R 6	64,5×53,4	4-Takt	DOHC	4	9,3	L	74/100 9000	5	K	SDR	T	DSB	3.25-19	6.10-16	260	16	4,7	200	23 977

Bakker

Fahrgestelle für R 4-Motoren von Honda, Kawasaki und Suzuki

Modell	ccm	Zyl.	Bohrung×Hub	Takt	Steuerung	Ventile	Verdichtung	Kühlung	kW/PS U/min	Gänge	Starter			Bremse	Reifen vorn	Reifen hinten					Preis
z. B.: Kawasaki GPZ 900 R	908	R 4	72,5×55	4-Takt	DOHC	4	11	W	74/100 9500	6	K	LDR	T	DSB	120/80-18	150/70-18	235	20	4	250	bis 25 000 (komplett) 19 970
Honda CB 1100 F	1062	R 4	70×69	4-Takt	DOHC	4	9,7	L	74/64 8500	5	K	SGR	T	DSB	120/90-18	150/70-18	239	20	4,2	216	25 000
Honda CB 1100 R	1062	R 4	70×69	4-Takt	DOHC	4	10	L	74/100 9000	5	K	SGR	T	DSB	120/90-18	150/70-18	240	20	3,7	235	25 000

* mit SW-Rad-Antrieb

Hersteller		Typ	Hubraum (cm³)	Zyl.-Anordnung und -zahl	Bohrung und Hub (mm)	Arbeitsweise	Steuerung	Ventile/Zylinder	Verdichtung	Kühlung	Leistung (kW/PS bei 1/min)	Gänge	Hinterradantrieb	Rahmen	Vorderradfederung	Hinterradfederung	Vorderradbremse	Hinterradbremse	Vorderreifen	Hinterreifen	Gewicht incl. Kraftstoff und Öl (kg)	Tankinhalt (l)	Beschleun. 1 Pers. (0–100 km/h sec)	Höchstgeschwindigkeit, 1 Pers. (km/h)	Preis incl. MWSt (Mark)
Bimota	(Ducati)	DB 1	748	90° V 2	88×61,5	4-Takt	DES	2	9,3	L	52/70 8000	5	K	SGR	T	S	DSB	SB	130/60-16	160/60-16	179	22	5,1	205	24 000
	(Kawasaki)	KB 2 TT	553	R 4	58×52,4	4-Takt	DOHC	2	10	L	48/65 10500	6	K	SGR	T	S	DSB	SB	120/80-16	150/80-16	169	20	4,2	213	28 590
	(Suzuki)	SB 4/5	1135	R 4	74×66	4-Takt	DOHC	4	9,7	L	74/100 8100	5	K	SGR	T	S	DSB	SB	120/80-16	150/80-16	232	20	3,7	248	34 800 / 36 900
Boxer		z. B.:	Fahrgestelle für R 4-Motoren von Honda, Kawasaki, Suzuki und Yamaha																						
		1000 H 6 Lamborghini	908	R 4	72,5×55	4-Takt	DOHC	4	11	W	74/100 9500	6	K	LDR	T	S	DSB	SB	120/80-16	150/80-18	201	18	3,6	240	29 800
Eckert	(Honda)	1100	1062	R 4	70×69	4-Takt	DOHC	4	9,7	L	74/100 8500	5	K	SDR	T	S	DSB	SB	100/90-18	130/90-17	261	20	3,6	232	14 800
		RE 1	1062	R 4	70×69	4-Takt	DOHC	4	10,5	L	96/130 9500	5	K	SGR	T	S	DSB	SB	3.50-18	3.50/6.50-18	210	22	3,9	253	35 000
		RE 1 S	1123	R 4	72×69	4-Takt	DOHC	4	11	L	107/145 9000	5	K	SGR	T	S	DSB	SB	3.50-18	3.50/6.50-18	204	22	3,2	268	50 000
Egli		Red Falcon:	Fahrgestell für 500/600 cm³-Einzylindermotoren von Honda, Rotax und Yamaha																						
	(Ducati)	Corsaro Rosso	864	90° V 2	86×74,4	4-Takt	DES	2	10,4	L	51/69 7000	5	K	SZR	T	S	DSB	SB	120/80-16	150/80-16	210	20	4,1	220	28 000
	(Honda)	Target 600	589	S 1	100×75	4-Takt	OHC	4	8,5	L	32/44 6500	5	K	SZR	T	S	SB	SB	100/90-18	150/80-16	158	10,5	5,8	160	25 000
		900 Red Hunter	901	R 4	64,5×69	4-Takt	DOHC	4	8,8	L	70/95 9000	5	K	SZR	T	S	DSB	SB	100/90-18	140/80-18	216	20	4	220	26 000
		1100 Red Hunter	1062	R 4	70×69	4-Takt	DOHC	4	10,5	L	85/115 9500	5	K	SZR	T	S	DSB	SB	110/90-18	140/80-18	216	20	3,5	235	26 000
		CBX Red Baron	1046	R 6	64,5×53,4	4-Takt	DOHC	4	9,3	L	74/100 9000	5	K	SZR	T	S	DSB	SB	110/90-18	140/80-18	245	24	4,1	244	28 500
		CBX Red Baron	1112	R 6	66,5×53,4	4-Takt	DOHC	4	9,5	L	88/120 9500	5	K	SZR	T	S	DSB	SB	110/90-18	140/80-18	245	24	3,9	250	28 500
	(Kawasaki)	Bonneville	957	R 4	69×64	4-Takt	DOHC	2	9	L	66/90 9000	5	K	SZR	T	S	DSB	SB	110/90-18	140/80-18	215	20	4	220	27 000
		Bonneville	1161	R 4	76×64	4-Takt	DOHC	2	10	L	92/125 9600	5	K	SZR	T	S	DSB	SB	110/90-18	140/80-18	215	20	3,5	250	27 000
	(Suzuki)	Red Lightning	1074	R 4	72×66	4-Takt	DOHC	4	9,8	L	77/105 8200	5	K	SZR	T	S	DSB	SB	120/80-16	150/80-16	225	20	3,1	240	28 000
		Red Lightning	1166	R 4	75×66	4-Takt	DOHC	4	10	L	92/125 9000	5	K	SZR	T	S	DSB	SB	120/80-16	150/80-16	225	20	3,2	255	28 000
Fallert	(BMW)	R 80 G/S-1000	979	180° 2	94×70,6	4-Takt	OHV	2	8,2	L	37/50 6500	5	W	SDR	T	S	SB	TB	3.00-21	4.00-18	212	34	5,8	162	11 320
		R 80-1000	979	180° 2	94×70,6	4-Takt	OHV	2	8,2	L	37/50 6500	5	W	SDR	T	S	SB	TB	100/90-18	120/90-18	216	24	5,2	186	11 840
		R 80-1000	979	180° 2	94×70,6	4-Takt	OHV	2	10,5	L	48/65 7500	5	W	SDR	T	S	SB	TB	100/90-18	120/90-18	216	24	4,9	195	11 990
Fischer		z. B.:	Fahrgestelle für Honda-, Kawasaki-, Laverda-, Rotax-, Suzuki- und Yamaha-Motoren ab 500 cm³																						bis 31 000 (komplett)
		Rotax GF 500 R	504	S 1	89×81	4-Takt	OHC	4	9,8	L	26/36 7000	5	K	SZR	T	S	DSB	SB	100/90-18	130/80-18	140	–	–	–	18 500
		Kawasaki GPZ 900 R	908	R 4	72,5×55	4-Takt	DOHC	4	11	W	83/113 9500	6	K	SZR	T	S	DSB	SB	120/80-16	170/60-18	222	20	4,2	216	30 780
Hesco		Rotax 560	562	S 1	94×81	4-Takt	OHC	4	9,8	L	32/43 7500	5	K	SGR	T	S	SB	SB	100/90-18	130/80-18	157	13	5,3	174	22 500

1986

Brand	Sub	Model	ccm	Zyl.	Bohrung×Hub	Takt	Ventile	V	ε	Kühl.	kW/PS U/min	Gänge	Starter	Getr.	Antr.	Kuppl.	Bremse v.	Reifen v.	Bremse h.	Reifen h.	Gewicht	Tank	Beschl.	Vmax	Preis
HSM																									bis 24 900 (komplett)
Jung	z. B.:	*Fahrgestelle für R 4-Motoren von Honda und Kawasaki*																							bis 18 000 (komplett)
		Kawasaki GPZ 900 R	908	R 4	72,5×55	4-Takt	DOHC	4	11	W	74/100 9500	6	K	SZR	T	S	DSB	120/80-16	SB	150/70-18	223	22	3,6	245	17 900
		Kawasaki GPZ 1000 RX	997	R 4	74×58	4-Takt	DOHC	4	10,2	W	74/100 9500	6	K	SZR	T	S	DSB	110/90-18	SB	130/90-17	220	22	3,6	243	16 990
		Suzuki GSX 1100	1135	R 4	74×66	4-Takt	DOHC	4	9,7	L	74/100 8100	5	K	SZR	T	S	DSB	110/90-18	SB	150/70-18	232	20	3,1	230	17 000
Krauser	(BMW)	MKM 1000	979	180° 2	94×70,6	4-Takt	OHV	2	9,5	L	52/70 7000	5	W	SGR	T	S	DSB	3.50-19	SB	130/90-18	222	21	5	193	19 305
		MKM 1000/4	979	180° 2	94×70,6	4-Takt	OHV	4	10,2	L	60/82 7300	5	W	SGR	T	S	DSB	3.50-19	SB	130/80-18	217	21	4,7	207	20 216
Magni	(BMW)	MB 2*	979	180° 2	94×70,6	4-Takt	OHV	2	9,5	L	52/70 7000	5	W	SDR	T	S	DSB	4.10-19	SB	120/90-18	223	27	4,9	200	18 600
	(Honda)	MH 2*	901	180° 2	64,5×69	4-Takt	DOHC	4	8,8	L	70/95 9000	5	K	SDR	T	S	DSB	4.10-19	SB	120/90-18	249	20	4,1	212	17 900
	(Moto Guzzi)	Le Mans 1100*	1090	90° V 2	92×82	4-Takt	OHV	2	11,2	L	74/100 6800	5	W	SDR	T	PS	DSB	110/90-18	SB	130/80-18	236	19	4,5	225	22 000
Martin	z. B.:	*Fahrgestelle für R 4- und R 6-Motoren von Honda, Kawasaki, Suzuki und Yamaha*																							bis 24 000 (komplett)
		Kawasaki GPZ 900 R	908	R 4	72,5×55	4-Takt	DOHC	4	11	W	74/100 9500	6	K	SZR	T	S	DSB	120/90-16	SB	150/80-18	230	21	4	223	24 000
		Yamaha FJ 1100	1097	R 4	74×63,8	4-Takt	DOHC	4	9,5	L	74/100 9000	5	K	SGR	T	S	DSB	120/80-18	SB	150/70-18	246	24	3,5	220	24 000
Michel	(BMW)	R 100 S	979	180° 2	94×70,6	4-Takt	OHV	2	10,5	L	62/84 7500	5	W	SDR	T	S	DSB	100/90-18	SB	130/90-18	237	22	4,6	222	20 000
Moko	z. B.:	*Fahrgestelle für alle großvolumigen R 4-Motoren von Honda, Kawasaki, Suzuki und Yamaha*																							bis 40 000 (komplett)
		Yamaha FJ 1100	1097	R 4	74×63,8	4-Takt	DOHC	4	9,5	L	74/100 9000	5	K	SZR	T	S	DSB	100/90-18	SB	150/70-18	255	20	3,6	230	28 000
Rau	z. B.:	*Fahrgestelle für Honda-, Kawasaki-, Rotax-, Suzuki- und Yamaha-Motoren ab 500 cm³*																							bis 23 500 (komplett)
		Kawasaki GPZ 900 R	908	R 4	72,5×55	4-Takt	DOHC	4	11	W	74/100 9500	6	K	SZR	T	S	DSB	110/90-18	SB	150/70-18	220	22	3,6	245	22 800
		Honda CB 1100 R	1062	R 4	70×69	4-Takt	DOHC	4	10	L	74/100 9000	5	K	SZR	T	S	DSB	110/90-18	SB	150/70-18	218	26	3,7	235	23 500
Schek	(BMW)	R 80 G/S Paris-Dakar	1011	180° 2	95,5×70,6	4-Takt	OHV	2	9,4	L	48/65 6500	5	W	SDR	T	S	SB	3.25-21	TB	130/80-18	216	33,5	5	170	20 000
Sera	(Ducati)	900 SS	864	90° V 2	86×74,4	4-Takt	DES	2	10,4	L	51/69 7000	5	K	SGR	T	S	DSB	110/90-18	SB	150/70-18	198	18	–	214	22 500
	(Suzuki)	GSX 1100	1074	R 4	72×66	4-Takt	DOHC	4	9,5	L	74/100 8700	5	K	SGR	T	S	DSB	110/90-18	SB	140/80-18	220	20	3,6	230	24 500
Spaett	(Honda)	Target-Egli CBX	1046	R 6	64,5×53,4	4-Takt	DOHC	4	9,3	L	74/100 9000	5	K	SZR	T	S	DSB	100/90-18	SB	130/80-18	242	24	4	232	30 000
Wüdo	(BMW)	R 100 S	979	180° 2	94×70,6	4-Takt	OHV	2	9,5	L	52/70 7000	5	W	SDR	T	S	DSB	110/90-18	SB	150/70-18	226	18	–	200	30 000

* Vertrieb durch MV Agusta – Deutschland

1986

Hersteller	Typ	Hubraum (cm³)	Zyl.-Anordnung und -zahl	Bohrung und Hub (mm)	Arbeitsweise	Steuerung	Ventile/Zylinder	Verdichtung	Kühlung	Leistung (kW/PS bei 1/min)	Gänge	Hinterradantrieb	Rahmen	Vorderradfederung	Hinterradfederung	Vorderradbremse	Hinterradbremse	Vorderreifen	Hinterreifen	Gewicht inkl. Kraftstoff und Öl (kg)	Tankinhalt (l)	Beschleun. 1 Pers. (0–100 km/h sec)	Höchstgeschwindigkeit, 1 Pers. (km/h)	Preis incl. MWSt (Mark)
Aprilia	TX 125	124	S 1	54×54	2-Takt	DS	–	9,5	W	7/10 7000	6	K	SER	T	S	SB	TB	2.75-21	4.00-18	85	10	–	100	5632
	ETX 125	124	S 1	54×54	2-Takt	MB	–	15,5	W	13/17 9000	6	K	SDR	T	S	SB	TB	2.75-21	4.60-17	113	10	–	130	5295
	Tuareg 125 ES	124	S 1	54×54	2-Takt	MB	–	15,5	W	18/25 9000	6	K	SDR	T	S	SB	TB	2.75-21	4.60-17	120	18	–	130	5635
	RX 250	246	S 1	72×61	2-Takt	DS	–	14	W	35/47 8000	5	K	SER	T	S	SB	TB	3.00-21	4.50-18	100	8,5	–	120	7100
	Tuareg Rally 250	246	S 1	76×61	2-Takt	DS	–	14	W	31/42 7750	5	K	SER	T	S	SB	TB	3.00-21	4.25-18	129	2,5	7,7	150	7350
	TX 311 M	277	S 1	76×61	2-Takt	DS	–	8,5	W	13/17 6400	6	K	SER	T	S	SB	TB	2.75-21	4.00-18	85	6,5	–	125	6070
	Tuareg 6.35 Wind	349	S 1	79,5×70,4	4-Takt	OHC	4	9,6	W	20/27 6500	6	K	SER	T	S	SB	TB	90/90-21	130/80-17	191	30	9,9	129	8145
	ETX 350 AE	349	S 1	79,5×70,4	4-Takt	OHC	4	9,6	L	24/33 7500	5	K	SER	T	S	SB	TB	90/90-21	130/80-17	167	13	9,3	145	7990
	Tuareg Rally 350	349	S 1	79,5×70,4	4-Takt	OHC	4	9,6	L	24/33 7500	5	K	SER	T	S	SB	TB	90/90-21	130/80-17	174	30	9,3	145	7990
	AF 1 125 Replica	125	S 1	54×54,5	2-Takt	MB/VA	–	15,5	W	18/25 10000	6	K	PSR	T	ES	SB	TB	100/80-16	120/80-16	147	19	8,4	156	6000
Benelli	BX 125 Enduro	123	S 1	56×50	2-Takt	MB	–	11,5	W	13/17 7000	6	K	SDR	T	S	SB	TB	2.75-21	4.10-18	112	10	13,8	114	4960
	125 Sport	125	R 2	42,5×44	2-Takt	SL	–	10,3	L	7/10 7600	5	K	SDR	T	S	SB	TB	2.75-18	3.00-18	127	14	12	110	2980
	250 2 C	231	R 2	56×47	2-Takt	SL	–	10	L	13/17 7600	5	K	SDR	T	S	SB	TB	3.00-18	3.25-18	134	17	–	125	3790
	304	231	R 4	44×38	4-Takt	OHC	2	10,5	L	20/27 10500	5	K	SDR	T	S	DSB	SB	3.00-18	3.25-18	134	17	11,1	135	4980
	900 Sei	905	R 6	60×53,4	4-Takt	OHC	2	9,5	L	59/80 8300	5	K	SDR	T	S	DSB	SB	100/90-18	120/90-18	249	17	4,6	193	10 500
	900 Sei Sport	905	R 6	60×53,4	4-Takt	OHC	2	9,5	L	59/80 8300	5	K	SDR	T	S	DSB	SB	120/80-16	150/70-18	231	17	4,2	201	13 800
Beta	TR 34/125	124	S 1	54×54	2-Takt	MB	–	11	L	7/10 5800	6	W	SDR	T	S	SB	TB	2.75-21	4.00-18	82	3,8	–	79	5990
	TR 34/260	261	S 1	76×57,5	2-Takt	MB	–	10,5	L	11/15 5200	6	W	SDR	T	S	SB	TB	2.75-21	4.00-18	84	3,8	–	92	6490
	KR 250	239	S 1	72,8×57,5	2-Takt	MB	–	9	W	7/10 7900	5	W	SDR	T	S	SB	TB	3.00-21	4.00-18	116	9,5	–	87	5990
BMW	R 80 G/S	797	180° 2	84,8×70,6	4-Takt	OHV	2	8,2	L	37/50 6500	5	W	SDR	T	ES	SB	TB	3.00-21	4.00-18	196	19,6	5,6	173	10 250
	R 80 G/S Paris–Dakar	797	180° 2	84,8×70,6	4-Takt	OHV	2	8,2	L	37/50 6500	5	W	SDR	T	ES	SB	TB	3.00-21	4.00-18	219	33,5	6,4	164	10 950
	R 65	649	180° 2	82×61,5	4-Takt	OHV	2	8,4	L	20/27 5500	5	W	SDR	T	ES	SB	TB	90/90-18	120/90-18	205	22	8,6	147	9200
	R 65	649	180° 2	82×61,5	4-Takt	OHV	2	8,7	L	35/48 7250	5	W	SDR	T	ES	SB	TB	90/90-18	120/90-18	205	22	5,7	178	9530
	R 80	797	180° 2	84,8×70,6	4-Takt	OHV	2	8,2	L	37/50 6500	5	W	SDR	T	ES	SB	TB	90/90-18	120/90-18	207	22	5,4	181	10 800
	R 80 RT	797	180° 2	84,8×70,6	4-Takt	OHV	2	8,2	L	37/50 6500	5	W	SDR	T	ES	DSB	SB	90/90-18	120/90-18	243	22	6,5	163	13 150
	R 100 RS	979	180° 2	94×70,6	4-Takt	OHV	2	8,4	L	44/60 6500	5	W	SDR	T	ES	DSB	SB	90/90-18	120/90-18	243	22	5,4	186	15 700
	K 75	740	R 3	67×70	4-Takt	DOHC	2	11	W	55/75 8500	5	W	SDR	T	ES	DSB	TB	100/90-18	120/90-18	236	21	5,2	200	11 990
	K 75 C	740	R 3	67×70	4-Takt	DOHC	2	11	W	55/75 8500	5	W	SDR	T	ES	DSB	TB	100/90-18	120/90-18	236	21	4,8	200	13 250
	K 75 S	740	R 3	67×70	4-Takt	DOHC	2	11	W	55/75 8500	5	W	SDR	T	ES	DSB	TB	100/90-18	130/90-17	235	21	5,5	199	14 390
	K 75 S Special	740	R 3	67×70	4-Takt	DOHC	2	11	W	55/75 8500	5	W	SCR	T	ES	DSB	SB	100/90-18	130/90-17	235	21	4,6	210	14 900

1987

Hersteller	Typ	Hubraum (cm³)	Zyl.-Anordnung und -zahl	Bohrung und Hub (mm)	Arbeitsweise	Steuerung	Ventile/Zylinder	Verdichtung	Kühlung	Leistung (kW/PS bei 1/min)	Gänge	Hinterradantrieb	Rahmen	Vorderradfederung	Hinterradfederung	Vorderradbremse	Hinterradbremse	Vorderreifen	Hinterreifen	Gewicht incl. Kraftstoff und Öl (kg)	Tankinhalt (l)	Beschleun. 1 Pers. (0–100 km/h sec)	Höchstgeschwindig- keit, 1 Pers. (km/h)	Preis incl. MWSt (Mark)
	K 100	987	R 4	67×70	4-Takt	DOHC	2	10.2	W	66/90 8000	5	W	SDR	T	ES	DSB	SB	100/90-18	130/90-17	243	22	3,9	218	14 400
	K 100 RT	987	R 4	67×70	4-Takt	DOHC	2	10.2	W	66/90 8000	5	W	SDR	T	ES	DSB	SB	100/90-18	130/90-17	272	22	4,5	206	17 650
	K 100 LT	987	R 4	67×70	4-Takt	DOHC	2	10.2	W	66/90 8000	5	W	SDR	T	ES	DSB	SB	100/90-18	130/90-17	273	22	4,1	215	18 530
	K 100 RS	987	R 4	67×70	4-Takt	DOHC	2	10.2	W	66/90 8000	5	W	SDR	T	ES	DSB	SB	100/90-18	130/90-17	260	22	4,4	222	17 250
Cagiva	650 Elefant	649	90° V 2	82×61,5	4-Takt	DES	2	10	L	37/50 8400	5	K	SDR	T	S	SB	TB	90/90-21	130/80-17	208	18	5,8	168	12 999
	650 Alazzurra	649	90° V 2	82×61,5	4-Takt	DES	2	10	L	37/50 8400	5	K	SGR	T	S	DSB	SB	100/90-18	110/90-18	207	18	5,5	175	9980
	650 Alazzurra	649	90° V 2	82×61,5	4-Takt	DES	2	10	L	41/56 8250	5	K	SGR	T	S	DSB	SB	100/70-18	110/90-18	202	18	–	192	9980
Chang-Jiang	750 BG-Gespann	745	180° 2	78×78	4-Takt	OHV	2	7	L	20/27 5000	4	W	SDR	T	S	SB	TB	3.75-19	3.75-19	350	24	–	110	8900
	750 J-1-Gespann	745	180° 2	78×78	4-Takt	OHV	2	7	L	20/27 5000	4+R	W	SDR	T	S	SB	SB	3.75-19	3.75-19	370	24	–	110	9500
Donghai	SM 750	745	R 2	78×78	4-Takt	OHV	2	7	L	19/26 4500	4	K	SDR	T	S	DSB	TB	120/90-17	120/90-17	258	25	6,3	138	7100
	SM 750-Gespann	745	R 2	78×78	4-Takt	OHV	2	7	L	19/26 4500	4	K	SDR	T	S	DSB	SB	4.00-17	4.00-17	400	25	7,7	119	8900
Ducati	650 Indiana	649	90° V 2	82×61,5	4-Takt	DES	2	10	L	37/50 7000	5	K	SDR	T	S	DSB	SB	110/90-18	140/90-15	207	13	6,3	156	12 599
	350 F 3	349	90° V 2	66×51	4-Takt	DES	2	10	L	31/42 9700	5	K	SGR	T	S	DSB	SB	100/90-16	120/80-18	190	18	7,7	164	9990
	750 F 1	748	90° V 2	88×61,5	4-Takt	DES	2	9,3	L	52/70 8000	5	K	SGR	T	S	DSB	SB	120/80-16	130/80-18	189	18	4,8	206	18 499
	750 Paso	748	90° V 2	88×61,5	4-Takt	DES	2	10	L	54/73 7900	5	K	SGR	T	S	DSB	SB	130/60-16	160/60-16	222	22	4,7	201	17 999
Enfield India	350 Bullet	346	S 1	70×90	4-Takt	OHV	2	6,5	L	13/17 5620	4	K	SER	T	S	TB	TB	3.25-19	3.25-19	170	15	–	110	4890
	350 Bullet de Luxe	346	S 1	70×90	4-Takt	OHV	2	6,5	L	13/17 5620	4	K	SER	T	S	TB	TB	3.25-19	3.25-19	170	15	–	110	4990
Fantic	125 Sport HP 1	124	S 1	55,2×52	2-Takt	SL	–	12	W	13/17 8000	6	K	SDR	T	S	DSB	TB	3.25-16	3.25-18	110	12,5	–	125	6400
	125 Sport HP 1	124	S 1	55,2×52	2-Takt	SL	–	12	W	19/26 9000	6	K	SDR	T	S	DSB	TB	3.25-16	3.25-18	110	12,5	–	140	6400
Gilera	RX 200 Enduro	183	S 1	68×50,5	2-Takt	MB	–	12,5	W	13/17 7000	6	K	SDR	T	S	SB	TB	2.45-21/454	60-17/62	136	13	–	115	5820
	RX 200 Arizona	183	S 1	68×50,5	2-Takt	MB	–	12,5	W	13/17 7000	6	K	SDR	T	S	SB	TB	2.45-21/454	60-17/62	140	16	–	105	5890
	350 Dakota	349	S 1	80×69,4	4-Takt	DOHC	4	9,5	W	20/27 7500	5	K	SDR	T	S	DSB	TB	90/90-21	4.60-17/62	170	22	–	146	9000
	RV 200	183	S 1	68×50,5	2-Takt	MB	–	12,5	W	13/17 6500	6	K	SDR	T	S	DSB	SB	3.25-16	3.50-18	143	19	–	115	5990
	NGR 250	249	S 1	71,5×62	2-Takt	DS	–	12,5	W	20/27 6750	5	K	SDR	T	S	DSB	SB	100/90-16	110/90-18	160	22	–	138	7495
	NGR 250	249	S 1	71,5×62	2-Takt	DS	–	13,5	W	24/33 7500	5	K	SDR	T	S	DSB	SB	100/90-16	110/90-18	160	22	7,8	155	7495

Hersteller	Typ	Hubraum (cm³)	Zyl.-Anordnung und -zahl	Bohrung und Hub (mm)	Arbeitsweise	Steuerung	Ventile/Zylinder	Verdichtung	Kühlung	Leistung (kW/PS bei 1/min)	Gänge	Hinterradantrieb	Rahmen	Vorderradfederung	Hinterradfederung	Vorderradbremse	Hinterradbremse	Vorderreifen	Hinterreifen	Gewicht incl. Kraftstoff und Öl (kg)	Tankinhalt (l)	Beschleun., 1 Pers. (0–100 km/h sec)	Höchstgeschwindig-keit, 1 Pers. (km/h)	Preis incl. MWSt (Mark)
Harley-Davidson	XLH Sportster 883 Evolution	883	45° V 2	76,2 × 96,8	4-Takt	OHV	2	9	L	20/27 4800	4	K	SDR	T	S	SB	SB	MJ 90-19	MT 90-16	222	8,5	–	129	11 950
	XLH Sportster 883 Evolution	883	45° V 2	76,2 × 96,8	4-Takt	OHV	2	9	L	34/46 6000	4	K	SDR	T	S	SB	SB	MJ 90-19	MT 90-16	222	8,5	7,6	149	11 950
	XLH Sportster 883 Ev. De Luxe	883	45° V 2	76,2 × 96,8	4-Takt	OHV	2	9	L	34/46 6000	4	K	SDR	T	S	SB	SB	MJ 90-19	MT 90-16	222	8,5	7,6	149	13 205
	XLH Sportster 1100 Evolution	1101	45° V 2	85,1 × 96,8	4-Takt	OHV	2	9	L	37/50 5500	4	K	SDR	T	S	SB	SB	MJ 90-19	MT 90-16	222	8,5	5,8	164	15 760
	XLH Sportster 1100 Ev. De Luxe	1101	45° V 2	85,1 × 96,8	4-Takt	OHV	2	8,5	L	40/54 6000	4	K	SDR	T	S	SB	SB	MJ 90-19	MT 90-16	222	8,5	–	165	16 185
	FXR 1340 Super Glide	1337	45° V 2	88,8 × 108	4-Takt	OHV	2	8,5	L	43/58 5000	5	ZR	SDR	T	S	SB	SB	MJ 90-19	MT 90-16	276	15	–	170	20 600 – 20 825
	FXRS 1340 Low Rider	1337	45° V 2	88,8 × 108	4-Takt	OHV	2	8,5	L	43/58 5000	5	ZR	SDR	T	S	SB	SB	MJ 90-19	MT 90-16	276	15	–	160	22 865 – 23 290
	FXRS 1340 Low Rider Custom	1337	45° V 2	88,8 × 108	4-Takt	OHV	2	8,5	L	43/58 5000	5	ZR	SDR	T	S	DSB	SB	MJ 90-19	MT 90-16	280	15	–	165	24 410 – 24 835
	FXRS 1340 Low Rider Sport Ed.	1337	45° V 2	88,8 × 108	4-Takt	OHV	2	8,5	L	43/58 5000	5	ZR	SDR	T	S	DSB	SB	MJ 90-19	MT 90-16	278	15	6,4	167	23 235 – 23 660
	FXST 1340 Softail	1337	45° V 2	88,8 × 108	4-Takt	OHV	2	8,5	L	43/58 5000	5	ZR	SDR	T	S	DSB	SB	MH 90-21	MT 90-16	290	19	–	170	23 955 – 24 180
	FXSTC 1340 Softail Custom	1337	45° V 2	88,8 × 108	4-Takt	OHV	2	8,5	L	43/58 5000	5	ZR	SDR	T	S	SB	SB	MH 90-21	MT 90-16	298	19	–	167	25 380 – 25 800
	FLST 1340 Heritage Softail	1337	45° V 2	88,8 × 108	4-Takt	OHV	2	8,5	L	43/58 5000	5	ZR	SDR	T	S	SB	SB	MT 90-19	MT 90-16	298	13	–	165	25 330
	FXRT 1340 Sport Glide	1337	45° V 2	88,8 × 108	4-Takt	OHV	2	8,5	L	48/65 5000	5	ZR	SDR	T	S	SB	SB	MM 90-19	MT 90-16	310	15	–	160	24 885 – 25 305
	FLHT 1340 Electra Glide	1337	45° V 2	88,8 × 108	4-Takt	OHV	2	8,5	L	48/65 5000	5	ZR	SDR	T	S	SB	SB	MT 80-16	MT 90-16T	345	18	–	150	24 885 – 26 060
	FLHTC 1340 El. Glide Classic	1337	45° V 2	88,8 × 108	4-Takt	OHV	2	8,5	L	48/65 5000	5	ZR	SDR	T	S	SB	SB	MT 80-16	MT 90-16T	350	18	–	150	26 815 – 27 760
	FLTC 1340 Tour Glide Classic	1337	45° V 2	88,8 × 108	4-Takt	OHV	2	8,5	L	48/65 5000	5	ZR	SDR	T	S	SB	SB	MT 80-16	MT 90-16T	350	18	–	150	26 815 – 27 760
Hercules	K 125 Military	124	S 1	54 × 54	2-Takt	SL	–	–	L	9/12,5 7000	5	K	SER	T	S	TB	TB	3,25-18	3.50-18	130	15	18,7	100	6895
Honda	MTX 200 R	194	S 1	67 × 55	2-Takt	MB	–	7,5	W	20/27 7500	6	K	SER	T	S	SB	TB	2.75-21	4.10-18	114	9	6,2	118	5108
	XL 250 R	249	S 1	75 × 56,5	4-Takt	OHC	4	10,2	L	13/17 8000	6	K	SER	T	S	TB	TB	3.00-21	4.60-17	131	9	–	110	5408
	XL 250 R	249	S 1	75 × 56,5	4-Takt	OHC	4	10,2	L	18/24 8000	6	K	SER	T	S	TB	TB	3.00-21	4.60-17	131	9	–	128	5408
	XL 350 R	340	S 1	84 × 61,3	4-Takt	OHC	4	9,5	L	13/17 7000	6	K	SER	T	S	SB	TB	3.00-21	4.60-17	137	11	–	110	6090
	XL 350 R	340	S 1	84 × 61,3	4-Takt	OHC	4	9,5	L	20/27 7500	5	K	SER	T	S	SB	TB	3.00-21	4.60-17	137	11	9,1	134	6090
	XL 600 R	589	S 1	100 × 75	4-Takt	OHC	4	8,5	L	20/27 5500	5	K	SER	T	S	SB	TB	3.00-21	5.10-17	146	12	–	135	7450
	XL 600 R	589	S 1	100 × 75	4-Takt	OHC	4	8,5	L	32/44 6500	5	K	SER	T	S	SB	TB	3.00-21	5.10-17	146	12	5,6	151	7450
	XL 600 LM	591	S 1	97 × 80	4-Takt	OHC	4	8,8	L	32/44 6500	5	K	SER	T	S	SB	TB	3.00-21	5.10-17	189	28	6,5	144	8420
	XL 600 RM	591	S 1	97 × 80	4-Takt	OHC	4	8,8	L	20/27 6000	5	K	SER	T	S	SB	TB	3.00-21	5.10-17	169	13	–	135	7700
	XL 600 RM	591	S 1	97 × 80	4-Takt	OHC	4	8,8	L	32/44 6500	5	K	SER	T	S	SB	TB	3.00-21	5.10-17	169	13	7,2	142	7700
	XL 600 V Transalp	583	52° V 2	75 × 66	4-Takt	OHC	3	9,2	W	20/27 6000	5	K	SER	T	S	DSB	SB	90/90-21	130/80-17	205	18	5,8	163	8540
	XL 600 V Transalp	583	52° V 2	75 × 66	4-Takt	OHC	3	9,2	W	37/50 8000	5	K	SDR	T	S	DSB	SB	90/90-21	130/80-17	205	18	5,5	167	8540
	NS 400 R	387	90° V 3	57 × 50,6	2-Takt	MB	–	7	W	53/72 9500	6	K	LDR	T	S	DSB	DSB	100/90-16	110/90-17	192	19	4,9	207	10 230
	CB 450 S	447	R 2	75 × 50,6	4-Takt	OHC	3	9,1	L	20/27 7000	6	K	SDR	T	S	DSB	TB	100/90-18	110/90-18	185	18	10,6	141	6145

1987

Hersteller	Typ	Hubraum (cm³)	Zyl.-Anordnung und -zahl	Bohrung und Hub (mm)	Arbeitsweise	Steuerung	Ventile/Zylinder	Verdichtung	Kühlung	Leistung (kW/PS bei 1/min)	Gänge	Hinterradantrieb	Rahmen	Vorderradfederung	Hinterradfederung	Vorderradbremse	Hinterradbremse	Vorderreifen	Hinterreifen	Gewicht incl. Kraftstoff und Öl (kg)	Tankinhalt (l)	Beschleun., 1 Pers. (0–100 km/h sec)	Höchstgeschwindig-keit, 1 Pers. (km/h)	Preis incl. MWSt (Mark)
	CB 450 S	447	R 2	75×50,6	4-Takt	OHC	3	9,3	L	32/44 9000	6	K	SDR	T	S	DSB	TB	100/90-18	110/90-18	185	18	7	163	6145
	XBR 500	498	S 1	92×75	4-Takt	OHC	4	8,9	L	20/27 6000	5	K	SER	T	S	SB	TB	100/90-18	110/90-18	182	20	9,4	145	6450
	XBR 500	498	S 1	92×75	4-Takt	OHC	4	8,9	L	32/44 7000	5	K	SER	T	S	SB	TB	100/90-18	110/90-18	182	20	6,2	171	6450
	VT 500 E	491	52° V 2	71×62	4-Takt	OHC	3	10,5	W	20/27 6000	6	W	SDR	T	S	SB	TB	100/90-18	120/80-18	204	17	8,4	137	7900
	VT 500 E	491	52° V 2	71×62	4-Takt	OHC	3	10,5	W	37/50 9000	6	W	SDR	T	S	SB	TB	100/90-18	120/80-18	204	17	5,7	187	7900
	VT 500 C	491	52° V 2	71×62	4-Takt	OHC	3	10,5	W	20/27 6000	6	W	SDR	T	S	SB	TB	3.50-18	130/90-16	201	11,5	8,3	137	8050
	VT 500 C	491	52° V 2	71×62	4-Takt	OHC	3	10,5	W	37/50 9000	6	W	SDR	T	S	SB	TB	3.50-18	130/90-16	201	11,5	5,7	160	8050
	VF 500 F 2	497	90° V 4	60×44	4-Takt	DOHC	4	11	W	52/85 11500	6	W	SDR	T	S	DSB	TB	100/90-16	110/90-18	206	17	4,9	206	9933
	CBR 600 F	598	R 4	63×48	4-Takt	DOCH	4	11	W	63/85 11000	6	K	SDR	T	S	DSB	TB	110/80-17	130/80-17	201	16,5	4,4	222	10240
	CBX 650 E	656	R 4	60×58	4-Takt	DOHC	4	9,5	L	37/50 8000	6	W	SDR	T	S	DSB	SB	100/90-19	130/90-16	220	18	4,8	175	8575
	CBX 650 E	656	R 4	60×58	4-Takt	DOHC	4	9,5	L	55/75 9500	6	W	SDR	T	S	DSB	SB	100/90-19	130/90-16	220	18	4,2	202	8575
	CBX 750 F	747	R 4	67×53	4-Takt	DOHC	4	9,3	L	67/91 9500	6	K	SDR	T	S	DSB	SB	100/90-18	130/80-18	241	22	4,3	211	10235
	VT 750 C	749	45° V 2	79,5×75,5	4-Takt	OHC	3	9,8	W	46/63 7000	5	W	SDR	T	S	DSB	TB	100/90-19	140/90-15	242	12	5,9	167	10225
	VF 750 C	748	90° V 4	70×48,6	4-Takt	DOHC	4	10,5	W	60/82 9500	6	W	SDR	T	S	DSB	TB	100/90-18	130/90-16	240	14	4,5	187	10123
	VFR 750 F	748	90° V 4	70×48,6	4-Takt	DOHC	4	10,5	W	74/100 10500	6	K	LKR	T	S	DSB	TB	110/80-18	130/80-18	230	20	3,6	235	12750
	VF 1000 F	998	90° V 4	77×53,6	4-Takt	DOHC	4	10,5	W	74/100 9000	5	W	SDR	T	S	DSB	TB	100/90-18	140/80-17	272	23	3,6	225	13658
	VF 1000 F 2	998	90° V 4	77×53,6	4-Takt	DOHC	4	10,5	W	74/100 9500	5	W	SDR	T	S	DSB	TB	100/90-18	140/80-17	277	23	3,6	232	14680
	CBR 1000 F	998	R 4	77×53,6	4-Takt	DOHC	4	10,5	W	74/100 9000	6	K	SDR	T	S	DSB	TB	110/80-17	140/80-17	262	21	3,9	237	13770
	GL 1200 DX Gold Wing	1181	180° 4	75,5×66	4-Takt	OHC	2	9	W	69/94 7000	5	K	SDR	T	S	DSB	TB	130/90-16	150/90-15	333	22	5	191	18978
Horex	Columbus 500	494	S 1	89×79,4	4-Takt	OHC	4	9,2	L	20/27 7000	5	K	SER	T	S	TB	TB	110/90-16	130/90-16	166	17	–	155	16000
	Columbus 600	562	S 1	94×81	4-Takt	OHC	4	9,6	L	35/48 7500	5	K	SER	T	S	SB	TB	110/90-16	130/90-16	166	17	–	185	16500
Husqvarna	125 WR	123	S 1	55×52	2-Takt	MB	–	14,6	W	7/10 8500	6	K	SDR	T	S	TB	TB	3.00-21	4.50-18	98	11	–	95	7495
	250 WR	245	S 1	69,5×64,5	2-Takt	MB	–	12,3	W	13/17 5500	6	K	SDR	T	S	TB	TB	3.00-21	4.50-18	106	10,5	–	110	7895
	400 WR	395	S 1	82,5×74	2-Takt	MB	–	12,5	W	13/17 5500	6	K	SDR	T	S	TB	TB	3.00-21	5.00-18	110	10,5	–	110	8295
	510 TELC	502	S 1	91,5×76,4	4-Takt	OHC	4	10	W	13/17 7200	6	K	SDR	T	S	TB	TB	3.00-21	5.00-18	116	10	–	110	9895
Jawa	350 TS	343	R 2	58×65	2-Takt	SL	–	10,2	L	20/27 5500	4	K	SDR	T	S	TB	TB	3.25-18	3.50-18	150	17	–	130	3500
	350 TS-Gespann	343	R 2	58×65	2-Takt	SL	–	10,2	L	20/27 5500	4	K	SDR	T	S	TB	TB	3.25-18	3.50-18	223	17	–	100	5945
	500 R	494	S 1	89×79,4	4-Takt	OHC	4	9,2	L	20/27 6000	5	K	SDR	T	S	SB	TB	3.25-18	3.50-18	180	15	–	138	6690

1987

Hersteller	Typ	Hubraum (cm³)	Zyl.-Anordnung und -zahl	Bohrung und Hub (mm)	Arbeitsweise	Steuerung	Ventile/Zylinder	Verdichtung	Kühlung	Leistung (kW/PS bei 1/min)	Gänge	Hinterradantrieb	Rahmen	Vorderradfederung	Hinterradfederung	Vorderradbremse	Hinterradbremse	Vorderreifen	Hinterreifen	Gewicht incl. Kraftstoff und Öl (kg)	Tankinhalt (l)	Beschleun., 1 Pers. (0–100 km/h sec)	Höchstgeschwindigkeit, 1 Pers. (km/h)	Preis incl. MWSt (Mark)
Kawasaki	KMX 125	125	S 1	54×54,4	2-Takt	MB/VA	–	7,8	W	13/17 8500	6	K	SER	T	S	SB	SB	2.75-21	4.10-18	118	9	–	107	4890
	KLR 250	249	S 1	74×58	4-Takt	DOHC	4	11	W	13/17 9000	6	K	SER	T	S	SB	TB	3.00-21	4.60-17	134	11	8,8	133	6090
	KLR 250	249	S 1	74×58	4-Takt	DOHC	4	11	W	20/27 9000	6	K	SER	T	S	SB	TB	3.00-21	4.60-17	134	11	–	143	6090
	KLR 650	652	S 1	100×83	4-Takt	DOHC	4	9,5	W	20/27 5800	5	K	SER	T	S	SB	SB	90/90-21	130/80-17	189	23	–	136	8590
	KLR 650	652	S 1	100×83	4-Takt	DOHC	4	9,5	W	35/48 6500	5	K	SER	T	S	SB	SB	90/90-21	130/80-17	189	23	6,2	154	8690
	GPZ 305 Belt Drive	306	R 2	61×52,4	4-Takt	OHC	2	9,7	L	13/17 7500	6	ZR	SDR	T	S	SB	SB	90/90-18	110/80-18	164	16,5	–	125	5890
	GPZ 305 Belt Drive	306	R 2	61×52,4	4-Takt	OHC	2	9,7	L	20/27 10000	6	ZR	SDR	T	S	DSB	SB	90/90-18	110/80-18	164	16,5	8,8	140	5890
	Z 450 LTD	454	R 2	72,5×55	4-Takt	DOHC	4	10,7	W	20/27 8500	6	ZR	SDR	T	S	SB	TB	100/90-19	140/90-15	199	11	8	132	7590
	Z 450 LTD	454	R 2	72,5×55	4-Takt	DOHC	4	10,7	W	37/50 9500	6	ZR	SDR	T	S	DSB	SB	100/90-19	140/90-16	199	11	–	162	7590
	GPZ 500 S	499	R 2	74×58	4-Takt	DOHC	4	10,8	W	20/27 8500	6	K	SDR	T	S	DSB	SB	100/90-16	120/90-16	196	18	10,7	154	8190
	GPZ 500 S	499	R 2	74×58	4-Takt	DOHC	4	10,8	W	37/50 9300	6	K	SDR	T	S	DSB	SB	100/90-16	120/90-16	196	18	–	165	8190
	GPZ 500 S	499	R 2	74×58	4-Takt	DOHC	4	10,8	W	44/60 9800	6	K	SDR	T	S	DSB	SB	100/90-16	120/90-16	196	18	5	195	8190
	GPZ 550	553	R 4	58×52,4	4-Takt	DOHC	4	10	W	37/50 8500	6	K	SDR	T	S	DSB	SB	100/90-18	120/80-18	209	18	–	176	8340
	GPZ 550	553	R 4	58×52,4	4-Takt	DOHC	4	10	W	48/65 10500	6	K	SDR	T	S	DSB	SB	100/90-18	120/80-18	209	18	4,6	196	8340
	Z 550 GT	553	R 4	58×52,4	4-Takt	DOHC	4	9,5	L	37/50 8500	6	K	SDR	T	S	DSB	SB	100/90-19	120/90-18	221	22	5	177	8140
	GPZ 600 R	592	R 4	60×52,4	4-Takt	DOHC	4	11	W	20/27 8500	6	K	SDR	T	S	DSB	TB	110/90-16	130/90-16	217	18	9,3	161	10490
	GPZ 600 R	592	R 4	60×52,4	4-Takt	DOHC	4	11	W	37/50 10500	6	K	SDR	T	S	DSB	SB	110/90-16	130/90-16	217	18	–	178	10490
	GPZ 600 R	592	R 4	60×52,4	4-Takt	DOHC	4	11	W	55/75 10500	6	K	SDR	T	S	DSB	SB	110/90-16	130/90-16	217	18	4,3	216	10490
	ZL 600	592	R 4	60×52,4	4-Takt	DOHC	4	11	W	54/74 10500	6	W	SDR	T	S	DSB	SB	100/90-18	150/80-15	209	12	4,6	192	10290
	Z 750 GT	739	R 4	66×54	4-Takt	DOHC	2	9,5	L	57/78 9500	5	W	SDR	T	S	DSB	SB	100/90-18	120/90-18	243	24,5	4,6	198	9490
	Z 750 Turbo	739	R 4	66×54	4-Takt/Turbo	DOHC	2	7,8	L	74/100 9000	5	K	SDR	T	S	DSB	SB	110/90-18	130/80-18	254	18	3,7	225	10290
	GPZ 750	739	R 4	66×54	4-Takt	DOHC	2	9,5	L	64/87 9500	5	K	SDR	T	S	DSB	SB	110/90-18	130/90-18	241	18	3,9	216	10290
	GPX 750 R	748	R 4	68×51,5	4-Takt	DOHC	4	11,2	W	74/100 10500	6	K	SDR	T	S	DSB	SB	100/90-16	140/70-18	222	21	3,8	235	12950
	VN 750 Twin	749	55° V 2	84,9×66,2	4-Takt	DOHC	4	10,3	W	37/50 7500	5	W	SDR	T	S	DSB	TB	100/90-19	150/90-15	244	13,5	7,1	162	10990
	GPZ 900 R	908	R 4	72,5×55	4-Takt	DOHC	4	11	W	74/100 9500	6	K	SDR	T	S	DSB	TB	120/80-16	130/80-18	257	22	3,6	240	13090
	GPZ 1000 RX	997	R 4	74×58	4-Takt	DOHC	4	10,2	W	74/100 9000	6	K	SDR	T	S	DSB	SB	120/80-16	150/80-16	267	21	3,6	243	14790
	Z 1000 GTR	997	R 4	74×58	4-Takt	DOHC	4	10,2	W	74/100 9000	5	W	SDR	T	S	DSB	SB	110/80-18	150/80-16	296	28,5	3,9	194	16340
	ZL 1000	997	R 4	74×58	4-Takt	DOHC	4	10,2	W	74/100 9000	5	W	SDR	T	S	DSB	SB	110/90-18	160/80-15	271	18,5	4,1	206	13990
	GPZ 1100	1089	R 4	72,5×66	4-Takt	DOHC	2	9,5	L	74/100 8750	5	K	SDR	T	S	DSB	SB	110/90-18	130/90-17	266	20	3,6	240	10780
	Z 1300 DFI	1285	R 6	62×71	4-Takt	DOHC	2	9,3	W	74/100 7750	5	K	SDR	T	S	DSB	SB	110/90-18	130/90-17	324	27	4,1	208	16390
	VN-15	1470	50° V 2	102×90	4-Takt	OHC	4	9	W	52/70 4500	4	W	SDR	T	S	SB	SB	100/90-19	150/90-15	284	16	5,2	179	13760
Kreidler	Mustang 125	123	S 1	55×52	2-Takt	SL	–	10	W	12/16 7250	5	K	SDR	T	S	TB	TB	2.75-18	3.25-18	110	11	–	110	4998

1987

Hersteller	Typ	Hubraum (cm³)	Zyl.-Anordnung und -zahl	Bohrung und Hub (mm)	Arbeitsweise	Steuerung	Ventile/Zylinder	Verdichtung	Kühlung	Leistung (kW/PS bei 1/min)	Gänge	Hinterradantrieb	Rahmen	Vorderradfederung	Hinterradfederung	Vorderradbremse	Hinterradbremse	Vorderreifen	Hinterreifen	Gewicht incl. Kraftstoff und Öl (kg)	Tankinhalt (l)	Beschleun., 1 Pers. (0–100 km/h sec)	Höchstgeschwindigkeit, 1 Pers. (km/h)	Preis incl. MWSt (Mark)
KTM	Enduro 125 VC	124	S 1	54×54	2-Takt	MB	–	–	–	7/10 6500	6	K	SER	T	S	SB	SB	90/90-21	120/90-18	105	10	–	85	6590
	Enduro 250 VC	247	S 1	67,5×69	2-Takt	MB	–	–	–	13/17 6500	5	K	SER	T	S	SB	SB	90/90-21	130/90-18	110	10	–	110	7890
	Enduro 400	344	S 1	75×78	2-Takt	MB	–	11,5	W	13/17 6250	5	K	SER	T	S	SB	SB	90/90-21	130/90-18	114	10	–	115	7990
	Enduro 600 LC 4	553	S 1	95×78	4-Takt	OHC	4	9,5	W	20/27 6000	5	K	SER	T	S	SB	SB	90/90-21	130/80-18	134	8,7	–	115	9290
	Enduro 600 LC 4	553	S 1	95×78	4-Takt	OHC	4	10	W	36/49 7000	5	K	SER	T	S	SB	SB	90/90-21	130/80-18	134	8,7	5,5	162	9290
Laverda	OR 600 Atlas	571	R 2	76×63	4-Takt	DOHC	4	9	L	37/50 7500	6	K	SDR	T	S	SB	SB	90/90-21	5.10-17	206	25	7,2	159	10370
	1000 RGS/2	980	R 3	75×74	4-Takt	DOHC	2	9	L	60/82 7900	5	K	SDR	T	S	DSB	SB	100/90-18	120/90-18	269	22	4,4	225	13970
	1000 RGS-Jota	980	R 3	75×74	4-Takt	DOHC	2	9	L	60/82 7900	5	K	SDR	T	S	DSB	SB	100/90-18	120/90-18	265	22	4,6	215	13370
	1000 SFC	996	R 3	75,6×74	4-Takt	DOHC	2	10	L	70/95 8000	5	K	SDR	T	S	DSB	SB	100/90-18	130/90-18	253	22	4,1	221	16370
Maico	GP 250 E	247	S 1	67×70	2-Takt	MB	–	15,5	L	11/15 5500	5	K	SER	T	S	SB	SB	3.00-21	4.10-18	105	10	–	100	7690
	GP 250 E	247	S 1	67×70	2-Takt	MB	–	15,5	L	36/49 8000	5	K	SER	T	S	SB	SB	3.00-21	4.10-18	105	10	–	–	7690
	GP 400 E	354	S 1	77×76	2-Takt	MB	–	13,5	L	13/17 5400	5	K	SER	T	S	SB	SB	3.00-21	4.10-18	106	10	–	100	7790
	GP 400 E	354	S 1	77×76	2-Takt	MB	–	13,5	L	40/55 8000	5	K	SER	T	S	SB	SB	3.00-21	4.10-18	106	10	–	–	7790
	GP 500 E	488	S 1	86,5×83	2-Takt	MB	–	13,5	L/W	13/17 5600	5	K	SER	T	S	SB	SB	3.00-21	4.10-18	109	10	–	100	7790
	GP 500 E	488	S 1	86,5×83	2-Takt	MB	–	13,5	L/W	46/62 7000	5	K	SER	T	S	SB	SB	3.00-21	4.10-18	109	10	–	–	7790
Malaguti	125 YLC	123	S 1	56×50	2-Takt	MB	–	7,2	W	13/17 7250	6	K	SER	T	S	SB	TB	3.00-21	4.60-17	110	11,5	–	125	5089
Morini	125 KJ Kanguro	123	S 1	59×45	4-Takt	OHV	2	11,7	L	10/13 10000	6	K	SDR	T	S	SB	TB	2.75-21	4.00-18	119	7,5	–	110	4950
	350 X2 Kanguro	344	72° V 2	62×57	4-Takt	OHV	2	11	L	20/27 7900	6	K	SDR	T	S	SB	TB	3.00-21	4.00-18	160	14	10	140	6995
	350 X2 E Kanguro	344	72° V 2	62×57	4-Takt	OHV	2	11	L	20/27 7900	6	K	SDR	T	S	SB	TB	3.00-21	4.00-18	160	14	10	140	7395
	501 Camel	507	72° V 2	71×64	4-Takt	OHV	2	11,5	L	32/43 8500	6	K	SDR	T	S	SB	TB	3.00-21	4.00-18	154	14	9	150	8999
	3 1/2 S Klassik	344	72° V 2	62×57	4-Takt	OHV	2	11	L	20/27 7800	6	K	SDR	T	S	TB	SB	100/90-18	110/90-18	160	14	9	150	8775
	350 Excalibur	344	72° V 2	62×57	4-Takt	OHV	2	11	L	20/27 7800	6	K	SDR	T	S	SB	SB	100/90-18	130/90-18	181	17	9,3	145	8995
	350 K 2	344	72° V 2	69×64	4-Takt	OHV	2	11	L	20/27 7800	6	K	SDR	T	S	DSB	SB	100/90-18	3.50-18	160	15	9,8	141	7795/8465
	500 Sei-V Klassik	478	72° V 2	69×64	4-Takt	OHV	2	11,2	L	31/42 7500	6	K	SDR	T	S	DSB	SB	100/90-18	120/90-18	180	16	12,2	155	10950
	501 K 2 AMEX	507	72° V 2	71×64	4-Takt	OHV	2	11,5	L	34/46 8500	6	K	SDR	T	S	SB	SB	100/90-18	110/90-18	172	15	–	180	9950
	501 Excalibur	507	72° V 2	71×64	4-Takt	OHV	2	11,5	L	30/41 8500	6	K	SDR	T	S	SB	SB	100/90-18	130/90-16	193	17	7	149	10850
Moto Guzzi	V 65 NTX	643	90° V 2	80×64	4-Takt	OHV	2	9,8	L	33/45 7500	5	W	SDR	T	S	SB	SB	3.00-21	4.00-18	200	32	7,1	153	9950
	V 35 III	346	90° V 2	66×50,6	4-Takt	OHV	2	10,5	L	20/27 7900	5	W	SDR	T	S	DSB	SB	100/90-16	110/80-18	173	17	9,4	145	7995

Hersteller	Typ	Hubraum (cm³)	Zyl.-Anordnung und -zahl	Bohrung und Hub (mm)	Arbeitsweise	Steuerung	Ventile/Zylinder	Verdichtung	Kühlung	Leistung (kW/PS bei 1/min)	Gänge	Hinterradantrieb	Rahmen	Vorderradfederung	Hinterradfederung	Vorderradbremse	Hinterradbremse	Vorderreifen	Hinterreifen	Gewicht incl. Kraftstoff und Öl (kg)	Tankinhalt (l)	Beschleun., 1 Pers. (0–100 km/h sec)	Höchstgeschwindig-keit, 1 Pers. (km/h)	Preis incl. MWSt (Mark)
	V 65 II	643	90° V 2	80×64	4-Takt	OHV	2	10	L	37/50 6900	5	W	SDR	T	S	DSB	SB	100/90-18	110/90-18	192	15,5	6	178	7995
	V 65 Florida	643	90° V 2	80×64	4-Takt	OHV	2	10	L	20/27 5200	5	W	SDR	T	S	DSB	SB	100/90-18	130/90-16	197	15	10,5	131	9450
	V 65 Florida	643	90° V 2	80×64	4-Takt	OHV	2	10	L	35/48 7200	5	W	SDR	T	S	DSB	SB	100/90-18	130/90-16	197	15	6	161	9450
	V 75	744	90° V 2	80×74	4-Takt	OHV	2	9,6	L	20/27 4600	5	W	SDR	T	S	DSB	SB	100/90-16	120/90-18	200	17	–	138	9950
	V 75	744	90° V 2	80×74	4-Takt	OHV	2	10,2	L	37/50 6400	5	W	SDR	T	S	DSB	SB	100/90-16	120/90-18	200	17	5,4	175	9950
	V 75	744	90° V 2	80×74	4-Takt	OHV	2	10,2	L	43/59 7300	5	W	SDR	T	S	DSB	SB	110/90-16	120/90-18	200	17	5,5	176	9950
	850 T 5	844	90° V 2	83×78	4-Takt	OHV	2	9,5	L	49/67 6900	5	W	SDR	T	S	DSB	SB	110/90-18	130/90-16	244	22	–	199	10 550
	850 T 5-Gespann	844	90° V 2	83×78	4-Takt	OHV	2	9,5	L	49/67 6900	5	W	SDR	T	S	DSB	SB	110/90-18	130/90-16	331	22	–	145	15 895
	V 1000 California III	948	90° V 2	88×78	4-Takt	OHV	2	9,2	L	49/67 6500	5	W	SDR	T	S	DSB	SB	110/90-16	120/90-18	290	26	6,5	164	14 190
	V 1000 SP II	948	90° V 2	88×78	4-Takt	OHV	2	9,2	L	49/67 6700	5	W	SDR	T	S	DSB	SB	100/90-16	120/90-18	252	23	5,4	181	11 850
	V 1000 Le Mans IV	948	90° V 2	88×78	4-Takt	OHV	2	9,8	L	60/81 7400	5	W	SDR	T	S	DSB	SB	120/80-16	130/80-18	245	24	4,1	217	13 650
	Mille GT	948	90° V 2	88×78	4-Takt	OHV	2	9,2	L	37/50 6000	5	W	SDR	T	S	DSB	SB	110/90-18	120/90-18	246	22,5	7	156	11 550
	Mille GT	948	90° V 2	88×78	4-Takt	OHV	2	9,2	L	49/67 6700	5	W	SDR	T	S	DSB	SB	110/90-18	120/90-18	246	22,5	5,6	171	11 550
MZ	ETZ 150	143	S 1	56×58	2-Takt	SL	–	10	L	7/10 6000	5	K	PSR	T	S	SB	TB	2,75-18	3,25-16	125	13	–	95	1680
	ETZ 250	243	S 1	69×65	2-Takt	SL	–	10	L	13/17 5200	5	K	PSR	T	S	SB	TB	2,75-18	3,50-18	154	17,5	12,6	130	1980
	ETZ 250-Gespann	243	S 1	69×65	2-Takt	SL	–	10	L	16/22 5800	5	K	PSR	T	S	SB	TB	2,75-18	3,50-18	240	17,5	–	100	3980
Puch	GS 125 HF	124	S 1	54×54	2-Takt	MB	–	15	W	7/9,8 10 000	6	K	SDR	T	S	TB	TB	3,00-21	4,50-18	100	9	–	100	7126
	GS 250 HF	248	S 1	72×61	2-Takt	DS	–	13	W	13/17 9000	5	K	SDR	T	S	SB	TB	3,00-21	4,50-18	107	9	–	110	7455
	GS 350 F 5	348	S 1	82×66	2-Takt	MB	–	13	W	20/27 7300	5	K	SDR	T	S	SB	TB	3,00-21	4,50-18	102	9	–	120	8500
	350 HWE	347	S 1	79,5×70	4-Takt	OHC	4	9,2	L	20/27 7900	5	K	SDR	T	S	SB	TB	3,50-21	4,50-18	132	10	–	130	8456
	350 HWE Safari	347	S 1	79,5×70	4-Takt	OHC	4	9,2	L	20/27 7900	5	K	SDR	T	S	SB	TB	3,50-21	4,50-18	150	28	–	130	8456
	GS 504 F 4 T	502	S 1	90×79	4-Takt	OHC	4	9,2	L	20/27 7700	5	K	SDR	T	S	SB	TB	3,25-21	4,50-18	137	9,5	–	130	8500
	GS 560 F 4 T	562	S 1	94×81	4-Takt	OHC	4	9,2	L	20/27 7400	5	K	SDR	T	S	SB	TB	3,25-21	4,50-18	137	9,5	–	130	8589
	600 HWE	562	S 1	94×81	4-Takt	OHC	4	9,8	L	20/27 7700	5	K	SDR	T	S	SB	TB	3,50-21	4,50-18	132	10	–	140	8733
	600 HWE Safari	562	S 1	94×81	4-Takt	OHC	4	9,8	L	20/27 7700	5	K	SDR	T	S	SB	TB	3,50-21	4,50-18	150	28	–	140	8733
Suzuki	TS 250 X	249	S 1	70×64,8	2-Takt	MB/VA	–	7,4	W	20/27 7300	5	K	SER	T	S	SB	TB	3,00-21	130/80-17	123	12	9,1	121	5439
	DR 250 S	249	S 1	72×61,2	4-Takt	OHC	4	9	L	13/17 7800	5	K	SER	T	S	SB	TB	3,00-21	4,00-18	129	9,5	10,6	117	4739
	DR 600 S	590	S 1	94×85	4-Takt	OHC	4	9,5	L	20/27 6200	5	K	SER	T	S	SB	TB	100/80-21	130/80-17	160	20	–	131	6999
	DR 600 S	590	S 1	94×85	4-Takt	OHC	4	9,5	L	33/45 6800	5	K	SER	T	S	SB	TB	100/80-21	130/80-17	166	20	6,4	150	6999
	DR 600 R Dakar	590	S 1	94×85	4-Takt	OHC	4	8,5	L	32/44 6500	5	K	SER	T	S	SB	TB	100/80-21	130/80-17	166	21	6,4	150	7439

1987

Hersteller	Typ	Hubraum (cm³)	Zyl.-Anordnung und -zahl	Bohrung und Hub (mm)	Arbeitsweise	Steuerung	Ventile/Zylinder	Verdichtung	Kühlung	Leistung (kW/PS bei 1/min)	Gänge	Hinterradantrieb	Rahmen	Vorderradfederung	Hinterradfederung	Vorderradbremse	Hinterradbremse	Vorderreifen	Hinterreifen	Gewicht incl. Kraftstoff und Öl (kg)	Tankinhalt (l)	Beschleun. 1 Pers. (0-100 km/h sec)	Höchstgeschwindigkeit, 1 Pers. (km/h)	Preis incl. MWSt (Mark)
	GNX 250 E	249	S 1	72×61,2	4-Takt	OHC	4	9	L	13/17 7800	5	K	SER	T	S	SB	TB	3.00-18	3.00-18	140	10	11,9	122	4099
	RG 250 Gamma	247	R 2	54×54	2-Takt	MB/VA	–	7,1	W	33/45 8500	6	K	LDR	T	S	DSB	SB	100/90-16	120/90-18	153	17	6,5	172	7699
	GSX 400 E	399	R 2	67×56,6	4-Takt	DOHC	4	9	L	20/27 8000	6	K	SDR	T	S	SB	TB	3.00-18	3.75-18	189	15	8	154	5249
	GSX 400 S	399	R 2	67×56,6	4-Takt	DOHC	4	10	L	20/27 7800	6	K	SDR	T	S	DSB	SB	3.00-18	3.75-18	190	15	8,4	151	5449
	GS 450 L	448	R 2	71×56,6	4-Takt	DOHC	2	9	L	20/27 7600	6	K	SDR	T	S	SB	TB	3.60-19	4.60-16	183	11	–	164	5399
	RG 500 Gamma	498	Square Four	56×50,6	2-Takt	DS/VA	–	7	W	70/95 9500	6	K	LDR	T	S	DSB	SB	110/90-16	120/90-17	181	22	4	228	12169
	GSX 550 ES	572	R 4	60×50,6	4-Takt	DOHC	4	10	L	47/64 10000	6	K	SDR	T	S	DSB	SB	100/90-16	110/90-18	216	18	4,5	201	7549
	GSX 550 EF	572	R 4	60×50,6	4-Takt	DOHC	4	9,6	L	47/64 10000	6	K	SDR	T	S	DSB	SB	100/90-16	110/90-18	220	18	5,1	194	8399
	GSX 550 EU	572	R 4	60×50,6	4-Takt	DOHC	4	8,6	L	37/50 9600	6	K	SDR	T	S	DSB	SB	100/90-16	110/90-18	211	18	5,3	182	6999
	GR 650 X	652	R 2	77×70	4-Takt	DOHC	2	8,7	L	20/27 7200	5	K	SDR	T	S	SB	TB	100/90-19	130/90-16	200	12	6,4	161	6439
	LS 650 Savage	652	S 1	94×94	4-Takt	OHC	4	8,5	L	20/27 5200	4	ZR	SER	T	S	SB	TB	100/90-16	140/80-15	171	11	9,3	127	7489
	GSX 750 EF	747	R 4	67×53	4-Takt	DOHC	4	9,6	L	66/90 9500	5	K	SDR	T	S	DSB	SB	100/90-16	120/90-17	237	19	4,2	206	9559
	GSX-R 750	749	R 4	70×48,7	4-Takt	DOHC	4	9,8	L	74/100 11000	6	K	LDR	T	S	DSB	SB	110/80-18	140/70-18	201	19	3,9	226	13199
	GSX-R 750 Special Edition	749	R 4	70×48,7	4-Takt	DOHC	4	9,8	L	74/100 11000	6	K	LDR	T	S	DSB	SB	110/90-18	150/70-18	199	19	3,8	226	16549
	VS 750 GL Intruder	748	45° V 2	80×74,4	4-Takt	DOHC	4	10	W	40/55 7500	5	W	SDR	T	S	DSB	SB	100/90-19	140/90-15	207	12	5,1	179	10599
	GS 850 G	843	R 4	69×56,4	4-Takt	DOHC	2	8,8	L	59/80 8500	5	W	SDR	T	S	DSB	SB	3.50-19	4.50-17	273	23	4,6	203	8899
	GS 1100 G	1074	R 4	72×66	4-Takt	DOHC	2	8,3	L	69/94 8000	5	W	SDR	T	S	SB	TB	3.50-19	4.50-17	268	22	4,5	207	10199
	GSX 1100 E	1135	R 4	74×66	4-Takt	DOHC	4	9,7	L	74/100 8100	5	K	SDR	T	S	DSB	SB	110/90-16	130/90-17	243	20	3,1	224	11099
	GSX 1100 EF	1135	R 4	74×66	4-Takt	DOHC	4	9,7	L	74/100 8100	5	K	SDR	T	S	DSB	SB	110/90-16	130/90-17	256	20	3,1	230	12999
	GSX-R 1100	1052	R 4	76×58	4-Takt	DOHC	4	10	L	74/100 8700	5	K	LDR	T	S	DSB	SB	110/80-18	150/70-18	225	19	3,3	228	15849
	VS 1400 Intruder	1360	45° V 2	94×98	4-Takt	OHC	3	9,3	L	50/68 4800	4	W	SER	T	S	SB	TB	110/90-19	170/80-15	260	13	5,2	167	13999
SVM	S 3 125 GS	124	S 1	54×54	2-Takt	MB	–	8,5	L	14/19,5 6800	6	K	SDR	T	S	SB	TB	2.75-21	4.00-18	82	5	–	100	6790
	S 3 250 GS	248	S 1	72×61	2-Takt	DS	–	10	L	24/32 11200	6	K	SDR	T	S	SB	SB	3.00-21	4.25-18	94	8	–	–	7290
	329 Jumbo	328	S 1	83,5×60	2-Takt	DS	–	10	L	31/42 9600	5	K	SDR	T	S	SB	SB	3.00-21	4.50-18	96	10	–	–	7790
Triumph	Tiger	744	R 2	76×82	4-Takt	OHV	2	7,9	L	35/48 6500	5	K	SER	T	S	SB	TB	100/90-19	110/90-18	195	11/18	–	160	10500
	Bonneville	744	R 2	76×82	4-Takt	OHV	2	7,9	L	36/49 6500	5	K	SER	T	S	SB	SB	100/90-19	110/90-18	192	11/18	6,4	161	10500
Yamaha	XT 250	249	S 1	75×56,5	4-Takt	OHC	2	9,2	L	13/17 7500	6	K	SER	T	S	TB	SB	3.00-21	4.60-17	125	8	12,3	112	4160
	XT 350	346	S 1	86×59,6	4-Takt	DOHC	4	9	L	13/17 7000	6	K	SER	T	S	SB	SB	3.00-21	110/80-18	150	12	–	116	6180
	XT 350	346	S 1	86×59,6	4-Takt	DOHC	4	9	L	20/27 8000	6	K	SER	T	S	TB	SB	3.00-21	110/80-18	150	12	8,5	135	6180
	XT 500	499	S 1	87×84	4-Takt	OHC	2	9	L	20/27 5900	5	K	SER	T	S	TB	TB	3.25-21	4.00-18	155	9	8,5	132	6090

1987

Hersteller	Typ	Hubraum (cm³)	Zyl.-Anordnung und -zahl	Bohrung und Hub (mm)	Arbeitsweise	Steuerung	Ventile/Zylinder	Verdichtung	Kühlung	Leistung (kW/PS bei 1/min)	Gänge	Hinterradantrieb	Rahmen	Vorderradfederung	Hinterradfederung	Vorderradbremse	Hinterradbremse	Vorderreifen	Hinterreifen	Gewicht incl. Kraftstoff und Öl (kg)	Tankinhalt (l)	Beschleun., 1 Pers. (0–100 km/h sec)	Höchstgeschwindigkeit 1 Pers. (km/h)	Preis incl. MwSt (Mark)
	XT 600	595	S 1	95×84	4-Takt	OHC	4	8,5	L	20/27 6000	5	K	SER	T	S	SB	TB	3.00-21	4.60-18	148	11	8,6	136	7530
	XT 600	595	S 1	95×84	4-Takt	OHC	4	8,5	L	32/44 6500	5	K	SER	T	S	SB	TB	3.00-21	4.60-18	154	11	5,8	146	7530
	XT 600 Ténéré	595	S 1	95×84	4-Takt	OHC	4	8,5	L	20/27 6000	5	K	SER	T	S	SB	TB	3.00-21	4.60-18	177	23	9	136	8380
	XT 600 Ténéré	595	S 1	95×84	4-Takt	OHC	4	8,5	L	34/46 6500	5	K	SER	T	S	SB	TB	3.00-21	4.60-18	177	23	6,2	150	8380
	SR 500 (Speichenräder)	499	S 1	87×84	4-Takt	OHC	2	9	L	20/27 6000	5	K	SER	T	S	SB	TB	3.50-18	4.00-18	167	12	8,3	142	5495
	TZR 250	250	R 2	56,4×50	2-Takt	MB/PV	–	5,9	W	37/50 10000	6	K	LKR	T	S	DSB	SB	100/80-17	120/80-17	150	16	5,5	190	8990
	RD 350/F	347	R 2	64×54	2-Takt	MB/PV	2	6	W	37/50 9200	6	K	SDR	T	S	SB	TB	90/90-18	110/80-18	170	20	5,1	184	6900
	RD 350/F	347	R 2	64×54	2-Takt	MB/PV	2	6	W	46/63 9000	6	K	PSR	T	S	DSB	SB	90/90-18	110/80-18	170	20	5,3	191	8300
	XS 400 DOHC	399	R 2	69×53,4	4-Takt	DOHC	2	9,7	L	20/27 8000	6	K	SDR	T	S	SB	TB	3.00-18	4.10-18	187	18	9,4	143	5500
	XS 400 DOHC	399	R 2	69×53,4	4-Takt	DOHC	2	9,7	L	33/45 9500	6	K	PSR	T	S	DSB	SB	3.00-18	4.10-18	187	18	6,1	168	5500
	RD 500 LC	499	50° V 4	56,4×50	2-Takt	MB/PV	–	6,6	W	65/88 9500	6	K	SDR	T	S	DSB	SB	120/80-16	130/80-18	216	22	5,1	223	12070
	XV 500 SE	494	70° V 2	73×59	4-Takt	OHC	2	9,3	L	36/49 8000	5	K	SDR	T	S	DSB	SB	3.00-19	130/90-16	190	11	6,5	152	7430
	SRX 6	608	S 1	96×84	4-Takt	DOHC	4	8,5	L	20/27 6000	6	K	SDR	T	S	DSB	SB	100/80-18	120/80-18	172	15	8,8	150	7180
	SRX 6	608	S 1	96×84	4-Takt	DOHC	4	8,5	L	31/42 6500	6	K	SDR	T	S	DSB	SB	100/80-18	120/80-18	172	15	6,2	170	7180
	XJ 600	599	R 4	58,5×55,7	4-Takt	DOHC	2	10	L	37/50 9250	6	K	SDR	T	S	DSB	SB	90/90-18	110/90-18	212	20	5	177	8030
	XJ 600	599	R 4	58,5×55,7	4-Takt	DOHC	2	10	L	53/72 10000	6	K	SDR	T	S	DSB	SB	90/90-18	110/90-18	212	20	4,6	198	8030
	FZ 750 Genesis	749	R 4	68×51,6	4-Takt	DOHC	5	11,2	W	74/100 10500	5	K	SDR	T	S	DSB	SB	120/80-16	130/80-18	229	21	3,8	236	13190
	FZX 750	749	R 4	68×51,6	4-Takt	DOHC	5	11,2	W	69/94 9500	5	W	SDR	T	S	DSB	SB	110/90-16	140/90-15	225	13	3,5	216	12290
	XJ 900	891	R 4	68,5×60,5	4-Takt	DOHC	2	9,6	L	72/98 9000	5	W	SDR	T	S	DSB	SB	100/90-18	120/90-18	242	22	4,2	217	10280
	XJ 900 F	891	R 4	68,5×60,5	4-Takt	DOHC	2	9,6	L	72/98 9000	5	W	SDR	T	S	DSB	SB	100/90-18	120/90-18	242	22	4,3	221	11280
	XV 1000 Virago	981	75° V 2	95×69,2	4-Takt	OHC	4	8,3	L	47/64 6500	5	W	SDR	T	S	DSB	TB	100/90-19	140/90-15	235	14,5	5,2	171	12150
	FZR 1000 Genesis	989	R 4	75×56	4-Takt	DOHC	5	11,2	W	74/100 9500	5	K	PSR	T	S	DSB	SB	120/70-17	160/60-18	234	20	3,8	231	15290
	FJ 1200	1188	R 4	77×63,8	4-Takt	DOHC	4	9,7	L	74/100 8500	5	K	LKR	T	S	DSB	SB	120/80-16	150/80-16	259	24	3,5	231	14300
	XVZ 12 T	1197	70° V 4	76×66	4-Takt	DOHC	4	10,5	W	71/97 7000	5	W	SDR	T	S	DSB	SB	120/80-18	140/90-16	325	20	4,3	192	19500
Yangtze	750 Gespann	745	180° 2	78×78	4-Takt	SV	2	5,7	L	16/22 4500	4	W	SDR	T	S	TB	TB	3.75-19	3.75-19	350	23	–	90	8700
Importe aus der UdSSR	ISH Jupiter 4	350	R 2	62×58	2-Takt	SL	–	9,5	L	20/27 6000	4	K	SDR	T	S	TB	TB	3.50-18	3.50-18	180	17	–	125	3750
	Dnepr MT 11-Gespann*	650	180° 2	78×68	4-Takt	OHV	2	8,5	L	28/38 5900	4+R	W	SDR	T	S	TB	TB	3.75-19	3.75-19	350	19	–	125	9700
	Dnepr MT 16-Gespann*	650	180° 2	78×68	4-Takt	OHV	2	8,5	L	28/38 5900	4+R	W	SDR	T	S	TB	TB	3.75-19	3.75-19	365	19	–	125	10850
	Ural M 67-6	650	180° 2	78×68	4-Takt	OHV	2	7	L	28/38 5700	4	W	SDR	T	S	TB	TB	3.75-19	4.00-18	210	17	–	130	7000

Zulassungsfähige Sondermodelle

Hersteller	Typ	Hubraum (cm³)	Zyl.-Anordnung und -zahl	Bohrung und Hub (mm)	Arbeitsweise	Steuerung	Ventile/Zylinder	Verdichtung	Kühlung	Leistung (kW/PS bei 1/min)	Gänge	Hinterradantrieb	Rahmen	Vorderradfederung	Hinterradfederung	Vorderradbremse	Hinterradbremse	Vorderreifen	Hinterreifen	Gewicht incl. Kraftstoff und Öl (kg)	Tankinhalt (l)	Beschleun. 1 Pers. (0–100 km/h sec)	Höchstgeschwindigkeit 1 Pers. (km/h)	Preis incl. MWSt (Mark)
AMC z.B.:	Suzuki GSX 1100	1135	R 4	74×66	4-Takt	DOHC	4	9,8	L	74/100 8100	5	K	SDR	T	S	DSB	SB	130/80-18	160/80-18	230	20	–	245	bis 30 000 (komplett) 25 000
AME z.B.:	*Fahrgestelle für V- und Reihenmotoren von BMW, Harley-Davidson, Honda, Kawasaki, Suzuki und Yamaha*																							bis 30 000 (komplett)
	SC 600 H 9	901	R 4	64,5×69	4-Takt	DOHC	4	8,8	L	70/95 9000	5	K	SDR	T	S	DSB	SB	3.25-19	6.10-16	250	13	5,2	185	22 682
	ST 800 HD 13	1337	45° V 2	88,8×108	4-Takt	OHV	2	8,5	L	47/64 5200	4	K	SDR	T	S	DSB	SB	3.25-19	6.10-16	255	13	7	165	29 877
	ST 1000 CBX	1046	R 6	64,5×53,4	4-Takt	DOHC	4	9,3	L	74/100 9000	5	K	SDR	T	S	DSB	SB	3.25-19	6.10-16	260	16	4,7	200	24 377
Bakker z.B.:	*Fahrgestelle für R 4-Motoren von Honda, Kawasaki und Suzuki*																							bis 25 000 (komplett)
	Kawasaki GPZ 900 R	908	R 4	72,5×55	4-Takt	DOHC	4	11	W	74/100 9500	6	K	LDR	T	S	DSB	SB	120/80-16	150/70-18	235	20	4	250	21 490
Bimota (Ducati)	DB 1	748	90° V 2	88×61,5	4-Takt	DES	2	9,3	L	52/70 8000	5	K	SGR	T	S	DSB	SB	130/60-16	160/60-16	179	22	5,1	205	24 960
(Yamaha)	YB 5	1188	R 4	77×63,8	4-Takt	DOHC	4	9,7	L	96/130 8700	5	K	SGR	T	S	DSB	SB	120/60-18	160/60-18	231	22	3,5	243	31 800
Boxer z.B.:	*Fahrgestelle für R 4-Motoren von Honda, Kawasaki, Suzuki und Yamaha*																							
	1000 H 6 Lamborghini	908	R 4	72,5×55	4-Takt	DOHC	4	11	W	74/100 9500	6	K	LDR	T	S	DSB	SB	120/80-16	150/80-18	201	18	3,6	240	29 800
Eckert (Honda)	1100	1062	R 4	70×69	4-Takt	DOHC	4	9,7	L	74/100 8500	5	K	SGR	T	S	DSB	SB	100/90-18	130/90-17	261	20	3,6	232	14 800
	RE 1	1062	R 4	70×69	4-Takt	DOHC	4	10,5	L	96/130 9500	5	K	SGR	T	S	DSB	SB	3.50-18	3.50/6.50-18	210	22	3,9	253	35 000
	RE 1 S	1123	R 4	72×69	4-Takt	DOHC	4	11	L	107/145 9000	5	K	SGR	T	S	DSB	SB	3.50-18	3.50/6.50-18	204	22	3,2	268	50 000
Egli	*Red Falcon: Fahrgestell für 500/600 cm³-Einzylindermotoren von Honda, Rotax und Yamaha*																							bis 22 000 (komplett)
(Ducati)	Corsaro Rosso	864	90° V 2	86×74,4	4-Takt	DES	2	10,4	L	51/69 7000	5	K	SZR	T	S	DSB	SB	120/80-16	150/80-16	210	20	4,1	220	28 000
(Honda)	900 Red Hunter	901	R 4	64,5×69	4-Takt	DOHC	4	8,8	L	70/95 9000	5	K	SZR	T	S	DSB	SB	100/90-18	140/80-18	216	20	4	220	26 000
	1100 Red Hunter	1062	R 4	70×69	4-Takt	DOHC	4	10,5	L	85/115 9500	5	K	SZR	T	S	DSB	SB	100/90-18	140/80-18	216	20	3,5	235	26 000
	CBX Red Baron	1046	R 6	64,5×53,4	4-Takt	DOHC	4	9,3	L	74/100 9000	5	K	SZR	T	S	DSB	SB	110/90-18	140/80-18	245	24	4,1	244	28 500
	CBX Red Baron	1112	R 6	66,5×53,4	4-Takt	DOHC	4	9,5	L	88/120 9500	5	K	SZR	T	S	DSB	SB	110/90-18	140/80-18	245	24	3,9	250	28 500
(Kawasaki)	Bonneville	957	R 4	69×64	4-Takt	DOHC	2	9	L	66/90 9000	5	K	SZR	T	S	DSB	SB	110/90-18	140/80-18	215	20	4	220	27 000
	Bonneville	1161	R 4	76×64	4-Takt	DOHC	2	10	L	92/125 9600	5	K	SZR	T	S	DSB	SB	110/90-18	140/80-18	215	20	3,5	250	27 000
(Suzuki)	Red Lightning	1047	R 4	72×66	4-Takt	DOHC	4	9,8	L	77/105 8200	5	K	SZR	T	S	DSB	SB	120/80-16	150/80-16	225	20	3,1	240	28 000
	Red Lightning	1166	R 4	75×66	4-Takt	DOHC	4	10	L	92/125 9000	5	K	SZR	T	S	DSB	SB	120/80-16	150/80-16	225	20	3,2	255	28 000

Hersteller	Typ	Hubraum (cm³)	Zyl.-Anordnung und -zahl	Bohrung und Hub (mm)	Arbeitsweise	Steuerung	Ventile/Zylinder	Verdichtung	Kühlung	Leistung (kW/PS bei 1/min)	Gänge	Hinterradantrieb	Rahmen	Vorderradfederung	Hinterradfederung	Vorderradbremse	Hinterradbremse	Vorderreifen	Hinterreifen	Gewicht incl. Kraftstoff und Öl (kg)	Tankinhalt (l)	Beschleun. 1 Pers. (0–100 km/h sec)	Höchstgeschwindig-keit. 1 Pers. (km/h)	Preis incl. MWSt (Mark)
Fallert (BMW)	R 80 G/S 1000	979	180° 2	94×70,6	4-Takt	OHV	2	8,2	L	37/50 6500	5	W	SDR	T	S	SB	TB	3.00-21	4.00-18	212	34	5,8	162	12 120
	R 80-1000	979	180° 2	94×70,6	4-Takt	OHV	2	8,2	L	37/50 6500	5	W	SDR	T	S	SB	TB	100/90-18	120/90-18	216	24	5,2	186	12 620
	R 80-1000	979	180° 2	94×70,6	4-Takt	OHV	2	10,5	L	48/65 7500	5	W	SDR	T	S	SB	TB	100/90-18	120/90-18	216	24	4,9	195	12 770
	R 80-1000	979	180° 2	94×70,6	4-Takt	OHV	2	11	L	55/75 7600	5	W	SDR	T	S	SB	TB	100/90-18	120/90-18	216	24	–	200	14 570
Fischer				Fahrgestelle für Honda-, Kawasaki-, Laverda-, Rotax-, Suzuki- und Yamaha-Motoren ab 500 cm³																			bis 31 000 (komplett)	
z. B.:	Rotax GF 500 R	504	S 1	89×81	4-Takt	OHC	4	9,8	L	26/36 7000	5	K	SZR	T	S	DSB	SB	100/90-18	130/80-18	140	–	–	–	18 500
	Kawasaki GPZ 900 R	908	R 4	72,5×55	4-Takt	DOHC	4	11	W	83/113 9500	6	K	SZR	T	S	DSB	SB	120/80-16	170/60-18	222	20	4,2	216	30 780
Hauenstein				Fahrgestelle für R 4-Motoren von Honda, Kawasaki und Suzuki																			bis 30 000 (komplett)	
Hesco	Rotax 560	562	S 1	94×81	4-Takt	OHC	4	9,8	L	32/43 7500	5	K	SGR	T	S	SB	SB	100/90-18	130/80-18	157	13	5,3	174	22 500
HSM				Fahrgestelle für R 4-Motoren von Honda und Kawasaki																			bis 24 900 (komplett)	
Jung				Fahrgestelle für R 4-Motoren von BMW, Honda, Kawasaki und Suzuki																			bis 18 000 (komplett)	
z. B.:	Kawasaki GPZ 900 R	908	R 4	72,5×55	4-Takt	DOHC	4	11	W	74/100 9500	6	K	SZR	T	S	DSB	SB	120/80-16	150/70-18	223	22	3,6	245	17 900
	Kawasaki GPZ 1000 RX	997	R 4	74×58	4-Takt	DOHC	4	10,2	W	74/100 9500	6	K	SZR	T	S	DSB	SB	110/90-18	130/90-17	220	22	3,6	243	16 990
	Suzuki GSX 1100	1135	R 4	74×66	4-Takt	DOHC	4	9,7	L	74/100 8100	5	K	SZR	T	S	DSB	SB	110/90-18	150/90-18	232	20	3,1	230	17 000
Kraft (Honda)	Target 600	589	S 1	100×75	4-Takt	OHC	4	8,5	L	32/44 6500	5	K	SZR	T	S	SB	SB	120/80-16	150/80-16	158	10,5	5,8	160	22 500
Krauser (BMW)	MKM 1000	979	180° 2	94×70,6	4-Takt	OHV	2	9,5	L	52/70 7000	5	W	SDR	T	S	DSB	SB	3.50-19	130/80-18	222	21	5	193	23 295
	MKM 1000/4	979	180° 2	94×70,6	4-Takt	DOHC	2	10,2	L	60/82 7300	5	W	SGR	T	S	DSB	SB	3.50-19	130/80-18	217	21	4,7	207	24 207
Magni (BMW)	MB 2*	979	180° 2	94×70,6	4-Takt	OHV	2	9,5	L	52/70 7000	5	W	SDR	T	S	DSB	SB	4.10-19	120/90-18	223	27	4,9	200	–
(Honda)	MH 2*	901	R 4	64,5×69	4-Takt	DOHC	4	8,8	L	70/95 9000	5	K	SDR	T	S	DSB	SB	4.10-19	120/90-18	249	20	4,1	212	–
(Moto Guzzi)	Le Mans 1100*	1090	90° V 2	92×82	4-Takt	OHV	2	11,2	L	74/100 6800	5	K	SDR	T	S	DSB	SB	110/90-18	130/80-18	236	19	4,5	225	–
Martin				Fahrgestelle für R 4- und R 6-Motoren von Honda, Kawasaki, Suzuki und Yamaha																			bis 24 000 (komplett)	
z. B.:	Kawasaki GPZ 900 R	908	R 4	72,5×55	4-Takt	DOHC	4	11	W	74/100 9500	6	K	SZR	T	S	DSB	SB	120/90-16	150/80-18	230	21	4	223	24 000
	Yamaha FJ 1100	1097	R 4	74×63,8	4-Takt	DOHC	4	9,5	L	74/100 9000	5	K	SGR	T	PS	DSB	SB	120/80-16	150/70-18	246	24	3,5	220	24 000

* 7, 7l kein Importeur

Hersteller		Typ	Hubraum (cm³)	Zyl.-Anordnung und -zahl	Bohrung und Hub (mm)	Arbeitsweise	Steuerung	Ventile/Zylinder	Verdichtung	Kühlung	Leistung (kW/PS bei 1/min)	Gänge	Hinterradantrieb	Rahmen	Vorderradfederung	Hinterradfederung	Vorderradbremse	Hinterradbremse	Vorderreifen	Hinterreifen	Gewicht incl. Kraftstoff und Öl (kg)	Tankinhalt (l)	Beschleun. 1 Pers. (0–100 km/h sec)	Höchstgeschwindigkeit, 1 Pers. (km/h)	Preis incl. MWSt (Mark)
Michel	(BMW)	R 100 S	979	180° 2	94 × 70,6	4-Takt	OHV	2	10,5	L	62/84 7500	5	W	SDR	T	S	DSB	SB	100/90-18	130/90-18	237	22	4,6	222	20 000
Moko										Fahrgestelle für V 2- und R 4-Motoren von Harley-Davidson, Honda, Kawasaki, Suzuki und Yamaha														bis 44 000 (komplett)	
	z.B.:	Yamaha FJ 1100	1097	R 4	74 × 63,8	4-Takt	DOHC	4	9,5	L	74/100 9000	5	K	SZR	T	S	DSB	SB	100/90-18	150/70-18	255	20	3,6	230	24 000
		Harley-Davidson 1340	1337	45° V 2	88,8 × 108	4-Takt	OHV	2	8,5	L	48/65 5000	5	K	SZR	T	S	DSB	SB	120/80-16	140/70-18	252	20	–	165	44 000
Papenhöfer										Fahrgestelle für V 2- und R 2-Motoren von Harley-Davidson und Yamaha														bis 22 500 (komplett)	
Rau										Fahrgestelle für Honda-, Kawasaki-, Rotax-, Suzuki- und Yamaha-Motoren ab 500 cm³														bis 23 500 (komplett)	
	z.B.:	Kawasaki GPZ 900 R	908	R 4	72,5 × 55	4-Takt	DOHC	4	11	W	74/100 9500	6	K	SZR	T	S	DSB	SB	110/90-18	150/70-18	220	22	3,6	245	22 800
Schek	(BMW)	R 80 G/S Paris-Dakar	1011	180° 2	95,5 × 70,6	4-Takt	OHV	2	9,4	L	48/65 6500	5	W	SDR	T	S	SB	TB	3.25-21	130/80-18	216	33,5	5	170	21 000
Sera	(Ducati)	900 SS	864	90° V 2	86 × 74,4	4-Takt	DES	2	10,4	L	51/69 7000	5	K	SGR	T	S	DSB	SB	110/90-18	150/70-18	198	18	–	214	24 000
	(Suzuki)	GSX 1100	1074	R 4	72 × 66	4-Takt	DOHC	4	9,5	L	74/100 8700	5	K	SGR	T	S	DSB	SB	110/80-18	140/80-18	220	20	3,6	230	24 500
Spaett	(Honda)	Target-Egli CBX	1046	R 6	64,5 × 53,4	4-Takt	DOHC	4	9,3	L	74/100 9000	5	K	SZR	T	S	DSB	SB	100/90-18	130/80-18	242	24	4	232	30 000
Wüdo	(BMW)	R 100 S	979	180° 2	94 × 70,6	4-Takt	OHV	2	9,5	L	52/70 7000	5	W	SDR	T	S	DSB	SB	110/90-18	150/70-18	226	18	–	200	30 000

1987

Hersteller	Typ	Hubraum (cm³)	Zyl.-Anordnung und -zahl	Bohrung und Hub (mm)	Arbeitsweise	Steuerung	Ventile/Zylinder	Verdichtung	Kühlung	Leistung (kW/PS bei 1/min)	Gänge	Hinterradantrieb	Rahmen	Vorderradfederung	Hinterradfederung	Vorderradbremse	Hinterradbremse	Vorderreifen	Hinterreifen	Gewicht incl. Kraftstoff und Öl (kg)	Tankinhalt (l)	Beschleun. 1 Pers. (0-100 km/h sec)	Höchstgeschwindig-keit, 1 Pers. (km/h)	Preis incl. MWSt (Mark)
Aprilia	TX 125	124	S 1	54×54	2-Takt	DS	–	9,5	W	7/10 7000	6	K	SER	T	S	SB	TB	2.75-21	4.00-18	85	10	–	100	5635
	TX 311 M	277	S 1	76×61	2-Takt	DS	–	8,5	W	13/17 6400	6	K	SER	T	S	SB	TB	2.75-21	4.00-18	85	6,5	–	125	6175
	ETX 6.35	349	S 1	79,5×70,4	4-Takt	OHC	4	9,6	L	24/33 7500	6	K	SER	T	S	SB	SB	90/90-21	130/80-17	162	14	9,3	145	6900
	Tuareg 4.35	349	S 1	79,5×70,4	4-Takt	OHC	4	9,6	L	24/33 7500	5	K	SER	T	S	SB	SB	90/90-21	130/80-17	148	30	9,3	145	7630
	Tuareg 6.35 Wind	349	S 1	79,5×70,4	4-Takt	OHC	4	9,6	L	20/27 6500	5	K	SER	T	S	SB	SB	90/90-21	130/80-17	191	30	9,9	129	7950
	Tuareg 600 Wind	562	S 1	94×81	4-Takt	OHC	4	9,4	L	35/48 7000	5	K	SER	T	S	SB	SB	90/90-21	130/80-17	178	18	–	175	8810
	AF1 125 Replica	125	S 1	54×54,5	2-Takt	MB/VA	–	15,5	W	18/25 10000	6	K	PSR	T	ES	SB	SB	100/80-16	120/80-16	147	19	8,4	156	6950
Benelli	BX 125 Enduro	123	S 1	56×50	2-Takt	MB	–	11,5	W	13/17 7000	6	K	SER	T	S	SB	TB	2.75-21	4.10-18	112	10	13,8	114	4960
	125 Sport	125	R 2	42,5×44	2-Takt	SL	–	10,3	L	7/10 7600	5	K	SDR	T	S	SB	TB	2.75-18	3.00-18	127	14	12	110	3790
	304	231	R 4	44×38	4-Takt	OHC	2	10,5	L	20/27 10500	5	K	SDR	T	S	SB	SB	3.00-18	3.25-18	134	11	11,1	135	4980
	900 Sei	905	R 6	60×53,4	4-Takt	OHC	2	9,5	L	59/80 8300	5	K	SDR	T	S	DSB	SB	100/90-18	120/90-18	249	17	4,6	193	10500
Beta	TR 34/125	124	S 1	54×54	2-Takt	MB	–	11	L	7/10 5800	6	K	SER	T	S	SB	TB	2.75-21	4.00-18	82	3,8	–	79	6790
	TR 34/260	261	S 1	76×57,5	2-Takt	MB	–	10,5	L	11/15 5200	6	K	SER	T	S	SB	TB	2.75-21	4.00-18	84	3,8	–	92	7190
	KR 250	239	S 1	72,8×57,5	2-Takt	MB	2	9	W	7/10 7900	5	K	SER	T	S	SB	TB	3.00-18	4.00-18	116	9,5	–	87	5990
BMW	R 65 GS	649	180° 2	82×61,5	4-Takt	OHV	2	8,4	L	20/27 5500	5	W	SDR	T	ES	SB	TB	3.00-21	4.00-18	198	19,5	9,4	146	9450
	R 80 GS	797	180° 2	84,8×70,6	4-Takt	OHV	2	8,2	L	37/50 6500	5	W	SDR	T	ES	SB	TB	90/90-21	130/80-17	225	26	6,1	150	10950
	R 100 GS	979	180° 2	94×70,6	4-Takt	OHV	2	8,5	L	44/60 6500	5	W	SDR	T	ES	SB	TB	90/90-21	130/80-17	225	26	5,1	164	12990
	R 65	649	180° 2	82×61,5	4-Takt	OHV	2	8,4	L	20/27 5500	5	W	SDR	T	ES	SB	TB	90/90-18	120/90-18	205	22	8,6	147	9450
	R 65	649	180° 2	82×61,5	4-Takt	OHV	2	8,7	L	35/48 7250	5	W	SDR	T	ES	SB	TB	90/90-18	120/90-18	205	22	5,7	178	9850
	R 80	797	180° 2	84,8×70,6	4-Takt	OHV	2	8,2	L	37/50 6500	5	W	SDR	T	ES	SB	TB	90/90-18	130/90-17	207	22	5,4	181	11150
	R 80 RT	797	180° 2	84,8×70,6	4-Takt	OHV	2	8,2	L	37/50 6500	5	W	SDR	T	ES	SB	TB	90/90-18	130/90-17	243	22	6,5	163	13750
	R 100 RT	979	180° 2	94×70,6	4-Takt	OHV	2	8,4	L	44/60 6500	5	W	SDR	T	ES	DSB	TB	90/90-18	130/90-17	238	22	5,1	168	16150
	R 100 RS	979	180° 2	94×70,6	4-Takt	OHV	2	8,4	L	44/60 6500	5	W	SDR	T	ES	DSB	TB	90/90-18	130/90-17	243	22	5,4	186	16150
	K 75	740	R 3	67×70	4-Takt	DOHC	2	11	W	55/75 8500	5	W	SDR	T	ES	DSB	TB	100/90-18	120/90-18	236	21	5,2	200	12520
	K 75 C	740	R 3	67×70	4-Takt	DOHC	2	11	W	55/75 8500	5	W	SDR	T	ES	DSB	TB	100/90-18	120/90-18	236	21	4,8	200	13650
	K 75 S	740	R 3	67×70	4-Takt	DOHC	2	11	W	55/75 8500	5	W	SDR	T	ES	DSB	TB	100/90-18	120/90-18	235	21	5,5	199	14950
	K 100	987	R 4	67×70	4-Takt	DOHC	2	10,2	W	66/90 8000	5	W	SDR	T	ES	DSB	TB	100/90-18	130/90-17	243	22	3,9	218	15400
	K 100 RT	987	R 4	67×70	4-Takt	DOHC	2	10,2	W	66/90 8000	5	W	SDR	T	ES	DSB	TB	100/90-18	130/90-17	272	22	4,5	206	18200
	K 100 LT	987	R 4	67×70	4-Takt	DOHC	2	10,2	W	66/90 8000	5	W	SDR	T	ES	DSB	TB	100/90-18	130/90-17	273	22	4,1	215	19390
	K 100 RS	987	R 4	67×70	4-Takt	DOHC	2	10,2	W	66/90 8000	5	W	SDR	T	ES	DSB	TB	100/90-18	130/90-17	260	22	4,4	222	17750

1988

Hersteller	Typ	Hubraum (cm³)	Zyl.-Anordnung und -zahl	Bohrung und Hub (mm)	Arbeitsweise	Steuerung	Ventile/Zylinder	Verdichtung	Kühlung	Leistung (kW/PS bei 1/min)	Gänge	Hinterradantrieb	Rahmen	Vorderradfederung	Hinterradfederung	Vorderradbremse	Hinterradbremse	Vorderreifen	Hinterreifen	Gewicht incl. Kraftstoff und Öl (kg)	Tankinhalt (l)	Beschleun., 1 Pers. (0–100 km/h sec)	Höchstgeschwindigkeit, 1 Pers. (km/h)	Preis incl. MWSt (Mark)
Cagiva	T4 350 R	343	S 1	82×65	4-Takt	OHC	4	9,5	L	20/27 7000	5	K	SER	T	S	SB	TB	3.25-21	4.25-17	132	12	–	140	8595
	T4 350 E	343	S 1	82×65	4-Takt	OHC	4	9,5	L	20/27 7000	5	K	SER	T	S	SB	TB	3.00-21	4.60-17	140	12	–	145	8695
	T4 500 E	451	S 1	94×65	4-Takt	OHC	4	9	L	29/38 7000	5	K	SER	T	S	SB	TB	3.00-21	5.10-17	160	12	6,8	141	8995
	Elefant 750	748	90° V 2	88×61,5	4-Takt	DES	2	9,3	L	45/61 8000	5	K	SDR	T	S	SB	TB	90/90-21	130/80-17	213	19	5,8	166	13490
	125 C 9 Freccia	125	S 1	56×50,6	2-Takt	MB/VA	–	13	W	18/24 10500	6	K	SKR	T	S	SB	TB	100/80-16	120/80-17	138	16	8,4	155	6720
Chang-Jiang	750 BG-Gespann	745	180° 2	78×78	4-Takt	OHV	2	7	L	20/27 5000	4	W	SDR	T	S	TB	TB	3.75-19	3.75-19	350	24	–	110	8900
	750 FY-Gespann	745	180° 2	78×78	4-Takt	OHV	2	7	L	20/27 5000	4+R	W	SDR	T	S	TB	TB	3.75-19	3.75-19	370	24	–	110	9500
	750 J-1-Gespann	745	180° 2	78×78	4-Takt	OHV	2	7	L	20/27 5000	4+R	W	SDR	T	S	TB	TB	3.75-19	3.75-19	370	24	–	110	9500
Donghai	SM 750-Gespann	745	R 2	78×78	4-Takt	OHV	2	7	L	19/26 4500	4	K	SDR	T	S	TB	TB	4.00-17	4.00-17	400	25	–	119	8900
Ducati	350 F 3	349	90° V 2	66×51	4-Takt	DES	2	10	L	31/42 9700	5	K	SGR	T	S	DSB	SB	100/90-16	120/80-18	190	18	7,7	164	9990
	750 F 1	748	90° V 2	88×61,5	4-Takt	DES	2	9,3	L	52/70 8000	5	K	SGR	T	S	DSB	SB	120/80-16	130/80-18	189	18	4,8	206	14990
	750 Paso	748	90° V 2	88×61,5	4-Takt	DES	2	10	L	54/73 7900	5	K	SGR	T	S	DSB	SB	130/60-16	160/60-16	222	22	4,7	201	15990
	750 Santa Monica	748	90° V 2	88×61,5	4-Takt	DES	2	10,5	L	63/85 10000	5	K	SGR	T	S	DSB	SB	130/60-16	160/60-16	195	18	4,1	215	22490
Enfield India	350 Bullet	346	S 1	70×90	4-Takt	OHV	2	6,5	L	13/17 5620	4	K	SER	T	S	TB	TB	3.25-19	3.25-19	170	15	16	110	4890
	350 Bullet de Luxe	346	S 1	70×90	4-Takt	OHV	2	6,5	L	13/17 5620	4	K	SER	T	S	TB	TB	3.25-19	3.25-19	170	15	16	110	4990
	350 Bullet Superstar	346	S 1	70×90	4-Takt	OHV	2	6,5	L	13/17 5620	4	K	SER	T	S	TB	TB	3.25-19	3.50-18	170	15	16	120	5490
Fantic	Trial 241 Seven Days	211	S 1	69×56,5	2-Takt	SL	–	10,4	L	12/16 5000	6	K	SDR	T	S	TB	TB	2.75-21	4.00-18	92	4	–	99	6200
	125 Sport HP 1	124	S 1	55,2×52	2-Takt	SL	–	12	W	13/17 8000	6	K	SDR	T	S	DSB	TB	3.25-16	3.25-16	110	12,5	–	125	5500
	125 Sport HP 1	124	S 1	55,2×52	2-Takt	SL	–	12	W	19/26 9000	6	K	SDR	T	S	DSB	TB	3.25-16	3.25-18	110	12,5	–	140	5500
Gilera	RX 200 Enduro	183	S 1	68×50,5	2-Takt	MB	–	12,5	W	13/17 7000	6	K	SDR	T	S	SB	TB	2.45-21/45	4.60-17/62	136	13	–	115	5820
	RX 200 Arizona	183	S 1	68×50,5	2-Takt	MB	–	12,5	W	13/17 7000	6	K	SDR	T	S	SB	TB	2.45-21/45	4.60-17/62	140	16	–	105	5890
	350 Dakota	349	S 1	80×69,4	4-Takt	DOHC	4	9,5	W	19/26 7000	5	K	SER	T	S	DSB	SB	90/90-21	4.60-17/62	181	22	–	123	9000
	500 Dakota	492	S 1	92×74	4-Takt	DOHC	4	9,5	W	32/44 7250	5	K	SER	T	S	DSB	SB	90/90-21	4.60-17/62	181	22	–	150	9000
	RV 200	183	S 1	68×50,5	2-Takt	MB	–	12,5	W	13/17 6500	6	K	SDR	T	S	SB	SB	3.25-16	3.50-18	143	19	–	115	5990
	NGR 250	249	S 1	71,5×62	2-Takt	DS	–	12,5	W	20/27 6750	5	K	SDR	T	S	DSB	SB	100/90-16	110/90-18	160	22	–	138	7495
	NGR 250	249	S 1	71,5×62	2-Takt	DS	–	13,5	W	24/33 7500	5	K	SDR	T	S	DSB	SB	100/90-16	110/90-18	160	22	7,8	155	7495

Harley-Davidson 1988

Hersteller	Typ	Hubraum (cm³)	Zyl.-Anordnung und -zahl	Bohrung und Hub (mm)	Arbeitsweise	Steuerung	Ventile/Zylinder	Verdichtung	Kühlung	Leistung (kW/PS bei 1/min)	Gänge	Hinterradantrieb	Rahmen	Vorderradfederung	Hinterradfederung	Vorderradbremse	Hinterradbremse	Vorderreifen	Hinterreifen	Gewicht inkl. Kraftstoff und Öl (kg)	Tankinhalt (l)	Beschleun., 1 Pers. (0–100 km/h sec)	Höchstgeschwindigkeit 1 Pers. (km/h)	Preis incl. MWSt (Mark)
Harley-Davidson	XLH Sportster 883 Standard	883	45° V2	76,2×96,8	4-Takt	OHV	2	9	L	18/24 4800	4	K	SDR	T	S	SB	SB	MJ 90-19	MT 90-16	222	8,5	–	133	11 550
	XLH Sportster 883 Standard	883	45° V2	76,2×96,8	4-Takt	OHV	2	9	L	35/48 6000	4	K	SDR	T	S	SB	SB	MJ 90-19	MT 90-16	222	8,5	–	149	11 550
	XLH Sportster 883 De Luxe	883	45° V2	76,2×96,8	4-Takt	OHV	2	9	L	18/24 4800	4	K	SDR	T	S	SB	SB	MJ 90-19	MT 90-16	222	8,5	–	133	12 075
	XLH Sportster 883 De Luxe	883	45° V2	76,2×96,8	4-Takt	OHV	2	9	L	35/48 6000	4	K	SDR	T	S	SB	SB	MJ 90-19	MT 90-16	222	8,5	–	149	12 075
	XLH Sportster 883 Hugger	883	45° V2	76,2×96,8	4-Takt	OHV	2	9	L	18/24 4800	4	K	SDR	T	S	SB	SB	MJ 90-19	MT 90-16	223	8,5	–	151	12 060
	XLH Sportster 883 Hugger	883	45° V2	76,2×96,8	4-Takt	OHV	2	9	L	35/48 6000	4	K	SDR	T	S	SB	SB	MJ 90-19	MT 90-16	223	8,5	7,4	–	12 060
	XLH Sportster 1200	1198	45° V2	88,8×96,8	4-Takt	OHV	2	9	L	37/50 5200	4	K	SDR	T	S	SB	SB	MJ 90-19	MT 90-16	222	8,5	–	–	14 855–15 215
	XLH Sportster 1200	1198	45° V2	88,8×96,8	4-Takt	OHV	2	9	L	43/58 5200	5	K	SDR	T	S	SB	SB	MJ 90-19	MT 90-16	222	8,5	–	170	14 855–15 215
	FXR 1340 Super Glide	1337	45° V2	88,8×108	4-Takt	OHV	2	8,5	L	34/46 5000	5	ZR	SDR	T	S	SB	SB	MJ 90-19	MT 90-16	276	16	–	–	19 670–19 850
	FXR 1340 Super Glide	1337	45° V2	88,8×108	4-Takt	OHV	2	8,5	L	43/58 5000	5	ZR	SDR	T	S	SB	SB	MJ 90-19	MT 90-16	276	16	–	160	19 670–19 850
	FXRS 1340 Low Rider	1337	45° V2	88,8×108	4-Takt	OHV	2	8,5	L	34/46 5000	5	ZR	SDR	T	S	SB	SB	MJ 90-19	MT 90-16	276	17	–	–	22 875–23 235
	FXRS 1340 Low Rider	1337	45° V2	88,8×108	4-Takt	OHV	2	8,5	L	43/58 5000	5	ZR	SDR	T	S	SB	SB	MJ 90-19	MT 90-16	276	17	–	167	22 875–23 235
	FXRS 1340 SP Low Rid. Sp.Ed	1337	45° V2	88,8×108	4-Takt	OHV	2	8,5	L	34/46 5000	5	ZR	SDR	T	S	SB	SB	MJ 90-19	MT 90-16	278	16	–	–	22 495–22 765
	FXRS 1340 SP Low Rid. Sp.Ed	1337	45° V2	88,8×108	4-Takt	OHV	2	8,5	L	43/58 5000	5	ZR	SDR	T	S	SB	SB	MJ 90-19	MT 90-16	278	16	6,4	–	22 495–22 765
	FXLR 1340 Low Rider Custom	1337	45° V2	88,8×108	4-Takt	OHV	2	8,5	L	34/46 5000	5	ZR	SDR	T	S	SB	SB	MJ 90-21	MT 90-16	280	16	–	165	23 110–23 470
	FXLR 1340 Low Rider Custom	1337	45° V2	88,8×108	4-Takt	OHV	2	8,5	L	43/58 5000	5	ZR	SDR	T	S	SB	SB	MJ 90-21	MT 90-16	280	16	–	–	23 110–23 470
	FXST 1340 Softail	1337	45° V2	88,8×108	4-Takt	OHV	2	8,5	L	34/46 5000	5	ZR	SDR	T	S	SB	SB	MH 90-21	MT 90-16	290	20	–	170	23 005–23 185
	FXST 1340 Softail	1337	45° V2	88,8×108	4-Takt	OHV	2	8,5	L	43/58 5000	5	ZR	SDR	T	S	SB	SB	MH 90-21	MT 90-16	290	20	–	–	23 005–23 185
	FXSTC 1340 Softail Custom	1337	45° V2	88,8×108	4-Takt	OHV	2	8,5	L	34/46 5000	5	ZR	SDR	T	S	DSB	SB	MH 90-21	MT 90-16	298	20	–	167	24 295–24 655
	FXSTC 1340 Softail Custom	1337	45° V2	88,8×108	4-Takt	OHV	2	8,5	L	43/58 5000	5	ZR	SDR	T	S	SB	SB	MH 90-21	MT 90-16	298	20	–	–	24 295–24 655
	FLST 1340 Heritage Softail	1337	45° V2	88,8×108	4-Takt	OHV	2	8,5	L	34/46 5000	5	ZR	SDR	T	S	SB	SB	MT 90-16	MT 90-16	314	13	–	–	23 940
	FLST 1340 Heritage Softail	1337	45° V2	88,8×108	4-Takt	OHV	2	8,5	L	43/58 5000	5	ZR	SDR	T	S	SB	SB	MT 90-16	MT 90-16	314	13	–	149	23 940
	FLSTC 1340 Herit. Softail Clas.	1337	45° V2	88,8×108	4-Takt	OHV	2	8,5	L	34/46 5000	5	ZR	SDR	T	S	DSB	SB	MM 90-19	MT 90-16T	298	13	7,9	–	25 830
	FLSTC 1340 Herit. Softail Clas.	1337	45° V2	88,8×108	4-Takt	OHV	2	8,5	L	43/58 5000	5	ZR	SDR	T	S	DSB	SB	MM 90-19	MT 90-16T	298	13	–	–	25 830
	FXRT 1340 Sport Glide	1337	45° V2	88,8×108	4-Takt	OHV	2	8,5	L	34/46 5000	5	ZR	SDR	T	S	DSB	SB	MT 90-16T	MT 90-16T	310	16	–	160	23 555–24 380
	FXRT 1340 Sport Glide	1337	45° V2	88,8×108	4-Takt	OHV	2	8,5	L	43/58 5000	5	ZR	SDR	T	S	DSB	SB	MT 90-16T	MT 90-16T	310	16	–	–	23 555–24 380
	FLHS 1340 Electra Glide Sport	1337	45° V2	88,8×108	4-Takt	OHV	2	8,5	L	37/50 4800	5	ZR	SDR	T	S	DSB	SB	MT 90-16T	MT 90-16T	343	19	–	–	22 550–23 375
	FLHS 1340 Electra Glide Sport	1337	45° V2	88,8×108	4-Takt	OHV	2	8,5	L	48/65 5000	5	ZR	SDR	T	S	DSB	SB	MT 90-16T	MT 90-16T	343	19	–	–	22 550–23 375
	FLHTC 1340 Electra Glide Clas.	1337	45° V2	88,8×108	4-Takt	OHV	2	8,5	L	37/50 4800	5	ZR	SDR	T	S	DSB	SB	MT 90-16T	MT 90-16T	350	19	–	–	26 200–27 025
	FLHTC 1340 Electra Glide Clas.	1337	45° V2	88,8×108	4-Takt	OHV	2	8,5	L	48/65 5000	5	ZR	SDR	T	S	DSB	SB	MT 90-16T	MT 90-16T	350	19	–	150	26 200–27 025
	FLTC 1340 Tour Glide Classic	1337	45° V2	88,8×108	4-Takt	OHV	2	8,5	L	37/50 4800	5	ZR	SDR	T	S	DSB	SB	MT 90-16T	MT 90-16T	360	19	–	–	26 200–27 025
	FLTC 1340 Tour Glide Classic	1337	45° V2	88,8×108	4-Takt	OHV	2	8,5	L	48/65 5000	5	ZR	SDR	T	S	DSB	SB	MT 90-16T	MT 90-16T	360	19	–	150	26 200–27 025
	FLHTC 1340-Gespann	1337	45° V2	88,8×108	4-Takt	OHV	2	8,5	L	37/50 4800	5	ZR	SDR	T	S	DSB	SB	MT 90-16T	MT 90-16T	–	19	–	–	35 895–36 840

1988

Hersteller	Typ	Hubraum (cm³)	Zyl.-Anordnung und -zahl	Bohrung und Hub (mm)	Arbeitsweise	Steuerung	Ventile/Zylinder	Verdichtung	Kühlung	Leistung (kW/PS bei 1/min)	Gänge	Hinterradantrieb	Rahmen	Vorderradfederung	Hinterradfederung	Vorderradbremse	Hinterradbremse	Vorderreifen	Hinterreifen	Gewicht incl. Kraftstoff und Öl (kg)	Tankinhalt (l)	Beschleun. 1 Pers. (0-100 km/h sec)	Höchstgeschwindigkeit, 1 Pers. (km/h)	Preis incl. MWSt (Mark)
	FLHTC 1340-Gespann	1337	45° V 2	88,8 × 108	4-Takt	OHV	2	8,5	L	48/65 5000	5	ZR	SDR	T	S	DSB	SB	MT 90-16T	MT 90-16T	–	19	–	–	35.895–36.840
	FLTC 1340-Gespann	1337	45° V 2	88,8 × 108	4-Takt	OHV	2	8,5	L	37/50 4800	5	ZR	SDR	T	S	DSB	SB	MT 90-16T	MT 90-16T	–	19	–	–	35.895–36.840
	FLTC 1340-Gespann	1337	45° V 2	88,8 × 108	4-Takt	OHV	2	8,5	L	48/65 5000	5	ZR	SDR	T	S	DSB	SB	MT 90-16T	MT 90-16T	–	19	–	–	35.895–36.840
Hercules	K 125 Military	124	S 1	54 × 54	2-Takt	SL	–	9	L	9/12,5 7000	5	K	SDR	T	S	TB	TB	3,25-18	3.50-18	130	15	18,7	100	6895
Honda	NX 250	249	S 1	70 × 64,8	4-Takt	DOHC	4	11	W	19/26 8500	6	K	SER	T	S	SB	TB	100/90-21	120/90-16	133	9	10,5	128	5960
	XL 600 V Transalp	583	52° V 2	75 × 66	4-Takt	OHC	3	9,2	W	20/27 6000	5	K	SDR	T	S	SB	SB	90/90-21	130/80-17	205	18	5,8	163	9190
	XL 600 V Transalp	583	52° V 2	75 × 66	4-Takt	OHC	3	9,2	W	37/50 8000	5	K	SDR	T	S	SB	SB	90/90-21	130/80-17	205	18	5,5	167	9190
	NX 650 Dominator	644	S 1	100 × 82	4-Takt	OHC	4	8,3	L	32/44 6000	5	K	SDR	T	S	SB	SB	90/90-21	130/80-17	178	13	6,5	153	8710
	XRV 650 Africa Twin	647	52° V 2	79 × 66	4-Takt	OHC	3	9,4	W	37/50 7000	6	K	SDR	T	S	DSB	SB	90/90-21	130/90-17	220	25	5,4	168	10750
	CB 450 S	447	R 2	75 × 50,6	4-Takt	OHC	3	9,1	L	20/27 7000	6	K	DSB	T	S	DSB	TB	100/90-18	110/90-18	185	18	10,6	141	6445
	CB 450 S	447	R 2	75 × 50,6	4-Takt	OHC	3	9,3	L	32/44 9000	6	K	DSB	T	S	DSB	TB	100/90-18	110/90-18	185	18	7	163	6445
	XBR 500	498	S 1	92 × 75	4-Takt	OHC	4	8,9	L	20/27 6000	5	K	SER	T	S	DSB	SB	100/90-18	110/90-18	182	20	9,4	145	6650
	XBR 500	498	S 1	92 × 75	4-Takt	OHC	4	8,9	L	32/44 7000	5	K	SDR	T	S	SB	SB	100/90-18	110/90-18	182	20	6,2	171	6650
	VT 600 C	583	52° V 2	75 × 66	4-Takt	OHC	3	9,2	W	30/41 6500	4	K	SDR	T	S	SB	SB	100/90-19	170/80-15	212	9	7,4	143	8780
	CBR 600 F	598	R 4	63 × 48	4-Takt	DOHC	4	11	W	37/50 9000	6	K	SDR	T	S	DSB	SB	110/80-17	130/80-17	201	16,5	5,9	187	11050
	CBR 600 F	598	R 4	63 × 48	4-Takt	DOHC	4	11	W	63/85 11000	6	K	SDR	T	S	DSB	SB	110/80-17	130/80-17	201	16,5	4,4	222	11050
	NTV 650	647	52° V 2	79 × 66	4-Takt	OHC	3	9,2	W	44/60 7500	5	W	SKR	T	ES	SB	SB	110/80-17	150/70-17	208	19	–	–	9130
	VFR 750 F	748	90° V 4	70 × 48,6	4-Takt	DOHC	4	10,5	W	74/100 10500	6	K	LKR	T	S	DSB	SB	110/80-17	140/80-17	222	20	3,6	233	13550
	VFR 750 R	748	90° V 4	70 × 48,6	4-Takt	DOHC	4	11	W	74/100 11000	6	K	LKR	T	ES	DSB	SB	120/70-17	170/60-18	210	18	4,9	234	25270
	CBR 1000 F	998	R 4	77 × 53,6	4-Takt	DOHC	4	10,5	W	74/100 9000	6	K	SDR	T	S	DSB	SB	110/80-17	140/80-17	262	21	3,9	237	14570
	VT 1100 C	1099	45° V 2	87,5 × 91,4	4-Takt	OHC	3	8,5	L	49/67 5500	4	W	SDR	T	S	SB	TB	110/90-19	170/80-15	265	13	6	163	14150
	GL 1500/6 Gold Wing	1520	180° 6	71 × 64	4-Takt	OHC	2	9,8	W	74/100 5200	5-R	W	SDR	T	S	DSB	SB	130/70-18	160/80-16	387	23	4,9	184	22300
Horex	Columbus 500	494	S 1	89 × 79,4	4-Takt	OHC	4	9,2	L	20/27 7000	5	K	SER	T	S	SB	TB	110/90-16	130/90-16	166	17	–	155	16000
	Columbus 600	562	S 1	94 × 81	4-Takt	OHC	4	9,6	L	35/48 7500	5	K	SER	T	S	SB	TB	110/90-16	130/90-16	166	17	–	185	16500
Husqvarna	125 WRK	125	S 1	56 × 50,6	2-Takt	MB/VA	–	15,5	W	7/10 8500	6	K	SER	T	S	TB	TB	90/90-21	120/90-18	91	8	–	95	7598
	250 WR	245	S 1	69,5 × 64,5	2-Takt	MB	–	12,3	W	13/17 5500	6	K	SER	T	S	TB	TB	3.00-21	4.50-18	106	10,5	–	110	7998
	400 WR	395	S 1	82,5 × 74	2-Takt	MB	–	12,5	W	13/17 5500	6	K	SER	T	S	TB	TB	3.00-21	5.00-18	110	10,5	–	110	8298
	510 TE LC/88	503	S 1	91,5 × 76,5	4-Takt	OHC	4	10	W	13/17 7200	6	K	SER	T	S	SB	TB	3.00-21	5.00-18	116	9	–	110	9998

Hersteller	Typ	Hubraum (cm³)	Zyl.-Anordnung und -zahl	Bohrung und Hub (mm)	Arbeitsweise	Steuerung	Ventile/Zylinder	Verdichtung	Kühlung	Leistung (kW/PS bei 1/min)	Gänge	Hinterradantrieb	Rahmen	Vorderradfederung	Hinterradfederung	Vorderradbremse	Hinterradbremse	Vorderreifen	Hinterreifen	Gewicht incl. Kraftstoff und Öl (kg)	Tankinhalt (l)	Beschleun. 1 Pers. (0-100 km/h sec)	Höchstgeschwindigkeit 1 Pers. (km/h)	Preis incl. MWSt (Mark)
Jawa	350 TS	343	R 2	58×65	2-Takt	SL	–	10,2	L	20/27 5500	4	K	SDR	T	S	TB/SB	TB	3,25-18	3,50-18	166	17	10,5	125	3195–3750
	350 TS-Gespann	343	R 2	58×65	2-Takt	SL	–	10,2	L	20/27 5500	4	K	SDR	T	S	TB/SB	TB	3,25-18	3,50-18	223	17	–	100	5340–6195
Kawasaki	KMX 125	125	S 1	54×54,4	2-Takt	MB/VA	–	7,8	W	13/17 8500	6	K	SER	T	S	SB	SB	2,75-21	4,10-18	118	9	–	107	4690
	KMX 125	125	S 1	54×54,4	2-Takt	MB/VA	–	7,8	W	18/24 9500	6	K	SER	T	S	SB	SB	2,75-21	4,10-18	118	9	–	123	4690
	KMX 200	192	S 1	67×54,4	2-Takt	MB/VA	–	8	W	13/17 8500	6	K	SER	T	S	SB	SB	3,00-21	4,60-17	120	9	13,1	109	4990
	KLR 250	249	S 1	74×58	4-Takt	DOHC	4	11	W	13/17 9000	6	K	SER	T	S	SB	TB	3,00-21	4,60-17	134	11	8,8	133	5890
	KLR 250	249	S 1	74×58	4-Takt	DOHC	4	11	W	20/27 9000	6	K	SER	T	S	SB	TB	3,00-21	4,60-17	134	11	–	143	5890
	KLR 600 E	564	S 1	96×78	4-Takt	DOHC	4	9,6	W	20/27 6000	5	K	SER	T	S	SB	TB	90/90-21	130/80-17	163	11,5	9,4	122	7390
	KLR 600 E	564	S 1	96×78	4-Takt	DOHC	4	9,6	W	31/42 7000	5	K	SER	T	S	SB	TB	90/90-21	130/80-17	163	11,5	6,5	151	7390
	KLR 650	652	S 1	100×83	4-Takt	DOHC	4	9,5	W	20/27 5800	5	K	SER	T	S	SB	TB	90/90-21	130/80-17	189	23	6,2	136	8290
	KLR 650	652	S 1	100×83	4-Takt	DOHC	4	9,5	W	35/48 6500	5	K	SER	T	S	SB	TB	90/90-21	130/80-17	189	23	8,2	154	8290
	EL 250	249	R 2	62×41,2	4-Takt	DOHC	4	12,4	W	24/33 12500	6	K	SDR	T	S	SB	TB	100/90-17	140/90-15	159	11	8,2	139	5590
	GPZ 305 Belt Drive	306	R 2	61×52,4	4-Takt	OHC	2	9,7	L	13/17 7500	6	ZR	SDR	T	S	DSB	TB	90/90-18	110/80-18	164	16,5	–	125	5690
	GPZ 305 Belt Drive	306	R 2	61×52,4	4-Takt	OHC	2	9,7	L	20/27 10000	6	ZR	SDR	T	S	DSB	TB	90/90-18	110/80-18	164	16,5	8,8	140	5690
	GPZ 305 Belt Drive	306	R 2	61×52,4	4-Takt	OHC	2	9,7	L	25/34 10000	6	ZR	SDR	T	S	DSB	TB	90/90-18	110/80-18	164	16,5	–	152	5690
	Z 450 LTD	454	R 2	72,5×55	4-Takt	DOHC	2	10,7	W	20/27 8500	6	K	SDR	T	S	SB	TB	100/90-19	140/90-15	199	11	8	132	7390
	Z 450 LTD	454	R 2	72,5×55	4-Takt	DOHC	2	10,7	W	37/50 9500	6	K	SDR	T	S	SB	TB	100/90-19	140/90-15	199	11	–	162	7390
	GPZ 500 S	499	R 2	74×58	4-Takt	DOHC	4	10,8	W	20/27 8500	6	K	SDR	T	S	DSB	TB	100/90-16	120/90-16	196	18	10,7	154	8090
	GPZ 500 S	499	R 2	74×58	4-Takt	DOHC	4	10,8	W	37/50 9300	6	K	SDR	T	S	DSB	TB	100/90-16	120/90-16	196	18	5,6	187	8090
	GPZ 500 S	499	R 2	74×58	4-Takt	DOHC	4	10,8	W	44/60 9800	6	K	SDR	T	S	DSB	TB	100/90-16	120/90-16	196	18	5	195	8090
	GPZ 550	553	R 4	58×52,4	4-Takt	DOHC	2	10	L	37/50 8500	6	K	SDR	T	S	DSB	SB	100/90-18	120/80-18	209	18	–	176	7940
	GPZ 550	553	R 4	58×52,4	4-Takt	DOHC	2	10	L	48/65 10500	6	K	SDR	T	S	DSB	SB	100/90-18	120/80-18	209	18	4,6	196	7940
	Z 550 GT	553	R 4	58×52,4	4-Takt	DOHC	2	9,5	L	20/27 7300	6	W	SDR	T	S	SB	TB	100/90-19	120/90-18	221	22	6,2	132	7840
	Z 550 GT	553	R 4	58×52,4	4-Takt	DOHC	2	9,5	L	37/50 8500	6	W	SDR	T	S	SB	TB	100/90-19	120/90-18	221	22	5	177	7840
	GPZ 600 R	592	R 4	60×52,4	4-Takt	DOHC	4	11	W	20/27 8500	6	K	SDR	T	S	DSB	SB	110/80-18	130/90-16	217	18	9,3	161	10190
	GPZ 600 R	592	R 4	60×52,4	4-Takt	DOHC	4	11	W	37/50 10000	6	K	SDR	T	S	DSB	SB	110/80-18	130/90-16	217	18	–	178	10190
	GPZ 600 R	592	R 4	60×52,4	4-Takt	DOHC	4	11	W	55/75 10500	6	K	SDR	T	S	DSB	SB	110/80-18	130/90-16	217	18	4,3	216	10190
	GPX 600 R	592	R 4	60×52,4	4-Takt	DOHC	4	11,7	W	63/85 11000	6	K	SDR	T	S	DSB	SB	110/80-18	130/90-16	206	19,5	4,1	226	10590
	ZL 600	592	R 4	60×52,4	4-Takt	DOHC	4	11	W	20/27 9200	6	W	SDR	T	S	SB	TB	100/90-18	150/80-15	209	12	–	136	9990
	ZL 600	592	R 4	60×52,4	4-Takt	DOHC	4	11	W	37/50 10000	6	W	SDR	T	S	SB	TB	100/90-18	150/80-15	209	12	–	170	9990
	ZL 600	592	R 4	60×52,4	4-Takt	DOHC	4	11	W	54/74 10500	6	W	SDR	T	S	SB	TB	100/90-18	150/80-15	209	12	4,6	192	9990
	Z 750 GT	739	R 4	66×54	4-Takt	DOHC	2	9,5	L	36/49 7750	5	W	SDR	T	S	DSB	SB	100/90-19	120/90-18	243	24,5	–	160	9190

Hersteller	Typ	Hubraum (cm³)	Zyl.-Anordnung und -zahl	Bohrung und Hub (mm)	Arbeitsweise	Steuerung	Ventile/Zylinder	Verdichtung	Kühlung	Leistung (kW/PS bei 1/min)	Gänge	Hinterradantrieb	Rahmen	Vorderradfederung	Hinterradfederung	Vorderradbremse	Hinterradbremse	Vorderreifen	Hinterreifen	Gewicht incl. Kraftstoff und Öl (kg)	Tankinhalt (l)	Beschleun. 1 Pers. (0-100 km/h sec)	Höchstgeschwindigkeit 1 Pers. (km/h)	Preis incl. MWSt (Mark)
	Z 750 GT	739	R 4	66×54	4-Takt	DOHC	2	9,5	L	57/78 9500	5	W	SDR	T	S	DSB	SB	100/90-19	120/90-18	243	24,5	4,6	198	9190
	GPZ 750	739	R 4	66×54	4-Takt	DOHC	2	9,5	L	64/87 9500	5	K	SDR	T	S	DSB	SB	110/90-18	130/90-18	241	18	3,9	216	9990
	GPX 750 R	748	R 4	68×51,5	4-Takt	DOHC	4	11,2	W	74/100 10 500	6	K	SDR	T	S	DSB	SB	100/90-16	140/70-18	222	21	3,8	235	12 640
	VN 750 Twin	749	55° V 2	84,9×66,2	4-Takt	DOHC	4	10,3	W	37/50 7500	5	W	SDR	T	S	DSB	TB	100/90-19	150/80-15	244	13,5	7,1	162	10 690
	VN 750 Twin	749	55° V 2	84,9×66,2	4-Takt	DOHC	4	10,3	W	48/65 7500	5	W	SDR	T	S	DSB	TB	100/90-19	150/80-15	244	13,5	–	185	10 690
	GPZ 900 R	908	R 4	72,5×55	4-Takt	DOHC	4	11	W	74/100 9500	6	K	SDR	T	S	DSB	SB	120/80-16	130/80-18	257	22	3,6	240	12 790
	GPZ 1000 RX	997	R 4	74×58	4-Takt	DOHC	4	10,2	W	74/100 9500	6	K	LKR	T	S	DSB	SB	120/80-16	150/80-16	267	21	3,6	243	14 490
	ZX-10	997	R 4	74×58	4-Takt	DOHC	4	11	W	74/100 8800	6	K	SDR	T	S	DSB	SB	120/70-17	160/60-18	261	22	3,5	231	14 790
	Z 1000 GTR	997	R 4	74×58	4-Takt	DOHC	4	10,2	W	74/100 9000	6	W	SDR	T	S	DSB	SB	110/80-18	150/80-16	296	28,5	3,9	194	16 040
	ZL 1000	997	R 4	74×58	4-Takt	DOHC	4	10,2	W	74/100 9000	5	K	SDR	T	S	DSB	SB	110/80-18	160/80-15	271	18,5	4,1	206	13 690
	GPZ 1100	1089	R 4	72,5×66	4-Takt	DOHC	4	9,5	L	74/100 8750	5	K	SDR	T	S	DSB	SB	110/90-18	160/80-17	266	20	3,6	240	10 480
	Z 1300 DFI	1285	R 6	62×71	4-Takt	DOHC	2	9,3	W	74/100 7750	5	W	SDR	T	S	DSB	SB	100/90-18	130/90-17	324	27	4,1	208	16 090
	VN-15	1470	50° V 2	102×90	4-Takt	OHC	4	9	W	52/70 4500	4	W	SDR	T	S	DSB	SB	100/90-19	150/90-15	284	16	5,2	179	13 760
KTM	Enduro 125 VC	124	S 1	54×54	2-Takt	MB/VA	–	14	W	8/11 7500	6	K	SER	T	S	SB	SB	3.00-21	120/90-18	113	8	–	105	6690
	Enduro 250 VC	247	S 1	67,5×69	2-Takt	MB/VA	–	16	W	12/16 6230	5	K	SER	T	S	SB	SB	3.00-21	130/80-18	124	9,5	–	110	7890
	Enduro 350	344	S 1	75×78	2-Takt	MB/VA	–	16	W	12/16 5975	5	K	SER	T	S	SB	SB	3.00-21	130/80-18	125	9,5	–	110	7990
	Enduro 600 LC 4	553	S 1	95×78	4-Takt	OHC	4	9,5	W	20/27 6000	5	K	SER	T	S	SB	SB	90/90-21	130/80-18	134	8,7	–	115	9290
	Enduro 600 LC 4	553	S 1	95×78	4-Takt	OHC	4	10	W	36/49 7000	5	K	SER	T	S	SB	SB	90/90-21	130/80-18	134	8,7	5,5	162	9290
Laverda	OR 600 Atlas	571	R 2	76×63	4-Takt	DOHC	4	10,4	L	37/50 7500	6	K	SDR	T	S	SB	SB	90/90-21	5.10-17	206	25	7,2	159	10 370
	600 SFC	571	R 2	76×63	4-Takt	DOHC	4	10,4	L	37/50 8000	6	K	SGR	T	S	DSB	SB	110/90-18	150/70-18	160	18	5	185	16 000
	600 SFC	571	R 2	76×63	4-Takt	DOHC	4	10,4	L	47/64 8500	6	K	SGR	T	S	DSB	SB	110/90-18	150/70-18	160	18	4,6	205	16 000
	1000 SFC	996	R 3	75,6×74	4-Takt	DOHC	2	10	W	70/95 8000	5	K	SDR	T	S	DSB	SB	100/90-18	130/90-18	253	22	4,1	221	16 370
Maico	GP 250 E	247	S 1	67×70	2-Takt	MB/VA	–	15,5	W	13/17 5500	5	K	SER	T	S	SB	SB	3.00-21	4.10-18	105	10	–	100	a. A.
	GP 360 E	354	S 1	77×76	2-Takt	MB/VA	–	13,5	W	13/17 5400	5	K	SER	T	S	SB	SB	3.00-21	4.10-18	106	10	–	100	a. A.
	GP 500 E	488	S 1	86,5×83	2-Takt	MB/VA	–	13,5	W	13/17 5600	5	K	SER	T	S	SB	SB	3.00-21	4.10-18	109	10	–	100	7790
Malaguti	125 YLC	123	S 1	56×50	2-Takt	MB	–	7,2	W	13/17 7250	6	K	SER	T	S	SB	TB	3.00-21	4.60-17	110	11,5	–	125	3990
Matchless	G 80 K/E	494	S 1	89×79,4	4-Takt	OHC	4	9,2	L	25/34 7300	5	K	SER	T	S	SB/DSB	TB	100/90-19	110/90-18	172	15	7,4	135	8990–9990

Hersteller	Typ	Hubraum (cm³)	Zyl.-Anordnung und -zahl	Bohrung und Hub (mm)	Arbeitsweise	Steuerung	Ventile/Zylinder	Verdichtung	Kühlung	Leistung (kW/PS bei 1/min)	Gänge	Hinterradantrieb	Rahmen	Vorderradfederung	Hinterradfederung	Vorderradbremse	Hinterradbremse	Vorderreifen	Hinterreifen	Gewicht incl. Kraftstoff und Öl (kg)	Tankinhalt (l)	Beschleun. 1 Pers. (0-100 km/h sec)	Höchstgeschwindigkeit 1 Pers. (km/h)	Preis incl. MWSt (Mark)
Morini	125 KJ Kanguro	123	S 1	59×45	4-Takt	OHV	2	11.7	L	10/13 10000	6	K	SER	T	S	SB	TB	2.75-21	4.00-18	119	7.5	–	110	a.A.
	350 X 3 Kanguro	344	72° V 2	62×57	4-Takt	OHV	2	11	L	20/27 7800	6	K	SDR	T	S	SB	SB	3.00-21	4.00-18	166	22	10	123	8369
	501/2 Camel	507	72° V 2	71×64	4-Takt	OHV	2	11.5	L	30/41 8500	6	K	SDR	T	S	SB	SB	3.00-21	4.00-18	189	22	7	149	8976
	3 ½ S Klassik	344	72° V 2	62×57	4-Takt	OHV	2	11	L	20/27 7800	6	K	SDR	T	S	TB	TB	100/90-18	110/90-18	160	14	9	150	9698
	350 Excalibur	344	72° V 2	62×57	4-Takt	OHV	2	11	L	20/27 7800	6	K	SDR	T	S	DSB	SB	100/90-18	130/90-18	181	17	9.3	145	8995
	350 K 2	344	72° V 2	62×57	4-Takt	OHV	2	11	L	20/27 7800	6	K	SDR	T	S	DSB	SB	100/90-18	110/90-18	160	15	9.8	141	8485
	Dart 350	344	72° V 2	62×57	4-Takt	OHV	2	11.2	L	25/34 8000	6	K	SKR	T	S	DSB	TB	110/80-16	130/70-17	169	12	7.4	159	9990
	500 Sei-V Klassik	478	72° V 2	69×64	4-Takt	OHV	2	11.5	L	31/42 7500	6	K	SDR	T	S	DSB	SB	110/90-18	120/90-18	180	16	12.2	155	10 250
	501 K 2 AMEX	507	72° V 2	71×64	4-Takt	OHV	2	11.5	L	34/46 8500	6	K	SDR	T	S	DSB	SB	100/90-18	110/90-18	172	15	–	180	9950
	501 Excalibur	507	72° V 2	71×64	4-Takt	OHV	2	11.5	L	30/41 8500	6	K	SDR	T	S	DSB	SB	100/90-18	130/90-16	193	17	7	149	10 850
Moto Guzzi	V 65 NTX	643	90° V 2	80×64	4-Takt	OHV	2	9.8	L	33/45 7500	5	W	SDR	T	S	SB	SB	3.00-21	4.00-18	200	32	7.1	153	9650
	V 35 III	346	90° V 2	66×50,6	4-Takt	OHV	2	10.5	L	20/27 7900	5	W	SDR	T	S	DSB	SB	100/90-16	110/80-18	173	17	9.4	145	7995
	650 GT	643	90° V 2	80×64	4-Takt	OHV	2	10	L	37/50 6900	5	W	SDR	T	S	DSB	SB	100/90-18	110/90-18	199	17	6.5	144	7955
	V 65 Florida	643	90° V 2	80×64	4-Takt	OHV	2	10	L	20/27 5200	5	W	SDR	T	S	DSB	SB	100/90-18	130/90-16	197	15	10.5	131	9450
	V 65 Florida	643	90° V 2	80×64	4-Takt	OHV	2	10.2	L	35/48 7200	5	W	SDR	T	S	DSB	SB	100/90-18	130/90-16	197	15	6	161	9450
	V 75	744	90° V 2	80×74	4-Takt	OHV	4	10.2	L	37/50 6400	5	W	SDR	T	S	DSB	SB	100/90-18	120/80-18	200	17	–	175	9950
	V 75	744	90° V 2	80×74	4-Takt	OHV	2	9.5	L	43/59 7300	5	W	SDR	T	S	DSB	SB	100/90-16	120/80-18	244	22	5.4	176	9950
	850 T 5	844	90° V 2	83×78	4-Takt	OHV	2	9.2	L	49/67 6900	5	W	SDR	T	S	DSB	SB	100/90-16	130/90-16	290	26	5.5	199	10 550
	V 1000 California III	948	90° V 2	88×78	4-Takt	OHV	2	9.2	L	49/67 6500	5	W	SDR	T	S	DSB	SB	110/90-16	120/90-16	290	26	6.5	164	14 190
	V 1000 Calif. III Injection	948	90° V 2	88×78	4-Takt	OHV	2	9.2	L	49/67 6700	5	W	SDR	T	S	DSB	SB	110/90-18	120/90-18	252	23	–	165	19 000
	V 1000 SP II	948	90° V 2	88×78	4-Takt	OHV	2	9.8	L	49/67 6700	5	W	SDR	T	S	DSB	SB	100/90-18	120/90-18	247	24	5.4	181	11 850
	V 1000 Le Mans V	948	90° V 2	88×78	4-Takt	OHV	2	9.2	L	60/81 7400	5	W	SDR	T	S	DSB	SB	110/90-18	120/90-18	246	22.5	4.8	214	14 500
	Mille GT	948	90° V 2	88×78	4-Takt	OHV	2	9.2	L	37/50 6000	5	W	SDR	T	S	DSB	SB	110/90-18	120/90-18	246	22.5	7	156	11 550
	Mille GT	948	90° V 2	88×78	4-Takt	OHV	2	9.2	L	49/67 6700	5	W	SDR	T	S	DSB	SB	110/90-18	120/90-18	246	22.5	5.6	171	11 550
MZ	ETZ 150	143	S 1	56×58	2-Takt	SL	–	10	L	7/10 6000	5	K	PSR	T	S	SB	TB	2.75-18	3.25-16	125	13	–	95	1680
	ETZ 250	243	S 1	69×65	2-Takt	SL	–	10	L	13/17 5200	5	K	PSR	T	S	SB	TB	2.75-18	3.50-18	154	17.5	12.6	130	1990
	ETZ 250-Gespann	243	S 1	69×65	2-Takt	SL	–	10	L	16/22 5800	5	K	PSR	T	S	SB	TB	2.75-18	3.50-18	240	17.5	–	100	3980
Norton	Classic	588	2 S-Wankel	–	4-Takt	–	–	8.6	L	63/85 9000	5	K	PSR	T	S	DSB	SB	100/90-18	110/80-18	250	23	–	200	21 000

1988

Hersteller	Typ	Hubraum (cm³)	Zyl.-Anordnung und -zahl	Bohrung und Hub (mm)	Arbeitsweise	Steuerung	Ventile/Zylinder	Verdichtung	Kühlung	Leistung (kW/PS bei 1/min)	Gänge	Hinterradantrieb	Rahmen	Vorderradfederung	Hinterradfederung	Vorderradbremse	Hinterradbremse	Vorderreifen	Hinterreifen	Gewicht incl. Kraftstoff und Öl (kg)	Tankinhalt (l)	Beschleun. 1 Pers. (0–100 km/h sec)	Höchstgeschwindigkeit, 1 Pers. (km/h)	Preis incl. MWSt (Mark)
Puch	GS 125 HF	124	S 1	54×54	2-Takt	MB	–	15	W	7/9,8 10000	6	K	SDR	T	S	TB	TB	3.00-21	4.50-18	100	9	–	100	7126
	GS 250 HF	248	S 1	72×61	2-Takt	DS	–	13	W	13/17 9000	5	K	SDR	T	S	SB	TB	3.00-21	4.50-18	107	9	–	110	7455
	GS 350 F 5	348	S 1	82×66	2-Takt	MB	–	13	W	20/27 7300	5	K	SDR	T	S	SB	TB	3.00-21	4.50-18	102	9	–	120	8500
	350 HWE	347	S 1	79,5×70	4-Takt	OHC	4	9,2	L	20/27 7900	5	K	SDR	T	S	SB	TB	3.50-21	4.50-18	132	10	–	130	8456
	350 HWE Safari	347	S 1	79,5×70	4-Takt	OHC	4	9,2	L	20/27 7900	5	K	SDR	T	S	SB	TB	3.50-21	4.50-18	150	28	–	130	8456
	GS 504 F 4 T	502	S 1	90×79	4-Takt	OHC	4	9,2	L	20/27 7700	5	K	SDR	T	S	SB	TB	3.25-21	4.50-18	137	9,5	–	130	8500
	GS 560 F 4 T	562	S 1	94×81	4-Takt	OHC	4	9,2	L	20/27 7400	5	K	SDR	T	S	SB	TB	3.25-21	4.50-18	137	9,5	–	130	8589
	600 HWE	562	S 1	94×81	4-Takt	OHC	4	9,8	L	20/27 7700	5	K	SDR	T	S	SB	TB	3.50-21	4.50-18	132	10	–	140	8733
	600 HWE Safari	562	S 1	94×81	4-Takt	OHC	4	9,8	L	20/27 7700	5	K	SDR	T	S	SB	TB	3.50-21	4.50-18	150	28	–	140	8733
Suzuki	TS 250 X	249	S 1	70×64,8	2-Takt	MB/VA	–	7,4	L	20/27 7300	5	K	SER	T	S	SB	TB	3.00-21	4.00-18	123	12	9,1	121	5439
	DR 250 S	249	S 1	72×61,2	4-Takt	OHC	4	9	L	13/17 7800	5	K	SER	T	S	SB	TB	3.00-21	4.00-18	129	9,5	10,6	117	4739
	DR 600 S	590	S 1	94×85	4-Takt	OHC	4	9,5	L	20/27 6200	5	K	SER	T	S	SB	TB	100/80-21	130/80-17	160	20	–	131	7049
	DR 600 R Dakar	590	S 1	94×85	4-Takt	OHC	4	8,5	L	32/44 6500	5	K	SER	T	S	SB	TB	100/80-21	130/80-17	166	21	6,4	150	7489
	DR Big 750 S	727	S 1	105×84	4-Takt	OHC	4	9,5	L	37/50 6800	5	K	SER	T	S	SB	TB	90/90-21	130/80-17	210	29	5,8	153	8990
	GN 250 E	249	S 1	72×61,2	4-Takt	OHC	2	9	L	13/17 7800	5	K	SER	T	S	SB	TB	3.00-18	120/90-16	140	10	11,9	122	4199
	RG 250 Gamma	247	R 2	54×54	2-Takt	MB/VA	–	7,1	W	33/45 8500	6	K	LDR	T	S	DSB	SB	100/90-16	100/90-18	153	17	6,5	172	7699
	GSX 400 E	399	R 2	67×56,6	4-Takt	DOHC	4	9	L	20/27 8000	6	K	SDR	T	S	SB	SB	3.00-18	3.75-18	189	15	8	154	5249
	GSX 400 S	399	R 2	67×56,6	4-Takt	DOHC	4	10	L	20/27 7800	6	K	SDR	T	S	SB	SB	3.00-18	3.75-18	190	15	8,4	151	5449
	GS 450 E	448	R 2	71×56,6	4-Takt	DOHC	2	9	L	31/42 8800	6	K	SDR	T	S	SB	TB	3.00-18	3.75-18	186	16	–	–	5319
	GS 450 S	448	R 2	71×56,6	4-Takt	DOHC	2	9	L	31/42 8800	6	K	SDR	T	S	SB	TB	3.00-18	3.75-18	186	16	–	–	5509
	GS 450 L	448	R 2	71×56,6	4-Takt	DOHC	2	8,3	L	20/27 7600	6	K	SDR	T	S	SB	TB	3.60-19	4.60-16	183	11	–	164	5449
	RG 500 Gamma	498	Square Four	56×50,6	2-Takt	DS/VA	–	7	W	70/95 9500	6	K	LDR	T	S	DSB	SB	110/90-16	120/90-17	181	22	4	228	12184
	GSX 600 F	599	R 4	62,6×48,7	4-Takt	DOHC	4	11,3	L	63/86 11000	6	K	LDR	T	S	DSB	SB	110/80-17	140/80-17	223	20	4,4	215	9990
	GR 650	652	R 2	77×70	4-Takt	DOHC	2	8,7	L	37/50 7200	5	K	SDR	T	S	SB	SB	100/90-19	130/90-16	200	12	6,4	161	6589
	LS 650 Savage	652	S 1	94×94	4-Takt	OHC	4	8,5	L	20/27 5200	4	ZR	SER	T	S	SB	TB	100/90-19	140/80-15	171	11	9,3	127	7509
	GSX-R 750	748	R 4	73×44,7	4-Takt	DOHC	4	10,9	L	74/100 10200	5	K	LDR	T	S	DSB	SB	120/70-17	160/60-17	228	21	3,7	230	13399
	VS 750 Intruder	748	45° V 2	80×74,4	4-Takt	OHC	4	10	W	37/50 7500	5	W	LDR	T	S	DSB	SB	100/90-19	140/90-15	215	12	5,5	165	10619
	GS 850 G	843	R 4	69×56,4	4-Takt	DOHC	2	8,8	L	59/80 8500	5	W	SDR	T	S	DSB	SB	3.50-19	4.50-17	273	23	4,6	203	8999
	GS 1100 G	1074	R 4	72×66	4-Takt	DOHC	2	8,3	L	69/94 8000	5	W	SDR	T	S	DSB	SB	3.50-19	4.50-17	268	22	4,5	207	10299
	GSX 1100 F	1127	R 4	78×59	4-Takt	DOHC	4	10	L	74/100 8000	5	K	LDR	T	S	DSB	SB	120/80-16	150/80-16	273	21	4	233	14399
	GSX-R 1100	1052	R 4	76×58	4-Takt	DOHC	4	10	L	74/100 8700	5	K	LDR	T	S	DSB	SB	110/80-18	150/70-18	225	19	3,3	228	15889
	VS 1400 Intruder	1360	45° V 2	94×98	4-Takt	OHC	3	9,3	L	50/68 4800	4	W	SDR	T	S	SB	SB	110/90-19	170/80-15	260	13	5,2	167	14499

1988

Hersteller	Typ	Hubraum (cm³)	Zyl.-Anordnung und -zahl	Bohrung und Hub (mm)	Arbeitsweise	Steuerung	Ventile/Zylinder	Verdichtung	Kühlung	Leistung (kW/PS bei 1/min)	Gänge	Hinterradantrieb	Rahmen	Vorderradfederung	Hinterradfederung	Vorderradbremse	Hinterradbremse	Vorderreifen	Hinterreifen	Gewicht incl. Kraftstoff und Öl (kg)	Tankinhalt (l)	Beschleun., 1 Pers. (0–100 km/h sec)	Höchstgeschwindig-keit, 1 Pers. (km/h)	Preis incl. MWSt (Mark)
Triumph	Tiger	744	R 2	76 × 82	4-Takt	OHV	2	7,9	L	35/48 6500	5	K	SDR	T	S	DSB	SB	100/90-19	110/90-18	195	11/18	–	160	10 500
	Bonneville	744	R 2	76 × 82	4-Takt	OHV	2	7,9	L	36/49 6500	5	K	SDR	T	S	DSB	SB	100/90-19	110/90-18	192	11/18	6,4	161	11 750
Xingfu	250 A	249	S 1	65 × 75	2-Takt	SL	–	7	L	7/10 4500	4	K	SER	T	S	TB	TB	3.25-16	3.25-16	135	14	–	110	2600
Yamaha	XT 250	249	S 1	75 × 56,5	4-Takt	OHC	2	9,2	L	13/17 7500	5	K	SER	T	S	TB	TB	3.00-21	4.60-17	125	8	12,3	112	4460
	XT 350	346	S 1	86 × 59,6	4-Takt	DOHC	4	9	L	13/17 7000	6	K	SER	T	S	SB	SB	3.00-21	110/80-18	150	12	–	116	6185
	XT 350	346	S 1	86 × 59,6	4-Takt	DOHC	4	9	L	20/27 8000	6	K	SER	T	S	TB	SB	3.00-21	110/80-18	150	12	8,5	135	6185
	XT 500	499	S 1	87 × 84	4-Takt	OHC	2	8,5	L	20/27 5900	5	K	SER	T	S	SB	SB	3.25-21	4.00-18	155	9	8,5	132	6160
	XT 600	595	S 1	95 × 84	4-Takt	OHC	4	8,5	L	32/44 6600	5	K	SER	T	S	SB	SB	3.00-21	4.60-18	148	11	8,6	136	7595
	XT 600	595	S 1	95 × 84	4-Takt	OHC	4	8,5	L	20/27 6000	5	K	SDR	T	S	SB	SB	3.00-21	4.60-18	154	23	5,8	146	7595
	XT 600 Z Ténéré	595	S 1	95 × 84	4-Takt	OHC	4	8,5	L	34/46 6500	5	K	SDR	T	S	SB	SB	3.00-21	4.60-18	186	23	–	135	8695
	XT 600 Z Ténéré	595	S 1	87 × 84	4-Takt	OHC	2	9	L	20/27 6000	5	K	SDR	T	S	SB	SB	3.50-18	4.00-18	186	23	7,3	148	8695
	SR 500	499	S 1	56,4 × 50	2-Takt	MB/PV	2	5,9	W	37/50 10000	6	K	SDR	T	S	DSB	SB	100/80-18	120/80-17	167	12	8,3	142	5705
	TDR 250	250	R 2	56,4 × 50	2-Takt	MB/PV	–	5,9	W	37/50 9200	6	K	LKR	T	S	DSB	SB	100/80-17	120/80-17	153	14	6,4	161	8000
	TZR 250	250	R 2	64 × 54	2-Takt	MB/PV	2	6	W	46/63 9000	6	K	SDR	T	S	DSB	SB	90/90-18	110/80-18	150	16	5,5	190	9000
	RD 350/F	347	R 2	64 × 54	2-Takt	MB/PV	–	6	W	20/27 8000	6	K	SDR	T	S	DSB	SB	90/90-18	110/80-18	170	18	5,1	184	8310
	RD 350/F	347	R 2	69 × 53,4	4-Takt	DOHC	2	9,7	L	33/45 9500	6	K	PSR	T	S	DSB	SB	3.00-18	4.10-18	170	20	5,3	191	8310
	XS 400 DOHC	399	R 2	69 × 53,4	4-Takt	DOHC	2	9,7	L	36/49 8000	6	K	PSR	T	S	SB	SB	3.00-18	4.10-18	187	18	9,4	143	5660
	XS 400 DOHC	399	R 2	73 × 59	4-Takt	OHC	2	9,3	L	20/27 6000	5	W	SDR	T	S	SB	SB	3.00-19	130/90-16	187	18	6,1	168	5660
	XV 500 SE	494	70° V 2	76 × 59	4-Takt	OHC	4	8,5	L	31/42 6500	5	W	SDR	T	S	SB	SB	3.00-19	140/90-15	190	11	6,5	152	7545
	XV 535	535	70° V 2	96 × 84	4-Takt	OHC	2	10	L	37/50 9250	6	K	SDR	T	S	DSB	SB	100/80-18	120/80-18	220	13,5	11,1	128	7795
	SRX 6	608	S 1	58,5 × 57,7	4-Takt	DOHC	4	11,2	W	53/72 10 000	6	K	SDR	T	S	DSB	SB	90/90-18	110/90-18	172	15	8,8	150	7195
	SRX 6	608	S 1	58,5 × 57,7	4-Takt	DOHC	4	11,2	W	74/100 10 500	6	K	SDR	T	S	DSB	SB	90/90-18	110/90-18	172	15	6,2	170	7195
	XJ 600	599	R 4	68 × 51,6	4-Takt	DOHC	2	11,2	W	74/100 10 500	6	K	LKR	T	S	DSB	SB	120/70-17	140/70-18	212	20	5	177	8195
	XJ 600	599	R 4	68 × 51,6	4-Takt	DOHC	5	11,2	W	69/94 9500	6	K	SDR	T	S	DSB	SB	120/70-17	160/60-18	212	21	4,6	198	8195
	FZ 750	749	R 4	68 × 51,6	4-Takt	DOHC	5	11,2	W	72/98 9000	6	K	SDR	T	S	DSB	SB	110/90-16	140/90-15	228	20	3,8	233	13 195
	FZR 750 Genesis	749	R 4	68,5 × 60,5	4-Takt	DOHC	2	9,6	L	47/64 6500	5	W	LKR	T	S	DSB	SB	110/90-18	140/90-15	225	13	4,2	235	17 195
	FZX 750	749	R 4	95 × 69,2	4-Takt	OHC	2	8,3	L									110/90-18	140/90-15	242	22	3,5	216	12 295
	XJ 900 F	891	R 4		4-Takt																		4,3	221	11 290
	XV 1000 Virago	981	75° V 2									5	W	PSR	T	S	DSB	SB	100/90-19	140/90-15	235	14,5	5,2	171	12 210

Hersteller	Typ	Hubraum (cm³)	Zyl.-Anordnung und -zahl	Bohrung und Hub (mm)	Arbeitsweise	Steuerung	Ventile/Zylinder	Verdichtung	Kühlung	Leistung (kW/PS bei 1/min)	Gänge	Hinterradantrieb	Rahmen	Vorderradfederung	Hinterradfederung	Vorderradbremse	Hinterradbremse	Vorderreifen	Hinterreifen	Gewicht incl. Kraftstoff und Öl (kg)	Tankinhalt (l)	Beschleun. 1 Pers. (0–100 km/h sec)	Höchstgeschwindig-keit, 1 Pers. (km/h)	Preis incl. MWSt (Mark)
	FZR 1000 Genesis	989	R 4	75×56	4-Takt	DOHC	5	11,2	W	74/100 9500	5	K	LKR	T	S	DSB	SB	120/70-17	160/60-18	234	20	3,8	231	17 195
	FJ 1200	1188	R 4	77×63,8	4-Takt	DOHC	4	9,7	L	74/100 8500	5	K	SDR	T	S	DSB	SB	120/80-16	150/80-16	259	24	3,5	231	14 710
	XVZ 12 T	1197	70° V 4	76×66	4-Takt	DOHC	4	10,5	W	71/97 7000	5	W	SDR	T	S	DSB	SB	120/80-18	140/90-16	325	20	4,3	192	19 710
Yangtze	750 Gespann	745	180° 2	78×78	4-Takt	SV	2	5,7	L	16/22 4500	4	W	SDR	T	S	TB	TB	3.75-19	3.75-19	350	23	–	90	8700
Importe aus der UdSSR	Dnepr MT 11-Gespann*	650	180° 2	78×68	4-Takt	OHV	2	8,5	L	28/38 5900	4+R	W	SDR	T	S	TB	TB	3.75-19	3.75-19	350	19	–	125	9825
	Dnepr MT 16-Gespann*	650	180° 2	78×68	4-Takt	OHV	2	8,5	L	28/38 5900	4+R	W	SDR	T	S	TB	TB	3.75-19	3.75-19	365	19	–	125	10 060
	Ural M 67-6	650	180° 2	78×68	4-Takt	OHV	2	7	L	28/38 5700	4	W	SDR	T	S	TB	TB	3.75-19	4.00-18	210	17	–	130	7000

Zulassungsfähige Sondermodelle

AMC z.B. — Fahrgestelle für V- und Reihenmotoren von Honda, Kawasaki, Suzuki und Yamaha

Hersteller	Typ	Hubraum (cm³)	Zyl.-Anordnung und -zahl	Bohrung und Hub (mm)	Arbeitsweise	Steuerung	Ventile/Zylinder	Verdichtung	Kühlung	Leistung (kW/PS bei 1/min)	Gänge	Hinterradantrieb	Rahmen	Vorderradfederung	Hinterradfederung	Vorderradbremse	Hinterradbremse	Vorderreifen	Hinterreifen	Gewicht incl. Kraftstoff und Öl (kg)	Tankinhalt (l)	Beschleun. 1 Pers. (0–100 km/h sec)	Höchstgeschwindig-keit, 1 Pers. (km/h)	Preis incl. MWSt (Mark)
	Suzuki GSX 1100	1135	R 4	74×66	4-Takt	DOHC	4	9,7	L	74/100 8100	5	K	SGR	T	S	DSB	SB	130/80-18	170/60-18	231	20	–	245	bis 30 000 (komplett) 25 000

AME z.B. — Fahrgestelle für V-, Reihen- und Boxermotoren von BMW, Harley-Davidson, Honda, Kawasaki, Suzuki und Yamaha

| | ST 800 HD 13 | 1337 | 45° V 2 | 88,8×108 | 4-Takt | OHV | 2 | 8,5 | L | 47/64 5200 | 4 | K | SDR | T | S | DSB | SB | 3.25-19 | 6.10-16 | 255 | 13 | 7 | 165 | bis 32 000 (komplett) 29 877 |
| | ST 1000 CBX | 1046 | R 6 | 64,5×53,4 | 4-Takt | DOHC | 4 | 9,3 | L | 74/100 9000 | 5 | K | SDR | T | S | DSB | SB | 3.25-19 | 6.10-16 | 260 | 16 | 4,7 | 200 | 24 377 |

Bakker z.B. — Fahrgestelle für R 4-Motoren von Honda, Kawasaki und Suzuki

| | BK 900 R | 908 | R 4 | 72,5×55 | 4-Takt | DOHC | 4 | 11 | W | 74/100 9500 | 6 | K | LDR | T | S | DSB | SB | 120/80-16 | 150/70-18 | 235 | 20 | 4 | 250 | 21 490 |
| | BK 1000 RX | 997 | R 4 | 74×58 | 4-Takt | DOHC | 4 | 10,2 | W | 74/100 9200 | 6 | K | LKR | T | S | DSB | SB | 130/70-16 | 160/70-16 | 229 | 21 | 3,5 | 229 | 26 790 |

Bimota (Ducati) | DB 1 | 748 | 90° V 2 | 88×61,5 | 4-Takt | DES | 2 | 9,3 | L | 52/70 8000 | 5 | K | SGR | T | S | DSB | SB | 130/60-16 | 160/60-16 | 179 | 22 | 5,1 | 205 | bis 28 000 (komplett) 24 960 |
(Ducati)	DB 1 SR	748	90° V 2	88×61,5	4-Takt	DES	2	10,3	L	59/80 9000	5	K	SGR	T	S	DSB	SB	130/60-16	160/60-16	179	22	4,5	230	27 700
(Yamaha)	YB 4 E.I.	749	R 4	68×51,6	4-Takt	DOHC	5	11,2	W	88/120 10 250	6	K	LKR	T	S	DSB	SB	130/60-17	180/60-17	200	22	3,7	245	39 250
(Yamaha)	YB 5	1188	R 4	77×63,8	4-Takt	DOHC	4	9,7	L	96/130 8700	5	K	SGR	T	S	DSB	SB	120/60-18	160/60-18	231	22	3,5	243	31 800

Egli — Red Falcon: Fahrgestelle für 500/600 cm³-Einzylindermotoren von Honda, Rotax und Yamaha

(BMW)	K 100	987	R 4	67×70	4-Takt	DOHC	2	11,4	W	76/103 9000	5	W	SZR	T	S	DSB	SB	120/70-17	170/60-18	220	24	4,2	235	bis 22 000 (komplett) 28 000
(Ducati)	Corsaro Rosso	864	90° V 2	86×74,4	4-Takt	DES	2	10,4	L	51/69 7000	5	K	SZR	T	S	DSB	SB	120/80-16	150/80-16	210	20	4,1	220	28 000
(Honda)	Red Hunter	901	R 4	64,5×69	4-Takt	DOHC	4	8,8	L	70/95 9000	5	K	SZR	T	S	DSB	SB	110/90-18	140/80-18	216	20	4	220	26 000
(Honda)	Red Hunter	1062	R 4	70×69	4-Takt	DOHC	4	10,5	L	85/115 9500	5	K	SZR	T	S	DSB	SB	110/90-18	140/80-18	216	20	3,5	235	26 000

* mit SW-Rad-Antrieb

1988

Hersteller	Typ	Hubraum (cm³)	Zyl.-Anordnung und -zahl	Bohrung und Hub (mm)	Arbeitsweise	Steuerung	Ventile/Zylinder	Verdichtung	Kühlung	Leistung (kW/PS bei 1/min)	Gänge	Hinterradantrieb	Rahmen	Vorderradfederung	Hinterradfederung	Vorderradbremse	Hinterradbremse	Vorderreifen	Hinterreifen	Gewicht incl. Kraftstoff und Öl (kg)	Tankinhalt (l)	Beschleun. 1 Pers. (0–100 km/h sec)	Höchstgeschwindigkeit, 1 Pers. (km/h)	Preis incl. MWSt (Mark)
	Red Baron	1046	R 6	64,5 × 53,4	4-Takt	DOHC	4	9,3	L	88/120 9500	5	K	SZR	T	S	DSB	SB	110/90-18	140/80-18	245	24	–	240	28 500
	Red Baron	1112	R 6	66,5 × 53,4	4-Takt	DOHC	4	9,5	L	92/125 9800	5	K	SZR	T	S	DSB	SB	110/90-18	140/80-18	245	24	–	250	28 500
(Kawasaki)	Bonneville	957	R 4	69 × 64	4-Takt	OHC	2	9	L	66/90 9000	5	K	SZR	T	S	DSB	SB	110/90-18	14/80-18	215	20	4	220	27 000
	Bonneville	1161	R 4	76 × 64	4-Takt	DOHC	4	10	L	92/125 9600	5	K	SZR	T	S	DSB	SB	110/90-18	140/80-18	215	20	3,5	250	27 000
(Suzuki)	Red Lightning	1074	R 4	72 × 66	4-Takt	DOHC	4	9,8	L	77/105 8200	5	K	SZR	T	S	DSB	SB	120/80-16	150/80-16	225	20	3,1	240	28 000
	Red Lightning	1166	R 4	75 × 66	4-Takt	DOHC	4	10	L	92/125 9500	5	K	SZR	T	S	DSB	SB	120/80-16	150/80-16	225	20	3,2	255	28 000
	Red Lightning II	749	R 4	70 × 48,7	4-Takt	DOHC	4	9,8	L	74/100 11000	6	W	SZR	T	S	DSB	SB	110/80-18	160/60-18	198	20	–	230	29 500
	Red Lightning II	1261	R 4	78 × 66	4-Takt	DOHC	4	11	L	128/174 9200	5	W	SDR	T	S	DSB	SB	120/80-16	170/60-18	220	21	–	261	37 500
	Red Liberator-Gespann	1074	R 4	72 × 66	4-Takt	DOHC	4	9,5	L	74/100 8700	5	W	SDR	T	S	DSB	SB	120/80-16	4.50-17	355	21	–	180	25 000
	Red Liberator-Gespann	1393	R 4	82 × 66	4-Takt	DOHC	4	9,5	L	107/145 8850	5	W	SDR	T	S	DSB	SB	120/80-16	4.50-17	355	22	–	200	25 000
Fallert (BMW)	R 80 G/S-1000	979	180° 2	94 × 70,6	4-Takt	OHV	2	8,2	L	37/50 6500	5	K	SZR	T	S	SB	TB	3.00-21	4.00-18	212	34	5,8	162	12 120
	R 80-1000	979	180° 2	94 × 70,6	4-Takt	OHV	2	8,2	L	37/50 6500	5	K	SZR	T	S	SB	TB	100/90-18	120/90-18	216	24	5,2	186	12 620
	R 80-1000	979	180° 2	94 × 70,6	4-Takt	OHV	2	10,5	L	48/65 7000	5	K	SZR	T	S	SB	TB	100/90-18	120/90-18	216	24	4,9	195	12 770
	R 80-1000	979	180° 2	94 × 70,6	4-Takt	OHV	2	11	L	55/75 7250	5	K	SZR	T	S	SB	TB	100/90-18	120/90-18	216	24	–	200	14 570
	R 100 RS	979	180° 2	94 × 70,6	4-Takt	OHV	2	11,2	L	59/80 7500	5	K	SZR	T	S	SB	TB	100/90-18	130/90-18	218	22	–	200	20 779
Fischer (Honda)	GF 750 H	747	R 4	67 × 53	4-Takt	DOHC	4	9,3	L	67/91 9500	6	K	SZR	T	S	DSB	SB	16/18"	16/18"	214	20	–	220	20 000
(Kawasaki)	GF 900 K	908	R 4	72,5 × 55	4-Takt	DOHC	4	11	W	74/100 9500	5	K	SZR	T	S	DSB	SB	16/18"	16/18"	235	20	–	230	20 000
	GF 1100 K	1089	R 4	72,5 × 66	4-Takt	DOHC	4	9,5	L	74/100 8750	5	K	SZR	T	S	DSB	SB	16/18"	16/18"	235	20	–	240	20 000
(Laverda)	GF 500 L	496	R 2	72 × 61	4-Takt	DOHC	4	9,2	L	33/45 8200	6	K	SZR	T	S	DSB	SB	16/18"	16/18"	175	20	–	190	16 000
(Moto Guzzi)	GF 1000 G	948	90° V 2	88 × 78	4-Takt	OHV	2	9,8	L	60/81 7400	5	W	SZR	T	S	DSB	SB	16/18"	150/70-18	225	20	–	220	18 000
(Suzuki)	GF 750 S	749	R 4	70 × 48,7	4-Takt	DOHC	4	9,8	W	74/100 11000	6	K	SZR	T	S	DSB	SB	16/18"	170/60-18	205	20	–	230	22 000
	GF 1100 S	1052	R 4	76 × 58	4-Takt	DOHC	4	10	L	74/100 8700	5	K	SZR	T	S	DSB	SB	16/18"	170/60-18	215	20	–	230	23 000
(Yamaha)	GF 750 Y	749	R 4	68 × 51,6	4-Takt	DOHC	5	11,2	W	74/100 10500	6	K	SZR	T	S	DSB	SB	16/18"	170/60-18	220	20	–	235	20 000
Hauenstein		Fahrgestelle für R 4-Motoren von Honda, Kawasaki und Suzuki																						bis 32 000 (komplett)
Jung		Fahrgestelle für R 4-Motoren von BMW, Honda, Kawasaki und Suzuki																						bis 20 000 (komplett)
z. B.	Kawasaki GPZ 900 R	908	R 4	72,5 × 55	4-Takt	DOHC	4	11	W	74/100 9500	6	K	SZR	T	S	DSB	SB	120/80-16	150/70-18	223	22	3,6	245	19 500
	Suzuki GSX 750	747	R 4	67 × 53	4-Takt	DOHC	4	9,6	L	66/90 9500	5	K	SZR	T	S	DSB	SB	120/80-18	150/70-18	215	20	–	210	15 900

1988

Brand	(Mfr)	Model	ccm	Zyl.	Bohrung×Hub	Takt	Ventil	V	ε	Kühl	Leistung/Drehzahl	Gg	K/W	Rahmen	T/S	Bremse v	Bremse h	Reifen v	Reifen h	Radst.	X	Y	V max	Preis
Kraft	(Honda)	Target 600	589	S 1	100×75	4-Takt	OHC	4	8.5	L	32/44 6500	5	K	SZR	S	SB	SB	120/80-16	150/80-16	158	10.5	5.8	160	22 500
Krauser	(BMW)	MKM 1000	979	180° 2	94×70.6	4-Takt	OHV	4	9.5	L	52/70 7000	5	W	SGR	T	SB	SB	3.50-19	130/80-18	222	21	5	193	23 295
		MKM 1000/4	979	180° 2	94×70.6	4-Takt	OHV	4	10.2	L	60/82 7300	5	W	SGR	T	SB	SB	3.50-19	130/80-18	217	21	4.7	207	24 207
Magni	(Moto Guzzi)	Le Mans 1000	948	90° V 2	88×78	4-Takt	OHV	2	9.8	L	60/81 7400	5	W	SDR	T	DSB	SB	100/90-18	130/80-18	236	19	–	220	19 950
		Le Mans 1100	1090	90° V 2	92×82	4-Takt	OHV	2	11.2	L	74/100 6800	5	W	SDR	T	DSB	SB	110/90-18	130/80-18	236	19	4.5	225	23 000
Martin	z.B.	Fahrgestelle für R 4- und R 6-Motoren von Honda, Kawasaki, Suzuki und Yamaha																					bis 26 000 (komplett)	
	(Kawasaki)	GPZ 900 R	908	R 4	72.5×55	4-Takt	DOHC	4	11	W	74/100 9500	6	K	SZR	T	DSB	SB	110/90-18	130/80-18	230	21	–	225	24 000
	(Suzuki)	GSX-R 1100	1052	R 4	76×58	4-Takt	DOHC	4	11	L	96/130 9500	5	K	SGR	T	DSB	SB	120/80-16	150/70-18	220	21	–	240	25 800
	(Yamaha)	FJ 1200	1188	R 4	77×63.8	4-Takt	DOHC	4	9.7	L	74/100 6500	5	K	SGR	T	DSB	SB	120/80-16	150/80-18	230	21	–	240	23 000
Michel	(BMW)	R 100 S	979	180° 2	94×70.6	4-Takt	OHV	2	10.5	L	62/84 7500	5	W	SDR	T	DSB	SB	100/90-18	130/90-18	237	22	4.6	222	20 000
Moko																									
	(Harley-Davidson)	1340	1337	45° V 2	88.8×108	4-Takt	OHV	2	8.5	L	48/65 5000	5	W	SZR	T	DSB	SB	120/80-16	140/70-18	252	20	–	165	44 000
	(Suzuki)	GSX-R 1100	1052	R 4	76×58	4-Takt	DOHC	4	10	L	74/100 8700	5	K	SGR	T	DSB	SB	110/70-18	170/60-18	217	20	–	230	25 500
	(Yamaha)	FJ 1200	1188	R 4	77×63.8	4-Takt	DOHC	4	9.7	L	74/100 8500	5	K	SZR	T	DSB	SB	120/60-16	180/60-16	230	20	–	240	24 000
Noki	(Moto Guzzi)	Le Mans IV	948	90° V 2	88×78	4-Takt	OHV	2	9.8	L	60/81 7400	5	W	SDR	T	DSB	SB	130/70-16	180/60-16	220	24	–	220	30 000
PSS		PSS-Kawasaki Z 750 Turbo	739	R 4	66×54	4-Takt/Turbo	DOHC	2	7.8	L	74/100 9000	5	K	SGR	T	DSB	SB	110/90-18	130/80-18	235	20	–	230	16 600
		PSS-Kawasaki GPZ 900 R	908	R 4	72.5×55	4-Takt	DOHC	4	11	W	74/100 9500	6	K	SGR	T	DSB	SB	120/80-18	150/80-18	230	20	–	240	16 000
		PSS-Kawasaki GPZ 1000 RX	997	R 4	74×58	4-Takt	DOHC	4	10.2	W	74/100 9500	6	K	SGR	T	DSB	SB	120/80-16	150/80-16	230	20	–	240	17 500
		PSS-Kawasaki GPZ 1100	1089	R 4	72.5×66	4-Takt	DOHC	2	9.5	L	74/100 8750	5	K	SGR	T	DSB	SB	110/90-18	130/90-17	240	20	–	240	15 600
		PSS-Suzuki GSX-R 750	749	R 4	70×48.7	4-Takt	DOHC	4	9.8	L	74/100 11 000	6	K	SGR	T	DSB	SB	110/80-18	150/70-18	215	20	–	230	16 600
		PSS-Suzuki GSX-R 1100	1052	R 4	76×58	4-Takt	DOHC	4	10	L	74/100 8700	5	K	SGR	T	DSB	SB	110/80-18	150/70-18	220	20	–	235	19 980
		Rau-Honda CB 1100 R	1062	R 4	70×69	4-Takt	DOHC	4	10	L	74/100 9000	5	K	SGR	T	DSB	SB	100/90-18	150/70-18	218	26	3.7	235	15 600
		Rau-Suzuki GSX 1100	1074	R 4	72×66	4-Takt	DOHC	4	9.5	L	74/100 8700	5	K	SZR	T	DSB	SB	100/90-19	130/90-17	230	22	–	230	15 600
Schek	(BMW)	R 80 G/S Paris-Dakar	1011	180° 2	95.5×70.6	4-Takt	OHV	2	9.4	L	48/65 6500	5	W	SDR	T	SB	TB	90/90-21	140/90-18	216	33.5	5	170	20 000
		R 80 G/S Road-Runner	1011	180° 2	95.5×70.6	4-Takt	OHV	2	9.4	L	48/65 6500	5	W	SDR	T	DSB	DSB	3.00-21	4.00-18	222	33.5	–	170	16 950
Spaett	(Honda)	Target-Egli CBX	1046	R 6	64.5×53.4	4-Takt	DOHC	4	9.3	L	74/100 9000	5	K	SDR	T	DSB	SB	100/90-18	130/80-18	242	24	4	232	30 000
WiWo		Fun Bikes auf BMW-, Honda- und Suzuki-Einzylinder- und Zweizylinderbasis																					bis 20 300 (komplett)	
	(BMW)	BMW Fun Bike R 80	797	180° 2	84.8×70.6	4-Takt	OHV	2	8.2	L	37/50 6500	5	W	SDR	T	SB	SB	110/90-18	140/90-16	223	33.5	–	170	20 240
Wüdo	(BMW)	R 100 G/S Elfenbein	979	180° 2	94×70.6	4-Takt	OHV	2	8.2	L	37/50 6500	5	W	SDR	T	SB	SB	130/80-17	140/90-16	215	19.5	5.9	170	22 000
		K 75 RS	740	R 3	67×70	4-Takt	DOHC	2	11	W	55/75 8500	5	W	SDR	T	DSB	SB	100/90-18	120/90-18	235	21	–	200	15 500

1988

1989

Hersteller	Typ	Hubraum (cm³)	Zyl.-Anordnung und -zahl	Bohrung und Hub (mm)	Arbeitsweise	Steuerung	Ventile/Zylinder	Verdichtung	Kühlung	Leistung (kW/PS bei 1/min)	Gänge	Hinterradantrieb	Rahmen	Vorderradfederung	Hinterradfederung	Vorderradbremse	Hinterradbremse	Vorderreifen	Hinterreifen	Gewicht incl. Kraftstoff und Öl (kg)	Tankinhalt (l)	Beschleun. 1 Pers. (0–100 km/h sec)	Höchstgeschwindigkeit, 1 Pers. (km/h)	Preis incl. MWSt (Mark)
Aprilia	TXR 312 M	277	S 1	76×61	2-Takt	DS	–	8,5	W	7/10 6400	6	K	SER	T	S	SB	SB	2.75-21	4.00-18	90	4,5	–	85	6600
	ETX 6.35	349	S 1	79,5×70,4	4-Takt	OHC	4	9,6	L	20/27 7500	6	K	SER	T	S	SB	SB	3.00-21	5.10-17	190	14	–	155	6750
	Tuareg 6.35 Wind	349	S 1	79,5×70,4	4-Takt	OHC	4	9,6	L	20/27 6500	6	K	SER	T	S	SB	SB	90/90-21	130/80-17	191	30	9,9	129	8150
	Tuareg 600 Wind	562	S 1	94×81	4-Takt	OHC	4	9,4	L	35/48 7000	5	K	SDR	T	S	SB	SB	90/90-21	130/80-17	178	18	–	175	8590
	AF 1 125 Sintesi Replica	125	S 1	54×54,5	2-Takt	MB/VA	–	15	W	20/27 10 000	6	K	LKR	T	ES	SB	SB	100/80-17	120/80-17	141	18	8,7	153	7650
Benelli	BX 125 Enduro	123	S 1	56×50	2-Takt	MB	–	11,5	W	13/17 7000	6	K	SER	T	S	SB	TB	2.75-21	4.10-18	112	10	13,8	114	4960
	125 Sport	125	R 2	42,5×44	2-Takt	SL	–	10,3	L	7/10 7600	5	K	SDR	T	S	SB	TB	2.75-18	3.00-18	127	14	12	110	3265
	304	231	R 4	44×38	4-Takt	OHC	4	10,5	L	20/27 10 500	5	K	SDR	T	S	SB	SB	3.00-18	3.25-18	134	11	11,1	135	4980
	900 Sei	905	R 6	60×53,4	4-Takt	OHC	2	9,5	L	59/80 8300	5	K	SDR	T	S	DSB	SB	100/90-18	120/90-18	249	17	4,6	193	10 500
Beta	TR 34/125	124	S 1	54×54	2-Takt	MB	–	11	W	7/10 5800	5	K	SER	T	S	SB	SB	2.75-21	4.00-18	82	3,8	–	79	6790
	TR 34/260	261	S 1	76×57,5	2-Takt	MB	–	10,5	L	11/15 5200	5	K	SDR	T	S	SB	SB	2.75-21	4.00-18	84	3,8	–	92	7190
	KR 250	239	S 1	72,8×57,5	2-Takt	MB	–	9	L	7/10 7900	5	K	SDR	T	S	SB	SB	3.00-21	4.00-18	116	9,5	–	87	5990
BMW	R 65 GS	649	180°2	82×61,5	4-Takt	OHV	2	8,4	L	20/27 5500	5	W	SDR	T	ES	SB	TB	3.00-21	4.00-18	198	19,5	9,4	146	9540
	R 80 GS	797	180°2	84,8×70,6	4-Takt	OHV	2	8,2	L	37/50 6500	5	W	SDR	T	ES	SB	TB	90/90-21	130/80-17	225	26	6,1	150	11 450
	R 100 GS	979	180°2	94×70,6	4-Takt	OHV	2	8,5	L	44/60 6500	5	W	SDR	T	ES	SB	TB	90/90-21	130/80-17	225	26	5,1	164	13 540
	R 100 GS Paris-Dakar	979	180°2	94×70,6	4-Takt	OHV	2	8,5	L	44/60 6500	5	W	SDR	T	ES	SB	TB	90/90-21	130/80-17	250	35	5,5	162	15 190
	R 65	649	180°2	82×61,5	4-Takt	OHV	2	8,4	L	20/27 5500	5	W	SDR	T	ES	SB	TB	90/90-18	120/90-18	205	22	8,6	147	9540
	R 80	797	180°2	84,8×70,6	4-Takt	OHV	2	8,2	L	37/50 6500	5	W	SDR	T	ES	SB	TB	90/90-18	120/90-18	207	22	5,4	181	11 500
	R 80 RT	797	180°2	84,8×70,6	4-Takt	OHV	2	8,2	L	37/50 6500	5	W	SDR	T	ES	SB	TB	100/90-18	130/90-17	243	22	6,5	163	14 200
	R 100 RT	979	180°2	94×70,6	4-Takt	OHV	2	8,4	L	44/60 6500	5	W	SDR	T	ES	DSB	TB	100/90-18	130/90-17	238	22	5,1	168	16 710
	R 100 RS	979	180°2	94×70,6	4-Takt	OHV	2	8,4	L	44/60 6500	5	W	SDR	T	ES	DSB	TB	100/90-18	130/90-17	243	22	5,4	186	16 710
	K 75	740	R 3	67×70	4-Takt	DOHC	2	11	W	55/75 8500	5	W	SDR	T	ES	DSB	TB	100/90-18	120/90-18	236	21	5,2	200	12 950
	K 75 S	740	R 3	67×70	4-Takt	DOHC	2	11	W	55/75 8500	5	W	SDR	T	ES	DSB	TB	100/90-18	130/90-17	235	21	5,5	199	15 400
	K 100	987	R 4	67×70	4-Takt	DOHC	2	10,2	W	66/90 8000	5	W	SDR	T	ES	DSB	TB	100/90-18	130/90-17	243	21	3,9	218	15 900
	K 100 LT	987	R 4	67×70	4-Takt	DOHC	2	10,2	W	66/90 8000	5	W	SDR	T	ES	DSB	TB	100/90-18	130/90-17	273	22	4,1	215	19 850
	K 100 RS	987	R 4	67×70	4-Takt	DOHC	2	10,2	W	66/90 8000	5	W	SDR	T	ES	DSB	TB	100/90-18	130/90-17	260	22	4,4	222	18 300
	K 1	987	R 4	67×70	4-Takt	DOHC	4	11	W	74/100 8000	5	W	SDR	T	ES	DSB	TB	120/70-17	160/60-18	264	22	3,9	235	20 600
Cagiva	125 Cruiser	125	S 1	56×50,6	2-Takt	MB/VA	–	13	W	20/27 9000	6	K	SER	T	S	SB	SB	2.75-21	4.60-17	130	14	–	130	6990
	T4 350 E	343	S 1	82×65	4-Takt	OHC	4	9,5	L	20/27 7000	5	K	SER	T	S	SB	TB	3.00-21	4.60-17	140	12	–	145	8490

Hersteller	Typ	Hubraum (cm³)	Zyl.-Anordnung und -zahl	Bohrung und Hub (mm)	Arbeitsweise	Steuerung	Ventile/Zylinder	Verdichtung	Kühlung	Leistung (kW/PS bei 1/min)	Gänge	Hinterradantrieb	Rahmen	Vorderradfederung	Hinterradfederung	Vorderradbremse	Hinterradbremse	Vorderreifen	Hinterreifen	Gewicht incl. Kraftstoff und Öl (kg)	Tankinhalt (l)	Beschleun. 1 Pers. (0–100 km/h sec)	Höchstgeschwindigkeit 1 Pers. (km/h)	Preis incl. MWSt (Mark)
	T4 500 E	451	S 1	94×65	4-Takt	OHC	4	9	L	28/38 7000	5	K	SER	T	S	SB	TB	3.00-21	5.10-17	160	12	6,8	141	8490
	Elefant 750	748	90° V 2	88×61,5	4-Takt	DES	2	9,3	L	45/61 8000	5	K	SDR	T	S	SB	SB	90/90-21	130/80-17	213	19	5,8	166	13 490
	125 C 10 Freccia	125	S 1	56×50,6	2-Takt	MB/VA	–	13	W	20/27 10 500	6	K	SDR	T	S	SB	SB	100/80-16	120/80-17	140	16	–	160	6990
Chang-Jiang	750 BG-Gespann	745	180° 2	78×78	4-Takt	OHV	2	7	L	20/27 5000	4	W	SDR	T	S	TB	TB	3.75-19	3.75-19	350	24	–	110	8900
	750 FY-Gespann	745	180° 2	78×78	4-Takt	OHV	2	7	L	20/27 5000	4+R	W	SDR	T	S	TB	TB	3.75-19	3.75-19	370	24	–	110	9500
	750 J-1-Gespann	745	180° 2	78×78	4-Takt	OHV	2	7	L	20/27 5000	4+R	W	SDR	T	S	SB	TB	3.75-19	3.75-19	370	24	–	110	9500
Donghai	SM 750-Gespann	745	R 2	78×78	4-Takt	OHV	2	7	L	19/26 4500	4	K	SDR	T	S	TB	TB	4.00-17	4.00-17	400	25	–	119	9800
Ducati	350 F 3	349	90° V 2	66×51	4-Takt	DES	2	10	L	31/42 9700	5	K	SGR	T	S	DSB	TB	100/90-16	120/80-18	190	18	7,7	164	9990
	750 Paso	748	90° V 2	88×61,5	4-Takt	DES	2	10	L	54/73 7900	5	K	SGR	T	S	DSB	TB	130/60-16	160/60-16	222	22	4,7	201	15 990
	750 Sport	748	90° V 2	88×61,5	4-Takt	DES	2	10	L	53/72 8500	5	K	SGR	T	S	DSB	SB	130/60-16	160/60-16	198	16	4,4	207	14 990
	851 Strada	851	90° V 2	92×64	4-Takt	DES	4	10,4	W	75/102 8250	6	K	SGR	T	S	DSB	SB	130/60-16	160/60-16	215	22	3,9	225	29 990
	906 Paso	904	90° V 2	92×68	4-Takt	DES	2	9,2	W	65/88 8000	6	K	SGR	T	S	DSB	SB	130/60-16	160/60-16	237	22	4,1	214	15 990
Enfield India	350 Bullet	346	S 1	70×90	4-Takt	OHV	2	6,5	L	13/17 5620	4	K	SDR	T	S	TB	TB	3.25-19	3.25-19	170	15	16	110	4890
	350 Bullet de Luxe	346	S 1	70×90	4-Takt	OHV	2	6,5	L	13/17 5620	4	K	SDR	T	S	TB	TB	3.25-19	3.25-19	170	15	16	110	4990
	350 Bullet Superstar	346	S 1	70×90	4-Takt	OHV	2	6,5	L	13/17 5620	4	K	SDR	T	S	TB	TB	3.25-19	3.50-19	170	15	16	120	5490
Fantic	Trial 241 Seven Days	211	S 1	69×56,5	2-Takt	SL	–	10,4	L	12/16 5000	6	K	SER	T	S	TB	TB	2.75-21	4.00-18	92	4	–	99	6400
	125 Sport HP 1	124	S 1	55,2×52	2-Takt	SL	–	12	W	13/17 8000	6	K	SER	T	S	DSB	TB	3.25-16	3.25-18	110	12,5	–	125	4395
Gilera	350 Dakota	349	S 1	80×69,4	4-Takt	DOHC	4	9,5	W	19/26 7000	5	K	SDR	T	S	SB	TB	90/90-21	4.60-17/62	181	22	–	123	8950
	XRT 600	554	S 1	98×74	4-Takt	DOHC	4	9,5	W	20/27 6500	5	K	SER	T	S	SB	SB	90/90-21	130/80-17	190	20	–	129	8995
	XRT 600	554	S 1	98×74	4-Takt	DOHC	4	9,5	W	30/41 7250	5	K	SER	T	S	SB	SB	90/90-21	130/80-17	190	20	7,3	148	8995
	Saturno 500	492	S 1	92×74	4-Takt	DOHC	4	9,8	W	28/38 7000	5	K	SER	T	S	SB	SB	110/70-17	140/70-17	167	20	6,6	176	11 500
Harley-Davidson	XLH Sportster 883 Standard	883	45° V 2	76,2×96,8	4-Takt	OHV	2	9	L	18/24 4800	4	K	SDR	T	S	SB	SB	MJ 90-19	MT 90-16	222	8,5	–	133	11 550
	XLH Sportster 883 Standard	883	45° V 2	76,2×96,8	4-Takt	OHV	2	9	L	35/48 6000	4	K	SDR	T	S	SB	SB	MJ 90-19	MT 90-16	222	8,5	–	149	11 550
	XLH Sportster 883 De Luxe	883	45° V 2	76,2×96,8	4-Takt	OHV	2	9	L	18/24 4800	4	K	SDR	T	S	SB	SB	MJ 90-19	MT 90-16	222	8,5	–	133	12 075
	XLH Sportster 883 De Luxe	883	45° V 2	76,2×96,8	4-Takt	OHV	2	9	L	35/48 6000	4	K	SDR	T	S	SB	SB	MJ 90-19	MT 90-16	222	8,5	–	149	12 075
	XLH Sportster 883 Hugger	883	45° V 2	76,2×96,8	4-Takt	OHV	2	9	L	18/24 4800	4	K	SDR	T	S	SB	SB	MJ 90-19	MT 90-16	223	8,5	–	–	12 060

1989

Hersteller	Typ	Hubraum (cm³)	Zyl.-Anordnung und -zahl	Bohrung und Hub (mm)	Arbeitsweise	Steuerung	Ventile/Zylinder	Verdichtung	Kühlung	Leistung (kW/PS bei 1/min)	Gänge	Hinterradantrieb	Rahmen	Vorderradfederung	Hinterradfederung	Vorderradbremse	Hinterradbremse	Vorderreifen	Hinterreifen	Gewicht incl. Kraftstoff und Öl (kg)	Tankinhalt (l)	Beschleun. 1 Pers. (0–100 km/h sec)	Höchstgeschwindigkeit, 1 Pers. (km/h)	Preis incl. MWSt (Mark)
	XLH Sportster 883 Hugger	883	45° V 2	76,2 × 96,8	4-Takt	OHV	2	9	L	35/48 6000	4	K	SDR	T	S	SB	SB	MJ 90-19	MT 90-16	223	8,5	7,4	151	12 060
	XLH Sportster 1200	1198	45° V 2	88,8 × 96,8	4-Takt	OHV	2	9	L	37/50 5200	4	K	SDR	T	S	SB	SB	MJ 90-19	MT 90-19	222	8,5	–	–	14 855 –15 215
	XLH Sportster 1200	1198	45° V 2	88,8 × 96,8	4-Takt	OHV	2	9	L	43/58 5200	4	K	SDR	T	S	SB	SB	MJ 90-19	MT 90-19	222	8,5	–	–	14 855 –15 215
	FXR 1340 Super Glide	1337	45° V 2	88,8 × 108	4-Takt	OHV	2	8,5	L	34/46 5000	5	ZR	SDR	T	S	SB	SB	MJ 90-19	MT 90-16	276	16	–	170	19 670
	FXR 1340 Super Glide	1337	45° V 2	88,8 × 108	4-Takt	OHV	2	8,5	L	43/58 5000	5	ZR	SDR	T	S	SB	SB	MJ 90-19	MT 90-16	276	16	–	170	19 670
	FXRS 1340 Low Rider	1337	45° V 2	88,8 × 108	4-Takt	OHV	2	8,5	L	34/46 5000	5	ZR	SDR	T	S	SB	SB	MJ 90-19	MT 90-16	276	17	–	–	22 875 –23 235
	FXRS 1340 Low Rider	1337	45° V 2	88,8 × 108	4-Takt	OHV	2	8,5	L	43/58 5000	5	ZR	SDR	T	S	SB	SB	MJ 90-19	MT 90-16	276	17	–	160	22 875 –23 235
	FXRS 1340 SP Low Rid. Sp. Ed.	1337	45° V 2	88,8 × 108	4-Takt	OHV	2	8,5	L	34/46 5000	5	ZR	SDR	T	S	DSB	SB	MJ 90-19	MT 90-16	278	16	–	–	22 405 –22 765
	FXRS 1340 SP Low Rid. Sp. Ed.	1337	45° V 2	88,8 × 108	4-Takt	OHV	2	8,5	L	43/58 5000	5	ZR	SDR	T	S	DSB	SB	MH 90-21	MT 90-16	278	16	6,4	167	22 405 –22 765
	FXLR 1340 Low Rider Custom	1337	45° V 2	88,8 × 108	4-Takt	OHV	2	8,5	L	34/46 5000	5	ZR	SDR	T	S	SB	SB	MH 90-21	MT 90-16	280	16	–	–	23 110 –23 470
	FXLR 1340 Low Rider Custom	1337	45° V 2	88,8 × 108	4-Takt	OHV	2	8,5	L	43/58 5000	5	ZR	SDR	T	S	SB	SB	MH 90-21	MT 90-16	280	16	–	165	23 110 –23 470
	FXST 1340 Softail	1337	45° V 2	88,8 × 108	4-Takt	OHV	2	8,5	L	34/46 5000	5	ZR	SDR	T	S	SB	SB	MH 90-21	MT 90-16	290	20	–	–	23 005
	FXST 1340 Softail	1337	45° V 2	88,8 × 108	4-Takt	OHV	2	8,5	L	43/58 5000	5	ZR	SDR	T	S	SB	SB	MH 90-21	MT 90-16	290	20	6,6	170	23 005
	FXSTC 1340 Softail Custom	1337	45° V 2	88,8 × 108	4-Takt	OHV	2	8,5	L	34/46 5000	5	ZR	SDR	T	S	SB	SB	MT 90-16	MT 90-16	298	20	–	–	24 295 –24 655
	FXSTC 1340 Softail Custom	1337	45° V 2	88,8 × 108	4-Takt	OHV	2	8,5	L	43/58 5000	5	ZR	SDR	T	S	SB	SB	MT 90-16	MT 90-16	298	20	–	167	24 295 –24 655
	1340 Springer Softail	1337	45° V 2	88,8 × 108	4-Takt	OHV	2	8,5	L	34/46 5000	5	ZR	SDR	S	S	SB	SB	MT 90-16	MT 90-16	299	16	–	–	25 380 –25 740
	1340 Springer Softail	1337	45° V 2	88,8 × 108	4-Takt	OHV	2	8,5	L	43/58 5000	5	ZR	SDR	S	S	SB	SB	MM 90-19	MT 90-16	299	16	–	165	25 380 –25 740
	FLST 1340 Heritage Softail	1337	45° V 2	88,8 × 108	4-Takt	OHV	2	8,5	L	34/46 5000	5	ZR	SDR	T	S	SB	SB	MM 90-19	MT 90-16	314	16	7,9	149	23 940
	FLST 1340 Heritage Softail	1337	45° V 2	88,8 × 108	4-Takt	OHV	2	8,5	L	43/58 5000	5	ZR	SDR	T	S	SB	SB	MT 90-16	MT 90-16T	314	13	–	–	23 940
	FLSTC 1340 Herit. Softaii Clas.	1337	45° V 2	88,8 × 108	4-Takt	OHV	2	8,5	L	34/46 5000	5	ZR	SDR	T	S	SB	SB	MT 90-16T	MT 90-16T	298	13	–	–	25 830
	FLSTC 1340 Herit. Softaii Clas.	1337	45° V 2	88,8 × 108	4-Takt	OHV	2	8,5	L	43/58 5000	5	ZR	SDR	T	S	SB	SB	MT 90-16T	MT 90-16T	298	13	–	–	25 830
	FXRT 1340 Sport Glide	1337	45° V 2	88,8 × 108	4-Takt	OHV	2	8,5	L	34/46 5000	5	ZR	SDR	T	S	SB	SB	MT 90-16T	MT 90-16T	310	16	–	160	22 355 –24 380
	FXRT 1340 Sport Glide	1337	45° V 2	88,8 × 108	4-Takt	OHV	2	8,5	L	43/58 5000	5	ZR	SDR	T	S	SB	SB	MT 90-16T	MT 90-16T	310	16	–	–	22 355 –24 380
	FLHS 1340 Electra Glide Sport	1337	45° V 2	88,8 × 108	4-Takt	OHV	2	8,5	L	37/50 4800	5	ZR	SDR	T	S	SB	SB	MT 90-16T	MT 90-16T	343	19	–	–	22 550 –23 375
	FLHS 1340 Electra Glide Sport	1337	45° V 2	88,8 × 108	4-Takt	OHV	2	8,5	L	48/65 5000	5	ZR	SDR	T	S	SB	SB	MT 90-16T	MT 90-16T	343	19	–	150	22 550 –23 375
	FLHTC 1340 Electra Glide Clas.	1337	45° V 2	88,8 × 108	4-Takt	OHV	2	8,5	L	37/50 4800	5	ZR	SDR	T	S	DSB	SB	MT 90-16T	MT 90-16T	350	19	–	–	26 200 –27 025
	FLHTC 1340 Electra Glide Clas.	1337	45° V 2	88,8 × 108	4-Takt	OHV	2	8,5	L	48/65 5000	5	ZR	SDR	T	S	DSB	SB	MT 90-16T	MT 90-16T	350	19	–	150	26 200 –27 025
	1340 Electra Glide Ultra Classic	1337	45° V 2	88,8 × 108	4-Takt	OHV	2	8,5	L	37/50 4800	5	ZR	SDR	T	S	DSB	SB	MT 90-16T	MT 90-16T	356	19	–	–	31 280
	1340 Electra Glide Ultra Classic	1337	45° V 2	88,8 × 108	4-Takt	OHV	2	8,5	L	48/65 5000	5	ZR	SDR	T	S	DSB	SB	MT 90-16T	MT 90-16T	356	19	–	150	31 280
	FLTC 1340 Tour Glide Classic	1337	45° V 2	88,8 × 108	4-Takt	OHV	2	8,5	L	37/50 4800	5	ZR	SDR	T	S	DSB	SB	MT 90-16T	MT 90-16T	360	19	–	–	26 200 –27 025
	FLTC 1340 Tour Glide Classic	1337	45° V 2	88,8 × 108	4-Takt	OHV	2	8,5	L	48/65 5000	5	ZR	SDR	T	S	DSB	SB	MT 90-16T	MT 90-16T	360	19	–	–	26 200 –27 025
	1340 Tour Glide Ultra Classic	1337	45° V 2	88,8 × 108	4-Takt	OHV	2	8,5	L	37/50 4800	5	ZR	SDR	T	S	DSB	SB	MT 90-16T	MT 90-16T	366	19	–	–	31 280
	1340 Tour Glide Ultra Classic	1337	45° V 2	88,8 × 108	4-Takt	OHV	2	8,5	L	48/65 5000	5	ZR	SDR	T	S	DSB	SB	MT 90-16T	MT 90-16T	366	19	–	–	31 280

Hersteller	Typ	Hubraum (cm³)	Zyl.-Anordnung und -zahl	Bohrung und Hub (mm)	Arbeitsweise	Steuerung	Ventile/Zylinder	Verdichtung	Kühlung	Leistung (kW/PS bei 1/min)	Gänge	Hinterradantrieb	Rahmen	Vorderradfederung	Hinterradfederung	Vorderradbremse	Hinterradbremse	Vorderreifen	Hinterreifen	Gewicht incl. Kraftstoff und Öl (kg)	Tankinhalt (l)	Beschleun. 1 Pers. (0–100 km/h sec)	Höchstgeschwindigkeit, 1 Pers. (km/h)	Preis incl. MWSt (Mark)
Hercules	K 125 Military	124	S 1	54×54	2-Takt	SL	–	9	L	9/12,5 7000	5	K	SDR	T	S	TB	TB	3.25-18	3.50-18	130	15	18,7	100	7150
Honda	NX 250	249	S 1	70×64,8	4-Takt	DOHC	4	11	W	13/17 7000	6	K	SER	T	S	SB	TB	100/90-19	120/90-16	133	9	14,7	118	6910
	NX 250	249	S 1	70×64,8	4-Takt	DOHC	4	11	W	19/26 8500	6	K	SER	T	S	SB	TB	100/90-19	120/90-16	133	9	10,5	128	6910
	XL 600 V Transalp	583	52°V 2	75×66	4-Takt	OHC	3	9,2	W	20/27 6000	5	K	SDR	T	S	SB	TB	90/90-21	130/80-17	205	18	5,8	163	10090
	XL 600 V Transalp	583	52°V 2	75×66	4-Takt	OHC	3	9,2	W	37/50 8000	5	K	SDR	T	S	SB	TB	90/90-21	130/80-17	205	18	5,5	167	10090
	NX 650 Dominator	644	S 1	100×82	4-Takt	OHC	4	8,3	L	20/27 5500	5	K	SER	T	S	SB	TB	90/90-21	130/80-17	178	13	10,6	128	9120
	NX 650 Dominator	644	S 1	100×82	4-Takt	OHC	4	8,3	L	32/44 6000	5	K	SER	T	S	SB	TB	90/90-21	130/80-17	178	13	6,5	153	9120
	XRV 650 Africa Twin	647	52°V 2	79×66	4-Takt	OHC	3	9,4	W	37/50 7000	5	K	SDR	T	S	SB	TB	90/90-21	130/90-17	220	25	5,4	168	11750
	CB 450 S	447	R 2	75×50,6	4-Takt	OHC	3	9,1	L	32/44 9000	6	K	SDR	T	S	DSB	TB	100/90-18	110/90-18	185	18	10,6	141	6645
	CB 450 S	447	R 2	75×50,6	4-Takt	OHC	3	9,3	L	20/27 6000	6	K	SDR	T	S	DSB	TB	100/90-18	110/90-18	185	18	7	163	6645
	XBR 500	498	S 1	92×75	4-Takt	OHC	4	8,9	L	32/44 7000	5	K	SER	T	S	SB	SB	100/90-18	110/90-18	182	20	9,4	145	6850
	XBR 500	498	S 1	92×75	4-Takt	DOHC	4	8,9	L	37/50 9000	5	K	SER	T	S	SB	SB	100/90-18	110/90-18	182	20	6,2	171	6850
	CBR 600 F	598	R 4	63×48	4-Takt	DOHC	4	11	W	68/93 11000	6	K	SER	T	S	DSB	SB	110/80-17	130/80-17	209	16,5	5,9	187	11750
	CBR 600 F	598	R 4	63×48	4-Takt	DOHC	4	11,3	W	20/27 5500	6	K	SER	T	S	DSB	SB	110/80-17	130/80-17	209	16,5	3,9	227	11750
	VT 600 C	583	52°V 2	75×66	4-Takt	OHC	3	9,2	L	30/41 6500	4	K	SDR	T	S	SB	TB	100/90-19	170/80-15	212	9	10,3	129	9600
	VT 600 C	583	52°V 2	75×66	4-Takt	OHC	3	9,2	L	20/27 6500	4	K	SDR	T	S	SB	TB	100/90-19	170/80-15	212	9	7,4	143	9600
	NTV 650	647	52°V 2	79×66	4-Takt	OHC	3	9,2	W	37/50 7500	5	W	SKR	T	ES	SB	SB	110/80-17	150/70-17	208	19	–	–	9830
	NTV 650	647	52°V 2	79×66	4-Takt	OHC	3	9,2	W	44/60 7500	5	W	SKR	T	ES	SB	SB	110/80-17	150/70-17	208	19	6,5	177	9830
	NTV 650	647	52°V 2	79×66	4-Takt	OHC	3	9,2	W	74/100 10500	5	W	SKR	T	ES	SB	SB	110/80-17	150/70-17	208	19	–	–	9830
	VFR 750 F	748	90°V 4	70×48,6	4-Takt	DOHC	4	10,5	W	74/100 11000	6	K	LKR	T	S	DSB	SB	120/70-17	140/80-17	222	20	3,6	233	14550
	VFR 750 R	748	90°V 4	70×48,6	4-Takt	DOHC	4	11	W	74/100 9000	6	K	LKR	T	S	DSB	SB	110/80-17	170/60-18	210	18	4,9	234	27770
	CBR 1000 F	998	R 4	77×53,6	4-Takt	DOHC	4	10,5	W	49/67 5500	6	K	SDR	T	S	DSB	SB	110/80-17	140/80-17	262	21	3,9	237	15770
	VT 1100 C	1099	45°V 2	87,5×91,4	4-Takt	OHC	3	8,5	L	74/100 5200	4	W	SDR	T	S	SB	TB	110/90-19	170/80-15	265	13	6	163	14450
	GL 1500/6 Gold Wing	1520	180°6	71×64	4-Takt	OHC	2	9,8	W	–	5+R	W	SDR	T	S	SB	SB	130/70-18	160/80-16	387	23	4,9	184	22800
Husqvarna	125 WRK	125	S 1	56×50,6	2-Takt	MB/VA	–	15,5	W	7/10 8500	6	K	SER	T	S	SB	SB	90/90-21	120/90-18	91	8	–	95	7598
	250 WRK	249	S 1	70×64,8	2-Takt	MB/VA	–	13,5	W	13/17 5500	6	K	SDR	T	S	SB	SB	90/90-21	140/80-18	101	8,5	–	110	7998
	260 WRK	260	S 1	71,5×64,8	2-Takt	MB/VA	–	13,5	W	13/17 5500	6	K	SDR	T	S	SB	SB	90/90-21	140/80-18	101	8,5	–	110	7998
	400 WR	395	S 1	82,5×74	2-Takt	MB	–	12,5	W	13/17 5500	6	K	SER	T	S	SB	SB	90/90-21	140/80-18	110	10,5	–	110	8298
	510 TE	503	S 1	91,5×76,5	4-Takt	OHC	4	12	W	39/53 8750	6	K	SER	T	S	SB	SB	90/90-21	140/90-18	131	9	–	160	10995

Hersteller	Typ	Hubraum (cm³)	Zyl.-Anordnung und -zahl	Bohrung und Hub (mm)	Arbeitsweise	Steuerung	Ventile/Zylinder	Verdichtung	Kühlung	Leistung (kW/PS bei 1/min)	Gänge	Hinterradantrieb	Rahmen	Vorderradfederung	Hinterradfederung	Vorderradbremse	Hinterradbremse	Vorderreifen	Hinterreifen	Gewicht incl. Kraftstoff und Öl (kg)	Tankinhalt (l)	Beschleun., 1 Pers. (0–100 km/h sec)	Höchstgeschwindigkeit, 1 Pers. (km/h)	Preis incl. MWSt (Mark)
Jawa	350 TS	343	R 2	58×65	2-Takt	SL	–	10,2	L	20/27 5500	4	K	SDR	T	S	TB/SB	TB	3,25-18	3.50-18	166	17	10,5	125	3195–3750
	350 TS-Gespann	343	R 2	58×65	2-Takt	SL	–	10,2	L	20/27 5500	4	K	SDR	T	S	TB/SB	TB	3,25-18	3.50-18	223	17	–	100	5340–6195
Kawasaki	KMX 200	192	S 1	67×54,4	2-Takt	MB/VA	–	8	W	13/17 8500	6	K	SER	T	S	SB	SB	3.00-21	4.60-17	120	9	13,1	109	4990
	KMX 200	192	S 1	67×54,4	2-Takt	MB/VA	–	8	W	20/27 9000	6	K	SER	T	S	SB	SB	3.00-21	4.60-17	120	9	–	135	4990
	KLR 250	249	S 1	74×58	4-Takt	DOHC	4	11	W	13/17 9000	6	K	SER	T	S	SB	SB	3.00-21	4.60-17	134	11	8,8	133	5890
	KLR 250	249	S 1	74×58	4-Takt	DOHC	4	11	W	20/27 9000	6	K	SER	T	S	SB	TB	3.00-21	4.60-17	134	11	–	143	5890
	KLR 600 E	564	S 1	96×78	4-Takt	DOHC	4	9,6	W	31/42 7000	5	K	SER	T	S	SB	TB	90/90-21	130/80-17	163	11,5	9,4	122	7390
	KLR 600 E	564	S 1	96×78	4-Takt	DOHC	4	9,6	W	20/27 5000	5	K	SER	T	S	SB	TB	90/90-21	130/80-17	163	11,5	6,5	151	7390
	Tengai	652	S 1	100×83	4-Takt	DOHC	4	9,5	W	30/41 7000	5	K	SER	T	S	SB	TB	90/90-21	130/80-17	190	23	–	130	8290
	Tengai	652	S 1	100×83	4-Takt	DOHC	4	9,5	W	20/27 11 800	6	K	SDR	T	S	SB	TB	90/90-21	130/80-17	190	23	6	156	8290
	EL 250	249	R 2	62×41,2	4-Takt	DOHC	4	12,4	W	24/33 12 500	6	K	SDR	T	S	SB	TB	100/90-17	140/90-15	159	11	10,6	131	5590
	EL 250	249	R 2	62×41,2	4-Takt	DOHC	4	12,4	W	13/17 7500	6	K	SDR	T	S	SB	TB	100/90-17	140/90-15	159	11	8,2	139	5590
	GPZ 305 Belt Drive	306	R 2	61×52,4	4-Takt	OHC	4	9,7	L	20/27 10 000	6	ZR	SDR	T	S	DSB	TB	90/90-18	110/80-18	164	16,5	–	125	5690
	GPZ 305 Belt Drive	306	R 2	61×52,4	4-Takt	OHC	4	9,7	L	25/34 10 000	6	ZR	SDR	T	S	SB	TB	90/90-18	110/80-18	164	16,5	8,8	140	5690
	GPZ 305 Belt Drive	306	R 2	61×52,4	4-Takt	OHC	4	9,7	L	20/27 8500	6	ZR	SDR	T	S	DSB	TB	90/90-18	110/80-18	164	16,5	–	152	5690
	Z 450 LTD	454	R 2	72,5×55	4-Takt	DOHC	2	10,7	W	37/50 9500	6	ZR	SDR	T	S	DSB	TB	100/90-19	140/90-15	199	11	8	132	7390
	Z 450 LTD	454	R 2	72,5×55	4-Takt	DOHC	2	10,7	W	20/27 8500	6	ZR	SDR	T	S	SB	TB	100/90-19	140/90-15	199	11	–	162	7390
	GPZ 500 S	499	R 2	74×58	4-Takt	DOHC	4	10,8	W	37/50 9300	6	K	SDR	T	S	DSB	SB	100/90-18	120/90-16	196	18	10,7	154	8090
	GPZ 500 S	499	R 2	74×58	4-Takt	DOHC	4	10,8	W	44/60 9800	6	K	SDR	T	S	DSB	SB	100/90-18	120/90-16	196	18	5,6	187	8090
	GPZ 500 S	499	R 2	74×58	4-Takt	DOHC	4	10,8	W	37/50 8500	6	K	SDR	T	S	DSB	SB	100/90-18	120/90-16	196	18	5	195	8090
	GPZ 550	553	R 4	58×52,4	4-Takt	DOHC	2	10	W	48/65 10 500	6	K	SDR	T	S	DSB	SB	100/90-18	120/80-18	209	18	4,6	176	7940
	GPZ 550	553	R 4	58×52,4	4-Takt	DOHC	2	10	W	20/27 7300	6	K	SDR	T	S	DSB	SB	100/90-18	120/80-18	209	18	–	196	7940
	Z 550 GT	553	R 4	58×52,4	4-Takt	DOHC	2	9,5	W	37/50 8500	6	W	SDR	T	S	SB	TB	100/90-19	120/90-18	221	22	6,2	132	7840
	Z 550 GT	553	R 4	58×52,4	4-Takt	DOHC	2	11	W	20/27 8500	6	W	SDR	T	S	SB	TB	100/90-19	120/90-18	221	22	5	177	7840
	GPZ 600 R	592	R 4	60×52,4	4-Takt	DOHC	4	11,7	W	60/82 10 500	6	K	SDR	T	S	DSB	SB	110/80-16	130/90-16	214	18	4,3	214	10 590
	GPX 600 R	592	R 4	60×52,4	4-Takt	DOHC	4	11,7	W	20/27 8500	6	K	SDR	T	S	DSB	SB	110/80-16	130/90-16	206	19,5	–	159	10 590
	GPX 600 R	592	R 4	60×52,4	4-Takt	DOHC	4	11,7	W	37/50 10 500	6	K	SDR	T	S	DSB	SB	110/80-16	130/90-16	206	19,5	–	183	10 590
	GPX 600 R	592	R 4	60×52,4	4-Takt	DOHC	4	11	W	63/85 11 000	6	K	SDR	T	S	DSB	SB	110/80-16	130/90-16	206	19,5	4,1	226	10 590
	ZL 600	592	R 4	60×52,4	4-Takt	DOHC	2	11	W	20/27 9200	6	W	SDR	T	S	SB	TB	100/90-19	150/80-15	209	12	–	136	9990
	ZL 600	592	R 4	60×52,4	4-Takt	DOHC	2	11	W	37/50 10 000	6	W	SDR	T	S	SB	TB	100/90-19	150/80-15	209	12	–	170	9990
	ZL 600	592	R 4	60×52,4	4-Takt	DOHC	2	11	W	54/74 10 500	6	W	SDR	T	S	SB	TB	100/90-19	150/80-15	209	12	4,6	192	9990
	Z 750 GT	739	R 4	66×54	4-Takt	DOHC	2	9,5	L	36/49 7750	5	W	SDR	T	S	DSB	TB	100/90-18	120/90-18	243	24,5	–	160	9190

1989

Hersteller	Typ	Hubraum (cm³)	Zyl.-Anordnung und -zahl	Bohrung und Hub (mm)	Arbeitsweise	Steuerung	Ventile/Zylinder	Verdichtung	Kühlung	Leistung (kW/PS bei 1/min)	Gänge	Hinterradantrieb	Rahmen	Vorderradfederung	Hinterradfederung	Vorderradbremse	Hinterradbremse	Vorderreifen	Hinterreifen	Gewicht incl. Kraftstoff und Öl (kg)	Tankinhalt (l)	Beschleun. 1 Pers. (0–100 km/h sec)	Höchstgeschwindigkeit 1 Pers. (km/h)	Preis incl. MWSt (Mark)
	Z 750 GT	739	R 4	66×54	4-Takt	DOHC	2	9,5	L	57/78 9500	5	W	SDR	T	S	DSB	SB	100/90-19	120/90-18	243	24,5	4,6	198	9190
	ZXR 750	749	R 4	71×47,3	4-Takt	DOHC	4	10,8	W	74/100 10500	6	K	LKR	T	S	DSB	SB	120/70-17	180/55-17	231	18	4,2	231	15790
	GPX 750 R	748	R 4	68×51,5	4-Takt	DOHC	4	11,2	W	74/100 10500	6	K	SDR	T	S	DSB	SB	110/90-16	140/70-18	223	21	3,7	230	12640
	VN 750 Twin	749	55° V 2	84,9×66,2	4-Takt	DOHC	4	10,3	W	37/50 7500	5	W	SDR	T	S	DSB	TB	100/90-19	150/90-15	244	13,5	7,1	162	10690
	VN 750 Twin	749	55° V 2	84,9×66,2	4-Takt	DOHC	4	10,3	W	48/65 7500	5	W	SDR	T	S	DSB	TB	100/90-19	150/90-15	244	13,5	–	185	10690
	GPZ 900 R	908	R 4	72,5×55	4-Takt	DOHC	4	11	W	74/100 9500	6	K	SDR	T	S	DSB	SB	120/80-18	130/80-18	257	22	3,6	240	12790
	ZX-10	997	R 4	74×58	4-Takt	DOHC	4	11	W	74/100 10800	6	K	LKR	T	S	DSB	SB	120/70-17	160/60-18	261	22	3,5	231	14790
	Z 1000 GTR	997	R 4	74×58	4-Takt	DOHC	4	10,2	W	74/100 9000	6	W	SDR	T	S	DSB	SB	110/80-18	150/80-16	296	28,5	3,9	194	16040
	ZL 1000	997	R 4	74×58	4-Takt	DOHC	4	10,2	W	74/100 9000	6	W	SDR	T	S	DSB	SB	100/90-19	160/80-15	271	18,5	4,1	206	13690
	Z 1300 DFI	1285	R 6	62×71	4-Takt	DOHC	2	9,3	W	74/100 7750	5	W	SDR	T	S	DSB	SB	100/90-17	130/90-17	324	27	4,1	208	16090
	VN-15	1470	50° V 2	102×90	4-Takt	OHC	4	9	W	20/27 3300	4	W	SDR	T	S	SB	SB	100/90-19	150/90-15	284	16	13,6	122	13760
	VN-15	1470	50° V 2	102×90	4-Takt	OHC	4	9	W	37/50 4000	4	W	SDR	T	S	SB	SB	100/90-19	150/90-15	284	16	–	155	13760
	VN-15	1470	50° V 2	102×90	4-Takt	OHC	4	9	W	52/70 4500	4	W	SDR	T	S	SB	SB	100/90-19	150/90-15	284	16	5,2	179	13760
	VN-15 SE	1470	50° V 2	102×90	4-Takt	OHC	4	9	W	20/27 3300	4	W	SDR	T	S	SB	SB	100/90-19	150/90-15	281	12	–	120	14011
	VN-15 SE	1470	50° V 2	102×90	4-Takt	OHC	4	9	W	37/50 4000	4	W	SDR	T	S	SB	SB	100/90-19	150/90-15	281	12	–	155	14011
	VN-15 SE	1470	50° V 2	102×90	4-Takt	OHC	4	9	W	52/70 4500	4	W	SDR	T	S	SB	SB	100/90-19	150/90-15	281	12	5,3	173	14011
KTM	Enduro 125 VC	124	S 1	54×54	2-Takt	MB/VA	–	14	W	8/11 7500	6	K	SER	T	S	SB	SB	3.00-21	120/90-18	113	8	–	105	7120
	Enduro 250 VC	247	S 1	67,5×69	2-Takt	MB/VA	–	16	W	12/16 6230	5	K	SER	T	S	SB	SB	3.00-21	4.50-18	124	9/12	–	110	8490
	Enduro 350	344	S 1	75×78	2-Takt	MB/VA	–	16	W	12/16 5975	5	K	SER	T	S	SB	SB	3.00-21	4.50-18	125	9/12	–	110	8790
	Enduro 600 LC 4	553	S 1	95×78	4-Takt	OHC	4	9,5	W	20/27 6000	5	K	SER	T	S	SB	SB	3.00-21	4.50-18	134	8,7	–	115	9690
	Enduro 600 LC 4	553	S 1	95×78	4-Takt	OHC	4	10	W	36/49 7000	5	K	SER	T	S	SB	SB	3.00-21	4.50-18	134	8,7	5,5	162	9690
	Incas 600 LC 4	553	S 1	95×78	4-Takt	OHC	4	9,5	W	20/27 6000	5	K	SER	T	S	SB	SB	90/90-21	120/80-18	140	16	–	115	10190
	Incas 600 LC 4	553	S 1	95×78	4-Takt	OHC	4	9,5	W	33/45 7000	5	K	SER	T	S	SB	SB	90/90-21	120/80-18	140	16	–	150	10190
	Enduro 600 Rallye	553	S 1	95×78	4-Takt	OHC	4	9,5	W	20/27 6000	5	K	SER	T	S	SB	SB	3.00-21	4.50-18	148	16	–	115	10990
	Enduro 600 Rallye	553	S 1	95×78	4-Takt	OHC	4	10	W	36/49 7000	5	K	SER	T	S	SB	SB	3.00-21	4.50-18	148	16	–	162	10990
Laverda	OR 600 Atlas	571	R 2	76×63	4-Takt	DOHC	4	9	L	37/50 7500	6	K	SDR	T	S	SB	SB	90/90-21	5.10-17	206	25	7,2	159	10370
	600 SFC	571	R 2	76×63	4-Takt	DOHC	4	10,4	L	37/50 8000	6	K	SGR	T	S	SB	SB	110/90-18	150/70-18	160	18	5	185	14000
	1000 SFC	996	R 3	75,6×74	4-Takt	DOHC	2	10	L	70/95 8000	5	K	SDR	T	S	DSB	SB	100/90-18	130/90-18	253	22	4,1	221	16970

1989

Hersteller	Typ	Hubraum (cm³)	Zyl.-Anordnung und -zahl	Bohrung und Hub (mm)	Arbeitsweise	Steuerung	Ventile/Zylinder	Verdichtung	Kühlung	Leistung (kW/PS bei 1/min)	Gänge	Hinterradantrieb	Rahmen	Vorderradfederung	Hinterradfederung	Vorderradbremse	Hinterradbremse	Vorderreifen	Hinterreifen	Gewicht incl. Kraftstoff und Öl (kg)	Tankinhalt (l)	Beschleun. 1 Pers. (0–100 km/h sec)	Höchstgeschwindigkeit 1 Pers. (km/h)	Preis incl. MWSt (Mark)
Maico	Enduro 250	247	S 1	67×70	2-Takt	MB/VA	–	15,5	W	13/17 5500	5	K	SER	T	S	SB	SB	3.00-21	4.10-18	105	10	–	100	8980
	Enduro 320	317	S 1	76×70	2-Takt	MB/VA	–	14,1	W	13/17 5400	5	K	SER	T	S	SB	SB	3.00-21	4.10-18	105	10	–	100	9470
	Enduro 500	488	S 1	86,5×83	2-Takt	MB/VA	–	13,5	W	13/17 5600	5	K	SER	T	S	SB	SB	3.00-21	4.60-18	109	10	–	100	9890
Malaguti	125 YLC	123	S 1	56×50	2-Takt	MB	–	7,2	W	13/17 7250	6	K	SER	T	S	TB	TB	3.00-21	4.60-17	110	11,5	7,4	125	3990
Matchless	G 80 K/E	494	S 1	89×79,4	4-Takt	OHC	4	9,2	L	25/34 7300	5	K	SER	T	S	SB/DSB	TB	100/90-19	110/90-18	172	15	10	135	8990/9490
Morini	350 X3 Kanguro	344	72° V 2	62×57	4-Takt	OHV	2	11	L	20/27 7800	6	K	SDR	T	S	SB	SB	3.00-21	4.00-18	166	22	10	123	8369
	501 Coguaro	507	72° V 2	71×64	4-Takt	OHV	2	11,5	L	30/41 7700	6	K	SDR	T	S	SB	SB	3.00-21	4.00-18	203	22	8,5	140	8035
	3 ½ S Klassik	344	72° V 2	62×57	4-Takt	OHV	2	11	L	20/27 7800	6	K	SDR	T	S	TB	SB	100/90-18	110/90-18	160	14	9	150	9698
	350 Excalibur	344	72° V 2	62×57	4-Takt	OHV	2	11	L	20/27 7800	6	K	SDR	T	S	SB	SB	100/90-18	130/90-18	181	17	9,3	145	8995
	Dart 350	344	72° V 2	62×57	4-Takt	OHV	2	11	L	25/34 8000	6	K	SDR	T	S	SB	SB	110/80-18	130/70-17	169	12	7,4	159	9990
	500 Sei-V Klassik	478	72° V 2	69×64	4-Takt	OHV	2	11,2	L	31/42 7500	6	K	SKR	T	S	DSB	SB	100/90-18	120/90-18	180	16	12,2	155	10 250
	501 Excalibur	507	72° V 2	71×64	4-Takt	OHV	2	11,5	L	30/41 8500	6	K	SDR	T	S	DSB	SB	100/90-18	130/90-16	193	17	7	149	10 850
	501 New York	507	72° V 2	71×64	4-Takt	OHV	2	11,5	L	31/42 7800	6	K	SDR	T	S	SB	SB	90/90-19	130/90-16	177	16	6,5	147	9990
Moto Guzzi	NTX 750/C	744	90° V 2	80×74	4-Takt	OHV	2	9,7	L	37/50 6400	5	W	SDR	T	S	SB	SB	3.00-21	4.00-18	202	33	–	170	10 900
	650 GT	643	90° V 2	80×64	4-Takt	OHV	2	10	L	37/50 6900	5	W	SDR	T	S	DSB	SB	100/90-18	110/90-18	199	17	6,5	144	8990
	Targa 750	744	90° V 2	80×74	4-Takt	OHV	2	9,7	L	37/50 6400	5	W	SDR	T	S	DSB	SB	110/90-18	120/90-18	180	18	6	182	10 000
	Mille GT	948	90° V 2	88×78	4-Takt	OHV	2	9,2	L	37/50 6000	5	W	SDR	T	S	DSB	SB	110/90-18	120/90-18	246	22,5	7	156	11 990
	Mille GT	948	90° V 2	88×78	4-Takt	OHV	2	9,2	L	49/67 6700	5	W	SDR	T	S	DSB	SB	110/90-18	120/90-18	246	22,5	5,6	171	11 990
	V 1000 Le Mans V	948	90° V 2	88×78	4-Takt	OHV	2	9,8	L	60/81 7400	5	W	SDR	T	S	DSB	SB	110/90-18	120/90-18	247	24	4,8	214	14 650
	V 1000 SP III	948	90° V 2	88×78	4-Takt	OHV	2	9,5	L	52/71 6800	5	W	SDR	T	S	DSB	SB	100/90-18	120/90-18	268	22,5	5,5	185	16 800
	V 1000 California III	948	90° V 2	88×78	4-Takt	OHV	2	9,2	L	49/67 6500	5	W	SDR	T	S	DSB	SB	110/90-18	120/90-18	290	26	6,5	164	14 490
	V 1000 Calif. III Injection	948	90° V 2	88×78	4-Takt	OHV	2	9,2	L	49/67 6700	5	W	SDR	T	S	DSB	SB	110/90-18	120/90-18	290	26	–	165	19 300
MZ	ETZ 150	143	S 1	56×58	2-Takt	SL	–	10	L	7/10 6000	5	K	PSR	T	S	SB	TB	2.75-18	3.25-16	125	13	–	95	1680
	ETZ 251	243	S 1	69×65	2-Takt	SL	–	10	L	13/17 5000	5	K	PSR	T	S	SB	TB	2.75-18	110/80-16	146	17	–	113	3180
	ETZ 251	243	S 1	69×65	2-Takt	SL	–	10	L	15/21 5500	5	K	PSR	T	S	SB	TB	2.75-18	110/80-16	146	17	10,9	129	3180
	ETZ 251-Gespann	243	S 1	69×65	2-Takt	SL	–	10	L	15/21 5500	5	K	PSR	T	S	SB	TB	2.75-18	3.50-16	228	17	–	101	5490

1989

Hersteller	Typ	Hubraum (cm³)	Zyl.-Anordnung und -zahl	Bohrung und Hub (mm)	Arbeitsweise	Steuerung	Ventile/Zylinder	Verdichtung	Kühlung	Leistung (kW/PS bei 1/min)	Gänge	Hinterradantrieb	Rahmen	Vorderradfederung	Hinterradfederung	Vorderradbremse	Hinterradbremse	Vorderreifen	Hinterreifen	Gewicht incl. Kraftstoff und Öl (kg)	Tankinhalt (l)	Beschleun. 1 Pers. (0-100 km/h sec)	Höchstgeschwindigkeit 1 Pers. (km/h)	Preis incl. MWSt (Mark)
Norton	Commander	588	2S-Wankel	–	4-Takt	–	–	–	W	63/85 9000	5	K	PSR	T	S	DSB	SB	100/90-18	110/90-18	262	23	5	192	25 900
Suzuki	TS 250 X	249	S 1	70×64.8	2-Takt	MB/VA	–	9	W	20/27 7300	5	K	SER	T	S	SB	TB	3.00-21	130/80-17	123	12	9.1	121	5770
	DR 600 S	590	S 1	94×85	4-Takt	OHC	4	7.4	L	20/27 6200	5	K	SER	T	S	SB	TB	90/90-21	130/80-17	160	20	–	131	7250
	DR 600 S	590	S 1	94×85	4-Takt	OHC	4	9.5	L	33/45 6800	5	K	SER	T	S	SB	TB	90/90-21	130/80-17	160	20	–	156	7250
	DR 600 R Dakar	590	S 1	94×85	4-Takt	OHC	4	9.5	L	20/27 6200	5	K	SER	T	S	SB	TB	90/90-21	130/80-17	161	20	–	131	7790
	DR 600 R Dakar	590	S 1	94×85	4-Takt	OHC	4	9.5	L	33/45 6800	5	K	SER	T	S	SB	TB	90/90-21	130/80-17	161	20	–	156	7790
	DR Big 750 S	727	S 1	105×84	4-Takt	OHC	4	9.5	L	37/50 6800	5	K	SER	T	S	SB	TB	90/90-21	130/80-17	210	29	11.8	120	9290
	DR Big 750 S	727	S 1	105×84	4-Takt	OHC	4	9.5	L	37/50 6800	5	K	SER	T	S	SB	TB	90/90-21	130/80-17	210	29	5.8	153	9290
	GN 250 E	249	S 1	72×61.2	4-Takt	OHC	4	9	L	13/17 7800	5	K	SER	T	S	SB	TB	3.00-18	120/90-16	140	10	11.9	122	4330
	RGV 250 Gamma	249	90° V 2	56×50.6	2-Takt	MB/VA	–	7.5	W	43/58 11000	6	K	LKR	T	S	DSB	SB	110/70-17	140/60-18	159	17	5.3	194	9590
	GS 500 E	487	R 2	74×56.6	4-Takt	DOHC	2	9	L	20/27 8000	6	K	SDR	T	S	SB	TB	110/70-17	130/70-17	187	17	10.5	142	6850
	GS 500 E	487	R 2	74×56.6	4-Takt	DOHC	2	9	L	34/46 9200	6	K	SDR	T	S	SB	TB	110/70-17	130/70-17	187	17	6.1	173	6850
	RG 500 Gamma	498	Square Four	56×50.6	2-Takt	DS/VA	–	7	W	70/95 9500	6	K	LDR	T	S	DSB	SB	110/70-17	120/90-17	181	22	4	228	12184
	GSX 600 F	599	R 4	62.6×48.7	4-Takt	DOHC	4	11.3	L	20/27 8200	6	K	SDR	T	S	DSB	SB	110/80-17	140/80-17	223	20	–	150	10290
	GSX 600 F	599	R 4	62.6×48.7	4-Takt	DOHC	4	11.3	L	37/50 10000	6	K	SDR	T	S	DSB	SB	110/80-17	140/80-17	223	20	–	180	10290
	GSX 600 F	599	R 4	62.6×48.7	4-Takt	DOHC	4	11.3	L	63/86 11000	6	K	SDR	T	S	DSB	SB	110/80-17	140/80-17	223	20	4.4	215	10290
	GR 650	652	R 2	77×70	4-Takt	OHC	2	8.7	L	37/50 7200	5	K	SDR	T	S	SB	TB	100/90-19	130/90-16	200	12	6.4	161	6790
	LS 650 Savage	652	S 1	94×94	4-Takt	OHC	4	8.5	L	20/27 5200	4	ZR	SER	T	S	SB	TB	100/90-19	140/80-15	171	11	9.3	127	7590
	GSX 750 F	748	R 4	73×44.7	4-Takt	DOHC	4	10.9	L	74/100 10200	6	K	SDR	T	S	DSB	SB	110/80-17	150/70-17	231	20	3.6	227	12280
	GSX-R 750	748	R 4	73×44.7	4-Takt	DOHC	4	10.9	L	74/100 10200	6	K	LDR	T	S	DSB	SB	120/70-17	160/60-17	228	21	3.7	230	13810
	GSX-R 750 R	749	R 4	70×48.7	4-Takt	DOHC	4	10.9	L	74/100 10200	6	K	LDR	T	S	DSB	SB	130/60-17	170/60-17	224	19	3.8	230	23990
	VS 750 Intruder	748	45° V 2	80×74.4	4-Takt	OHC	4	10	W	37/50 7500	5	W	SDR	T	S	SB	SB	100/90-19	140/90-15	215	12	5.5	165	10840
	GSX 1100 F	1127	R 4	78×59	4-Takt	DOHC	4	10	L	74/100 8000	5	K	SDR	T	S	DSB	SB	120/80-16	150/80-16	273	21	4	233	14850
	GSX-R 1100	1127	R 4	78×59	4-Takt	DOHC	4	10	L	74/100 8500	5	K	LDR	T	S	DSB	SB	120/70-17	160/60-17	243	21	3.4	235	16590
	VS 1400 Intruder	1360	45° V 2	94×98	4-Takt	OHC	3	9.3	L	50/68 4800	4	W	SDR	T	S	SB	TB	110/90-19	170/80-15	260	13	5.2	167	14699
Xingfu	250 A	249	S 1	65×75	2-Takt	SL	–	7	L	7/10 4500	5	K	SER	T	S	TB	TB	3.25-16	3.25-16	135	14	–	110	2600
Yamaha	XT 250	249	S 1	75×56.5	4-Takt	OHC	2	9.2	L	13/17 7500	5	K	SER	T	S	TB	TB	3.00-21	4.60-17	125	8	12.3	112	4680
	XT 350	346	S 1	86×59.6	4-Takt	DOHC	4	9	L	13/17 7000	6	K	SER	T	S	SB	SB	3.00-21	110/80-18	150	12	–	116	6480
	XT 350	346	S 1	86×59.6	4-Takt	DOHC	4	9	L	20/27 8000	6	K	SER	T	S	SB	SB	3.00-21	110/80-18	150	12	8.5	135	6480
	XT 500/S	499	S 1	87×84	4-Takt	OHC	2	9	L	20/27 5900	5	K	SER	T	S	TB	TB	3.25-21	4.00-18	155	12	8.5	132	6640

Hersteller	Typ	Hubraum (cm³)	Zyl.-Anordnung und -zahl	Bohrung und Hub (mm)	Arbeitsweise	Steuerung	Ventile/Zylinder	Verdichtung	Kühlung	Leistung (kW/PS bei 1/min)	Gänge	Hinterradantrieb	Rahmen	Vorderradfederung	Hinterradfederung	Vorderradbremse	Hinterradbremse	Vorderreifen	Hinterreifen	Gewicht incl. Kraftstoff und Öl (kg)	Tankinhalt (l)	Beschleun. 1 Pers. (0-100 km/h sec)	Höchstgeschwindig- keit, 1 Pers. (km/h)	Preis incl. MWSt (Mark)
	XT 600	595	S 1	95×84	4-Takt	OHC	4	8,5	L	20/27 6000	5	K	SER	T	S	SB	TB	3.00-21	4.60-18	148	11	8,6	136	7885
	XT 600	595	S 1	95×84	4-Takt	OHC	4	8,5	L	32/44 6500	5	K	SER	T	S	SB	TB	3.00-21	4.60-18	154	11	5,8	146	7885
	XT 600 Z Ténéré	595	S 1	95×84	4-Takt	OHC	4	8,5	L	20/27 6500	5	K	SER	T	S	SB	SB	3.00-21	4.60-18	186	23	–	135	8985
	XT 600 Z Ténéré	595	S 1	95×84	4-Takt	OHC	4	8,5	L	34/46 6500	5	K	SER	T	S	SB	SB	3.00-21	4.60-18	186	23	7,3	148	8985
	XTZ 750 Super Ténéré	749	R 2	87×63	4-Takt	DOHC	5	9,5	W	51/69 7500	6	K	SDR	T	S	DSB	SB	90/90-21	140/80-17	232	26	4,7	181	12 380
	TDR 250	250	R 2	56,4×50	2-Takt	MB/PV	–	5,9	W	37/50 10000	6	K	SDR	T	S	SB	SB	100/90-18	120/90-17	153	14	6,4	161	8180
	TZR 250	250	R 2	56,4×50	2-Takt	MB/PV	–	5,9	W	37/50 10000	6	K	SDR	T	S	SB	SB	100/80-17	120/80-17	150	16	5,5	190	9180
	XV 250	249	60° V 2	49×66	4-Takt	OHC	2	10	L	13/17 7000	5	K	SDR	T	S	DSB	SB	3.00-18	130/90-15	154	9,5	22,4	111	5780
	XV 250	249	60° V 2	49×66	4-Takt	OHC	2	10	L	16/22 8000	5	K	SDR	T	S	DSB	SB	90/90-18	130/90-15	154	9,5	12,1	121	5780
	RD 350 N/F	347	R 2	64×54	4-Takt	MB/PV	–	6	W	20/27 6500	6	K	SDR	T	S	DSB	SB	90/90-18	110/80-18	162	17	–	142	7180-8480
	RD 350 N/F	347	R 2	64×54	4-Takt	MB/PV	–	6	W	37/50 9000	6	K	SDR	T	S	SB	SB	90/90-18	110/80-18	162	17	4,9	187	7180-8480
	XS 400 DOHC	399	R 2	69×53,4	4-Takt	DOHC	2	9,7	L	20/27 8000	6	K	PSR	T	S	SB	SB	3.00-18	4.00-18	187	18	9,4	143	5980
	SR 500 S/T	499	S 1	87×84	4-Takt	OHC	2	9	L	20/27 6200	5	K	SER	T	S	SB/TB	TB	3.50-18	4.00-18	167	14	9,3	134	5880-5880
	XV 535	535	70° V 2	76×59	4-Takt	OHC	2	9	L	20/27 6000	5	K	PSR	T	S	SB	SB	3.00-19	140/90-15	220	13,5	11,1	128	7230
	SRX 6	608	S 1	96×84	4-Takt	OHC	4	8,5	L	31/42 6500	5	K	SDR	T	S	DSB	SB	100/80-18	120/80-18	172	15	8,8	150	7295
	SRX 6	608	S 1	96×84	4-Takt	OHC	4	8,5	L	37/50 9250	5	K	SDR	T	S	DSB	SB	100/80-18	120/80-18	172	15	6,2	170	7295
	XJ 600	599	R 4	58.5×55,7	4-Takt	DOHC	2	10	L	53/72 10000	6	K	SDR	T	S	DSB	SB	90/90-18	110/90-18	212	20	5	177	8595
	XJ 600	599	R 4	58.5×55,7	4-Takt	DOHC	2	10	L	20/27 8000	6	K	SDR	T	S	DSB	SB	110/70-17	130/70-17	212	20	4,6	198	8595
	FZR 600	599	R 4	59×54,8	4-Takt	DOHC	4	12	W	37/50 8000	6	K	SKR	T	S	DSB	SB	110/70-17	130/70-17	208	18	12,4	139	12 250
	FZR 600	599	R 4	59×54,8	4-Takt	DOHC	4	12	W	67/91 10500	6	K	SKR	T	S	DSB	SB	110/70-17	130/70-17	208	18	–	180	12 250
	FZR 600	599	R 4	59×54,8	4-Takt	DOHC	4	12	W	74/100 10500	6	K	SDR	T	S	DSB	SB	120/70-17	140/70-17	232	21	4	229	12 250
	FZ 750	749	R 4	68×51,6	4-Takt	DOHC	5	11,2	W	74/100 11 250	6	K	LKR	T	S	DSB	SB	120/70-17	170/60-17	215	20	3,8	233	12 170
	FZR 750 R	749	R 4	72×46	4-Takt	DOHC	5	11,4	W	69/94 9500	6	K	LKR	T	S	DSB	SB	110/70-16	140/90-15	225	13	4,6	234	35 900
	FZX 750	749	R 4	68×51,6	4-Takt	DOHC	5	11,2	W	72/98 9500	6	K	SDR	T	S	DSB	SB	100/90-18	120/90-18	242	22	3,5	216	11 325
	XJ 900 F	891	R 4	68,5×60,5	4-Takt	DOHC	2	9,6	L	74/100 9500	5	W	SDR	T	S	DSB	SB	130/60-17	170/60-17	236	19	4,3	221	11 810
	FZR 1000	1002	R 4	75,5×56	4-Takt	DOHC	5	12	W	46/62 6000	5	W	LKR	T	S	DSB	SB	100/90-19	140/90-15	243	17	3,6	234	17 310
	XV 1100	1063	75° V 2	95×75	4-Takt	OHC	2	8,3	L	74/100 8500	5	W	PSR	T	S	DSB	SB	120/80-16	150/80-16	259	24	5,3	168	12 870
	FJ 1200	1188	R 4	77×63,8	4-Takt	DOHC	4	9,7	L	71/97 7000	5	K	SDR	T	S	DSB	SB	120/80-16	150/80-16	259	24	3,5	231	15 280
	XVZ 13 T	1293	70° V 4	79×66	4-Takt	DOHC	4	10,5	W	16/22 4500	4	W	SDR	T	S	DSB	SB	120/90-18	140/90-16	348	20	4,7	196	21 380
Yangtze	750 Standard A-Gespann	745	180° 2	78×78	4-Takt	SV	2	5,7	L	16/22 4500	4	W	TB	T	S	TB	TB	3.75-19	3.75-19	350	23	–	90	8700
	750 Standard B-Gespann	745	180° 2	78×78	4-Takt	SV	2	5,7	L	16/22 4500	4R	W	SDR	T	S	TB	TB	3.75-19	3.75-19	350	23	–	90	9100

Hersteller	Typ	Hubraum (cm³)	Zyl.-Anordnung und -zahl	Bohrung und Hub (mm)	Arbeitsweise	Steuerung	Ventile/Zylinder	Verdichtung	Kühlung	Leistung (kW/PS bei 1/min)	Gänge	Hinterradantrieb	Rahmen	Vorderradfederung	Hinterradfederung	Vorderradbremse	Hinterradbremse	Vorderreifen	Hinterreifen	Gewicht incl. Kraftstoff und Öl (kg)	Tankinhalt (l)	Beschleun. 1 Pers. (0–100 km/h sec)	Höchstgeschwindig-keit, 1 Pers. (km/h)	Preis incl. MWSt (Mark)
Importe aus der UdSSR	750 Spezial A-Gespann	745	180° 2	78 × 78	4-Takt	SV	2	5,7	L	18/24 4500	4	W	SDR	T	S	TB	TB	3.75-19	3.75-19	350	23	–	90	9100
	750 Spezial B-Gespann	745	180° 2	78 × 78	4-Takt	SV	2	5,7	L	18/24 4500	4+R	W	SDR	T	S	TB	TB	3.75-19	3.75-19	350	23	–	90	9500
	Dnepr MT 11-Gespann*	650	180° 2	78 × 68	4-Takt	OHV	2	8,5	L	28/38 5900	4+R	W	SDR	T	S	TB	TB	3.75-19	3.75-19	350	19	–	125	9700
	Dnepr MT 16-Gespann*	650	180° 2	78 × 68	4-Takt	OHV	2	8,5	L	28/38 5900	4+R	W	SDR	T	S	TB	TB	3.75-19	3.75-19	365	19	–	125	10 950
	Ural M 67-6	650	180° 2	78 × 68	4-Takt	OHV	2	7	L	28/38 5700	4	W	SDR	T	S	TB	TB	3.75-19	4.00-18	210	17	–	130	6900
Zulassungsfähige Sondermodelle																								
AMC z.B.:	Suzuki GSX 1100	1135	R 4	74 × 66	4-Takt	DOHC	4	9,7	L	74/100 8100	5	K	SGR	T	S	DSB	SB	130/80-18	170/60-18	231	20	–	245	bis 30 000 (komplett) 25 000
AME z.B.:	SB 400 Street Bike	901	R 4	64,5 × 69	4-Takt	DOHC	4	8,8	L	70/95 9000	5	K	SDR	T	S	DSB	TB	3.00-21	6.10-16	250	13	4,4	185	bis 32 000 (komplett) 20 851
	ST 800 Soft-Tail	1337	45° V 2	88,8 × 108	4-Takt	OHV	2	8,5	L	47/64 5200	5	K/ZR	SDR	T	GF	DSB	SB	3.25-19	6.10-16	255	13	7	165	27 877
	HT 900 Hard-Tail	1337	45° V 2	88,8 × 108	4-Takt	OHV	2	8,5	L	47/64 5200	5	K/ZR	SDR	T	FN	DSB	SB	3.25-19	6.10-16	255	13	7	165	31 877
Bakker z.B.:	BK 900 R	908	R 4	72,5 × 55	4-Takt	DOHC	4	11	W	74/100 9500	6	K	LDR	T	S	DSB	SB	120/80-16	150/70-18	235	20	4	250	bis 28 000 (komplett) 21 490
	BK 1000 RX	997	R 4	74 × 58	4-Takt	DOHC	4	10,2	W	74/100 9200	6	K	LKR	T	S	DSB	SB	130/70-16	160/70-16	229	21	3,5	229	26 790
Bimota (Ducati)	DB 1	748	90° V 2	88 × 61,5	4-Takt	DES	2	9,3	L	52/70 8000	5	K	SGR	T	S	DSB	SB	130/60-16	160/60-16	179	22	5,1	205	23 900
(Ducati)	DB 1 SR	748	90° V 2	88 × 61,5	4-Takt	DES	2	10,3	L	59/80 9000	5	K	SGR	T	S	DSB	SB	130/60-16	160/60-16	179	22	4,5	230	28 900
(Yamaha)	YB 4 E.I.	749	R 4	68 × 51,6	4-Takt	DOHC	5	11,2	W	88/120 10 250	6	K	LKR	T	S	DSB	SB	130/60-17	180/60-17	200	22	3,7	245	39 960
(Yamaha)	YB 5	1188	R 4	77 × 63,8	4-Takt	DOHC	4	9,7	W	96/130 8700	5	K	SGR	T	S	DSB	SB	120/60-18	160/60-18	231	22	3,5	243	32 250
(Yamaha)	YB 6	989	R 4	75 × 56	4-Takt	DOHC	5	11,2	W	103/140 9500	5	K	LKR	T	S	DSB	SB	130/60-17	180/60-17	210	22	3,3	260	34 980
Egli (BMW)	K 100	987	R 4	67 × 70	4-Takt	DOHC	2	11,4	W	76/103 9000	5	W	SZR	T	S	DSB	SB	120/70-17	170/60-18	220	24	4,2	235	28 000
(Suzuki)	Red Lightning	1074	R 4	72 × 66	4-Takt	DOHC	4	9,5	L	74/100 8700	5	K	SZR	T	S	DSB	SB	120/80-16	150/80-16	225	20	–	230	28 000
	Red Liberator-Gespann	1074	R 4	72 × 66	4-Takt	DOHC	4	9,5	L	74/100 8700	5	K	SDR	T	S	DSB	SB	120/90-16	130/90-17	355	21	–	180	28 000
(Yamaha)	Red Rat Vmax-Gespann	1197	70° V 4	76 × 66	4-Takt	DOHC	4	10,5	W	107/145 9000	5	W	SDR	T	S	DSB	SB	120/90-16	175/70-15	364	34	–	200	35 000

* mit SW-Rad-Antrieb

Hersteller	Typ	Hubraum (cm³)	Zyl.-Anordnung und -zahl	Bohrung und Hub (mm)	Arbeitsweise	Steuerung	Ventile/Zylinder	Verdichtung	Kühlung	Leistung (kW/PS bei 1/min)	Gänge	Hinterradantrieb	Rahmen	Vorderradfederung	Hinterradfederung	Vorderradbremse	Hinterradbremse	Vorderreifen	Hinterreifen	Gewicht incl. Kraftstoff und Öl (kg)	Tankinhalt (l)	Beschleun. 1 Pers. (0–100 km/h sec)	Höchstgeschwindigkeit 1 Pers. (km/h)	Preis incl. MWSt (Mark)
Fallert (BMW)	R 80–1000	979	180° 2	94×70,6	4-Takt	OHV	2	10,5	L	48/65 7000	5	W	SDR	T	S	SB	TB	100/90-18	120/90-18	216	24	4,9	195	13050
	R 80–1000	979	180° 2	94×70,6	4-Takt	OHV	2	11	L	55/75 7250	5	W	SDR	T	S	SB	TB	100/90-18	130/80-18	224	24	–	200	14650
	R 80 G/S–1000	979	180° 2	94×70,6	4-Takt	OHV	2	10,5	L	48/65 7000	5	W	SDR	T	S	SB	TB	90/90-21	130/80-18	218	22	–	195	13200
	R 100 G/S–1000	979	180° 2	94×70,6	4-Takt	OHV	2	11	L	55/75 7250	5	W	SDR	T	S	SB	TB	110/80-18	140/80-18	218	22	–	200	17340
	R 100 GS–1000	979	180° 2	94×70,6	4-Takt	OHV	2	11	L	55/75 7250	5	W	SDR	T	S	SB	TB	110/80-18	140/80-18	225	22	4,6	197	22500
Fischer (Honda)	GF 750 H	747	R 4	67×53	4-Takt	DOHC	4	9,3	L	67/91 9500	6	K	SZR	T	S	DSB	SB	16/18"	170/60-18	214	20	–	220	20000
(Kawasaki)	GF 900 K	908	R 4	72,5×55	4-Takt	DOHC	4	11	W	74/100 9500	6	K	SZR	T	S	DSB	SB	16/18"	170/60-18	235	20	–	230	20000
	GF 1100 K	1089	R 4	72,5×66	4-Takt	DOHC	2	9,5	L	74/100 8750	5	K	SZR	T	S	DSB	SB	16/18"	170/60-18	235	20	–	240	20000
(Laverda)	GF 500 L	496	R 2	72×61	4-Takt	DOHC	4	9,2	L	33/45 8200	6	K	SZR	T	S	DSB	SB	16/18"	150/70-18	175	20	–	190	16000
(Moto Guzzi)	GF 1000 G	948	90° V 2	88×78	4-Takt	OHV	2	9,8	L	60/81 7400	5	K	SZR	T	S	DSB	SB	16/18"	170/60-18	225	20	–	220	18000
(Suzuki)	GF 750 S	749	R 4	70×48,7	4-Takt	DOHC	4	9,8	W	74/100 11000	6	K	SZR	T	S	DSB	SB	16/18"	170/60-18	205	20	–	230	22000
	GF 1100 S	1052	R 4	76×58	4-Takt	OHV	2	10	L	74/100 8700	5	K	SZR	T	S	DSB	SB	16/18"	170/60-18	215	20	–	230	23000
(Yamaha)	GF 750 Y	749	R 4	68×51,6	4-Takt	DOHC	5	11,2	W	74/100 10500	6	K	SZR	T	S	DSB	SB	16/18"	170/60-18	220	20	–	235	20000
Hauenstein			Fahrgestelle für R 4-Motoren von Honda, Kawasaki und Suzuki																					bis 32000 (komplett)
z.B.:	Kawasaki GPZ 900 R	908	R 4	72,5×55	4-Takt	DOHC	4	11	W	85/115 9500	6	K	SGR	T	S	DSB	SB	120/80-16	160/60-18	219	25	–	232	32000
Jung			Fahrgestelle für R 4-Motoren von BMW, Honda, Kawasaki und Suzuki																					bis 20000 (komplett)
z.B.:	Kawasaki GPZ 900 R	908	R 4	72,5×55	4-Takt	DOHC	4	11	W	74/100 9500	6	K	SZR	T	S	DSB	SB	120/80-16	150/70-18	223	22	3,6	245	19500
	Suzuki GSX 750	747	R 4	67×53	4-Takt	DOHC	4	9,6	W	66/90 9500	6	K	SZR	T	S	DSB	SB	120/80-18	150/70-18	215	20	–	210	15900
Krauser (BMW)	MKM 1000	979	180° 2	94×70,6	4-Takt	OHV	2	9,5	L	52/70 7000	5	W	SGR	T	S	DSB	SB	3.50-19	130/80-18	222	21	5	193	23295
	MKM 1000/4	979	180° 2	94×70,6	4-Takt	OHV	4	10,2	L	60/82 7300	5	W	SGR	T	S	DSB	SB	3.50-19	130/80-18	217	21	4,7	207	24207
Magni (Moto Guzzi)	Classic	948	90° V 2	88×78	4-Takt	OHV	2	9,8	L	60/81 7400	5	W	SDR	T	PS	DSB	SB	100/90-18	130/80-18	220	19	–	200	18600
	Le Mans	1090	90° V 2	92×82	4-Takt	OHV	2	11,2	L	74/100 6800	5	W	SDR	T	PS	DSB	SB	110/90-18	130/80-18	236	19	4,5	225	20800
Martin			Fahrgestelle für R 4-Motoren von BMW, Honda, Kawasaki, Suzuki und Yamaha																					bis 24000 (komplett)
z.B.:	BMW K 100	987	R 4	67×70	4-Takt	DOHC	4	10,2	W	66/90 8000	5	W	SGR	T	S	DSB	SB	120/80-16	150/70-18	224	21	–	220	22000
	Kawasaki GPZ 900 R	908	R 4	72,5×55	4-Takt	DOHC	4	11	W	74/100 9500	6	K	SZR	T	S	DSB	SB	110/80-18	130/80-18	230	21	–	225	22000
	Suzuki GSX-R 1100	1052	R 4	76×58	4-Takt	DOHC	4	11	L	96/130 9500	5	K	SGR	T	S	DSB	SB	120/80-16	150/70-18	220	21	–	240	24000
	Yamaha FJ 1200	1188	R 4	77×63,8	4-Takt	DOHC	4	9,7	L	74/100 8500	5	K	SGR	T	S	DSB	SB	120/80-16	150/70-18	230	21	–	240	23500

1989

Hersteller	Typ	Hubraum (cm³)	Zyl.-Anordnung und -zahl	Bohrung und Hub (mm)	Arbeitsweise	Steuerung	Ventile/Zylinder	Verdichtung	Kühlung	Leistung (kW/PS bei 1/min)	Gänge	Hinterradantrieb	Rahmen	Vorderradfederung	Hinterradfederung	Vorderradbremse	Hinterradbremse	Vorderreifen	Hinterreifen	Gewicht incl. Kraftstoff und Öl (kg)	Tankinhalt (l)	Beschleun., 1 Pers. (0–100 km/h sec)	Höchstgeschwindigkeit, 1 Pers. (km/h)	Preis incl. MWSt (Mark)
Michel (BMW)	R 100 S	979	180° 2	94 × 70.6	4-Takt	OHV	2	10.5	L	62/84 7500	5	W	SDR	T	S	DSB	SB	100/90-18	130/90-18	237	22	4,6	222	20 000
Noki (Moto Guzzi)	Le Mans IV	948	90° V 2	88 × 78	4-Takt	OHV	2	9,8	L	60/81 7400	5	W	SDR	T	S	DSB	SB	130/70-16	180/60-18	220	24	–	220	30 000
PSS	Fahrgestelle für R 4-Motoren von Honda, Kawasaki, Suzuki und Yamaha																							bis 20 000 (komplett)
z.B.:	PSS-Kawasaki GPZ 900 R	908	R 4	72,5 × 55	4-Takt	DOHC	4	11	W	74/100 9500	6	K	SGR	T	S	DSB	SB	120/80-16	130/80-18	230	20	–	240	16 600
	PSS-Kawasaki GPZ 1000 RX	997	R 4	77 × 58	4-Takt	DOHC	4	10,2	W	74/100 9500	6	K	SGR	T	S	DSB	SB	120/80-16	150/80-16	230	20	–	240	17 500
	PSS-Honda CBR 1000 F	998	R 4	77 × 53,6	4-Takt	DOHC	4	10,5	W	74/100 9000	6	K	SGR	T	S	DSB	SB	110/80-17	150/70-17	230	20	–	240	19 980
	PSS-Suzuki GSX-R 750	749	R 4	70 × 48,7	4-Takt	DOHC	4	9,8	L	74/100 11000	6	K	SGR	T	S	DSB	SB	110/80-18	150/70-18	215	20	–	230	16 600
	PSS-Suzuki GSX-R 1100	1052	R 4	76 × 58	4-Takt	DOHC	4	10	L	74/100 8700	5	K	SZR	T	S	DSB	SB	110/80-18	150/70-18	220	20	–	235	19 980
	Rau-Honda CB 1100 R	1062	R 4	70 × 69	4-Takt	DOHC	4	10	L	74/100 9000	5	K	SZR	T	S	DSB	SB	100/90-19	130/80-18	218	26	3,7	235	15 600
	Rau-Suzuki GSX 1100	1074	R 4	72 × 66	4-Takt	DOHC	4	9,5	L	74/100 8700	5	K	SZR	T	S	DSB	SB	100/90-19	130/90-17	230	22	–	230	15 600
Schek (BMW)	R 80 G/S Paris-Dakar	1011	180° 2	95,5 × 70,6	4-Takt	OHV	2	9,4	L	48/65 6500	5	W	SDR	T	S	SB	TB	90/90-21	140/90-18	216	33,5	5	170	20 000
	R 80 G/S Road-Runner	1011	180° 2	95,5 × 70,6	4-Takt	OHV	2	9,4	L	48/65 6500	5	W	SDR	T	S	SB	TB	3.00-21	4.00-18	222	33,5	–	170	16 950
WiWo	Fun Bikes auf Cagiva-, Honda-, Kawasaki-, Suzuki- und Yamaha-Einzylinder- und Zweizylinderbasis																							bis 20 200 (komplett)
	BMW K 100 Superbike	987	R 4	67 × 70	4-Takt	DOHC	2	10,2	W	66/90 8000	5	W	SDR	T	S	DSB	SB	120/70-17	160/60-18	230	22	–	220	23 600
Wüdo (BMW)	R 100 G/S Elfenbein	979	180° 2	94 × 70,6	4-Takt	OHV	2	8,2	L	37/50 6500	5	W	SDR	T	S	SB	TB	3.00-21	130/80-17	215	19,5	5,9	170	22 000
	K 75 RS	740	R 3	67 × 70	4-Takt	DOHC	2	11	W	55/75 8500	5	W	SDR	T	S	DSB	TB	100/90-18	120/90-18	235	21	–	200	15 500

1989

1990

Hersteller	Typ	Hubraum (cm³)	Zyl.-Anordnung und -zahl	Bohrung und Hub (mm)	Arbeitsweise	Steuerung	Ventile/Zylinder	Verdichtung	Kühlung	Leistung (kW/PS bei 1/min)	Gänge	Hinterradantrieb	Rahmen	Vorderradfederung	Hinterradfederung	Vorderradbremse	Hinterradbremse	Vorderreifen	Hinterreifen	Gewicht incl. Kraftstoff und Öl (kg)	Tankinhalt (l)	Beschleun., 1 Pers. (0–100 km/h sec)	Höchstgeschwindigkeit 1 Pers. (km/h)	Preis incl. MWSt (Mark)
Aprilia	Pegaso 125	125	S 1	54×54,5	2-Takt	MB/VA	–	15	W	17/23 10250	6	K	SDR	T	S	SB	SB	100/90-19	120/80-17	140	11,5	–	125	7490
	Pegaso 600	562	S 1	94×81	4-Takt	OHC	4	9,4	L	33/45 7000	5	K	SDR	T	S	SB	SB	100/90-19	130/90-17	172	11,5	6,3	152	10930
	Tuareg 600 Wind	562	S 1	94×81	4-Takt	OHC	4	9,4	L	33/45 7000	5	K	SDR	T	S	DSB	SB	90/90-21	130/90-17	182	18	6,5	155	8150
	AF1 125 Sintesi Sport	125	S 1	54×54,5	2-Takt	MB/VA	–	15	W	20/27 10000	6	K	LKR	T	ES	SB	SB	100/80-17	130/70-17	133	20	9,1	161	8180
Benelli	BX 125 Enduro	123	S 1	56×50	2-Takt	MB	–	11,5	W	13/17 7000	6	K	SER	T	S	SB	TB	2.75-21	4.10-18	112	10	13,8	114	4960
	900 Sei	905	R 6	60×53,4	4-Takt	OHC	2	9,5	L	59/80 8300	5	K	SDR	T	S	DSB	SB	100/90-18	120/90-18	249	17	4,6	193	10500
Beta	TR 35/125	124	S 1	54×54	2-Takt	MB	–	13,3	L	7/10 6200	6	K	SER	T	S	SB	SB	2.75-21	4.00-18	82	3,8	–	78	6990
	ALP 240	239	S 1	72,8×57,5	2-Takt	MB	–	10	L	9/12 5800	6	K	SER	T	S	SB	SB	2.75-21	4.00-18	86	5,5	–	85	5990
	TR 35/260	251	S 1	76×57,5	2-Takt	MB	–	10,3	L	9/12 5400	6	K	SER	T	S	SB	SB	2.75-21	4.00-18	84	3,8	–	90	7690
BMW	R 65 GS	649	180° 2	82×61,5	4-Takt	OHV	2	8,4	L	20/27 5500	5	W	SDR	T	ES	SB	TB	3.00-21	4.00-18	198	19,5	9,4	146	9850
	R 80 GS	797	180° 2	84,8×70,6	4-Takt	OHV	2	8,2	L	37/50 6500	5	W	SDR	T	ES	SB	TB	90/90-21	130/80-17	225	26	6,1	150	11810
	R 100 GS	979	180° 2	94×70,6	4-Takt	OHV	2	8,5	L	44/60 6500	5	W	SDR	T	ES	SB	TB	90/90-21	130/80-17	225	26	5,1	164	13950
	R 100 GS Paris-Dakar	979	180° 2	94×70,6	4-Takt	OHV	2	8,5	L	44/60 6500	5	W	SDR	T	ES	SB	TB	90/90-21	130/80-17	250	35	5,5	162	15650
	R 65	649	180° 2	82×61,5	4-Takt	OHV	2	8,4	L	20/27 5500	5	W	SDR	T	ES	SB	TB	90/90-18	120/90-18	205	22	8,6	147	9850
	R 80	797	180° 2	84,8×70,6	4-Takt	OHV	2	8,2	L	37/50 6500	5	W	SDR	T	ES	SB	TB	90/90-18	120/90-18	210	22	6,3	177	11850
	R 80 RT	797	180° 2	84,8×70,6	4-Takt	OHV	2	8,2	L	37/50 6500	5	W	SDR	T	ES	SB	TB	90/90-18	120/90-18	243	22	6,5	163	14650
	R 100 RT	979	180° 2	94×70,6	4-Takt	OHV	2	8,4	L	44/60 6500	5	W	SDR	T	ES	DSB	SB	90/90-18	120/90-18	238	22	5,1	168	17200
	K 75	740	R 3	67×70	4-Takt	DOHC	2	11	W	55/75 8500	5	W	SDR	T	ES	DSB	SB	100/90-18	130/90-17	236	21	5,3	194	13350
	K 75 S	740	R 3	67×70	4-Takt	DOHC	2	11	W	55/75 8500	5	W	SDR	T	ES	DSB	SB	100/90-18	130/90-17	235	21	5,5	199	15850
	K 100 LT	987	R 4	67×70	4-Takt	DOHC	4	10,2	W	66/90 8000	5	W	SDR	T	ES	DSB	SB	100/90-18	130/90-17	273	22	4,1	215	19930
	K 100 RS	987	R 4	67×70	4-Takt	DOHC	4	11	W	74/100 8000	5	W	SDR	T	ES	DSB	SB	120/70-17	160/60-18	277	22	4,2	225	19950
	K 1	987	R 4	67×70	4-Takt	DOHC	4	11	W	74/100 8000	5	W	SDR	T	ES	DSB	SB	120/70-17	160/60-18	264	22	3,9	235	21000
Cagiva	125 Cruiser	125	S 1	56×50,6	2-Takt	MB/VA	–	13	W	20/27 9000	6	K	SER	T	S	SB	SB	2.75-21	4.60-17	130	14	–	130	6990
	Elefant 350	349	90° V 2	66×51	4-Takt	DES	2	10,3	L	28/38 8000	5	K	SDR	T	S	SB	SB	3.00-21	5.10-17	208	18	–	140	6990
	T4 500 E	451	S 1	94×65	4-Takt	OHC	4	9	L	28/38 7000	5	K	SER	T	S	SB	SB	3.00-21	5.10-17	160	12	6,8	141	8490
	Elefant 750	748	90° V 2	88×61,5	4-Takt	DES	2	9,3	L	45/61 8000	5	W	SDR	T	S	DSB	SB	90/90-21	130/80-17	213	19	5,8	166	13490
	Elefant 900 i.e.	904	90° V 2	92×68	4-Takt	DES	2	9,2	L	53/72 8000	5	K	SDR	T	S	DSB	SB	90/90-19	140/80-17	225	24	4,6	182	18220
	125 C 12 R Freccia	125	S 1	56×50,6	2-Takt	MB/VA	–	13	W	20/27 10500	7	K	SKR	T	S	SB	SB	100/80-16	130/70-17	143	16	9,8	155	7720

Hersteller	Typ	Hubraum (cm³)	Zyl.-Anordnung und -zahl	Bohrung und Hub (mm)	Arbeitsweise	Steuerung	Ventile/Zylinder	Verdichtung	Kühlung	Leistung (kW/PS bei 1/min)	Gänge	Hinterradantrieb	Rahmen	Vorderradfederung	Hinterradfederung	Vorderradbremse	Hinterradbremse	Vorderreifen	Hinterreifen	Gewicht incl. Kraftstoff und Öl (kg)	Tankinhalt (l)	Beschleun., 1 Pers. (0–100 km/h sec)	Höchstgeschwindigkeit, 1 Pers. (km/h)	Preis incl. MWSt (Mark)
Chang-Jiang	750 BG-Gespann	745	180° 2	78×78	4-Takt	OHV	2	7	L	20/27 5000	4	W	SDR	T	S	TB	TB	3.75-19	3.75-19	350	24	–	110	8900
	750 FY-Gespann	745	180° 2	78×78	4-Takt	OHV	2	7	L	20/27 5000	4+R	W	SDR	T	S	TB	TB	3.75-19	3.75-19	370	24	–	110	9500
	750 J-1-Gespann	745	180° 2	78×78	4-Takt	OHV	2	7	L	20/27 5000	4+R	W	SDR	T	S	TB	TB	3.75-19	3.75-19	370	24	–	110	9500
Donghai	SM 750-Gespann	745	R 2	78×78	4-Takt	OHV	2	7	L	19/26 4500	4	K	SDR	T	S	TB	TB	4.00-17	4.00-17	400	25	–	119	9800
Ducati	350 F 3	349	90° V 2	66×51	4-Takt	DES	2	10	L	31/42 9700	5	K	SGR	T	S	DSB	SB	100/90-16	120/80-18	190	18	7,7	164	9990
	750 Paso	748	90° V 2	88×61.5	4-Takt	DES	2	10	L	54/73 7900	5	K	SGR	T	S	DSB	SB	130/60-16	160/60-16	222	22	4,7	201	13 990
	750 Sport	748	90° V 2	88×61.5	4-Takt	DES	2	10	L	53/72 8500	5	K	SGR	T	S	DSB	SB	130/60-16	160/60-16	198	16	4,4	207	14 990
	851 Strada	851	90° V 2	92×64	4-Takt	DES	4	11	W	77/105 9000	6	K	SGR	T	S	DSB	SB	120/70-17	180/55-17	215	20	3,8	228	24 990
	900 SS Super Sport	904	90° V 2	92×68	4-Takt	DES	2	9.2	L	54/73 7000	6	K	SGR	T	S	DSB	SB	120/70-17	170/60-17	198	17,5	4	213	17 500
	906 Paso	904	90° V 2	92×68	4-Takt	DES	2	9.2	W	65/88 8000	6	K	SGR	T	S	DSB	SB	130/60-16	160/60-16	237	22	4,1	214	15 990
Enfield India	350 Bullet	346	S 1	70×90	4-Takt	OHV	2	6.5	L	13/17 5620	4	K	SER	T	S	TB	TB	3.25-19	3.25-19	170	15	16	110	4990
	350 Bullet de Luxe	346	S 1	70×90	4-Takt	OHV	2	6.5	L	13/17 5620	4	K	SER	T	S	TB	TB	3.25-19	3.25-19	170	15	16	110	5090
	350 Bullet Superstar	346	S 1	70×90	4-Takt	OHV	2	6.5	L	13/17 5620	4	K	SER	T	S	TB	TB	3.25-19	3.50-19	170	15	16	120	5590
Fantic	Trial 241 Seven Days	211	S 1	69×56.5	2-Takt	SL	–	10,4	L	12/16 5000	6	K	SER	T	S	TB	SB	2.75-21	4.00-18	92	4	–	99	6400
	125 Sport HP 1	124	S 1	55,2×52	2-Takt	SL	–	12	W	13/17 8000	5	K	SER	T	S	DSB	SB	3.25-16	3.25-18	110	12,5	–	125	4235
Gilera	XRT 600	554	S 1	98×74	4-Takt	DOHC	4	9.5	W	20/27 6500	5	K	SER	T	S	SB	SB	90/90-21	130/80-17	190	20	–	129	8995
	XRT 600	554	S 1	98×74	4-Takt	DOHC	4	9.5	W	30/41 7250	5	K	SER	T	S	SB	SB	90/90-21	130/80-17	190	20	7,3	148	8995
	RC 600	554	S 1	98×74	4-Takt	DOHC	4	10.5	W	35/48 7250	5	K	SER	T	S	SB	SB	90/90-21	140/80-17	171	12	6,6	145	9950
	Saturno 500	492	S 1	92×74	4-Takt	DOHC	4	9.8	W	28/38 7000	5	K	SGR	T	S	DSB	SB	110/70-17	140/70-17	167	20	6,6	176	11 500
Harley-Davidson	XLH Sportster 883 Standard	883	45° V 2	76.2×96,8	4-Takt	OHV	2	9	L	18/24 4800	4	K	SDR	T	S	SB	SB	MJ 90-19	MT 90-16	222	8,5	–	133	12 190
	XLH Sportster 883 Standard	883	45° V 2	76.2×96,8	4-Takt	OHV	2	9	L	35/48 6000	4	K	SDR	T	S	SB	SB	MJ 90-19	MT 90-16	222	8,5	–	149	12 190
	XLH Sportster 883 De Luxe	883	45° V 2	76.2×96,8	4-Takt	OHV	2	9	L	18/24 4800	4	K	SDR	T	S	SB	SB	MJ 90-19	MT 90-16	222	8,5	–	133	13 170
	XLH Sportster 883 De Luxe	883	45° V 2	76.2×96,8	4-Takt	OHV	2	9	L	35/48 6000	4	K	SDR	T	S	SB	SB	MJ 90-19	MT 90-16	222	8,5	–	149	13 170
	XLH Sportster 883 Hugger	883	45° V 2	76.2×96,8	4-Takt	OHV	2	9	L	18/24 4800	4	K	SDR	T	S	SB	SB	MJ 90-19	MT 90-16	223	8,5	–	–	13 190
	XLH Sportster 883 Hugger	883	45° V 2	76.2×96,8	4-Takt	OHV	2	9	L	35/48 6000	4	K	SDR	T	S	SB	SB	MJ 90-19	MT 90-16	223	8,5	7,4	151	13 190
	XLH Sportster 1200	1198	45° V 2	88,8×96,8	4-Takt	OHV	2	9	L	37/50 5200	4	K	SDR	T	S	SB	SB	MJ 90-19	MT 90-16	222	8,5	–	–	15 640
	XLH Sportster 1200	1198	45° V 2	88,8×96,8	4-Takt	OHV	2	9	L	43/58 5200	4	K	SDR	T	S	SB	SB	MJ 90-19	MT 90-16	222	8,5	–	–	15 640

Hersteller	Typ	Hubraum (cm³)	Zyl.-Anordnung und -zahl	Bohrung und Hub (mm)	Arbeitsweise	Steuerung	Ventile/Zylinder	Verdichtung	Kühlung	Leistung (kW/PS bei 1/min)	Gänge	Hinterradantrieb	Rahmen	Vorderradfederung	Hinterradfederung	Vorderradbremse	Hinterradbremse	Vorderreifen	Hinterreifen	Gewicht incl. Kraftstoff und Öl (kg)	Tankinhalt (l)	Beschleun. 1 Pers. (0-100 km/h sec)	Höchstgeschwindigkeit, 1 Pers. (km/h)	Preis incl. MWSt (Mark)
	FXR 1340 Super Glide	1337	45° V 2	88,8 × 108	4-Takt	OHV	2	8,5	L	36/49 5000	5	ZR	SDR	T	S	SB	SB	MJ 90-19	MT 90-16	276	16	–	–	21 180
	FXRS 1340 Low Rider	1337	45° V 2	88,8 × 108	4-Takt	OHV	2	8,5	L	36/49 5000	5	ZR	SDR	T	S	SB	SB	MJ 90-19	MT 90-16	276	16	–	–	24 580
	FXRS 1340 SP Low Rid. Sp Ed	1337	45° V 2	88,8 × 108	4-Takt	OHV	2	8,5	L	36/49 5000	5	ZR	SDR	T	S	SB	SB	MJ 90-19	MT 90-16	278	16	–	–	23 990
	FXLR 1340 Low Rider Custom	1337	45° V 2	88,8 × 108	4-Takt	OHV	2	8,5	L	36/49 5000	5	ZR	SDR	T	S	DSB	SB	MH 90-21	MT 90-16	280	16	–	–	24 830
	Low Rider Convertible	1337	45° V 2	88,8 × 108	4-Takt	OHV	2	8,5	L	36/49 5000	5	ZR	SDR	T	S	DSB	SB	MM90-19	MT 90-16	277	16	7,7	144	24 780
	FXRT 1340 Sport Glide	1337	45° V 2	88,8 × 108	4-Takt	OHV	2	8,5	L	36/49 5000	5	ZR	SDR	T	S	SB	SB	MM 90-19	MT 90-16	310	16	–	–	25 310
	FXST 1340 Softail	1337	45° V 2	88,8 × 108	4-Takt	OHV	2	8,5	L	36/49 5000	5	ZR	SDR	T	S	SB	SB	MH 90-21	MT 90-16	290	20	–	–	24 770
	FXSTC 1340 Softail Custom	1337	45° V 2	88,8 × 108	4-Takt	OHV	2	8,5	L	36/49 5000	5	ZR	SDR	T	S	DSB	SB	MH 90-21	MT 90-16	298	20	–	–	25 990
	Springer Softail	1337	45° V 2	88,8 × 108	4-Takt	OHV	2	8,5	L	36/49 5000	5	ZR	SDR	S	S	SB	SB	MT 90-16	MT 90-16	292	16	–	–	27 190
	FLST 1340 Heritage Softail	1337	45° V 2	88,8 × 108	4-Takt	OHV	2	8,5	L	34/46 5000	5	ZR	SDR	T	S	SB	SB	MT90-16T	MT90-16T	298	13	–	–	25 650
	FLSTC 1340 Herit. Softail Clas.	1337	45° V 2	88,8 × 108	4-Takt	OHV	2	8,5	L	47/64 5000	5	ZR	SDR	T	S	DSB	SB	MT90-16T	MT90-16T	298	13	–	–	27 610
	Fat Boy	1337	45° V 2	88,8 × 108	4-Takt	OHV	2	8,5	L	34/46 5000	5	ZR	SDR	T	S	SB	SB	MT90-16T	MT90-16T	298	16	10,1	148	26 950
	FLHS 1340 Electra Glide Sport	1337	45° V 2	88,8 × 108	4-Takt	OHV	2	8,5	L	47/64 5000	5	ZR	SDR	T	S	DSB	SB	MT90-16T	MT90-16T	343	19	–	–	24 360
	FLHS 1340 Electra Glide Sport	1337	45° V 2	88,8 × 108	4-Takt	OHV	2	8,5	L	34/46 5000	5	ZR	SDR	T	S	DSB	SB	MT90-16T	MT90-16T	343	19	–	–	24 360
	FLHTC 1340 Electra Glide Clas.	1337	45° V 2	88,8 × 108	4-Takt	OHV	2	8,5	L	47/64 5000	5	ZR	SDR	T	S	DSB	SB	MT90-16T	MT90-16T	350	19	–	–	28 270
	FLHTC 1340 Electra Glide Clas.	1337	45° V 2	88,8 × 108	4-Takt	OHV	2	8,5	L	34/46 5000	5	ZR	SDR	T	S	DSB	SB	MT90-16T	MT90-16T	350	19	–	–	28 270
	Electra Glide Ultra Classic	1337	45° V 2	88,8 × 108	4-Takt	OHV	2	8,5	L	47/64 5000	5	ZR	SDR	T	S	DSB	SB	MT90-16T	MT90-16T	340	19	–	–	32 860
	Electra Glide Ultra Classic	1337	45° V 2	88,8 × 108	4-Takt	OHV	2	8,5	L	32/44 6000	5	ZR	SDR	T	S	DSB	SB	MT90-16T	MT90-16T	340	19	–	–	32 860
	FLTC 1340 Tour Glide Classic	1337	45° V 2	88,8 × 108	4-Takt	OHV	2	8,5	L	47/64 5000	5	ZR	SDR	T	S	DSB	SB	MT90-16T	MT90-16T	360	19	–	–	28 270
	FLTC 1340 Tour Glide Classic	1337	45° V 2	88,8 × 108	4-Takt	OHV	2	8,5	L	34/46 5000	5	ZR	SDR	T	S	DSB	SB	MT90-16T	MT90-16T	360	19	–	–	28 270
	Tour Glide Ultra Classic	1337	45° V 2	88,8 × 108	4-Takt	OHV	2	8,5	L	47/64 5000	5	ZR	SDR	T	S	DSB	SB	MT90-16T	MT90-16T	366	19	–	–	32 860
	Tour Glide Ultra Classic	1337	45° V 2	88,8 × 108	4-Takt	OHV	2	8,5	L	43/58 7500	5	ZR	SDR	T	S	DSB	SB	MT90-16T	MT90-16T	366	19	–	–	32 860
Hercules	K 125 Military	124	S 1	54 × 54	2-Takt	SL	–	9	L	9/12,5 7000	5	K	SDR	T	S	TB	TB	3,25-18	3,50-18	130	15	18,7	100	7150
Honda	NX 250	249	S 1	70 × 64,8	4-Takt	DOHC	4	11	W	13/17 7000	6	K	SER	T	S	SB	TB	100/90-19	120/90-16	133	9	14,7	118	7080
	NX 250	249	S 1	70 × 64,8	4-Takt	DOHC	4	11	W	19/26 8500	6	K	SER	T	S	SB	TB	100/90-19	120/90-16	133	9	10,2	128	7080
	XL 600 V Transalp	583	52° V 2	75 × 66	4-Takt	OHC	3	9,2	W	20/27 6000	5	K	SER	T	S	SB	SB	90/90-21	130/80-17	205	18	5,8	163	10 350
	XL 600 V Transalp	583	52° V 2	75 × 66	4-Takt	OHC	3	9,2	W	37/50 8000	5	K	SER	T	S	SB	SB	90/90-21	130/80-17	205	18	5,5	167	10 350
	NX 650 Dominator	644	S 1	100 × 82	4-Takt	OHC	4	8,3	L	20/27 5500	5	K	SER	T	S	SB	SB	90/90-21	130/80-17	178	13	10,6	128	9395
	NX 650 Dominator	644	S 1	100 × 82	4-Takt	OHC	4	8,3	L	32/44 6000	5	K	SER	T	S	SB	SB	90/90-21	130/80-17	178	13	6,5	153	9395
	XRV 750 Africa Twin	742	52° V 2	81 × 72	4-Takt	OHC	3	9	W	37/50 7000	5	K	SDR	T	S	DSB	SB	90/90-21	130/90-17	237	24	5,5	164	13 080
	XRV 750 Africa Twin	742	52° V 2	81 × 72	4-Takt	OHC	3	9	W	43/58 7500	5	K	SDR	T	S	DSB	SB	90/90-21	130/90-17	237	24	5,6	170	13 080

1990

Hersteller	Typ	Hubraum (cm³)	Zyl.-Anordnung und -zahl	Bohrung und Hub (mm)	Arbeitsweise	Steuerung	Ventile/Zylinder	Verdichtung	Kühlung	Leistung (kW/PS bei 1/min)	Gänge	Hinterradantrieb	Rahmen	Vorderradfederung	Hinterradfederung	Vorderradbremse	Hinterradbremse	Vorderreifen	Hinterreifen	Gewicht incl. Kraftstoff und Öl (kg)	Tankinhalt (l)	Beschleun. 1 Pers. (0–100 km/h sec)	Höchstgeschwindigkeit, 1 Pers. (km/h)	Preis incl. MWSt (Mark)
	CB 450 S	447	R 2	75×50,6	4-Takt	OHC	3	9,1	L	20/27 7000	6	K	SDR	T	S	DSB	TB	100/90-18	110/90-18	185	18	10,6	141	6810
	CB 450 S	447	R 2	75×50,6	4-Takt	OHC	3	9,3	L	32/44 9000	6	K	SDR	T	S	DSB	TB	100/90-18	110/90-18	185	18	7	163	6810
	XBR 500	498	S 1	92×75	4-Takt	OHC	4	8,9	L	20/27 6000	5	K	SER	T	S	SB	TB	100/90-18	110/90-18	182	20	9,4	145	6650–6910
	XBR 500	498	S 1	92×75	4-Takt	OHC	4	8,9	L	32/44 7000	5	K	SER	T	S	SB	TB	100/90-18	110/90-18	182	20	6,2	171	6650–6910
	CBR 600 F	598	R 4	63×48	4-Takt	DOHC	4	11	W	37/50 9000	6	K	SDR	T	S	DSB	TB	110/80-17	130/80-17	209	16,5	5,9	187	12 150
	CBR 600 F	598	R 4	63×48	4-Takt	DOHC	4	11,3	W	68/93 11 000	6	K	SDR	T	S	DSB	TB	110/80-17	130/80-17	209	16,5	3,9	227	12 150
	VT 600 C	583	52° V 2	75×66	4-Takt	OHC	3	9,2	W	30/41 6500	4	W	SKR	T	S	SB	TB	100/90-19	170/80-15	212	9	10,3	129	9930
	VT 600 C	583	52° V 2	75×66	4-Takt	OHC	3	9,2	W	30/41 6500	4	W	SKR	T	S	SB	TB	110/80-19	170/80-15	212	9	7,4	143	9930
	NTV 650	647	52° V 2	79×66	4-Takt	OHC	3	9,2	W	20/27 6500	5	W	SKR	T	ES	SB	TB	110/80-17	150/70-17	208	19	–	–	10 145
	NTV 650	647	52° V 2	79×66	4-Takt	OHC	3	9,2	W	37/50 7500	5	K	LKR	T	ES	DSB	TB	110/80-17	150/70-17	208	19	6,5	177	10 145
	NTV 650	647	52° V 2	79×66	4-Takt	OHC	3	9,2	W	44/60 7500	5	K	LKR	T	ES	DSB	TB	110/80-17	150/70-17	208	19	–	–	10 145
	VFR 750 F	748	90° V 4	70×48,6	4-Takt	DOHC	4	11	W	74/100 10 000	6	K	LKR	T	S	DSB	TB	120/70-17	170/60-17	244	19	3,8	233	15 570
	VFR 750 R	748	90° V 4	70×48,6	4-Takt	DOHC	4	11	W	74/100 11 000	6	K	SDR	T	S	DSB	TB	120/70-17	170/60-18	210	18	4,9	234	28 795
	CBR 1000 F	998	R 4	77×53,6	4-Takt	DOHC	4	10,5	W	74/100 9000	6	K	SDR	T	S	DSB	TB	120/70-17	170/60-17	254	21	3,9	235	16 495
	ST 1100 Pan European	1084	90° V 4	73×64,8	4-Takt	DOHC	4	10	W	74/100 7500	5	W	SDR	T	S	DSB	TB	110/80-18	160/70-17	312	28	4,1	212	20 910
	VT 1100 C	1099	45° V 2	87,5×91,4	4-Takt	OHC	3	8,5	W	49/67 5500	4	W	SDR	T	S	SB	TB	110/90-19	170/80-15	265	13	6	163	14 480
	GL 1500/6 Gold Wing	1520	180° 6	71×64	4-Takt	OHC	2	9,8	W	74/100 5200	5+R	W	SDR	T	S	DSB	TB	130/70-18	160/80-16	387	23	4,9	184	24 830
Husqvarna	125 WRK	125	S 1	56×50,6	2-Takt	MB/VA	–	15,5	W	7/10 8500	6	K	SER	T	S	SB	TB	90/90-21	120/90-18	91	8	–	95	7995
	250 WRK	249	S 1	70×64,8	2-Takt	MB/VA	4	13,5	W	13/17 5500	6	K	SER	T	S	SB	TB	90/90-21	140/80-18	101	8,5	–	110	8995
	260 WRK	260	S 1	71,5×64,8	2-Takt	MB/VA	–	13,5	W	13/17 5500	6	K	SER	T	S	SB	TB	90/90-21	140/80-18	101	8,5	–	110	8995
	400 WR	395	S 1	82,5×74	2-Takt	MB	–	12,5	W	13/17 5500	6	K	SER	T	S	SB	TB	90/90-21	140/80-18	110	10,5	–	110	6500
	350 TE	349	S 1	84×63	4-Takt	OHC	4	10,2	W	31/42 9200	5	K	SER	T	S	SB	TB	90/90-21	140/80-18	130	9	8,7	138	10 495
	510 TE	503	S 1	91,5×76,5	4-Takt	OHC	4	12	W	39/53 8750	6	K	SER	T	S	SB	TB	90/90-21	140/90-18	131	9	–	160	10 995
Jawa	350 TS	343	R 2	58×65	2-Takt	SL	–	10,2	L	20/27 5500	4	K	SDR	T	S	SB	TB	3.25-18	3.50-18	166	17	10,5	125	3690
	350 TS-Gespann	343	R 2	58×65	2-Takt	SL	–	10,2	L	20/27 5500	4	K	SDR	T	S	SB	TB	3.25-18	3.50-18	223	17	–	100	5680–5880
Kawasaki	KMX 200	192	S 1	67×54,4	2-Takt	MB/VA	–	8	W	13/17 8500	6	K	SER	T	S	SB	TB	3.00-21	4.60-17	120	9	13,1	109	5490
	KLR 250	249	S 1	74×58	4-Takt	DOHC	4	11	W	13/17 7800	6	K	SER	T	S	SB	TB	3.00-21	4.60-17	134	11	–	115	6060
	KLR 250	249	S 1	74×58	4-Takt	DOHC	4	11	W	17/23 9000	6	K	SER	T	S	SB	TB	3.00-21	4.60-17	134	11	–	135	6060
	KLR 600 E	564	S 1	96×78	4-Takt	DOHC	4	9,6	W	20/27 6000	5	K	SER	T	S	SB	TB	90/90-21	130/80-17	163	11,5	9,4	122	7440
	KLR 600 E	564	S 1	96×78	4-Takt	DOHC	4	9,6	W	31/42 7000	5	K	SER	T	S	SB	TB	90/90-21	130/80-17	163	11,5	6,5	151	7440

Hersteller	Typ	Hubraum (cm³)	Zyl.-Anordnung und -zahl	Bohrung und Hub (mm)	Arbeitsweise	Steuerung	Ventile/Zylinder	Verdichtung	Kühlung	Leistung (kW/PS bei 1/min)	Gänge	Hinterradantrieb	Rahmen	Vorderradfederung	Hinterradfederung	Vorderradbremse	Hinterradbremse	Vorderreifen	Hinterreifen	Gewicht incl. Kraftstoff und Öl (kg)	Tankinhalt (l)	Beschleun. 1 Pers. (0–100 km/h sec)	Höchstgeschwindigkeit 1 Pers. (km/h)	Preis incl. MWSt (Mark)
	Tengai	652	S 1	100×83	4-Takt	DOHC	4	9.5	W	20/27 5000	5	K	SER	T	S	SB	SB	90/90-21	130/80-17	190	23	–	130	8990
	Tengai	652	S 1	100×83	4-Takt	DOHC	4	9.5	W	30/41 7000	5	K	SER	T	S	SB	SB	90/90-21	130/80-17	190	23	6	156	8990
	EL 250	249	R 2	62×41.2	4-Takt	DOHC	4	12.4	W	20/27 11800	6	K	SDR	T	S	SB	TB	100/90-17	140/90-15	159	11	10.6	135	6070
	GPZ 305 Belt Drive	306	R 2	61×52.4	4-Takt	OHC	2	9.7	L	13/17 7500	6	ZR	SDR	T	S	DSB	TB	100/90-18	110/80-18	164	16.5	–	125	6060
	GPZ 305 Belt Drive	306	R 2	61×52.4	4-Takt	OHC	2	9.7	L	20/27 10000	6	ZR	SDR	T	S	DSB	TB	100/90-18	110/80-18	164	16.5	8.8	140	6060
	GPZ 305 Belt Drive	306	R 2	61×52.4	4-Takt	OHC	2	9.7	L	25/34 10000	6	ZR	SDR	T	S	DSB	TB	100/90-18	110/80-18	164	16.5	–	152	6060
	GPZ 500 S	499	R 2	74×58	4-Takt	DOHC	4	10.8	W	20/27 8500	6	K	SDR	T	S	DSB	TB	100/90-16	120/80-16	196	18	10.7	154	8290
	GPZ 500 S	499	R 2	74×58	4-Takt	DOHC	4	10.8	W	37/50 9300	6	K	SDR	T	S	DSB	TB	100/90-16	120/80-16	196	18	5.3	189	8290
	GPZ 500 S	499	R 2	74×58	4-Takt	DOHC	4	10.8	W	44/60 9800	6	K	SDR	T	S	DSB	TB	100/90-16	120/80-16	196	18	5	195	8290
	EN 500	499	R 2	74×58	4-Takt	DOHC	4	10.8	W	20/27 8000	6	K	SDR	T	S	DSB	TB	100/80-15	140/90-15	200	11	10.6	122	8990
	EN 500	499	R 2	74×58	4-Takt	DOHC	4	10.8	W	37/50 8500	6	K	SDR	T	S	DSB	TB	100/80-15	140/90-15	200	11	6.7	157	8990
	GPZ 550	553	R 4	58×52.4	4-Takt	DOHC	2	10	L	37/50 8500	6	K	SDR	T	S	DSB	TB	100/80-18	120/80-18	209	18	–	176	7940
	GPZ 550	553	R 4	58×52.4	4-Takt	DOHC	2	10	L	48/65 10500	6	K	SDR	T	S	DSB	TB	100/80-18	120/80-18	209	18	4.6	196	7940
	Z 550 GT	553	R 4	58×52.4	4-Takt	DOHC	2	9.5	L	20/27 7300	6	K	SDR	T	S	DSB	TB	100/90-18	120/90-18	221	22	6.2	132	8180
	Z 550 GT	553	R 4	58×52.4	4-Takt	DOHC	2	9.5	L	37/50 8500	6	K	SDR	T	S	DSB	TB	100/90-18	120/90-18	221	22	5	177	8180
	GPZ 600 R	592	R 4	60×52.4	4-Takt	DOHC	4	11	W	60/82 10500	6	K	SDR	T	S	DSB	SB	110/90-16	130/90-16	214	18	4.3	214	10590
	GPX 600 R	592	R 4	60×52.4	4-Takt	DOHC	4	11.7	W	20/27 8500	6	K	SDR	T	S	DSB	SB	110/80-16	130/80-16	206	19.5	–	159	10590
	GPX 600 R	592	R 4	60×52.4	4-Takt	DOHC	4	11.7	W	37/50 10500	6	K	SDR	T	S	DSB	SB	110/80-16	130/80-16	206	19.5	–	183	10590
	GPX 600 R	592	R 4	60×52.4	4-Takt	DOHC	4	11.7	W	63/85 11000	6	K	SDR	T	S	DSB	SB	110/80-16	130/80-16	206	19.5	4.1	226	10590
	ZZ-R 600	599	R 4	64×46.6	4-Takt	DOHC	4	11.5	W	72/98 11500	6	K	LDR	T	S	DSB	SB	120/60-17	160/60-17	222	18	3.7	230	12950
	ZXR 750	749	R 4	71×47.3	4-Takt	DOHC	4	10.8	W	74/100 10500	6	K	LKR	T	S	DSB	SB	120/70-17	180/55-17	231	18	4.2	231	15790
	GPX 750 R	748	R 4	68×51.5	4-Takt	DOHC	4	11.2	W	74/100 10500	6	K	SDR	T	S	DSB	SB	110/90-16	140/70-18	223	21	3.7	230	12640
	VN 750 Twin	749	55° V 2	84.9×66.2	4-Takt	DOHC	4	10.3	W	37/50 7500	5	W	SDR	T	S	DSB	SB	100/90-19	150/90-15	244	13.5	7.1	162	10690
	VN 750 Twin	749	55° V 2	84.9×66.2	4-Takt	DOHC	4	10.3	W	48/65 7500	5	W	SDR	T	S	DSB	SB	100/90-19	150/90-15	244	13.5	–	185	10690
	GPZ 900 R	908	R 4	72.5×55	4-Takt	DOHC	4	11	W	74/100 9500	6	W	SDR	T	S	DSB	SB	120/80-16	130/80-18	257	22	3.6	240	13900
	ZX-10	997	R 4	74×58	4-Takt	DOHC	4	11	W	74/100 8800	6	W	SDR	T	S	DSB	SB	120/70-17	160/60-18	261	22	3.5	231	15390
	1000 GTR	997	R 4	74×58	4-Takt	DOHC	4	10.2	W	68/92 9000	6	W	SDR	T	S	DSB	SB	110/80-18	150/80-16	307	28.5	4.2	195	16040
	ZZ-R 1100	1052	R 4	76×58	4-Takt	DOHC	4	11	W	74/100 9000	6	W	LKR	T	S	DSB	SB	120/70-17	170/60-17	264	20	3.7	244	17990
	VN-15 SE	1470	50° V 2	102×90	4-Takt	OHC	4	9	W	20/27 3300	4	W	SDR	T	S	SB	SB	120/90-17	150/90-15	281	12	–	120	15250
	VN-15 SE	1470	50° V 2	102×90	4-Takt	OHC	4	9	W	47/64 5000	4	W	SDR	T	S	SB	SB	100/90-19	150/90-15	281	12	5.6	178	15250
KTM	Enduro 125 VC	124	S 1	54×54	2-Takt	MB/VA	–	14	W	8/11 7500	6	K	SER	T	S	SB	SB	3.00-21	120/90-18	113	8	–	105	7390
	Enduro 250 TVC	249	S 1	67.5×69.5	2-Takt	MB/VA	–	6.7	W	13/17 7400	5	K	SER	T	S	SB	SB	90/90-21	140/80-18	103	9.5	–	–	8990

Hersteller	Typ	Hubraum (cm³)	Zyl.-Anordnung und -zahl	Bohrung und Hub (mm)	Arbeitsweise	Steuerung	Ventile/Zylinder	Verdichtung	Kühlung	Leistung (kW/PS bei 1/min)	Gänge	Hinterradantrieb	Rahmen	Vorderradfederung	Hinterradfederung	Vorderradbremse	Hinterradbremse	Vorderreifen	Hinterreifen	Gewicht incl. Kraftstoff und Öl (kg)	Tankinhalt (l)	Beschleun., 1 Pers. (0–100 km/h sec)	Höchstgeschwindigkeit, 1 Pers. (km/h)	Preis incl. MWSt (Mark)
Laverda	Enduro 300 TVC	297	S 1	72×73	2-Takt	MB/VA	–	6.7	W	13/17 6130	5	K	SER	T	S	SB	SB	3.00-21	140/80-18	103	12.5	–	–	9100
	Enduro 400	344	S 1	75×78	2-Takt	MB/VA	–	16	W	13/17 7200	5	K	SER	T	S	SB	SB	3.00-21	140/80-18	125	9/12	–	110	9100
	Enduro 600 LC 4	553	S 1	95×78	4-Takt	OHC	4	9.5	W	20/27 6000	5	K	SER	T	S	SB	SB	3.00-21	140/80-18	134	8.7	–	115	9890
	Enduro 600 LC 4	553	S 1	95×78	4-Takt	OHC	4	10	W	36/49 7000	5	K	SER	T	S	SB	SB	3.00-21	140/80-18	134	9/15	5.5	162	9890
	Incas 600 LC 4	553	S 1	95×78	4-Takt	OHC	4	9.5	W	20/27 6000	5	K	SER	T	S	SB	SB	90/90-21	120/80-18	140	16	–	115	9790
	Incas 600 LC 4	553	S 1	95×78	4-Takt	OHC	4	9.5	W	33/45 7000	5	K	SER	T	S	SB	SB	90/90-21	120/80-18	140	16	–	150	9790
Laverda	OR 600 Atlas	571	R 2	76×63	4-Takt	DOHC	4	9	L	37/50 7500	6	K	SDR	T	S	SB	SB	90/90-21	5.10-17	206	25	7.2	159	10370
	1000 SFC	996	R 3	75.6×74	4-Takt	DOHC	2	10	L	70/95 8000	5	K	SDR	T	S	DSB	SB	100/90-18	130/90-18	253	22	4.1	221	16970
Maico	Enduro 250	247	S 1	67×70	2-Takt	MB/VA	–	15.5	W	13/17 5500	5	K	SER	T	S	SB	SB	3.00-21	4.10-18	105	10	–	100	8000
	Enduro 320	317	S 1	76×70	2-Takt	MB/VA	–	14.1	W	13/17 5400	5	K	SER	T	S	SB	SB	3.00-21	4.10-18	105	10	–	100	8000
	Enduro 500	488	S 1	86.5×83	2-Takt	MB/VA	–	13.5	W	13/17 5600	5	K	SER	T	S	SB	SB	3.00-21	4.60-18	109	10	–	100	a.A.
Matchless	G 80 K/E	494	S 1	89×79.4	4-Takt	OHC	4	9.2	L	25/34 7300	5	K	SER	T	S	SB/DSB	TB	100/90-19	110/90-18	172	15	7.4	135	8990–9490
Morini	350 X 3 Kanguro	344	72°V 2	62×57	4-Takt	OHV	2	11	L	20/27 7800	6	K	SDR	T	S	SB	SB	3.00-21	4.00-18	166	22	10	123	5745
	501 Coguaro	507	72°V 2	71×64	4-Takt	OHV	2	11.5	L	30/41 7700	6	K	SDR	T	S	SB	SB	3.00-21	4.00-18	203	22	8.5	140	8035
	3 ½ S Klassik	344	72°V 2	62×57	4-Takt	OHV	2	11	L	20/27 7800	6	K	SDR	T	S	TB	SB	100/90-18	110/90-18	160	14	9	150	9698
	350 Excalibur	344	72°V 2	62×57	4-Takt	OHV	2	11	L	20/27 7800	6	K	SDR	T	S	SB	SB	100/90-18	130/90-18	181	17	9.3	145	8995
	Dart 400	396	72°V 2	66.5×57	4-Takt	OHV	2	11.2	L	20/27 8000	6	K	SKR	T	S	SB	TB	110/80-16	130/70-17	170	14	7.6	150	8849
	500 Sei-V Klassik	478	72°V 2	69×64	4-Takt	OHV	2	11.5	L	31/42 7500	6	K	SDR	T	S	DSB	SB	100/90-18	120/80-18	180	16	12.2	155	10250
	501 Excalibur	507	72°V 2	71×64	4-Takt	OHV	2	11.5	L	30/41 8500	6	K	SDR	T	S	SB	SB	100/90-18	130/90-18	193	17	7	149	10850
	501 New York	507	72°V 2	71×64	4-Takt	OHV	2	11.5	L	31/42 7800	6	K	SDR	T	S	SB	SB	90/90-19	130/90-16	177	16	6.5	147	8350
Moto Guzzi	Mille GT	948	90°V 2	88×78	4-Takt	OHV	2	9.2	L	37/50 6000	5	W	SDR	T	S	DSB	SB	110/90-18	120/90-18	246	22.5	7	156	12390
	Mille GT	948	90°V 2	88×78	4-Takt	OHV	2	9.2	L	49/67 6700	5	W	SDR	T	S	DSB	SB	110/90-18	120/90-18	246	22.5	5.6	171	12880
	V 1000 Le Mans V	948	90°V 2	88×78	4-Takt	OHV	2	9.8	L	60/81 7400	5	W	SDR	T	S	DSB	SB	100/90-18	120/90-18	247	24	4.8	214	14880
	1000 S	948	90°V 2	88×78	4-Takt	OHV	2	9.8	L	60/81 7400	5	W	SDR	T	S	DSB	SB	100/90-18	120/90-18	242	22.5	4.9	207	14478
	V 1000 SP III	948	90°V 2	88×78	4-Takt	OHV	2	9.5	L	52/71 6800	5	W	SDR	T	S	DSB	SB	100/90-18	120/90-18	268	22.5	5.5	185	16800
	V 1000 California III	948	90°V 2	88×78	4-Takt	OHV	2	9.2	L	49/67 6500	5	W	SDR	T	S	DSB	SB	110/90-18	120/90-18	290	26	6.5	164	14880

Hersteller	Typ	Hubraum (cm³)	Zyl.-Anordnung und -zahl	Bohrung und Hub (mm)	Arbeitsweise	Steuerung	Ventile/Zylinder	Verdichtung	Kühlung	Leistung (kW/PS bei 1/min)	Gänge	Hinterradantrieb	Rahmen	Vorderradfederung	Hinterradfederung	Vorderradbremse	Hinterradbremse	Vorderreifen	Hinterreifen	Gewicht incl. Kraftstoff und Öl (kg)	Tankinhalt (l)	Beschleun. 1 Pers. (0–100 km/h sec)	Höchstgeschwindigkeit, 1 Pers. (km/h)	Preis incl. MWSt (Mark)
MZ	ETZ 150	143	S 1	56×58	2-Takt	SL	–	10	L	7/10 6000	5	K	PSR	T	S	SB	TB	2.75-18	3.25-16	125	13	–	95	1680
	ETZ 251	243	S 1	69×65	2-Takt	SL	–	10	L	13/17 5000	5	K	PSR	T	S	SB	TB	2.75-18	110/80-16	146	17	–	113	3180
	ETZ 251	243	S 1	69×65	2-Takt	SL	–	10	L	15/21 5500	5	K	PSR	T	S	SB	TB	2.75-18	110/80-16	146	17	10,9	129	3180
	ETZ 251-Gespann	243	S 1	69×65	2-Takt	SL	–	10	L	15/21 5500	5	K	PSR	T	S	SB	TB	2.75-18	3.50-16	228	17	–	101	5490
Norton	Commander	588	2S-Wankel	–	4-Takt	–	–	9	W	63/85 9000	5	K	PSR	T	S	DSB	SB	100/90-18	110/90-18	262	23	5	192	25 900
	F 1	588	2S-Wankel	–	4-Takt	–	–	9	W	70/95 9500	5	K	LDR	T	S	DSB	SB	120/70-17	170/60-17	229	21	4,5	231	39 500
Suzuki	DR 350 S	349	S 1	79×71,2	4-Takt	OHC	4	9,5	L	20/27 7600	6	K	SER	T	S	SB	SB	80/100-21	110/90-18	141	9	8,8	126	6890
	DR 650 R Dakar	640	S 1	95×90,4	4-Takt	OHC	4	9,7	L	20/27 6400	5	K	SER	T	S	SB	SB	90/90-21	120/90-17	176	21	10,2	120	7990
	DR 650 R Dakar	640	S 1	95×90,4	4-Takt	OHC	4	9,7	L	33/45 6800	5	K	SER	T	S	SB	SB	90/90-21	120/90-17	176	21	6,3	151	7990
	DR 650 RS	640	S 1	95×90,4	4-Takt	OHC	4	9,7	L	20/27 5800	5	K	SER	T	S	SB	SB	90/90-21	120/90-17	184	20	–	130	8560
	DR 650 RS	640	S 1	95×90,4	4-Takt	OHC	4	9,7	L	34/46 6800	5	K	SER	T	S	SB	SB	90/90-21	120/90-17	184	20	6	156	8560
	DR Big 800 S	779	S 1	105×90	4-Takt	OHC	4	9,5	L	20/27 5800	5	K	SER	T	S	DSB	SB	90/90-21	130/80-17	222	24	–	125	9690
	DR Big 800 S	779	S 1	105×90	4-Takt	OHC	4	9,5	L	37/50 6600	5	K	SER	T	S	DSB	SB	90/90-21	130/80-17	222	24	5,8	163	9690
	GN 250 E	249	S 1	72×61,2	4-Takt	OHC	2	9	L	13/17 7800	5	K	SER	T	S	SB	SB	3.00-18	120/90-16	140	10	11,9	122	4570
	GS 500 E	487	R 2	74×56,6	4-Takt	DOHC	2	9	L	20/27 8000	6	K	SDR	T	S	SB	SB	110/70-17	130/70-17	187	17	10,5	142	6850
	GS 500 E	487	R 2	74×56,6	4-Takt	DOHC	4	9,2	L	34/46 9200	6	K	SDR	T	S	SB	SB	110/70-17	130/70-17	187	17	6,1	173	6850
	GSX-R 750	599	R 4	62,6×48,7	4-Takt	DOHC	4	11,3	L	20/27 8200	6	K	SDR	T	S	DSB	SB	110/80-17	140/80-17	223	20	–	150	10 630
	GSX 600 F	599	R 4	62,6×48,7	4-Takt	DOHC	4	11,3	L	37/50 10 000	6	K	SDR	T	S	DSB	SB	110/80-17	140/80-17	223	20	4,4	180	10 630
	GSX 600 F	599	R 4	62,6×48,7	4-Takt	DOHC	4	11,3	L	63/86 11 000	6	W	SDR	T	S	SB	TB	110/80-17	140/80-17	223	20	9,3	215	10 630
	LS 650 Savage	652	S 1	94×94	4-Takt	OHC	4	8,5	L	20/27 5200	4	ZR	SER	T	S	SB	SB	100/90-19	140/80-15	171	11	9,3	127	7590
	GSX 750 F	748	R 4	73×44,7	4-Takt	DOHC	4	10,9	L	74/100 10 200	6	K	SDR	T	S	DSB	SB	110/80-17	150/70-17	231	20	3,6	227	12 740
	GSX-R 750	749	R 4	70×48,7	4-Takt	DOHC	4	10,9	L	74/100 10 500	5	K	SDR	T	S	DSB	SB	120/70-17	170/60-17	234	21	3,7	238	14 550
	VS 750 Intruder	748	45° V 2	80×74,4	4-Takt	OHC	4	10	W	37/50 7500	5	W	LDR	T	S	SB	SB	100/90-19	140/90-15	215	12	5,5	165	11 250
	VX 800	805	45° V 2	83×74,4	4-Takt	DOHC	4	10,5	W	37/50 6000	5	W	SDR	T	S	DSB	TB	110/80-18	150/70-17	238	19	7,7	168	9990
	VX 800	805	45° V 2	83×74,4	4-Takt	DOHC	4	10	W	45/61 6800	5	W	SDR	T	S	DSB	TB	110/80-18	150/70-17	238	19	5,2	186	9990
	GSX 1100 F	1127	R 4	78×59	4-Takt	DOHC	4	10	L	74/100 8000	5	K	LDR	T	S	DSB	SB	120/80-16	150/80-16	273	21	4	233	15 310
	GSX-R 1100	1127	R 4	78×59	4-Takt	DOHC	4	10	L	74/100 8500	5	K	LDR	T	S	DSB	SB	120/70-17	160/60-17	243	21	3,4	235	17 300
	VS 1400 Intruder	1360	45° V 2	94×98	4-Takt	OHC	3	9,3	L	50/68 4800	4	W	SDR	T	S	SB	SB	110/90-19	170/80-15	260	13	5,2	167	15 030
Xingfu	250 A	249	S 1	65×75	2-Takt	SL	–	7	L	7/10 4500	4	K	SER	T	S	TB	TB	3.25-16	3.25-16	135	14	–	110	2600

1990

Yamaha 1990

Typ	Hubraum (cm³)	Zyl.-Anordnung und -zahl	Bohrung und Hub (mm)	Arbeitsweise	Steuerung	Ventile/Zylinder	Verdichtung	Kühlung	Leistung (kW/PS bei 1/min)	Gänge	Hinterradantrieb	Rahmen	Vorderradfederung	Hinterradfederung	Vorderradbremse	Hinterradbremse	Vorderreifen	Hinterreifen	Gewicht incl. Kraftstoff und Öl (kg)	Tankinhalt (l)	Beschleun. 1 Pers. (0–100 km/h sec)	Höchstgeschwindigkeit 1 Pers. (km/h)	Preis incl. MWSt (Mark)
XT 250	249	S 1	75 × 56,5	4-Takt	OHC	2	9,2	L	13/17 7500	5	K	SER	T	S	TB	TB	3.00-21	4.60-17	125	8	12,3	112	4880
XT 350	346	S 1	86 × 59,6	4-Takt	DOHC	4	9	L	13/17 7000	6	K	SER	T	S	SB	TB	3.00-21	110/80-18	150	12	–	116	6910
XT 350	346	S 1	86 × 59,6	4-Takt	DOHC	4	9	L	20/27 8000	6	K	SER	T	S	SB	TB	3.00-21	110/80-18	150	12	8,5	135	6910
XT 500/S	499	S 1	87 × 84	4-Takt	OHC	2	9	L	20/27 5900	5	K	SER	T	S	TB	TB	3.25-21	4.00-18	155	12	8,5	132	6610/–6770
XT 600	595	S 1	95 × 84	4-Takt	OHC	4	8,5	L	20/27 6600	5	K	SER	T	S	SB	TB	3.00-21	4.60-18	148	11	8,6	136	8035
XT 600	595	S 1	95 × 84	4-Takt	OHC	4	8,5	L	32/44 6500	5	K	SER	T	S	SB	SB	3.00-21	120/90-17	177	13	5,8	146	8035
XT 600 E/K	595	S 1	95 × 84	4-Takt	OHC	4	8,5	L	20/27 6000	5	K	SER	T	S	SB	SB	90/90-21	120/90-17	177	13	7,3	133	7790/–8490
XT 600 E/K	595	S 1	95 × 84	4-Takt	OHC	4	8,5	L	33/45 6500	5	K	SER	T	S	SB	SB	90/90-21	120/90-17	177	13	6,9	148	7790/–8490
XT 600 Z Ténéré	595	S 1	95 × 84	4-Takt	OHC	4	8,5	L	20/27 6500	5	K	SER	T	S	SB	TB	3.00-21	4.60-18	186	23	–	135	9580
XT 600 Z Ténéré	595	S 1	95 × 84	4-Takt	OHC	4	8,5	L	34/46 6500	5	K	SER	T	S	SB	TB	3.00-21	4.60-18	186	23	7,3	148	9580
XTZ 750 Super Ténéré	749	R 2	87 × 63	4-Takt	DOHC	5	9,5	W	51/69 7500	5	K	SDR	T	S	DSB	SB	90/90-21	140/80-17	234	26	4,9	177	11 980
TDR 250	250	R 2	56,4 × 50	2-Takt	MB/PV	–	5,9	W	37/50 10 000	6	K	SDR	T	S	SB	SB	100/90-18	120/80-17	153	14	6,4	161	8180
TZR 250	250	R 2	56,4 × 50	2-Takt	MB/PV	–	5,9	W	37/50 10 000	6	K	LKR	T	S	DSB	SB	100/80-17	120/80-17	150	16	5,5	190	9180
XV 250	249	60° V 2	49 × 66	4-Takt	OHC	2	10	L	13/17 7000	5	K	SDR	T	S	SB	TB	3.00-18	130/90-15	154	9,5	22,4	111	6100
XV 250	249	60° V 2	49 × 66	4-Takt	OHC	2	10	L	16/22 8000	5	K	SDR	T	S	SB	TB	3.00-18	130/90-15	154	9,5	12,1	121	6100
RD 350 N/F	347	R 2	64 × 54	2-Takt	MB/PV	–	6	W	20/27 6500	6	K	SDR	T	S	DSB	SB	90/90-18	110/80-18	162	17	–	142	7180/–8480
RD 350 N/F	347	R 2	64 × 54	2-Takt	MB/PV	–	6	W	37/50 9000	6	K	SDR	T	S	DSB	SB	90/90-18	110/80-18	162	17	4,9	187	7180/–8480
XS 400 DOHC	399	R 2	69 × 53,4	4-Takt	DOHC	2	9,7	L	20/27 8000	5	K	PSR	T	S	SB	SB	3.00-18	4.00-18	187	18	9,4	143	5980
SR 500 S/T	499	S 1	87 × 84	4-Takt	OHC	2	9	L	20/27 6200	5	K	SER	T	S	SB/TB	TB	3.50-18	4.00-18	167	14	9,3	134	6160
XV 535	535	70° V 2	76 × 59	4-Takt	OHC	2	9	L	20/27 6000	5	W	PSR	T	S	SB	TB	90/90-19	140/90-15	220	13,5	11,1	128	7750
XV 535	535	70° V 2	76 × 59	4-Takt	OHC	2	9	L	34/46 7500	5	W	PSR	T	S	SB	TB	90/90-19	140/90-15	220	13,5	7	148	7750
SRX 6	608	S 1	96 × 84	4-Takt	DOHC	4	8,5	L	20/27 6000	5	K	SDR	T	S	SB	SB	100/80-18	120/80-18	172	15	8,8	150	6390
SRX 6	608	S 1	96 × 84	4-Takt	DOHC	4	8,5	L	31/42 6500	5	K	SDR	T	S	DSB	SB	100/80-18	120/80-18	172	15	6,2	170	6390
XJ 600	599	R 4	58,5 × 55,7	4-Takt	DOHC	2	10	L	37/50 9250	6	K	SDR	T	S	DSB	SB	110/70-17	130/70-17	212	20	5	177	8900
XJ 600	599	R 4	58,5 × 55,7	4-Takt	DOHC	2	10	L	53/72 10 000	6	K	SDR	T	S	DSB	SB	110/70-17	130/70-17	212	20	4,6	198	8900
FZR 600	599	R 4	59 × 54,8	4-Takt	DOHC	4	12	W	20/27 8000	6	K	SKR	T	S	DSB	SB	110/70-17	130/70-17	208	18	12,4	139	12 750
FZR 600	599	R 4	59 × 54,8	4-Takt	DOHC	4	12	W	37/50 8000	6	K	SKR	T	S	DSB	SB	110/70-17	130/70-17	208	18	–	180	12 750
FZR 600	599	R 4	59 × 54,8	4-Takt	DOHC	4	12	W	67/91 10 500	6	K	SKR	T	S	DSB	SB	120/70-17	140/70-17	208	18	4	229	12 750
FZ 750	749	R 4	68 × 51,6	4-Takt	DOHC	5	11,2	W	74/100 10 500	6	L	LKR	T	S	DSB	SB	120/70-17	140/70-17	232	21	3,8	233	14 415
FZR 750 R	749	R 4	72 × 46	4-Takt	DOHC	5	11,4	W	74/100 11 250	6	L	LKR	T	S	DSB	SB	120/70-17	170/60-17	215	20	4,6	234	37 100
XJ 900 F	891	R 4	68,5 × 60,5	4-Takt	DOHC	2	9,6	L	72/98 9000	5	W	SDR	T	S	DSB	SB	100/90-18	120/90-17	242	22	4,3	221	12 590
FZR 1000	1002	R 4	75,5 × 56	4-Takt	DOHC	5	12	W	74/100 9500	5	K	LKR	T	S	DSB	SB	130/60-17	170/60-17	236	19	3,6	234	18 300
XV 1100	1063	75° V 2	95 × 75	4-Takt	OHC	2	8,3	L	46/62 6000	5	W	PSR	T	S	TB	TB	100/90-19	140/90-15	243	17	5,3	168	11 800

Hersteller	Typ	Hubraum (cm³)	Zyl.-Anordnung und -zahl	Bohrung und Hub (mm)	Arbeitsweise	Steuerung	Ventile/Zylinder	Verdichtung	Kühlung	Leistung (kW/PS bei 1/min)	Gänge	Hinterradantrieb	Rahmen	Vorderradfederung	Hinterradfederung	Vorderradbremse	Hinterradbremse	Vorderreifen	Hinterreifen	Gewicht incl. Kraftstoff und Öl (kg)	Tankinhalt (l)	Beschleun. 1 Pers. (0–100 km/h sec)	Höchstgeschwindigkeit 1 Pers. (km/h)	Preis incl. MWSt (Mark)
	FJ 1200	1188	R 4	77 × 63,8	4-Takt	DOHC	4	9,7	L	74/100 8500	5	K	SDR	T	S	DSB	SB	120/80-16	150/80-16	259	24	3,5	231	15 850
	XVZ 13 T	1293	70° V 4	79 × 66	4-Takt	DOHC	4	10,5	W	71/97 7000	5	W	SDR	T	S	DSB	SB	120/90-18	140/90-16	348	20	4,7	196	22 350
Yangtze	750 Standard A-Gespann	745	180° 2	78 × 78	4-Takt	SV	2	5,7	L	16/22 4500	4	W	SDR	T	S	TB	TB	3.75-19	3.75-19	350	23	–	90	8700
	750 Standard B-Gespann	745	180° 2	78 × 78	4-Takt	SV	2	5,7	L	16/22 4500	4+R	W	SDR	T	S	TB	TB	3.75-19	3.75-19	350	23	–	90	9100
	750 Spezial A-Gespann	745	180° 2	78 × 78	4-Takt	SV	2	5,7	L	18/24 4500	4	W	SDR	T	S	TB	TB	3.75-19	3.75-19	350	23	–	90	9100
	750 Spezial B-Gespann	745	180° 2	78 × 78	4-Takt	SV	2	5,7	L	18/24 4500	4+R	W	SDR	T	S	TB	TB	3.75-19	3.75-19	350	23	–	90	9500
Importe aus der UdSSR	Dnepr MT 11-Gespann*	650	180° 2	78 × 68	4-Takt	OHV	2	8,5	L	28/38 5900	4+R	W	SDR	T	S	TB	TB	3.75-19	3.75-19	350	19	–	125	9500
	Dnepr MT 16-Gespann*	650	180° 2	78 × 68	4-Takt	OHV	2	8,5	L	28/38 5900	4+R	W	SDR	T	S	TB	TB	3.75-19	3.75-19	365	19	–	125	10 950
	Ural M 67-6	650	180° 2	78 × 68	4-Takt	OHV	2	7	L	20/27 4500	4	W	SDR	T	S	TB	TB	4.00-18	4.00-18	215	17	–	130	6500
	Ural M 67-6	650	180° 2	78 × 68	4-Takt	OHV	2	7	L	28/38 5700	4	W	SDR	T	S	TB	TB	4.00-18	4.00-18	215	19	–	140	6500
	Ural M 67-6-Gespann	650	180° 2	78 × 68	4-Takt	OHV	2	7	L	28/38 5700	4+R	W	SDR	T	S	TB	TB	3.75-19	3.75-19	350	19	–	125	11 800

Zulassungsfähige Sondermodelle

AMC z. B.: Fahrgestelle für V- und Reihenmotoren von Honda, Kawasaki, Suzuki und Yamaha

																							bis 25 000 (komplett)	
	Suzuki GSX 1100	1135	R 4	74 × 66	4-Takt	DOHC	4	9,7	L	74/100 8100	5	K	SGR	T	S	DSB	SB	130/80-18	170/60-18	231	20	–	245	25 000

AME z. B.: Fahrgestelle für V-, Reihen- und Boxermotoren von BMW, Harley-Davidson, Kawasaki, Suzuki, Triumph und Yamaha

																							bis 33 000 (komplett)	
	SB 400 Street Bike	901	R 4	64,5 × 69	4-Takt	DOHC	4	8,8	L	70/95 9000	5	K	LDR	T	S	DSB	TB	3.00-21	6.10-16	250	13	4,4	185	20 851
	ST 802 Super-Soft-Tail	1337	45° V 2	88,8 × 108	4-Takt	OHV	2	8,5	L	47/64 5200	5	K/ZR	SDR	T	GF	DSB	SB	3.00-21	6.10-16	255	13	7	165	28 677
	HT 1000 Super-Hard-Tail	1337	45° V 2	88,8 × 108	4-Takt	OHV	2	8,5	L	47/64 5200	5	K/ZR	SDR	T	FN	TB	SB	3.00-21	6.10-16	255	13	7	165	32 677

Bakker z. B.: Fahrgestelle für R 4-Motoren von Honda, Kawasaki und Suzuki

																							bis 28 000 (komplett)	
	BK 900 R	908	R 4	72,5 × 55	4-Takt	DOHC	4	11	W	74/100 9500	6	K	LDR	T	S	DSB	SB	120/80-16	150/70-18	235	20	4	250	21 490
	BK 1000 RX	997	R 4	74 × 58	4-Takt	DOHC	4	10,2	W	74/100 9200	6	K	LKR	T	S	DSB	SB	130/70-16	160/70-16	229	21	3,5	229	26 790
Bimota (Yamaha)	Bellaria 600	599	R 4	59 × 54,8	4-Takt	DOHC	4	12	W	70/95 10 500	6	K	LKR	T	S	DSB	SB	120/70-17	160/60-17	196	21	4,2	221	33 950
	YB 4 E.I.	749	R 4	68 × 51,6	4-Takt	DOHC	5	11,2	W	88/120 10 250	6	K	LKR	T	S	DSB	SB	130/60-17	180/60-17	200	22	3,7	245	38 750
	YB 6 E.I. Tuatara	989	R 4	75 × 56	4-Takt	DOHC	5	11	W	105/143 10 500	5	K	LKR	T	S	DSB	SB	120/70-17	180/55-17	216	21	3,4	262	43 750
	YB 8 Exup 1000	1002	R 4	75,5 × 56	4-Takt	DOHC	5	12	W	110/149 10 000	5	K	LKR	T	S	DSB	SB	120/70-17	180/60-17	217	20	3,7	260	38 300

*mit SW-Rad-Antrieb

Hersteller		Typ	Hubraum (cm³)	Zyl.-Anordnung und -zahl	Bohrung und Hub (mm)	Arbeitsweise	Steuerung	Ventile/Zylinder	Verdichtung	Kühlung	Leistung (kW/PS bei 1/min)	Gänge	Hinterradantrieb	Rahmen	Vorderradfederung	Hinterradfederung	Vorderradbremse	Hinterradbremse	Vorderreifen	Hinterreifen	Gewicht incl. Kraftstoff und Öl (kg)	Tankinhalt (l)	Beschleun. 1 Pers. (0–100 km/h sec)	Höchstgeschwindigkeit, 1 Pers. (km/h)	Preis incl. MWSt (Mark)
Egli	(BMW)	K 100	987	R 4	67 × 70	4-Takt	DOHC	2	11,4	W	76/103 9000	5	W	SZR	T	S	DSB	SB	120/70-17	170/60-18	220	24	4,2	235	28 000
	(Suzuki)	Red Lightning	1074	R 4	72 × 66	4-Takt	DOHC	4	9,5	L	74/100 8700	5	K	SZR	T	S	DSB	SB	120/80-16	150/80-16	225	20	–	230	28 000
		Red Liberator-Gespann	1074	R 4	72 × 66	4-Takt	DOHC	4	9,5	L	74/100 8700	5	K	SDR	T	S	DSB	SB	120/90-16	130/90-17	355	21	–	180	28 000
	(Yamaha)	Vmax	1197	70° V 4	76 × 66	4-Takt	DOHC	4	10,5	W	107/145 9000	5	W	SDR	T	S	DSB	SB	110/90-18	150/90-15	293	23	3,8	226	18 825
		Red Rat Vmax-Gespann	1197	70° V 4	76 × 66	4-Takt	DOHC	4	10,5	W	107/145 9000	5	W	SDR	T	S	DSB	SB	120/70-17	175/70-15	364	34	–	200	35 000
Fallert	(BMW)	R 80–1000	979	180° 2	94 × 70,6	4-Takt	OHV	2	10,5	L	48/65 7000	5	K	SDR	T	S	SB	TB	100/90-18	120/90-18	216	24	4,9	195	13 540
		R 80–1000	979	180° 2	94 × 70,6	4-Takt	OHV	2	11,2	L	59/80 7500	5	K	SDR	T	S	SB	TB	100/80-18	130/80-18	224	24	–	200	15 540
		R 80 GS–1000	979	180° 2	94 × 70,6	4-Takt	OHV	2	10,5	L	48/65 7000	5	K	SDR	T	S	SB	TB	90/90-21	130/90-17	218	22	–	195	13 499
		R 100 GS–1000	979	180° 2	94 × 70,6	4-Takt	OHV	2	11	L	55/75 7250	5	K	SDR	T	S	SB	TB	90/90-21	130/90-17	218	22	–	200	15 830
		R 100 GS–1000	979	180° 2	94 × 70,6	4-Takt	OHV	2	11,2	L	59/80 7500	5	K	SDR	T	S	SB	TB	100/90-18	130/90-17	225	22	4,5	200	23 500
		R 100 BoT-Replica	979	180° 2	94 × 70,6	4-Takt	OHV	2	11,5	L	63/85 7750	5	K	SDR	T	S	SB	TB	120/70-17	160/60-18	220	22	–	210	26 500
Fischer	(Honda)	GF 750 H	747	R 4	67 × 53	4-Takt	DOHC	4	9,3	L	67/91 9500	6	K	SZR	T	S	DSB	SB	16/18"	170/60-18	214	20	–	220	14 000*
	(Kawasaki)	GF 900 K	908	R 4	72,5 × 55	4-Takt	DOHC	4	11	W	74/100 9500	6	K	SZR	T	S	DSB	SB	16/18"	170/60-18	235	20	–	230	14 000
		GF 1100 K	1089	R 4	72,5 × 66	4-Takt	DOHC	4	9,5	L	74/100 8750	6	K	SZR	T	S	DSB	SB	16/18"	130/90-17	235	20	–	240	14 000
	(Moto Guzzi)	GF 1000 G	948	90° V 2	88 × 78	4-Takt	OHV	2	9,8	L	60/81 7400	5	K	SZR	T	S	DSB	SB	16/18"	170/60-18	225	22	–	220	14 000
	(Suzuki)	GF 750 S	749	R 4	70 × 48,7	4-Takt	DOHC	4	9,8	W	74/100 11000	6	K	SZR	T	S	DSB	SB	16/18"	170/60-18	205	20	–	230	14 000
		GF 1100 S	1052	R 4	76 × 58	4-Takt	DOHC	4	10	L	74/100 8700	5	K	SZR	T	S	DSB	SB	16/18"	170/60-18	215	20	–	230	14 000
	(Yamaha)	GF 750 Y	749	R 4	68 × 51,6	4-Takt	DOHC	5	11,2	W	74/100 10500	6	K	SGR	T	S	DSB	SB	16/18"	170/60-18	220	20	–	235	14 000
Hauenstein	z. B.:			Fahrgestelle für R 4-Motoren von Honda, Kawasaki und Suzuki																					bis 35 000	
		K 1000	997	R 4	74 × 58	4-Takt	DOHC	4	10,2	W	74/100 9500	5	W	SGR	T	S	DSB	SB	120/80-16	160/60-18	229	20	–	240	34 900
Magni (Moto Guzzi)		Classic	948	90° V 2	88 × 78	4-Takt	OHV	2	9,8	L	60/81 7400	5	K	SDR	T	S	DSB	SB	100/90-18	130/80-18	220	20	–	200	18 600
		Le Mans	1090	90° V 2	92 × 82	4-Takt	OHV	2	11,2	L	74/100 6800	5	K	SDR	T	S	DSB	SB	100/90-18	130/80-18	236	19	4,5	225	20 800
Martin	z. B.:			Fahrgestelle für R 4-Motoren von BMW, Honda, Kawasaki, Suzuki und Yamaha																					bis 24 000	
		BMW K 100	987	R 4	67 × 70	4-Takt	DOHC	2	10,2	W	66/90 8000	5	W	SGR	T	S	DSB	SB	120/80-16	150/70-18	224	21	–	220	22 000
		Kawasaki GPZ 1000 RX	997	R 4	74 × 58	4-Takt	DOHC	2	10,2	W	74/100 9500	6	K	SGR	T	S	DSB	SB	120/80-16	150/70-18	232	21	–	240	23 000
		Suzuki GSX-R 1100	1052	R 4	76 × 58	4-Takt	DOHC	4	11	L	96/130 9500	6	K	SGR	T	S	DSB	SB	120/80-16	150/70-18	220	21	–	240	24 000
		Yamaha FJ 1200	1188	R 4	77 × 63,8	4-Takt	DOHC	4	9,7	L	74/100 8500	5	K	SGR	T	S	DSB	SB	120/80-16	150/70-18	230	21	–	240	23 500

* Preise ohne Motoren

Hersteller		Typ	Hubraum (cm³)	Zyl.-Anordnung und -zahl	Bohrung und Hub (mm)	Arbeitsweise	Steuerung	Ventile/Zylinder	Verdichtung	Kühlung	Leistung (kW/PS bei 1/min)	Gänge	Hinterradantrieb	Rahmen	Vorderradfederung	Hinterradfederung	Vorderradbremse	Hinterradbremse	Vorderreifen	Hinterreifen	Gewicht incl. Kraftstoff und Öl (kg)	Tankinhalt (l)	Beschleun. 1. Pers. (0–100 km/h sec)	Höchstgeschwindigkeit 1 Pers. (km/h)	Preis incl. MWSt (Mark)
Michel	(BMW)	R 100 S	979	180° 2	94 × 70,6	4-Takt	OHV	2	10,5	L	62/84 7500	5	W	SDR	T	S	DSB	SB	100/90-18	130/90-18	237	22	4,6	222	20 000
Noki (Moto Guzzi)		Le Mans IV	948	90° V 2	88 × 78	4-Takt	OHV	2	9,8	L	60/81 7400	5	W	SDR	T	S	DSB	SB	130/70-16	180/60-16	220	24	–	220	30 000
PSS				Fahrgestelle für R 4-Motoren von Honda, Kawasaki, Suzuki und Yamaha																				bis 22 000 (komplett)		
	z. B.:	PSS-Kawasaki GPZ 900 R	908	R 4	72,5 × 55	4-Takt	DOHC	4	11	W	74/100 9500	6	K	SGR	T	S	DSB	SB	120/80-16	130/80-18	230	20	–	240	16 600
		PSS-Kawasaki GPZ 1000 RX	997	R 4	74 × 58	4-Takt	DOHC	4	10,2	W	74/100 9500	6	K	SGR	T	S	DSB	SB	120/80-16	150/80-16	230	20	–	240	17 500
		PSS-Honda CBR 1000 F	998	R 4	77 × 53,6	4-Takt	DOHC	4	10,5	W	74/100 9000	6	K	SGR	T	S	DSB	SB	110/80-17	150/70-17	230	20	–	240	19 980
		PSS-Suzuki GSX-R 750	749	R 4	70 × 48,7	4-Takt	DOHC	4	9,8	L	74/100 11 000	6	K	SGR	T	S	DSB	SB	110/80-18	150/70-18	215	20	–	230	16 600
		PSS-Suzuki GSX-R 1100	1052	R 4	76 × 58	4-Takt	DOHC	4	10	L	74/100 8700	5	K	SGR	T	S	DSB	SB	110/80-18	150/80-18	220	20	–	235	19 980
		Rau-Honda CB 1100 R	1062	R 4	70 × 69	4-Takt	DOHC	4	10	L	74/100 9000	5	K	SZR	T	S	DSB	SB	100/90-18	130/80-18	218	26	3,7	235	15 600
		Rau-Suzuki GSX-1100	1074	R 4	72 × 66	4-Takt	DOHC	4	9,5	L	74/100 8700	5	K	SZR	T	S	DSB	SB	100/90-19	130/90-17	230	22	–	230	15 600
Schek	(BMW)	R 80 G/S Paris-Dakar	1011	180° 2	95,5 × 70,6	4-Takt	OHV	2	9,4	L	48/65 6500	5	W	SDR	T	S	SB	TB	90/90-21	140/90-18	216	33,5	5	170	20 000
		R 80 G/S Road-Runner	1011	180° 2	95,5 × 70,6	4-Takt	OHV	2	9,4	L	48/65 6500	5	W	SDR	T	S	DSB	TB	3.00-21	4.00-18	222	33,5	–	170	16 950
		R 80/R 100 GS Paris-Dakar	1011	180° 2	95,5 × 70,6	4-Takt	OHV	2	9,4	L	48/65 6500	5	W	SDR	T	S	DSB	TB	90/90-21	130/80-17	210	42	–	180	22 749
WiWo				Fun Bikes auf Cagiva-, Honda-, Kawasaki-, Suzuki- und Yamaha-Einzylinder- und Zweizylinderbasis																				bis 20 200 (komplett)		
		BMW K 100 Superbike	987	R 4	67 × 70	4-Takt	DOHC	2	10,2	W	66/90 8000	5	W	SDR	T	S	DSB	SB	120/70-17	160/60-18	230	22	–	220	23 600
		BMW Superbike Boxer	979	180° 2	94 × 70,6	4-Takt	OHV	2	10,5	L	52/70 7000	5	W	SDR	T	S	DSB	SB	120/70-17	170/60-18	225	22	–	180	25 500
Wüdo	(BMW)	R 80	979	180° 2	94 × 70,6	4-Takt	OHV	2	10,5	L	59/80 7800	5	W	SDR	T	S	DSB	TB	100/80-18	140/70-18	200	22	–	195	13 000
		R 100 GS	979	180° 2	94 × 70,6	4-Takt	OHV	2	10,5	L	50/68 6500	5	W	SDR	T	S	SB	TB	90/90-21	130/90-17	215	22	–	180	22 000
		K 75 RS	740	R 3	67 × 70	4-Takt	DOHC	2	11	W	55/75 8500	5	W	SDR	T	S	DSB	TB	100/90-18	120/90-18	235	21	–	200	15 500

Hersteller	Typ	Hubraum (cm³)	Zyl.-Anordnung und -zahl	Bohrung und Hub (mm)	Arbeitsweise	Steuerung	Ventile/Zylinder	Verdichtung	Kühlung	Leistung (kW/PS bei 1/min)	Gänge	Hinterradantrieb	Rahmen	Vorderradfederung	Hinterradfederung	Vorderradbremse	Hinterradbremse	Vorderreifen	Hinterreifen	Gewicht incl. Kraftstoff und Öl (kg)	Tankinhalt (l)	Beschleun. 1 Pers. (0–100 km/h sec)	Höchstgeschwindig-keit, 1 Pers. (km/h)	Preis incl. MWSt (Mark)
Aprilia	Pegaso 125	125	S 1	54 × 54,5	2-Takt	MB/VA	–	15	W	17/23 10 250	6	K	SDR	T	S	SB	SB	100/90-19	120/80-17	140	11,5	–	125	8030
	Pegaso 600	562	S 1	94 × 81	4-Takt	OHC	4	9,4	L	20/27 6500	5	K	SDR	T	S	SB	SB	100/90-19	130/90-17	172	11,5	–	130	10 930
	Pegaso 600	562	S 1	94 × 81	4-Takt	OHC	4	9,4	L	33/45 7000	5	K	SDR	T	S	DSB	SB	100/90-19	130/90-17	172	11,5	6,3	152	10 930
	Tuareg 600 Wind	562	S 1	94 × 81	4-Takt	OHC	4	9,4	L	20/27 6500	5	K	SDR	T	S	SB	SB	90/90-21	130/80-17	182	18	–	130	11 230
	Tuareg 600 Wind	562	S 1	94 × 81	4-Takt	OHC	4	9,4	L	33/45 7000	5	K	SDR	T	S	DSB	SB	90/90-21	130/80-17	182	18	6,5	155	11 230
	AF1 125 Futura	125	S 1	54 × 54,5	2-Takt	MB/VA	–	15	W	20/27 8800	6	K	LKR	T	ES	SB	SB	100/80-17	130/70-17	140	20	–	158	8790
Beta	ALP 240	239	S 1	72,8 × 57,5	2-Takt	MB	–	10	L	9/12 5800	6	K	SER	T	S	SB	SB	2,75-21	4.00-18	86	5,5	–	85	5990
BMW	R 80 GS	797	180° 2	84,8 × 70,6	4-Takt	OHV	2	8,2	L	37/50 6500	5	W	SDR	T	ES	SB	TB	90/90-21	130/80-18	225	26	6,1	150	12 800
	R 100 GS	979	180° 2	94 × 70,6	4-Takt	OHV	2	8,5	L	44/60 6500	5	W	SDR	T	ES	SB	TB	90/90-21	130/80-18	225	26	5,1	164	14 950
	R 100 GS Paris-Dakar	979	180° 2	94 × 70,6	4-Takt	OHV	2	8,5	L	44/60 6500	5	W	SDR	T	ES	SB	TB	90/90-21	130/80-18	250	35	5,5	162	15 950
	R 65	649	180° 2	82 × 61,5	4-Takt	OHV	2	8,4	L	20/27 5500	5	W	SDR	T	ES	SB	SB	90/90-18	120/90-18	205	22	8,6	147	10 200
	R 80	797	180° 2	84,8 × 70,6	4-Takt	OHV	2	8,2	L	20/27 5500	5	W	SDR	T	ES	SB	SB	90/90-18	120/90-18	210	22	11,1	145	12 900
	R 80	797	180° 2	84,8 × 70,6	4-Takt	OHV	2	8,2	L	37/50 6500	5	W	SDR	T	ES	SB/DSB	SB	90/90-18	120/90-18	210	22	6,3	177	12 900
	R 80 RT	797	180° 2	84,8 × 70,6	4-Takt	OHV	2	8,2	L	20/27 5500	5	W	SDR	T	ES	SB	SB	90/90-18	120/90-18	243	22	–	145	14 950
	R 80 RT	797	180° 2	84,8 × 70,6	4-Takt	OHV	2	8,2	L	37/50 6500	5	W	SDR	T	ES	DSB	SB	90/90-18	120/90-18	243	22	6,5	163	14 950
	R 100 R	979	180° 2	94 × 70,6	4-Takt	OHV	2	8,5	L	44/60 6500	5	W	SDR	T	ES	DSB	SB	110/80-18	140-80-17	228	24	4,9	181	13 900
	R 100 RT	979	180° 2	94 × 70,6	4-Takt	OHV	2	8,4	L	44/60 6500	5	W	SDR	T	ES	DSB	SB	100/90-18	120/90-18	238	22	5,1	168	17 850
	K 75	740	R 3	67 × 70	4-Takt	DOHC	2	11	W	55/75 8500	5	W	SDR	T	ES	DSB	SB	100/90-18	130/90-17	236	21	5,3	194	13 900
	K 75 S	740	R 3	67 × 70	4-Takt	DOHC	2	11	W	55/75 8500	5	W	SDR	T	ES	DSB	SB	100/90-18	130/90-17	235	21	5,5	199	16 500
	K 75 RT	740	R 3	67 × 70	4-Takt	DOHC	2	11	W	55/75 8500	5	W	SDR	T	ES	DSB	SB	100/90-18	130/90-17	258	21	5,6	174	16 900
	K 100 LT	987	R 4	67 × 70	4-Takt	DOHC	2	10,2	W	66/90 8000	5	W	SDR	T	ES	DSB	SB	110/80-18	140/80-17	273	22	4,1	215	20 520
	K 100 LT Limited Edition	987	R 4	67 × 70	4-Takt	DOHC	2	10,2	W	66/90 8000	5	W	SDR	T	ES	DSB	SB	110/80-18	140/80-17	283	22	–	215	21 200
	K 100 RS	987	R 4	67 × 70	4-Takt	DOHC	2	11	W	74/100 8000	5	W	SDR	T	ES	DSB	SB	120/70-17	160/60-18	277	22	4,2	225	20 800
	K 1	987	R 4	67 × 70	4-Takt	DOHC	2	11	W	74/100 8000	5	W	SGR	T	ES	DSB	SB	120/70-17	160/60-18	264	22	3,9	235	22 000
Cagiva	125 Cruiser	125	S 1	56 × 50,6	2-Takt	MB/VA	–	13	W	20/27 9000	6	K	SER	T	S	SB	SB	2,75-21	4.60-17	130	14	–	130	7220
	Elefant 350	349	90° V 2	66 × 51	4-Takt	DES	2	10,3	L	28/38 8000	5	K	SER	T	S	DSB	SB	3.00-21	5.10-17	208	18	–	140	7220
	T4 500 E	451	S 1	94 × 65	4-Takt	OHC	4	9	L	28/38 7000	5	K	SER	T	S	DSB	SB	3.00-21	5.10-17	160	12	6,8	141	8220
	Elefant 900 i.e.	904	90° V 2	92 × 68	4-Takt	DES	2	9,2	L	53/72 8000	5	K	SER	T	S	DSB	SB	100/90-19	140/80-17	225	24	4,6	182	18 220
	125 Mito	125	S 1	56 × 50,6	2-Takt	MB/VA	–	13	W	20/27 10 500	7	K	LKR	T	S	SB	SB	110/70-17	150/60-17	135	18	9,8	160	8220
	650 Alazzurra	649	90° V 2	82 × 61,5	4-Takt	OHV	2	10	L	37/50 8400	5	K	SGR	T	S	DSB	SB	100/90-18	120/80-18	207	18	5,5	175	9220

1991

Hersteller	Typ	Hubraum (cm³)	Zyl.-Anordnung und -zahl	Bohrung und Hub (mm)	Arbeitsweise	Steuerung	Ventile/Zylinder	Verdichtung	Kühlung	Leistung (kW/PS bei 1/min)	Gänge	Hinterradantrieb	Rahmen	Vorderradfederung	Hinterradfederung	Vorderradbremse	Hinterradbremse	Vorderreifen	Hinterreifen	Gewicht incl. Kraftstoff und Öl (kg)	Tankinhalt (l)	Beschleun., 1 Pers. (0–100 km/h sec)	Höchstgeschwindig-keit, 1 Pers. (km/h)	Preis incl. MWSt (Mark)
Chang-Jiang	750 BG-Gespann	745	180° 2	78 × 78	4-Takt	OHV	2	7	L	20/27 5000	4	W	SDR	T	S	TB	TB	3.75-19	3.75-19	350	24	–	110	8900
	750 FY-Gespann	745	180° 2	78 × 78	4-Takt	OHV	2	7	L	20/27 5000	4 + R	W	SDR	T	S	TB	TB	3.75-19	3.75-19	370	24	–	110	9500
	750 J-1-Gespann	745	180° 2	78 × 78	4-Takt	OHV	2	7	L	20/27 5000	4 + R	W	SDR	T	S	SB	TB	3.75-19	3.75-19	370	24	–	110	9500
Ducati	750 SS	748	90° V 2	88 × 61,5	4-Takt	DES	2	9	L	48/65 7750	5	K	SGR	T	S	SB	SB	120/60-17	160/60-17	191	17	4,5	208	14 716
	851 Strada*	851	90° V 2	92 × 64	4-Takt	DES	4	10	W	68/93 9600	6	K	SGR	T	S	DSB	SB	120/60-17	180/55-17	222	20	4	225	26 480
	851 SP 3*	888	90° V 2	94 × 64	4-Takt	DES	4	11	W	74/100 8000	6	K	SGR	T	S	DSB	SB	120/60-17	180/55-17	217	20	3,4	245	37 480
	900 SS Super Sport	904	90° V 2	92 × 68	4-Takt	DES	2	9,2	L	54/73 7000	6	K	SGR	T	S	DSB	SB	120/70-17	170/60-17	198	17,5	4	213	19 200
	906 Paso	904	90° V 2	92 × 68	4-Takt	DES	2	9,2	W	65/88 8000	6	K	SGR	T	S	DSB	SB	130/60-16	160/60-16	237	22	4,1	214	14 220
	907 i.e.	904	90° V 2	92 × 68	4-Takt	DES	2	9,2	W	66/90 8500	6	K	SGR	T	S	DSB	SB	120/70-17	170/60-17	230	18	4,5	212	18 220
Enfield India	500 Bullet	499	S 1	84 × 90	4-Takt	OHV	2	6,5	L	13/17 4700	4	K	SER	T	S	TB	TB	3.25-19	3.50-19	184	14,5	–	120	7500
	500 Bullet	499	S 1	84 × 90	4-Takt	OHV	2	6,5	L	16/22 5400	4	K	SER	T	S	TB	TB	3.25-19	3.50-19	184	14,5	16,7	123	7500
Gilera	RC 600 C	558	S 1	98 × 74	4-Takt	DOHC	4	10,5	W	34/46 7000	5	K	SDR	T	S	SB	SB	90/90-21	130/80-17	174	11,5	6,1	161	10 300
	Saturno 500	492	S 1	92 × 74	4-Takt	DOHC	4	9,8	W	28/38 7000	5	K	SGR	T	S	SB	SB	110/17-17	140/70-17	167	20	6,6	176	11 500
Harley Davidson	XLH Sportster 883 Standard	883	45° V 2	76,2 × 96,8	4-Takt	OHV	2	9	L	18/24 4800	4	ZR	SDR	T	S	SB	SB	MJ 90-19	MT 90-16	222	8,5	–	133	12 390
	XLH Sportster 883 Standard	883	45° V 2	76,2 × 96,8	4-Takt	OHV	2	9	L	35/48 6000	4	K	SDR	T	S	SB	SB	MJ 90-19	MT 90-16	222	8,5	–	149	12 390
	XLH Sportster 883 De Luxe	883	45° V 2	76,2 × 96,8	4-Takt	OHV	2	9	L	18/24 4800	4	ZR	SDR	T	S	SB	SB	MJ 90-19	MT 90-16	222	8,5	–	133	14 495
	XLH Sportster 883 De Luxe	883	45° V 2	76,2 × 96,8	4-Takt	OHV	2	9	L	35/48 6000	4	ZR	SDR	T	S	SB	SB	MJ 90-19	MT 90-16	222	8,5	–	149	14 495
	XLH Sportster 883 Hugger	883	45° V 2	76,2 × 96,8	4-Takt	OHV	2	9	L	18/24 4800	4	K	SDR	T	S	SB	SB	MJ 90-19	MT 90-16	223	8,5	–	–	13 390
	XLH Sportster 883 Hugger	883	45° V 2	76,2 × 96,8	4-Takt	OHV	2	9	L	35/48 6000	4	K	SDR	T	S	SB	SB	MJ 90-19	MT 90-16	223	8,5	7,4	151	13 390
	XLH Sportster 1200	1198	45° V 2	88,8 × 96,8	4-Takt	OHV	2	8,5	L	36/49 5200	4	ZR	SDR	T	S	SB	SB	100/90-19	130/90-16	226	8,5	–	–	15 940
	XLH Sportster 1200	1198	45° V 2	88,8 × 96,8	4-Takt	OHV	2	8,5	L	43/58 5200	4	ZR	SDR	T	S	SB	SB	100/90-19	130/90-16	226	8,5	5,6	155	15 940
	FXR 1340 Super Glide	1337	45° V 2	88,8 × 108	4-Takt	OHV	2	8,5	L	36/49 5000	5	ZR	SDR	T	S	SB	SB	MM 90-19	MT 90-16	276	16	–	–	21 180
	FXRS 1340 Low Rider	1337	45° V 2	88,8 × 108	4-Takt	OHV	2	8,5	L	36/49 5000	5	ZR	SDR	T	S	SB	SB	MM 90-19	MT 90-16	276	16	–	–	24 580
	FXRS 1340 SP Low Rid. Sp. Ed.	1337	45° V 2	88,8 × 108	4-Takt	OHV	2	8,5	L	36/49 5000	5	ZR	SDR	T	S	SB	SB	MM 90-19	MT 90-16	278	16	–	–	23 990
	FXLR 1340 Low Rider Custom	1337	45° V 2	88,8 × 108	4-Takt	OHV	2	8,5	L	36/49 5000	5	ZR	SDR	T	S	SB	SB	MH 90-19	MT 90-16	280	16	–	–	24 830
	Low Rider Convertible	1337	45° V 2	88,8 × 108	4-Takt	OHV	2	8,5	L	36/49 5000	5	ZR	SDR	T	S	DSB	SB	MM 90-19	MT 90-16	277	16	7,7	144	24 780
	Dyna Glide Sturgis	1337	45° V 2	88,8 × 108	4-Takt	OHV	2	8,5	L	36/49 5000	5	ZR	SDR	T	S	SB	SB	MM 90-19	MT 90-16	280	18	–	–	27 690
	FXRT 1340 Sport Glide	1337	45° V 2	88,8 × 108	4-Takt	OHV	2	8,5	L	36/49 5000	5	ZR	SDR	T	S	DSB	SB	100/90-19	130/90-16	310	16	–	–	25 310
	FXST 1340 Softail	1337	45° V 2	88,8 × 108	4-Takt	OHV	2	8,5	L	36/49 5000	5	ZR	SDR	T	S	SB	SB	MH 90-19	MT 90-16	290	20	–	–	24 770

Hersteller	Typ	Hubraum (cm³)	Zyl.-Anordnung und -zahl	Bohrung und Hub (mm)	Arbeitsweise	Steuerung	Ventile/Zylinder	Verdichtung	Kühlung	Leistung (kW/PS bei 1/min)	Gänge	Hinterradantrieb	Rahmen	Vorderradfederung	Hinterradfederung	Vorderradbremse	Hinterradbremse	Vorderreifen	Hinterreifen	Gewicht incl. Kraftstoff und Öl (kg)	Tankinhalt (l)	Beschleun. 1 Pers. (0–100 km/h sec)	Höchstgeschwindigkeit 1 Pers. (km/h)	Preis incl. MWSt (Mark)
	FXSTC 1340 Softail Custom	1337	45° V 2	88,8 × 108	4-Takt	OHV	2	8,5	L	36/49 5000	5	ZR	SDR	T	S	SB	SB	MH 90-21	MT 90-16	298	20	–	–	25 990
	Springer Softail	1337	45° V 2	88,8 × 108	4-Takt	OHV	2	8,5	L	36/49 5000	5	ZR	SDR	T	S	SB	SB	MH 90-21	MT 90-16	292	16	–	–	27 190
	FLST 1340 Heritage Softail	1337	45° V 2	88,8 × 108	4-Takt	OHV	2	8,5	L	36/49 5000	5	ZR	SDR	T	S	SB	SB	MT 90-16	MT 90-16	298	13	–	–	26 650
	FLSTC 1340 Heri. Softail Clas.	1337	45° V 2	88,8 × 108	4-Takt	OHV	2	8,5	L	36/49 5000	5	ZR	SDR	T	S	SB	SB	MT 90-16	MT 90-16	298	13	–	–	27 440
	Fat Boy	1337	45° V 2	88,8 × 108	4-Takt	OHV	2	8,5	L	36/49 5000	5	ZR	SDR	T	S	SB	SB	MT 90-16	MT 90-16	298	16	10,1	148	26 950
	FLHS 1340 Electra Glide Sport	1337	45° V 2	88,8 × 108	4-Takt	OHV	2	8,5	L	34/46 5000	5	ZR	SDR	T	S	DSB	SB	MT90-16T	MT90-16T	343	19	–	–	24 360
	FLHS 1340 Electra Glide Sport	1337	45° V 2	88,8 × 108	4-Takt	OHV	2	8,5	L	47/64 5000	5	ZR	SDR	T	S	DSB	SB	MT90-16T	MT90-16T	343	19	–	–	24 360
	FLHTC 1340 Electra Glide Clas.	1337	45° V 2	88,8 × 108	4-Takt	OHV	2	8,5	L	34/46 5000	5	ZR	SDR	T	S	DSB	SB	MT90-16T	MT90-16T	350	19	–	–	28 270
	FLHTC 1340 Electra Glide Clas.	1337	45° V 2	88,8 × 108	4-Takt	OHV	2	8,5	L	47/64 5000	5	ZR	SDR	T	S	DSB	SB	MT90-16T	MT90-16T	350	19	–	–	28 270
	Electra Glide Ultra Classic	1337	45° V 2	88,8 × 108	4-Takt	OHV	2	8,5	L	34/46 5000	5	ZR	SDR	T	S	DSB	SB	MT90-16T	MT90-16T	340	19	–	–	32 860
	Electra Glide Ultra Classic	1337	45° V 2	88,8 × 108	4-Takt	OHV	2	8,5	L	47/64 5000	5	ZR	SDR	T	S	DSB	SB	MT90-16T	MT90-16T	340	19	–	–	32 860
	FLTC 1340 Tour Glide Classic	1337	45° V 2	88,8 × 108	4-Takt	OHV	2	8,5	L	34/46 5000	5	ZR	SDR	T	S	DSB	SB	MT90-16T	MT90-16T	360	19	–	–	28 270
	FLTC 1340 Tour Glide Classic	1337	45° V 2	88,8 × 108	4-Takt	OHV	2	8,5	L	47/64 5000	5	ZR	SDR	T	S	DSB	SB	MT90-16T	MT90-16T	360	19	–	–	28 270
	Tour Glide Ultra Classic	1337	45° V 2	88,8 × 108	4-Takt	OHV	2	8,5	L	34/46 5000	5	ZR	SDR	T	S	DSB	SB	MT90-16T	MT90-16T	366	19	–	–	32 860
	Tour Glide Ultra Classic	1337	45° V 2	88,8 × 108	4-Takt	OHV	2	8,5	L	47/64 5000	5	ZR	SDR	T	S	DSB	SB	MT90-16T	MT90-16T	366	19	–	–	32 860
Hercules	K 180 Military	178	S 1	61 × 61	2-Takt	SL	–	10,8	L	13/17 5500	5	K	SDR	T	S	TB	TB	3.25-18	3.25-18	135	15	–	–	9160
Honda	NX 250	249	S 1	70 × 64,8	4-Takt	DOHC	4	11	W	13/17 7000	6	K	SER	T	S	SB	SB	100/90-19	120/90-16	133	9	14,7	110	7300
	NX 250	249	S 1	70 × 64,8	4-Takt	DOHC	4	11	W	19/26 8500	6	K	SER	T	S	SB	SB	100/90-19	120/90-16	133	9	10,5	118	7300
	XR 600 R	591	S 1	97 × 80	4-Takt	OHC	4	9	L	20/27 5800	5	K	SER	T	S	SB	SB	90/90-21	120/80-18	139	10	21	128	9800
	XL 600 V Transalp	583	52° V 2	75 × 66	4-Takt	OHC	3	9,2	W	20/27 6000	5	K	SDR	T	S	DSB	SB	90/90-21	130/80-17	205	18	5,8	110	10 750
	XL 600 V Transalp	583	52° V 2	75 × 66	4-Takt	OHC	3	9,2	W	37/50 8000	5	K	SDR	T	S	DSB	SB	90/90-21	130/80-17	205	18	5,5	163	10 750
	NX 650 Dominator	644	S 1	100 × 82	4-Takt	OHC	4	8,3	L	20/27 5500	5	K	SDR	T	S	DSB	SB	90/90-21	130/80-17	178	13	10,6	167	9745
	NX 650 Dominator	644	S 1	100 × 82	4-Takt	OHC	4	8,3	L	32/44 6000	5	K	SDR	T	S	DSB	SB	90/90-21	130/80-17	178	13	6,5	128	9745
	XRV 750 Africa Twin	742	52° V 2	81 × 72	4-Takt	OHC	3	9	W	37/50 7000	5	K	SDR	T	S	DSB	SB	90/90-21	130/90-17	237	24	5,5	153	13 480
	XRV 750 Africa Twin	742	52° V 2	81 × 72	4-Takt	OHC	3	9	W	43/58 7500	5	K	SDR	T	S	DSB	SB	90/90-21	130/90-17	237	24	5,6	164	13 480
	CB-1	399	R 4	55 × 42	4-Takt	DOHC	4	11,3	W	37/50 10800	6	K	SDR	T	S	DSB	SB	110/70-17	140/70-17	189	15	6,5	170	8990
	VFR 400 R	399	90° V 4	55 × 42	4-Takt	DOHC	4	11,3	W	45/61 12500	6	K	LKR	T	ES	DSB	SB	120/60-17	150/60-18	193	15	5,8	173	19 170
	CBR 600 F	600	R 4	65 × 45,2	4-Takt	DOHC	4	11,6	W	20/27 9000	6	K	SKR	T	S	DSB	SB	120/60-17	160/60-17	208	16	–	205	13 150
	CBR 600 F	600	R 4	65 × 45,2	4-Takt	DOHC	4	11,6	W	74/100 12000	6	K	SKR	T	S	DSB	SB	120/60-17	160/60-17	208	16	3,9	230	13 150
	VT 600 C	583	52° V 2	75 × 66	4-Takt	OHC	3	9,2	W	20/27 5500	4	K	SDR	T	S	SB	TB	100/90-19	170/80-15	212	9	10,3	129	10 330
	VT 600 C	583	52° V 2	75 × 66	4-Takt	OHC	3	9,2	W	30/41 6500	4	K	SDR	T	S	SB	TB	100/90-19	170/80-15	212	9	7,4	143	10 330

Hersteller	Typ	Hubraum (cm³)	Zyl.-Anordnung	Bohrung und Hub (mm)	Arbeitsweise	Steuerung	Ventile/Zylinder	Verdichtung	Kühlung	Leistung (kW/PS bei 1/min)	Gänge	Hinterradantrieb	Rahmen	Vorderradfederung	Hinterradfederung	Vorderradbremse	Hinterradbremse	Vorderreifen	Hinterreifen	Gewicht incl. Kraftstoff und Öl (kg)	Tankinhalt (l)	Beschleun. 1 Pers. (0–100 km/h sec)	Höchstgeschwindigkeit 1 Pers. (km/h)	Preis incl. MWSt (Mark)
	NTV 650	647	52° V2	79×66	4-Takt	OHC	3	9,2	W	20/27 6500	5	W	SKR	T	ES	SB	SB	110/80-17	150/70-17	208	19	–	–	10.545
	NTV 650	647	52° V2	79×66	4-Takt	OHC	3	9,2	W	20/27 6500	5	W	SKR	T	ES	SB	SB	110/80-17	150/70-17	208	19	6,5	177	10.545
	NTV 650	647	52° V2	79×66	4-Takt	OHC	3	9,2	W	20/27 6500	5	W	SKR	T	ES	SB	SB	110/80-17	150/70-17	208	19	–	–	10.545
	VFR 750 F	748	90° V4	70×48,6	4-Takt	DOHC	4	11	W	74/100 10000	6	K	LKR	T	ES	DSB	SB	120/70-17	170/60-17	244	19	3,8	233	15.870
	VFR 750 R	748	90° V4	70×48,6	4-Takt	DOHC	4	11	W	74/100 11000	6	K	LKR	T	ES	DSB	SB	120/70-17	170/60-17	210	18	4,9	234	29.795
	CBR 1000 F	998	R4	77×53,6	4-Takt	DOHC	4	10,5	W	74/100 9000	6	K	LKR	T	ES	DSB	SB	120/70-17	170/60-17	254	21	3,9	235	17.195
	ST 1100 Pan European	1084	90° V4	73×64,8	4-Takt	OHC	4	10	W	74/100 7500	5	W	SDR	T	S	DSB	SB	110/80-18	160/70-17	312	28	4,1	212	21.210
	GL 1500/6 Gold Wing	1520	180° 6	71×64	4-Takt	OHC	2	9,8	W	74/100 5200	5+R	W	SDR	T	S	DSB	SB	130/70-18	160/80-16	387	23	4,9	184	26.830
Husqvarna	125 WRK	125	S1	56×50,6	2-Takt	MB/VA	–	15,5	W	7/10 8500	6	K	SER	T	S	SB	TB	90/90-21	120/90-18	91	8	–	95	8295
	250 WRK	249	S1	70×64,8	2-Takt	MB/VA	4	13,5	W	13/17 5500	6	K	SER	T	S	SB	TB	90/90-21	140/80-18	101	8,5	–	110	9395
	260 WRK	260	S1	71,5×64,8	2-Takt	MB/VA	–	13,5	W	13/17 5500	5	K	SER	T	S	SB	TB	90/90-21	140/80-18	101	8,5	–	110	9495
	350 TE	349	S1	84×63	4-Takt	OHC	4	10,2	W	31/42 9200	6	K	SER	T	S	SB	TB	90/90-21	140/80-18	130	9	–	138	10.495
	610 TE	577	S1	98×76,5	4-Takt	OHC	4	10,2	W	20/27 5000	6	K	SER	T	S	SB	TB	90/90-21	140/80-18	132	9	8,7	125	11.795
	610 TE	577	S1	98×76,5	4-Takt	OHC	4	10,2	W	37/50 6500	6	K	SER	T	S	SB	TB	90/90-21	140/80-18	132	9	–	148	11.795
Jawa	350 TS	343	R2	58×65	2-Takt	SL	–	10,2	L	20/27 5500	4	K	SDR	T	S	SB	TB	3,25-18	3,50-18	166	17	10,5	125	3690
	350 TS-Gespann	343	R2	58×65	2-Takt	SL	–	10,2	L	20/27 5500	4	K	SDR	T	S	SB	TB	3,25-18	3,50-18	223	17	–	100	5680/–5880
Kawasaki	KLR 250	249	S1	74×58	4-Takt	DOHC	4	11	W	13/17 7800	6	K	SER	T	S	SB	TB	3,00-21	4,60-17	134	11	–	115	6420
	KLR 250	249	S1	74×58	4-Takt	DOHC	4	11	W	17/23 9000	6	K	SER	T	S	SB	TB	3,00-21	4,60-17	134	11	–	135	6420
	KLE 500	499	R2	74×58	4-Takt	DOHC	4	10,8	W	20/27 7300	6	K	SDR	T	S	SB	SB	90/90-21	130/80-17	198	15	–	138	8810
	KLE 500	499	R2	74×58	4-Takt	DOHC	4	10,8	W	37/50 8500	6	K	SDR	T	S	SB	SB	90/90-21	130/80-17	198	15	6,1	165	8810
	Tengai	652	S1	100×83	4-Takt	DOHC	4	9,5	W	20/27 5000	5	K	SER	T	S	SB	SB	90/90-21	130/80-17	190	23	–	130	8990
	Tengai	652	S1	100×83	4-Takt	DOHC	4	9,5	W	30/41 7000	5	K	SER	T	S	SB	SB	90/90-21	130/80-17	190	23	6	156	8990
	EL 250	249	R2	62×41,2	4-Takt	DOHC	4	12,4	W	20/27 11800	6	K	SDR	T	S	SB	TB	100/90-17	140/90-15	159	11	10,6	135	6280
	ZXR 400	398	R4	57×39	4-Takt	DOHC	4	12,1	W	48/65 13000	6	K	LKR	T	S	DSB	SB	120/60-17	160/60-17	186	16	4,9	207	12.120
	GPZ 500 S	499	R2	74×58	4-Takt	DOHC	4	10,8	W	20/27 8500	6	K	SDR	T	S	DSB	TB	100/90-16	120/90-16	196	18	10,7	154	8890
	GPZ 500 S	499	R2	74×58	4-Takt	DOHC	4	10,8	W	37/50 9300	6	K	SDR	T	S	DSB	TB	100/90-16	120/90-16	196	18	5,3	189	8890
	GPZ 500 S	499	R2	74×58	4-Takt	DOHC	4	10,8	W	44/60 9800	6	K	SDR	T	S	DSB	TB	100/90-16	120/90-16	196	18	5	195	8890
	EN 500	499	R2	74×58	4-Takt	DOHC	4	10,8	W	20/27 8000	6	ZR	SDR	T	S	SB	TB	100/80-19	140/90-15	200	11	10,6	122	8990
	EN 500	499	R2	74×58	4-Takt	DOHC	4	10,8	W	37/50 8500	6	ZR	SDR	T	S	SB	TB	100/80-19	140/90-15	200	11	6,7	157	8990
	Zephyr 550	553	R4	58×52,4	4-Takt	DOHC	2	9,5	L	20/27 7800	6	K	SDR	T	S	DSB	SB	110/80-17	140/70-18	200	15	9,2	137	8490

Hersteller	Typ	Hubraum (cm³)	Zyl.-Anordnung und -zahl	Bohrung und Hub (mm)	Arbeitsweise	Steuerung	Ventile/Zylinder	Verdichtung	Kühlung	Leistung (kW/PS bei 1/min)	Gänge	Hinterradantrieb	Rahmen	Vorderradfederung	Hinterradfederung	Vorderradbremse	Hinterradbremse	Vorderreifen	Hinterreifen	Gewicht incl. Kraftstoff und Öl (kg)	Tankinhalt (l)	Beschleun. 1 Pers. (0–100 km/h sec)	Höchstgeschwindigkeit, 1 Pers. (km/h)	Preis incl. MWSt (Mark)
	Zephyr 550	553	R 4	58 × 52,4	4-Takt	DOHC	2	9,5	L	37/50 10 000	6	K	SDR	T	S	SB	SB	110/80-17	140/70-18	200	15	5,7	173	8490
	ZZ-R 600	599	R 4	64 × 46,6	4-Takt	DOHC	4	11,5	W	72/98 11 500	6	K	LDR	T	S	DSB	SB	120/60-17	160/60-17	222	18	3,7	230	12 950
	ZXR 750	749	R 4	71 × 47,3	4-Takt	DOHC	4	10,8	W	74/100 10 500	6	K	LKR	T	S	DSB	SB	120/70-17	180/55-17	231	18	4,2	231	16 790
	ZXR 750 R	749	R 4	71 × 47,3	4-Takt	DOHC	4	11,5	W	74/100 11 000	6	K	LKR	T	S	DSB	SB	120/70-17	180/55-17	220	18	–	239	21 750
	Zephyr 750	738	R 4	66 × 54	4-Takt	DOHC	2	9,5	L	20/27 7500	5	K	SDR	T	S	DSB	SB	120/70-17	150/70-17	220	17	15,9	130	9990
	Zephyr 750	739	R 4	66 × 54	4-Takt	DOHC	2	9,5	L	37/50 8500	5	K	SDR	T	S	DSB	SB	120/70-17	150/70-17	220	17	–	170	9990
	Zephyr 750	739	R 4	66 × 54	4-Takt	DOHC	4	11	W	53/72 9500	5	K	SDR	T	S	DSB	SB	120/70-17	150/70-17	220	17	4,3	201	9990
	GPZ 900 R	908	R 4	72,5 × 55	4-Takt	DOHC	4	11	W	74/100 9500	6	K	SDR	T	S	DSB	SB	120/80-18	150/80-16	257	22	3,6	240	13 900
	1000 GTR	997	R 4	74 × 58	4-Takt	DOHC	4	10,2	W	68/92 9000	5	K	LKR	T	S	DSB	SB	110/80-18	150/80-16	307	28,5	4,2	195	16 380
	ZZ-R 1100	1052	R 4	76 × 58	4-Takt	DOHC	4	11	W	74/100 9000	6	K	SDR	T	S	DSB	SB	120/70-17	170/60-17	264	20	3,7	244	17 990
	VN-15 SE	1470	50° V 2	102 × 90	4-Takt	OHC	4	9	W	20/27 3300	5	W	SDR	T	S	SB	SB	100/90-19	150/90-15	281	12	–	120	15 250
	VN-15 SE	1470	50° V 2	102 × 90	4-Takt	OHC	4	9	W	47/64 5000	5	W	SDR	T	S	SB	SB	100/90-19	150/90-15	281	12	5,6	178	15 250
KTM	Enduro 125 VC	124	S 1	54 × 54	2-Takt	MB/VA	–	14	W	8/11 7500	6	K	SER	T	S	SB	SB	3.00-21	120/90-18	113	8	–	105	7990
	Enduro 250 TVC	249	S 1	67,5 × 69,5	2-Takt	MB/VA	–	6,7	W	13/17 7400	5	K	SER	T	S	SB	SB	90/90-21	140/80-18	103	9,5	–	–	9290
	Enduro 300 TVC	297	S 1	72 × 73	2-Takt	MB/VA	–	6,7	W	13/17 6130	5	K	SER	T	S	SB	SB	3.00-21	140/80-18	103	12,5	–	–	9390
	Enduro 600 LC 4	553	S 1	95 × 78	4-Takt	OHC	4	9,5	W	20/27 6000	5	K	SER	T	S	SB	SB	3.00-21	140/80-18	134	8,7	–	115	10 590
	Enduro 600 LC 4	553	S 1	95 × 78	4-Takt	OHC	4	10	W	36/49 7000	5	K	SER	T	S	SB	SB	3.00-21	140/80-18	134	9/15	5,5	162	10 590
	Enduro 600 LC 4 Competition	553	S 1	95 × 78	4-Takt	OHC	4	9,5	W	20/27 6000	5	K	SER	T	S	SB	SB	3.00-21	140/80-18	122	9	–	115	10 690
Maico	GS 250	247	S 1	67 × 70	2-Takt	MB/VA	–	15,5	W	13/17 5500	6	K	SDR	T	S	SB	TB	3.00-21	130/80-18	105	10	–	100	8000
	GS 350	349	S 1	79,5 × 70,4	4-Takt	OHC	4	10	L	20/27 6800	6	K	SDR	T	S	TB	SB	3.00-21	130/80-18	135	10	–	125	9500
	GS 360	355	S 1	80,2 × 70,4	2-Takt	MB/VA	–	14,1	W	13/17 5400	6	K	SDR	T	S	TB	TB	3.00-21	140/80-18	105	10	–	100	8000
	GS 490	488	S 1	86,5 × 83	2-Takt	MB/VA	–	13,5	W	13/17 5600	5	K	SDR	T	S	TB	SB	3.00-21	140/80-18	109	10	–	100	a. A.
	GS 600	562	S 1	94 × 81	4-Takt	OHC	4	9,6	L	36/49 6800	5	K	SDR	T	S	SB	SB	3.00-21	140/80-18	135	10	–	140	a. A.
Morini	3 ½ S Klassik	344	72° V 2	62 × 57	4-Takt	OHV	2	11	L	20/27 7800	6	K	SDR	T	S	TB	SB	100/90-18	110/90-18	160	14	9	150	9698
	350 Excalibur	344	72° V 2	62 × 57	4-Takt	OHV	2	11	L	20/27 7800	6	K	SDR	T	S	SB	SB	100/90-18	130/90-18	181	17	9,3	145	a. A.
	500 Sei-V Klassik	478	72° V 2	69 × 64	4-Takt	OHV	2	11,2	L	31/42 7500	6	K	SDR	T	S	TB	TB	100/90-18	120/90-18	180	16	12,2	155	10 250
	501 Excalibur	507	72° V 2	71 × 64	4-Takt	OHV	2	11,5	L	30/41 8500	5	K	SDR	T	S	SB	SB	100/90-18	130/90-16	193	17	7	149	a. A.
Moto Guzzi	Mille GT	948	90° V 2	88 × 78	4-Takt	OHV	2	9,5	L	52/71 6800	5	W	SDR	T	S	DSB	SB	110/90-18	120/90-18	252	22,5	5,3	180	13 640
	V 1000 Le Mans V	948	90° V 2	88 × 78	4-Takt	OHV	2	9,8	L	60/81 7400	5	W	SDR	T	S	DSB	SB	100/90-18	120/90-18	247	24	4,8	214	15 890

Hersteller	Typ	Hubraum (cm³)	Zyl.-Anordnung	Bohrung und Hub (mm)	Arbeitsweise	Steuerung	Ventile/Zylinder	Verdichtung	Kühlung	Leistung (kW/PS bei 1/min)	Gänge	Hinterradantrieb	Rahmen	Vorderradfederung	Hinterradfederung	Vorderradbremse	Hinterradbremse	Vorderreifen	Hinterreifen	Gewicht incl. Kraftstoff und Öl (kg)	Tankinhalt (l)	Beschleun., 1 Pers. (0–100 km/h sec)	Höchstgeschwindigkeit, 1 Pers. (km/h)	Preis incl. MWSt (Mark)
	1000 S	948	90° V 2	88 × 78	4-Takt	OHV	2	9,8	L	60/81 7400	5	W	SDR	T	S	DSB	SB	100/90-18	120/90-18	242	22,5	4,9	207	15 130
	V 1000 SP III	948	90° V 2	88 × 78	4-Takt	OHV	2	9,5	L	52/71 6800	5	W	SDR	T	S	DSB	SB	100/90-18	120/90-18	268	22,5	5,5	185	17 990
	California III	948	90° V 2	88 × 78	4-Takt	OHV	2	9,2	L	49/67 6500	5	W	SDR	T	S	DSB	SB	110/90-18	120/90-18	290	26	6,5	164	16 190
	California III C	948	90° V 2	88 × 78	4-Takt	OHV	2	9,2	L	49/67 6500	5	W	SDR	T	S	DSB	SB	110/90-18	120/90-18	263	26	5,9	172	15 390
	California III Injection	948	90° V 2	88 × 78	4-Takt	OHV	2	9,5	L	52/71 6800	5	W	SDR	T	S	DSB	SB	110/90-18	120/90-18	290	26	–	172	18 590
	California III C Injection	948	90° V 2	88 × 78	4-Takt	OHV	2	9,5	L	52/71 6800	5	W	SDR	T	S	DSB	SB	110/90-18	120/90-18	267	26	5,7	186	17 500
	1000 Quota Injection	948	90° V 2	88 × 78	4-Takt	OHV	2	9,5	L	52/71 6800	5	W	SDR	T	S	DSB	SB	90/90-21	130/80-17	260	20	5,6	162	18 910
	1000 Daytona Injection	992	90° V 2	90 × 78	4-Takt	OHV	4	10	L	69/93 8000	5	W	SZR	T	S	DSB	SB	120/70-17	160/60-18	239	20	4,6	220	27 140
MZ	ETZ 150	143	S 1	56 × 58	2-Takt	SL	–	10	L	7/10 6000	5	K	PSR	T	S	SB	TB	2,75-18	3,25-16	125	13	–	95	1680
	ETZ 251	243	S 1	69 × 65	2-Takt	SL	–	10	L	13/17 5000	5	K	PSR	T	S	SB	TB	2,75-18	110/80-16	146	17	–	113	3498
	ETZ 251	243	S 1	69 × 65	2-Takt	SL	–	10	L	15/21 5500	5	K	PSR	T	S	SB	TB	2,75-18	110/80-16	146	17	10,9	129	4120
	ETZ 251-Gespann	243	S 1	69 × 65	2-Takt	SL	–	10	L	15/21 5500	5	K	PSR	T	S	SB	TB	2,75-18	3,50-16	228	17	–	101	6461
Norton	Commander	588	2 S-Wankel	–	4-Takt	–	–	9	W	63/85 9000	5	K	PSR	T	S	DSB	SB	100/90-18	120/90-18	262	23	5	192	25 900
	F 1	588	2 S-Wankel	–	4-Takt	–	–	9	W	70/95 9500	5	K	LDR	T	S	DSB	SB	120/70-17	170/60-17	229	21	4,5	231	39 500
Suzuki	DR 125	124	S 1	57 × 48,8	4-Takt	OHC	2	9,5	L	9/12 9600	6	K	SER	T	S	SB	SB	80/80-21	100/80-18	125	13,5	–	102	4099
	DR 350 S	349	S 1	79 × 71,2	4-Takt	OHC	4	9,5	L	20/27 7600	6	K	SER	T	S	SB	SB	80/100-21	110/90-18	141	9	8,8	126	6990
	DR 650 R Dakar	640	S 1	95 × 90,4	4-Takt	OHC	4	9,7	L	20/27 6400	5	K	SER	T	S	SB	SB	90/90-21	120/90-17	176	21	10,2	120	7990
	DR 650 R Dakar	640	S 1	95 × 90,4	4-Takt	OHC	4	9,7	L	33/45 6800	5	K	SER	T	S	SB	SB	90/90-21	120/90-17	176	21	6,3	151	7990
	DR 650 RS	640	S 1	95 × 90,4	4-Takt	OHC	4	9,7	L	20/27 5800	5	K	SER	T	S	SB	SB	90/90-21	120/90-17	184	20	–	130	8560
	DR 650 RS	640	S 1	95 × 90,4	4-Takt	OHC	4	9,7	L	34/46 6800	5	K	SER	T	S	SB	SB	90/90-21	120/90-17	184	20	6	156	8560
	DR 650 RSE	640	S 1	95 × 90,4	4-Takt	OHC	4	9,7	L	34/46 6800	5	K	SER	T	S	SB	SB	90/90-21	120/90-17	195	20	6,3	156	8450
	DR Big 800 S	779	S 1	105 × 90	4-Takt	OHC	4	9,5	L	20/27 5800	5	K	SER	T	S	SB	SB	90/90-21	130/80-17	222	24	–	125	9870
	DR Big 800 S	779	S 1	105 × 90	4-Takt	OHC	4	9,5	L	37/50 6600	5	K	SER	T	S	SB	SB	90/90-21	130/80-17	222	24	5,8	163	9870
	GN 250 E	249	S 1	72 × 61,2	4-Takt	OHC	4	9	L	13/17 7800	5	K	SER	T	S	SB	TB	3.00-18	120/90-16	140	10	11,9	122	4640
	RGV 250 Gamma	249	90° V 2	56 × 50,6	2-Takt	MB/VA	–	7,3	W	41/56 11 000	6	K	LKR	T	ES	DSB	SB	110/70-17	150/60-17	169	16	4,9	197	9990
	Bandit 400	398	R 4	56 × 40,4	4-Takt	DOHC	4	11,8	W	37/50 10 600	6	K	SDR	T	S	DSB	SB	110/70-17	150/70-17	190	16	5,6	172	8290
	GS 500 E	487	R 2	74 × 56,6	4-Takt	DOHC	4	9	L	20/27 8000	6	K	SDR	T	S	SB	SB	110/70-17	130/70-17	187	17	10,5	142	6950
	GS 500 E	487	R 2	74 × 56,6	4-Takt	DOHC	4	9	L	34/46 9200	6	K	SDR	T	S	SB	SB	110/70-17	130/70-17	187	17	6,1	173	6950
	GSX 600 F	599	R 4	62,6 × 48,7	4-Takt	DOHC	4	11,3	L	20/27 8200	6	K	SDR	T	S	DSB	SB	110/80-17	140/80-17	223	20	–	150	10 630
	GSX 600 F	599	R 4	62,6 × 48,7	4-Takt	DOHC	4	11,3	L	37/50 10 000	6	K	SDR	T	S	DSB	SB	110/80-17	140/80-17	223	20	–	180	10 630

Hersteller	Typ	Hubraum (cm³)	Zyl.-Anordnung und -zahl	Bohrung und Hub (mm)	Arbeitsweise	Steuerung	Ventile/Zylinder	Verdichtung	Kühlung	Leistung (kW/PS bei 1/min)	Gänge	Hinterradantrieb	Rahmen	Vorderradfederung	Hinterradfederung	Vorderradbremse	Hinterradbremse	Vorderreifen	Hinterreifen	Gewicht incl. Kraftstoff und Öl (kg)	Tankinhalt (l)	Beschleun. 1 Pers. (0–100 km/h sec)	Höchstgeschwindigkeit, 1 Pers. (km/h)	Preis incl. MWSt (Mark)
	GSX 600 F	599	R 4	62,6 × 48,7	4-Takt	DOHC	4	11,3	L	63/86 11000	6	K	SDR	T	S	DSB	SB	110/80-17	140/80-17	223	20	4,4	215	10 630
	LS 650 Savage	652	S 1	94 × 94	4-Takt	OHC	4	8,5	L	20/27 5200	4	ZR	SER	T	S	SB	TB	100/90-19	140/90-15	171	11	9,3	127	7650
	GSX 750 F	748	R 4	73 × 44,7	4-Takt	DOHC	4	10,9	L	74/100 10200	6	K	SDR	T	S	DSB	SB	110/80-17	150/70-17	231	20	3,6	227	15 310
	GSX-R 750	749	R 4	70 × 48,7	4-Takt	DOHC	4	10,9	W	74/100 10500	6	K	LDR	T	S	DSB	SB	120/70-17	170/60-17	234	21	3,7	238	14 870
	VS 750 Intruder	748	45° V 2	80 × 74,4	4-Takt	OHC	4	10	L	37/50 7500	5	W	SDR	T	S	SB	TB	100/90-19	140/90-15	215	12	5,5	165	11 350
	VX 800	805	45° V 2	83 × 74,4	4-Takt	OHC	4	10	W	37/50 6000	5	W	SDR	T	S	SB	SB	110/80-18	150/80-17	238	19	7,7	168	10 290
	VX 800	805	45° V 2	83 × 74,4	4-Takt	OHC	4	10	W	45/61 6800	5	W	SDR	T	S	SB	SB	110/80-18	150/80-16	238	19	5,2	186	10 290
	GSX 1100 F	1127	R 4	78 × 59	4-Takt	DOHC	4	10	L	74/100 8000	5	K	SDR	T	S	DSB	SB	120/80-16	150/80-16	273	21	4	233	15 310
	GSX 1100 G	1127	R 4	78 × 59	4-Takt	OHC	4	10	L	74/100 8000	5	K	SDR	T	S	DSB	SB	110/80-18	160/70-17	287	21	4	220	13 490
	GSX-R 1100	1127	R 4	78 × 59	4-Takt	DOHC	4	10	W	74/100 8500	5	K	SDR	T	S	DSB	SB	120/60-17	180/55-17	253	21	3,4	232	17 590
	VS 1400 Intruder	1360	45° V 2	94 × 98	4-Takt	OHC	3	9,3	L	50/68 4800	4	K	SDR	T	S	SB	TB	110/90-19	170/80-15	260	13	5,2	167	15 030
Triumph	Trident 750	748	R 3	76 × 55	4-Takt	DOHC	4	11	W	20/27 7000	6	K	SZR	T	S	DSB	SB	120/70-17	160/60-18	249	25	–	–	14 440
	Trident 750	748	R 3	76 × 55	4-Takt	DOHC	4	11	W	37/50 8000	6	K	SZR	T	S	DSB	SB	120/70-17	160/60-18	249	25	–	–	14 440
	Trident 750	748	R 3	76 × 55	4-Takt	DOHC	4	11	W	66/90 10500	6	K	SZR	T	S	DSB	SB	120/70-17	160/60-18	249	25	4,7	204	14 440
	Daytona 750	748	R 3	76 × 55	4-Takt	DOHC	4	11	W	20/27 7000	6	K	SZR	T	S	DSB	SB	120/70-17	160/60-18	260	25	–	–	16 690
	Daytona 750	748	R 3	76 × 55	4-Takt	DOHC	4	11	W	37/50 8000	6	K	SZR	T	S	DSB	SB	120/70-17	160/60-18	260	25	–	–	16 690
	Trident 900	884	R 3	76 × 65	4-Takt	DOHC	4	10,6	W	66/90 10500	6	K	SZR	T	S	DSB	SB	120/70-17	160/60-18	260	25	4,6	216	16 690
	Trident 900	884	R 3	76 × 65	4-Takt	DOHC	4	10,6	W	74/100 9500	6	K	SZR	T	S	DSB	SB	120/70-17	160/60-18	249	25	4,3	215	15 170
	Trophy 900	884	R 3	76 × 55	4-Takt	DOHC	4	11	W	74/100 9800	6	K	SZR	T	S	DSB	SB	120/70-17	160/60-18	259	25	4	230	16 790
	Daytona 1000	998	R 4	76 × 55	4-Takt	DOHC	4	10,6	W	74/100 9800	6	K	SZR	T	S	DSB	SB	120/70-17	160/60-18	268	25	3,9	239	18 020
	Trophy 1200	1179	R 4	76 × 65	4-Takt	DOHC	4	10,6	W	74/100 9250	6	K	SZR	T	S	DSB	SB	120/70-17	160/60-18	267	25	3,8	241	18 720
Xingfu	XF 125	124	S 1	56,6 × 49,5	4-Takt	OHC	2	9	L	7/10 8500	4	K	SER	T	S	TB	TB	2.50-18	2.75-18	104	8,5	–	97	3390
Yamaha	DT 125 R	125	S 1	56 × 50,7	2-Takt	MB/PV	–	6,7	W	9/12 7000	6	K	SDR	T	S	SB	SB	2.75-21	4.10-18	119	10	–	110	5600
	XT 350	346	S 1	86 × 59,6	4-Takt	DOHC	4	9	L	13/17 7000	6	K	SER	T	S	SB	TB	3.00-21	110/80-18	150	12	–	116	6910
	XT 600 E/K	595	S 1	95 × 84	4-Takt	OHC	4	8,5	L	20/27 6000	5	K	SER	T	S	SB	SB	90/90-21	120/90-17	177	13	7,3	133	7790 / 8490
	XT 600 E/K	595	S 1	95 × 84	4-Takt	OHC	4	8,5	L	33/45 6500	5	K	SER	T	S	SB	SB	90/90-21	120/90-17	177	13	6,9	148	7790 / 8490
	XT 600 Z Ténéré	595	S 1	95 × 84	4-Takt	OHC	4	8,5	L	20/27 6500	5	K	SER	T	S	SB	SB	3.00-21	4.60-18	186	23	–	135	9580
	XT 600 Z Ténéré	595	S 1	95 × 84	4-Takt	OHC	4	8,5	L	34/46 6500	5	K	SER	T	S	SB	SB	3.00-21	4.60-18	186	23	7,3	148	9580
	XTZ 660 Ténéré	659	S 1	100 × 84	4-Takt	OHC	5	9,2	W	35/48 6250	5	K	SER	T	S	SB	SB	90/90-21	120/90-17	202	20	6,3	158	10 345
	XTZ 750 Super Ténéré	749	R 2	87 × 63	4-Takt	DOHC	5	9,5	W	51/69 7500	5	K	SDR	T	S	DSB	SB	90/90-21	140/80-17	234	26	4,9	177	12 680

Hersteller	Typ	Hubraum (cm³)	Zyl.-Anordnung und -zahl	Bohrung und Hub (mm)	Arbeitsweise	Steuerung	Ventile/Zylinder	Verdichtung	Kühlung	Leistung (kW/PS bei 1/min)	Gänge	Hinterradantrieb	Rahmen	Vorderradfederung	Hinterradfederung	Vorderradbremse	Hinterradbremse	Vorderreifen	Hinterreifen	Gewicht incl. Kraftstoff und Öl (kg)	Tankinhalt (l)	Beschleun., 1 Pers. (0–100 km/h sec)	Höchstgeschwindigkeit, 1 Pers. (km/h)	Preis incl. MWSt (Mark)
	XV 250	249	60° V 2	49×66	4-Takt	OHC	2	10	L	13/17 7000	5	K	SDR	T	S	SB	TB	3.00-18	130/90-15	154	9.5	22.4	111	6100
	XV 250	249	60° V 2	49×66	4-Takt	OHC	2	10	L	16/22 8000	5	K	SDR	T	S	SB	TB	3.00-18	130/90-15	154	9.5	12.1	121	6100
	SR 500 S/T	499	S 1	87×84	4-Takt	OHC	2	9	L	20/27 6200	5	K	SER	T	S	SB/TB	TB	3.50-18	4.00-18	167	14	9.3	134	6160
	XV 535	535	70° V 2	76×59	4-Takt	OHC	2	9	L	20/27 6000	5	K	PSR	T	S	SB	TB	90/90-19	140/90-15	220	13.5	11.1	128	7975
	XV 535	535	70° V 2	76×59	4-Takt	OHC	2	10	L	34/46 7500	5	K	PSR	T	S	DSB	TB	90/90-19	140/90-15	220	13.5	7	148	7975
	XJ 600	599	R 4	58.5×55.7	4-Takt	DOHC	2	10	L	37/50 9250	6	K	SDR	T	S	DSB	SB	90/90-18	110/90-18	212	20	5	177	8900
	XJ 600	599	R 4	58.5×55.7	4-Takt	DOHC	2	10	L	53/72 10000	6	K	SDR	T	S	SB	SB	90/90-18	110/90-18	212	20	4.6	198	8900
	XJ 600 S Diversion	599	R 4	58.5×55.7	4-Takt	DOHC	2	10	L	37/50 7500	6	K	SDR	T	S	DSB	SB	110/80-17	130/70-18	208	17	5.5	171	8600
	FZR 600	599	R 4	59×54.8	4-Takt	DOHC	4	12	W	20/27 8000	5	K	SKR	T	S	DSB	SB	110/70-17	130/70-18	208	18	12.4	139	12 850
	FZR 600	599	R 4	59×54.8	4-Takt	DOHC	4	12	W	37/50 8000	5	K	SKR	T	S	DSB	SB	110/70-17	130/70-18	208	18	–	180	12 850
	FZR 600	599	R 4	59×54.8	4-Takt	DOHC	4	12	W	67/91 10500	6	K	SKR	T	S	DSB	SB	120/70-17	140/70-18	208	18	4	229	12 850
	FZ 750	749	R 4	68×51.6	4-Takt	DOHC	5	11.2	W	74/100 10500	6	K	LKR	T	S	DSB	SB	130/70-17	180/55-17	232	21	3.8	233	14 415
	FZR 750 R	749	R 2	72×46	4-Takt	DOHC	5	11.4	W	74/100 11 250	6	K	SKR	T	S	DSB	SB	110/80-18	150/70-17	215	20	4.6	234	37 100
	TDM 850	849	R 4	89.5×67.5	4-Takt	DOHC	5	9.2	W	57/78 7500	5	K	LKR	T	S	DSB	SB	100/90-18	120/90-18	230	18	4	207	13 180
	XJ 900 F	891	R 4	68.5×60.5	4-Takt	DOHC	2	9.6	L	72/98 9000	5	K	PSR	T	S	DSB	SB	110/90-18	120/90-18	242	22	4.3	221	11 500
	FZR 1000	1002	R 4	75.5×56	4-Takt	DOHC	5	12	W	74/100 9500	5	K	SDR	T	S	DSB	TB	130/60-17	170/60-17	236	19	3.6	234	18 500
	XV 1100	1063	75° V 2	95×75	4-Takt	OHC	2	8.3	L	46/62 6000	5	W	SDR	T	S	DSB	TB	100/90-19	140/90-15	243	17	5.3	168	12 143
	FJ 1200*	1188	R 4	77×63.8	4-Takt	DOHC	4	9.7	L	74/100 8500	5	K	SDR	T	S	DSB	TB	120/80-16	150/80-16	259	24	3.5	231	15 950
	XVZ 13 T	1293	70° V 4	79×66	4-Takt	DOHC	4	10.5	W	71/97 7000	5	W	SDR	T	S	DSB	TB	120/90-18	140/90-16	348	20	4.7	196	22 350
Yangtze	750 Standard A-Gespann	745	180° 2	78×78	4-Takt	SV	2	5.7	L	16/22 4500	4	W	SDR	T	S	TB	TB	3.75-19	3.75-19	350	23	–	90	8700
	750 Standard B-Gespann	745	180° 2	78×78	4-Takt	SV	2	5.7	L	16/22 4500	4+R	W	SDR	T	S	TB	TB	3.75-19	3.75-19	350	23	–	90	9100
	750 Spezial A-Gespann	745	180° 2	78×78	4-Takt	SV	2	5.7	L	18/24 4500	4	W	SDR	T	S	TB	TB	3.75-19	3.75-19	350	23	–	90	9100
	750 Spezial B-Gespann	745	180° 2	78×78	4-Takt	SV	2	5.7	L	18/24 4500	4+R	W	SDR	T	S	TB	TB	3.75-19	3.75-19	350	23	–	90	9500
Importe aus der UdSSR/GUS	Dnepr MT 11-Gespann**	650	180° 2	78×68	4-Takt	OHV	2	8.5	L	28/38 5900	4+R	W	SDR	T	S	TB	TB	3.75-19	3.75-19	350	19	–	125	9800
	Dnepr MT 16-Gespann**	650	180° 2	78×68	4-Takt	OHV	2	8.5	L	28/38 5900	4+R	W	SDR	T	S	TB	TB	3.75-19	3.75-19	365	19	–	125	11 500
	Ural M 67-6	650	180° 2	78×68	4-Takt	OHV	2	7	L	20/27 4500	4	W	SDR	T	S	TB	TB	4.00-18	4.00-18	215	17	–	130	7800
	Ural M 67-6	650	180° 2	78×68	4-Takt	OHV	2	7	L	28/38 5700	4	W	SDR	T	S	TB	TB	4.00-18	4.00-18	215	19	–	140	7800
	Ural M 67-6-Gespann	650	180° 2	78×68	4-Takt	OHV	2	7	L	28/38 5700	4+R	W	SDR	T	S	TB	TB	3.75-19	3.75-19	350	19	–	125	11 800

* mit ABS 17 060 Mark ** mit SW-Rad-Antrieb

Zulassungsfähige Sondermodelle

Hersteller	Typ	Hubraum (cm³)	Zyl.-Anordnung und -zahl	Bohrung und Hub (mm)	Arbeitsweise	Steuerung	Ventile/Zylinder	Verdichtung	Kühlung	Leistung (kW/PS bei 1/min)	Gänge	Hinterradantrieb	Rahmen	Vorderradfederung	Hinterradfederung	Vorderradbremse	Hinterradbremse	Vorderreifen	Hinterreifen	Gewicht incl. Kraftstoff und Öl (kg)	Tankinhalt (l)	Beschleun. 1. Pers. (0–100 km/h sec)	Höchstgeschwindig-keit, 1 Pers. (km/h)	Preis incl. MWSt (Mark)
AMC z.B.:	Suzuki GSX 1100	1135	R 4	74×66	4-Takt	DOHC	4	9,7	L	74/100 8100	5	K	SGR	S	S	DSB	SB	130/80-18	170/60-18	231	20	–	245	25 000 (komplett)
AME z.B.: Fahrgestelle für V-, Reihen- und Boxermotoren von BMW, Harley-Davidson, Suzuki und Yamaha																								bis 35 000 (komplett)
	SB 700 Street Bike '90	901	R 4	64,5×69	4-Takt	DOHC	4	8,8	L	70/95 9000	5	K	SDR	S	S	TB	SB	3.00-21	6.10-16	250	13	4,4	185	21 682
	ST 802 Super-Soft-Tail	1337	45° V 2	88,8×108	4-Takt	OHV	2	8,5	L	47/64 5200	5	K/ZR	SDR	GF	S	DSB	SB	3.00-21	6.10-16	255	13	7	165	31 377
	HT 1000 Super-Hard-Tail	1337	45° V 2	88,8×108	4-Takt	OHV	2	8,5	L	47/64 5200	5	K/ZR	SDR	FN	S	TB	SB	3.00-21	6.10-16	255	13	7	165	35 377
Bakker z.B.: Fahrgestelle für R 4-Motoren von Honda, Kawasaki und Suzuki																								bis 28 000 (komplett)
	BK 900 R	908	R 4	72,5×55	4-Takt	DOHC	4	11	W	74/100 9500	6	K	LDR	S	S	DSB	SB	120/70-16	150/70-18	235	20	4	250	21 490
	BK 1000 RX	997	R 4	74×58	4-Takt	DOHC	4	10,2	W	74/100 9200	6	K	LKR	S	S	DSB	SB	130/70-16	160/70-16	229	21	3,5	229	26 790
Bimota (Ducati)	Tesi 1 D 906	904	90° V 2	92×68	4-Takt	DES	4	11,6	W	83/113 8500	5	K	LTP	S/AL	S	DSB	SB	120/70-17	180/55-17	213	16	4,1	232	61 420
(Yamaha)	YB 9 Bellaria 600	599	R 4	59×54,8	4-Takt	DOHC	4	12	W	70/95 10 500	5	K	LKR	T	S	DSB	SB	120/70-17	160/60-17	196	21	4,2	221	35 200
	YB 6 E.I. Tuatara	989	R 4	75×56	4-Takt	DOHC	5	11	W	105/143 10 500	5	K	LKR	T	S	DSB	SB	120/70-17	180/55-17	216	21	3,4	262	43 200
	YB 8 Exup 1000	1002	R 4	75,5×56	4-Takt	DOHC	5	12	W	110/149 10 000	5	K	LKR	T	S	DSB	SB	120/70-17	180/60-17	217	20	3,7	260	37 750
	YB 10 Dieci/Biposto	1002	R 4	75,5×56	4-Takt	DOHC	5	12	W	110/149 10 000	5	K	LKR	T	S	DSB	SB	120/70-17	180/55-17	215	21	–	260	40 350
Egli	K 100	987	R 4	67×70	4-Takt	DOHC	2	11,4	W	76/103 9000	5	W	SZR	T	S	DSB	SB	120/70-17	170/60-18	220	24	4,2	235	28 000
(BMW)	Red Lightning	1074	R 4	72×66	4-Takt	DOHC	4	9,5	L	74/100 8700	5	K	SZR	T	S	DSB	SB	120/80-16	150/80-16	225	20	–	230	28 000
(Suzuki)	Red Liberator-Gespann	1074	R 4	72×66	4-Takt	DOHC	4	9,5	L	74/100 8700	5	K	SDR	T	S	DSB	SB	120/90-17	130/90-17	355	21	–	180	28 000
(Yamaha)	Vmax	1197	70° V 4	76×66	4-Takt	DOHC	4	10,5	W	107/145 9000	5	W	SDR	T	S	DSB	SB	110/90-18	150/90-15	293	23	3,8	226	18 825
	Red Rat Vmax-Gespann	1197	70° V 4	76×66	4-Takt	DOHC	4	10,5	W	107/145 9000	5	W	SDR	T	S	DSB	SB	120/90-16	175/70-15	364	34	–	200	35 000
Fallert (BMW)	R 80-1000	979	180° 2	94×70,6	4-Takt	OHV	2	10,5	L	48/65 7000	5	W	SDR	T	S	SB	TB	100/90-18	120/90-18	216	24	4,9	195	13 540
	R 80-1000	979	180° 2	94×70,6	4-Takt	OHV	2	11,2	L	59/80 7500	5	W	SDR	T	S	SB	TB	100/90-18	130/80-18	224	24	–	200	15 540
	R 80 GS-1000	979	180° 2	94×70,6	4-Takt	OHV	2	10,5	L	48/65 7000	5	W	SDR	T	S	SB	TB	90/90-21	130/90-17	218	22	–	195	13 499
	R 100 GS-1000	979	180° 2	94×70,6	4-Takt	OHV	2	11	L	55/75 7250	5	W	SDR	T	S	SB	TB	90/90-21	130/90-17	218	22	–	200	15 830
	R 100 GS-1000	979	180° 2	94×70,6	4-Takt	OHV	2	11,2	L	59/80 7500	5	W	SDR	T	S	SB	TB	100/90-18	130/90-17	225	22	4,5	200	23 500
	R 100 Bol-Replica	979	180° 2	94×70,6	4-Takt	OHV	2	11,5	L	63/85 7750	5	W	SDR	T	S	SB	TB	120/70-17	160/60-18	220	22	–	210	26 500

Hersteller	Typ	Hubraum (cm³)	Zyl.-Anordnung und -zahl	Bohrung und Hub (mm)	Arbeitsweise	Steuerung	Ventile/Zylinder	Verdichtung	Kühlung	Leistung (kW/PS bei 1/min)	Gänge	Hinterradantrieb	Rahmen	Vorderradfederung	Hinterradfederung	Vorderradbremse	Hinterradbremse	Vorderreifen	Hinterreifen	Gewicht incl. Kraftstoff und Öl (kg)	Tankinhalt (l)	Beschleun. 1 Pers. (0-100 km/h sec)	Höchstgeschwindigkeit. 1 Pers. (km/h)	Preis incl. MWSt (Mark)
Fischer (Honda)	GF 750 H	747	R 4	67×53	4-Takt	DOHC	4	9,3	L	67/91 9500	6	K	SZR	T	S	DSB	SB	16/18"	170/60-18	214	20	–	220	14 000*
(Kawasaki)	GF 900 K	908	R 4	72,5×55	4-Takt	DOHC	4	11	W	74/100 9500	6	K	SZR	T	S	DSB	SB	16/18"	170/60-18	235	20	–	230	14 000
	GF 1100 K	1089	R 4	72,5×66	4-Takt	DOHC	2	9,5	L	74/100 8750	5	K	SZR	T	S	DSB	SB	16/18"	170/60-18	235	20	–	240	14 000
(Moto Guzzi)	GF 1000 G	948	90° V 2	88×78	4-Takt	OHV	4	9,8	L	60/81 7400	5	K	SZR	T	S	DSB	SB	16/18"	170/60-18	225	20	–	220	14 000
(Suzuki)	GF 750 S	749	R 4	70×48,7	4-Takt	DOHC	4	9,8	L	74/100 11 000	6	K	SZR	T	S	DSB	SB	16/18"	170/60-18	205	20	–	230	14 000
	GF 1100 S	1052	R 4	76×58	4-Takt	OHV	4	10	L	74/100 8700	5	K	SZR	T	S	DSB	SB	16/18"	170/60-18	215	20	–	230	14 000
(Yamaha)	GF 750 Y	749	R 4	68×51,6	4-Takt	DOHC	5	11,2	W	74/100 10 500	6	K	SZR	T	S	DSB	SB	16/18"	170/60-18	220	20	–	235	14 000
Hauenstein	Fahrgestelle für R 4-Motoren von Honda, Kawasaki und Suzuki																							bis 35 000 (komplett)
z. B.:	K 1000	997	R 4	74×58	4-Takt	DOHC	4	10,2	W	74/100 9500	6	K	SGR	T	S	DSB	SB	120/80-16	160/60-18	229	20	–	240	34 900
Magni (Moto Guzzi)	1000 Classic	948	90° V 2	88×78	4-Takt	OHV	2	9,8	L	60/81 7400	5	W	SDR	T	PS	DSB	SB	100/90-18	130/80-18	220	22	–	200	19 800
	1000 Arturo	948	90° V 2	88×78	4-Takt	OHV	2	9,8	L	60/81 7400	5	W	SDR	T	PS	DSB	SB	100/90-18	130/80-18	220	22	–	210	20 750
	1000 Sfida	948	90° V 2	88×78	4-Takt	OHV	2	11,2	L	74/100 6800	5	W	SDR	T	PS	DSB	SB	100/90-18	130/80-18	220	22	–	210	23 450
	1100 Classic	1090	90° V 2	92×82	4-Takt	OHV	2	11,2	L	74/100 6800	5	W	SDR	T	PS	DSB	SB	100/90-18	130/80-18	225	22	–	230	21 780
	1100 Arturo	1090	90° V 2	92×82	4-Takt	OHV	2	11,2	L	74/100 6800	5	K	SDR	T	S	DSB	SB	100/90-18	130/80-18	225	22	–	230	22 730
	1100 Sfida	1090	90° V 2	92×82	4-Takt	OHV	2	11,2	L	74/100 6800	5	K	SDR	T	S	DSB	SB	100/90-18	130/80-18	225	24	–	230	25 430
Martin	Fahrgestelle für R 4-Motoren von Kawasaki und Suzuki																							
z. B.:	Kawasaki GPZ 1000 RX	997	R 4	74×58	4-Takt	DOHC	4	10,2	W	74/100 9500	6	W	SGR	T	S	DSB	SB	120/80-16	150/70-18	232	21	–	240	23 000
	Suzuki GSX-R 1100	1052	R 4	77×53,6	4-Takt	DOHC	4	10,5	W	96/130 9500	6	K	SGR	T	S	DSB	SB	120/80-16	150/70-18	220	21	–	240	24 000
Michel (BMW)	R 100 S	979	180° 2	94×70,6	4-Takt	OHV	2	10,5	L	62/84 7500	5	W	SDR	T	S	DSB	SB	100/90-18	130/90-18	237	22	4,6	222	20 000
Noki (Moto Guzzi)	Le Mans IV	948	90° V 2	88×78	4-Takt	OHV	2	9,8	L	60/81 7400	5	W	SDR	T	S	DSB	SB	130/70-16	180/60-18	220	24	–	220	30 000
PSS	Fahrgestelle für R 4-Motoren von Honda, Kawasaki, Suzuki und Yamaha																							bis 22 000 (komplett)
z. B.:	PSS-Kawasaki GPZ 1000 RX	997	R 4	74×58	4-Takt	DOHC	4	10,2	W	74/100 9500	6	K	SGR	T	S	DSB	SB	120/80-16	150/80-16	230	20	–	240	17 500
	PSS-Honda CBR 1000 F	998	R 4	77×53,6	4-Takt	DOHC	4	10,5	W	74/100 9000	6	K	SGR	T	S	DSB	SB	110/80-17	150/70-17	230	20	–	240	19 980
	PSS-Suzuki GSX-R 1100	1052	R 4	76×58	4-Takt	DOHC	4	10	L	74/100 8700	5	K	SGR	T	S	DSB	SB	110/80-18	150/70-18	220	20	–	235	19 980
	Rau-Honda CB 1100 R	1062	R 4	70×69	4-Takt	DOHC	4	10	L	74/100 9000	5	K	SZR	T	S	DSB	SB	100/80-18	130/80-18	218	26	3,7	235	15 600
	Rau-Suzuki GSX 1100	1074	R 4	72×66	4-Takt	DOHC	4	9,5	L	74/100 8700	5	K	SZR	T	S	DSB	SB	100/90-19	100/90-17	230	22	–	230	15 600

* Preise ohne Motoren

Hersteller	Typ	Hubraum (cm³)	Zyl.-Anordnung und -zahl	Bohrung und Hub (mm)	Arbeitsweise	Steuerung	Ventile/Zylinder	Verdichtung	Kühlung	Leistung (kW/PS bei 1/min)	Gänge	Hinterradantrieb	Rahmen	Vorderradfederung	Hinterradfederung	Vorderradbremse	Hinterradbremse	Vorderreifen	Hinterreifen	Gewicht incl. Kraftstoff und Öl (kg)	Tankinhalt (l)	Beschleun., 1 Pers. (0–100 km/h sec)	Höchstgeschwindigkeit, 1 Pers. (km/h)	Preis incl. MWSt (Mark)
Schek (BMW)	R 80/R 100 GS Paris-Dakar	1011	180° 2	95,5 × 70,6	4-Takt	OHV	2	9,4	L	48/65 6500	5	W	SDR	T	S	DSB	TB	90/90-21	130/80-17	210	42	–	180	22 749
WiWo	Fun Bikes auf Cagiva-, Honda-, Kawasaki-, Suzuki- und Yamaha-Einzylinder- und Zweizylinderbasis																					bis 20 200 (komplett)		
	BMW K 100 Superbike	987	R 4	67 × 70	4-Takt	DOHC	2	10,2	W	66/90 8000	5	W	SDR	T	S	DSB	SB	120/70-17	160/60-18	230	22	–	220	23 600
	BMW Superbike Boxer	979	180° 2	94 × 70,6	4-Takt	OHV	2	10,5	L	52/70 7000	5	W	SDR	T	S	DSB	SB	120/70-17	170/60-18	225	22	–	180	25 500
Wüdo (BMW)	R 80	979	180° 2	94 × 70,6	4-Takt	OHV	2	10,5	L	59/80 7800	5	W	SDR	T	S	DSB	TB	100/80-18	140/70-18	200	22	–	195	13 000
	R 100 GS	979	180° 2	94 × 70,6	4-Takt	OHV	2	10,5	L	50/68 6500	5	W	SDR	T	S	SB	TB	90/90-21	130/90-17	215	22	–	180	22 000
	K 75 RS	740	R 3	67 × 70	4-Takt	DOHC	2	11	W	55/75 8500	5	W	SDR	T	S	DSB	TB	100/90-18	120/90-18	235	21	–	200	15 500
	K 100 Hossack	987	R 4	67 × 70	4-Takt	DOHC	2	10,2	W	66/90 8000	5	W	SDR	TG	S	DSB	SB	100/90-18	140/80-17	245	22	–	220	a. A.

1991

Hersteller	Typ	Hubraum (cm³)	Zyl.-Anordnung und -zahl	Bohrung und Hub (mm)	Arbeitsweise	Steuerung	Ventile/Zylinder	Verdichtung	Kühlung	Leistung (kW/PS bei 1/min)	Gänge	Hinterradantrieb	Rahmen	Vorderradfederung	Hinterradfederung	Vorderradbremse	Hinterradbremse	Vorderreifen	Hinterreifen	Gewicht incl. Kraftstoff und Öl (kg)	Tankinhalt (l)	Beschleun., 1 Pers. (0–100 km/h sec)	Höchstgeschwindigkeit, 1 Pers. (km/h)	Preis incl. MWSt (Mark)
Aprilia	Pegaso 125	125	S 1	54 × 54,5	2-Takt	MB/VA	–	15	W	17/23 10250	6	K	SDR	T	S	SB	SB	100/90-19	120/80-17	140	11,5	–	125	8030
	Pegaso 650	652	S 1	100 × 83	4-Takt	DOHC	5	9	W	20/27 6000	5	K	SAR	T	S	SB	SB	100/90-19	140/70-17	191	14	–	130	11155
	Pegaso 650	652	S 1	100 × 83	4-Takt	DOHC	5	9	W	35/48 6250	5	K	SAR	T	S	SB	SB	100/90-19	140/70-17	191	14	6,5	157	11155
	AF1 125 Sport Pro	125	S 1	54 × 54,5	2-Takt	MB/VA	–	15	W	18/25 10000	6	K	LKR	T	ES	SB	SB	110/70-17	140/70-17	140	16	8,6	156	9055
Beta	ALP 260	261	S 1	76 × 57,5	2-Takt	MB	–	10	L	9/12 5400	6	K	SER	T	S	SB	SB	2.75-21	4.00-18	86	5,5	–	85	5995
BMW	R 80 GS	797	180° 2	84,8 × 70,6	4-Takt	OHV	2	8,2	L	37/50 6500	5	W	SDR	T	ES	SB	TB	90/90-21	130/80-17	225	26	6,1	150	13750
	R 100 GS	979	180° 2	94 × 70,6	4-Takt	OHV	2	8,5	L	44/60 6500	5	W	SDR	T	ES	SB	TB	90/90-21	130/80-17	225	26	5,1	164	15650
	R 100 GS Paris-Dakar	979	180° 2	94 × 70,6	4-Takt	OHV	2	8,5	L	44/60 6500	5	W	SDR	T	ES	SB	TB	90/90-21	130/80-17	250	35	5,5	162	16700
	R 65	649	180° 2	82 × 61,5	4-Takt	OHV	2	8,4	L	20/27 5500	5	W	SDR	T	ES	SB	SB	90/90-18	120/90-18	205	22	8,6	147	11350
	R 80	797	180° 2	84,8 × 70,6	4-Takt	OHV	2	8,2	L	20/27 5500	5	W	SDR	T	ES	SB	SB	90/90-18	120/90-18	210	22	11,1	145	13350
	R 80	797	180° 2	84,8 × 70,6	4-Takt	OHV	2	8,2	L	37/50 6500	5	W	SDR	T	ES	SB	SB	90/90-18	120/90-18	210	22	6,3	177	13350
	R 80 RT	797	180° 2	84,8 × 70,6	4-Takt	OHV	2	8,2	L	20/27 5500	5	W	SDR	T	ES	SB	SB	90/90-18	120/90-18	243	22	–	145	15850
	R 80 RT	797	180° 2	84,8 × 70,6	4-Takt	OHV	2	8,2	L	37/50 6500	5	W	SDR	T	ES	DSB	SB	90/90-18	120/90-18	243	22	6,5	163	15850
	R 100 R	979	180° 2	94 × 70,6	4-Takt	OHV	2	8,5	L	44/60 6500	5	W	SDR	T	ES	DSB	SB	110/80-18	140-80-17	228	24	4,9	181	13850
	R 100 RT	979	180° 2	94 × 70,6	4-Takt	OHV	2	8,4	L	44/60 6500	5	W	SDR	T	ES	SB	SB	90/90-18	120/90-18	238	22	5,1	168	18600
	K 75	740	R 3	67 × 70	4-Takt	DOHC	2	11	W	55/75 8500	5	W	SDR	T	ES	DSB	SB	100/90-18	130/90-18	236	21	5,3	194	14850
	K 75 S	740	R 3	67 × 70	4-Takt	DOHC	2	11	W	55/75 8500	5	W	SDR	T	ES	DSB	SB	100/90-18	130/90-18	235	21	5,5	199	17350
	K 75 RT	740	R 3	67 × 70	4-Takt	DOHC	2	11	W	55/75 8500	5	W	SDR	T	ES	DSB	SB	100/90-18	130/90-18	258	21	5,6	174	17900
	K 1100 LT*	1092	R 4	70,5 × 70	4-Takt	DOHC	4	11	W	74/100 7500	5	W	SDR	T	ES	DSB	SB	100/80-18	140/80-17	290	22	4,2	207	23250
	K 100 RS	987	R 4	67 × 70	4-Takt	DOHC	4	11	W	74/100 8000	5	W	SDR	T	ES	DSB	SB	120/70-17	160/60-18	277	22	4,2	225	21750
	K 1	987	R 4	67 × 70	4-Takt	DOHC	4	11	W	74/100 8000	5	W	LKR	T	ES	DSB	SB	120/70-17	160/60-18	264	22	3,9	235	26350
Cagiva	125 W8	125	S 1	56 × 50,6	2-Takt	MB/VA	–	13	W	18/25 9500	6	K	SER	T	S	SB	SB	90/90-18	120/90-18	130	14	8,1	130	7080
	125 Super City	125	S 1	56 × 50,6	2-Takt	MB/VA	–	13	W	19/26 10000	7	K	SER	T	S	SB	SB	110/70-17	150/60-17	136	14	7,1	145	7980
	Elefant 900 i.e. „Lucky"	904	90° V 2	92 × 68	4-Takt	DES	2	9,2	L	53/72 8000	5	K	SDR	T	ES	TB	TB	100/90-19	140/80-17	225	24	4,6	182	14740
	Elefant 900 i.e. GT	904	90° V 2	92 × 68	4-Takt	DES	2	9,2	L	54/73 8000	5	K	SDR	T	ES	TB	TB	100/90-19	140/80-17	232	24	4,8	185	18730
	125 Mito	125	S 1	56 × 50,6	2-Takt	MB/VA	–	13	W	20/27 10500	7	K	LKR	T	S	SB	SB	110/70-17	150/60-17	135	18	9,8	160	8980
Chang-Jiang	750 BG-Gespann	745	180° 2	78 × 78	4-Takt	OHV	2	7	L	20/27 5000	4	W	SDR	T	S	TB	TB	3.75-19	3.75-19	350	24	–	110	8900
	750 FY-Gespann	745	180° 2	78 × 78	4-Takt	OHV	2	7	L	20/27 5000	4 + R	K	SDR	T	S	SB	TB	3.75-19	3.75-19	370	24	–	110	9500
	750 J-1-Gespann	745	180° 2	78 × 78	4-Takt	OHV	2	7	L	20/27 5000	4 + R	W	SDR	T	S	SB	TB	3.75-19	3.75-19	370	24	–	110	9500

* mit ABS 25 2/15 Mark

1992

Hersteller	Typ	Hubraum (cm³)	Zyl.-Anordnung	Bohrung und Hub (mm)	Arbeitsweise	Steuerung	Ventile/Zylinder	Verdichtung	Kühlung	Leistung (kW/PS bei 1/min)	Gänge	Hinterradantrieb	Rahmen	Vorderradfederung	Hinterradfederung	Vorderradbremse	Hinterradbremse	Vorderreifen	Hinterreifen	Gewicht incl. Kraftstoff und Öl (kg)	Tankinhalt (l)	Beschleun. 1 Pers. (0–100 km/h sec)	Höchstgeschwindigkeit 1 Pers. (km/h)	Preis incl. MWSt (Mark)
Ducati	750 SS	748	90° V2	88×61,5	4-Takt	DES	2	9	L	48/65 7750	5	K	SGR	T	S	SB	SB	120/60-17	160/60-17	191	17	4,5	208	15500
	851 S3 Strada	851	90° V2	92×64	4-Takt	DES	4	11	W	68/93 9000	6	K	SGR	T	S	DSB	SB	120/60-17	180/55-17	224	20	4,1	228	26730
	851 SP 4	888	90° V2	94×64	4-Takt	DES	4	11,5	W	71/97 8400	6	K	SGR	T	S	DSB	SB	120/70-17	180/55-17	210	20	3,7	232	36350
	900 SS Super Sport	904	90° V2	92×68	4-Takt	DES	2	9,2	L	54/73 7000	6	K	SGR	T	S	DSB	SB	120/70-17	170/60-17	198	17,5	4	213	19150
	900 Superlight	904	90° V2	92×68	4-Takt	DES	2	9,2	L	54/73 7000	6	K	SGR	T	S	DSB	SB	120/70-17	170/60-17	196	17,5	4	204	22100
	907.i.e. Paso	904	90° V2	92×68	4-Takt	DES	2	9,2	W	58/79 8500	6	K	SGR	T	S	DSB	SB	120/70-17	170/60-17	230	21	4,5	216	18340
Enfield India	500 Bullet	499	S 1	84×90	4-Takt	OHV	2	6,5	L	13/17 4700	4	K	SER	T	S	TB	TB	3.25-19	3.50-19	184	14,5	–	120	7718
	500 Bullet	499	S 1	84×90	4-Takt	OHV	2	6,5	L	16/22 5400	4	K	SER	T	S	TB	TB	3.25-19	3.50-19	184	14,5	16,7	123	7718
Gilera	RC 600 C	558	S 1	98×74	4-Takt	DOHC	4	10,5	W	20/27 6750	5	K	SER	T	S	SB	SB	90/90-21	130/80-17	174	11,5	6,6	129	9995
	RC 600 C	558	S 1	98×74	4-Takt	DOHC	4	10,5	W	34/46 7000	5	K	SER	T	S	SB	SB	90/90-21	130/80-17	174	11,5	6,1	161	9995
	600 Nordwest	558	S 1	98×74	4-Takt	DOHC	4	10,5	W	20/27 6750	5	K	SER	T	S	SB	SB	120/70-17	160/60-17	173	11,5	–	129	10500
	600 Nordwest	558	S 1	98×74	4-Takt	DOHC	4	10,5	W	34/46 7000	5	K	SGR	T	S	SB	SB	120/70-17	160/60-17	173	11,5	–	152	10500
	Saturno 500	492	S 1	92×74	4-Takt	DOHC	4	9,8	W	28/38 7000	5	K	SGR	T	S	SB	SB	110/17-17	140/70-17	167	20	6,6	176	11500
Harley Davidson	XLH Sportster 883 Standard	883	45° V2	76,2×96,8	4-Takt	OHV	2	9	L	18/24 4800	4	K	SDR	T	S	SB	SB	MJ 90-19	MT 90-16	222	8,5	–	133	12840
	XLH Sportster 883 Standard	883	45° V2	76,2×96,8	4-Takt	OHV	2	9	L	35/48 6000	4	K	SDR	T	S	SB	SB	MJ 90-19	MT 90-16	222	8,5	–	149	12840
	XLH Sportster 883 De Luxe	883	45° V2	76,2×96,8	4-Takt	OHV	2	9	L	18/24 4800	4	K	SDR	T	S	SB	SB	MJ 90-19	MT 90-16	222	8,5	–	133	14990
	XLH Sportster 883 De Luxe	883	45° V2	76,2×96,8	4-Takt	OHV	2	9	L	35/48 6000	4	K	SDR	T	S	SB	SB	MJ 90-19	MT 90-16	222	8,5	–	149	14990
	XLH Sportster 883 Hugger	883	45° V2	76,2×96,8	4-Takt	OHV	2	9	L	18/24 4800	4	K	SDR	T	S	SB	SB	MJ 90-19	MT 90-16	223	8,5	–	–	13980
	XLH Sportster 883 Hugger	883	45° V2	76,2×96,8	4-Takt	OHV	2	9	L	35/48 6000	4	K	SDR	T	S	SB	SB	MJ 90-19	MT 90-16	223	8,5	7,4	151	13980
	XLH Sportster 1200	1198	45° V2	88,8×96,8	4-Takt	OHV	2	9	L	35/48 5200	4	K	SDR	T	S	SB	SB	100/90-19	130/90-16	226	8,5	–	–	16280
	FXR 1340 Super Glide	1337	45° V2	88,8×108	4-Takt	OHV	2	8,5	L	36/49 5000	5	ZR	SDR	T	S	SB	SB	MM 90-19	MT 90-16	276	16	–	–	22780
	FXRS 1340 Low Rider	1337	45° V2	88,8×108	4-Takt	OHV	2	8,5	L	36/49 5000	5	ZR	SDR	T	S	SB	SB	MM 90-19	MT 90-16	276	16	–	–	25550
	FXRS 1340 SP Low Rid. Sp. Ed.	1337	45° V2	88,8×108	4-Takt	OHV	2	8,5	L	36/49 5000	5	ZR	SDR	T	S	DSB	SB	MM 90-19	MT 90-16	278	16	–	149	25690
	FXLR 1340 Low Rider Custom	1337	45° V2	88,8×108	4-Takt	OHV	2	8,5	L	36/49 5000	5	ZR	SDR	T	S	SB	SB	MH 90-19	MT 90-16	280	16	–	–	25760
	Low Rider Convertible	1337	45° V2	88,8×108	4-Takt	OHV	2	8,5	L	36/49 5000	5	ZR	SDR	T	S	DSB	SB	MM 90-19	MT 90-16	277	16	7,7	144	26470
	Dyna Glide Custom	1337	45° V2	88,8×108	4-Takt	OHV	2	8,5	L	36/49 5000	5	ZR	SDR	T	S	DSB	SB	MM 90-19	130/90-16	280	19	–	–	27330
	Dyna Glide Daytona	1337	45° V2	88,8×108	4-Takt	OHV	2	8,5	L	36/49 5000	5	ZR	SDR	T	S	DSB	SB	100/90-19	130/90-16	280	19	–	–	28490
	FXRT 1340 Sport Glide	1337	45° V2	88,8×108	4-Takt	OHV	2	8,5	L	36/49 5000	5	ZR	SDR	T	S	DSB	SB	MM 90-19	MT 90-16	310	16	–	–	27830
	FXSTC 1340 Softail Custom	1337	45° V2	88,8×108	4-Takt	OHV	2	8,5	L	36/49 5000	5	ZR	SDR	T	S	SB	SB	MH 90-21	MT 90-16	298	20	–	–	27260
	Springer Softail	1337	45° V2	88,8×108	4-Takt	OHV	2	8,5	L	36/49 5000	5	ZR	SDR	T	S	SB	SB	MH 90-21	MT 90-16	292	16	–	–	28300

Hersteller	Typ	Hubraum (cm³)	Zyl.-Anordnung und -zahl	Bohrung und Hub (mm)	Arbeitsweise	Steuerung	Ventile/Zylinder	Verdichtung	Kühlung	Leistung (kW/PS bei 1/min)	Gänge	Hinterradantrieb	Rahmen	Vorderradfederung	Hinterradfederung	Vorderradbremse	Hinterradbremse	Vorderreifen	Hinterreifen	Gewicht incl. Kraftstoff und Öl (kg)	Tankinhalt (l)	Beschleun. 1 Pers. (0–100 km/h sec)	Höchstgeschwindigkeit, 1 Pers. (km/h)	Preis incl. MWSt (Mark)
	FLSTC 1340 Heri. Softail Clas.	1337	45° V2	88.8 × 108	4-Takt	OHV	2	8.5	L	36/49 5000	5	ZR	SDR	T	S	SB	SB	MT 90-16	MT 90-16	298	13	–	–	28710
	Fat Boy	1337	45° V2	88.8 × 108	4-Takt	OHV	2	8.5	L	36/49 5000	5	ZR	SDR	T	S	SB	SB	MT 90-16	MT 90-16	298	16	10.1	148	28120
	FLHS 1340 Electra Glide Sport	1337	45° V2	88.8 × 108	4-Takt	OHV	2	8.5	L	34/46 5000	5	ZR	SDR	T	S	DSB	SB	MT90-16T	MT90-16T	343	19	–	–	26050
	FLHS 1340 Electra Glide Sport	1337	45° V2	88.8 × 108	4-Takt	OHV	2	8.5	L	34/46 5000	5	ZR	SDR	T	S	DSB	SB	MT90-16T	MT90-16T	343	19	–	–	26050
	FLHTC 1340 Electra Glide Clas.	1337	45° V2	88.8 × 108	4-Takt	OHV	2	8.5	L	47/64 5000	5	ZR	SDR	T	S	DSB	SB	MT90-16T	MT90-16T	350	19	–	–	29250
	FLHTC 1340 Electra Glide Clas.	1337	45° V2	88.8 × 108	4-Takt	OHV	2	8.5	L	34/46 5000	5	ZR	SDR	T	S	DSB	SB	MT90-16T	MT90-16T	350	19	–	–	29250
	Electra Glide Ultra Classic	1337	45° V2	88.8 × 108	4-Takt	OHV	2	8.5	L	47/64 5000	5	ZR	SDR	T	S	DSB	SB	MT90-16T	MT90-16T	340	19	–	–	34590
	Electra Glide Ultra Classic	1337	45° V2	88.8 × 108	4-Takt	OHV	2	8.5	L	34/46 5000	5	ZR	SDR	T	S	DSB	SB	MT90-16T	MT90-16T	340	19	–	–	34590
	Tour Glide Ultra Classic	1337	45° V2	88.8 × 108	4-Takt	OHV	2	8.5	L	47/64 5000	5	ZR	SDR	T	S	DSB	SB	MT90-16T	MT90-16T	366	19	–	–	34590
	Tour Glide Ultra Classic	1337	45° V2	88.8 × 108	4-Takt	OHV	2	8.5	L	34/46 5000	5	ZR	SDR	T	S	DSB	SB	MT90-16T	MT90-16T	366	19	–	–	34590
Hercules	K 180 Military	178	S 1	61 × 61	2-Takt	SL	–	10.8	L	13/17 5500	5	K	SDR	T	S	TB	TB	3.25-18	3.25-18	135	15	–	–	9450
Honda	NX 250	249	S 1	70 × 64.8	4-Takt	DOHC	4	11	W	13/17 7000	6	K	SER	T	S	SB	TB	100/90-19	120/90-16	133	9	14.7	110	7900
	NX 250	249	S 1	70 × 64.8	4-Takt	DOHC	4	11	W	19/26 8500	6	K	SER	T	S	SB	TB	100/90-19	120/90-16	133	9	10.5	118	7900
	XL 600 V Transalp	583	52° V2	75 × 66	4-Takt	OHC	3	9.2	W	20/27 6000	5	K	SDR	T	S	SB	SB	90/90-21	130/80-17	205	18	5.8	128	11265
	XL 600 V Transalp	583	52° V2	75 × 66	4-Takt	OHC	3	9.2	W	37/50 8000	5	K	SDR	T	S	SB	SB	90/90-21	130/80-17	205	18	5.5	163	11265
	NX 650 Dominator	644	S 1	100 × 82	4-Takt	OHC	4	8.3	W	20/27 5500	5	K	SER	T	S	SB	SB	90/90-21	130/80-17	178	13	10.6	167	10260
	NX 650 Dominator	644	S 1	100 × 82	4-Takt	OHC	4	8.3	L	32/44 6000	5	K	SER	T	S	SB	SB	90/90-21	130/80-17	178	13	6.5	128	10260
	XRV 750 Africa Twin	742	52° V2	81 × 72	4-Takt	OHC	3	9	W	37/50 7000	5	K	SDR	T	S	SB	SB	90/90-21	130/90-17	237	24	5.5	153	14210
	XRV 750 Africa Twin	742	52° V2	81 × 72	4-Takt	OHC	3	9	W	43/58 7500	5	K	SDR	T	S	SB	SB	90/90-21	130/90-17	237	24	5.6	164	14210
	VFR 400 R	399	90° V4	55 × 42	4-Takt	DOHC	4	11.3	W	45/61 12500	6	K	LKR	T	ES	SB	SB	120/60-18	150/60-18	193	15	5.8	170	19195
	GB 500 Clubman	498	S 1	92 × 75	4-Takt	OHC	4	8.9	L	20/27 6000	5	K	SER	T	S	SB	SB	90/90-18	110/90-18	179	16.5	9.3	205	7760
	GB 500 Clubman	498	S 1	92 × 75	4-Takt	OHC	4	8.9	L	28/38 7500	5	K	SER	T	S	SB	SB	90/90-18	110/90-18	179	16.5	7	147	7760
	CBR 600 F	600	R 4	65 × 45.2	4-Takt	DOHC	4	11.6	W	20/27 9000	6	K	SKR	T	ES	DSB	SB	120/60-17	160/60-17	208	16	11.1	166	14175
	CBR 600 F	600	R 4	65 × 45.2	4-Takt	DOHC	4	11.6	W	74/100 12000	6	K	SKR	T	ES	DSB	SB	120/60-17	160/60-17	208	16	3.9	137	14175
	VT 600 C	583	52° V2	75 × 66	4-Takt	OHC	3	9.2	W	20/27 5500	4	K	SDR	T	S	SB	SB	100/90-19	170/80-15	212	9	10.3	230	11055
	VT 600 C	583	52° V2	75 × 66	4-Takt	OHC	3	9.2	W	30/41 6500	4	K	SDR	T	S	SB	SB	100/90-19	170/80-15	212	9	7.4	129	11055
	NTV 650	647	52° V2	79 × 66	4-Takt	OHC	3	9.2	W	20/27 6500	5	W	SKR	T	S	SB	SB	110/80-17	150/70-17	208	19	–	143	10870
	NTV 650	647	52° V2	79 × 66	4-Takt	OHC	3	9.2	W	37/50 7500	5	W	SKR	T	S	SB	SB	110/80-17	150/70-17	208	19	6.5	177	10870
	NTV 650	647	52° V2	79 × 66	4-Takt	OHC	3	9.2	W	44/60 7500	5	W	SKR	T	S	SB	SB	110/80-17	150/70-17	208	19	–	177	10870
	CB 750	747	R 4	67 × 53	4-Takt	DOHC	4	9.3	L	20/27 6300	5	K	SDR	T	S	DSB	SB	120/70-17	150/70-17	233	20	10.5	141	10865
	CB 750	747	R 4	67 × 53	4-Takt	DOHC	4	9.3	L	37/50 7900	5	K	SDR	T	S	DSB	SB	120/70-17	150/70-17	233	20	5.9	174	10865

Hersteller	Typ	Hubraum (cm³)	Zyl.-Anordnung und -zahl	Bohrung und Hub (mm)	Arbeitsweise	Steuerung	Ventile/Zylinder	Verdichtung	Kühlung	Leistung (kW/PS bei 1/min)	Gänge	Hinterradantrieb	Rahmen	Vorderradfederung	Hinterradfederung	Vorderradbremse	Hinterradbremse	Vorderreifen	Hinterreifen	Gewicht incl. Kraftstoff und Öl (kg)	Tankinhalt (l)	Beschleun. 1 Pers. (0–100 km/h sec)	Höchstgeschwindigkeit. 1 Pers. (km/h)	Preis incl. MWSt (Mark)
	CB 750	747	R 4	67×53	4-Takt	DOHC	4	9,3	L	54/74 8500	5	K	SDR	T	S	DSB	SB	120/70-17	150/70-17	233	20	4,6	196	10 865
	VFR 750 R	748	90° V 4	70×48,6	4-Takt	DOHC	4	11	W	74/100 10 000	6	K	LKR	T	ES	DSB	SB	120/70-17	170/60-17	244	19	3,8	233	16 600
	VFR 750 R	748	90° V 4	70×48,6	4-Takt	DOHC	4	11	W	74/100 11 000	6	K	LKR	T	ES	DSB	SB	120/70-17	170/60-18	210	18	4,9	234	31 225
	NR 750*	748	90° V 4	101,2/50,6×42	4-Takt	DOHC	8	11,7	W	92/125 14 000	6	K	LKR	T	ES	DSB	SB	130/70-16	180/55-17	234	17	–	263	100 000
	CBR 900 RR	892	R 4	70×58	4-Takt	DOHC	4	11	W	37/50 8500	6	K	LKR	T	S	DSB	SB	130/70-16	180/55-17	206	18	–	–	19 575
	CBR 900 RR	892	R 4	70×58	4-Takt	DOHC	4	11	W	74/100 10 000	6	K	LKR	T	S	DSB	SB	130/70-17	180/55-17	206	18	3,5	233	19 575
	CBR 1000 F	998	R 4	77×53,6	4-Takt	DOHC	4	10,5	W	74/100 9000	6	K	SDR	T	S	DSB	SB	120/70-17	170/60-17	254	21	3,9	235	17 825
	ST 1100 Pan European**	1084	90° V 4	73×64,8	4-Takt	DOHC	4	10	W	74/100 7500	5	W	SDR	T	S	DSB	SB	110/80-18	160/70-17	312	28	4,1	212	22 240
	GL 1500/6 Gold Wing	1520	180° 6	71×64	4-Takt	OHC	2	9,8	W	74/100 5200	5+R	W	SDR	T	S	DSB	SB	130/70-18	160/80-16	387	23	4,9	184	29 815
Husqvarna	125 WRK	125	S 1	56×50,6	2-Takt	MB/VA	–	15,5	W	7/10 8500	6	K	SER	T	S	SB	TB	90/90-21	120/90-18	91	8	–	95	8898
	250 WRK	249	S 1	70×64,8	2-Takt	MB/VA	–	13,5	W	13/17 5500	6	K	SDR	T	S	SB	TB	90/90-21	140/80-18	101	8,5	–	110	9898
	350 WR	349	S 1	78×73	2-Takt	MB/VA	–	13,5	W	13/17 5500	6	K	SER	T	S	SB	TB	90/90-21	140/80-18	103	8,3	–	110	9998
	350 TE	349	S 1	84×63	4-Takt	OHC	4	10,2	W	31/42 9200	5	K	SER	T	S	SB	TB	90/90-21	140/80-18	130	9	8,7	138	10 998
	610 TE	577	S 1	98×76,5	4-Takt	OHC	4	10,2	W	20/27 5000	6	K	SER	T	S	SB	TB	90/90-21	140/90-18	132	9	–	125	12 298
	610 TE	577	S 1	98×76,5	4-Takt	OHC	4	10,2	W	37/50 6500	6	K	SER	T	S	SB	TB	90/90-21	140/90-18	132	9	–	148	12 298
Jawa	350 TS	343	S 1	58×65	2-Takt	SL	–	10,2	L	20/27 5500	4	K	SDR	T	S	SB	SB	3.25-18	3.50-18	166	17	10,5	125	3890
	350 TS-Gespann	343	S 1	58×65	2-Takt	SL	–	10,2	L	20/27 5500	4	K	SDR	T	S	SB	SB	3.25-18	3.50-18	223	17	–	100	5880–6160
Kawasaki	KLR 250	249	S 1	74×58	4-Takt	DOHC	4	11	W	13/17 7800	6	K	SER	T	S	SB	TB	3.00-21	4.60-17	134	11	–	115	6790
	KLR 250	249	S 1	74×58	4-Takt	DOHC	4	11	W	17/23 9000	6	K	SDR	T	S	SB	TB	3.00-21	4.60-17	134	11	–	135	6790
	KLE 500	499	R 2	74×58	4-Takt	DOHC	4	10,8	W	20/27 7300	6	K	SER	T	S	SB	TB	90/90-21	130/80-17	198	15	–	138	8990
	KLE 500	499	R 2	74×58	4-Takt	DOHC	4	10,8	W	37/50 8500	6	K	SER	T	S	SB	TB	90/90-21	130/80-17	198	15	6,1	165	8990
	Tengai	652	S 1	100×83	4-Takt	DOHC	4	9,5	W	20/27 5000	5	K	SER	T	S	SB	TB	90/90-21	130/80-17	190	23	–	130	9340
	Tengai	652	S 1	100×83	4-Takt	DOHC	4	9,5	W	30/41 7000	5	K	SER	T	S	SB	TB	90/90-21	130/80-17	190	23	6	156	9340
	EL 250/E	249	R 2	62×41,2	4-Takt	DOHC	4	12,4	W	20/27 11 800	6	K	SDR	T	S	SB	TB	100/90-17	140/90-15	159	11	10,6	135	6640–6840
	ZXR 400	398	R 4	57×39	4-Takt	DOHC	4	12,1	W	48/65 13 000	6	K	LKR	T	S	DSB	SB	120/60-17	160/60-17	186	16	4,9	207	12 950
	GPZ 500 S	499	R 2	74×58	4-Takt	DOHC	4	10,8	W	20/27 8500	6	K	SDR	T	S	DSB	SB	100/90-16	120/90-16	196	18	10,7	154	9190
	GPZ 500 S	499	R 2	74×58	4-Takt	DOHC	4	10,8	W	37/50 9300	6	K	SDR	T	S	DSB	SB	100/90-16	120/90-16	196	18	5,3	189	9190
	GPZ 500 S	499	R 2	74×58	4-Takt	DOHC	4	10,8	W	44/60 9800	6	K	SDR	T	S	DSB	SB	100/90-16	120/90-16	196	18	5	195	9190
	EN 500	499	R 2	74×58	4-Takt	DOHC	4	10,8	W	20/27 8000	6	ZR	SDR	T	S	SB	TB	100/80-19	140/90-15	200	11	10,6	122	9250
	EN 500	499	R 2	74×58	4-Takt	DOHC	4	10,8	W	37/50 8500	6	ZR	SDR	T	S	SB	TB	100/80-19	140/90-15	200	11	6,7	157	9250

* Ovalkolben   ** mit ABS 24 990 Mark

Hersteller	Typ	Hubraum (cm³)	Zyl.-Anordnung und -zahl	Bohrung und Hub (mm)	Arbeitsweise	Steuerung	Ventile/Zylinder	Verdichtung	Kühlung	Leistung (kW/PS bei 1/min)	Gänge	Hinterradantrieb	Rahmen	Vorderradfederung	Hinterradfederung	Vorderradbremse	Hinterradbremse	Vorderreifen	Hinterreifen	Gewicht incl. Kraftstoff und Öl (kg)	Tankinhalt (l)	Beschleun. 1 Pers. (0–100 km/h sec)	Höchstgeschwindig- keit, 1 Pers. (km/h)	Preis incl. MwSt (Mark)
	Zephyr 550	553	R 4	58 × 52,4	4-Takt	DOHC	2	9,5	L	20/27 7800	6	K	SDR	T	S	DSB	SB	110/80-17	140/70-17	200	15	9,2	137	9100
	Zephyr 550	553	R 4	58 × 52,4	4-Takt	DOHC	2	9,5	L	37/50 10 000	6	K	SDR	T	S	DSB	SB	110/80-17	140/70-17	200	15	5,7	173	9100
	ZZ-R 600	599	R 4	64 × 46,6	4-Takt	DOHC	4	11,5	W	72/98 11 500	6	K	LDR	T	S	DSB	SB	120/60-17	160/60-17	222	18	3,7	230	13 490
	ZXR 750	749	R 4	71 × 47,3	4-Takt	DOHC	4	10,8	W	74/100 10 500	6	K	LKR	T	S	DSB	SB	120/70-17	180/55-17	231	18	4,2	231	17 460
	ZXR 750 R	749	R 4	71 × 47,3	4-Takt	DOHC	4	11,5	W	74/100 11 000	6	K	LKR	T	S	DSB	SB	120/70-17	180/55-17	220	18	–	239	22 980
	Zephyr 750	738	R 4	66 × 54	4-Takt	DOHC	2	9,5	L	20/27 7500	5	K	SDR	T	S	DSB	SB	120/70-17	150/70-17	220	17	15,9	130	10 790
	Zephyr 750	739	R 4	66 × 54	4-Takt	DOHC	2	9,5	L	37/50 8500	5	K	SDR	T	S	DSB	SB	120/70-17	150/70-17	220	17	4,3	170	10 790
	Zephyr 750	739	R 4	66 × 54	4-Takt	DOHC	4	11	L	53/72 9500	5	K	SDR	T	S	DSB	SB	120/70-17	150/70-17	220	17	3,6	201	10 790
	GPZ 900 R	908	R 4	72,5 × 55	4-Takt	DOHC	4	11	W	74/100 9500	6	K	SDR	T	S	DSB	SB	120/80-16	130/80-18	257	22	4,2	240	14 480
	1000 GTR	997	R 4	74 × 58	4-Takt	DOHC	4	10,2	W	68/92 9000	5	K	SDR	T	S	DSB	SB	110/80-18	150/80-16	307	28,5	4,1	195	16 980
	Zephyr 1100	1062	R 4	73,5 × 62,6	4-Takt	DOHC	2	9,1	L	68/93 8000	5	K	SDR	T	S	DSB	SB	120/70-18	160/70-17	266	19	3,7	207	14 150
	ZZ-R 1100	1052	R 4	76 × 58	4-Takt	DOHC	4	11	W	74/100 9000	5	K	LKR	T	S	DSB	SB	120/70-17	170/60-17	264	20	–	244	18 240
	VN-15 SE	1470	50° V 2	102 × 90	4-Takt	OHC	4	9	W	20/27 3300	4	W	SDR	T	S	SB	SB	100/90-19	150/90-15	281	12	–	120	15 890
	VN-15 SE	1470	50° V 2	102 × 90	4-Takt	OHC	4	9	W	47/64 5000	4	W	SDR	T	S	SB	SB	100/90-19	150/90-15	281	12	5,6	178	15 890
KTM	Enduro 125 VC	124	S 1	54 × 54	2-Takt	MB/VA	–	14	W	8/11 7500	6	K	SER	T	S	SB	SB	3.00-21	120/90-18	113	8	–	105	8490
	Enduro 250 TVC	249	S 1	67,5 × 69,5	2-Takt	MB/VA	–	6,7	W	13/17 7400	5	K	SER	T	S	SB	SB	90/90-21	140/80-18	103	9,5	–	–	9690
	Enduro 300 TVC	297	S 1	72 × 73	2-Takt	MB/VA	–	6,7	W	13/17 6130	5	K	SER	T	S	SB	SB	3.00-21	140/80-18	103	12,5	–	–	9990
	Enduro 350 LC 4	348	S 1	83 × 64,4	4-Takt	OHC	4	10	W	28/38 9000	5	K	SER	T	S	SB	SB	3.00-21	140/80-18	122	9	4,5	130	10 590
	Enduro 600 LC 4	553	S 1	95 × 78	4-Takt	OHC	4	9,5	W	20/27 6000	5	K	SER	T	S	SB	SB	3.00-21	140/80-18	134	8,7	–	115	10 990
	Enduro 600 LC 4	553	S 1	95 × 78	4-Takt	OHC	4	10	W	36/49 7000	5	K	SER	T	S	SB	SB	3.00-21	140/80-18	134	9/15	5,5	162	10 990
	Enduro 600 LC 4 Competition	553	S 1	95 × 78	4-Takt	OHC	4	9,5	W	20/27 6000	5	K	SER	T	S	SB	SB	3.00-21	140/80-18	122	9	–	115	11 090
Maico	GS 250	247	S 1	67 × 70	2-Takt	MB/VA	–	15,5	W	13/17 5500	5	K	SER	T	S	SB	SB	3.00-21	130/80-18	105	10	–	100	8000
	GS 350	349	S 1	79,5 × 70,4	4-Takt	OHC	4	10	L	20/27 6800	5	K	SER	T	S	SB	SB	3.00-21	130/80-18	135	10	–	125	9500
	GS 360	355	S 1	80,2 × 70,4	2-Takt	MB/VA	–	14,1	W	13/17 5400	5	K	SER	T	S	SB	SB	3.00-21	130/80-18	105	10	–	100	8000
	GS 490	488	S 1	86,5 × 83	4-Takt	OHC	4	13,5	W	13/17 5600	5	K	SER	T	S	SB	SB	3.00-21	130/80-18	109	10	–	100	a. A.
	GS 600	562	S 1	94 × 81	4-Takt	OHC	4	9,6	L	36/49 6800	5	K	SDR	T	S	SB	SB	3.00-21	130/80-18	135	10	–	140	9900
Moto Guzzi	Mille GT	948	90° V 2	88 × 78	4-Takt	OHV	2	9,5	L	52/71 6800	5	W	SDR	T	S	DSB	SB	110/90-18	120/90-18	252	22,5	5,3	180	14 990
	V 1000 Le Mans V	948	90° V 2	88 × 78	4-Takt	OHV	2	9,8	L	60/81 7400	5	W	SDR	T	S	DSB	SB	100/90-18	120/90-18	247	24	4,8	214	17 350
	1000 S	948	90° V 2	88 × 78	4-Takt	OHV	2	9,8	L	60/81 7400	5	W	SDR	T	S	DSB	SB	100/90-18	120/90-18	242	22,5	4,9	207	16 890
	California III	948	90° V 2	88 × 78	4-Takt	OHV	2	9,2	L	49/67 6500	5	W	SDR	T	S	DSB	SB	110/90-18	120/90-18	290	26	6,5	164	17 900

Hersteller	Typ	Hubraum (cm³)	Zyl.-Anordnung und -zahl	Bohrung und Hub (mm)	Arbeitsweise	Steuerung	Ventile/Zylinder	Verdichtung	Kühlung	Leistung (kW/PS bei 1/min)	Gänge	Hinterradantrieb	Rahmen	Vorderradfederung	Hinterradfederung	Vorderradbremse	Hinterradbremse	Vorderreifen	Hinterreifen	Gewicht incl. Kraftstoff und Öl (kg)	Tankinhalt (l)	Beschleun. 1 Pers. (0–100 km/h sec)	Höchstgeschwindigkeit 1 Pers. (km/h)	Preis incl. MWSt (Mark)
	California III C	948	90° V2	88×78	4-Takt	OHV	2	9,2	L	49/67 6500	5	W	SDR	T	S	DSB	SB	110/90-18	120/90-18	263	26	5,9	172	15 390
	California III Injection	948	90° V2	88×78	4-Takt	OHV	2	9,5	L	52/71 6800	5	W	SDR	T	S	DSB	SB	110/90-18	120/90-18	290	26	–	172	20 300
	California III C Injection	948	90° V2	88×78	4-Takt	OHV	2	9,5	L	52/71 6800	5	W	SDR	T	S	DSB	SB	110/90-18	120/90-18	267	26	5,7	186	17 740
	1000 Quota Injection	948	90° V2	88×78	4-Takt	OHV	2	9,5	L	52/71 6800	5	W	SDR	T	S	SB	SB	90/90-21	130/80-17	260	20	5,6	162	18 600
	1000 Daytona Injection	992	90° V2	90×78	4-Takt	OHC	4	10	L	69/93 8000	5	W	SZR	T	S	DSB	SB	120/70-17	160/60-18	239	20	4,6	220	27 500
MZ	ETZ 125	123	S 1	52×58	2-Takt	SL	–	10	L	7/10 5800	5	K	PSR	T	S	SB	TB	2.75-18	3.25-16	122	13	–	100	3300
	ETZ 150	143	S 1	56×58	2-Takt	SL	–	10	L	9/12,5 6000	5	K	PSR	T	S	SB	TB	2.75-18	3.25-16	125	13	–	100	3650
	ETZ 251	243	S 1	69×65	2-Takt	SL	–	10	L	13/17 5000	5	K	PSR	T	S	SB	TB	90/90-18	110/80-16	146	17	13	115	4200
	ETZ 301	291	S 1	75,5×65	2-Takt	OHC	4	9,2	L	17/23 5500	5	K	PSR	T	S	SB	TB	90/90-18	110/80-16	146	17	10	132	4635
	500 R	494	S 1	89×79,4	4-Takt	OHC	4	9,2	L	20/27 6500	5	K	PSR	T	S	SB	TB	90/90-18	110/80-16	157	17	7,8	144	6940
	500 R Fun	494	S 1	89×79,4	4-Takt	OHC	4	9,2	L	20/27 6500	5	K	PSR	T	S	SB	TB	90/90-18	110/80-16	168	24	7,8	141	7290
Norton	Commander	588	2 S-Wankel	–	4-Takt	–	–	9	W	63/85 9000	5	K	PSR	T	S	DSB	TB	100/90-18	120/90-18	262	23	5	192	21 000
	T.T.	588	2 S-Wankel	–	4-Takt	–	–	9	W	66/90 9500	5	K	LKR	T	S	DSB	TB	120/70-17	170/60-17	228	25	4,2	215	29 700
Suzuki	DR 125	124	S 1	57×48,8	4-Takt	OHC	2	9,5	L	9/12 9600	6	K	SER	T	S	SB	TB	80/80-21	100/80-18	125	13.5	–	102	4360
	DR 350 S	349	S 1	79×71,2	4-Takt	OHC	4	9,5	L	20/27 7600	6	K	SER	T	S	SB	SB	80/100-21	110/90-18	141	9	8,8	126	7250
	DR 350 SHC	349	S 1	79×71,2	4-Takt	OHC	4	9,5	L	20/27 7600	6	K	SER	T	S	SB	SB	80/100-21	110/90-18	146	9	9,5	126	7950
	DR 650 R Dakar	640	S 1	95×90,4	4-Takt	OHC	4	9,5	L	20/27 6400	5	K	SER	T	S	SB	SB	90/90-21	120/90-17	177	17	9,9	128	8350
	DR 650 R Dakar	640	S 1	95×90,4	4-Takt	OHC	4	9,7	L	33/45 6800	5	K	SER	T	S	SB	SB	90/90-21	120/90-17	177	17	6,4	158	8350
	DR 650 RS	640	S 1	95×90,4	4-Takt	OHC	4	9,7	L	34/46 6800	5	K	SER	T	S	SB	SB	90/90-21	120/90-17	184	20	–	130	8690
	DR 650 RSE	640	S 1	95×90,4	4-Takt	OHC	4	9,7	L	34/46 6800	5	K	SER	T	S	SB	SB	90/90-21	120/90-17	195	20	6,3	156	8690
	DR Big 800 S	779	S 1	105×90	4-Takt	OHC	4	9,5	L	37/50 6600	5	K	SER	T	S	SB	SB	90/90-21	130/80-17	222	24	–	125	9870
	DR Big 800 S	779	S 1	105×90	4-Takt	OHC	4	9,5	L	37/50 6600	5	K	SER	T	S	SB	SB	90/90-21	130/80-17	222	24	5,8	163	9870
	GN 250 E	249	S 1	72×61,2	4-Takt	OHC	4	9	L	13/17 7800	5	K	LKR	T	S	SB	TB	3.00-18	120/90-16	140	10	11,9	122	4850
	RGV 250 Gamma	249	90° V 2	56×50,6	2-Takt	MB/VA	–	7,3	W	41/56 11 000	6	K	LKR	T	ES	DSB	SB	110/70-17	150/60-17	169	16	4,9	197	10 990
	Bandit 400	398	R 4	56×40,4	4-Takt	DOHC	4	11,8	W	37/50 10 600	6	K	SDR	T	S	DSB	SB	110/70-17	150/70-17	190	16	5,6	172	8990
	GS 500 E	487	R 2	74×56,6	4-Takt	DOHC	2	9	L	20/27 8000	6	K	SDR	T	S	SB	SB	110/70-17	130/70-17	187	17	10,5	142	7090
	GS 500 E	487	R 2	74×56,6	4-Takt	DOHC	2	9	L	34/46 9200	6	K	SDR	T	S	SB	SB	110/70-17	130/70-17	187	17	6,1	173	7090
	GSX 600 F	599	R 4	62,6×48,7	4-Takt	DOHC	4	11,3	L	20/27 8200	6	K	SDR	T	S	DSB	SB	110/80-17	140/80-17	223	20	–	150	10 630
	GSX 600 F	599	R 4	62,6×48,7	4-Takt	DOHC	4	11,3	L	37/50 10 000	6	K	SDR	T	S	DSB	SB	110/80-17	140/80-17	223	20	–	180	10 630
	GSX 600 F	599	R 4	62,6×48,7	4-Takt	DOHC	4	11,3	L	63/86 11 000	6	K	SDR	T	S	DSB	SB	110/80-17	140/80-17	223	20	4,4	215	10 630

Hersteller	Typ	Hubraum (cm³)	Zyl.-Anordnung und -zahl	Bohrung und Hub (mm)	Arbeitsweise	Steuerung	Ventile/Zylinder	Verdichtung	Kühlung	Leistung (kW/PS bei 1/min)	Gänge	Hinterradantrieb	Rahmen	Vorderradfederung	Hinterradfederung	Vorderradbremse	Hinterradbremse	Vorderreifen	Hinterreifen	Gewicht incl. Kraftstoff und Öl (kg)	Tankinhalt (l)	Beschleun., 1 Pers. (0–100 km/h sec)	Höchstgeschwindigkeit, 1 Pers. (km/h)	Preis incl. MWSt (Mark)
	LS 650 Savage	652	S 1	94×94	4-Takt	OHC	4	8,5	L	20/27 5200	4	ZR	SER	T	S	SB	TB	100/90-19	140/80-15	171	11	9,3	127	7810
	GSX 750 F	748	R 4	73×44,7	4-Takt	DOHC	4	10,9	L	74/100 10 200	6	K	SDR	T	S	DSB	SB	110/80-17	150/70-17	231	20	3,6	227	12 850
	GSX-R 750 W	749	R 4	70×48,7	4-Takt	DOHC	4	11,8	W	74/100 11 000	6	K	LDR	T	S	DSB	SB	120/70-17	170/60-17	239	21	3,8	233	15 505
	VX 800	805	45° V 2	83×74,4	4-Takt	OHC	4	10	W	37/50 6000	5	W	SDR	T	S	DSB	SB	110/80-18	150/70-17	238	19	7,7	168	10 490
	VX 800	805	45° V 2	83×74,4	4-Takt	OHC	4	10	W	45/61 6800	5	W	SDR	T	S	DSB	SB	110/80-18	150/70-17	238	19	5,2	186	10 490
	VS 800 Intruder	805	45° V 2	83×74,4	4-Takt	OHC	4	10	L	37/50 6400	5	W	SDR	T	S	DSB	TB	80/90-21	140/90-15	219	12	6,8	154	11 855
	GSX 1100 F	1127	R 4	78×59	4-Takt	DOHC	4	10	L	74/100 8000	5	K	SDR	T	S	DSB	SB	120/80-16	150/80-16	273	21	4	233	15 490
	GSX 1100 G	1127	R 4	78×59	4-Takt	DOHC	4	10	L	74/100 8000	5	K	LDR	T	S	DSB	SB	110/80-18	160/70-17	287	21	4	220	13 750
	GSX-R 1100	1127	R 4	78×59	4-Takt	DOHC	4	9,3	L	74/100 8500	5	K	SDR	T	S	DSB	SB	120/60-17	180/55-17	253	21	3,4	232	18 290
	VS 1400 Intruder	1360	45° V 2	94×98	4-Takt	OHC	3	9,3	L	50/68 4800	4	W	SDR	T	S	DSB	SB	110/90-19	170/80-15	260	13	5,2	167	15 190
Triumph	Trident 750	748	R 3	76×55	4-Takt	DOHC	4	11	W	20/27 7000	6	K	SZR	T	S	DSB	SB	120/70-17	160/60-18	249	25	–	–	14 390
	Trident 750	748	R 3	76×55	4-Takt	DOHC	4	11	W	37/50 8000	6	K	SZR	T	S	DSB	SB	120/70-17	160/60-18	249	25	–	–	14 390
	Trident 750	748	R 3	76×55	4-Takt	DOHC	4	11	W	66/90 10 500	6	K	SZR	T	S	DSB	SB	120/70-17	160/60-18	249	25	4,7	204	14 390
	Daytona 750	748	R 3	76×55	4-Takt	DOHC	4	11	W	20/27 7000	6	K	SZR	T	S	DSB	SB	120/70-17	160/60-18	260	25	–	–	16 790
	Daytona 750	748	R 3	76×55	4-Takt	DOHC	4	11	W	37/50 8000	6	K	SZR	T	S	DSB	SB	120/70-17	160/60-18	260	25	–	–	16 790
	Daytona 750	748	R 3	76×55	4-Takt	DOHC	4	11	W	66/90 10 500	6	K	SZR	T	S	DSB	SB	120/70-17	160/60-18	260	25	4,6	216	16 790
	Trident 900	884	R 3	76×65	4-Takt	DOHC	4	10,6	W	74/100 9500	6	K	SZR	T	S	DSB	SB	120/70-17	160/60-18	249	25	4,3	215	15 490
	Trophy 900	884	R 3	76×65	4-Takt	DOHC	4	10,6	W	74/100 9500	6	K	SZR	T	S	DSB	SB	120/70-17	160/60-18	259	25	4	230	17 190
	Daytona 1000	998	R 4	76×55	4-Takt	DOHC	4	11	W	74/100 9800	6	K	SZR	T	S	DSB	SB	120/70-17	160/60-18	268	25	3,9	239	17 990
	Trophy 1200	1179	R 4	76×65	4-Takt	DOHC	4	10,6	W	74/100 9250	6	K	SZR	T	S	DSB	SB	120/70-17	160/60-18	267	25	3,8	241	18 790
Xingfu	XF 125	124	S 1	56,6×49,5	4-Takt	OHC	2	9	L	7/10 8500	4	K	SER	T	S	TB	TB	2.50-18	2.75-18	104	8,5	–	97	3390
Yamaha	DT 125 R	125	S 1	56×50,7	2-Takt	MB/PV	–	6,7	W	9/12 7000	6	K	SDR	T	S	SB	SB	2.75-21	4.10-18	119	10	–	110	5900
	XT 350	346	S 1	86×59,6	4-Takt	DOHC	4	9	L	13/17 7000	6	K	SER	T	S	SB	TB	3.00-21	110/80-18	150	12	–	116	7250
	XT 600 E/K	595	S 1	95×84	4-Takt	OHC	4	8,5	L	20/27 6000	5	K	SER	T	S	SB	TB	90/90-21	120/90-17	177	13	7,3	133	8200 / 8900
	XT 600 E/K	595	S 1	95×84	4-Takt	OHC	4	8,5	L	33/45 6500	5	K	SER	T	S	SB	TB	90/90-21	120/90-17	177	13	6,9	148	8200 / 8900
	XTZ 660 Ténéré	659	S 1	100×84	4-Takt	DOHC	5	9,2	W	35/48 6250	5	K	SDR	T	S	DSB	TB	90/90-21	120/90-17	202	20	6,3	158	10 900
	XTZ 750 Super Ténéré	749	R 2	87×63	4-Takt	DOHC	5	9,5	L	51/69 7500	5	K	SDR	T	S	DSB	TB	90/90-21	140/80-17	234	26	4,9	177	13 400
	XV 250	249	60° V 2	49×66	4-Takt	OHC	2	10	L	13/17 7000	5	K	SDR	T	S	DSB	TB	3.00-18	130/90-15	154	9,5	22,4	111	6550
	SR 500	499	S 1	87×84	4-Takt	OHC	2	9	L	20/27 6200	5	K	SER	T	S	TB	TB	3.50-18	4.00-18	170	14	9,3	134	6820
	XV 535	535	70° V 2	76×59	4-Takt	OHC	2	9	L	20/27 6000	5	W	PSR	T	S	SB	TB	90/90-19	140/90-15	220	13,5	11,1	128	8550

Hersteller	Typ	Hubraum (cm³)	Zyl.-Anordnung und -zahl	Bohrung und Hub (mm)	Arbeitsweise	Steuerung	Ventile/Zylinder	Verdichtung	Kühlung	Leistung (kW/PS bei 1/min)	Gänge	Hinterradantrieb	Rahmen	Vorderradfederung	Hinterradfederung	Vorderradbremse	Hinterradbremse	Vorderreifen	Hinterreifen	Gewicht incl. Kraftstoff und Öl (kg)	Tankinhalt (l)	Beschleun. 1 Pers. (0–100 km/h sec)	Höchstgeschwindig-keit, 1 Pers. (km/h)	Preis incl. MWSt (Mark)
	XV 535	535	70° V 2	76 × 59	4-Takt	OHC	2	9	L	34/46 7500	5	W	PSR	T	S	SB	TB	90/90-19	140/90-15	220	13,5	7	148	8550
	XJ 600 S Diversion	599	R 4	58,5 × 55,7	4-Takt	DOHC	2	9	L	20/27 7500	6	K	SDR	T	S	SB	SB	110/80-17	130/70-18	208	17	–	133	8995
	XJ 600 S Diversion	599	R 4	58,5 × 55,7	4-Takt	DOHC	2	10	L	37/50 7500	6	K	SDR	T	S	SB	SB	110/80-17	130/70-18	208	17	5,5	171	8995
	XJ 600 S Diversion	599	R 4	58,5 × 55,7	4-Takt	DOHC	2	10	L	45/61 8500	6	K	SDR	T	S	SB	SB	110/80-17	130/70-18	208	17	5,1	180	8995
	FZR 600	599	R 4	59 × 54,8	4-Takt	DOHC	4	12	W	20/27 8000	6	K	SKR	T	S	DSB	SB	110/70-17	130/70-18	208	18	12,4	139	13 450
	FZR 600	599	R 4	59 × 54,8	4-Takt	DOHC	4	12	W	37/50 8000	6	K	SKR	T	S	DSB	SB	110/70-17	130/70-18	208	18	–	180	13 450
	FZR 600	599	R 4	59 × 54,8	4-Takt	DOHC	4	12	W	67/91 10 500	6	K	SKR	T	S	DSB	SB	110/70-17	130/70-18	208	18	4	229	13 450
	FZ 750	749	R 4	68 × 51,6	4-Takt	DOHC	5	11,2	W	74/100 10 500	6	K	LKR	T	S	DSB	SB	120/70-17	140/70-18	232	21	3,8	233	14 990
	FZR 750 R	749	R 2	72 × 46	4-Takt	DOHC	5	11,4	W	74/100 11 250	6	K	SKR	T	S	DSB	SB	120/70-17	180/55-17	215	20	4,6	234	38 500
	TDM 850	849	R 2	89,5 × 67,5	4-Takt	DOHC	5	9,2	W	57/78 7500	5	W	SDR	T	S	DSB	SB	110/80-18	150/70-17	230	18	4	207	13 800
	XJ 900 F	891	R 4	68,5 × 60,5	4-Takt	DOHC	2	9,6	L	72/98 9000	5	K	SDR	T	S	DSB	SB	100/90-18	120/90-18	242	22	4,3	221	12 200
	FZR 1000	1002	R 4	75,5 × 56	4-Takt	DOHC	4	12	W	74/100 9500	6	K	SKR	T	S	DSB	SB	130/60-17	170/60-17	236	19	3,6	234	18 950
	XV 1100	1063	75° V 2	95 × 75	4-Takt	OHC	2	8,3	L	46/62 6000	5	W	PSR	T	S	DSB	TB	100/90-19	140/90-15	243	17	5,3	168	12 900
	FJ 1200/A *	1188	R 4	77 × 63,8	4-Takt	DOHC	4	9,7	L	74/100 8500	5	K	SDR	T	S	DSB	SB	120/70-17	150/80-16	280	22	3,7	218	16 420
	XVZ 13 T	1293	70° V 4	79 × 66	4-Takt	DOHC	4	10,5	W	71/97 7000	5	W	SDR	T	S	DSB	SB	120/90-18	140/90-16	348	20	4,7	196	23 010
Yangtze	750 Standard A-Gespann	745	180° 2	78 × 78	4-Takt	SV	2	5,7	L	16/22 4500	4	W	SDR	T	S	TB	TB	3,75-19	3,75-19	350	23	–	90	8700
	750 Standard B-Gespann	745	180° 2	78 × 78	4-Takt	SV	2	5,7	L	16/22 4500	4 + R	W	SDR	T	S	TB	TB	3,75-19	3,75-19	350	23	–	90	9100
	750 Spezial A-Gespann	745	180° 2	78 × 78	4-Takt	SV	2	5,7	L	18/24 4500	4	W	SDR	T	S	TB	TB	3,75-19	3,75-19	350	23	–	90	9100
	750 Spezial B-Gespann	745	180° 2	78 × 78	4-Takt	SV	2	5,7	L	18/24 4500	4 + R	W	SDR	T	S	TB	TB	3,75-19	3,75-19	350	23	–	90	9500
Importe aus der UdSSR/GUS	Dnepr MT 11-Gespann**	650	180° 2	78 × 68	4-Takt	OHV	2	8,5	L	28/38 5900	4 + R	W	SDR	T	S	TB	TB	3,75-19	3,75-19	350	19	–	125	12 400
	Dnepr MT 16-Gespann**	650	180° 2	78 × 68	4-Takt	OHV	2	8,5	L	28/38 5900	4 + R	W	SDR	T	S	TB	TB	3,75-19	3,75-19	365	19	–	125	12 950
	Ural M 67-6	650	180° 2	78 × 68	4-Takt	OHV	2	7	L	20/27 4500	4	W	SDR	T	S	TB	TB	4,00-18	4,00-18	215	17	–	130	7800
	Ural M 67-6	650	180° 2	78 × 68	4-Takt	OHV	2	7	L	28/38 5700	4	W	SDR	T	S	TB	TB	4,00-18	4,00-18	215	19	–	140	7800
	Ural M 67-6-Gespann	650	180° 2	78 × 68	4-Takt	OHV	2	7	L	28/38 5700	4 + R	W	SGR	T	S	TB	TB	3,75-19	4,00-18	350	19	–	125	11 800

Zulassungsfähige Sondermodelle

			Fahrgestelle für V- und Reihenmotoren von Honda, Kawasaki, Suzuki und Yamaha																					
AMC																							bis 25 000 (komplett)	
	z. B.:	Suzuki GSX 1100	1135	R 4	74 × 66	4-Takt	DOHC	4	9,7	L	74/100 8100	5	K	SGR	T	S	DSB	SB	130/80-18	170/60-18	231	20	–	245	25 000

* mit ABS 18 480 Mark ** mit SW-Rad-Antrieb

Hersteller	Typ	Hubraum (cm³)	Zyl.-Anordnung und -zahl	Bohrung und Hub (mm)	Arbeitsweise	Steuerung	Ventile/Zylinder	Verdichtung	Kühlung	Leistung (kW/PS bei 1/min)	Gänge	Hinterradantrieb	Rahmen	Vorderradfederung	Hinterradfederung	Vorderradbremse	Hinterradbremse	Vorderreifen	Hinterreifen	Gewicht incl. Kraftstoff und Öl (kg)	Tankinhalt (l)	Beschleun., 1 Pers. (0–100 km/h sec)	Höchstgeschwindigkeit, 1 Pers. (km/h)	Preis incl. MWSt (Mark)
AME z.B.:					Fahrgestelle für V-, Reihen- und Boxermotoren von BMW, Harley-Davidson, Kawasaki, Suzuki, Triumph und Yamaha																			bis 36 000 (komplett)
	SB 700 Street Bike '90	901	R 4	64,5×69	4-Takt	DOHC	4	8,8	L	70/95 9000	5	K	SDR	T	S	SB	TB	3.00-21	6.10-16	250	13	4,4	185	29 877
	ST 802 Super-Soft-Tail	1337	45° V 2	88,8×108	4-Takt	OHV	2	8,5	L	47/64 5200	5	K/ZR	SDR	T	GF	DSB	SB	3.00-21	6.10-16	255	13	7	165	31 377
	HT 1000 Super-Hard-Tail	1337	45° V 2	88,8×108	4-Takt	OHV	2	8,5	L	47/64 5200	5	K/ZR	SDR	T	FN	TB	SB	3.00-21	6.10-16	255	13	7	165	35 377
Bakker z.B.:					Fahrgestelle für R 4-Motoren von Honda, Kawasaki und Suzuki																			bis 28 000 (komplett)
	BK 900 R	908	R 4	72,5×55	4-Takt	DOHC	4	11	W	74/100 9500	6	K	LDR	T	S	DSB	SB	120/80-16	150/70-18	235	20	4	250	21 490
	BK 1000 RX	997	R 4	74×58	4-Takt	DOHC	4	10,2	W	74/100 9200	6	K	LKR	T	S	DSB	SB	130/70-16	160/70-16	229	21	3,5	229	26 790
Bimota (Ducati)	Tesi 1 D 906	904	90° V 2	92×68	4-Takt	DES	4	11,6	W	83/113 8500	6	K	LTP	S/AL	S	DSB	SB	120/70-17	180/55-17	213	16	4,1	232	61 420
(Yamaha)	YB 9 Bellaria 600	599	R 4	59×54,8	4-Takt	DOHC	4	12	W	70/95 10 500	6	K	LKR	T	S	DSB	SB	120/70-17	160/60-17	196	20	4,2	221	35 200
	YB 8 E.I. Furano	1002	R 4	75,5×56	4-Takt	DOHC	5	12	W	121/164 10 500	5	K	LKR	T	S	DSB	SB	120/70-17	180/55-17	194	20	–	290	55 000
	YB 8 Exup 1000	1002	R 4	75,5×56	4-Takt	DOHC	5	12	W	110/149 10 000	5	K	LKR	T	S	DSB	SB	120/70-17	180/60-17	217	20	3,7	260	42 600
	YB 10 Dieci/Biposto	1002	R 4	75,5×56	4-Takt	DOHC	5	12	W	110/149 10 000	5	K	LKR	T	S	DSB	SB	120/70-17	180/55-17	215	21	–	260	43 300/44 600
Egli (BMW)	K 100	987	R 4	67×70	4-Takt	DOHC	2	11,4	W	76/103 9000	5	W	SZR	T	S	DSB	SB	120/70-17	170/60-17	220	24	4,2	235	30 000
(Suzuki)	Red Lightning	1074	180° 2	72×66	4-Takt	DOHC	4	9,5	L	74/100 8700	5	W	SZR	T	S	DSB	SB	120/80-16	150/80-16	225	20	–	230	30 000
	Red Liberator-Gespann	1074	180° 2	72×66	4-Takt	DOHC	4	9,5	L	74/100 8700	5	W	SDR	T	S	DSB	SB	120/90-16	130/90-17	355	21	–	180	30 000
(Yamaha)	Vmax	1197	70° V 4	76×66	4-Takt	DOHC	4	10,5	W	107/145 9000	5	W	SDR	T	S	DSB	TB	110/90-18	150/90-15	293	23	3,8	226	18 825
	Red Rat Vmax-Gespann	1197	70° V 4	76×66	4-Takt	DOHC	4	10,5	W	107/145 9000	5	W	SDR	T	S	DSB	TB	120/90-17	175/70-15	364	34	–	200	40 000
Fallert (BMW)	R 80-1000	979	180° 2	94×70,6	4-Takt	OHV	2	10,5	L	48/65 7000	5	W	SDR	T	S	SB	TB	100/90-18	120/90-18	216	24	4,9	195	13 540
	R 80-1000	979	180° 2	94×70,6	4-Takt	OHV	2	11,2	L	59/80 7500	5	W	SDR	T	S	SB	TB	100/90-18	130/80-18	224	24	–	200	15 540
	R 80 GS-1000	979	180° 2	94×70,6	4-Takt	OHV	2	10,5	L	48/65 7000	5	W	SDR	T	S	SB	TB	90/90-21	130/90-17	218	22	–	195	13 499
	R 100 GS-1000	979	180° 2	94×70,6	4-Takt	OHV	2	11	L	55/75 7250	5	W	SDR	T	S	SB	TB	90/90-21	130/90-17	218	22	–	200	15 830
	R 100 GS-1000	979	180° 2	94×70,6	4-Takt	OHV	2	11,2	L	59/80 7500	5	W	SDR	T	S	DSB	SB	100/90-18	130/90-17	225	22	4,5	200	23 500
	R 100 BoT-Replica	979	180° 2	94×70,6	4-Takt	OHV	2	11,5	L	63/85 7750	5	W	SDR	T	S	DSB	SB	120/70-17	160/60-18	220	22	–	210	26 500
Fischer (Honda)	GF 750 H	747	R 4	67×53	4-Takt	DOHC	4	9,3	W	67/91 9500	6	K	SZR	T	S	DSB	SB	16/18"	170/60-18	214	20	–	220	14 000*
(Kawasaki)	GF 900 K	908	R 4	72,5×55	4-Takt	DOHC	4	11	W	74/100 9500	6	K	SZR	T	S	DSB	SB	16/18"	170/60-18	235	20	–	230	14 000
(Moto Guzzi)	GF 1000 G	948	90° V 2	88×78	4-Takt	OHV	2	9,8	L	60/81 7400	5	W	SZR	T	S	DSB	SB	16/18"	170/60-18	225	22	–	220	14 000
(Suzuki)	GF 750 S	749	R 4	70×48,7	4-Takt	DOHC	4	9,8	W	74/100 11 000	6	K	SZR	T	S	DSB	SB	16/18"	170/60-18	205	20	–	230	14 000
(Yamaha)	GF 750 Y	749	R 4	68×51,6	4-Takt	DOHC	5	11,2	W	74/100 10 500	6	K	SZR	T	S	DSB	SB	16/18"	170/60-18	220	20	–	235	14 000

* Preise ohne Motoren

1992

Hersteller	Typ	Hubraum (cm³)	Zyl.-Anordnung und -zahl	Bohrung und Hub (mm)	Arbeitsweise	Steuerung	Ventile/Zylinder	Verdichtung	Kühlung	Leistung (kW/PS bei 1/min)	Gänge	Hinterradantrieb	Rahmen	Vorderradfederung	Hinterradfederung	Vorderradbremse	Hinterradbremse	Vorderreifen	Hinterreifen	Gewicht incl. Kraftstoff und Öl (kg)	Tankinhalt (l)	Beschleun., 1 Pers. (0–100 km/h sec)	Höchstgeschwindigkeit, 1 Pers. (km/h)	Preis incl. MWSt (Mark)
Hauenstein																								bis 35 000 (komplett)
z.B.:	K 1000	997	R 4	74×58	4-Takt	DOHC	4	10,2	W	74/100 9500	6	K	SGR	T	S	DSB	SB	120/80-16	160/60-18	229	20	–	240	34 900
Magni (Moto Guzzi)	1000 Classic	948	90° V 2	88×78	4-Takt	OHV	2	9,8	L	60/81 7400	5	W	SDR	T	PS	DSB	SB	100/90-18	130/80-18	220	22	–	200	20 200
	1000 Arturo	948	90° V 2	88×78	4-Takt	OHV	2	9,8	L	60/81 7400	5	W	SDR	T	PS	DSB	SB	100/90-18	130/80-18	220	22	–	210	21 150
	1000 Sfida	948	90° V 2	88×78	4-Takt	OHV	2	9,8	L	60/81 7400	5	W	SDR	T	PS	DSB	SB	100/90-18	130/80-18	220	22	–	210	22 200
	1100 Classic	1090	90° V 2	92×82	4-Takt	OHV	2	11,2	L	74/100 6800	5	W	SDR	T	PS	DSB	SB	100/90-18	130/80-18	225	22	–	230	22 290
	1100 Arturo	1090	90° V 2	92×82	4-Takt	OHV	2	11,2	L	74/100 6800	5	W	SDR	T	PS	DSB	SB	100/90-18	130/80-18	225	22	–	230	23 240
	1100 Sfida	1090	90° V 2	92×82	4-Takt	OHV	2	11,2	L	74/100 6800	5	W	SDR	T	PS	DSB	SB	100/90-18	130/80-18	225	24	–	230	24 290
Martin	Fahrgestelle für R 4-Motoren von Honda, Kawasaki und Suzuki																							bis 24 000 (komplett)
z.B.:	Kawasaki GPZ 1000 RX	997	R 4	74×58	4-Takt	DOHC	4	10,2	W	74/100 9500	6	K	SGR	T	S	DSB	SB	120/80-16	150/70-18	232	21	–	240	23 000
	Suzuki GSX-R 1100	1052	R 4	76×58	4-Takt	DOHC	4	11	L	96/130 9500	5	K	SGR	T	S	DSB	SB	120/80-16	150/70-18	220	21	–	240	24 000
Michel (BMW)	R 100 S	979	180° 2	94×70,6	4-Takt	OHV	2	10,5	L	62/84 7500	5	W	SGR	T	S	DSB	SB	100/90-18	130/90-18	237	22	4,6	222	20 000
Noki (Moto Guzzi)	Le Mans IV	948	90° V 2	88×78	4-Takt	OHV	2	9,8	L	60/81 7400	5	K	SGR	T	S	DSB	SB	130/70-16	180/60-18	220	24	–	220	30 000
PSS	Fahrgestelle für R 4-Motoren von Honda, Kawasaki, Suzuki und Yamaha																							bis 22 000 (komplett)
z.B.:	PSS-Kawasaki GPZ 1000 RX	997	R 4	74×58	4-Takt	DOHC	4	10,2	W	74/100 9500	6	K	SGR	T	S	DSB	SB	120/80-16	150/70-16	230	20	–	240	17 500
	PSS-Honda CBR 1000 F	998	R 4	77×53,6	4-Takt	DOHC	4	10,5	W	74/100 9000	6	K	SGR	T	S	DSB	SB	110/80-17	150/70-17	230	20	–	240	19 980
	PSS-Suzuki GSX-R 1100	1052	R 4	76×58	4-Takt	DOHC	4	10	L	74/100 8700	5	K	SGR	T	S	DSB	SB	110/80-18	150/70-18	220	20	–	235	19 980
Schek (BMW)	R 80/R 100 GS Paris-Dakar	1011	180° 2	95,5×70,6	4-Takt	OHV	2	9,4	L	48/65 6500	5	W	SDR	T	S	DSB	TB	90/90-21	130/80-17	210	42	–	180	23 749
WiWo	Fun Bikes auf Cagiva-, Honda-, Kawasaki-, Suzuki- und Yamaha-Einzylinder- und Zweizylinderbasis																							
	BMW K 100 Superbike	987	R 4	67×70	4-Takt	DOHC	2	10,2	W	66/90 8000	5	W	SDR	T	S	DSB	TB	120/70-17	160/60-18	230	22	–	220	23 600
	BMW Superbike Boxer	979	180° 2	94×70,6	4-Takt	OHV	2	10,5	L	52/70 7000	5	W	SDR	T	S	DSB	TB	120/70-17	170/60-18	225	22	–	180	25 500
Wüdo (BMW)																								bis 20 200 (komplett)
	R 80	979	180° 2	94×70,6	4-Takt	OHV	2	10,5	L	59/80 7800	5	W	SDR	T	S	DSB	TB	100/80-18	140/70-18	200	22	–	195	13 000
	R 100 GS	979	180° 2	94×70,6	4-Takt	OHV	2	10,5	L	50/68 6500	5	W	SDR	T	S	SB	TB	90/90-21	130/90-17	215	22	–	180	14 950
	K 75 RS	740	R 3	67×70	4-Takt	DOHC	2	11	W	55/75 8500	5	W	SDR	T	S	DSB	TB	100/90-18	120/90-18	235	21	–	200	15 500
	K 100 Hossack	987	R 4	67×70	4-Takt	DOHC	2	10,2	W	66/90 8000	5	W	SDR	TG	S	DSB	SB	100/80-18	140/80-17	245	22	–	220	a. A.

1992

Suzuki DR 500 S; 1981; 20 kW/27 PS bei 6500/min; 33 Nm bei 3000/min; 136 km/h; 6 174 Mark

Tweesmann-Yamaha XT 505; 1981; 29 kW/40 PS bei 6000/min; 140 km/h; 7 600 Mark

Morini 500 Camel; 1981; 28 kW/38 PS bei 7400/min; 44 Nm bei 3500/min; 129 km/h; 8 999 Mark

Triumph TR 7 T Tiger Trail; 1981; 31 kW/42 PS bei 6500/min; 50 Nm bei 5500/min; 155 km/h; 8 495 Mark

Honda CB 125 T 2; 1981; 7 kW/10 PS bei 10500/min; 12 Nm bei 10300/min; 100 km/h; 3 235 Mark

Honda CB 250 RS; 1981; 19 kW/26 PS bei 8500/min; 23 Nm bei 7500/min; 146 km/h; 4 019 Mark

Honda CB 400 N; 1981; 32 kW/43 PS bei 8500/min; 33 Nm bei 8000/min; 161 km/h; 4 959 Mark

Suzuki GS 450 E; 1981; 20 kW/27 PS bei 7600/min; 28 Nm bei 5500/min; 155 km/h; 5 165 Mark

Ducati 500 SL Pantah; 1981; 37 kW/50 PS bei 8500/min; 44 Nm bei 6750/min; 180 km/h; 9131 Mark

Kawasaki Z 550; 1981; 37 kW/50 PS bei 8500/min; 45 Nm bei 7000/min; 173 km/h; 6160 Mark

Suzuki GS 550 M Katana; 1981; 37 kW/50 PS bei 9400/min; 39 Nm bei 8400/min; 177 km/h; 8215 Mark

Yamaha XJ 550; 1981; 37 kW/50 PS bei 9000/min; 42 Nm bei 7500/min; 176 km/h; 6638 Mark

**Benelli 354 Sport;
1981; 28 kW/38 PS
bei 10200/min; 22 Nm
bei 7600/min; 144
km/h; 7 190 Mark**

**Moto Guzzi V 50 III;
1981; 36 kW/49 PS
bei 7600/min; 49 Nm
bei 6200/min; 162
km/h; 6 590 Mark**

**Laverda 500 SFC;
1981; 33 kW/45 PS
bei 8200/min; 42 Nm
bei 6500/min; 182
km/h; 8 593 Mark**

Kawasaki GPZ 550; 1981; 43 kW/58 PS bei 9000/min; 48 Nm bei 8000/min; 194 km/h; 6660 Mark

Suzuki GS 550 E Red Suzi; 1981; 37 kW/50 PS bei 9400/min; 39 Nm bei 8400/min; 177 km/h; 7424 Mark

Moto Guzzi V 50 Monza; 1981; 36 kW/49 PS bei 7600/min; 49 Nm bei 6200/min; 174 km/h; 6990 Mark

Yamaha XJ 750 Seca; 1981; 60 kW/82 PS bei 9000/min; 66 Nm bei 7500/min; 204 km/h; 8750 Mark

Suzuki GS 650 G Katana; 1981; 54 kW/73 PS bei 9500/min; 57 Nm bei 8000/min; 197 km/h; 8915 Mark

Kawasaki Z 1000 LTD; 1981; 70 kW/95 PS bei 8500/min; 80 Nm bei 7500/min; 192 km/h; 10 060 Mark

Yamaha TR 1; 1981; 51 kW/69 PS bei 6500/min; 81 Nm bei 5500/min; 182 km/h; 8 878 Mark

**Honda CB 650 C;
1981; 46 kW/63 PS
bei 9000/min; 53 Nm
bei 8000/min; 173
km/h; 6 939 Mark**

**Kawasaki Z 750 LTD;
1981; 54 kW/74 PS
bei 9000/min; 62 Nm
bei 8000/min; 179
km/h; 7 960 Mark**

**Yamaha XV 750 Special; 1981; 37 kW/
50 PS bei 6500/min;
58 Nm bei 3500/min;
161 km/h; 8 659 Mark**

Honda CX 500 Turbo; 1981; 60 kW/82 PS bei 8000/min; 79 Nm bei 5000/min; 200 km/h; 9000 Mark

Suzuki GSX 750 S Katana; 1981; 60 kW/82 PS bei 9500/min; 66 Nm bei 8500/min; 210 km/h; 8990 Mark

Honda CB 900 F 2 Bol d'Or; 1981; 70 kW/95 PS bei 9000/min; 76 Nm bei 8000/min; 195 km/h; 11044 Mark

Moto Guzzi 850 Le Mans III; 1981; 56 kW/76 PS bei 7700/min; 74 Nm bei 6200/min; 214 km/h; 11 920 Mark

Harley-Davidson XLS 1000 Roadster; 1981; 40 kW/55 PS bei 5800/min; 74 Nm bei 3800/min; 170 km/h; 13 450 Mark

BMW R 100 CS; 1981; 52 kW/70 PS bei 7000/min; 75 Nm bei 6000/min; 194 km/h; 11 040 Mark

Yamaha XS 1100 S; 1981; 70 kW/95 PS bei 8000/min; 91 Nm bei 6000/min; 217 km/h; 11 178 Mark

Honda CBX Pro Link; 1981; 74 kW/100 PS bei 9000/min; 83 Nm bei 7500/min; 208 km/h; 14 165 Mark

Honda CB 1100 R; 1981; 74 kW/100 PS bei 9000/min; 82 Nm bei 7500/min; 234 km/h; 15 126 Mark

Kawasaki GPZ 1100 F 1; 1981; 74 kW/100 PS bei 8750/min; 92 Nm bei 7000/min; 228 km/h; 10 360 Mark

Suzuki GSX 1100 S Katana; 1981; 74 kW/100 PS bei 8700/min; 85 Nm bei 6500/min; 228 km/h; 11 990 Mark

Bajohr-Ducati 600 Pantah; 1981; 44 kW/60 PS bei 10000/min; 211 km/h; 11 500 Mark

Michel-BMW R 100; 1981; 52 kW/70 PS bei 7000/min; 202 km/h; 12 000 Mark

Egli-Honda CBX Target; 1981; 74 kW/ 100 PS bei 9000/min; 232 km/h; 29 900 Mark

Bimota-Kawasaki KB 2 Laser; 1981; 44 kW/60 PS bei 9500/min; 216 km/h; 25 120 Mark

Krauser-BMW MKM 1000; 1981; 52 kW/ 70 PS bei 7000/min; 193 km/h; 23 920 Mark

Egli-Honda CBX; 1981; 74 kW/100 PS bei 9000/min; 224 km/h; 28 000 Mark

Cagiva SX 350 Ala Rossa; 1982; 20 kW/27 PS bei 7000/min; 25 Nm bei 5500/min; 133 km/h; 6100 Mark

KTM 500 K 4 Enduro; 1982; 26 kW/36 PS bei 7000/min; 37 Nm bei 6500/min; 143 km/h; 7495 Mark

Suzuki DR 125 S;
1982; 7 kW/10 PS bei
9500/min; 8 Nm bei
8000/min; 95 km/h;
3799 Mark

Honda XL 500 R;
1982; 20 kW/27 PS
bei 5500/min; 39 Nm
bei 4000/min; 134
km/h; 5548 Mark

Yamaha XT 550;
1982; 28 kW/38 PS
bei 6500/min; 44 Nm
bei 5500/min; 149
km/h; 5915 Mark

Fantic 125 Strada; 1982; 13 kW/17 PS bei 7000/min; 18 Nm bei 6800/min; 124 km/h; 4700 Mark

Yamaha XS 400 DOHC; 1982; 33 kW/45 PS bei 9500/min; 36 Nm bei 8000/min; 168 km/h; 5138 Mark

Yamaha SR 250 SE;
1982; 13 kW/17 PS
bei 7500/min; 18 Nm
bei 5900/min; 115
km/h; 4107 Mark

Kawasaki Z 250 LTD;
1982; 13 kW/17 PS
bei 7000/min; 19 Nm
bei 4000/min; 116
km/h; 3980 Mark

Kawasaki Z 440 Twin;
1982; 20 kW/27 PS
bei 7000/min; 32 Nm
bei 3000/min; 140
km/h; 4920 Mark

Honda CBX 550 F; 1982; 44 kW/60 PS bei 10000/min; 48 Nm bei 8000/min; 191 km/h; 7 063 Mark

Honda CBX 550 F 2; 1982; 44 kW/60 PS bei 10000/min; 48 Nm bei 8000/min; 190 km/h; 7 943 Mark

Honda CX 500 E; 1982; 37 kW/50 PS bei 9000/min; 43 Nm bei 7000/min; 172 km/h; 7363 Mark

Kawasaki GPZ 550/Cantilever; 1982; 43 kW/58 PS bei 9000/min; 48 Nm bei 8500/min; 194 km/h; 6840 Mark

Benelli 654 Sport; 1982; 37 kW/50 PS bei 8700/min; 53 Nm bei 6200/min; 165 km/h; 8500 Mark

Moto Guzzi V 65; 1982; 37 kW/50 PS bei 6900/min; 54 Nm bei 6000/min; 173 km/h; 7350 Mark

BMW R 80 RT; 1982; 37 kW/50 PS bei 6500/min; 59 Nm bei 3500/min; 163 km/h; 10 990 Mark (links)
BMW R 80 ST; 1982; 37 kW/50 PS bei 6500/min; 57 Nm bei 5000/min; 172 km/h; 9 490 Mark

BMW R 65 LS; 1982; 37 kW/50 PS bei 7250/min; 52 Nm bei 6500/min; 175 km/h; 8 990 Mark

Yamaha XZ 550; 1982; 47 kW/64 PS bei 9500/min; 50 Nm bei 8500/min; 180 km/h; 7315 Mark

Yamaha XS 650 SE; 1982; 35 kW/48 PS bei 7100/min; 51 Nm bei 6000/min; 156 km/h; 6915 Mark

Triumph TSX; 1982; 36 kW/49 PS bei 6500/min; 58 Nm bei 5500/min; 162 km/h; 10400 Mark

Laverda 1000 RGS; 1982; 60 kW/82 PS bei 7900/min; 77 Nm bei 7000/min; 225 km/h; 13 188 Mark

Laverda 1000 Jota/120; 1982; 63 kW/86 PS bei 7900/min; 85 Nm bei 6500/min; 211 km/h; 12 688 Mark

Kawasaki Z 1100 ST; 1982; 71 kW/97 PS bei 8000/min; 93 Nm bei 6500/min; 212 km/h; 10 450 Mark

Yamaha XV 1000 SE Midnight Special; 1983; 50 kW/68 PS bei 6500/min; 81 Nm bei 5000/min; 172 km/h; 9541 Mark

AME-Harley-Davidson 1340; 1982; 52 kW/70 PS bei 5800/min; 165 km/h; Preis a. A.

AME-BMW R 75/7; 1982; 37 kW/50 PS bei 6200/min; 175 km/h; Preis a. A.

Eckert-Honda RE 1; 1982; 96 kW/130 PS bei 9500/min; 253 km/h; 35 000 Mark

Magni-BMW MB 1; 1982; 52 kW/70 PS bei 7000/min; 200 km/h; 17 000 Mark

Fantic 125 Strada Sport; 1983; 13 kW/17 PS bei 7000/min; 9 Nm bei 6800/min; 127 km/h; 4973 Mark

Malanca 125 E 2 CS ob one 5N/6N; 1983; 19 kW/26 PS bei 10800/min; 18 Nm bei 9000/min; 136 km/h; 5500 Mark

Benelli 250 Sport; 1983; 20 kW/27 PS bei 7800/min; 25 Nm bei 7400/min; 143 km/h; 4580 Mark

Suzuki DR 125 S; 1983; 7 kW/10 PS bei 9500/min; 8 Nm bei 8000/min; 95 km/h; 2 499 Mark

Morini 350 Kanguro; 1983; 20 kW/27 PS bei 7900/min; 34 Nm bei 4000/min; 123 km/h; 7 298 Mark

Morini 500 Sei-V; 1983; 31 kW/42 PS bei 7500/min; 45 Nm bei 5100/min; 155 km/h; 7 985 Mark

Moto Guzzi V 1000 California II; 1983; 49 kW/67 PS bei 6700/min; 75 Nm bei 5200/min; 159 km/h; 12 410 Mark

Ducati 900 S 2; 1983; 48 kW/65 PS bei 7000/min; 74 Nm bei 6000/min; 208 km/h; 12 261 Mark

Moto Guzzi V 1000 Le Mans III; 1983; 63 kW/86 PS bei 7700/min; 82 Nm bei 6400/min; 222 km/h; 17 500 Mark

Kawasaki GPZ 250 Belt Drive; 1983; 13 kW/17 PS bei 8000/min; 16 Nm bei 7500/min; 128 km/h; 4720 Mark

Kawasaki GPZ 305; 1983; 20 kW/27 PS bei 10000/min; 24 Nm bei 7500/min; 152 km/h; 4930 Mark

Honda CB 250 RSD; 1983; 13 kW/17 PS bei 7000/min; 20 Nm bei 4000/min; 136 km/h; 4174 Mark

Kawasaki Z 550 GT; 1983; 37 kW/50 PS bei 8500/min; 46 Nm bei 7000/min; 177 km/h; 7320 Mark

Honda VT 500 E; 1983; 37 kW/50 PS bei 9000/min; 45 Nm bei 7000/min; 187 km/h; 7226 Mark

**Honda VT 500 C;
1983; 37 kW/50 PS
bei 9000/min; 45 Nm
bei 7000/min; 160
km/h; 7 226 Mark**

**Suzuki GSX 550 ES;
1983; 47 kW/64 PS
bei 10000/min; 48 Nm
bei 8000/min; 201
km/h; 6 560 Mark**

**Suzuki GR 650; 1983;
37 kW/50 PS bei
7200/min; 51 Nm bei
6000/min; 165 km/h;
6 060 Mark**

**Honda VF 750 F;
1983; 66 kW/90 PS
bei 10000/min; 73 Nm
bei 7500/min; 216
km/h; 10107 Mark**

**Kawasaki GPZ 750;
1983; 64 kW/87 PS
bei 9500/min; 70 Nm
bei 7500/min; 216
km/h; 9150 Mark**

**Suzuki GSX 750 ES;
1983; 63 kW/86 PS
bei 9500/min; 66 Nm
bei 8500/min; 210
km/h; 8790 Mark**

Honda CBX 650 E; 1983; 55 kW/75 PS bei 9500/min; 59 Nm bei 8000/min; 202 km/h; 7 904 Mark

Honda CX 650 Turbo; 1983; 74 kW/100 PS bei 8000/min; 103 Nm bei 4500/min; 226 km/h; 13 837 Mark

BMW K 100

BMW K 100; 1983; 66 kW/90 PS bei 8000/min; 86 Nm bei 6000/min; 218 km/h; 12 910 Mark

BMW K 100 RS; 1983; 66 kW/90 PS bei 8000/min; 86 Nm bei 6000/min; 222 km/h; 15 600 Mark

Yamaha XJ 900; 1983; 71 kW/97 PS bei 9000/min; 80 Nm bei 7500/min; 211 km/h; 9541 Mark

Honda CB 900 F Bol d'Or; 1983; 70 kW/95 PS bei 9000/min; 77 Nm bei 8000/min; 213 km/h; 10 422 Mark

Honda CB 1100 F; 1983; 74 kW/100 PS bei 8500/min; 90 Nm bei 7000/min; 216 km/h; 11591 Mark

Suzuki GSX 1100 E; 1983; 74 kW/100 PS bei 8700/min; 87 Nm bei 6500/min; 222 km/h; 8950 Mark

Harley-Davidson XR 1000, 1983; 49 kW/67 PS bei 5600/min, 98 Nm bei 4400/min, 185 km/h, 18060 Mark

Harley-Davidson FXRS 1340 Low Glide; 1983; 47 kW/64 PS bei 5200/min; 88 Nm bei 3600/min; 162 km/h; 20 550 Mark

Honda VF 1100 C; 1983; 74 kW/100 PS bei 8500/min; 90 Nm bei 7000/min; 193 km/h; 12 651 Mark

Magni-BMW MB 2; 1983; 52 kW/70 PS bei 7000/min; 200 km/h; 17 000 Mark

Moko-Kawasaki Z 1000 J; 1983; 72 kW/98 PS bei 8500/min; 220 km/h; 25 500 Mark

Egli-Yamaha SR 571 Red Falcon; 1983; 32 kW/43 PS bei 7000/min; 181 km/h; 19 000 Mark

Fallert-BMW R 100 S; 1983; 60 kW/81 PS bei 7500/min; 215 km/h; 18 814 Mark

Fantic 125 Strada LC; 1984; 13 kW/17 PS bei 7000/min; 18 Nm bei 6750/min; 127 km/h; 4832 Mark

Malanca 125 E 2 CS ob one Racing; 1984; 19 kW/26 PS bei 10800/min; 14 Nm bei 9600/min; 136 km/h; 6430 Mark

Honda XLV 750 R; 1984; 45 kW/61 PS bei 7000/min; 69 Nm bei 5500/min; 174 km/h; 10 038 Mark

Kawasaki KLR 600 E; 1984; 31 kW/42 PS bei 7000/min; 47 Nm bei 6000/min; 146 km/h; 6 990 Mark

Yamaha XT 600 Ténéré; 1984; 34 kW/46 PS bei 6500/min; 50 Nm bei 5500/min; 150 km/h; 7 430 Mark

Honda VF 500 F, 1984; 52 kW/70 PS bei 11500/min; 43 Nm bei 10500/min; 190 km/h; 9.693 Mark

**Honda VF 500 F 2;
1984; 52 kW/70 PS
bei 11500/min; 43 Nm
bei 10500/min; 206
km/h; 9618 Mark**

**Suzuki GSX 550 EF;
1984; 47 kW/64 PS
bei 10000/min; 48 Nm
bei 8000/min; 194
km/h; 7999 Mark**

**Yamaha XJ 600;
1984; 37 kW/50 PS
bei 9250/min; 42 Nm
bei 5000/min; 177
km/h; 8420 Mark**

BMW R 80; 1984; 37 kW/50 PS bei 6500/min; 58 Nm bei 4000/min; 181 km/h; 9990 Mark

BMW K 100 RT; 1984; 66 kW/90 PS bei 8000/min; 86 Nm bei 6000/min; 206 km/h; 16300 Mark

Yamaha RD 500 LC; 1984; 65 kW/88 PS bei 9500/min; 67 Nm bei 8500/min; 223 km/h; 11 188 Mark

Honda CBX 750 F; 1984; 67 kW/91 PS bei 9500/min; 70 Nm bei 8500/min; 211 km/h; 10 103 Mark

Honda VF 1000 F; 1984; 74 kW/100 PS bei 9500/min; 82 Nm bei 7500/min; 232 km/h; 12 943 Mark

Honda VF 1000 R; 1984; 74 kW/100 PS bei 9000/min; 82 Nm bei 7500/min; 249 km/h; 18 198 Mark

Kawasaki GPZ 900 R; 1984; 74 kW/100 PS bei 9500/min; 85 Nm bei 8500/min; 240 km/h; 11 700 Mark

Yamaha FJ 1100; 1984; 74 kW/100 PS bei 9000/min; 87 Nm bei 7500/min; 220 km/h; 13 168 Mark

Wüdo-BMW R 100 S; 1984; 52 kW/70 PS bei 7000/min; 200 km/h; 30 000 Mark

Harley-Davidson FLTC 1340 Tour Glide Classic; 1984; 47 kW/64 PS bei 5000/min; 108 Nm bei 3200/min; 155 km/h; 25360 Mark

Honda GL 1200 DX Gold Wing; 1984; 69 kW/94 PS bei 7000/min; 105 Nm bei 5500/min; 191 km/h; 17758 Mark

Kawasaki Z 1300 DFI; 1984; 74 kW/100 PS bei 7750/min; 103 Nm bei 4000/min; 208 km/h; 13990 Mark

Yamaha XVZ 12 T; 1984; 71 kW/97 PS bei 7000/min; 108 Nm bei 5000/min; 192 km/h; 17700 Mark

Harley-Davidson FXRS 1340 Low Glide Custom; 1985; 47 kW/64 PS bei 5200/min; 105 Nm bei 3600/min; 165 km/h; 25 350 Mark

Honda XL 350 R; 1984; 20 kW/27 PS bei 7500/min; 26 Nm bei 6500/min; 134 km/h; 5673 Mark

Aprilia 250 Tuareg; 1985; 35 kW/47 PS bei 8000/min; 38 Nm bei 7250/min; 136 km/h; 7150 Mark

Fantic 250 Raider LC; 1985; 18 kW/25 PS bei 6200/min; 23 Nm bei 5750/min; 122 km/h; 6 549 Mark

Honda XL 600 LM; 1985; 32 kW/44 PS bei 6500/min; 49 Nm bei 5500/min; 144 km/h; 7 958 Mark

Suzuki DR 600 S; 1984; 33 kW/45 PS bei 6800/min; 48 Nm bei 5800/min; 150 km/h; 6 699 Mark

Yamaha SR 500;
1985; 20 kW/27 PS
bei 6000/min; 38 Nm
bei 3500/min; 142
km/h; 5 548 Mark

Suzuki GSX 550 EU;
1985; 37 kW/50 PS
bei 9600/min; 42 Nm
bei 7650/min; 182
km/h; 6 759 Mark

Honda XBR 500;
1985; 32 kW/44 PS
bei 7000/min; 43 Nm
bei 6000/min; 171
km/h; 5 683 Mark

MZ ETZ 150; 1985; 7 kW/10 PS bei 6000/min; 13 Nm bei 5500/min; 95 km/h; 2190 Mark

Cagiva 650 Alazzurra; 1985; 37 kW/50 PS bei 8400/min; 51 Nm bei 6000/min; 175 km/h; 9180 Mark

Suzuki RG 250 Gamma; 1985; 33 kW/45 PS bei 8500/min; 37 Nm bei 8000/min; 172 km/h; 7699 Mark

Suzuki RG 500 Gamma; 1985; 70 kW/95 PS bei 9500/min; 72 Nm bei 9000/min; 228 km/h; 11999 Mark

Suzuki GSX-R 750; 1985; 74 kW/100 PS bei 11000/min; 67 Nm bei 10000/min; 226 km/h; 12 799 Mark

BMW K 75 C: 1985; 55 kW/75 PS bei 8500/min; 68 Nm bei 6750/min; 200 km/h; 12 890 Mark

Moto Guzzi V 65 Lario; 1985; 37 kW/50 PS bei 7800/min; 51 Nm bei 6000/min; 176 km/h; 8990 Mark

BMW K 75 C; 1985; 55 kW/75 PS bei 8500/min; 68 Nm bei 6750/min; 200 km/h; 12890 Mark (links)
BMW K 75 S; 1985; 55 kW/75 PS bei 8500/min; 68 Nm bei 6750/min; 199 km/h; 13980 Mark

Yamaha FZ 750; 1985; 74 kW/100 PS bei 10500/min; 78 Nm bei 8000/min; 231 km/h; 12788 Mark

Bakker-Kawasaki GPZ 900 R; 1985; 74 kW/100 PS bei 9500/min; 250 km/h; 19970 Mark

Egli-Suzuki 1200 Red Lightning; 1985; 93 kW/127 PS bei 9000/min; 258 km/h; 28000 Mark

Magni-Moto Guzzi Le Mans 1100; 1985; 74 kW/100 PS bei 6800/min; 225 km/h; 22000 Mark

Harley-Davidson XLH Sportster 883 Evolution; 1986; 34 kW/46 PS bei 6000/min; 61 Nm bei 4000/min; 149 km/h; 13 630 Mark

Yamaha SRX 6; 1986; 31 kW/42 PS bei 6500/min; 48 Nm bei 5500/min; 170 km/h; 7130 Mark

Honda CB 450; 1966; 31 kW/43 PS bei 8500/min; 37 Nm bei 7250/min; 165 km/h; 3 995 Mark (links)
Honda CB 450 S; 1986; 32 kW/44 PS bei 9000/min; 38 Nm bei 7000/min; 163 km/h; 6 145 Mark

Ducati 750 Paso; 1986; 54 kW/73 PS bei 7900/min; 74 Nm bei 6350/min; 201 km/h; 17 999 Mark

BMW R 80 G/S; 1986;
37 kW/50 PS bei
6500/min; 57 Nm bei
5000/min; 173 km/h;
10 250 Mark

BMW R 100 RS; 1986;
44 kW/60 PS bei
6500/min; 74 Nm bei
3500/min; 186 km/h;
15 700 Mark

BMW K 100 LT; 1986;
66 kW/90 PS bei
8000/min; 86 Nm bei
6000/min; 215 km/h;
18 530 Mark

BMW K 75; 1986; 55 kW/75 PS bei 8500/min; 68 Nm bei 6750/min; 200 km/h; 11 990 Mark

BMW K 100 RS Motorsport; 1986; 66 kW/90 PS bei 8000/min; 86 Nm bei 6000/min; 221 km/h; 17 160 Mark

BMW K 75 S Special; 1986; 55 kW/75 PS bei 8500/min; 68 Nm bei 6750/min; 210 km/h; 14 900 Mark

Honda VFR 750 F, 1986: 74 kW/100 PS bei 10500/min, 60 Nm bei 9500/min, 235 km/h, 12750 Mark

Suzuki GSX-R 1100; 1986; 74 kW/100 PS bei 8700/min; 101 Nm bei 8300/min; 228 km/h; 15849 Mark

Yamaha FJ 1200; 1986; 74 kW/100 PS bei 8500/min; 92 Nm bei 6500/min; 231 km/h; 13888 Mark

Bimota-Ducati DB 1; 1986: 52 kW/70 PS bei 8000/min; 61 Nm bei 6500/min; 205 km/h; 24000 Mark

Kawasaki GPZ 500 S; 1987; 44 kW/60 PS bei 9800/min; 46 Nm bei 8500/min; 195 km/h; 8190 Mark

Honda CBR 1000 F; 1987; 74 kW/100 PS bei 9000/min; 87 Nm bei 6500/min; 237 km/h; 13770 Mark

Moto Guzzi V 65 NTX; 1987; 33 kW/45 PS bei 7500/min; 48 Nm bei 4000/min; 153 km/h; 9950 Mark

Honda XL 600 V Transalp; 1987; 37 kW/50 PS bei 8000/min; 52 Nm bei 6000/min; 167 km/h; 8540 Mark

Laverda OR 600 Atlas; 1986; 37 kW/50 PS bei 7500/min; 48 Nm bei 4800/min; 159 km/h; 10370 Mark

Suzuki VS 1400 Intruder; 1987; 50 kW/68 PS bei 4800/min; 115 Nm bei 3200/min; 167 km/h: 13 999 Mark

Honda VT 750 C; 1987; 46 kW/63 PS bei 7000/min; 69 Nm bei 5500/min; 167 km/h; 10 225 Mark

Kawasaki ZL 1000; 1987; 74 kW/100 PS bei 9000/min; 85 Nm bei 7500/min; 206 km/h; 13 990 Mark

Yamaha FZR 1000 Genesis: 1987: 74 kW/100 PS bei 9500/min: 86 Nm bei 4500/min: 231 km/h: 15 290 Mark

Moto Guzzi Mille GT; 1987; 49 kW/67 PS bei 6700/min; 75 Nm bei 5200/min; 171 km/h; 11550 Mark

Kawasaki VN-15; 1987; 52 kW/70 PS bei 4500/min; 126 Nm bei 3000/min; 179 km/h; 13760 Mark

Yamaha TDR 250; 1988; 37 kW/50 PS bei 10000/min; 36 Nm bei 8500/min; 161 km/h; 8000 Mark

Aprilia Tuareg 600 Wind; 1988; 35 kW/48 PS bei 7000/min; 50 Nm bei 6000/min; 175 km/h; 8 810 Mark

Suzuki DR Big 750 S; 1988; 37 kW/50 PS bei 6800/min; 55 Nm bei 5500/min; 153 km/h; 8 990 Mark

BMW R 100 GS: 1988: 44 kW/60 PS bei 6500/min; 76 Nm bei 3750/min: 164 km/h: 12 990 Mark

Honda XRV 650 Africa Twin; 1988; 37 kW/50 PS bei 7000/min; 55 Nm bei 5500/min; 168 km/h; 10 750 Mark

BMW R 80 GS; 1988; 37 kW/50 PS bei 6500/min; 61 Nm bei 3750/min; 150 km/h; 10 950 Mark

Suzuki GSX 600 F; 1988; 63 kW/86 PS bei 11000/min; 58 Nm bei 9600/min; 215 km/h; 9990 Mark

Norton Classic; 1988; 63 kW/85 PS bei 9000/min; 70 Nm bei 7200/min; 200 km/h; 21000 Mark

Honda VFR 750 R; 1988; 74 kW/100 PS bei 11000/min; 66 Nm bei 10500/min; 234 km/h; 25 270 Mark

Bimota-Yamaha YB 4 E. I.; 1988; 88 kW/120 PS bei 10250/min; 88 Nm bei 8500/min; 245 km/h; 39 250 Mark

Moto Guzzi V 1000 Le Mans V; 1988; 60 kW/81 PS bei 7400/min; 83 Nm bei 6200/min; 214 km/h; 14 500 Mark

Kawasaki ZX-10; 1988; 74 kW/100 PS bei 8800/min; 89 Nm bei 6800/min; 231 km/h; 14 790 Mark

Honda GL 1500/6 Gold Wing; 1988; 74 kW/100 PS bei 5200/min; 150 Nm bei 4000/min; 184 km/h; 22 300 Mark

MZ ETZ 251; 1989; 15 kW/21 PS bei 5500/min; 27 Nm bei 5200/min; 129 km/h; 3180 Mark

Yamaha XTZ 750 Super Ténéré; 1989; 51 kW/69 PS bei 7500/min; 67 Nm bei 6750/min; 181 km/h; 12380 Mark

BMW R 100 GS Paris-Dakar; 1989; 44 kW/60 PS bei 6500/min; 76 Nm bei 3750/min; 162 km/h; 15 190 Mark

BMW K 1; 1989; 74 kW/100 PS bei 8000/min; 100 Nm bei 6750/min; 235 km/h; 20 600 Mark

Kawasaki ZXR 750; 1989; 74 kW/100 PS bei 10500/min; 75 Nm bei 9000/min; 231 km/h; 15790 Mark

Ducati 851 Strada; 1989; 75 kW/102 PS bei 8250/min; 85 Nm bei 8000/min; 225 km/h; 29900 Mark

Suzuki RGV 250 Gamma; 1989; 43 kW/58 PS bei 11000/min; 37 Nm bei 10800/min; 194 km/h; 9590 Mark

Suzuki GSX-R 1100; 1989; 74 kW/100 PS bei 8500/min; 90 Nm bei 7000/min; 235 km/h; 16590 Mark

Yamaha FZR 1000; 1989; 74 kW/100 PS bei 9500/min; 88 Nm bei 5250/min; 234 km/h; 17310 Mark

Harley-Davidson 1340 Springer Softail; 1989; 43 kW/58 PS bei 5000/min; 92 Nm bei 4000/min; 165 km/h; 25 380 Mark

Harley-Davidson 1340 Electra Glide Ultra Classic; 1989; 48 kW/65 PS bei 5000/min; 96 Nm bei 3600/min; 150 km/h; 31 280 Mark

Norton Commander; 1989; 63 kW/85 PS bei 9000/min; 75 Nm bei 7000/min; 192 km/h; 25 900 Mark

Moto Guzzi V 1000 SP III; 1989; 52 kW/71 PS bei 6800/min; 79 Nm bei 5300/min; 185 km/h; 16 800 Mark

Cagiva Elefant 900 i. e.; 1990; 53 kW/72 PS bei 8000/min; 77 Nm bei 6000/min; 182 km/h; 19.220 Mark

Honda XRV 750 Africa Twin; 1990; 43 kW/58 PS bei 7500/min; 61 Nm bei 5500/min; 170 km/h; 13 080 Mark

Suzuki DR Big 800 S; 1990; 37 kW/50 PS bei 6600/min; 57 Nm bei 5500/min; 163 km/h; 9 690 Mark

Honda VFR 750 F; 1990; 74 kW/100 PS bei 10000/min; 72 Nm bei 9500/min; 233 km/h; 15 570 Mark

Suzuki GSX-R 750; 1990; 74 kW/100 PS bei 10500/min; 71 Nm bei 9300/min; 238 km/h; 14 550 Mark

Aprilia AF 1 125 Sintesi Sport; 1990; 20 kW/27 PS bei 10000/min; 23 Nm bei 9200/min; 161 km/h; 8180 Mark

Kawasaki ZZ-R 600; 1990; 72 kW/98 PS bei 11500/min; 64 Nm bei 9800/min; 230 km/h; 12950 Mark

Kawasaki ZZ-R 1100; 1990; 74 kW/100 PS bei 9000/min; 87 Nm bei 4800/min; 244 km/h; 17990 Mark

Bimota-Yamaha Bellaria 600; 1990; 70 kW/95 PS bei 10500/min; 221 km/h; 33 950 Mark

Fallert-BMW R 100 GS-1000; 1990; 59 kW/80 PS bei 7500/min; 200 km/h; 23 500 Mark

**Suzuki VX 800; 1990; 45 kW/61 PS bei 6800/min; 72 Nm bei 5400/min; 186 km/h; 9 990 Mark (links)
Harley-Davidson Low Rider Convertible; 1990; 36 kW/49 PS bei 5000/min; 86 Nm bei 2400/min; 144 km/h; 24 780 Mark**

Honda VFR 400 R; 1991; 45 kW/61 PS bei 12500/min; 39 Nm bei 10000/min; 205 km/h; 19170 Mark

Kawasaki ZXR 400; 1991; 48 kW/65 PS bei 13000/min; 36 Nm bei 12000/min; 207 km/h; 12120 Mark

Yamaha XTZ 660 Ténéré; 1991; 35 kW/48 PS bei 6250/min; 57 Nm bei 5250/min; 158 km/h; 10 345 Mark

Kawasaki KLE 500; 1991; 37 kW/50 PS bei 8500/min; 45 Nm bei 7000/min; 165 km/h; 8 810 Mark

Cagiva 125 Mito: 1991: 20 kW/27 PS bei 10500/min: 22 Nm bei 10000/min: 160 km/h: 8220 Mark

Ducati 750 SS; 1991; 48 kW/65 PS bei 7750/min; 71 Nm bei 6500/min; 208 km/h; 14716 Mark

Ducati 907 i. e.; 1991; 66 kW/90 PS bei 8500/min; 83 Nm bei 6500/min; 212 km/h; 18220 Mark

Yamaha XJ 600 S Diversion; 1991; 37 kW/50 PS bei 7500/min; 39 Nm bei 4000/min; 171 km/h; 8600 Mark

BMW K 75 RT; 1991; 55 kW/75 PS bei 8500/min; 68 Nm bei 6750/min; 174 km/h; 16 900 Mark

BMW R 100 R; 1991; 44 kW/60 PS bei 6500/min; 76 Nm bei 3750/min; 181 km/h; 13 900 Mark

Yamaha TDM 850; 1991; 57 kW/78 PS bei 7500/min; 78 Nm bei 6000/min; 207 km/h; 13180 Mark

Enfield India 500 Bullet; 1991; 16 kW/22 PS bei 5400/min; 34 Nm bei 3000/min; 123 km/h; 7500 Mark

Harley-Davidson Dyna Glide Sturgis; 1991; 36 kW/49 PS bei 5000/min; 88 Nm bei 3600/min; 145 km/h; 27690 Mark

Triumph Trident 750; 1991; 66 kW/90 PS bei 10500/min; 64 Nm bei 8500/min; 204 km/h; 14 440 Mark

Wüdo-BMW K 100 Hossack; 1991; 66 kW/90 PS bei 8000/min; 220 km/h; Preis a. A.

Triumph Trident 900; 1991; 74 kW/100 PS bei 9500/min; 81 Nm bei 6500/min; 215 km/h; 15 170 Mark

MZ 500 R; 1992; 20 kW/27 PS bei 6500/min; 32 Nm bei 4500/min; 144 km/h; 6940 Mark

Moto Guzzi 1000 Daytona Injection; 1991; 69 kW/93 PS bei 8000/min; 98 Nm bei 6000/min; 220 km/h; 27500 Mark

Honda NR 750; 1992; 92 kW/125 PS bei 14 000/min; 71 Nm bei 11 500/min; 263 km/h; 100 000 Mark

Honda CB 750; 1992; 54 kW/74 PS bei 8500/min; 64 Nm bei 7500/min; 196 km/h; 10865 Mark

Honda CBR 900 RR; 1992; 74 kW/100 PS bei 10000/min; 80 Nm bei 7000/min; 233 km/h; 19575 Mark

Suzuki VS 800 Intruder; 1992; 37 kW/50 PS bei 6400/min; 63 Nm bei 4000/min; 154 km/h; 11 855 Mark

BMW K 1100 LT; 1992; 74 kW/100 PS bei 7500/min; 107 Nm bei 5500/min; 207 km/h; 23 250–25 245 Mark

Kawasaki Zephyr 1100; 1992; 68 kW/93 PS bei 8000/min; 88 Nm bei 7000/min; 207 km/h; 14 150 Mark

Suzuki GT 750 (1973)

MV Agusta 750 S (1973)

BMW R 90/6 (1975)

Ducati 750 SS (1974)

Hercules W 2000 (1974)

MZ TS 250/1 (1976)

Van Veen OCR 1000 (1976)

Moto Guzzi 850 Le Mans (1976)

Benelli 900 Sei (1978)

Maico MD 250 wk (1978)

Münch TTS 1300 (1978)

Laverda 1200 (1978)

MV Agusta 1100 Grand Prix (1978)

Suzuki GS 1000 (1978)

Kawasaki Z 1000 Z1-R (1978)

Triumph T 140 V Bonneville (1978)

Yamaha XS 1100 (1978)

Suzuki SP 370 (1978)

Honda XL 500 S (1979)

Honda CBX / Kawasaki Z 1300 (1979)

Yamaha RD 350 (1980)

BMW R 80 G/S (1980)

Suzuki GSX 1100 S Katana (1981)

Honda CX 500
Turbo (1981)

Yamaha XJ 650 Turbo (1982)

BMW K 75 C (1985)

BMW K 100 (1983)

Kawasaki Z 750 Turbo (1984)

Yamaha FZ 750 (1985)

Honda VF 1000 R (1984)

Harley-Davidson XLH Sportster 883 Evolution (1986)

Kawasaki GPZ 1000 RX (1986)

Honda VFR 750 R (1988)

BMW K 1 (1989)

Kawasaki ZXR 750 (1989)

Yamaha FZR 1000 (1989)

Suzuki DR Big 800 S (1990)

Cagiva 125 Mito (1991)

BMW R 100 R (1991)

Triumph Trident 900 (1991)

Neuerscheinungen 1970 bis 1992

Serienmotorräder

1970
Aermacchi
 Ala Verde Sport
Ducati
 450 Mark 3
 450 Mark 3 D
Hercules
 K 125 X
Honda
 CB 125
 CB 250 K 1
 CB 350
 CB 450 K 1
Laverda
 750 GT
 750 S
Maico
 MC 125 Super Sport
Motobecane
 125 DC
MZ
 ETS 250 Trophy Sport
Suzuki
 T 500
Yamaha
 R 5
Zweirad Union
 DKW RT 125

1971
Aermacchi
 350 TV
Benelli-Motobi
 Sport Special 125
 Sport Special 250
 Tornado 650
BSA
 Fury 350
 500 SS Gold Star
Ducati
 450 TS
 750

Hercules
 K 125 Military
Honda
 CB 100
 CB 175
 CB 500 F
Jawa-CZ
 125
 175
Kawasaki
 350 S 2 Mach II
Laverda
 750 SF
 750 SFC
Maico
 MD 250
Motobecane
 125 L
Moto Guzzi
 Falcone Sport
 V 7 750 Sport
MV Agusta
 150 RSS
 350 GT
 750 S
MZ
 ETS 150 Trophy Sport
Puch
 M 125 de Luxe
Suzuki
 T 250
 GT 750 J
Triumph
 Bandit 350
 TR 6 R Tiger 650
Yamaha
 AS 3
 DS 7
 XS 2
Zündapp
 KS 125 Sport

1972
Benelli
 125 2 C

250 2 C
Tornado 650 S
Ducati
　750 GT
Gilera
　125 Strada
　150 Strada
Harley-Davidson
　XLH 1000 Sportster
　XLCH 1000 Sportster
Hercules
　K 125 T
Honda
　SL 125
　CB 125 SS
　CB 250
　CB 450 disc
Jawa
　250
Kawasaki
　125 F 6
　250 F 11
　350 F 9
　250 S 1 Mach I
　750 H 2 Mach IV
　900 Z 1 Super 4
Laverda
　1000
Motobecane
　125 LT
　350
Moto Guzzi
　V 7 850 GT
　V 7 850 California
MV Agusta
　350 S
　750 GT
Norton
　Commando 750 Roadster
　Commando 750 Interstate
Puch
　125 Enduro
　175 Enduro
Suzuki
　GT 380 J
　GT 550 J
Triumph
　T 100 R Daytona
　TR 6 R/V Tiger 650
　T 120 R/V Bonneville 650
Yamaha
　R 5 F
　XS 2 E
　TX 750
Zündapp
　KS 125 Sport (17 PS)
Zweirad Union
　DKW RT 125 E

1973
Benelli
　500 Quattro
BMW
　R 60/6
　R 75/6
　R 90/6
　R 90 S
Ducati
　125 Scrambler
　250 Scrambler
　350 Scrambler
　450 Scrambler
　750 SS
Fantic
　TX 141 Chopper
Harley-Davidson
　FX 1200
Hercules
　W 2000
Honda
　XL 250
　CB 350 F
Kawasaki
　100 G 7 T
Maico
　MD 125/6
　MD 250/6
Morini
　3 ½ V
Moto Guzzi
　250 TS
Münch
　4-1200 TTS-E
MV Agusta
　350 Scrambler
　750 SS Daytona
MZ
　TS 150
　TS 250
Norton
　Commando 850 Roadster
　Commando 850 Interstate
Pannonia
　T 5
　P 10
　P 20
Puch
　125 GS
　175 GS
Suzuki
　GT 250
　GT 380
　GT 550
　GT 750
Triumph
　TR 7 V Tiger 750
　T 140 V Bonneville 750

Hersteller und Importeure

Aermacchi
Soc. Commerciale Aeronautica Macchi
Via Sanvito Silvestro, 80
I-21100 Varese-Schiranna

Aermacchi Harley-Davidson S. p. A. (ab 1971)
Via G. Macchi, 144
I-21100 Varese-Schiranna

Importeur: Zweirad-Röth
Schulstraße 6
6149 Hammelbach

Aprilia
Aprilia Industria Cicli e Moto di Beggio
Cav. Alberto & C. s. n. c.
Via G. Galilei, 1
I-30033 Noale

Importeure: Cimatti Fahrzeug-Vertriebs GmbH
St.-Christophorus-Straße 4–6
6742 Herxheim

Aprilia Deutschland GmbH (ab 1988)
Magirusstraße 28
7900 Ulm

A + G Motorradvertriebs-GmbH
(ab 1990)
Sunderweg 2
4800 Bielefeld 14

Benelli
Fratelli Benelli S. p. A.
Via Mameli, 2
I-61100 Pesaro

GBM S. p. A. (ab 1989)
Via della Meccanica
I-61100 Pesaro

Importeure: Wesda-Handelsges. m. b. H.
Neuer Markt 4
4032 Lintorf

Deutsche Motobecane GmbH
(ab 1977)
Aachener Straße 23
4800 Bielefeld 14

Nord: Karsten Kracht (ab 1982)
Bönebütteler Damm 158
2351 Bönebüttel

Süd: Alois Demharter (ab 1982)
Krautgartenweg 11
8881 Schretzheim

Demharter GmbH (ab 1986)
Krautgartenweg 11
8880 Dillingen-Schretzheim

Beta
Betamotor
I-50145 Firenze-Brozzi

Betamotor S. P. A. (ab 1989)
Pian dell'Isola
I-50067 Rignano/Arno

Importeur: Frank M. Schroeder
Beta-Import
Habichtsweg 4
6900 Heidelberg

BMW
Bayerische Motoren Werke AG
Petuelring 130
8000 München 40

BMW Motorrad GmbH + Co.
Triebstraße 32
8000 München 50

BSA
BSA Motorcycles Ltd.
Armoury Road
GB-Birmingham

BSA Company Ltd. (ab 1980)
Bannerley Road, Garretts Green
GB-Birmingham

Importeure: Nord: Hein Gericke
motor trading GmbH (ab 1971)
Hammerstraße 21
4000 Düsseldorf

Süd: Breeze OHG (ab 1971)
Industriegelände
6756 Kindsbach

Bultaco
Bultaco Compania Espanola de Motores S. A.
San Atrian de Besos
E-Barcelona

Importeure: Eysel Motorsport GmbH
Gelnhauser Straße 3
6456 Langenselbold

Motorrad-Pfaff (1977)
Wenighösbacher Straße 3
8752 Hösbach

Horst Leitner GmbH (ab 1978)
Annahütte
8229 Ainring 2

Werner Linz (ab 1982)
Annahütte
8229 Ainring 2

Cagiva
Cagiva Motor S. p. A.
Via G. Macchi, 144
I-21100 Varese-Schiranna

Cagiva Commerciale S. p. A. (ab 1989)
Via A. Cavalieri Ducati n.3
I-40132 Bologna

Importeure: Cagiva Deutschland
Heinkelstraße 27
7060 Schorndorf

Barthold Produkte (1984)
Heckenbühl 16–18
7900 Ulm

Hein Gericke GmbH (ab 1985)
Speditionsstraße 1–3
4000 Düsseldorf

Zweirad-Zupin (ab 1988, Sport-Enduros und MC-Modelle)
Werner-von-Siemens-Straße 8
8225 Traunreut

DNL Motorrad GmbH (ab 1988, Enduros und Straßenmodelle)
Kaltenbornweg 20
5000 Köln 21

Ducati Motorrad GmbH (ab 1991, Enduros und Straßenmodelle)
Sandstraße 13
5020 Frechen

Chang–Jiang
Shanghai Motorcycle Plants
VR-China, Shanghai

Importeur: China-Fahrzeugvertriebs-GmbH
Friedrich-Ebert-Straße 63
6090 Rüsselsheim

China-Fahrzeugvertriebs-GmbH
(ab 1990)
Urbanstraße 7
Gewerbegebiet Hasengrund
6090 Rüsselsheim

CZ
Motokov Außenhandelsunternehmen
Trida Dukelskych Hrdinu 47
CSSR-14062 Prag 7

Motokov Foreign Trade Corporation (ab 1980)
Na strzi 63
CSSR-14062 Prag 4

Importeure: T. Epstein
Arabellastraße 5
8000 München 81

J. Fleckenstein (ab 1983)
Lindigstraße
8752 Kleinostheim

ZR-Bajaj GmbH (ab 1987)
Schulstraße 6
6149 Hammelbach

Donghai
Shanghai Motorcycle Plants
VR-China, Shanghai

Importeur: China-Fahrzeugvertriebs-GmbH
Friedrich-Ebert-Straße 63
6090 Rüsselsheim

China-Fahrzeugvertriebs-GmbH
(ab 1990)
Urbanstraße 7
Gewerbegebiet Hasengrund
6090 Rüsselsheim

Ducati
Ducati Meccanica S. p. A.
Via Ducati, 3
I-40100 Bologna

Cagiva Commerciale S. p. A. (ab 1989)
Via A. Cavalieri Ducati n.3
I-40132 Bologna

Importeure: Eysel Motorsport GmbH
Gelnhauser Straße 3
6456 Langenselbold

Fritz Alexander (ab 1973)
Wunstorfer Straße 97 b
3000 Hannover

Motim/Imoti (ab 1975)
Heppenheimer Straße
6149 Hammelbach-Fürth

Zweirad-Röth (ab 1977)
Schulstraße 6
6149 Hammelbach

Motorrad Teichert GmbH (ab 1985)
Kaltenbornweg 20
5000 Köln 21

DNL Motorrad GmbH (ab 1988)
Kaltenbornweg 20
5000 Köln 21

Ducati Motorrad GmbH (ab 1991, Enduros und Straßenmodelle)
Sandstraße 13
5020 Frechen

Zweirad-Zupin (ab 1991, Sport-Enduros und MC-Modelle)
Werner-von-Siemens-Straße 8
8225 Traunreut

Enfield India

Enfield India Ltd.
IND-Madras

Importeure: Bull Bear International Motor Corporation (1977)
Wagemannstraße 13
6200 Wiesbaden

Steamhammer Motorcycles GmbH (1978)
Wagemannstraße 13
6200 Wiesbaden

Bernd Dumke (ab 1979)
Kieler Straße 259
2000 Hamburg 54

C. Schmidt/W. Nulle (ab 1981)
Rheinstraße 92
2940 Wilhelmshaven

Enfield Deutschland (ab 1988)
Werner Nulle
Rheinstraße 2
2940 Wilhelmshaven

März Motorradhandel (ab 1991)
Acherstraße 10
7505 Ettlingen 6

Fantic

Fantic Motor S. p. A.
Via Parini, 3
I-22061 Barzago

Fabbrica Motoveicoli S. p. A. (ab 1989)
Via Parini, 3
I-22061 Barzago

Importeur: Hans Hoffmann
Poststraße 91
7250 Leonberg 2

Hans Hoffmann (ab 1988)
Otto-Hahn-Straße 9
7257 Ditzingen 4

Gilera

Piaggio & Co S. p. A.
Azienda Gilera, Via C. Battisti, 68
I-20043 Arcore

Piaggio & Co S. p. A. (ab 1989)
Viale Rinaldo Piaggio
I-56025 Pontedera/Pisa

Importeur: Vespa GmbH
Braunstraße 1
8900 Augsburg-Haunstetten

Vespa GmbH (ab 1991)
Industriestraße 8
8901 Diedorf

Harley-Davidson

Harley-Davidson Motor Co Inc.
3700 West Juneau Avenue
USA-Milwaukee/Wisconsin

Importeure: Eysel Motorsport GmbH
Gelnhauser Straße 3
6456 Langenselbold

AMF Harley-Davidson (ab 1977)
Münchner Straße 3
6080 Groß-Gerau

Tyrolia GmbH (ab 1980)
Harley-Davidson Division
Seinmühlenweg
6093 Flörsheim-Wicker

Harley-Davidson GmbH (ab 1982)
Industriestraße 7
6096 Raunheim

Hercules

Nürnberger Hercules-Werke GmbH
Nopitschstraße 70
8500 Nürnberg

Honda

Honda Motor Co Ltd.
5 Chome Yaesu, Chuo-ku
J-Tokio

Honda Motor Co Ltd. (ab 1980)
27-8, 6 Chome Jingumae, Shibuya-ku
J-Tokio

Honda Motor Co Ltd. (ab 1989)
2-1-1 Minami Aoyama, Minato-ku
J-Tokio

Importeur: European Honda Motor Trading GmbH
Sprendlinger Landstraße 166
6050 Offenbach

Honda Deutschland GmbH (ab 1979)
Sprendlinger Landstraße 166
6050 Offenbach

Horex I

Spezialmaschinen Friedel Münch
6369 Erbstadt

Horex II

Zweirad-Röth
Schulstraße 6
6149 Hammelbach

ZR-Bajaj GmbH (ab 1987)
Schulstraße 6
6149 Hammelbach

Horex III

CK DESIGN, Kazuo Sasaki (ab 1989)
9-5 Sakai, 3 Chome Musashino-shi
J-Tokio

Importeur: Zweirad-Röth GmbH & Co KG
Schulstraße 6
6149 Hammelbach

Husqvarna

Husqvarna AB
Fack
S-Husqvarna

Cagiva Commerciale S. p. A. (ab 1989)
Via A. Cavalieri Ducati n.3
I-40132 Bologna

Importeur: Zweirad-Zupin
Werner-von-Siemens-Straße 8
8225 Traunreut

Jawa

Narodni Podnik
Zavod Vyzkum a Vyvoj
CSSR/CSFR-10085 Prag-Strasnice

Vertriebsgesellschaften:

Motokov Außenhandelsunternehmen
Trida Dukelskych Hrdinu 47
CSSR-14062 Prag 7

Motokov Foreign Trade Corporation (ab 1980)
Na strzi 63
CSSR/CSFR-14062 Prag 4

Importeure: Neckermann Versand KG
Hanauer Landstraße
6000 Frankfurt

Großversandhaus Quelle (ab 1972)
8510 Fürth

T. Epstein (ab 1974)
Arabellastraße 5
8000 München 81

J. Fleckenstein (1984)
Lindigstraße
8752 Kleinostheim

Zweirad-Röth (ab 1985)
Schulstraße 6
6149 Hammelbach

ZR-Bajaj GmbH (ab 1987)
Schulstraße 6
6149 Hammelbach

Zweirad-Röth GmbH & Co KG
(ab 1989)
Schulstraße 6
6149 Hammelbach

Kawasaki

Kawasaki Heavy Industries Ltd., Motorcycle Division
World Trade Center Building
J-Tokio

Kawasaki Heavy Industries Ltd., Motorcycle Group (ab 1985)
1-1, Kawasaki-cho
J-Akashi-City

Kawasaki Heavy Industries Ltd., Consumer Product Group (ab 1989)
1-1, Kawasaki-cho
J-Akashi-City

Importeure: Detlev Louis
Rentzelstraße 7
2000 Hamburg 13

Kawasaki Motoren GmbH (ab 1976)
Max-Planck-Straße 26
6382 Friedrichsdorf

Kreidler

Kreidler Fahrzeug-Vertriebs-GmbH & Co KG
Oberste-Wilms-Straße 18
4600 Dortmund 12

Garelli S. p. A. (ab 1987)
Via Immacolata, 25
I-22068 Monticelli Brianza

Importeur: Kreidler Fahrzeug-Vertriebs-GmbH & Co KG
Oberste-Wilms-Straße 18
4600 Dortmund 12

KTM

KTM-Motor-Fahrzeugbau KG
Kronreif & Trunkenpolz
A-5230 Mattighofen

Importeure: Deutsche KTM-Vertriebs-
GmbH & Co KG
(Kleinkrafträder)
Trunkenpolz & Co
Lagerhausstraße 7
8346 Simbach/Inn

Helmut Staab GmbH
(Motorräder)
Elisenstraße 21
8750 Aschaffenburg

Autohaus Stöckelmeier
(Motorräder)
Bayreutherstraße 42
8450 Amberg

Laverda

Moto Laverda
Via Mazzini, 39 a
I-36042 Breganze

Moto Laverda S. p. A. (ab 1980)
Via Venezia, 16
I-36042 Breganze

Moto Laverda (ab 1989)
Via Venezia, 30
I-36042 Breganze

Importeure: Georg Suck
Nagelsweg 19
2000 Hamburg 1

Standex GmbH (1972)
Rosengartenstraße 16
8755 Alzenau

Edmund Bühler (ab 1973)
Bismarckstraße 53
7000 Stuttgart

Detlev Louis (1977)
Rentzelstraße 7
2000 Hamburg 13

Zweirad-Röth (ab 1978)
Schulstraße 6
6149 Hammelbach

Moto Witt GmbH (ab 1981)
Rheinauhafen, Halle 7
5000 Köln

Moto Witt GmbH (ab 1991)
Industriestraße 53 a
5047 Wesseling-Berzdorf

Maico

Maico Fahrzeugfabrik GmbH
7403 Ammerbuch 2

Gebrüder Maisch Zweiradhandels-
und Produktions-GmbH (ab 1984)
7403 Ammerbuch 2

Lorenz Merkle (ab 1988)
Maschinenbau
Industriestraße 6
8860 Nördlingen

AMZ, Jürgen Zimmermann (ab 1990)
Kreuzenstraße 38
7100 Heilbronn

Vertrieb: Lorenz Merkle
Maschinenbau
Industriestraße 6
8860 Nördlingen

Malaguti

Malaguti
Via Emilia Levante, 498
I-40068 S. Lazzaro di Savena/Bologna

Importeur: Detlev Louis Motorradvertriebs-GmbH
Süderstraße 129
2000 Hamburg 26

Malanca

Malanca Motori S. p. A.
Via Pila, 2—6
I-40044 Pontecchio Marconi/Bologna

Importeure: Motorrad-Fiedler
Hauptstraße 6
5441 Oberwelschenbach

Motorrad-Italia (ab 1985)
Dipl.-Ing. A. Werkmeister
Korbacher Straße 170
3500 Kassel

Matchless

Matchless MC (ab 1988)
Units 1 & 2 Silverhill Road
Dewy Industrial Estate
GB-Newton Abbot/South Devon

Importeur: Motorrad-Handelsgesellschaft mbH
Lohrig & Kölle
Schnepker Straße 15
2808 Syke

Morini

Fabbr. Italiana Motocicli Morini
Via Oslavia, 30
I-40132 Bologna

Moto Morini (ab 1974)
Via Bergami, 7
I-40132 Bologna

Cagiva Commerciale S. p. A. (ab 1989)
Via A. Cavalieri Ducati n.3
I-40132 Bologna

Importeure: Fahrzeugimport Fritz Alexander
Rötzberg 61
3057 Neustadt am Rübenberge

Reinhold Gies (ab 1989)
Münchner Straße 18 b
8011 Brunnthal

AMEX (ab 1990)
Fritz Alexander
Motor-Export GmbH
Rötzberg 61
3057 Neustadt am Rübenberge

Motobecane

Motobecane S. A.
16, Rue Lesault
F-93502 Pantin Cedex

M.B.K. Industrie (ab 1985)
8, Chemin des Vignes
F-93502 Pantin Cedex

M.B.K. Industrie (ab 1989)
55, Rue de Paris
F-93000 Bobigny Cedex

Importeure: Mobylette GmbH
4812 Brackwede

Deutsche Motobecane GmbH
(ab 1978)
Aachener Straße 23
4800 Bielefeld 14

Moto Guzzi

Moto Guzzi – S. E. I. M. M.
Via E. V. Parodi, 57
I-22054 Mandello del Lario

G.B.M. S. p. A. (ab 1989)
Via E. V. Parodi, 57
I-22054 Mandello del Lario

Importeure: Zweirad-Röth
Schulstraße 6
6149 Hammelbach

Mobylette GmbH (ab 1975)
4812 Brackwede

Deutsche Motobecane GmbH
(ab 1978)
Aachener Straße 23
4800 Bielefeld 14

A + G Motorradvertriebs-GmbH
(ab 1990)
Sunderweg 2
4800 Bielefeld 14

Mototrans-Ducati

Mototrans, Maquinaria y Elementos de
Transporte S. A.
Almogavares, 177 AL 189
E-Barcelona 18

Importeur: Zweirad-Röth
Schulstraße 6
6149 Hammelbach

Münch

Münch Motorradfabrik
Hauptstraße 12
6361 Ossenheim

Münch Motorradfabrik KG (ab 1972)
Heegwaldstraße 2
6472 Altenstadt

Heinz W. Henke-Münch Motorräder (ab 1975)
Heegwaldstraße 2
6472 Altenstadt

Friedel Münch (ab 1987)
Im Winkel 1
6369 Nidderau-Erbstadt

MT Motorentechnik (ab 1989)
Bürgelweg
6312 Laubach

MV Agusta

Meccanica Verghera Agusta S. p. A.
Viale Adriatico, 50
I-21010 Verghera

Importeure: Roland Schneider
Lichtentalerstraße 83
7570 Baden-Baden

Hansen GmbH (ab 1976)
Lichtentalerstraße 83
7570 Baden-Baden

MZ

VEB Motorradwerk Zschopau
DDR-9360 Zschopau

Motorradwerk Zschopau GmbH (ab 1991)
O-9360 Zschopau

Importeure: Neckermann Versand KG
Hanauer Landstraße
6000 Frankfurt

Hein Gericke GmbH (ab 1985)
Speditionsstraße 1–3
4000 Düsseldorf

Zweirad-Röth GmbH & Co KG
(ab 1989)
Schulstraße 6
6149 Hammelbach

Norton

Norton Villiers Ltd.
Northway
GB-Andover

Norton Triumph International Ltd. (1976)
Kitts Green
GB-Birmingham

NVT Motocycles Ltd. (ab 1977)
Lynn Lane
GB-Shenstone/Lichfield

Norton Motors Ltd. (ab 1988)
Lynn Lane
GB-Shenstone/Lichfield

Importeure: Detlev Louis
Rentzelstraße 7
2000 Hamburg 13

Gerd Körner (ab 1973)
Feldstraße 8
6101 Weiterstadt

Reinhard Wüst (ab 1977)
Frankentobelweg 10
7060 Schorndorf

Gebrüder Wüst (ab 1979)
Schechinger Straße 1
7071 Heuchlingen

Stüdemann GmbH (ab 1988)
Thomas-Mann-Straße 31
2000 Hamburg 71

Norton Deutschland GmbH (ab 1990)
Manthalstraße 5
8137 Berg-Manthal

OSSA

Macquinaria Cinematografica S. A. L.
Poliguo Industrial Zona Franca
E-Barcelona

OSSAMOTO SA (ab 1983)
C/Cromo, 89
E-Barcelona

Importeure: R. Junker KG
Münsterstraße 22
4700 Hamm

Kulot Motorradsport (ab 1980)
Pangerstraße 30
8200 Rosenheim

Pannonia

Csepel Stahl- und Metallwerke
H-Budapest

Importeur: Moto Pannonia Vertriebs-GmbH
8192 Geretsried

Puch

Steyr-Daimler-Puch AG
A-8010 Graz-Thondorf

Piaggio & Co S. p. A. (ab 1989)
Viale Rinaldo Piaggio
I-56025 Pontedera/Pisa

Importeure: Deutsche Steyr-Daimler-Puch GmbH
(Kleinkrafträder)
Teisenbergstraße 7
8228 Freilassing

Liedl KG
(Motorräder)
Dorfstraße 2
8401 Graßlfing

Vespa GmbH (ab 1989)
Braunstraße 1
8900 Augsburg-Haunstetten

Vespa GmbH (ab 1991)
Industriestraße 8
8901 Diedorf

Sanglas

Talleres Sanglas S. A.
Rambla Justo Oliveras, 472
E-Barcelona

Importeure: Espan-Motos
Heerstraße 35/39
5483 Bad Neuenahr

Manfred Lerch (ab 1980)
Lotterbergstraße 20
7000 Stuttgart 31

Suzuki

Suzuki Motor Co Ltd.
P. O. Box 1
J-432-01 Hamamatsu

Importeure: Zweirad-Röth
Schulstraße 6
6149 Hammelbach

Suzuki Motor Handels GmbH
Deutschland
Darmstädter Straße 26
6148 Heppenheim (ab 1977)

Ingolstädter Straße 61 d
8000 München 45 (ab 1979)

Mittenheimer Straße 60
8042 Oberschleißheim (1984)

Tiergartenstraße 8
6148 Heppenheim (ab 1985)

SVM

Moto SVM
Via Pascoli, 7
I-20030 Palazzolo Milanese

Societa Veicoli Milanese (ab 1986)
Via Solverino, 8
I-20031 Cesano

Importeure: Meti-Import
Peter K. Schroeder
Mannheimer Straße 177
6900 Heidelberg

Meti-Import (ab 1989)
Peter K. Schroeder
Habichtsweg 4
6900 Heidelberg

Triumph

Triumph Engineering Co Ltd.
Meriden Works
GB-Coventry

Norton Triumph International Ltd. (1976)
Kitts Green
GB-Birmingham

NVT Motorcycles Ltd. (ab 1977)
Northway
GB-Andover

Triumph Motorcycles Ltd. (ab 1980)
Meriden Works
GB-Coventry

L.F. Harris (Rushden) Ltd. (ab 1985)
Units 1 & 2 Silverhill Road
GB-Newton Abbot/South Devon

Triumph Motorcycles Ltd. (ab 1991)
Jacknell Road
Dodwells Bridge Industrial Estate
GB-Hinckley/Leicestershire

Importeure: Detlev Louis
Rentzelstraße 7
2000 Hamburg 13

Nord: Hein Gericke motor trading
GmbH (ab 1972)
Hammerstraße 21
4000 Düsseldorf

Süd: Breeze OHG (ab 1972)
Industriegelände
6756 Kindsbach

BSA Motorräder GmbH (ab 1974)
Waldteichstraße 91
4200 Oberhausen 11

Reinhard Wüst (ab 1977)
Frankentobelweg 10
7060 Schorndorf

Gebrüder Wüst (ab 1979)
Schechinger Straße 1
7071 Heuchlingen

Bernd Lohrig (ab 1985)
Schnepker Straße 15
2808 Syke

Motorrad-Handelsgesellschaft mbH
(ab 1988)
Lohrig & Kölle
Schnepker Straße 15
2808 Syke

Triumph Motorrad
Deutschland GmbH (ab 1991)
Siemensstraße 1
6365 Rosbach v. d. H.

Van Veen

Van Veen GmbH
Industriestraße
3428 Duderstadt

Xingfu

Shanghai Motorcycle Plants
VR-China, Shanghai

Importeur: China-Fahrzeugvertriebs-GmbH
Urbanstraße 7
Gewerbegebiet Hasengrund
6090 Rüsselsheim

Yamaha

Yamaha Motor Co Ltd.
1280 Nakajo, Hamakita-shi
J-Shizuoka-Ken

Importeur: Mitsui & Co GmbH
Berliner Allee 26
4000 Düsseldorf

Mitsui Maschinen GmbH (ab 1973)
Yamaha Division
Grünstraße 44
4005 Meerbusch 1

Yangtze

Shanghai Motorcycle Plants
VR-China, Shanghai

Importeur: China-Fahrzeugvertriebs-GmbH
Urbanstraße 7
Gewerbegebiet Hasengrund
6090 Rüsselsheim

Zündapp
Zündapp-Werke GmbH
Anzinger Straße 1–3
8000 München 80

Zweirad Union
Zweirad Union AG
Nopitschstraße 70
8500 Nürnberg

Importe aus der UdSSR

Autohaus Eich
Heerstraße 35/39
5483 Bad Neuenahr

Dieter Wittneben GmbH (ab 1977)
Kampmoorstraße 34
2085 Quickborn

Fa. Höft (ab 1982)
Forststraße 50
4010 Hilden

C. M. P. Spiesberger (ab 1984)
Dr.-Otto-Neurath-Gasse 1
A-1220 Wien

Kradimpex Motorradhandelsgesellschaft m. b. H.
(ab 1986)
Boschanstraße 3
A-2484 Weiglsdorf-Fischa

Tuner und Importeure

AMC
Auto-Motorrad-Center GmbH
Am Triebweg 20
7432 Bad Urach-Wittlingen

AME
AME Chopper GmbH
Korbacher Straße 613–615
3501 Schauenburg

AME CP GmbH (ab 1983)
Auf dem Ritter 1–9
3501 Schauenburg-Hoof

Bajohr
Alfred Bajohr
Schmidener Straße 43
7000 Stuttgart 50

Bakker
Nico Bakker
Donkereweg 1
NL-1704 DV Heer-Hugowaard

Importeure: Braun + Bögel
Steubelstraße 130–132
6800 Mannheim 24

PVM Vetterolf
Maschinenbau GmbH (ab 1989)
Mundenheimer Straße 39
6800 Mannheim 24

Bimota
Bimota S. p. A.
Via Giaccaglia, 38
I-47037 Rimini

Importeure: Bimota Motorrad Vertriebs GmbH
Donaustraße 14
8070 Ingolstadt

Bimota Motorrad Vertriebs GmbH
(ab 1982)
Drosselweg 12
8000 München 82

Hein Gericke GmbH (1985)
Speditionsstraße 1–3
4000 Düsseldorf

Höly-Fahrzeugvertriebs-GmbH
(1986)
Porphyrstraße
6905 Schriesheim

Nur DB 1: Zweirad-Röth (1986)
Schulstraße 6
6149 Hammelbach

Reinhold Kraft Motorradvertrieb GmbH
(ab 1987)
Kemptener Straße 54
7970 Leutkirch

Boxer

Boxer Bikes
16, Boulevard Carnot
F-31000 Toulouse

Importeur: Per Nissen
Adolfstraße 163
5420 Lahnstein

Eckert

Roland Eckert Motorradtechnik-Präzisionsteile
7115 Kupferzell-Belzhag

Egli

Egli-Motorradtechnik AG
Hauptstraße 14
CH-5618 Bettwil

Importeure: Auto-König
Eggenfeldener Straße 100
8000 München 81

Reinhold Kraft (ab 1979)
Kemptener Straße 54
7970 Leutkirch

Michael Niemann
Motorradtechnik und Maschinenbau
(ab 1990)
Obere Mühle 28
5860 Iserlohn

Emonts

Fa. Emonts
Melatengürtel 23
5000 Köln 41

Fallert

Autohaus Fallert GmbH & Co
Fautenbacher Straße 15
7590 Achern

Fischer

Günter Fischer Motorradtechnik
Kölner Straße 98
5047 Wesseling

GMR

GMR Sportmotorrad GmbH
Günter Michel
Kreuzstraße 42
6524 Guntersblum

Hänsle

Hänsle Motorradsport GmbH
Industriestraße 12
7637 Ettenheim

Hauenstein

Hauenstein Fahrwerkbau
Rheintorstraße 24
4040 Neuss

Hesco

HS Metallbau GmbH
Thiederhall 40
3320 Salzgitter 31

HSM

HSM Maschinentechnik
4970 Bad Oeynhausen

IMT

IMT GmbH
Äußere Hauptstraße 28
8014 Neubiberg

Jung

Simon Jung KG
Clevischer Ring 74/78
5000 Köln 80

Kraft

Reinhold Kraft Motorradvertrieb GmbH
(ab 1987)
Kemptener Straße 54
7970 Leutkirch

Krauser

Michael Krauser
Hörmannsberger Straße 18
8905 Mering

LKM

Fa. LKM
Annaberger Straße 276
5300 Bonn 2

LSL

LSL-Motorradtechnik GmbH
Hauptstraße 406
4150 Krefeld

Magni

MH Magni
Meccanica Verghera S. p. A.
Viale Adriatico, 50
I-21010 Verghera

Magni Elaboratione (ab 1989)
Via Milano, 56
I-21017 Samarate

Importeure: Hansen GmbH
Lichtentalerstraße 83
7570 Baden-Baden

Demharter GmbH (ab 1989)
Krautgartenweg 11
8880 Dillingen-Schretzheim

Martin

Martin Diffusion
61, Cours Dupont
F-85100 Les Sables d'Olonne

Importeure: Motorrad Sprinkart (bis 1984)
Stockholzstraße 11
7700 Singen

Theo Schirra GmbH (bis 1984)
Gewerbestraße 10
6688 Illingen

Herbert Prötzl (1985, nur Fahrgestelle für Honda- und Yamaha-Motoren)
Sophienstraße 23
5100 Aachen

Per Nissen (ab 1985, nur Fahrgestelle für Kawasaki-Motoren)
Adolfstraße 163
5420 Lahnstein

Fa. Möller (ab 1986, nur Fahrgestelle für Honda- und Yamaha-Motoren)
Eppinger Straße 44
7518 Bretten-Gölshausen

Brune-Spezialfahrwerke (ab 1987)
Woeste 6
4404 Telgte

Martinek

Moto Guzzi-Martinek
Bartholomäus-Schink-Straße 75
5000 Köln 30

Michel

Willi Michel
Hindenburgstraße 68
6501 Mommenheim

Moko

Moko-Team
Hohlenweg
CH-6030 Ebikon

Importeure: Vitus Friedl
Hauptstraße 46
8123 Peißenberg

Moto Petani (ab 1984)
Böcklerstraße 5
7800 Freiburg-Landwasser

Noki

Noki Motorsport
Hauptstraße 60
7734 Brigachtal

Papenhöfer

Papenhöfer Fahrzeuge GmbH
Cappenberger Straße 24
4670 Lünen

PSS

PS-Schuppen
Motorrad-Technik GmbH
Siemensstraße 5/Boschstraße 1
4455 Wittmarschen-Lohne

Rau

Rau Motorrad GmbH
Außmer Straße 4
5000 Köln 60

Reimo

Winfried Reinhard & Horst Owesle
Hoheloogstraße 14
6700 Ludwigshafen

Rickman

Rickman Brothers
Sten Lane
GB-New Milton

Importeur: Rickman FB Motorrad
Waldsiedlung
6472 Altenstadt

Schek

Herbert Schek
Lindauer Straße 61
7988 Wangen

Fahrzeughaus am Südring GmbH (ab 1988)
Südring 2
7988 Wangen

Sera
Sera Motorsport
Zillhauser Straße 49
7470 Albstadt 17

Spaett
Motorrad Spaett KG
Rüdesheimer Straße 9
8000 München 21

Sulzbacher
Werner Sulzbacher
Goldenberg 1
A-4070 Eferding

Tweesmann
Kurt Tweesmann
Bahnhofstraße 40
4934 Horn-Bad Meinberg

UNO
UNO-Motorradtechnik GmbH
Holzmannstraße 2
8907 Ziemetshausen

VH
VH-Motorradtechnik
Butjadinger Straße 120
2900 Oldenburg

VV
VV-Motorradtechnik OHG
Ulrich Völkel
Ohler Weg 7a
5884 Halver-Oberbrügge

WiWo
WiWo Bremssysteme GmbH
Wolfgang Wilhelm
Asternweg 3
5441 Ulmen-Verpochten

Wüdo
Fa. Wüdo
Deutsche Straße 98/100
4600 Dortmund 16

Rund um's Motorrad sind wir die Grössten!

MOTORRAD

Europas größte Motorrad-Zeitschrift

14 TÄGLICH SAMSTAGS IM ZEITSCHRIFTENHANDEL.

STERNE AM MOTORRADHIMMEL
EINE AUSWAHL

Ernst Leverkus
Die tollen Motorräder der 50er Jahre
39 Motorradmarken gab es zu jener Zeit, und mit fast allen Maschinen war Ernst Leverkus damals unterwegs. Hier sind seine packenden Berichte zu Technik und Geschichte.
224 Seiten, 143 Abb., geb.
38,– Bestell-Nr. 10849

Ernst Leverkus
Die rasanten Motorräder der 60er Jahre
Bevor die Japaner kamen: Noch beherrschten die europäischen Spitzenmarken das Feld.
216 Seiten, 147 Abbildungen, geb.
38,– Bestell-Nr. 10952

Tilman Werner
Von Ardie bis Zündapp
Ardie und Hercules, Mars, Triumph, Victoria, Zündapp und über 30 weitere, Motorradklassiker aus Nürnberg in Wort und Bild mit allen technischen Daten – die faktenreiche Dokumentation über das ehemalige Zentrum der deutschen Zweiradindustrie.
188 S., 410 Abb., geb.
49,– Bestell-Nr. 01287

Erwin Tragatsch
Alle Motorräder 1894 bis 1980
Das umfassende »Motorrad-Lexikon« zu rund 2500 Marken in Wort und Bild, mit technischen Daten und den Firmengeschichten.
476 Seiten, 522 Abb., geb.
48,– Bestell-Nr. 10410

Wolfgang Zeyen
Moto Guzzi V-Twins
Von den ersten V7-Prototypen über die Varianten für Polizei und Militär bis zu den California III und Le Mans-Versionen: Entwicklung, Technik, Sportserfolge in Wort und Bild.
140 Seiten, 120 Abbildungen, 12 farbig, gebunden
39.80 Bestell-Nr. 01383

Frank-Albert Illg
Honda Reihe CX 500/650
Der Autor beschreibt eines der meistverkauften japanischen Motorräder und schafft Klarheit über Modelle und Baujahre.
144 Seiten, 116 Abbildungen, 9 farbig, gebunden
39.80 Bestell-Nr. 01414

Axel Koenigsbeck
Motorradgespanne heute
Typen, Technik, Fahrtechnik, Hersteller, Umbaukonzepte und Tips für den Umgang mit »dem dritten Rad am Wagen«.
304 Seiten, 359 Abbildungen, 49 farbig, gebunden
69,– Bestell-Nr. 01382

Wolfgang Wiesner
Amerikanische Motorräder
Die fesselnde Darstellung aller amerikanischen Motorräder und der Motorradindustrie – Maschinen, Marken, Macher – ein Prachtband.
322 Seiten, 555 Abbildungen, 87 farbig, gebunden
98,– Bestell-Nr. 01362

Änderungen vorbehalten

Der Verlag für Motorrad-Bücher
Postfach 10 37 43 · 7000 Stuttgart 10

Motorbuch Verlag